"考古中国"重大项目甲编第006号

金沙遗址
——黄忠小学地点发掘报告

成都市文物考古研究院　编著

科学出版社
北京

内容简介

本书是四川省成都市金沙遗址黄忠小学地点的发掘报告，该地点发现了灰坑、灰沟、墓葬、窑址等商周时期遗迹260多处，出土了大量陶器及少量石器、青铜器等。该地点遗存属于典型的十二桥文化，可分为二期：第一期为商代晚期，第二期为西周早期。该地点是金沙遗址中一处典型的一般居住址，位于祭祀区和宫殿区之间，该地点的发掘对探索金沙遗址的聚落布局有重要意义。

本书可供考古学、历史学学者及学生参考使用。

图书在版编目（CIP）数据

金沙遗址：黄忠小学地点发掘报告 / 成都市文物考古研究院编著. -- 北京：科学出版社，2025.9. -- ISBN 978-7-03-083180-4

Ⅰ．K872.711

中国国家版本馆CIP数据核字第2025CY3725号

责任编辑：王光明 / 责任校对：邹慧卿
责任印制：肖　兴 / 封面设计：张　放

科学出版社 出版
北京东黄城根北街16号
邮政编码：100717
http://www.sciencep.com
北京汇瑞嘉合文化发展有限公司印刷
科学出版社发行　各地新华书店经销

*

2025年9月第 一 版　开本：889×1194　1/16
2025年9月第一次印刷　印张：24 3/4　插页：15
字数：700 000
定价：320.00元
（如有印装质量问题，我社负责调换）

目 录

第一章 绪论 ··· 1

    第一节 地理环境 ·· 2

    第二节 历史沿革 ·· 4

    第三节 发掘与整理经过 ··· 5

第二章 概述 ··· 6

    第一节 遗存概况 ·· 6

    第二节 地层堆积 ·· 10

第三章 遗存分述 ·· 11

    第一节 灰坑 ··· 11

        一、第7层下灰坑 ·· 11

        二、第6层下灰坑 ·· 16

    第二节 沟 ·· 160

    第三节 窑址 ··· 168

    第四节 墓葬 ··· 169

        一、第7层下墓葬 ·· 169

        二、第6层下墓葬 ·· 170

    第五节 其他遗迹 ·· 174

        一、堆积 ·· 174

        二、柱洞 ·· 176

    第六节 地层出土遗物 ·· 177

        一、第7层出土遗物 ··· 177

        二、第6层出土遗物 ··· 246

        三、第5层出土遗物 ··· 262

第四章	分期与年代	265
第一节	陶器类型学分析	265
第二节	分期	272
第三节	年代	273

第五章 结语 ········· 275

附表 ········· 277

后记 ········· 377

插图目录

图一　金沙遗址黄忠小学地点位置示意图 ………………………………………………… 1
图二　金沙遗址在成都市区的位置示意图 ………………………………………………… 2
图三　黄忠小学地点与金沙遗址其他发掘区关系示意图 ………………………………… 3
图四　黄忠小学地点遗迹总平面图 ………………………………………………………… 插页
图五　陶器纹饰举例 ………………………………………………………………………… 8
图六　陶器纹饰举例 ………………………………………………………………………… 9
图七　T7309-T7410南壁剖面图 …………………………………………………………… 10
图八　H8902平、剖面图 …………………………………………………………………… 11
图九　H8902出土陶器 ……………………………………………………………………… 12
图一○　H8907平、剖面图 ………………………………………………………………… 12
图一一　H8906平、剖面图 ………………………………………………………………… 13
图一二　H8906出土陶器 …………………………………………………………………… 13
图一三　H8901平、剖面图 ………………………………………………………………… 15
图一四　H8901出土陶器 …………………………………………………………………… 15
图一五　H8849平、剖面图 ………………………………………………………………… 16
图一六　H8849出土陶器 …………………………………………………………………… 16
图一七　H8856平、剖面图 ………………………………………………………………… 17
图一八　H8856、H8859出土陶器 ………………………………………………………… 17
图一九　H8859平、剖面图 ………………………………………………………………… 18
图二○　H8860平、剖面图 ………………………………………………………………… 18
图二一　H8860出土陶器 …………………………………………………………………… 19
图二二　H8860出土器物 …………………………………………………………………… 20
图二三　H8861平、剖面图 ………………………………………………………………… 21
图二四　H8861出土陶器 …………………………………………………………………… 21
图二五　H8867平、剖面图 ………………………………………………………………… 22
图二六　H8867出土陶器 …………………………………………………………………… 22
图二七　H8876平、剖面图 ………………………………………………………………… 23
图二八　H8876出土陶器 …………………………………………………………………… 23

图二九	H8884平、剖面图	24
图三〇	H8884出土陶器	24
图三一	H8897平、剖面图	25
图三二	H8897出土陶器	26
图三三	H8903平、剖面图	27
图三四	H8903出土陶器	27
图三五	H8903出土陶器	28
图三六	H8908平、剖面图	29
图三七	H8908出土陶器	30
图三八	H8910平、剖面图	31
图三九	H8910出土陶器	31
图四〇	H8911平、剖面图	32
图四一	H8911出土陶器	32
图四二	H8913平、剖面图	33
图四三	H8913出土陶器	34
图四四	H8916平、剖面图	34
图四五	H8916出土陶器	35
图四六	H8924平、剖面图	35
图四七	H8924、H8926出土陶器	36
图四八	H8926平、剖面图	36
图四九	H8929平、剖面图	37
图五〇	H8929出土陶器	37
图五一	H8937平、剖面图	38
图五二	H8937出土陶器	39
图五三	H8955平、剖面图	39
图五四	H8955出土陶器	40
图五五	H8977平、剖面图	40
图五六	H8977出土器物	41
图五七	H8982平、剖面图	41
图五八	H8982出土陶器	42
图五九	H8982出土陶器	43
图六〇	H8984平、剖面图	44
图六一	H8984出土陶器	45
图六二	H9001平、剖面图	45
图六三	H9001出土陶器	46
图六四	H9011平、剖面图	47

图六五	H9011出土陶器	48
图六六	H9025平、剖面图	48
图六七	H9025、H9028出土陶器	48
图六八	H9027平、剖面图	49
图六九	H9028平、剖面图	49
图七〇	H9030平、剖面图	50
图七一	H9030出土陶器	50
图七二	H9058平、剖面图	51
图七三	H9058出土陶器	52
图七四	H9058出土陶矮领罐	53
图七五	H9058出土陶瓮	53
图七六	H9058出土陶器	54
图七七	H9070平、剖面图	55
图七八	H9070出土陶瓮形器	56
图七九	H9070出土陶高领罐	57
图八〇	H9070出土陶器	57
图八一	H9070出土陶盆	58
图八二	H9070出土陶器	59
图八三	H9070出土陶器	61
图八四	H9072平、剖面图	61
图八五	H9072出土陶器	62
图八六	H9075平、剖面图	62
图八七	H9079平、剖面图	63
图八八	H9079出土陶器	63
图八九	H9081平、剖面图	64
图九〇	H9081出土陶器	65
图九一	H9082平、剖面图	65
图九二	H9083平、剖面图	66
图九三	H9083出土陶器	67
图九四	H9083出土陶器	68
图九五	H9083出土陶束颈罐	69
图九六	H9083出土陶盆	70
图九七	H9083出土陶器	70
图九八	H9083出土陶器	71
图九九	H9084平、剖面图	72
图一〇〇	H9084出土陶器	73

图一〇一	H9084出土陶高领罐	73
图一〇二	H9084出土陶器	74
图一〇三	H9084出土陶器	75
图一〇四	H8847平、剖面图	76
图一〇五	H8847出土陶器	77
图一〇六	H8848平、剖面图	77
图一〇七	H8848出土陶器	78
图一〇八	H8854平、剖面图	79
图一〇九	H8854出土陶器	79
图一一〇	H8862平、剖面图	80
图一一一	H8862出土陶器	80
图一一二	H8863平、剖面图	81
图一一三	H8863出土陶器	82
图一一四	H8865平、剖面图	82
图一一五	H8865、H8868出土陶器	82
图一一六	H8866平、剖面图	83
图一一七	H8868平、剖面图	83
图一一八	H8875平、剖面图	84
图一一九	H8875出土陶器	84
图一二〇	H8883平、剖面图	85
图一二一	H8883出土陶器	86
图一二二	H8888平、剖面图	86
图一二三	H8888出土陶器	87
图一二四	H8888出土器物	88
图一二五	H8891平、剖面图	89
图一二六	H8891出土陶器	90
图一二七	H8898平、剖面图	91
图一二八	H8898出土陶器	91
图一二九	H8900平、剖面图	92
图一三〇	H8900出土陶器	92
图一三一	H8900出土陶器	93
图一三二	H8905平、剖面图	93
图一三三	H8905出土陶器	94
图一三四	H8905出土陶器	95
图一三五	H8912平、剖面图	95
图一三六	H8912、H8915出土陶器	96

图一三七	H8915平、剖面图	96
图一三八	H8917平、剖面图	97
图一三九	H8917出土陶器	97
图一四〇	H8923平、剖面图	98
图一四一	H8923出土陶器	98
图一四二	H8938平、剖面图	99
图一四三	H8938出土陶器	100
图一四四	H8938出土陶器	101
图一四五	H8947平、剖面图	102
图一四六	H8947出土陶矮领罐	102
图一四七	H8947出土陶器	103
图一四八	H8956平、剖面图	103
图一四九	H8956出土陶器	104
图一五〇	H8958平、剖面图	104
图一五一	H8958出土陶器	105
图一五二	H8986平、剖面图	106
图一五三	H8986出土陶器	107
图一五四	H8986出土陶器	108
图一五五	H9010平、剖面图	108
图一五六	H9010出土陶器	109
图一五七	H9010出土陶器	110
图一五八	H9021平、剖面图	110
图一五九	H9021出土陶器	111
图一六〇	H9022平、剖面图	111
图一六一	H9022出土陶器	112
图一六二	H9023平、剖面图	113
图一六三	H9023出土陶器	113
图一六四	H9029平、剖面图	114
图一六五	H9029出土陶器	114
图一六六	H9071平、剖面图	115
图一六七	H9071出土陶器	116
图一六八	H9071出土陶高领罐	117
图一六九	H9071出土陶器	118
图一七〇	H9071出土器物	119
图一七一	H9074平、剖面图	120
图一七二	H9074出土陶器	120

图一七三	H9074出土陶高领罐	121
图一七四	H9074出土陶束颈罐	122
图一七五	H9074出土陶盆	123
图一七六	H9074出土陶器	124
图一七七	H9074出土器物	125
图一七八	H9076平、剖面图	126
图一七九	H9076出土陶器	127
图一八〇	H9076出土陶器	127
图一八一	H9076出土陶器	128
图一八二	H9076出土陶器	129
图一八三	H9077平、剖面图	130
图一八四	H9077、H9078出土陶器	130
图一八五	H9078平、剖面图	131
图一八六	H9080平、剖面图	131
图一八七	H8864平、剖面图	132
图一八八	H8864、H8855出土器物	133
图一八九	H8948平、剖面图	134
图一九〇	H8869平、剖面图	134
图一九一	H8869出土陶器	135
图一九二	H8894平、剖面图	135
图一九三	H8894出土陶器	136
图一九四	H8895平、剖面图	137
图一九五	H8895出土陶器	138
图一九六	H8895出土陶器	139
图一九七	H8909平、剖面图	140
图一九八	H8909出土陶器	141
图一九九	H8909出土陶高领罐	141
图二〇〇	H8909出土陶器	142
图二〇一	H8914平、剖面图	143
图二〇二	H8914出土陶器	143
图二〇三	H8846平、剖面图	144
图二〇四	H8846、H8878出土陶器	144
图二〇五	H8878平、剖面图	145
图二〇六	H8899平、剖面图	145
图二〇七	H8899出土器物	146
图二〇八	H8918平面图	147

图二〇九	H8918出土陶器	148
图二一〇	H8918出土陶器	149
图二一一	H8920平、剖面图	150
图二一二	H8920出土陶器	150
图二一三	H8946平、剖面图	151
图二一四	H8946出土陶器	151
图二一五	H9002平、剖面图	152
图二一六	H9002出土陶器	153
图二一七	H9004平、剖面图	153
图二一八	H9004出土陶器	154
图二一九	H9009平、剖面图	154
图二二〇	H9009出土陶器	155
图二二一	H9024平、剖面图	156
图二二二	H9024、H9026出土陶器	157
图二二三	H9026平、剖面图	157
图二二四	H9059平、剖面图	158
图二二五	H9059出土陶器	159
图二二六	H9059出土器物	160
图二二七	G691平、剖面图	161
图二二八	G691出土陶器	162
图二二九	G691出土陶器	163
图二三〇	G692平、剖面图	163
图二三一	G692出土陶器	164
图二三二	G697平、剖面图	165
图二三三	G697、G698、G699出土陶器	166
图二三四	G698平、剖面图	167
图二三五	G699平、剖面图	168
图二三六	Y262平、剖面图	169
图二三七	M2939平、剖面图	170
图二三八	M2933平、剖面图	170
图二三九	M2934平、剖面图	171
图二四〇	M2935平、剖面图	172
图二四一	M2938平、剖面图	172
图二四二	M2940平、剖面图	173
图二四三	M2936平、剖面图	174
图二四四	M2937平、剖面图	174

图二四五	C1平、剖面图	175
图二四六	D2平、剖面图	176
图二四七	D2出土陶圈足（D2∶1）	176
图二四八	第7层出土陶尖底杯	177
图二四九	第7层出土陶尖底盏、陶尖底罐	178
图二五〇	第7层出土陶瓮形器	180
图二五一	第7层出土陶瓮形器	181
图二五二	第7层出土陶瓮形器	181
图二五三	第7层出土陶敛口罐	182
图二五四	第7层出土陶敛口罐	183
图二五五	第7层出土陶敛口罐	185
图二五六	第7层出土陶敛口罐	186
图二五七	第7层出土陶敛口罐	187
图二五八	第7层出土陶敛口罐	188
图二五九	第7层出土陶敛口罐	189
图二六〇	第7层出土陶敛口罐	190
图二六一	第7层出土陶敛口罐	191
图二六二	第7层出土陶高领罐	192
图二六三	第7层出土陶高领罐	192
图二六四	第7层出土陶高领罐	193
图二六五	第7层出土陶高领罐	194
图二六六	第7层出土陶高领罐	195
图二六七	第7层出土陶高领罐	196
图二六八	第7层出土陶高领罐	197
图二六九	第7层出土陶高领罐	197
图二七〇	第7层出土陶高领罐	198
图二七一	第7层出土陶高领罐	199
图二七二	第7层出土陶高领罐	200
图二七三	第7层出土陶矮领罐	201
图二七四	第7层出土陶矮领罐	202
图二七五	第7层出土陶矮领罐	202
图二七六	第7层出土陶束颈罐	203
图二七七	第7层出土陶束颈罐	204
图二七八	第7层出土陶束颈罐	205
图二七九	第7层出土陶束颈罐	206
图二八〇	第7层出土陶束颈罐	207

图二八一	第7层出土陶束颈罐	208
图二八二	第7层出土陶壶	209
图二八三	第7层出土陶壶	210
图二八四	第7层出土陶盆	211
图二八五	第7层出土陶盆	212
图二八六	第7层出土陶盆	213
图二八七	第7层出土陶盆	214
图二八八	第7层出土陶盆	215
图二八九	第7层出土陶盆	216
图二九〇	第7层出土陶盆	217
图二九一	第7层出土陶瓮	218
图二九二	第7层出土陶瓮	219
图二九三	第7层出土陶瓮	220
图二九四	第7层出土陶瓮	220
图二九五	第7层出土陶瓮	221
图二九六	第7层出土陶瓮	222
图二九七	第7层出土陶瓮	223
图二九八	第7层出土陶缸	224
图二九九	第7层出土陶缸	225
图三〇〇	第7层出土陶缸	225
图三〇一	第7层出土陶器	227
图三〇二	第7层出土陶器	228
图三〇三	第7层出土陶豆柄	229
图三〇四	第7层出土陶器	230
图三〇五	第7层出土陶器盖	231
图三〇六	第7层出土陶器纽	232
图三〇七	第7层出土陶器纽	233
图三〇八	第7层出土陶器纽	234
图三〇九	第7层出土陶器	235
图三一〇	第7层出土陶器座	236
图三一一	第7层出土陶器底	237
图三一二	第7层出土陶器底	238
图三一三	第7层出土陶器底	239
图三一四	第7层出土陶器底	240
图三一五	第7层出土陶器底	240
图三一六	第7层出土陶圈足	241

图三一七	第7层出土陶圈足	242
图三一八	第7层出土陶圈足	243
图三一九	第7层出土陶纺轮	244
图三二〇	第7层出土器物	246
图三二一	第6层出土陶瓮形器	247
图三二二	第6层出土陶敛口罐	247
图三二三	第6层出土陶敛口罐	248
图三二四	第6层出土陶敛口罐	249
图三二五	第6层出土陶敛口罐	250
图三二六	第6层出土陶高领罐	251
图三二七	第6层出土陶矮领罐	252
图三二八	第6层出土陶矮领罐	252
图三二九	第6层出土陶束颈罐	254
图三三〇	第6层出土陶器	255
图三三一	第6层出土陶盆	256
图三三二	第6层出土陶盆	256
图三三三	第6层出土陶瓮	257
图三三四	第6层出土陶缸	258
图三三五	第6层出土陶簋形器	259
图三三六	第6层出土陶器	260
图三三七	第6层出土遗物	261
图三三八	第5层出土陶器	263
图三三九	陶尖底杯	266
图三四〇	陶尖底盏	267
图三四一	陶小平底罐、陶敛口罐	268
图三四二	陶高领罐	269
图三四三	陶矮领罐	269
图三四四	陶束颈罐	270
图三四五	陶壶	270
图三四六	陶盆	271
图三四七	陶瓮	271

图 版 目 录

图版一　　遗址全景
图版二　　工作照
图版三　　工作照
图版四　　工作照
图版五　　T6815、T6513地层剖面
图版六　　H8907、H8860
图版七　　H8884、H8897
图版八　　H8903、H9001
图版九　　H9058、H9083
图版一〇　H8862、H8863
图版一一　H8888、H8891
图版一二　H8905、H8938
图版一三　H9076、H8864
图版一四　H8894、G691
图版一五　Y262、M2939
图版一六　M2933、M2934
图版一七　M2938、M2940
图版一八　M2936、M2937
图版一九　H8856、H8860、H8867、H8876、H8884、H8897出土陶器
图版二〇　H8897、H8903出土陶器
图版二一　H8908、H8926、H8929、H8955、H9030出土陶器
图版二二　H9058、H9083、H8847、H8854出土陶器
图版二三　H8888、H8898、H8905、H8598出土陶器
图版二四　H8958、H9023、H9029、H9071、H8864出土陶器
图版二五　H8864、H8894、H8909、H8899、H9026出土陶器
图版二六　H9059及第7层出土陶器
图版二七　第7层出土陶器
图版二八　第7层出土器物

第一章 绪 论

金沙遗址黄忠小学地点位于四川省成都市金牛区营门口乡七组，黄忠路与黄忠横街交叉口。地处摸底河北岸，属金沙遗址群的西北部，南距金沙遗址祭祀区约1100米，地理坐标为东经104°00′45″、北纬30°41′21″，海拔508米（图一～图三）。为配合金牛区教育局"黄忠配套小学（特教小学）及幼儿园"项目的建设，成都市文物考古研究院于2017年11月至2018年9月对该遗址点进行了勘探和抢救性发掘。该地点位于金沙遗址发掘区的第Ⅷ区，共布设10米×10米探方27个，10米×5米、10米×6米探方各1个，总发掘面积为2810平方米，发现商周、唐宋及明清等多个时期的遗存（图版一）。

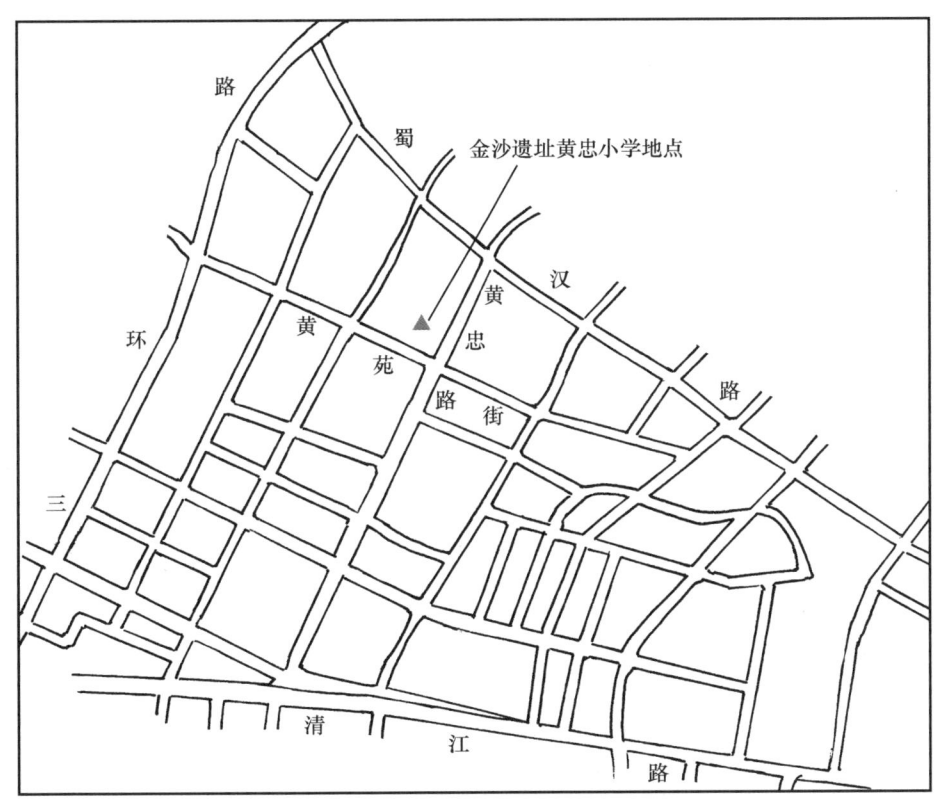

图一 金沙遗址黄忠小学地点位置示意图

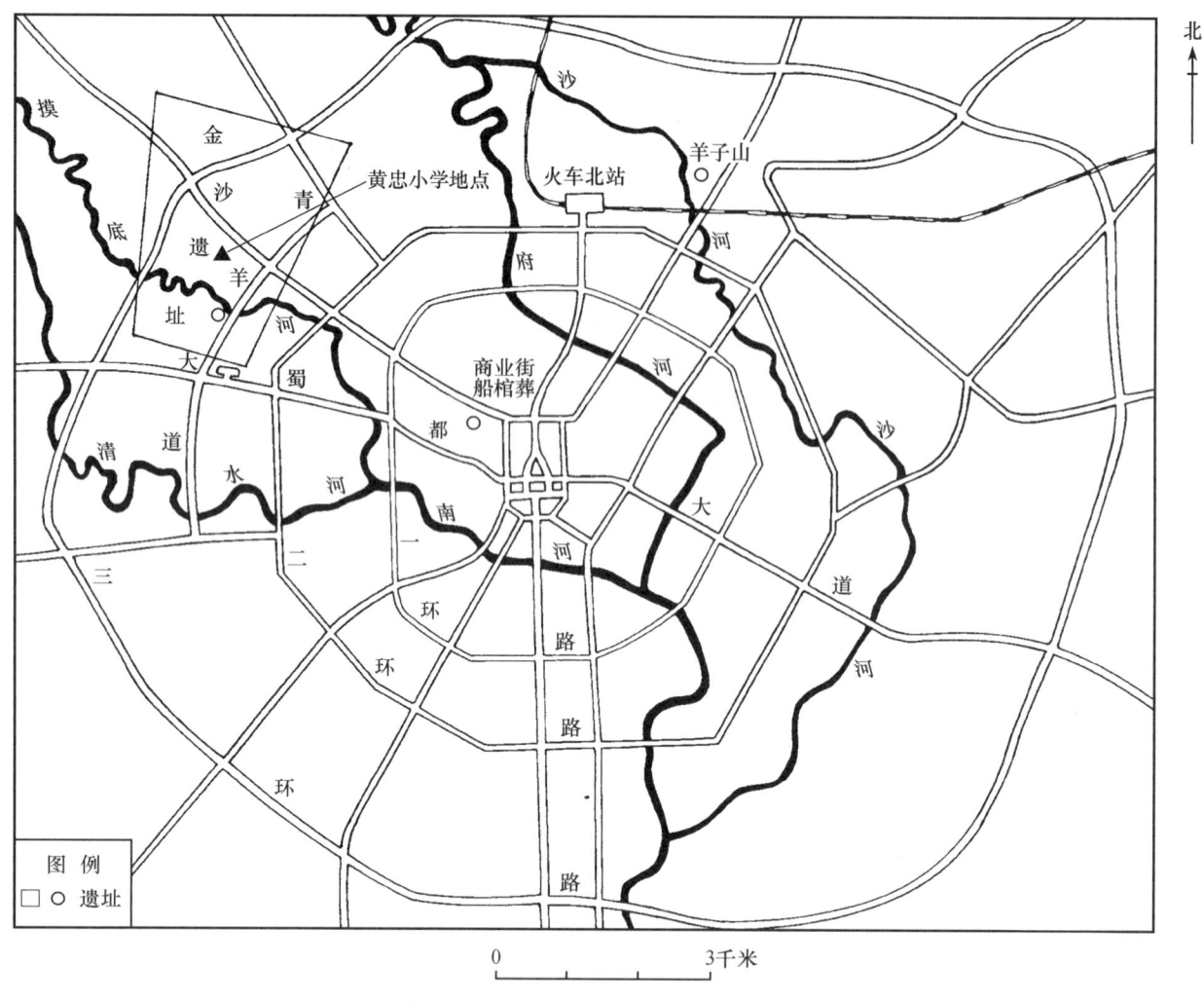

图二　金沙遗址在成都市区的位置示意图

第一节　地理环境[①]

成都市地处川西北高原山地和川中丘陵之间，兼有川西北高原山地、盆西平原和川中丘陵三大地理单元。东出20千米有连绵起伏的龙泉山拱卫，西出50千米有邛崃山脉屏障。境内山地、丘陵、平原三种地貌类型均有分布。其中，平原占40.1%、丘陵占27.6%、山地占32.3%。

成都市境内地质历史悠久，地层比较齐全。除寒武纪外，元古代至新生代地层均有出露，总厚度大于2万米，但分布不一。元古代、古生代地层（形成于距今19亿年至2.25亿年）出露于西北部的龙门山、邛崃山褶皱带，主要由岩浆岩、变质岩和浅海相沉积岩组成；中生代地层（形成于距今2.25亿年至6500万年）主要出露于西北部山区元古代、古生代的东侧（也有部分出露于西侧）和东部的龙泉山、长丘山地区，主要由砖红色的砂岩、泥岩等河湖相沉积岩构

---

① 本节内容参见成都市地方志编纂委员会：《成都市志（修订本）》第一册，方志出版社，2017年，第40~56页；成都市地方志编纂委员会：《成都市志（修订本）》第二册，方志出版社，2017年，第258~269页。

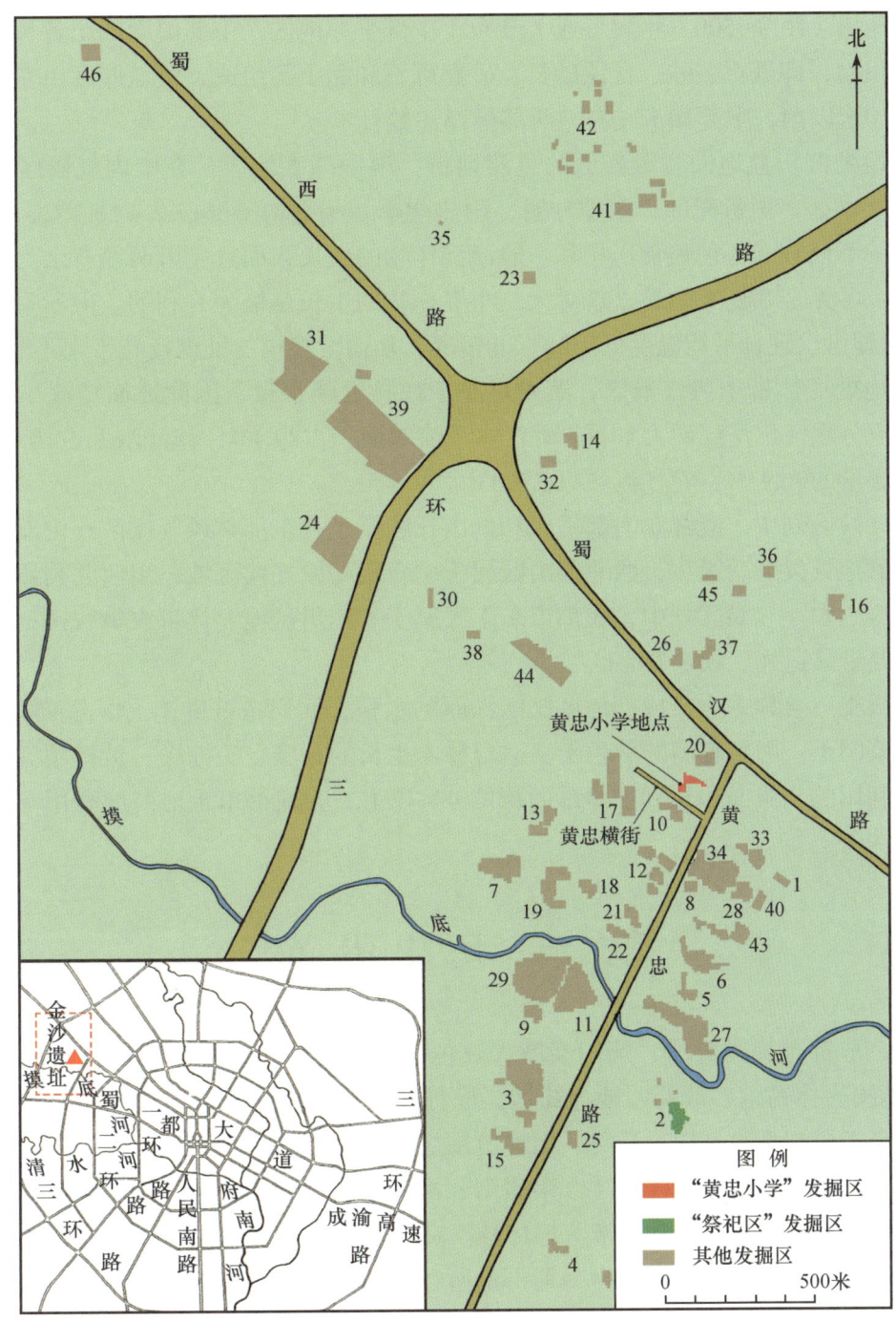

图三 黄忠小学地点与金沙遗址其他发掘区关系示意图

1. 三和花园 2. 祭祀区 3. 兰苑 4. 金沙园 5. 将王府 6. 金煜 7. 万博 8. 罡正 9. 人防 10. 芙蓉苑 11. 燕沙庭院 12. 交通局 13. 春雨花间 14. 家在回廊 15. 汉隆 16. 金港湾 17. 阳光地带二期 18. 佳园 19. 金沙国际 20. 千和馨城 21. 紫桂花园 22. 金沙古韵 23. 郎家精品房 24. 金牛区城乡一体化2号 25. 游客接待中心 26. 金域港湾 27. 陈列馆 28. 西延雅舍 29. 雍景湾 30. 龙嘴六组拆迁安置房 31. 金牛区城乡一体化3号 32. 泰基花语廊 33. 金牛区城乡一体化5号A 34. 金牛区城乡一体化5号B 35. 迎宾路小学 36. 金牛区城乡一体化7号A 37. 西城天下 38. 龙嘴五组安置房 39. 尚瑞天韵 40. 金沙朗寓 41. 中环西岸观邸 42. 爱美高 43. 金牛区城乡一体化5号C 44. 青羊兴城建 45. 红色村小学 46. 文殊安置房

成；新生代地层（距今6500万年后形成）分布于中部平原地区，主要由第四纪各种冲洪积物、坡积物、残积物，即砾石、砂、含泥砂石、砂卵砾石和黏土等组成，覆盖厚度由东向西逐渐递增，东部在10米以内，中部30米左右，西部最厚达数百米。

成都市地处四川盆地向青藏高原的过渡地带，属中纬度地区。在中国气候区划上属亚热带湿润季风气候区，雨量充沛，四季分明，雨热同季。年平均温度15.2～16.7℃，无霜期长达270～300天，不仅宜于各种粮食作物和一般经济作物的生长，而且年可两熟有余。热量的季节分配特点是：冬无奇寒夏无酷暑。这对大、小春作物的生长是极为有利的。但秋季气温下降过快，9月下旬即可出现日平均温度低于20℃的情况，从而对晚稻的抽穗扬花带来不利影响。

成都市地处亚热带季风气候区，蒸发量小于或接近降水量，因此地面径流丰沛，河流众多。地面径流分岷江、沱江两大水系。岷江水系流域面积占89.4%，沱江水系占10.6%。岷江流域占全市径流量的96.97%，沱江流域只占3.03%。

在中国气候区划中，成都东南部平原和低山丘陵属于"东部季风气候区—中亚热带湿润气候带—四川盆地气候区西缘"，西北部山区属于"青藏高原气候区域—川西北高原山地温带的东缘"。在四川农业气候区划中，成都市东南部属于"四川盆地亚热带农林牧区—盆西边缘山地亚热带暖温带最适林、牧、农小区"。

"天府沃土"著称古今。成都地区肥沃深厚的水稻土面积超过耕作土壤总面积70%，加上高度熟化的菜园土，肥力较高的紫色土，适合林木生长的黄壤、暗棕壤、黄棕壤等，全市适合农、林、牧利用的土壤面积达到土壤总面积的98%以上，为成都市土地高度利用和高度产出提供了基本条件。

第二节　历史沿革[①]

古蜀时，成都是蜀国都城，蜀国疆域大致包括今四川省大部和云南、贵州部分地区。公元前316年秦国灭掉蜀国，改蜀国地为蜀郡，成都是蜀郡治所在地。经过西汉时的拆分，蜀郡辖地基本固定于成都平原及周边丘陵、山地范围之内，领有成都、广都（今双流区）、郫、繁（今新都区、彭州市等地）、江源（今崇州市、都江堰）、绵虒（今茂县、汶川县一带）、临邛（今邛崃市、大邑县、蒲江县一带）等15县。

隋朝统一后，成都是西南道行台、蜀郡治所在地。蜀郡辖有成都、双流、新津、晋源（今崇州市）、青城（今都江堰市）、绵竹、郫、玄五（今中江县）、汉（今广汉市）、阳安（今简阳市、金堂县一带）、平原（今龙泉驿区）等共13县。

唐至德二年（757）改蜀郡为成都府，统领13县：成都、华阳、新都、新繁、犀浦、郫县、双流、广都、温江、灵池（今龙泉驿区）等。

宋代设成都府路，辖3府10州1监，成都府为3府之一，现有成都、华阳、犀浦、温江、双流、灵池等县。

明代四川布政使司设成都。成都府辖有成都、华阳、双流、温江、郫县、新繁、新都、崇

[①] 成都市地方志编纂委员会：《成都市志（修订本）》第二册，方志出版社，2017年，第258、259页。

宁（今郫县唐昌镇）、灌县、金堂、仁寿、井研、资中、资阳、内江、安县、崇庆、简州、新津、汉州、什邡、绵竹、德阳、绵州、罗江、汶川、茂州、威州28州县。

清代，成都是四川省省会。顺治、康熙年间，成都府辖36州县，雍正中改为16州县，即成都、华阳、双流、温江、新津、新繁、新都、郫县、崇宁、彭县、金堂、什邡、灌县13个县和崇庆、汉州、简州3个州。其疆域为"东西距三百四十里，南北距二百七十五里。（成都府署）东至潼川府乐至界一百六十里，西至茂州汶川县属瓦寺宣慰司一百八十里，南至眉州彭山县界一百一十五里，北至绵州绵竹县一百六十里，东南至资州资阳县界一百六十里，西南至邛州直隶州界一百二十里，东北至潼川府中江县界一百五十里，西北至茂州汶川县界一百四十里"（嘉庆《四川通志·疆域》）。省会成都城"东西九里三分""南北七里七分"，由成都、华阳两县于城内鱼市口（今青石桥北街与东大街交会处）分界而治。

1912年中华民国成立，1913年废除成都府建制，四川省省会成都城仍由成都、华阳两县分治。民国十一年（1922）鉴于成都城内人口超过30万，设立成都市政公所，民国十七年（1928）升格为成都市政府。初期，市政府无管辖实地，仅能在省会警察局警区范围内行使行政权（警区范围不超出城郊南北方2里，东西方3里）。民国二十年（1931），市长黄隐呈请省政府明令划定市区范围，经四川省民政厅审核明定以省会警察厅所辖警区范围为成都市政府管辖实地。

民国二十四年（1935），省民政厅召集成都市政府、成都县政府、华阳县政府代表，会同省、市、县地政人员勘定成都市区界线：东至小龙桥、伍显庙等处，南至元通桥、火烧桥等处，西北化成桥、同善桥等处，北至驷马桥、赛银台等处。

1949年12月27日，成都成为川西行署区的驻地。1952年中华人民共和国中央人民政府撤销各行署、恢复四川省建制后，成都市一直为四川省省会。

第三节　发掘与整理经过

2017年11月，为配合成都市鑫金资产投资经营有限公司"黄忠配套小学（特教小学）及幼儿园"项目的建设，成都市文物考古研究院金沙遗址工作站在该项目范围内进行了勘探。勘探表面，在整个红线范围内都分布有文化堆积，主要以商周时期堆积为主。勘探结束后，成都市文物考古研究院组织专业人员对遗址进行了考古发掘工作，该地点位于金沙遗址发掘区的第Ⅷ区，共布设10米×10米的探方27个，10米×5米、10米×6米探方各1个，实际发掘面积为2810平方米。金沙遗址整个发掘区统一按5米×5米的探方进行系统布方编号，而"黄忠小学"地点在实际发掘时则主要按10米×10米的规格进行布方，故每个探方包括4个探方号，探方号采用对角线的方式来表示，如T7309、T7310、T7409、T7410组成的探方编号为T7309-7410，以此类推。对于10米×6米和10米×5米的探方分别按4个探方和2个探方进行编号。项目负责人为周志清，现场负责人为田剑波，参与发掘的人员还有马比伍合、唐建芳、马诚等。发掘工作于2018年9月基本结束（图版二~图版四）。

2019年3月开始，黄忠小学地点工作转入室内整理，主要由田剑波负责，主要参与人员有张春秀、唐建芳、韩雪婷、邓江燕、祝恬等，绘图由孙志辉完成，植物遗存分析由闫雪负责。2022年，整理工作基本完成。2023年，主要进行文字及图片校核、修改工作。

第二章 概 述

第一节 遗存概况

黄忠小学地点主体为商周时期堆积，另有少量明清及汉唐时期遗物，未发现相关遗迹，本报告主要对商周时期遗存进行报道。

共清理商周时期遗迹262处，其中灰坑239个、灰沟14条、窑址1座、墓葬8座（图四）。灰坑和灰沟在整个发掘区均有分布，墓葬则主要位于发掘区的东部。遗迹基本叠压于第6层下，打破第7层或生土，发掘区西北、西南和东南部发现较多遗迹间的打破关系。

黄忠小学地点商周时期遗存包含大量陶器，但由于遗址经过长时间人为扰动，可复原的完整器为70多件。此外还出土少量铜器、石器及动物骨骼。

从陶质来看，可分为夹砂陶和泥质陶。夹砂陶占多数，泥质陶较少，且在不同单位内所占比例差异较大（表一）。夹砂陶所占比例平均约在80%，有的单位比例甚至达到了100%。泥质陶所占比例平均为20%，也有小部分单位泥质陶占比超过了夹砂陶。夹砂陶的羼和料较均匀，无明显的粗砂和细砂之分，陶质较为致密，常见于罐类、盆、瓮形器、瓮、缸、器盖等器类。泥质陶皆为细泥陶，陶土多经过浆洗，质地细腻，主要见于尖底杯和部分尖底盏。

陶色方面，夹砂陶与泥质陶的差异较小。夹砂陶最常见的为灰黑色，其次为灰黄色、灰褐色和灰色等。泥质陶以灰黑色为主，次为灰白色、灰黄色、灰褐色等。因烧制火候的原因，夹砂陶陶色多不均匀，器表不同部位陶色也有差异，其中，夹砂陶的灰黑色多接近浅黑色，灰黄色多接近浅黄色。泥质灰黑较纯净，也有的器类如尖底杯多呈现器身下部为灰黑色，上部为灰白色或灰黄色。

纹饰方面，多为素面，饰纹饰的陶器不多。纹饰主要为绳纹、凹弦纹，另有网格纹、刻划纹、戳印纹、泥条堆纹、重菱纹、镂孔等。其中，绳纹多饰在器物的口部和肩部，有斜向绳纹和交错绳纹两种形态。凹弦纹、重菱纹多在器物的肩部或上腹部，凹弦纹多出现在高领罐、盆等器物的领部和上肩部，而重菱纹则多饰在瓮和缸等器物的上肩部。网格纹多装饰在器物的腹部外壁。刻划纹一般单独出现或者和戳印圆圈纹、凹弦纹等组合出现，且多呈交叉状。泥条堆纹是一种辅助性装饰，主要为凸棱，一般饰在罐、盆的腹中部外壁上。镂孔常见于器座和圈足，起装饰作用，常见的形状有圆形、三角形等（图五、图六）。

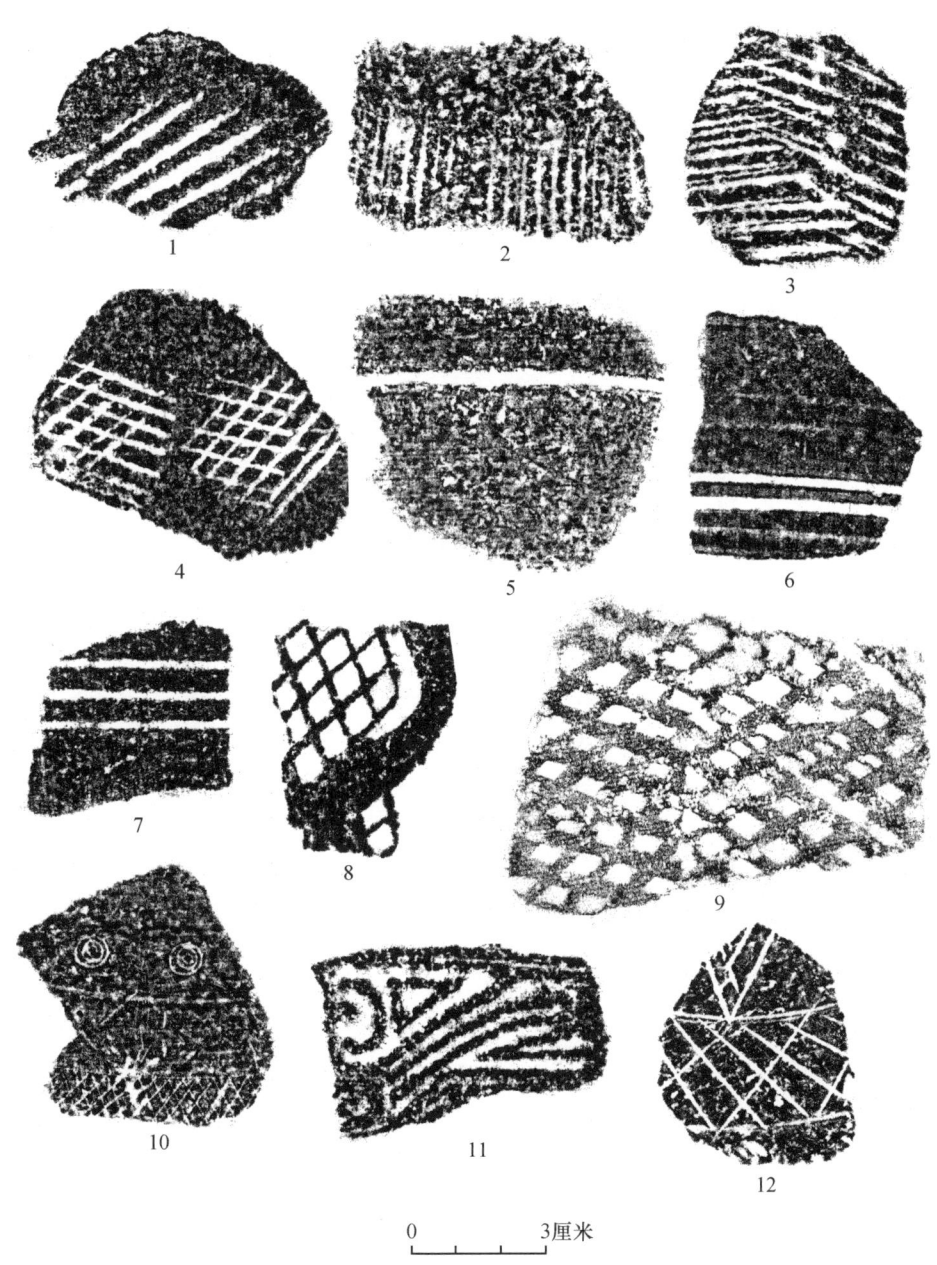

图五 陶器纹饰举例

1~4. 绳纹　5~7. 凹弦纹　8、9. 网格纹　10~12. 刻划纹

表一 黄忠小学地点陶质统计表 （单位：%）

陶质 单位	夹砂陶	泥质陶
T6907-T7008		
⑤	91.0	9.0
⑥	82.4	17.6
H8989	70.0	30.0
H9006	58.8	41.2
H9007	100.0	
⑦	80.6	19.4
T6711-T6812		
⑥	85.3	14.7
H9039	58.3	41.7
H9043	78.9	21.1
H9045	72.0	28.0
H9046	88.9	11.1
H9047	84.2	15.8
⑦	83.2	16.8
T7707-T7808		
⑥	91.2	8.8
G691	93.6	6.4
G692	90.0	10.0
H8914	36.6	63.4
H8915	100.0	
H8916	92.9	7.1
H8917	88.9	11.1
⑦	93.2	6.8
T8109-T8210		
⑥	70.5	29.5
H8864	88.5	11.5
H8867	88.5	11.5
H8868	81.9	18.1
H8883	83.3	16.7
H8884	57.4	42.6
H8885	70.6	29.4
H8891	39.4	60.6
H8901	67.8	32.2
⑦	77.7	22.3

图六 陶器纹饰举例

1~3.戳印圆圈纹　4~6.泥条堆纹　7~9.重菱纹　10、11.镂孔　12.乳钉纹

第二节 地层堆积

黄忠小学地点发掘区的地层均统一编号，根据土质、土色及包含物，可分七层（图版五，1、2）。现以T7309-T7410南壁剖面为例介绍如下（图七）。

第1层：近现代耕土层。黑色土，土质较疏松，包含大量植物根茎和现代生活垃圾。厚0.16~0.22米。

第2层：明清时期文化层。灰褐色土，土质较紧密。厚0.09~0.18米。出土少量明清时期青花瓷片、瓦片和陶片。

第3层：唐宋时期文化层。黄色土，土质较疏松，略含沙。厚0.09~0.18米。出土少量夹砂陶片和酱色釉瓷片。

第4层：汉代文化层。灰黄色土，土质较疏松，略含沙。厚0.11~0.18米。出土少量瓦片、夹砂陶片及泥质陶片。

第5层：商周时期文化层。青灰色土，土质较紧密。厚0.11~0.25米。出土少量夹砂陶片和泥质陶片。

第6层：商周时期文化层。黄褐色土，土质较致密，略含沙。厚0.07~0.17米。出土较多夹砂陶片和泥质陶片，可辨器形有尖底杯、尖底盏、罐等。H8931、G697等遗迹叠压于此层下。

第7层：商周时期文化层。褐色土，土质较紧密，黏性较强。厚0.12~0.25米。出土大量陶片，可辨器形有尖底杯、尖底盏、高领罐等。

第7层下为生土。

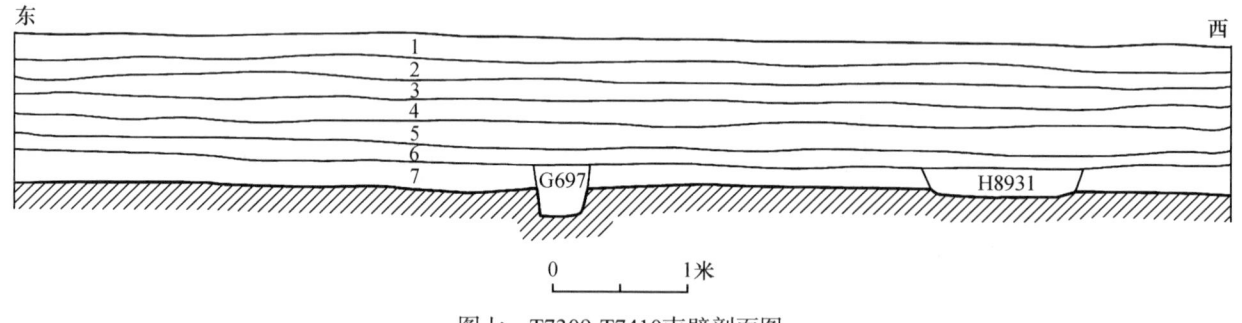

图七 T7309-T7410南壁剖面图

第三章 遗存分述

第一节 灰 坑

共239个。按平面形状可分椭圆形、圆形、方形和不规则形四类,其中椭圆形灰坑104个、圆形灰坑106个、方形灰坑9个、不规则形灰坑20个。坑壁大多不规整,部分灰坑底部铺有大量卵石,具体功用尚不清楚。以下选取典型灰坑介绍其形制和遗物。

一、第7层下灰坑

共有灰坑4个。

(一)椭圆形

2个。

1. H8902

位于T7909-T8010西北部。开口于第7层下,打破生土,西北被H8898打破。平面形状呈椭圆形。壁斜直,斜弧底。长2.36、宽1.34、深0.1米(图八)。坑内填黑褐色土,土质较紧密,黏性较强。包含零星竹木炭灰烬和少量红烧土块。出土陶片以泥质灰黑陶为主,其余依次为夹砂灰黑陶、夹砂灰黄陶、泥质灰黄陶、夹砂灰褐陶。纹饰以素面为主,其余依次为凹弦纹、粗绳纹。经统计,H8902出土陶片中,泥质灰黑陶约占陶片总数的36.6%,夹砂灰黑陶占陶片总数的32.1%,夹砂灰黄陶占陶片总数的20.6%,泥质灰黄陶占陶片总数的7.6%,夹砂

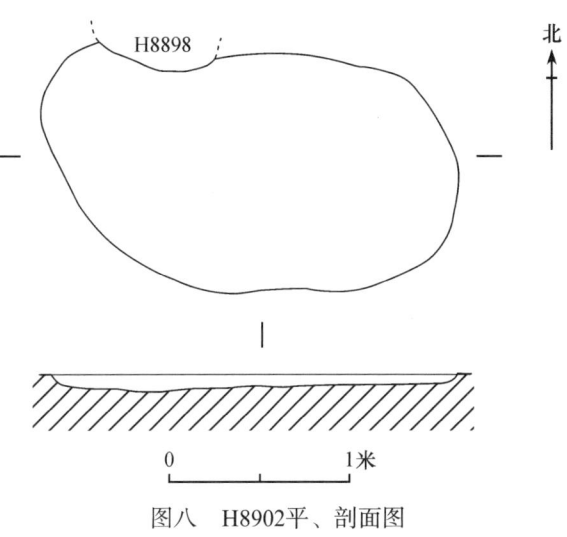

图八 H8902平、剖面图

灰褐陶占陶片总数的3.1%。素面陶占陶片总数的98.5%，凹弦纹陶占陶片总数的0.8%，粗绳纹陶占陶片总数的0.8%[1]。可辨器形有高领罐、盆、器盖、器纽等（图九）。

陶高领罐　1件。

H8902：2，夹砂灰黑陶。尖圆唇，平卷沿，斜直领。残高6厘米（图九，1）。

陶盆　2件。

H8902：3，夹砂灰黄陶。圆唇，卷沿。腹部饰一道凹弦纹。残高5.5厘米（图九，2）。
H8902：4，夹砂灰黄陶。圆唇，卷沿。腹部饰一道凹弦纹。残高4.1厘米（图九，3）。

陶器盖　1件。

H8902：1，夹砂灰黑陶。圆唇，覆盘状。残高1.9厘米（图九，4）。

陶器纽　1件。

H8902：5，夹砂灰黑陶。盘状纽，圆唇。纽径3.5、残高2.3厘米（图九，5）。

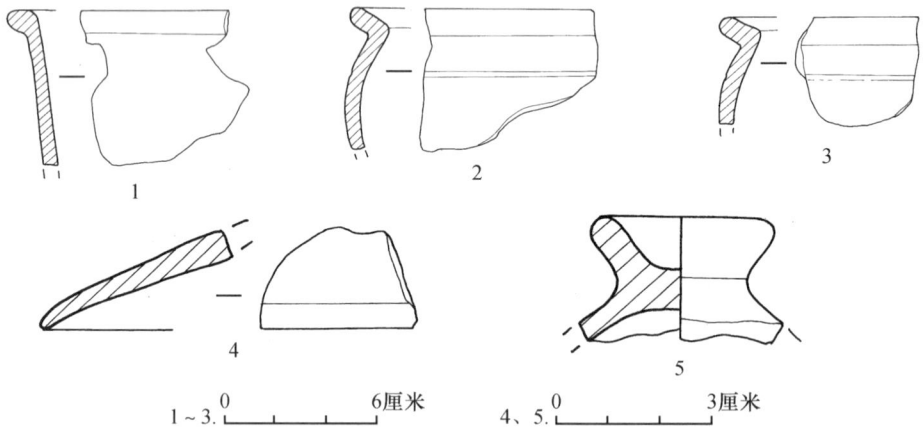

图九　H8902出土陶器
1.高领罐（H8902：2）　2、3.盆（H8902：3、H8902：4）　4.器盖（H8902：1）　5.器纽（H8902：5）

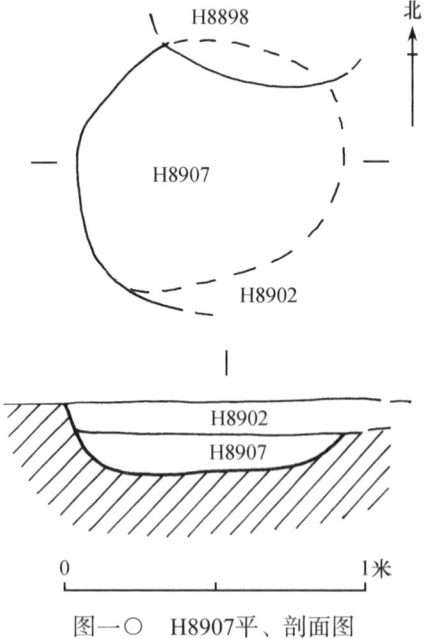

图一〇　H8907平、剖面图

2. H8907

位于T7909-T8010的西北部。开口于第7层下，打破生土，被H8898、H8902打破。平面形状呈椭圆形。壁斜直，底部不平。长0.96、宽0.88、深0.24米（图一〇；图版六，1）。坑内填黑褐色土，土质较紧密，黏性较强。含有零星竹木炭灰烬和兽骨。出土极少陶片，以泥质灰黑陶为主，其余依次为夹砂灰黑陶、夹砂灰黄陶。经统计，H8907出土陶片中，泥质灰黑陶约占陶片总数的47.1%，夹砂灰黑陶占陶片总数的35.3%，夹砂灰黄陶占陶片总数的17.6%。均为素面陶。无可识别器形。

---

[1]　因四舍五入，计算结果之和不全为百分之百，余同。

（二）圆形

1个。

H8906

位于T7909-T8010西北部。开口于第7层下，打破生土，被H8902打破。平面形状呈圆形，直径1.24米；斜壁，弧底，深0.14米（图一一）。坑内填褐黄色土，土质较致密，黏性较强，夹杂零星灰烬炭屑颗粒及少量兽骨。陶片以夹砂灰黑陶为主，其余依次为泥质灰黑陶、夹砂灰黄陶、泥质灰黄陶、夹砂灰褐陶。陶片中纹饰种类仅有细绳纹。其中，夹砂灰黑陶占陶片总数的44.4%，泥质灰黑陶占陶片总数的23.7%，夹砂灰黄陶占陶片总数的17%，泥质灰黄陶占陶片总数的11.1%，夹砂灰褐陶占陶片总数的3.7%。细绳纹陶占陶片总数的0.7%。可辨器形有瓮形器、高领罐、器纽、器底、圈足等（图一二）。

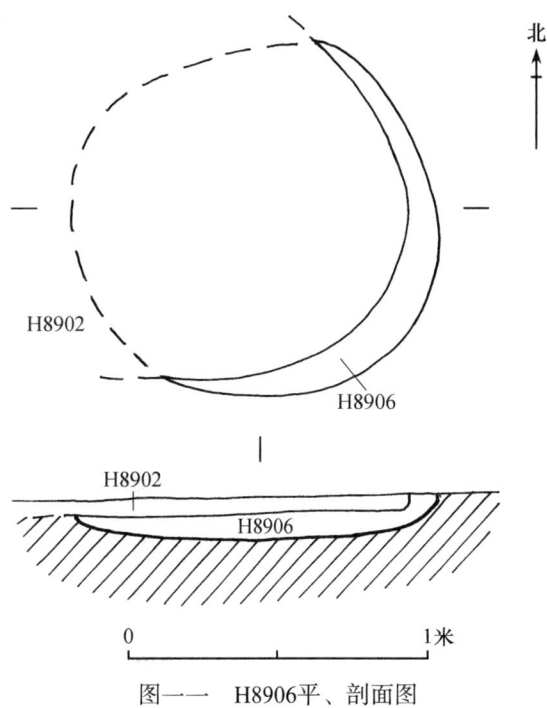

图一一 H8906平、剖面图

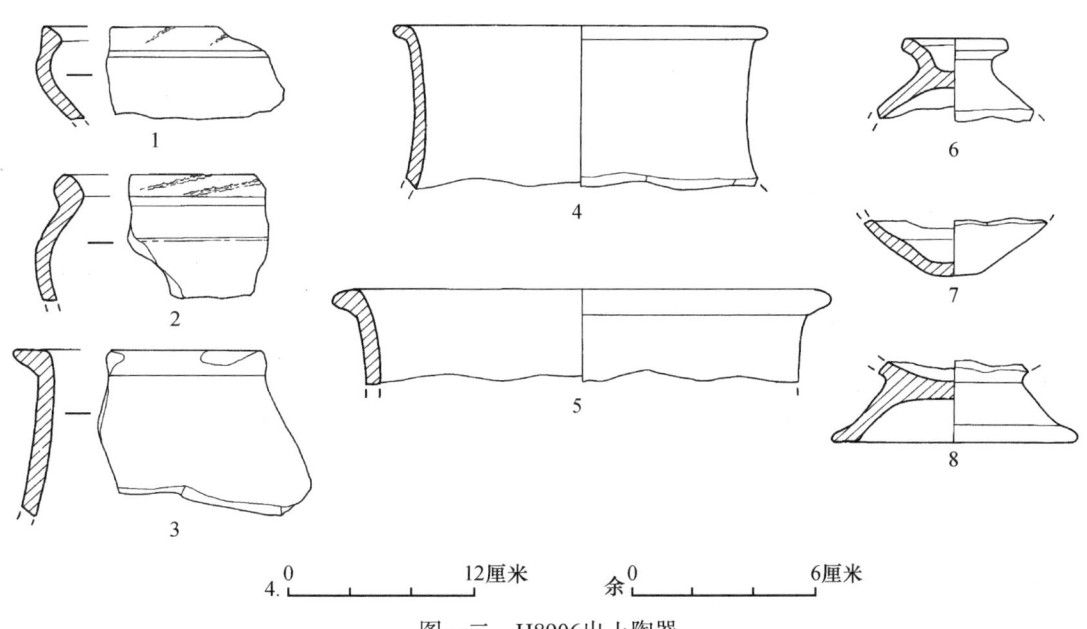

图一二 H8906出土陶器
1、2.瓮形器（H8906:3、H8906:6） 3~5.高领罐（H8906:2、H8906:9、H8906:5） 6.器纽（H8906:8）
7.器底（H8906:1） 8.圈足（H8906:4）

陶瓮形器　2件。

H8906：3，夹砂灰黄陶。方唇，浅弧腹。沿外侧压印绳纹。残高3厘米（图一二，1）。H8906：6，夹砂灰黑陶。方唇，深鼓腹。沿外侧压印绳纹，上腹饰一周凹弦纹。残高4厘米（图一二，2）。

陶高领罐　3件。

H8906：5，夹砂灰黑陶。口微侈，圆唇，卷沿。口径16、残高3厘米（图一二，5）。H8906：9，夹砂灰黑陶。侈口，圆唇。口径24、残高10.4厘米（图一二，4）。H8906：2，夹砂灰黑陶。口微敛，圆唇。残高5.4厘米（图一二，3）。

陶器纽　1件。

H8906：8，夹砂灰黑陶。方唇，盘状纽。纽径3.4、残高2.6厘米（图一二，6）。

陶器底　1件。

H8906：1，泥质灰黑陶。底径2、残高1.7厘米（图一二，7）。

陶圈足　1件。

H8906：4，夹砂灰黑陶。矮圈足，倒置如盘状。圈足径8、残高2.5厘米（图一二，8）。

（三）不规则形

1个。

H8901

位于T8109-T8210北部。开口于第7层下，打破生土，被G688打破。平面形状呈不规则形，长2.26、宽1.86米；斜壁，底部凹凸不平，深0.26米（图一三）。坑内填黑褐色土，土质较致密，黏性较强，夹杂零星灰烬炭屑颗粒及少量陶片，坑底堆积较多卵石。陶片以夹砂灰黑陶为主，其余依次为泥质灰黑陶、夹砂灰黄陶、泥质灰黄陶、夹砂灰褐陶。陶片中纹饰种类有粗绳纹、凹弦纹。其中，夹砂灰黑陶占陶片总数的39.9%，泥质灰黑陶占陶片总数的21.7%，夹砂灰黄陶占陶片总数的21%，泥质灰黄陶占陶片总数的10.5%，夹砂灰褐陶占陶片总数的7%。纹饰中粗绳纹陶占陶片总数的0.7%，凹弦纹陶占陶片总数的1.4%。可辨器形有尖底杯、束颈罐、盆、器盖等（图一四）。

陶尖底杯　1件。

H8901：3，泥质灰黑陶。整体呈罐形，侈口，尖圆唇，上腹相对略长，下腹微鼓。残高3.7厘米（图一四，6）。

陶束颈罐　1件。

H8901：5，夹砂灰黑陶。侈口，束颈，尖圆唇，卷沿，鼓肩。肩部饰斜向绳纹。残高4厘米（图一四，7）。

陶盆　2件。

H8901：7，夹砂灰黑陶。圆唇，卷沿，弧腹。腹部饰一道凹弦纹。残高5.2厘米（图一四，5）。H8901：4，夹砂灰黑陶。微敛口，圆唇，卷沿，斜直腹。残高4.5厘米（图一四，4）。

陶器盖　3件。

H8901：2，夹砂灰黄陶。覆碗形，圆唇，斜直腹。残高2.7厘米（图一四，2）。H8901：6，夹砂灰黑陶。覆碗形，尖圆唇，弧腹。底径13、残高4.2厘米（图一四，3）。H8901：8，夹砂灰黑陶。覆盏形，尖圆唇。口沿处相对偏薄，盖身略厚。残高1.6厘米（图一四，1）。

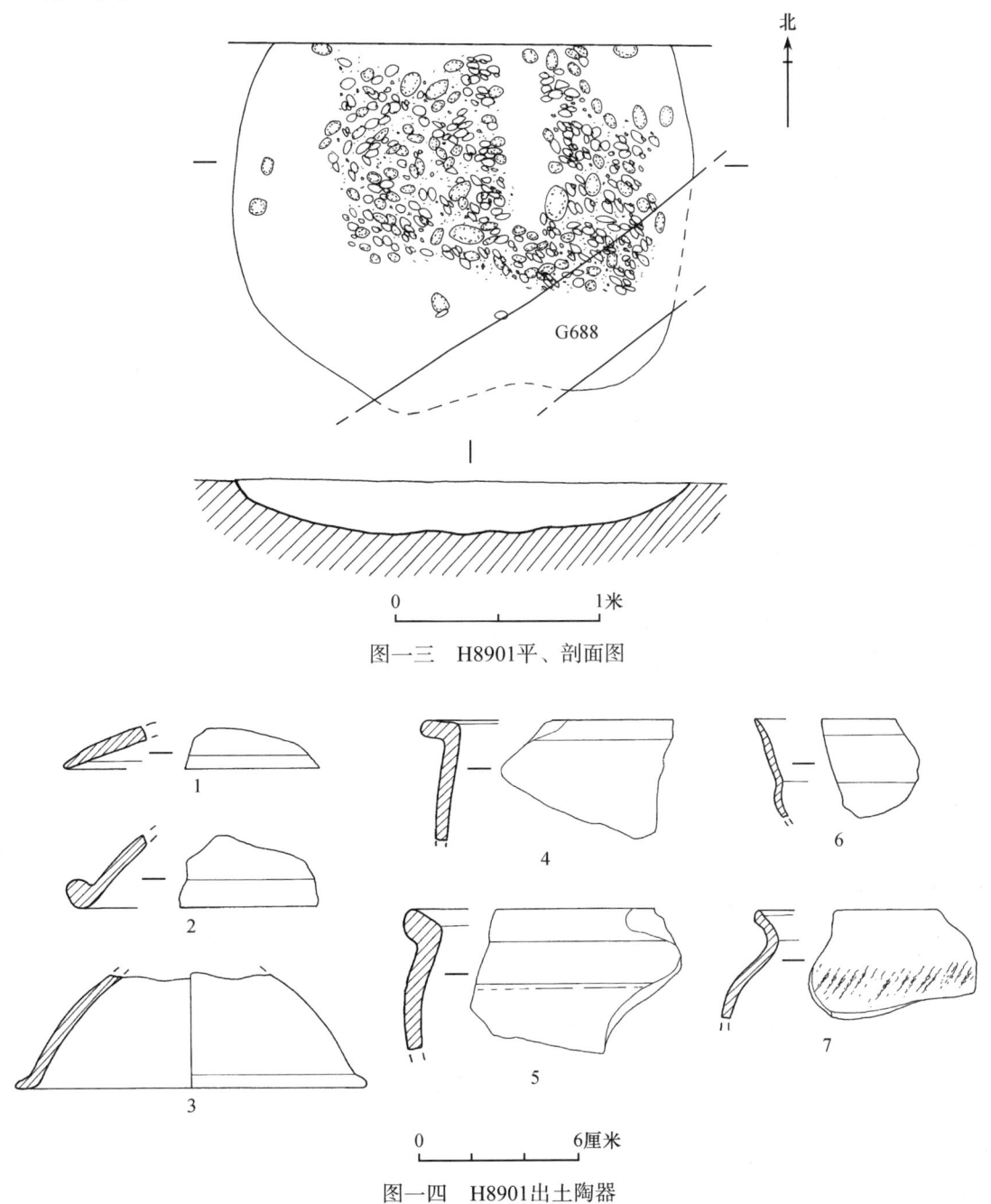

图一三　H8901平、剖面图

图一四　H8901出土陶器

1~3.器盖（H8901：8、H8901：2、H8901：6）　4、5.盆（H8901：4、H8901：7）　6.尖底杯（H8901：3）
7.束颈罐（H8901：5）

二、第6层下灰坑

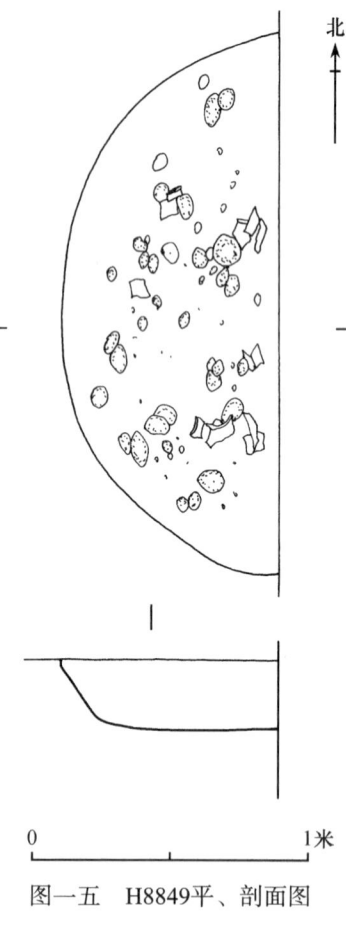

图一五　H8849平、剖面图

共235个。

（一）椭圆形

102个。

1. H8849

位于T8311-T8412东北部，东部延伸进东隔梁，未全部发掘。开口于第6层下，并打破第7层。推测其完整平面形状为椭圆形，长径1.98、短径0.79米；斜直壁，平底，深0.26米（图一五）。坑内填灰褐色土，土质较致密，黏性较大。坑底铺有较多卵石。包含少量炭屑和陶片，陶片以夹砂灰黑陶为主，其余依次为泥质灰黑陶、泥质灰黄陶、夹砂灰褐陶、泥质灰褐陶。纹饰以素面为主，其次为粗绳纹。经统计，H8849出土陶片中，夹砂灰黑陶占陶片总数的45.7%，泥质灰黑陶占陶片总数的39.5%，泥质灰黄陶占陶片总数的6.2%，夹砂灰褐陶占陶片总数的4.9%，泥质灰褐陶占陶片总数的3.7%。素面陶占陶片总数的97.5%，粗绳纹陶占陶片总数的2.5%。可辨器形有器盖、器底和圈足（图一六）。

陶器盖　1件。

H8849：1，夹砂灰黄陶。侈口，圆唇，斜弧腹。残高2厘米（图一六，1）。

陶器底　1件。

H8849：3，泥质灰黑陶。小平底。底径1.8、残高1.9厘米（图一六，3）。

陶圈足　1件。

H8849：2，夹砂灰黄陶。矮圈足。圈足径8.8、残高3.2厘米（图一六，2）。

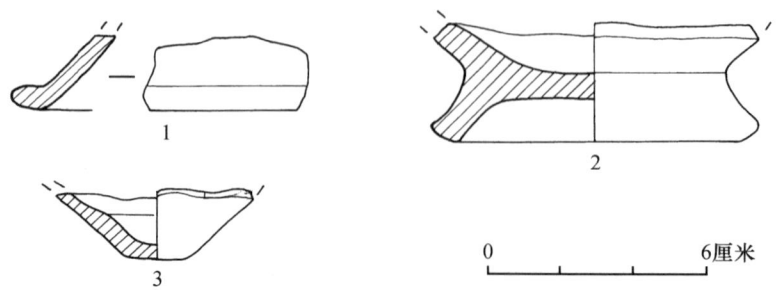

图一六　H8849出土陶器
1. 器盖（H8849：1）　2. 圈足（H8849：2）　3. 器底（H8849：3）

2. H8856

位于T8311-T8412的西南部。开口于第6层下，打破第7层，西部被H8846打破。平面形状为椭圆形，长径1.18、短径1.1米；斜直壁，平底，深0.2米（图一七）。坑内填黑褐色土，土质较致密，黏性较强。包含少量炭屑和陶片，陶片以夹砂灰黑陶为主，其余依次为夹砂灰黄陶、泥质灰黄陶、泥质灰黑陶。纹饰以素面为主，其次为方格纹。经统计，H8856出土陶片中，夹砂灰黑陶占陶片总数的55.6%，夹砂灰黄陶占陶片总数的20.2%，泥质灰黄陶占陶片总数的16.1%，泥质灰黑陶占陶片总数的8.1%。素面陶占陶片总数的97.6%，方格纹陶占陶片总数的2.4%。可辨器形有尖底杯、尖底盏、高领罐、束颈罐、器纽和器底（图一八）。

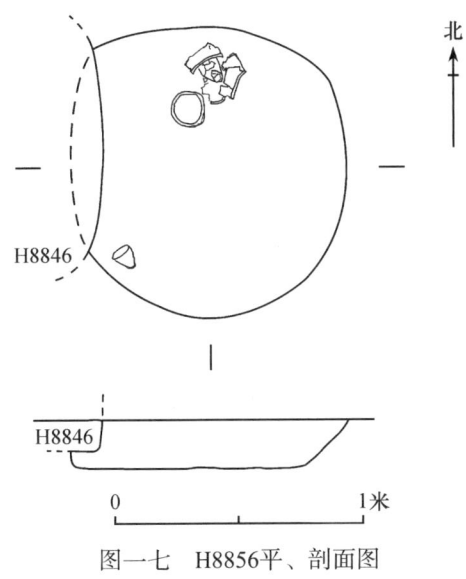

图一七 H8856平、剖面图

陶尖底杯 1件。

H8856：1，泥质灰黄陶。微敛口，尖圆唇。口径11、残高3.6厘米（图一八，2）。

陶尖底盏 1件。

H8856：4，泥质灰黑陶。侈口，尖圆唇。下腹轮制痕迹明显。口径14、通高6厘米（图一八，1）。

陶高领罐 1件。

H8856：6，夹砂灰黑陶。侈口，圆唇。残高5.8厘米（图一八，3）。

陶束颈罐 2件。

H8856：2，夹砂灰黑陶。侈口，束颈，方唇，折沿，鼓弧腹。口径14.5、底径2.5、通高

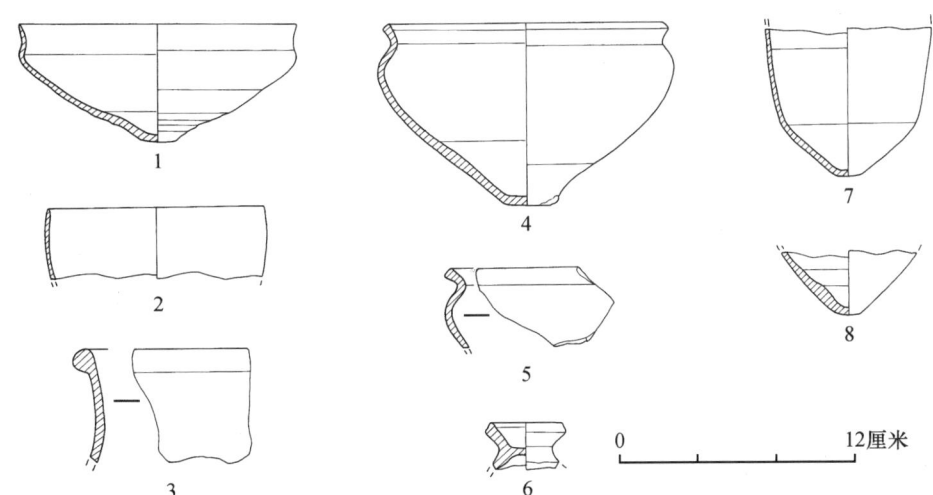

图一八 H8856、H8859出土陶器
1.尖底盏（H8856：4） 2.尖底杯（H8856：1） 3.高领罐（H8856：6） 4、5.束颈罐（H8856：2、H8856：3）
6.器纽（H8856：5） 7、8.器底（H8856：7、H8859：1）

9.3厘米（图一八，4；图版一九，1）。H8856：3，夹砂灰黑陶。侈口，束颈，方唇，卷沿，鼓腹。残高4厘米（图一八，5）。

陶器纽　1件。

H8856：5，夹砂灰黑陶。方唇。纽径4、残高2.3厘米（图一八，6）。

陶器底　1件。

H8856：7，泥质灰黄陶。尖底杯底，小平底。底径1.2、残高7.6厘米（图一八，7）。

3. H8859

位于T8111-T8212西部。开口于第6层下，打破第7层。平面形状近椭圆形，长径0.83、短径0.46米；斜壁，底较平，深0.1米（图一九）。坑内填灰黑色土，土质较致密，黏性较大。包含少量炭屑、兽骨和陶片。陶片以泥质灰黑陶为主，其次为夹砂灰黑陶，再次为夹砂灰黄陶。其中，泥质灰黑陶占陶片总数的60.6%，夹砂灰黑陶占陶片总数的30.3%，夹砂灰黄陶占陶片总数的9.1%。陶片皆为素面陶。可辨器形为器底（图一八）。

陶器底　1件。

H8859：1，泥质灰黑陶。小平底。底径1.4、残高3.2厘米（图一八，8）。

4. H8860

位于T8311-T8412南壁，南部深入探方壁内。开口于第6层下，打破第7层。平面形状呈椭圆形。斜壁，底略平。长1.65、宽1.05、深0.14～0.24米（图二〇；图版六，2）。坑内填灰黑色土，土质较疏松，黏性较大。包含零星竹木炭灰烬和少量卵石。出土陶片以夹砂灰黑陶为主，其余依次为夹砂灰黄陶、泥质灰黑陶、泥质灰黄陶、夹砂灰褐陶。纹饰以素面为主，其次为凹弦纹。经统计，H8860出土陶片中，夹砂灰黑陶约占陶片总数的35.8%，夹砂灰黄陶占陶片总数的32.8%，泥质灰黑陶占陶片总数的21.8%，泥质灰黄陶占陶片总数的5.2%，夹砂灰褐陶占陶片总数的4.4%。素面陶占陶片总数的99.1%，凹弦纹陶占陶片总数的0.9%。可辨器形有尖底杯、尖底盏、敛口罐、矮领罐、束颈罐、壶、器盖等（图二一、图二二）。

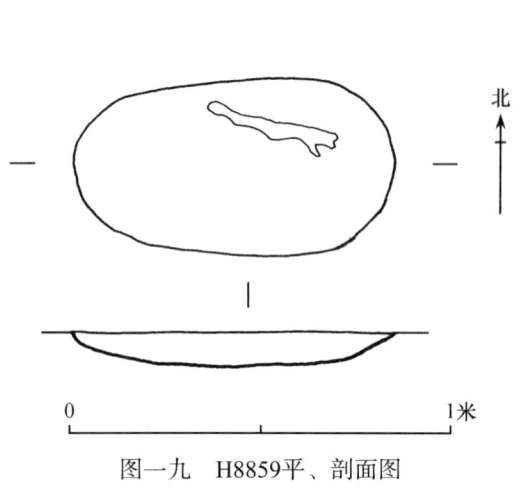

图一九　H8859平、剖面图

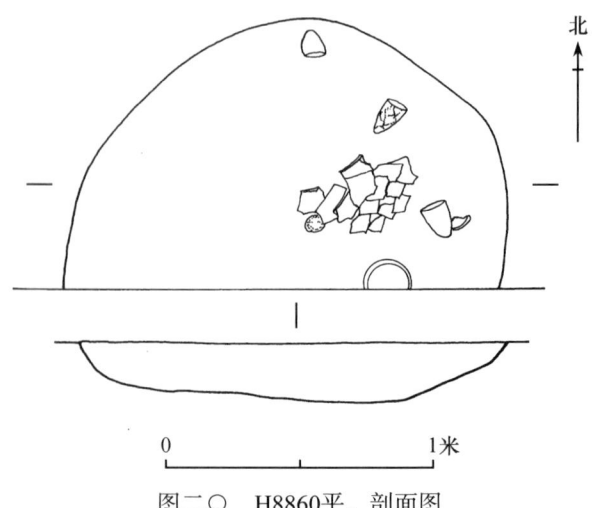

图二〇　H8860平、剖面图

陶尖底杯　1件。

H8860：24，泥质灰黑陶。敛口，尖圆唇。口径8、残高3厘米（图二一，1）。

陶尖底盏　2件。

H8860：6，泥质黑陶。侈口，圆唇。口径与肩径相当，下腹近底处内收，底部呈圆凸状。口径14、通高6.6厘米（图二一，2；图版一九，2）。H8860：23，夹砂灰黄陶。近直口，圆唇，浅弧腹。残高2.3厘米（图二一，5）。

陶敛口罐　1件。

H8860：11，夹砂灰黑陶。方唇，上腹微鼓，下腹斜直。残高4.3厘米（图二一，6）。

陶矮领罐　3件。

H8860：13，夹砂灰黄陶。口微侈，尖圆唇，外斜折沿，矮领。领部饰一周弦纹。口径18、残高7.6厘米（图二一，8）。H8860：10，夹砂灰黑陶。口微侈，尖圆唇，外斜折沿，矮领。领部饰一周弦纹。口径16、残高6.2厘米（图二一，9）。H8860：12，夹砂灰黑陶。口微侈，尖圆唇，外斜折沿，矮领。口径16、残高5.6厘米（图二一，10）。

陶束颈罐　1件。

H8860：25，夹砂灰黑陶。侈口，束颈，方唇，卷沿，圆鼓肩。口径13、残高2.7厘米（图二一，11）。

陶壶　1件。

H8860：18，夹砂灰褐陶。内斜方唇，沿外侧一周凸棱，直领。残高4.2厘米（图二一，7）。

陶器盖　2件。

H8860：16，夹砂灰褐陶。覆碗形，尖圆唇。底径12、残高2.3厘米（图二一，3）。

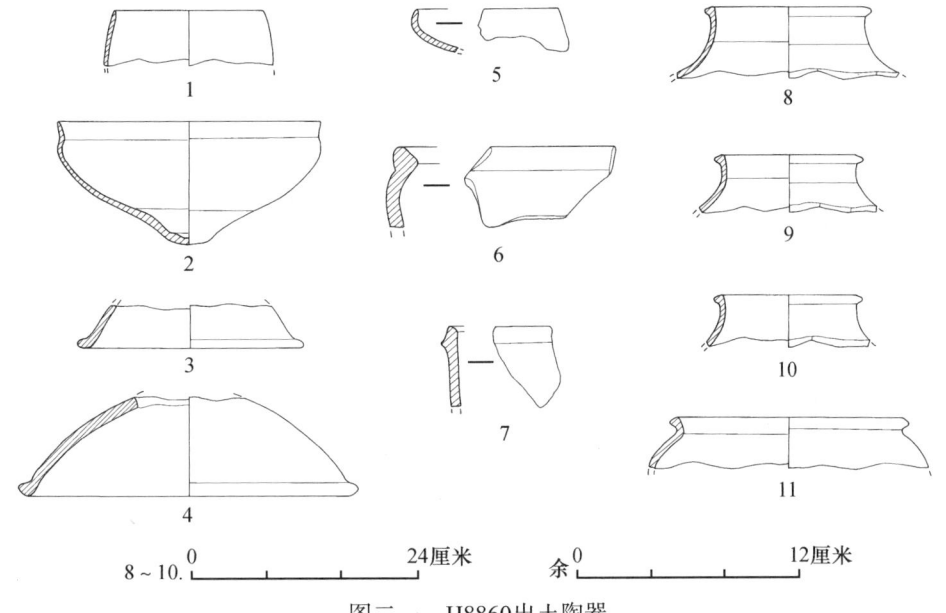

图二一　H8860出土陶器

1.尖底杯（H8860：24）　2、5.尖底盏（H8860：6、H8860：23）　3、4.器盖（H8860：16、H8860：2）
6.敛口罐（H8860：11）　7.壶（H8860：18）　8~10.矮领罐（H8860：13、H8860：10、H8860：12）
11.束颈罐（H8860：25）

H8860：2，夹砂灰黑陶。覆碗形，方唇。底径18、残高5.3厘米（图二一，4）。

陶器纽　3件。

H8860：20，夹砂灰黑陶。盘状纽，方唇。纽径4.5、残高2.7厘米（图二二，1）。H8860：21，夹砂灰黑陶。盘状纽，方唇。纽径4、残高2.3厘米（图二二，2）。H8860：19，夹砂灰黄陶。口部捏制呈"8"字形，部分残缺。残高3.8厘米（图二二，3）。

陶器底　6件。

H8860：1，泥质灰黑陶。尖底杯底。底径1.1、残高10厘米（图二二，5）。H8860：3，泥质灰黄陶。尖底杯底。底径1.5、残高11厘米（图二二，6）。H8860：5，泥质灰黑陶。尖底杯底。底径1.2、残高5厘米（图二二，7）。H8860：22，泥质灰黑陶。尖底杯底。底径1.6、残高2.5厘米（图二二，8）。H8860：14，夹砂灰黑陶。尖底盏底。残高3.1厘米（图二二，9）。H8860：17，夹砂灰黑陶。尖底盏底。残高1.9厘米（图二二，10）。

陶圈足　2件。

H8860：8，夹砂灰黑陶。矮圈足，足跟外侈。圈足径10、残高3.3厘米（图二二，11）。H8860：9，夹砂灰褐陶。矮圈足，足跟外侈。圈足径8.7、残高3.7厘米（图二二，12）。

铜器　1件。

H8860：7，铜器残件。器表有两道凸棱。长4.6、宽3.9厘米（图二二，4）。

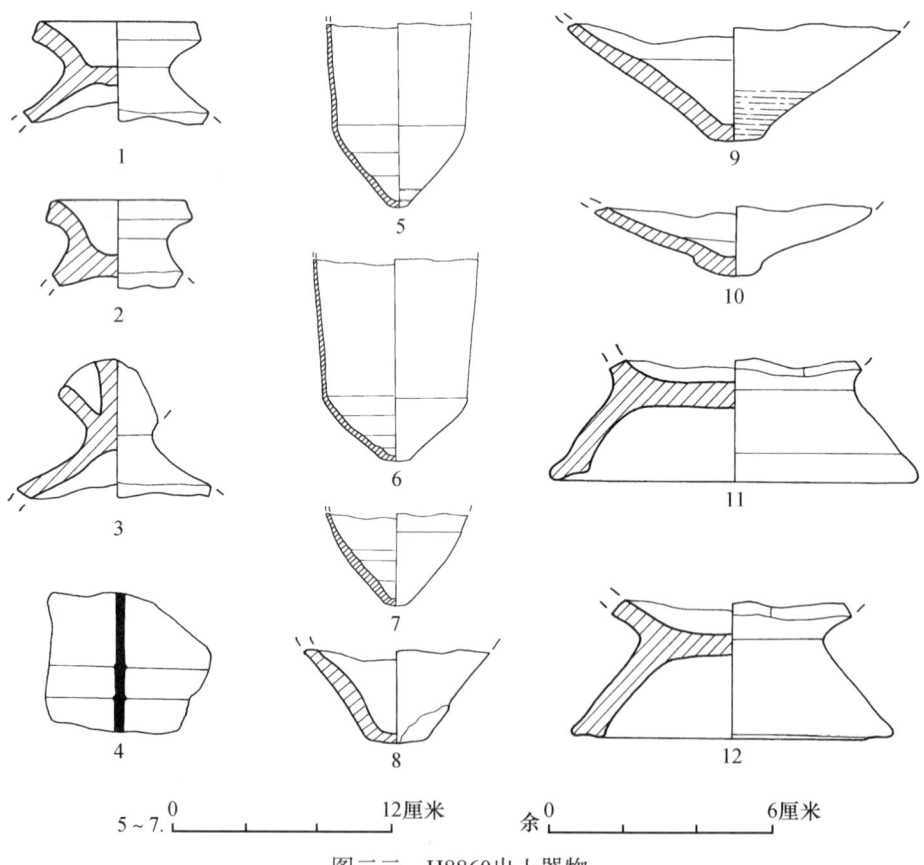

图二二　H8860出土器物

1~3.陶器纽（H8860：20、H8860：21、H8860：19）　4.铜器（H8860：7）　5~10.陶器底（H8860：1、H8860：3、H8860：5、H8860：22、H8860：14、H8860：17）　11、12.陶圈足（H8860：8、H8860：9）

5. H8861

位于T8311-T8412西南部。开口于第6层下，打破第7层。平面形状近椭圆形，长径1.9、短径1.45米；斜壁，平底，深0.18米（图二三）。坑内填黑黄色土，土质较致密，黏性较大。包含少量炭屑和较多陶片，陶片以夹砂灰黑陶为主，其余依次为夹砂灰黄陶、泥质灰黑陶、泥质灰黄陶。其中，夹砂灰黑陶占陶片总数的65.8%，夹砂灰黄陶占陶片总数的21.1%，泥质灰黑陶占陶片总数的7.9%，泥质灰黄陶占陶片总数的5.2%。陶片皆为素面陶。可辨器形有敛口罐、高领罐、束颈罐、器底（图二四）。

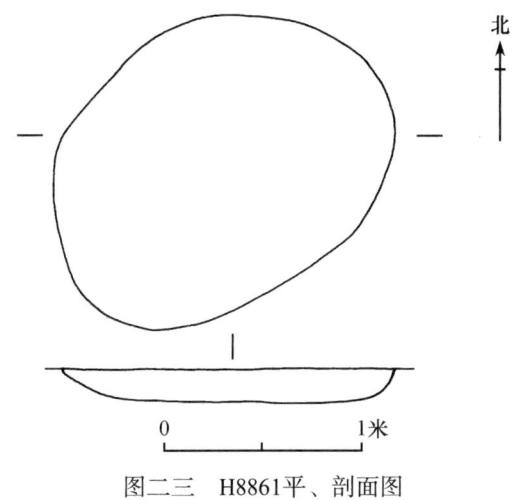

图二三 H8861平、剖面图

陶敛口罐 2件。

H8861：7，夹砂灰黑陶。敛口，圆唇，鼓肩。残高3厘米（图二四，4）。H8861：1，夹砂灰黑陶。敛口，尖圆唇，鼓腹。残高3.6厘米（图二四，5）。

陶高领罐 1件。

H8861：4，夹砂灰黄陶。侈口，圆唇，斜直高领。残高3.3厘米（图二四，1）。

陶束颈罐 2件。

H8861：2，夹砂灰黑陶。侈口，尖圆唇，折沿，束颈，鼓肩。残高3.1厘米（图二四，2）。H8861：6，夹砂灰黄陶。圆唇，折沿，鼓腹。上腹饰一周凹弦纹。口径28、残高4.6厘米（图二四，3）。

陶器底 2件。

H8861：5，夹砂灰黑陶。底径1.4、残高3.2厘米（图二四，6）。H8861：8，泥质灰黑陶。内壁轮制痕迹明显。底径1.3、残高4厘米（图二四，7）。

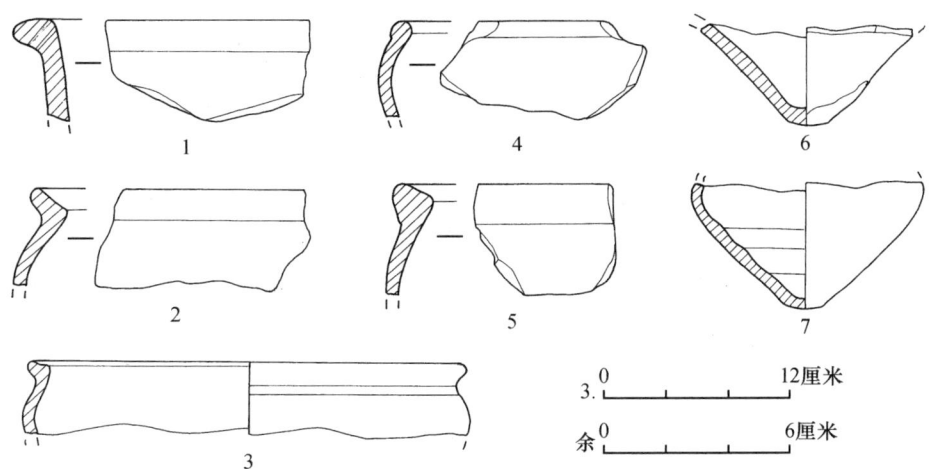

图二四 H8861出土陶器
1. 高领罐（H8861：4） 2、3. 束颈罐（H8861：2、H8861：6） 4、5. 敛口罐（H8861：7、H8861：1）
6、7. 器底（H8861：5、H8861：8）

6. H8867

位于T8109-T8210东北部。开口于第6层下，打破第7层。平面形状近椭圆形，长径1.26、短径1.07米；斜壁，平底，深0.12米（图二五）。灰坑内的填土为黑褐色，土质较致密，黏性较大。包含少量炭屑和陶片。出土陶片以夹砂灰黑陶为主，其余依次为夹砂灰黄陶、泥质灰黑陶、夹砂灰褐陶。纹饰以素面为主，其次为压印纹。经统计，H8867出土陶片中，夹砂灰黑陶占陶片总数的54.1%，夹砂灰黄陶占陶片总数的29.5%，泥质灰黑陶占陶片总数的11.5%，夹砂灰褐陶占陶片总数的4.9%。素面陶占陶片总数的98.4%，压印纹陶占陶片总数的1.6%。可辨器形有尖底杯、高领罐、器盖等（图二六）。

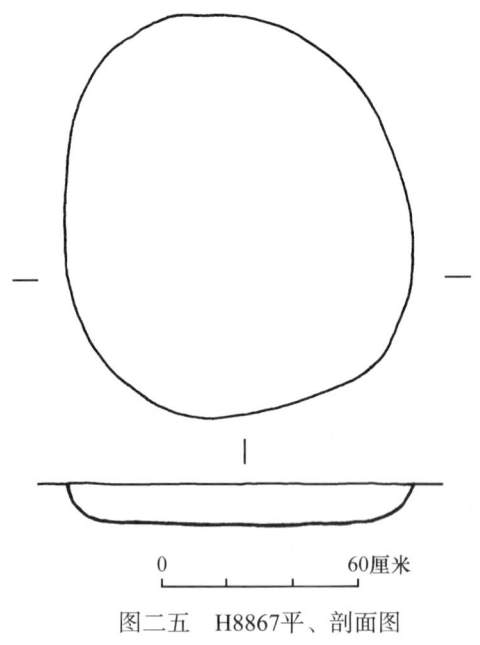

图二五　H8867平、剖面图

陶尖底杯　1件。

H8867：1，泥质陶，上部分为灰白色，近底部为灰黑色。尖圆唇，敛口。整器上下腹分区凸棱明显，上腹较长，底部为圆凸形尖底。口径8、通高11.4厘米（图二六，1；图版一九，3）。

陶高领罐　1件。

H8867：3，夹砂灰黄陶。侈口，圆唇，平折沿，沿面微凹，高领微束。残高3.5厘米（图二六，2）。

陶器盖　1件。

H8867：2，夹砂灰黑陶。伞状盖，圆唇，盖身外弧微鼓。残高4.2厘米（图二六，3）。

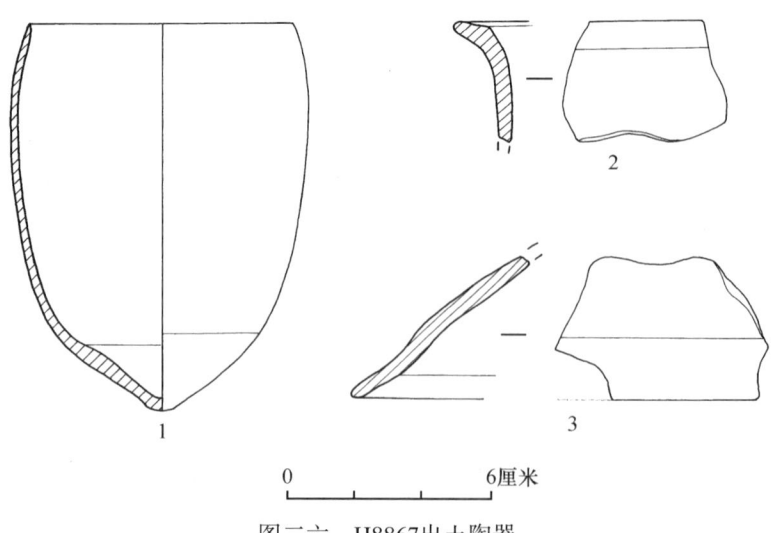

图二六　H8867出土陶器

1.尖底杯（H8867：1）　2.高领罐（H8867：3）　3.器盖（H8867：2）

7. H8876

位于T8111-T8212西部。开口于第6层下,打破第7层。平面形状呈椭圆形,长1.16、宽0.9米;直壁,斜弧底,深0.32米(图二七)。坑内填土为灰黄色,土质较紧密,黏性较强,夹杂零星灰烬及烧土颗粒。包含卵石及陶片。出土陶片以夹砂灰黑陶为主,其余依次为夹砂灰黄陶、泥质灰黑陶、泥质灰黄陶、夹砂灰褐陶。以素面为主,其次为凹弦纹。经统计,H8876出土陶片中,夹砂灰黑陶占陶片总数的60.8%,夹砂灰黄陶占陶片总数的13.5%,泥质灰黑陶占陶片总数的10.8%,泥质灰黄陶占陶片总数的8.1%,夹砂灰褐陶占陶片总数的6.8%。素面陶占陶片总数的98.6%,凹弦纹陶占陶片总数的1.4%。可辨器形有尖底盏、敛口罐、束颈罐、盆、豆盘等(图二八)。

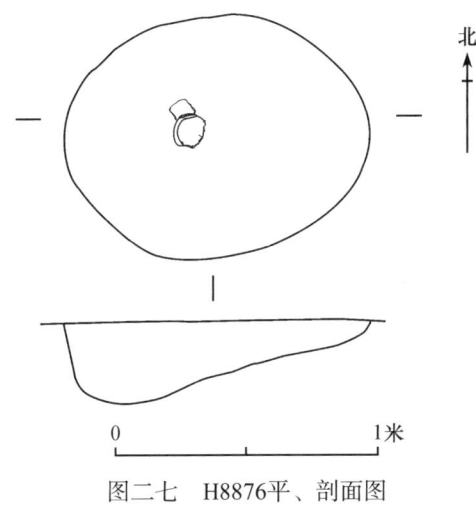

图二七　H8876平、剖面图

陶尖底盏　1件。

H8876:1,夹砂灰黑陶。侈口,尖圆唇,鼓腹,下腹斜直内收。内壁制作痕迹明显,下腹外壁饰一周弦纹。口径13、通高5.6厘米(图二八,1;图版一九,4)。

陶敛口罐　1件。

H8876:3,夹砂灰黑陶。敛口,圆唇,弧肩,深腹。残高4.3厘米(图二八,2)。

陶束颈罐　1件。

H8876:6,夹砂灰黑陶。侈口,方唇,肩部微鼓。残高3.5厘米(图二八,3)。

陶盆　1件。

H8876:2,夹砂灰黑陶。方唇,折沿。腹部饰一道凹弦纹。残高4厘米(图二八,4)。

陶豆盘　1件。

H8876:5,夹砂灰黑陶。卷沿,圆唇。腹部斜直。整体胎偏厚重。残高3.2厘米(图二八,5)。

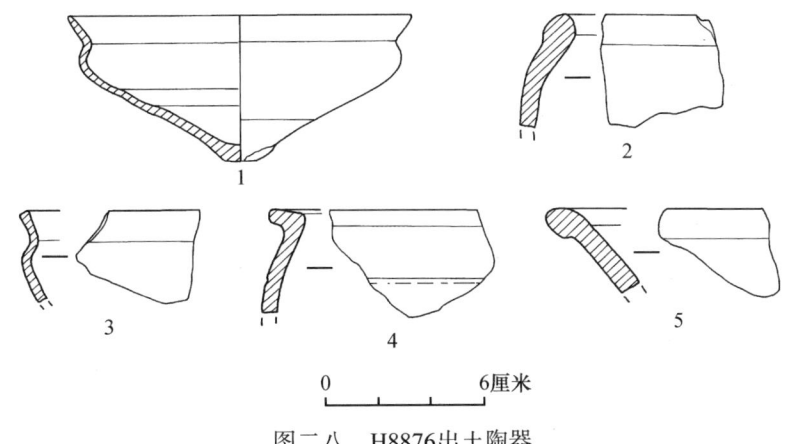

图二八　H8876出土陶器

1.尖底盏(H8876:1)　2.敛口罐(H8876:3)　3.束颈罐(H8876:6)　4.盆(H8876:2)　5.豆盘(H8876:5)

8. H8884

位于T8109-T8210中部。开口于第6层下,打破第7层,东北部被H8868打破。平面形状呈椭圆形,长1.4、宽1.1米;斜壁,斜弧底,深0.2米(图二九;图版七,1)。坑内填土为黄褐色,土质较紧密,黏性较强,夹杂零星烧土颗粒。包含卵石及陶片。出土陶片以夹砂灰黑陶为主,其余依次为泥质灰黑陶、夹砂灰黄陶。以素面为主,其次为粗绳纹。经统计,H8884出土陶片中,夹砂灰黑陶占陶片总数的53.2%,泥质灰黑陶占陶片总数的42.6%,夹砂灰黄陶占陶片总数的4.3%。素面陶占陶片总数的97.9%,粗绳纹陶占陶片总数的2.1%。可辨器形有尖底杯、高领罐、束颈罐、器盖等(图三○)。

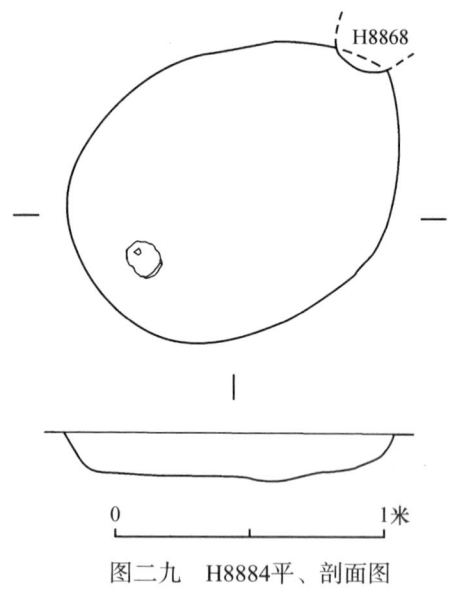

图二九 H8884平、剖面图

陶尖底杯 1件。

H8884:1,泥质灰黑陶。口部微侈,尖圆唇。上下腹分区明显,上腹短,下腹长。下腹留下明显制作痕迹并形成多道弦纹。底部为小平底。口径12、底径2、通高10.7厘米(图三○,1;图版一九,5)。

陶高领罐 1件。

H8884:4,夹砂灰黑陶。直口,圆唇,高直领。残高4.9厘米(图三○,2)。

陶束颈罐 2件。

H8884:2,夹砂灰黑陶。侈口,束颈,方唇,折沿,斜鼓肩。肩部饰斜向绳纹。残高6厘米(图三○,3)。H8884:3,夹砂灰黄陶。侈口,束颈,方唇,折沿,鼓肩。残高3.5厘米

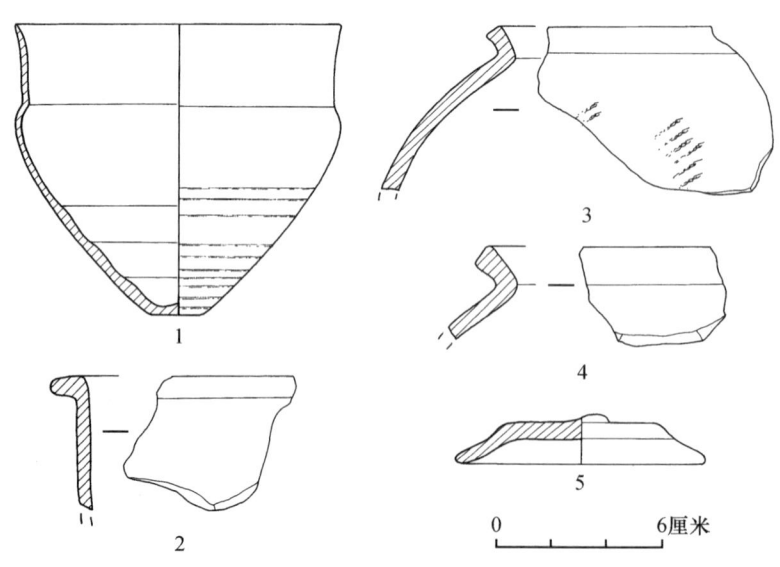

图三○ H8884出土陶器

1.尖底杯(H8884:1) 2.高领罐(H8884:4) 3、4.束颈罐(H8884:2、H8884:3) 5.器盖(H8884:5)

（图三〇，4）。

陶器盖　1件。

H8884：5，夹砂灰黄陶。覆盏形，圆唇，盖身折腹内弧。底径9、通高1.8厘米（图三〇，5）。

9. H8897

位于T7909-T8010西南部。开口于第6层下，打破第7层，北部被H8895打破。推测其完整平面形状为椭圆形，长1.4、残宽1.06米；壁陡直，圜底，深0.7米（图三一；图版七，2）。坑内填土为黑褐色，土质较疏松，夹褐色颗粒。包含少量陶片、红烧土颗粒、兽牙以及较多的竹木炭灰烬。出土陶片主要为夹砂灰黑陶，其次为夹砂灰黄陶，再次为泥质灰黑陶、泥质灰黄陶、泥质灰褐陶、夹砂灰褐陶。纹饰以素面为主，其次为凹弦纹、粗绳纹。经统计，H8897出土陶片中，夹砂灰黑陶占陶片总数的54%，夹砂灰黄陶占陶片总数的25.1%，泥质灰黑陶占陶片总数的10.5%。泥质灰黄陶占陶片总数的5%，泥质灰褐陶占陶片总数的2.9%，夹砂灰褐陶占陶片总数的2.5%。素面陶占陶片总数的97.9%，凹弦纹陶占陶片总数的1.7%，粗绳纹陶占陶片总数的0.4%。可辨器形有尖底杯、小平底罐、束颈罐、盆、器盖、器底、圈足等（图三二）。

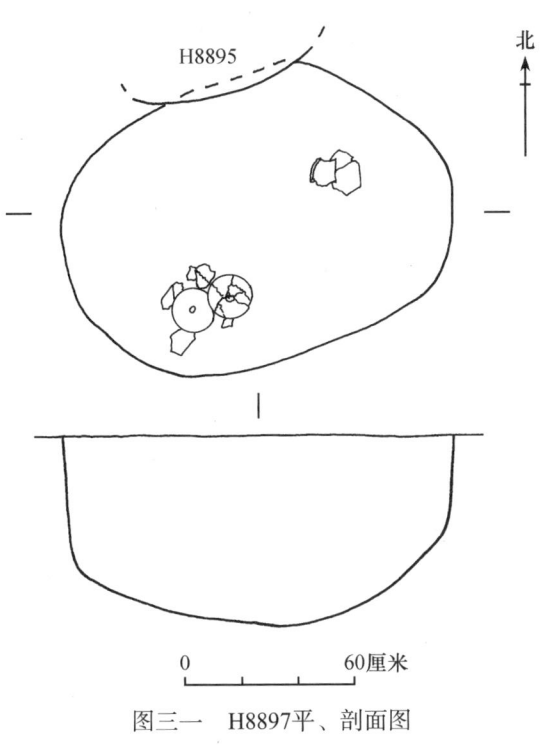

图三一　H8897平、剖面图

陶尖底杯　1件。

H8897：15，泥质灰黑陶。侈口，尖唇，上下腹分区明显，上腹短。口径11、残高5.5厘米（图三二，1）。

陶小平底罐　3件。

H8897：12，泥质灰黑陶。直口，尖圆唇。口径12、残高2.9厘米（图三二，2）。H8897：2，夹砂灰黑陶。侈口，尖圆唇，肩部微鼓，肩径与口径相当，小平底。口径8.8、通高5.5厘米（图三二，3；图版二〇，4）。H8897：5，夹砂灰褐陶。侈口，尖圆唇，口径大于肩径，小平底。口径10.6、通高6.3厘米（图三二，4；图版二〇，3）。

陶束颈罐　5件。

H8897：4，夹砂灰黑陶。侈口，束颈，方唇，卷沿。肩部饰斜向绳纹。口径16、通高10.3厘米（图三二，5；图版二〇，5）。H8897：13，夹砂灰黄陶。侈口，束颈，尖圆唇，卷沿，斜弧肩。口径17、残高6厘米（图三二，6）。H8897：14，夹砂灰黑陶。侈口，束颈，方唇，卷沿。鼓肩。口径15、残高3.7厘米（图三二，7）。H8897：7，夹砂灰黑陶。侈口，束颈，方唇，卷沿，溜肩。残高4厘米（图三二，8）。H8897：8，夹砂灰褐陶。侈口，束颈，方唇，卷

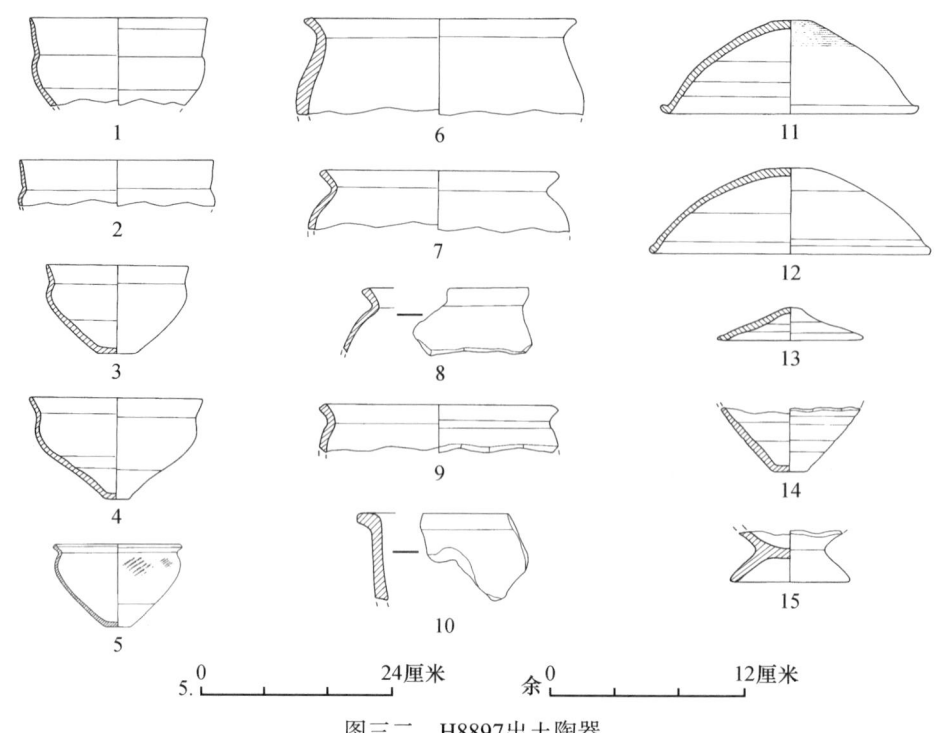

图三二　H8897出土陶器

1. 尖底杯（H8897：15）　2~4. 小平底罐（H8897：12、H8897：2、H8897：5）　5~9. 束颈罐（H8897：4、H8897：13、H8897：14、H8897：7、H8897：8）　10. 盆（H8897：10）　11~13. 器盖（H8897：3、H8897：6、H8897：1）　14. 器底（H8897：11）　15. 圈足（H8897：9）

沿。口径与肩径相当。口径16、残高3厘米（图三二，9）。

陶盆　1件。

H8897：10，夹砂灰黑陶。圆唇，卷沿，直腹。残高5.4厘米（图三二，10）。

陶器盖　3件。

H8897：3，夹砂灰黑陶。覆伞形，尖圆唇。底径16、顶径2.6、通高5.8厘米（图三二，11；图版二〇，1）。H8897：6，夹砂灰黑陶，颜色比较斑杂。覆伞形，圆唇。底径17.4、通高5.4厘米（图三二，12；图版二〇，2）。H8897：1，夹砂灰黑陶。覆盏形，尖圆唇。底径9、通高2厘米（图三二，13；图版一九，6）。

陶器底　1件。

H8897：11，泥质灰黄陶。尖底杯底。底径2.2、残高4厘米（图三二，14）。

陶圈足　1件。

H8897：9，夹砂灰褐陶。矮圈足，倒置如盘形。圈足径7.4、残高3.1厘米（图三二，15）。

10. H8903

位于T7909-T8010西部。开口于第6层下，打破第7层，被H8900和H8895打破。平面形状呈椭圆形。壁斜直，平底。长2.08、宽1.7、深0.24米（图三三；图版八，1）。坑内填灰褐色土，土质较紧密，黏性较大。包含零星竹木炭灰烬、兽骨牙齿和少量红烧土块。出土陶片以夹砂灰黑陶为主，其余依次为泥质灰黑陶、夹砂灰黄陶、泥质灰黄陶、夹砂灰褐陶、泥质灰白陶。纹饰以素面为主，其余依次为凹弦纹、粗绳纹。经统计，H8903出土陶片中，夹砂灰黑陶占陶片总数的69.6%，泥质灰黑陶占陶片总数的12.2%，夹砂灰黄陶占陶片总数的11.8%，泥质灰黄陶占陶片总数的5.4%，夹砂灰褐陶占陶片总数的0.7%，泥质灰白陶占陶片总数的0.3%。素面陶占陶片总数的97.3%，凹弦纹陶占陶片总数的2%，粗绳纹陶占陶片总数的0.4%，戳印纹陶占陶片总数的0.3%。可辨器形有尖底杯、小平底罐、瓮形器、高领罐、束颈罐、壶、盆、器盖、器底、圈足等（图三四、图三五）。

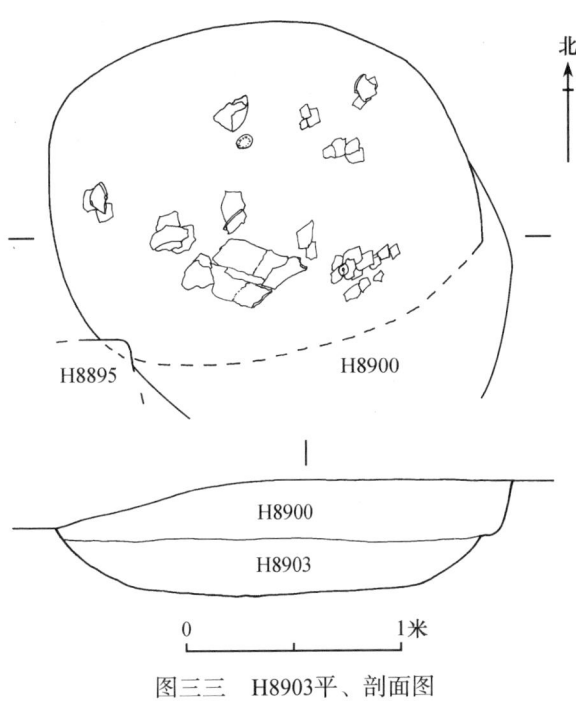

图三三　H8903平、剖面图

陶尖底杯　1件。

H8903：5，泥质灰黑陶。侈口，尖唇，弧腹。残高5厘米（图三四，1）。

陶小平底罐　1件。

H8903：2，夹砂灰黑陶。侈口，尖唇，小平底。腹部内外壁有制作时留下的弦纹。口径13、底径2、通高9.9厘米（图三四，2；图版二○，6）。

陶瓮形器　2件。

H8903：12，夹砂灰黑陶。方唇，斜肩。沿部及肩部饰绳纹。残高4厘米（图三四，4）。H8903：3，夹砂灰黑陶。方唇，鼓肩。沿外侧饰绳纹，肩部饰绳纹和一周凹弦纹。口径22、残高2.8厘米（图三四，7）。

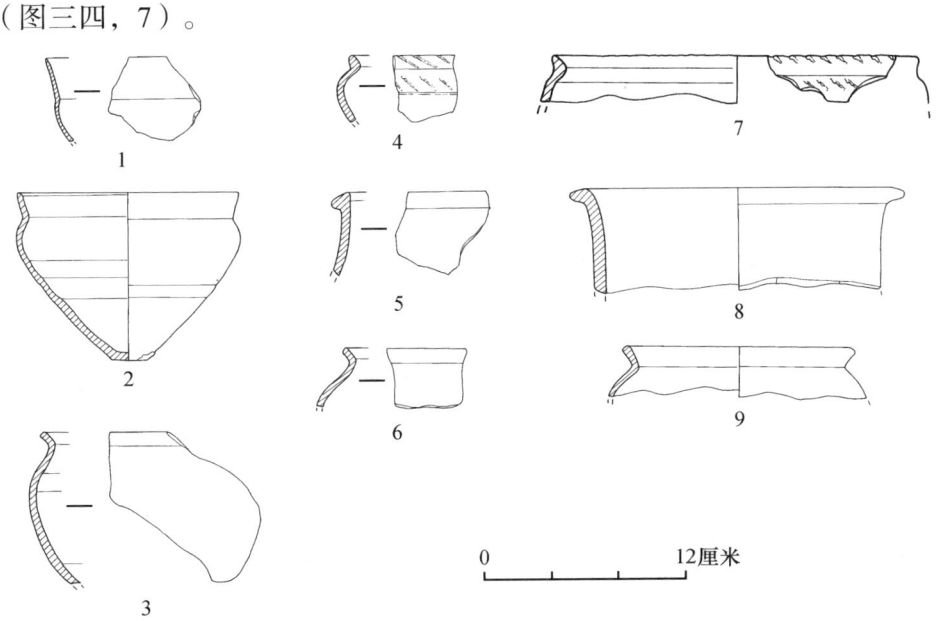

图三四　H8903出土陶器

1.尖底杯（H8903：5）　2.小平底罐（H8903：2）　3、6、9.束颈罐（H8903：10、H8903：8、H8903：11）
4、7.瓮形器（H8903：12、H8903：3）　5、8.高领罐（H8903：6、H8903：17）

陶高领罐　2件。

H8903：6，夹砂灰黑陶。直口，高领。残高5厘米（图三四，5）。H8903：17，夹砂灰黑陶。侈口，圆唇。口径20、残高6.2厘米（图三四，8）。

陶束颈罐　3件。

H8903：10，夹砂灰黑陶。侈口，圆唇，卷沿，鼓肩。残高9厘米（图三四，3）。H8903：8，夹砂灰黑陶。侈口，圆唇，卷沿，鼓肩。残高3.5厘米（图三四，6）。H8903：11，夹砂灰黑陶。侈口，方唇，卷沿，鼓肩。口径14、残高3厘米（图三四，9）。

陶壶　1件。

H8903：18，夹砂灰黑陶。圆唇，沿面凸出呈弧面。口径10、残高3.5厘米（图三五，1）。

陶盆　3件。

H8903：20，夹砂灰陶。圆唇，卷沿，斜直腹。上腹饰两周凹弦纹。残高4.5厘米（图三五，2）。H8903：14，夹砂灰黑陶。圆唇，卷沿，弧腹。腹部饰一道凹弦纹。残高4.7厘米（图三五，3）。H8903：4，夹砂灰黄陶。圆唇，折沿，斜直腹。腹部饰一道凹弦纹。残高3.9厘米（图三五，4）。

陶器盖　2件。

H8903：7，夹砂灰黑陶。覆伞形，尖圆唇。底径14、残高2.7厘米（图三五，6）。H8903：16，夹砂灰黄陶。覆伞形，尖圆唇。底径28、残高5.4厘米（图三五，7）。

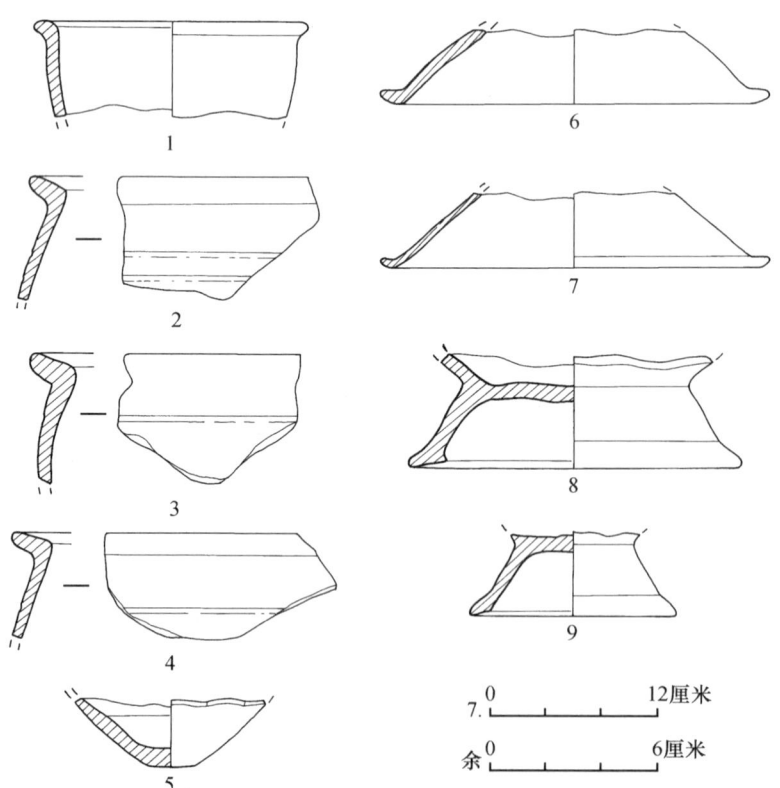

图三五　H8903出土陶器

1.壶（H8903：18）　2～4.盆（H8903：20、H8903：14、H8903：4）　5.器底（H8903：13）　6、7.器盖（H8903：7、H8903：16）　8、9.圈足（H8903：15、H8903：19）

陶器底　1件。

H8903：13，泥质灰黑陶。小平底。底径1.7、残高2.4厘米（图三五，5）。

陶圈足　2件。

H8903：15，夹砂灰黑陶。矮圈足，足跟外侈。圈足径12、残高4厘米（图三五，8）。H8903：19，夹砂灰黄陶。矮圈足，足跟外侈。圈足径7.4、残高3厘米（图三五，9）。

11. H8908

位于T7909-T8010西部，西部伸入探方的西壁，未全部发掘。开口于第6层下，打破第7层，东南部被H8895打破。推测其完整平面形状为椭圆形，残长1.6、残宽1米；斜壁，弧底，深0.1～0.2米（图三六）。坑内填土为黑褐色土，土质较紧密，黏性较大。包含零星竹木炭灰烬、少量兽骨和较多陶片。出土陶片主要为夹砂灰黑陶，其余依次为泥质灰黑陶、夹砂灰褐陶、夹砂灰黄陶、泥质灰白陶、泥质灰黄陶。纹饰以素面为主，其余依次为凹弦纹、粗绳纹、重菱纹、刻划纹。经统计，H8908出土陶片中，夹砂灰黑陶占陶片总数的48.7%，泥质灰黑陶占陶片总数的22%，夹砂灰褐陶占陶片总数的12%，夹砂灰黄陶占陶片总数的7.3%，泥质灰白陶占陶片总数的5.3%，泥质灰黄陶占陶片总数的4.7%。素面陶占陶片总数的94%，凹弦纹陶占陶片总数的3.3%，粗绳纹陶占陶片总数的1.3%，重菱纹和刻划纹陶各占陶片总数的0.7%。可辨器形有尖底杯、瓮形器、束颈罐、盆、器盖、器底等（图三七）。

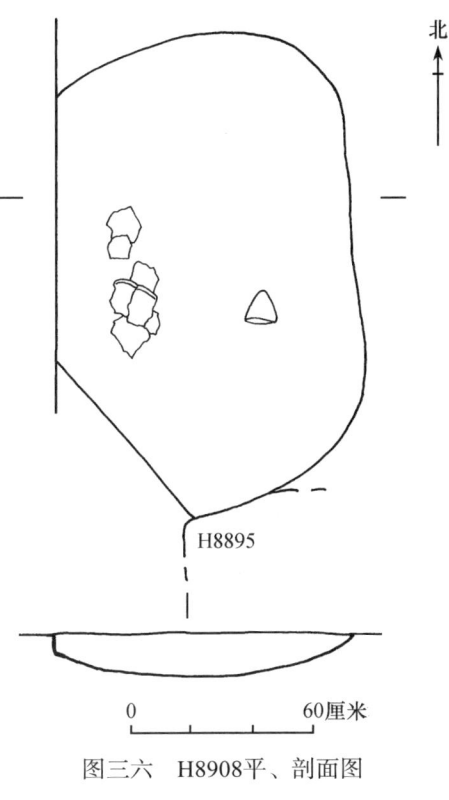

图三六　H8908平、剖面图

陶尖底杯　2件。

H8908：1，泥质灰白陶。侈口，尖圆唇，腹径与口径相当，小平底。口径11.8、底径1.8、通高9.3厘米（图三七，1；图版二一，1）。H8908：2，泥质灰黑陶。侈口，尖唇。腹径与口径相当，小平底。口径10.6、底径2、通高9.7厘米（图三七，2；图版二一，2）。

陶瓮形器　2件。

H8908：5，夹砂灰黑陶。敛口，圆唇，鼓肩。沿外侧饰绳纹，肩部饰绳纹及一周凹弦纹。残高4.2厘米（图三七，3）。H8908：9，夹砂灰黑陶。敛口，圆唇，鼓肩。沿外侧饰绳纹，肩部饰绳纹及一周凹弦纹。口径30、残高11厘米（图三七，4）。

陶束颈罐　3件。

H8908：10，夹砂灰黑陶。侈口，束颈，方唇，卷沿，鼓肩。肩部饰成组斜向绳纹。口径16、残高13.5厘米（图三七，5）。H8908：6，夹砂灰黑陶。侈口，束颈，圆唇，卷沿，鼓肩，曲腹。肩部和腹部饰斜向绳纹。口径13.5、残高10厘米（图三七，6）。H8908：4，夹砂灰黑陶。侈口，束颈，圆唇，卷沿，鼓肩，曲腹。肩部和腹部饰斜向绳纹。口径17、残高8.2

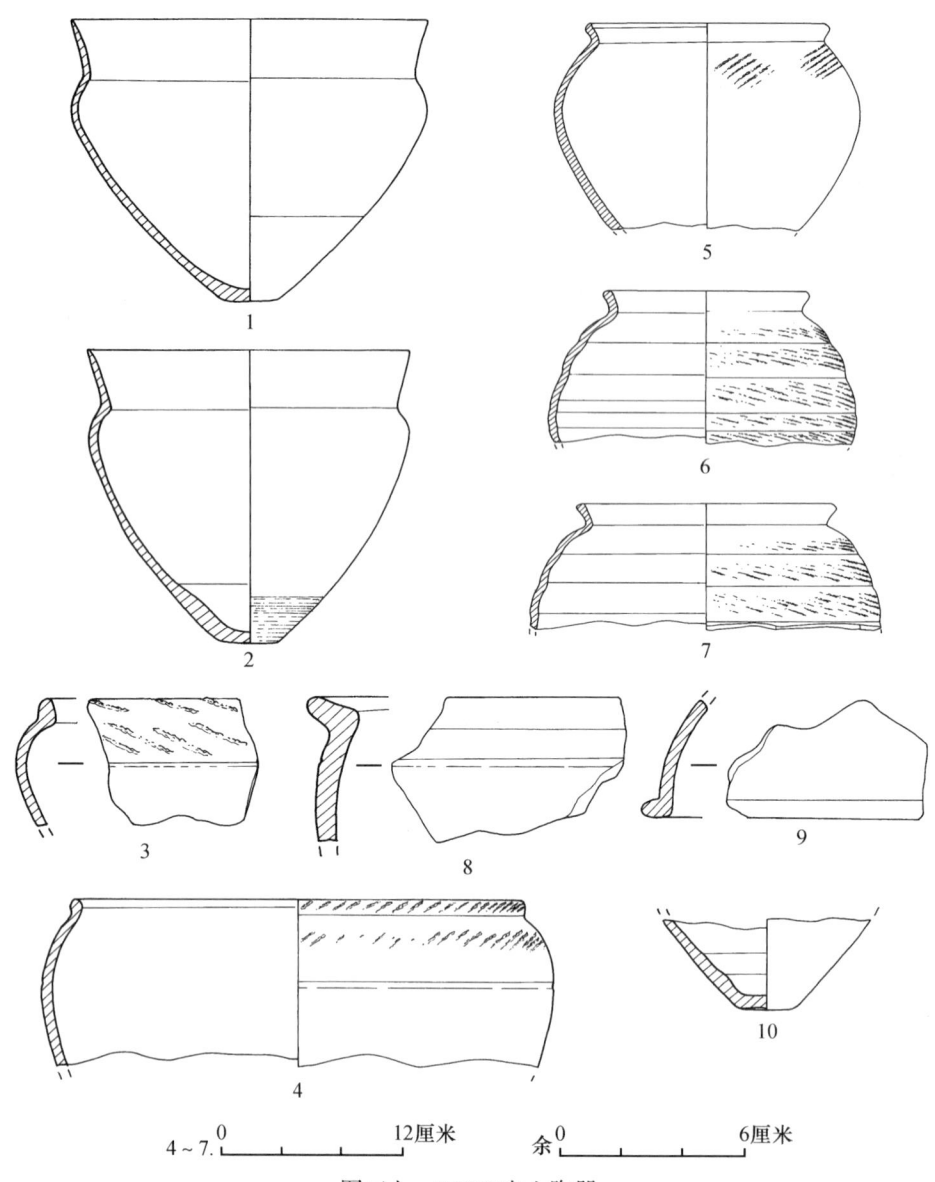

图三七　H8908出土陶器

1、2.尖底杯（H8908：1、H8908：2）　3、4.瓮形器（H8908：5、H8908：9）　5~7.束颈罐（H8908：10、H8908：6、H8908：4）　8.盆（H8908：7）　9.器盖（H8908：8）　10.器底（H8908：3）

厘米（图三七，7）。

陶盆　1件。

H8908：7，夹砂灰黑陶。圆唇，卷沿，弧腹。腹部饰一道凹弦纹。残高4.7厘米（图三七，8）。

陶器盖　1件。

H8908：8，夹砂灰黑陶。覆盆形，圆唇。残高3.9厘米（图三七，9）。

陶器底　1件。

H8908：3，泥质灰黄陶。尖底杯底，底部微凹。底径2、残高3厘米（图三七，10）。

12. H8910

位于T7907-T8008中西部。开口于第6层下，打破第7层。平面形状为椭圆形，长径为1.55、短径为1.2米；斜壁，平底，深0.1米（图三八）。坑内填褐黄色土，土质较致密，黏性较大，夹杂褐色颗粒。包含少量炭屑和陶片，陶片以夹砂灰黑陶为主，其余依次为夹砂灰黄陶、泥质灰黑陶、泥质灰黄陶、夹砂灰褐陶。纹饰以素面为主，其次为凹弦纹。经统计，H8910出土陶片中，夹砂灰黑陶占陶片总数的53.1%，夹砂灰黄陶占陶片总数的24.8%，泥质灰黑陶占陶片总数的10.6%，泥质灰黄陶占陶片总数的7.1%，夹砂灰褐陶占陶片总数的4.4%。素面陶占陶片总数的99.1%，凹弦纹陶占陶片总数的0.9%。可辨器形有盆、纺轮、器底、圈足等（图三九）。

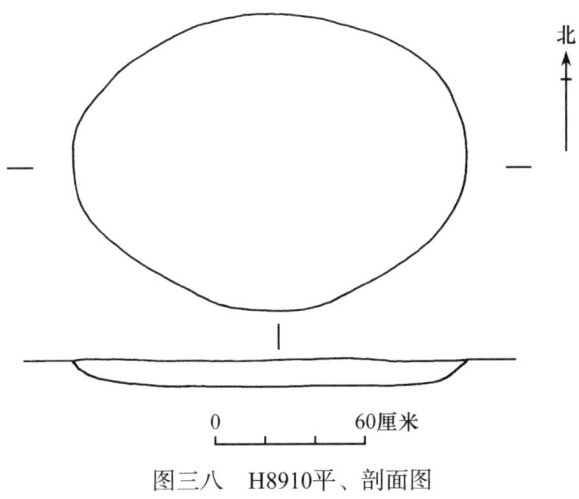

图三八　H8910平、剖面图

陶盆　2件。

H8910：4，夹砂灰黑陶。圆唇，折沿，深鼓腹。腹部饰两道凹弦纹。口径32、残高6.4厘米（图三九，1）。H8910：5，夹砂灰黑陶。方唇，卷沿，浅弧腹。腹部饰一道凹弦纹和三个戳印圆圈纹。口径38、残高4.8厘米（图三九，2）。

陶纺轮　1件。

H8910：1，泥质灰黑陶。圆台形。直径4、残厚2.1厘米（图三九，3）。

陶器底　1件。

H8910：2，泥质灰黑陶。小平底。底径1.9、残高3厘米（图三九，4）。

陶圈足　1件。

H8910：3，夹砂灰褐陶。矮圈足，足跟外侈。圈足径8.4、残高2.8厘米（图三九，5）。

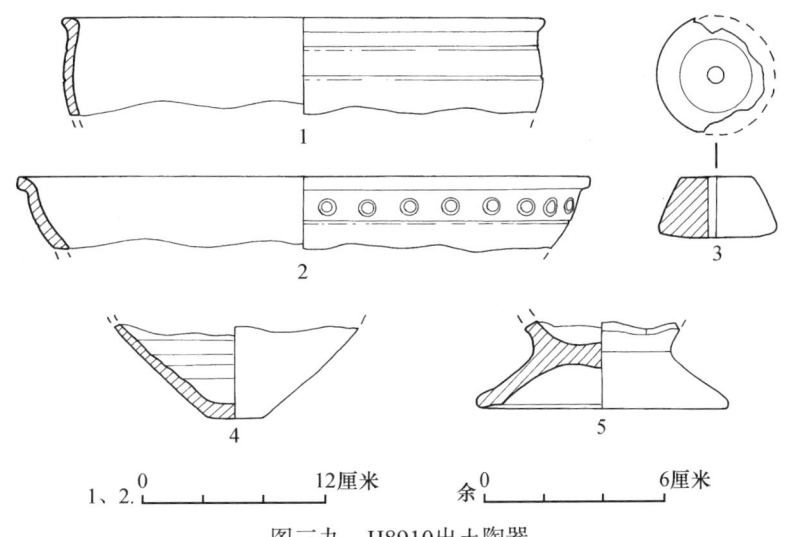

图三九　H8910出土陶器

1、2.盆（H8910：4、H8910：5）　3.纺轮（H8910：1）　4.器底（H8910：2）　5.圈足（H8910：3）

13. H8911

位于T7907-T8008南部。开口于第6层下,打破第7层,西南部被H8905打破。推测其完整平面形状为椭圆形,残长1.8、残宽0.86米;斜壁,平底,深0.18米(图四〇)。坑内填褐黄色土,土质较致密,黏性较大,夹杂褐色颗粒。包含少量炭屑和陶片。陶片以夹砂灰黑陶为主,其余依次为泥质灰黑陶和夹砂灰褐陶、夹砂灰黄陶、泥质灰黄陶。纹饰以素面为主,其次为粗绳纹和凹弦纹。经统计,H8911出土陶片中,夹砂灰黑陶占陶片总数的85.7%,泥质灰黑陶和夹砂灰褐陶各占陶片总数的5.7%,夹砂灰黄陶占陶片总数的1.9%,泥质灰黄陶占陶片总数的1%。素面陶占陶片总数的94.3%,粗绳纹陶占陶片总数的4.8%,凹弦纹陶占陶片总数的1%。可辨器形有高领罐、盆(图四一)。

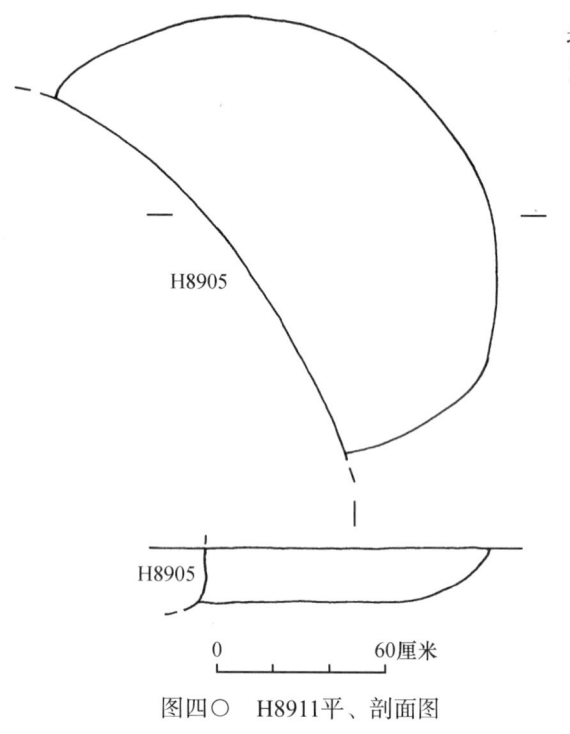

图四〇 H8911平、剖面图

陶高领罐　2件。

H8911:4,夹砂灰黑陶。侈口,圆唇,高领。口径18、残高6.3厘米(图四一,1)。

H8911:2,夹砂灰黑陶。侈口,圆唇,高领。口径13、残高4.4厘米(图四一,2)。

陶盆　1件。

H8911:3,夹砂灰黄陶。侈口,尖圆唇。弧腹。残高4厘米(图四一,3)。

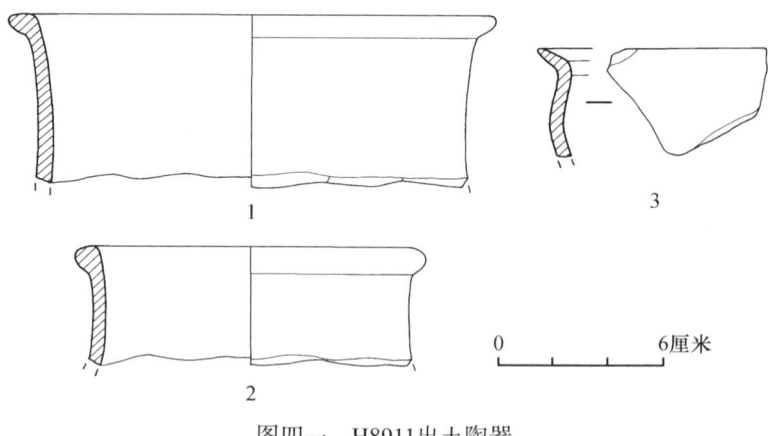

图四一 H8911出土陶器
1、2.高领罐(H8911:4、H8911:2)　3.盆(H8911:3)

14. H8913

位于T7709-T7810东部，灰坑东部伸入探方的东隔梁，未全部发掘。开口于第6层下，打破第7层。推测其完整平面形状为椭圆形，长径4.74、短径2.46米；斜壁，平底，深0.12～0.14米（图四二）。坑内堆积为黑褐色土，土质较致密且湿润，黏性较大。灰坑底部铺有较多的卵石，尤其是灰坑的北部，多且密集。灰坑包含少量炭样和较多陶片。陶片以夹砂灰黑陶为主，其余依次为夹砂灰黄陶、泥质灰黑陶、夹砂灰褐陶、泥质灰黄陶。纹饰以素面为主，其次为凹弦纹。经统计，H8913出土陶片中，夹砂灰黑陶占陶片总数的42.6%，夹砂灰黄陶占陶片总数的28.7%，泥质灰黑陶占陶片总数的11.4%，夹砂灰褐陶占陶片总数的9.9%，泥质灰黄陶占陶片总数的7.4%。素面陶占陶片总数的99%，凹弦纹陶占陶片总数的1%。可辨器形有敛口罐、高领罐、盆、瓮、器底、圈足等（图四三）。

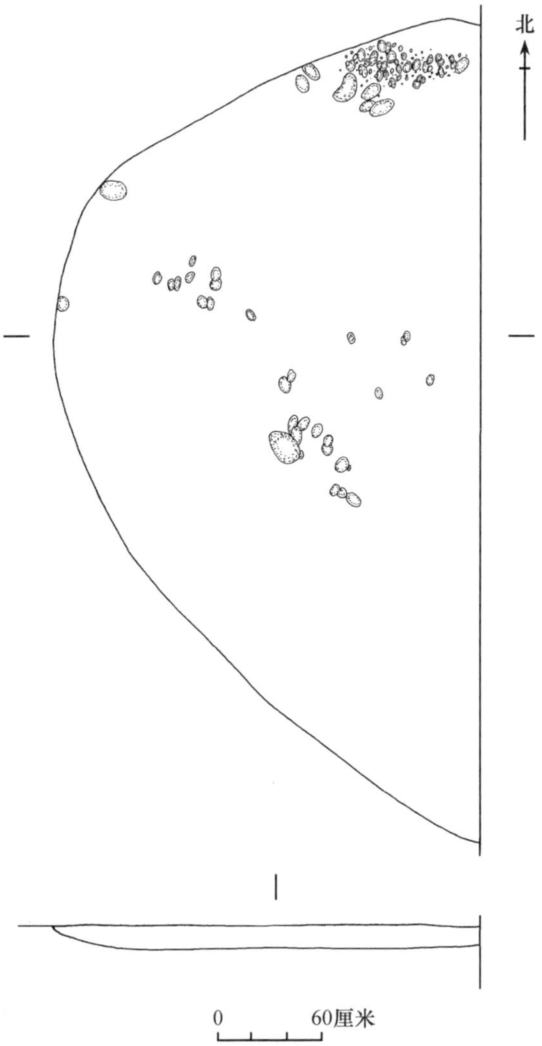

陶敛口罐　1件。

H8913：5，夹砂灰黑陶。敛口，圆唇，鼓肩。残高6厘米（图四三，6）。

陶高领罐　2件。

H8913：4，夹砂灰黄陶。侈口，尖圆唇，高领。口径18、残高3.7厘米（图四三，1）。H8913：2，夹砂灰褐陶。侈口，尖圆唇，高领。口径15、残高3.2厘米（图四三，2）。

陶盆　2件。

H8913：7，夹砂灰黄陶。敛口，圆唇，卷沿，斜直腹。腹部饰凹弦纹。残高4厘米（图四三，3）。H8913：8，夹砂灰黄陶。敛口，圆唇，卷沿，弧腹。残高8.8厘米（图四三，4）。

陶瓮　1件。

H8913：1，夹砂灰黑陶。侈口，圆唇，平卷沿。残高4.4厘米（图四三，5）。

陶器底　1件。

H8913：6，泥质灰黑陶。小平底。底径1.8、残高4.1厘米（图四三，7）。

陶圈足　1件。

H8913：9，夹砂灰黄陶。矮圈足。圈足径10.8、残高2.3厘米（图四三，8）。

图四二　H8913平、剖面图

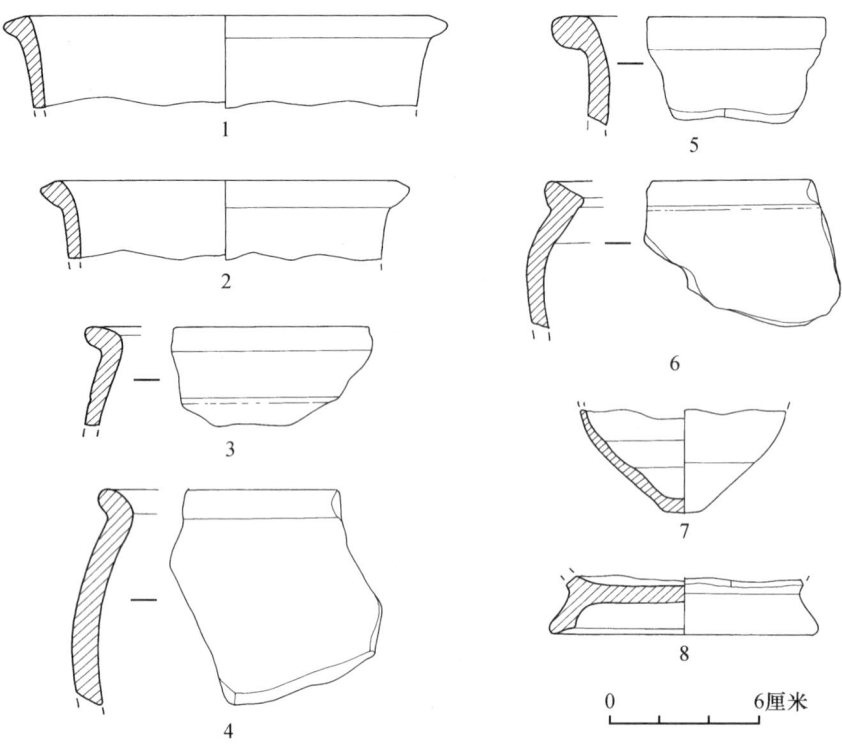

图四三　H8913出土陶器

1、2. 高领罐（H8913：4、H8913：2）　3、4. 盆（H8913：7、H8913：8）　5. 瓮（H8913：1）　6. 敛口罐（H8913：5）
7. 器底（H8913：6）　8. 圈足（H8913：9）

15. H8916

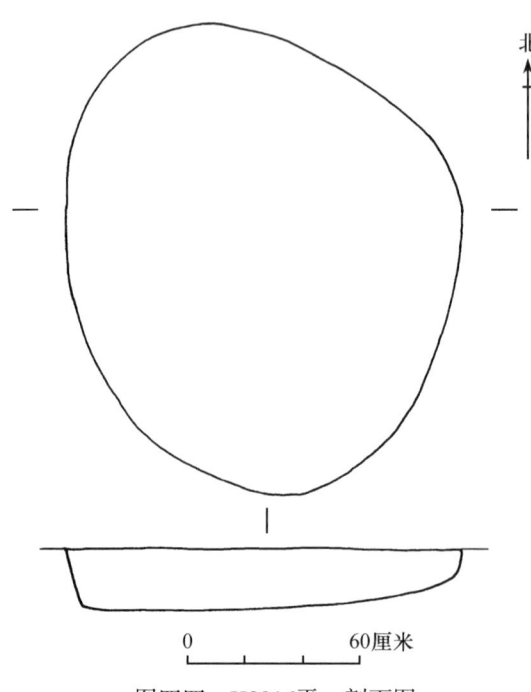

图四四　H8916平、剖面图

位于T7707-T7808南部。开口于第6层下，打破第7层。平面形状近椭圆形，长径1.65、短径1.35米；斜壁，平底，深0.1～0.2米（图四四）。坑内填黑褐色土，土质较致密，黏性较大，夹杂褐色颗粒。包含少量竹木炭灰烬和陶片。陶片以夹砂灰黑陶为主，其余依次为夹砂灰黄陶、夹砂灰褐陶、泥质灰黑陶、泥质灰黄陶。其中，夹砂灰黑陶占陶片总数的47.1%，夹砂灰黄陶占陶片总数的37.6%，夹砂灰褐陶占陶片总数的8.2%，泥质灰黑陶占陶片总数的4.7%，泥质灰黄陶占陶片总数的2.4%。纹饰以素面为主，占陶片总数的98.8%，其次是凹弦纹，占陶片总数的1.2%。可辨器形有器盖、盘（图四五）。

陶器盖　1件。

H8916：2，夹砂灰黑陶。圆唇，盖身斜直。残高2.6厘米（图四五，2）。

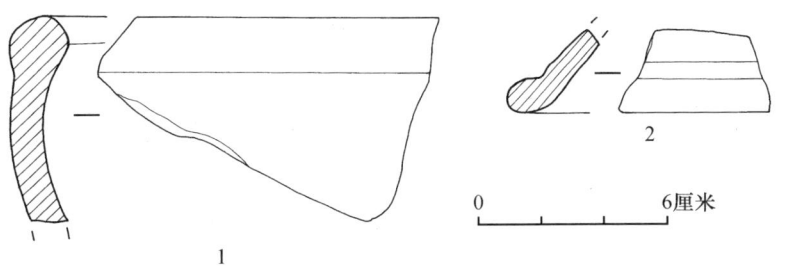

图四五　H8916出土陶器
1.盘（H8916：1）　2.器盖（H8916：2）

陶盘　1件。

H8916：1，夹砂灰黑陶，胎略显厚重。敛口，圆弧腹。残高6.5厘米（图四五，1）。

16. H8924

位于T7509-T7610东南部。开口于第6层下，打破第7层，被H8923打破。平面形状呈椭圆形，长径1.1、短径0.9米；斜壁，弧底，深0.1米（图四六）。坑内堆积为黑褐色土，土质较致密，黏性较强，夹杂褐色颗粒和少量竹木炭灰烬，包含少量陶片。出土陶片以泥质灰黑陶为主，其余依次为夹砂灰黑陶、泥质灰黄陶、夹砂灰黄陶、夹砂灰褐陶。其中，泥质灰黑陶占陶片总数的36.1%，夹砂灰黑陶占陶片总数的32.5%，泥质灰黄陶占陶片总数的12%，夹砂灰黄陶占陶片总数的12%，夹砂灰褐陶占陶片总数的7.2%。陶片皆为素面陶。可辨器形有尖底盏、高领罐、束颈罐、器底等（图四七）。

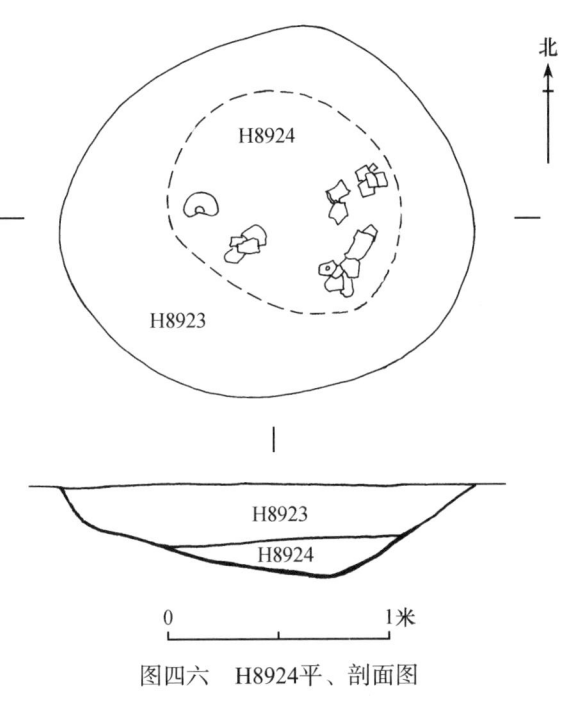

图四六　H8924平、剖面图

陶尖底盏　1件。

H8924：5，夹砂灰黑陶。近直口，圆唇，下腹内收，底部为圆凸尖底。口径12、高4厘米（图四七，1）。

陶高领罐　1件。

H8924：4，夹砂灰黑陶。侈口，束颈，尖圆唇，领部偏矮。口径18、残高7.3厘米（图四七，2）。

陶束颈罐　1件。

H8924：3，夹砂灰黑陶。侈口，束颈，方唇，卷沿。口径14、残高8.6厘米（图四七，3）。

陶器底　2件。

H8924：1，泥质灰黑陶。圆凸尖底。残高6.2厘米（图四七，5）。H8924：2，泥质灰黑陶。近似尖底。底径1、残高4厘米（图四七，6）。

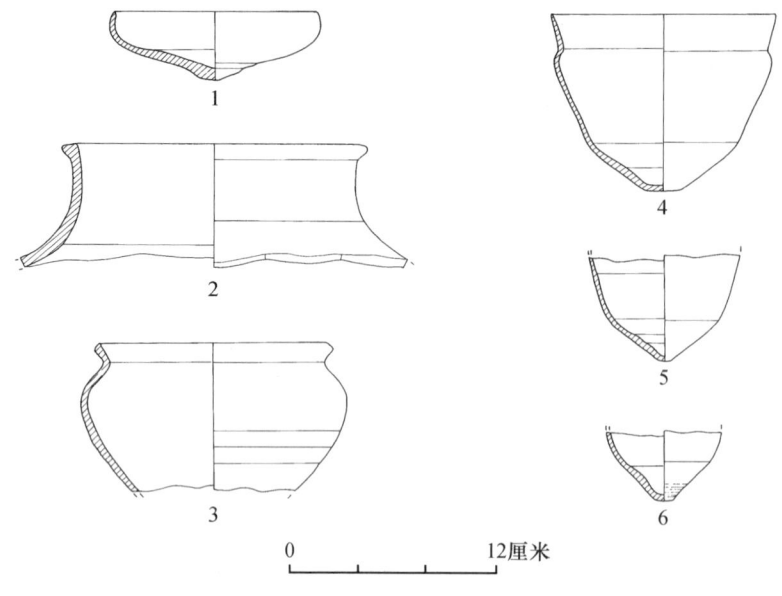

图四七 H8924、H8926出土陶器

1. 尖底盏（H8924∶5） 2. 高领罐（H8924∶4） 3. 束颈罐（H8924∶3） 4. 小平底罐（H8926∶1）

5、6. 器底（H8924∶1、H8924∶2）

17. H8926

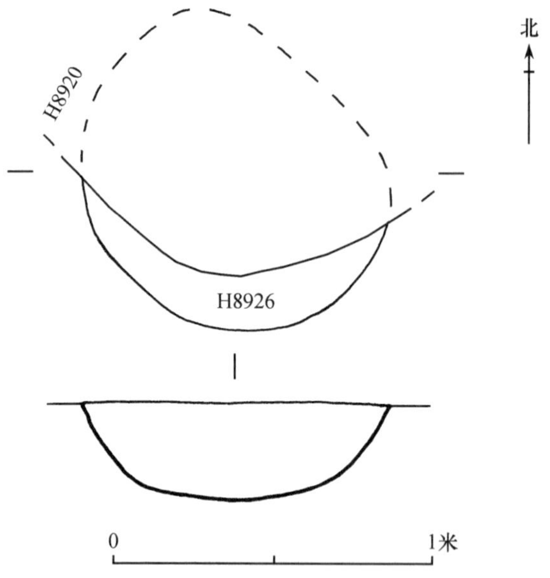

位于T7505-T7606东部。开口于第6层下，打破第7层，被H8920打破。平面形状呈椭圆形，长径1.06、短径0.86米；斜壁，圜底，深0.3米（图四八）。坑内堆积为褐黄色土，土质较致密，黏性较强，夹杂褐色颗粒和少量竹木炭灰烬，包含少量陶片。出土陶片以夹砂灰黑陶为主，其余依次为夹砂灰黄陶、泥质灰黑陶。其中，夹砂灰黑陶占陶片总数的66.7%，夹砂灰黄陶占陶片总数的20%，泥质灰黑陶占陶片总数的13.3%。陶片皆为素面陶。可辨器形仅小平底罐（图四七）。

陶小平底罐　1件。

H8926∶1，泥质黑皮陶。尖圆唇，上腹斜直，下腹转折急收，小平底。口径13、底径2、通高10.4厘米（图四七，4；图版二一，3）。

图四八 H8926平、剖面图

18. H8929

位于T7507-T7608中部。开口于第6层下，打破第7层。平面形状呈椭圆形，长径2.5、短径2.2米；斜壁，底部不平，深0.12米（图四九）。坑内堆积为黑褐色土，土质较紧密，黏性较强，夹杂褐色颗粒和少量竹木炭灰烬，包含少量陶片。出土陶片以夹砂灰黑陶为主，其余依次为夹砂灰黄陶、泥质灰黑陶、泥质灰黄陶。其中，夹砂灰黑陶占陶片总数的41.8%，夹砂灰黄陶占陶片总数的29.9%，泥质灰黑陶占陶片总数的14.9%，泥质灰黄陶占陶片总数的13.4%。纹饰陶仅见粗绳纹，占陶片总数的4.5%。可辨器形有小平底罐、瓮形器、高领罐、束颈罐、盆等（图五〇）。

陶小平底罐　1件。

H8929：7，泥质灰黑陶。尖圆唇，小平底。口径12.4、底径2、通高11厘米（图五〇，6；图版二一，4）。

陶瓮形器　3件。

H8929：2，夹砂灰黑陶。敛口，方唇。沿外侧及肩部饰斜向绳纹。口径39、残高13.5厘米（图五〇，1）。H8929：3，夹砂灰黄陶。敛口，方唇。沿外侧及肩部饰斜向绳纹。残高6厘米（图五〇，2）。H8929：6，夹砂灰黑陶。敛口，方唇。沿外侧及肩部饰斜向绳纹。残高5厘米（图五〇，3）。

陶高领罐　1件。

H8929：5，夹砂灰褐陶。侈口，圆唇。领部饰两道凹弦纹。残高7厘米（图五〇，5）。

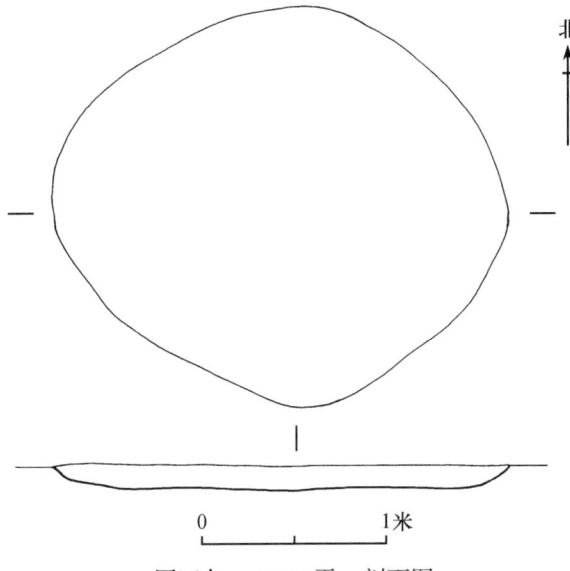

图四九　H8929平、剖面图

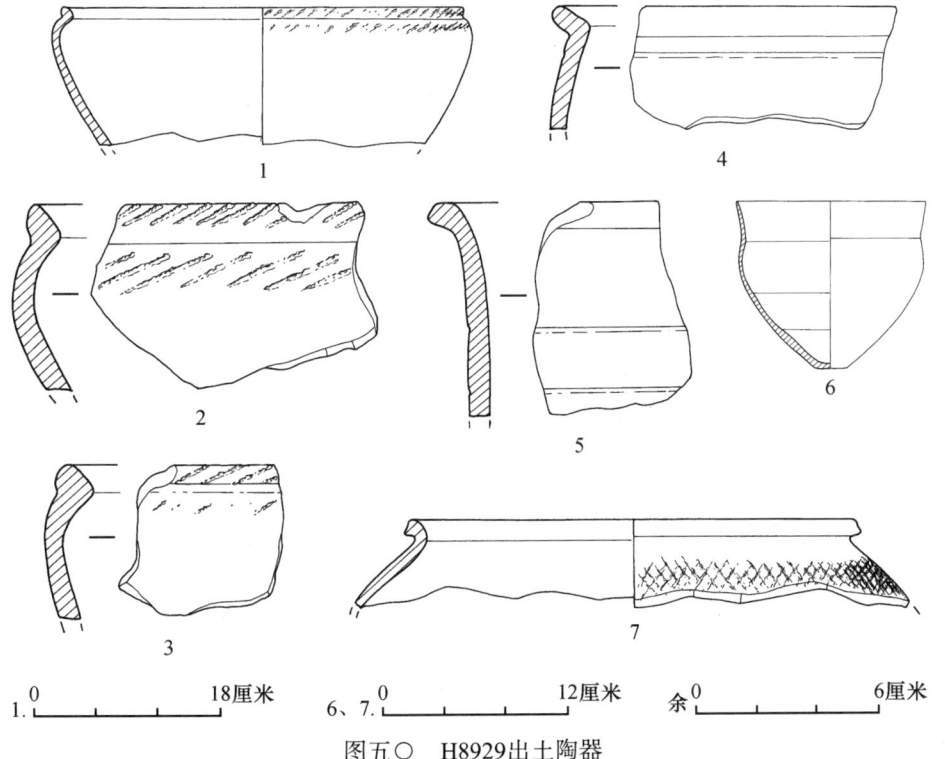

图五〇　H8929出土陶器

1~3.瓮形器（H8929：2、H8929：3、H8929：6）　4.盆（H8929：4）　5.高领罐（H8929：5）　6.小平底罐（H8929：7）
7.束颈罐（H8929：1）

陶束颈罐　1件。

H8929：1，夹砂灰黑陶。束颈，方唇，卷沿。肩部饰交错绳纹。口径30、残高5.8厘米（图五〇，7）。

陶盆　1件。

H8929：4，夹砂灰黑陶。圆唇，折沿。腹部饰一道凹弦纹。残高4厘米（图五〇，4）。

19. H8937

位于T7307-T7408西部，部分延伸至西壁内，未扩方发掘。开口于第6层下，打破第7层。平面形状近椭圆形，长径1.68、短径1.44米；斜壁，底部略平，深0.1米（图五一）。坑内堆积为褐黄色土，土质较疏松，黏性较强，土中夹杂少量竹木炭灰烬，包含较多陶片。出土陶片以夹砂灰黑陶为主，其余依次为夹砂灰黄陶、夹砂灰褐陶、泥质灰黑陶、泥质灰黄陶。其中，夹砂灰黑陶占陶片总数的50%，夹砂灰黄陶占陶片总数的29.6%，夹砂灰褐陶占陶片总数的11.5%，泥质灰黑陶占陶片总数的5.8%，泥质灰黄陶占陶片总数的3.1%。纹饰有凹弦纹、乳钉纹，凹弦纹陶占陶片总数的0.4%，乳钉纹陶占陶片总数的0.4%。可辨器形有敛口罐、高领罐、缸、器底等（图五二）。

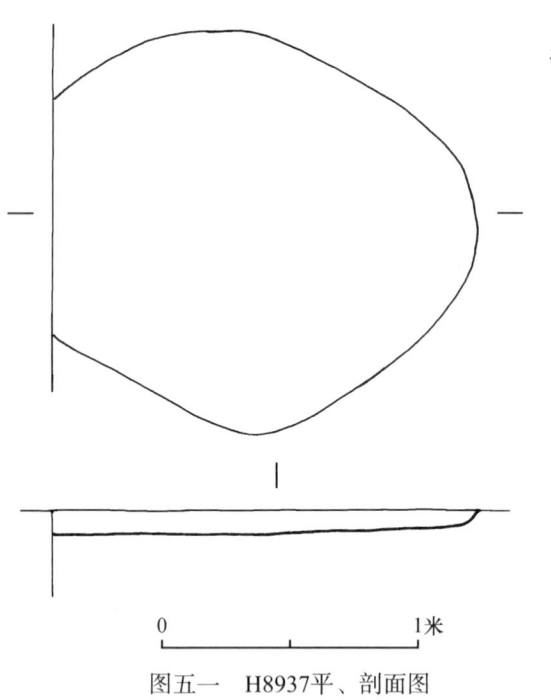

图五一　H8937平、剖面图

陶敛口罐　1件。

H8937：5，夹砂灰黑陶。敛口，方唇，弧肩。残高4.3厘米（图五二，1）。

陶高领罐　1件。

H8937：4，夹砂灰黄陶。侈口，圆唇，卷沿，高领。残高4厘米（图五二，4）。

陶缸　2件。

H8937：3，夹砂灰黄陶。近直口，方唇。腹部饰一颗乳钉纹和两道凹弦纹。残高8.1厘米（图五二，2）。H8937：1，夹砂灰褐陶。近直口，圆唇。残高4.8厘米（图五二，3）。

陶器底　2件。

H8937：6，泥质灰黑陶。尖底杯底。底径1.8、残高3.8厘米（图五二，5）。H8937：7，泥质灰黄陶。尖底杯底。底径1、残高3.9厘米（图五二，6）。

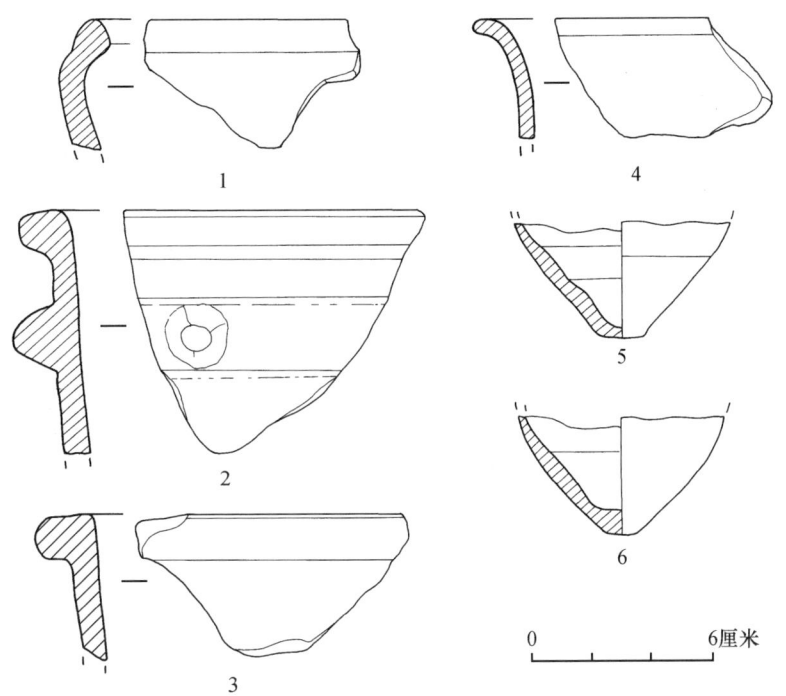

图五二　H8937出土陶器

1. 敛口罐（H8937：5）　2、3. 缸（H8937：3、H8937：1）　4. 高领罐（H8937：4）　5、6. 器底（H8937：6、H8937：7）

20. H8955

位于T7107-T7208南部。开口于第6层下，打破第7层。平面近椭圆形，斜壁，斜底。长径1.3、短径1.1、深0.06~0.12米（图五三）。坑内填褐黄色土，土质较紧密，夹杂褐色颗粒。出土陶片以夹砂灰黑陶为主，其余依次为夹砂灰黄陶、泥质灰黄陶、夹砂灰褐陶、泥质灰黑陶。夹砂灰黑陶占陶片总数的67%，夹砂灰黄陶占陶片总数的21.3%，泥质灰黄陶占陶片总数的5.3%，夹砂灰褐陶占陶片总数的4.3%，泥质灰黑陶占陶片总数的2.1%。纹饰仅有网格纹，占陶片总数的1.1%。可辨器形有敛口罐、束颈罐、器盖等（图五四）。

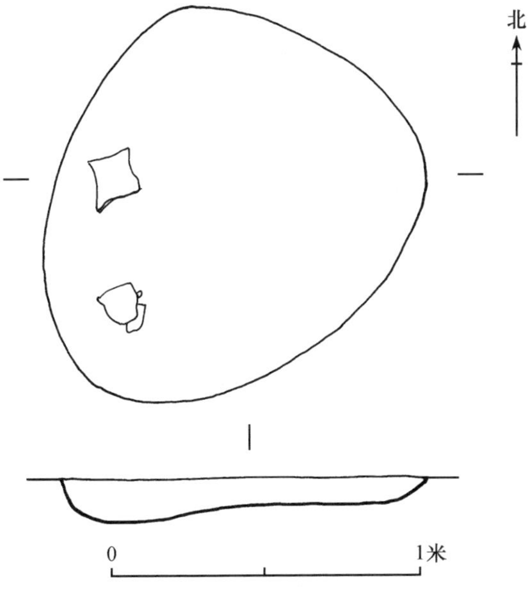

陶敛口罐　2件。

H8955：4，夹砂灰褐陶。敛口，方唇，鼓肩。口径40、残高6厘米（图五四，1）。H8955：2，夹砂灰黑陶。敛口，圆唇，鼓肩。残高4厘米（图五四，2）。

陶束颈罐　1件。

H8955：1，夹砂灰黑陶。侈口，束颈，方唇，折沿，圈足残。口径13、残高13厘米（图

图五三　H8955平、剖面图

五四，4；图版二一，5）。

陶器盖　1件。

H8955：3，夹砂灰黑陶。覆盆形，圆唇。残高3.6厘米（图五四，3）。

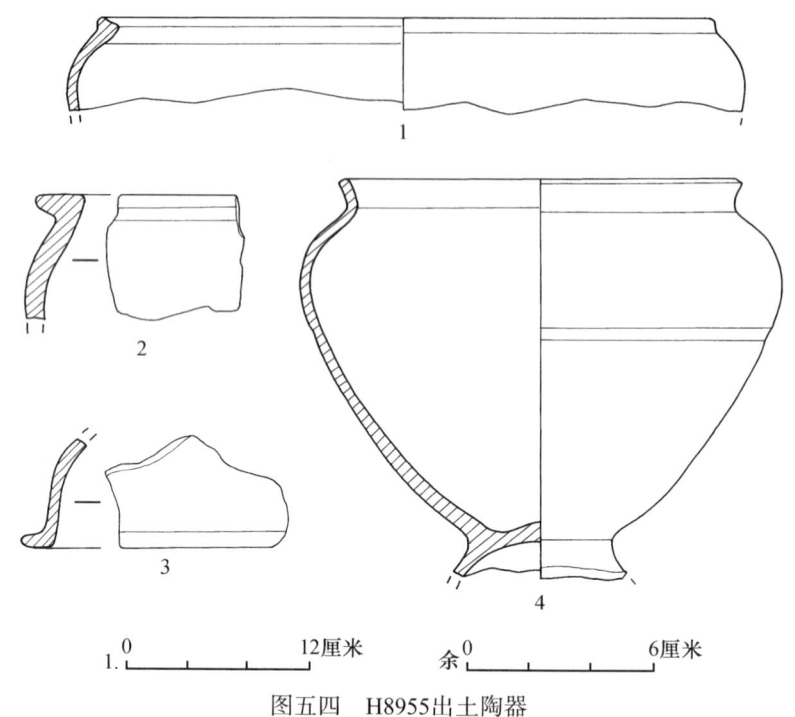

图五四　H8955出土陶器

1、2. 敛口罐（H8955：4、H8955：2）　3. 器盖（H8955：3）　4. 束颈罐（H8955：1）

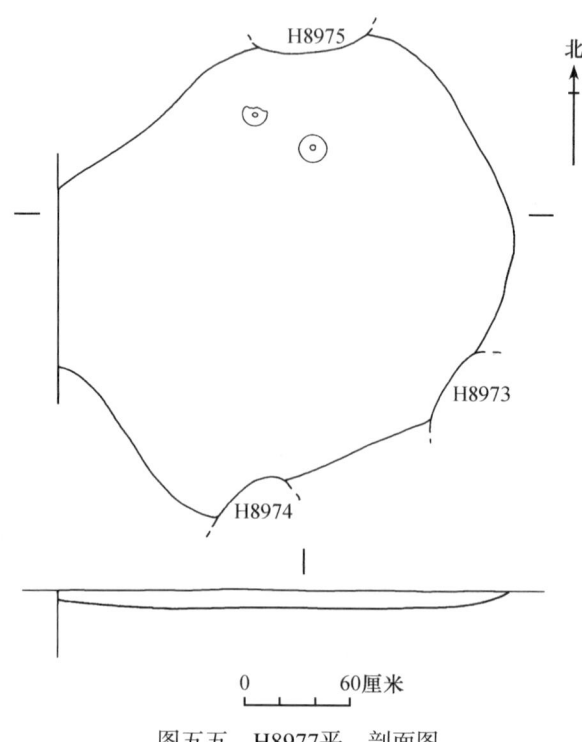

图五五　H8977平、剖面图

21. H8977

位于T7305-T7406西南部。开口于第6层下，打破第7层，北部被H8975打破，东部被H8973打破，南部被H8974打破，西部伸入西壁中，并未发掘。平面呈不规则椭圆形，斜壁，平底。长2.6、宽2.56、深0.08米（图五五）。坑内填黑褐色土，土质较紧密，夹杂褐色颗粒。出土陶片以夹砂灰黑陶为主，其余依次为夹砂灰黄陶和泥质灰黑陶、泥质灰黄陶、夹砂灰褐陶。陶片皆为素面。经统计，H8977出土陶片中，夹砂灰黑陶占陶片总数的39.6%，夹砂灰黄陶和泥质灰黑陶各占陶片总数的20.8%，泥质灰黄陶占陶片总数的10.4%，夹砂灰褐陶占陶片总数的8.4%。器形有陶束颈罐、石斧等（图五六）。

陶束颈罐　1件。

H8977：1，夹砂灰黑陶。口、肩部及圈足残缺，仅存腹部。残高8厘米（图五六，1）。

石斧　1件。

H8977：2，灰黑色石质。顶为斜弧顶，两侧边近直，平面两边有片疤，刃部磨光。长6.2、宽3.5、厚1.1厘米（图五六，2）。

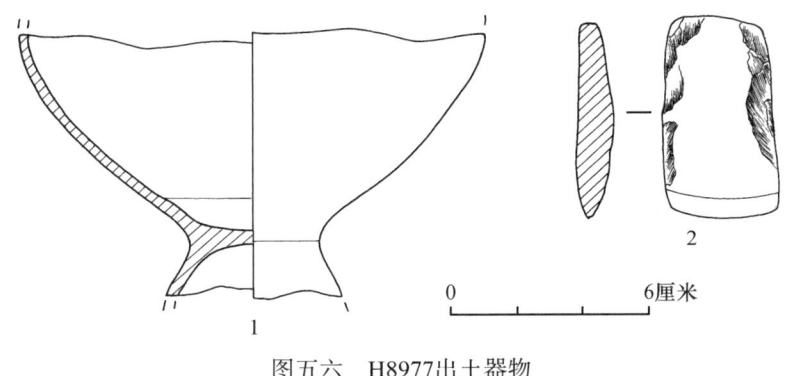

图五六　H8977出土器物
1.陶束颈罐（H8977：1）　2.石斧（H8977：2）

22. H8982

位于T6905-T7006东南部。开口于第6层下，打破第7层，东南部被晚期沟打破。平面形状呈椭圆形，斜壁，圜底。长1.69、宽1.46、深0.34米（图五七）。坑内填黑褐色土，土质较疏松。填土中夹杂褐色颗粒和少量竹木炭灰烬。出土陶片以夹砂灰黑陶为主，其余依次为夹砂灰黄陶、泥质灰黑陶、夹砂灰褐陶和泥质灰黄陶。纹饰以素面为主，其次为乳钉纹。经统计，H8982出土陶片中，夹砂灰黑陶约占陶片总数的41.3%，夹砂灰黄陶占陶片总数的35.5%，泥质灰黑陶占陶片总数的12.6%，夹砂灰褐陶占陶片总数的8.1%，泥质灰黄陶占陶片总数的2.5%。素面陶约占陶片总数的99.5%，乳钉纹陶占陶片总数的0.5%。可辨器形有尖底盏、瓮形器、高领罐、束颈罐、盆、缸、器纽、豆柄、器底、圈足等（图五八、图五九）。

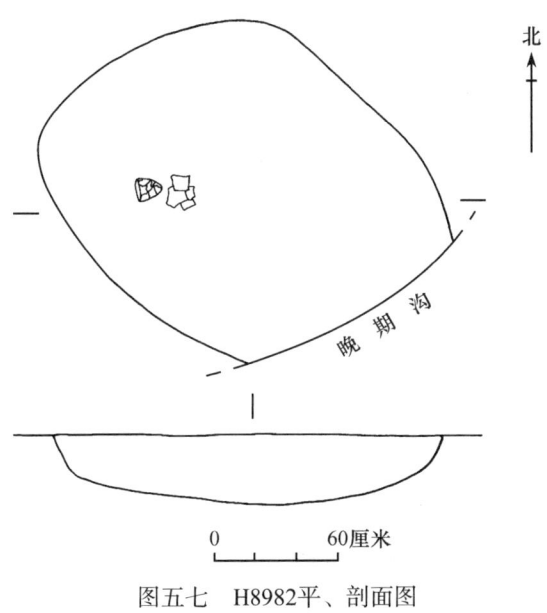

图五七　H8982平、剖面图

陶尖底盏　1件。

H8982：11，夹砂灰黑陶。尖圆唇，下腹斜直缓收。口径12.4、残高3.3厘米（图五八，1）。

陶瓮形器　2件。

H8982：3，夹砂灰黄陶。敛口，方唇，鼓肩。沿外侧及肩部饰绳纹。残高4.5厘米（图五八，9）。H8982：12，夹砂灰黑陶。敛口，方唇，鼓肩。沿外侧饰绳纹。残高4.5厘米（图五八，10）。

陶高领罐　3件。

H8982：10，夹砂灰黄陶。圆唇，卷沿，高领，领部向内斜直。口径18、残高4.5厘米（图五八，2）。H8982：2，夹砂灰黑陶。圆唇，卷沿，高束颈。口径18、残高11厘米（图五八，3）。H8982：6，夹砂灰黄陶。圆唇，卷沿，高直领。领部饰一周凹弦纹。残高5.9厘米（图五八，4）。

陶束颈罐　4件。

H8982：14，夹砂灰黑陶。束颈，方唇，折沿，溜肩。残高3.9厘米（图五八，5）。H8982：7，夹砂灰黑陶。束颈，方唇，卷沿，鼓肩。肩部饰交错绳纹和凹弦纹。残高6厘米

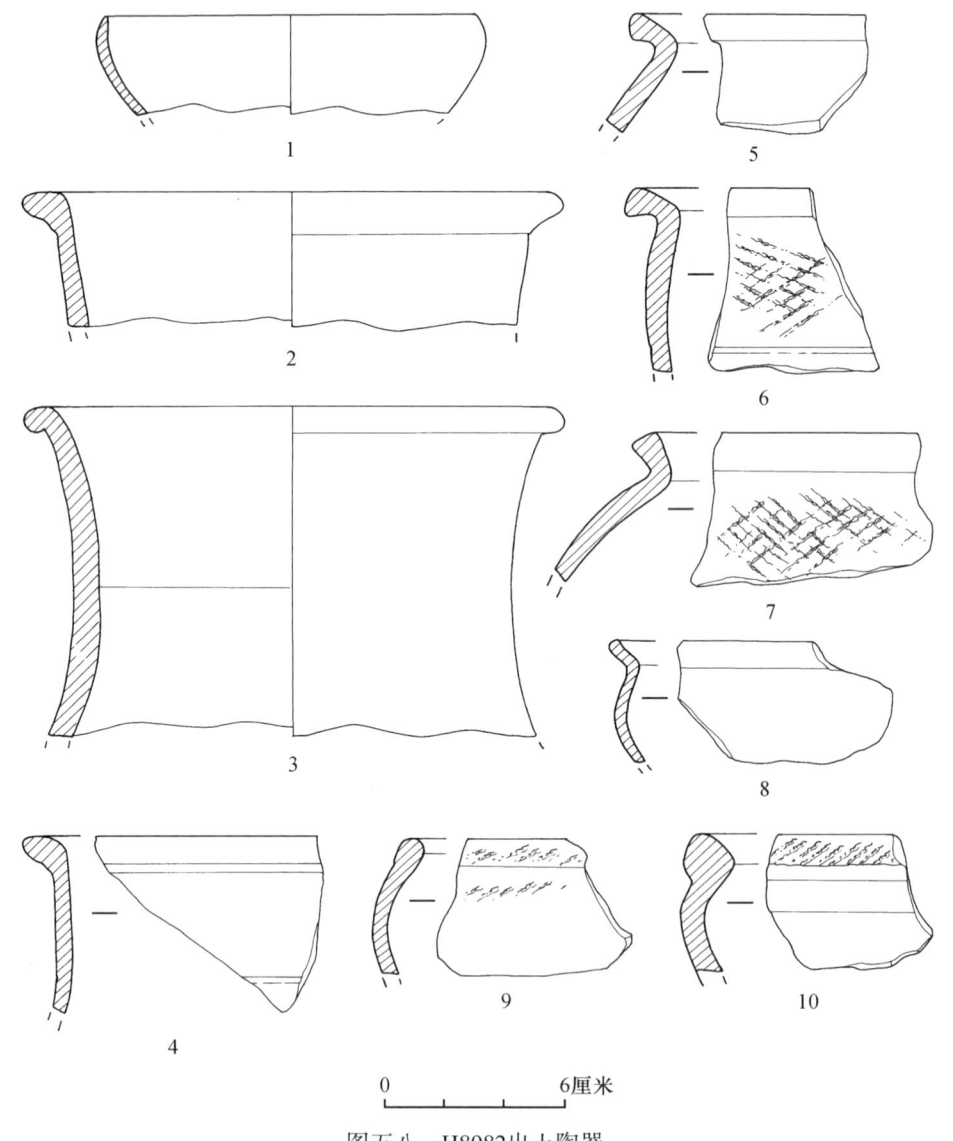

图五八　H8982出土陶器
1.尖底盏（H8982：11）　2~4.高领罐（H8982：10、H8982：2、H8982：6）　5~8.束颈罐（H8982：14、H8982：7、H8982：9、H8982：13）　9、10.瓮形器（H8982：3、H8982：12）

（图五八，6）。H8982:9，夹砂灰黑陶。束颈，方唇，卷沿，鼓肩。肩部饰交错绳纹。残高5厘米（图五八，7）。H8982:13，夹砂灰黑陶。圆唇，卷沿，弧腹。残高4厘米（图五八，8）。

陶盆　1件。

H8982:8，夹砂灰黑陶。圆唇，上弧腹，下腹斜直内收。口径28.8、残高6.2厘米（图五九，1）。

陶缸　2件。

H8982:4，夹砂灰黄陶。折沿，圆唇，弧腹。腹部饰一道凹弦纹。残高6.5厘米（图五九，2）。H8982:5，夹砂灰黄陶。折沿，方唇，弧腹。残高7厘米（图五九，3）。

陶器纽　1件。

H8982:18，夹砂灰黑陶。高柄，"8"字形纽。残高5.5厘米（图五九，7）。

陶豆柄　1件。

H8982:17，夹砂灰黑陶。圆柱状长细柄。直径1.7、残高9.6厘米（图五九，6）。

陶器底　1件。

H8982:15，夹砂灰黑陶。底部微内凹。底径11.6、残高2.8厘米（图五九，4）。

陶圈足　1件。

H8982:16，夹砂灰黑陶。足身斜直。圈足径6.4、残高2.7厘米（图五九，5）。

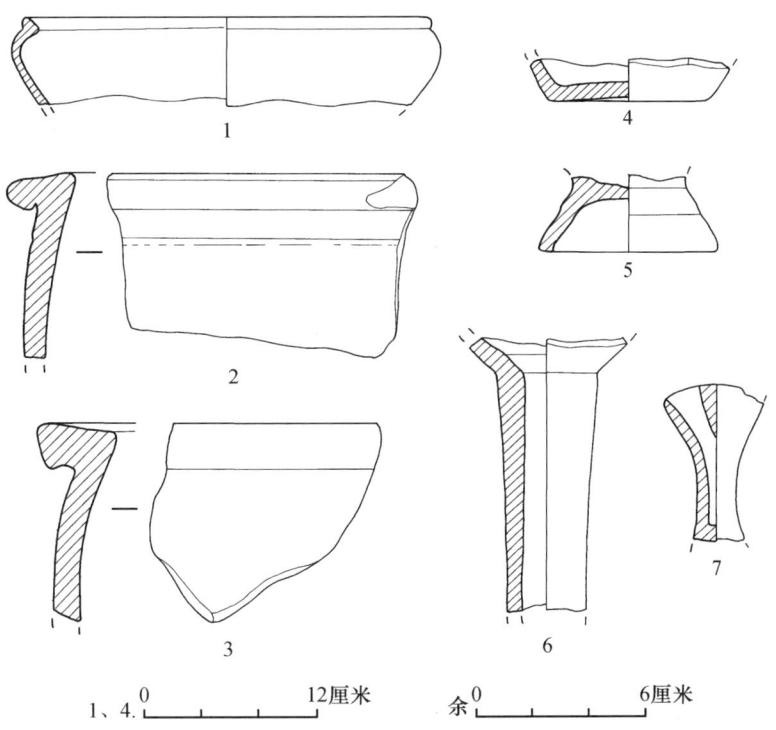

图五九　H8982出土陶器

1. 盆（H8982:8）　2、3. 缸（H8982:4、H8982:5）　4. 器底（H8982:15）　5. 圈足（H8982:16）　6. 豆柄（H8982:17）
7. 器纽（H8982:18）

23. H8984

位于T6905-T7006南部。开口于第6层下，打破第7层。平面形状近椭圆形，斜壁，圜底。长0.9、宽0.72、深0.3米（图六〇）。坑内填褐黄色土，土质较紧密。填土中夹杂褐色颗粒和少量竹木炭灰烬。出土陶片以夹砂灰黑陶为主，其余依次为泥质灰黑陶、夹砂灰褐陶、夹砂灰黄陶。纹饰以素面为主，其次为粗绳纹。经统计出土陶片中，夹砂灰黑陶占陶片总数的47.1%，泥质灰黑陶占陶片总数的21.6%，夹砂灰褐陶占陶片总数的20.6%，夹砂灰黄陶占陶片总数的10.8%。素面陶约占陶片总数的99%，粗绳纹陶占陶片总数的1%。可辨器形有瓮形器、敛口罐、高领罐、束颈罐、器盖、器纽、把手、圈足等（图六一）。

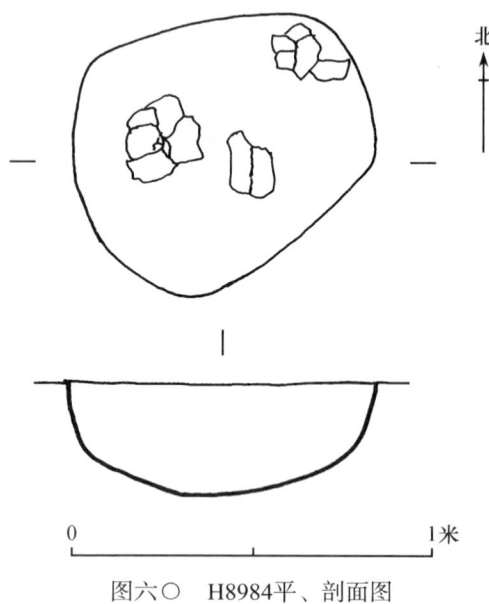

图六〇 H8984平、剖面图

陶瓮形器　1件。

H8984：6，夹砂灰黑陶。敛口，方唇，鼓肩。沿外侧及肩部饰绳纹。口径30、残高12厘米（图六一，1）。

陶敛口罐　2件。

H8984：8，夹砂灰黑陶。敛口，圆唇，鼓肩。口径38、残高11.6厘米（图六一，2）。H8984：5，夹砂灰黑陶。敛口，圆唇，鼓肩。口径38、残高4厘米（图六一，3）。

陶高领罐　1件。

H8984：7，夹砂灰黄陶。侈口，圆唇，高领。领部饰两道凹弦纹。残高8.1厘米（图六一，6）。

陶束颈罐　1件。

H8984：9，夹砂灰黑陶。方唇，卷沿，鼓肩。口径13、残高4.3厘米（图六一，4）。

陶器盖　1件。

H8984：4，夹砂灰黑陶。覆盆形，圆唇。底径32、残高9厘米（图六一，5）。

陶器纽　1件。

H8984：10，夹砂灰黑陶。盘状纽。纽径3、残高3.8厘米（图六一，7）。

陶把手　1件。

H8984：3，夹砂灰黑陶。残高9厘米（图六一，9）。

陶圈足　1件。

H8984：2，夹砂灰褐陶。矮圈足，足跟外侈。圈足径7.8、残高3厘米（图六一，8）。

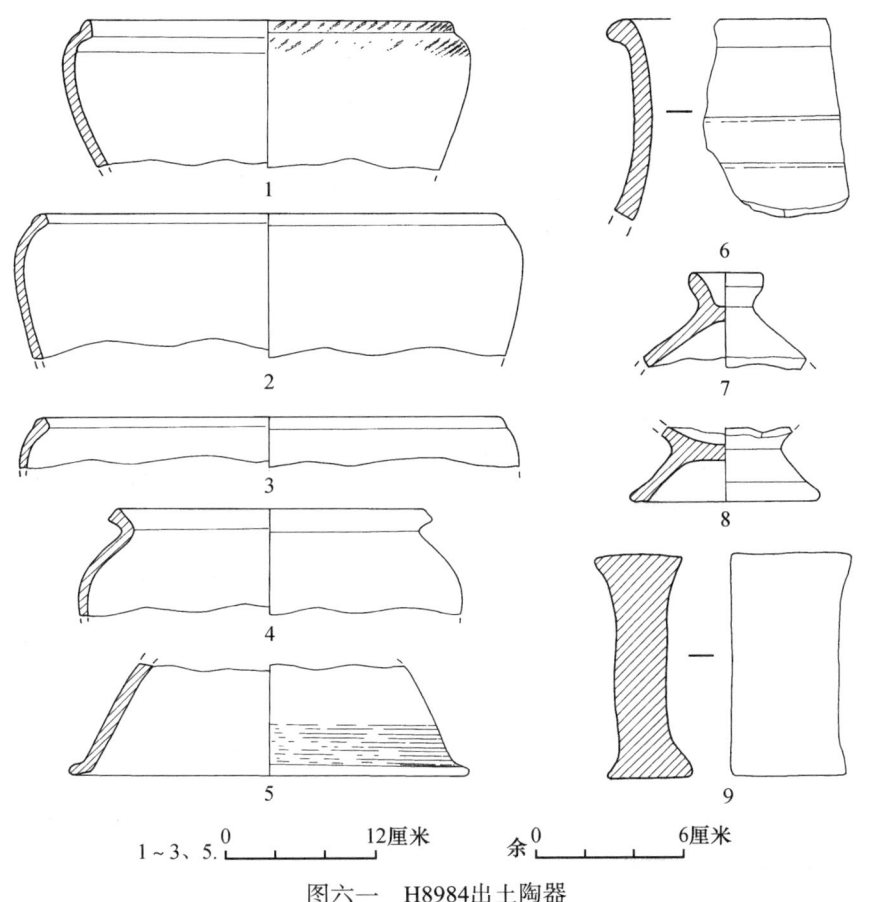

图六一 H8984出土陶器

1. 瓮形器（H8984：6） 2、3. 敛口罐（H8984：8、H8984：5） 4. 束颈罐（H8984：9） 5. 器盖（H8984：4）
6. 高领罐（H8984：7） 7. 器纽（H8984：10） 8. 圈足（H8984：2） 9. 把手（H8984：3）

24. H9001

位于T6903-T7004南部，南部伸入隔梁内，未全部发掘。开口于第6层下，打破第7层，东部被H8995打破。平面形状近椭圆形，长1.9、宽1.56、深0.4米；斜壁，平底（图六二；图版八，2）。坑内填黑褐色土，土质较疏松，夹杂褐色颗粒，包含少量竹木炭灰烬，坑底较多卵石堆积。出土陶片以夹砂灰黑陶为主，其余依次为泥质灰黑陶、夹砂灰黄陶、夹砂灰褐陶、泥质灰白陶。纹饰以素面为主，余仅细绳纹、凹弦纹。经统计，H9001出土陶片中，夹砂灰黑陶占陶片总数的39.6%，泥质灰黑陶占陶片总数的29.2%，夹砂灰黄陶占陶片总数的24%，夹砂灰褐陶占陶片总数的4.5%，泥质灰白陶占陶片总数的2.6%。素面陶占陶片总数的98.7%，细绳纹陶和凹弦纹陶各占陶片总数的

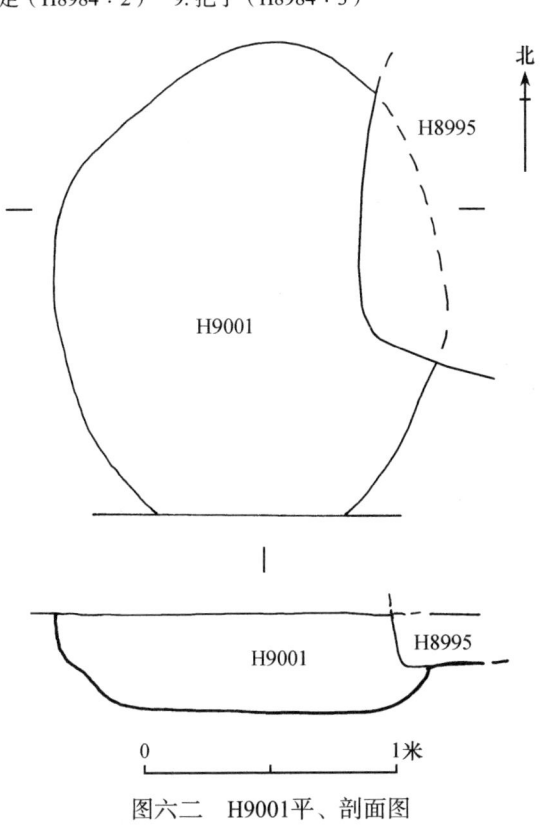

图六二 H9001平、剖面图

0.6%。可辨器形有小平底罐、瓮形器、束颈罐、瓮、器座、器底等（图六三）。

陶小平底罐　3件。

H9001：2，泥质灰黑陶。侈口，尖圆唇。口径13、残高8.4厘米（图六三，3）。H9001：5，泥质灰黑陶。侈口，尖圆唇。口径12、残高7.4厘米（图六三，2）。H9001：6，泥质灰黑陶。侈口，尖圆唇。口径11、残高5.7厘米（图六三，1）。

陶瓮形器　1件。

H9001：8，夹砂灰黑陶。敛口，方唇，鼓肩。沿外侧及肩部饰绳纹。残高4厘米（图六三，7）。

陶束颈罐　2件。

H9001：4，夹砂灰黑陶。方唇，卷沿，鼓肩。肩部饰绳纹。口径16、残高4.3厘米（图六三，5）。H9001：10，夹砂灰黑陶。方唇，卷沿，鼓肩。残高3.4厘米（图六三，6）。

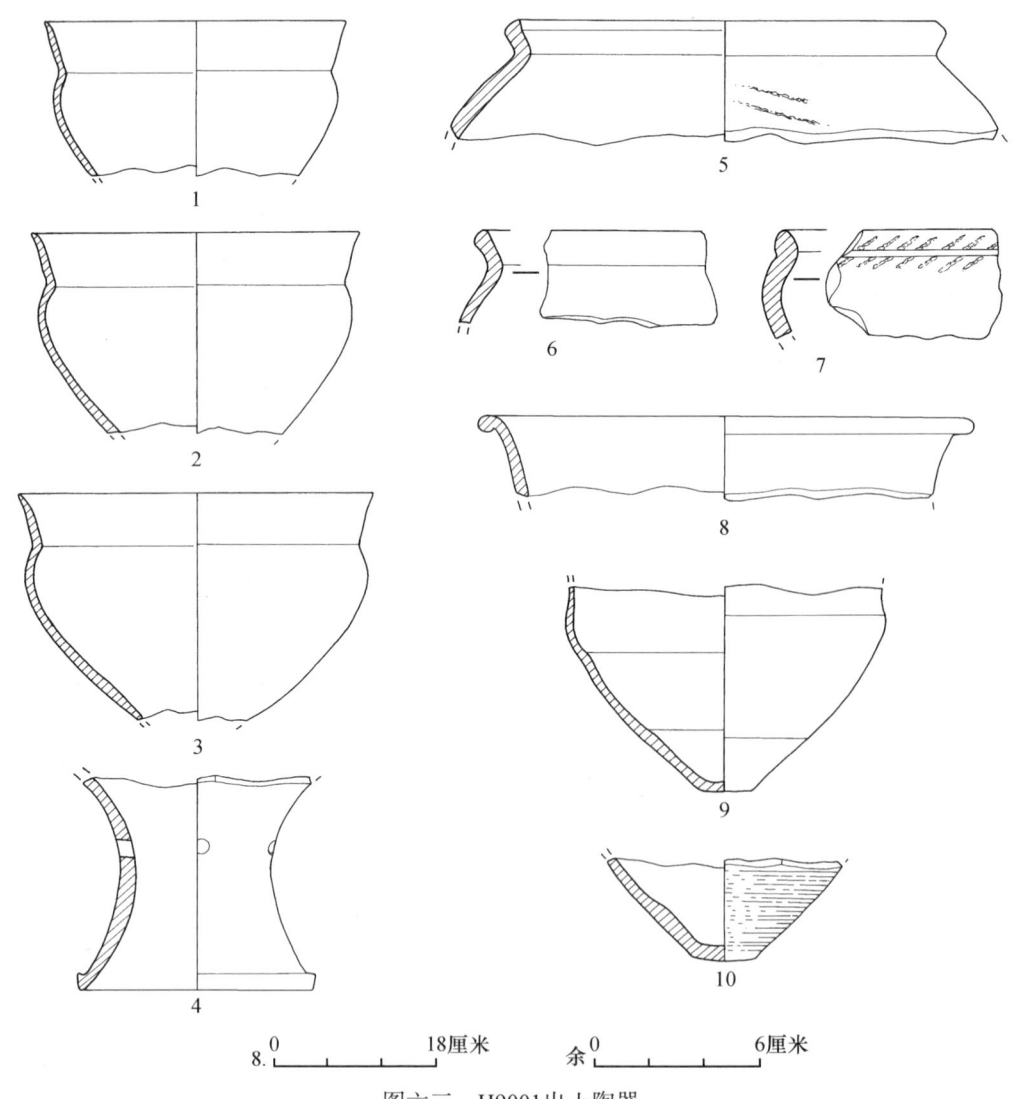

图六三　H9001出土陶器

1～3. 小平底罐（H9001：6、H9001：5、H9001：2）　4. 器座（H9001：9）　5、6. 束颈罐（H9001：4、H9001：10）
7. 瓮形器（H9001：8）　8. 瓮（H9001：3）　9、10. 器底（H9001：1、H9001：7）

陶瓮　1件。

H9001：3，夹砂灰黑陶。侈口，圆唇，卷沿。口径54、残高9厘米（图六三，8）。

陶器座　1件。

H9001：9，夹砂灰黑陶。高器座，上半部分残缺，残余部分造型形似圈足，中空。束腰处饰镂孔。底径8.8、残高7.8厘米（图六三，4）。

陶器底　2件。

H9001：1，泥质灰黑陶。小平底。底径2、残高7.5厘米（图六三，9）。H9001：7，泥质灰黑陶。小平底，微外凸。底径2.3、残高3.7厘米（图六三，10）。

25. H9011

位于T6909-T7010东南部。开口于第6层下，打破第7层，东北部被河道打破。平面形状呈半椭圆形，残长1.8、残宽1.5、深0.14米；斜壁，弧底（图六四）。坑内填黑褐色土，土质较紧密，略含沙，夹杂褐色颗粒，包含少量竹木炭灰烬。出土陶片以夹砂灰黑陶为主，其余依次为泥质灰黑陶、夹砂灰黄陶、夹砂灰褐陶、泥质灰黄陶、泥质灰白陶。皆为素面陶。经统计，H9011出土陶片中，夹砂灰黑陶占陶片总数的50%，泥质灰黑陶占陶片总数的28.8%，夹砂灰黄陶占陶片总数的10%，夹砂灰褐陶和泥质灰黄陶各占陶片总数的5%，泥质灰白陶占陶片总数的1.2%。可辨器形有盆、器纽、豆柄、器底等（图六五）。

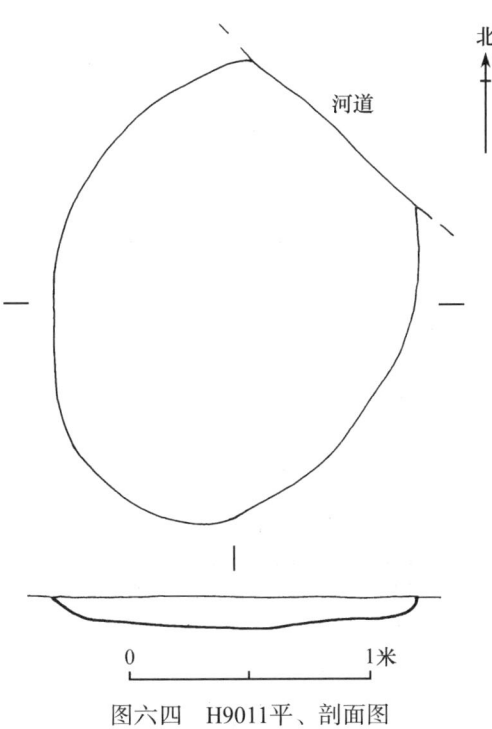

图六四　H9011平、剖面图

陶盆　2件。

H9011：2，夹砂灰黑陶。敛口，圆唇，卷沿，鼓腹。残高5.2厘米（图六五，1）。H9011：1，夹砂灰黄陶。口微侈，圆唇，卷沿，弧腹。残高7厘米（图六五，2）。

陶器纽　1件。

H9011：4，夹砂灰黑陶。盘形纽，方唇。纽径3.6、残高2厘米（图六五，3）。

陶豆柄　1件。

H9011：3，泥质灰黑陶。竹节状柄。器柄饰两道凸棱。直径3.9、残高4.7厘米（图六五，4）。

陶器底　1件。

H9011：5，泥质灰白陶。小平底，底部微外凸。底径2.4、残高2.5厘米（图六五，5）。

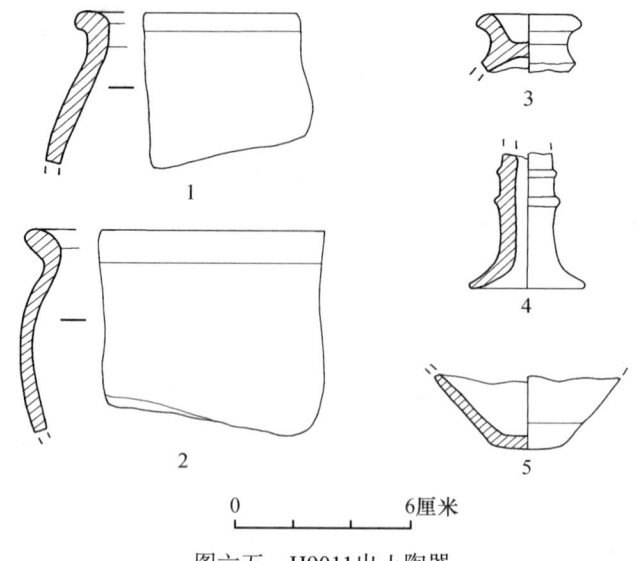

图六五 H9011出土陶器
1、2.盆（H9011：2、H9011：1） 3.器纽（H9011：4） 4.豆柄（H9011：3） 5.器底（H9011：5）

26. H9025

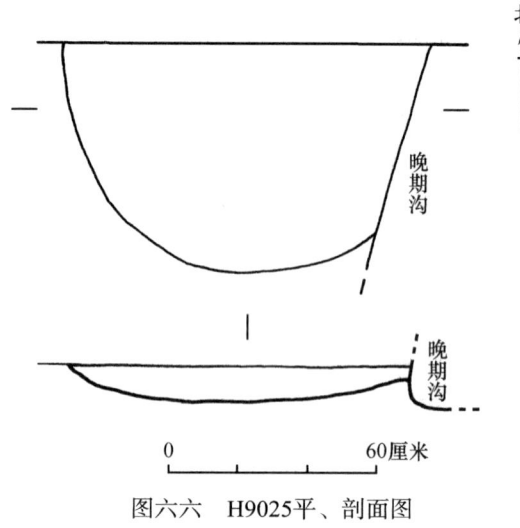

图六六 H9025平、剖面图

位于T6911-T7012西北部，北部伸入北隔梁内，未全部发掘。开口于第6层下，打破第7层，东部被晚期沟打破。平面形状呈半椭圆形，残长1、残宽0.68、深0.08米；斜壁，平底（图六六）。坑内填黑褐色土，土质较紧密，略含沙，夹杂褐色颗粒，包含少量竹木炭灰烬。出土陶片以夹砂灰黑陶为主，其余依次为夹砂灰黄陶和夹砂灰褐陶、泥质灰黑陶。皆为素面陶。经统计H9025出土陶片中，夹砂灰黑陶占陶片总数的32%，夹砂灰黄陶和夹砂灰褐陶各占陶片总数的24%，泥质灰黑陶占陶片总数的20%。可辨器形有器底等（图六七）。

陶器底　1件。

H9025：1，夹砂灰黑陶。尖底盏底，圆凸状尖底。残高2.6厘米（图六七，2）。

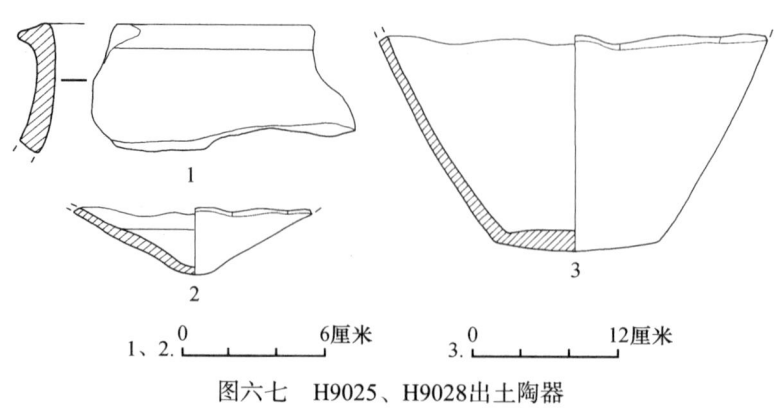

图六七 H9025、H9028出土陶器
1.瓮（H9028：1） 2、3.器底（H9025：1、H9028：2）

27. H9027

位于T6911-T7012西北部。开口于第6层下,打破第7层,西部被晚期沟打破。推测其完整平面形状为椭圆形,长1.02、宽0.95米;斜壁,平底,深0.1米(图六八)。坑内填褐色土,土质较紧密,夹杂褐色颗粒和零星灰烬。出土陶片以夹砂灰黑陶为主,其余依次为夹砂灰黄陶、泥质灰黄陶、夹砂灰褐陶、泥质灰黑陶。陶片皆为素面陶。经统计H9027出土陶片中,夹砂灰黑陶占陶片总数的48.2%,夹砂灰黄陶占陶片总数的19.3%,泥质灰黄陶占陶片总数的14.5%,夹砂灰褐陶占陶片总数的12%,泥质灰黑陶占陶片总数的6%。陶片较零碎,器形不可辨。

28. H9028

位于T6911-T7012中西部。开口于第6层下,打破第7层。平面形状近椭圆形,长1.26、宽1.04米;斜壁,近圜底,深0.2米(图六九)。坑内填褐色土,土质较紧密,略含沙,夹杂褐色颗粒和少量灰烬。出土陶片以夹砂灰黄陶为主,其余依次为夹砂灰黑陶、夹砂灰褐陶和泥质灰黄陶、泥质灰黑陶。陶片皆为素面陶。经统计H9028出土陶片中,夹砂灰黄陶占陶片总数的47.1%,夹砂灰黑陶占陶片总数的29.4%,夹砂灰褐陶和泥质灰黄陶各占陶片总数的9.4%,泥质灰黑陶占陶片总数的4.7%。可辨器形有瓮、器底等(图六七)。

陶瓮　1件。

H9028:1,夹砂灰黑陶。口微侈,圆唇,矮领,领部微束。残高5.4厘米(图六七,1)。

陶器底　1件。

H9028:2,夹砂灰黄陶。罐底,大平底,底部外凸。底径13.6、残高18厘米(图六七,3)。

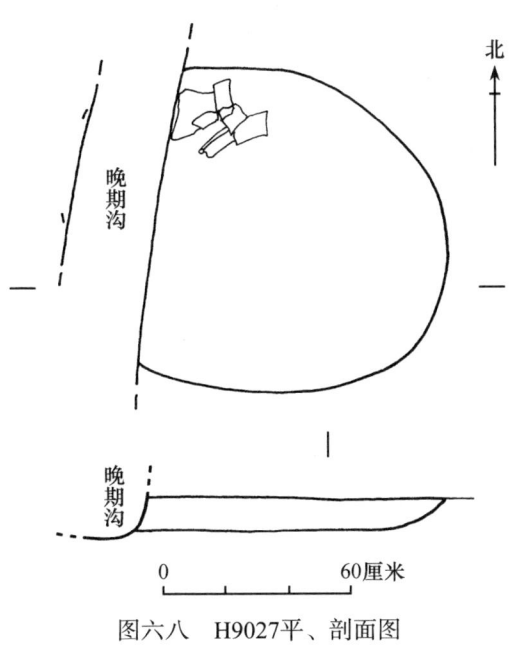

图六八　H9027平、剖面图

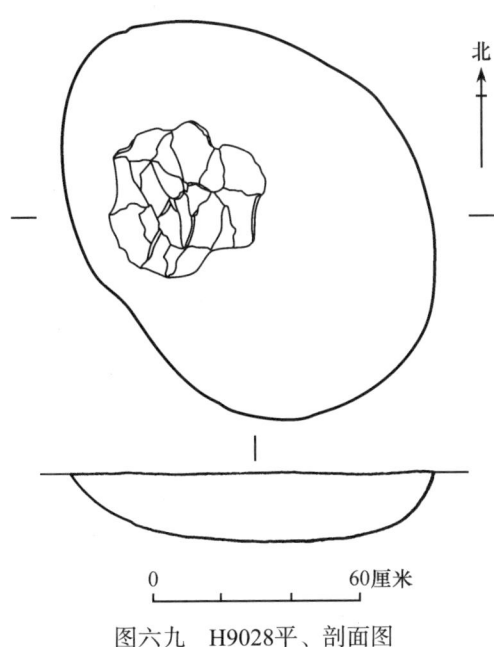

图六九　H9028平、剖面图

29. H9030

位于T6911-T7012西南部。开口于第6层下，打破第7层。平面形状近椭圆形，长1.85、宽1.02米；斜壁，底部向东倾斜，西浅东深，深0.05～0.22米（图七〇）。坑内填褐色土，土质较疏松，略含沙，夹杂褐色颗粒和少量竹木炭灰烬。出土陶片以夹砂灰黑陶为主，其余依次为夹砂灰褐陶、夹砂灰黄陶、泥质灰黑陶、泥质灰黄陶。陶片皆为素面陶。经统计H9030出土陶片中，夹砂灰黑陶占陶片总数的34.7%，夹砂灰褐陶占陶片总数的24.8%，夹砂灰黄陶占陶片总数的19.8%，泥质灰黑陶占陶片总数的16.5%，泥质灰黄陶占陶片总数的4.2%。可辨器形有尖底盏、敛口罐、高领罐、盆等（图七一）。

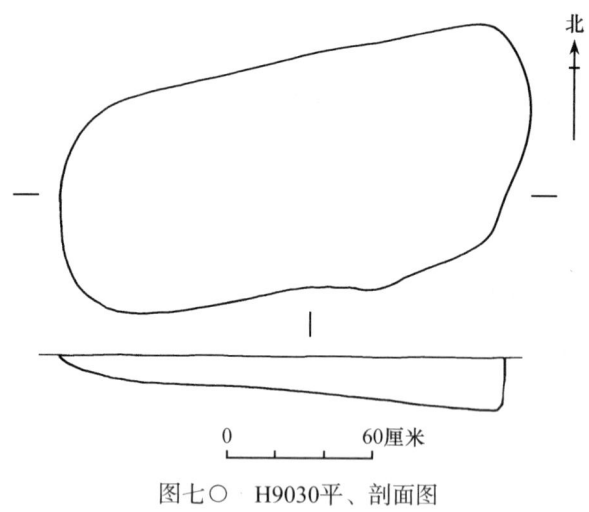

图七〇　H9030平、剖面图

陶尖底盏　1件。

H9030：1，泥质灰白陶。敛口，尖圆唇。鼓腹，下腹斜直，底为圆凸尖底。口径12.6、通高6厘米（图七一，3；图版二一，6）。

陶敛口罐　2件。

H9030：4，夹砂灰黄陶。敛口，圆唇，鼓肩，深腹。残高3.6厘米（图七一，1）。
H9030：3，夹砂灰黑陶。敛口，圆唇，鼓弧腹，浅腹。残高4.5厘米（图七一，2）。

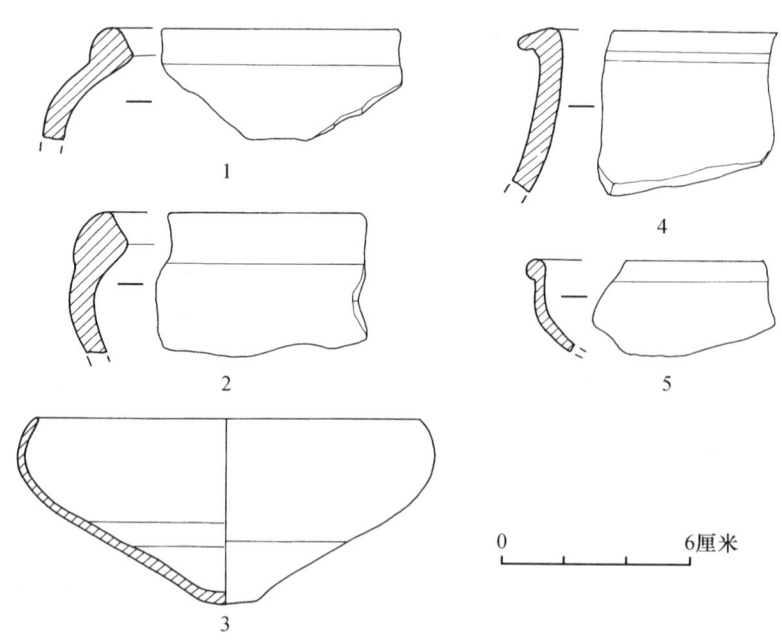

图七一　H9030出土陶器
1、2.敛口罐（H9030：4、H9030：3）　3.尖底盏（H9030：1）　4.高领罐（H9030：2）　5.盆（H9030：5）

陶高领罐　1件。

H9030：2，夹砂灰褐陶。近直口，尖圆唇，高领。残高5.3厘米（图七一，4）。

陶盆　1件。

H9030：5，夹砂灰黑陶。直口，圆唇，浅弧腹。残高3厘米（图七一，5）。

30. H9058

位于T6713-T6814东北部。开口于第6层下，打破第7层。平面形状呈椭圆形，斜壁，平底。长2.7、宽2.3、深1.44米（图七二；图版九，1）。坑内填黑褐色土，土质较疏松，包含较多竹木炭灰烬。出土陶片以夹砂灰黑陶为主，其余依次为夹砂灰黄陶、夹砂灰褐陶、泥质灰黑陶、夹砂灰陶、泥质灰黄陶、泥质灰白陶和泥质灰褐陶。纹饰以素面为主，其次为网格纹，还包含有凹弦纹和少量镂孔。经统计，H9058出土陶片中夹砂灰黑陶约占陶片总数的56.5%，夹砂灰黄陶占陶片总数的26.4%，夹砂灰褐陶占陶片总数的7.3%，泥质灰黑陶占陶片总数的4.3%，夹砂灰陶占陶片总数的3.4%，泥质灰黄陶、泥质灰白陶和泥质灰褐陶各占陶片总数的1.4%、0.5%和0.2%。素面陶约占陶片总数的99%。可辨器形有尖底杯、敛口罐、高领罐、矮领罐、束颈罐、壶、瓮、缸、豆盘、器底、圈足等（图七三~图七六）。

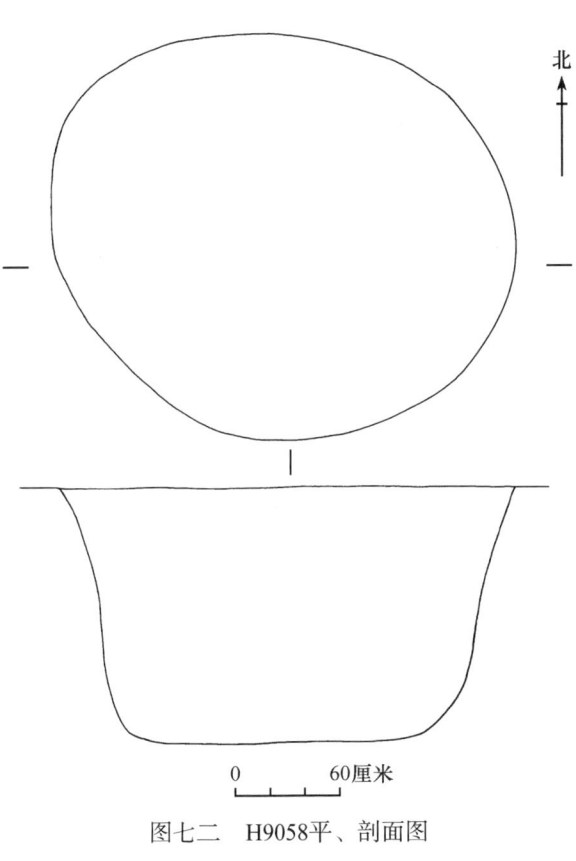

图七二　H9058平、剖面图

陶尖底杯　1件。

H9058：1，泥质灰黑陶。敛口，尖圆唇，尖底。口径8.1、通高14.2厘米（图七三，7；图版二二，1）。

陶敛口罐　4件。

H9058：32，夹砂灰黑陶。敛口，圆唇，鼓肩。口径28、残高4厘米（图七三，2）。
H9058：6，夹砂灰黑陶。敛口，圆唇，鼓肩。口径34、残高4.4厘米（图七三，3）。
H9058：23，夹砂灰黄陶。敛口，方唇，鼓肩，弧腹。口径40、残高7.2厘米（图七三，4）。
H9058：14，夹砂灰黑陶。敛口，圆唇，鼓肩。残高7.5厘米（图七三，5）。

陶高领罐　2件。

H9058：34，夹砂灰褐陶。侈口，尖圆唇，高领。口径17、残高5.1厘米（图七三，1）。
H9058：35，夹砂灰褐陶。侈口，圆唇，高领。残高5厘米（图七三，6）。

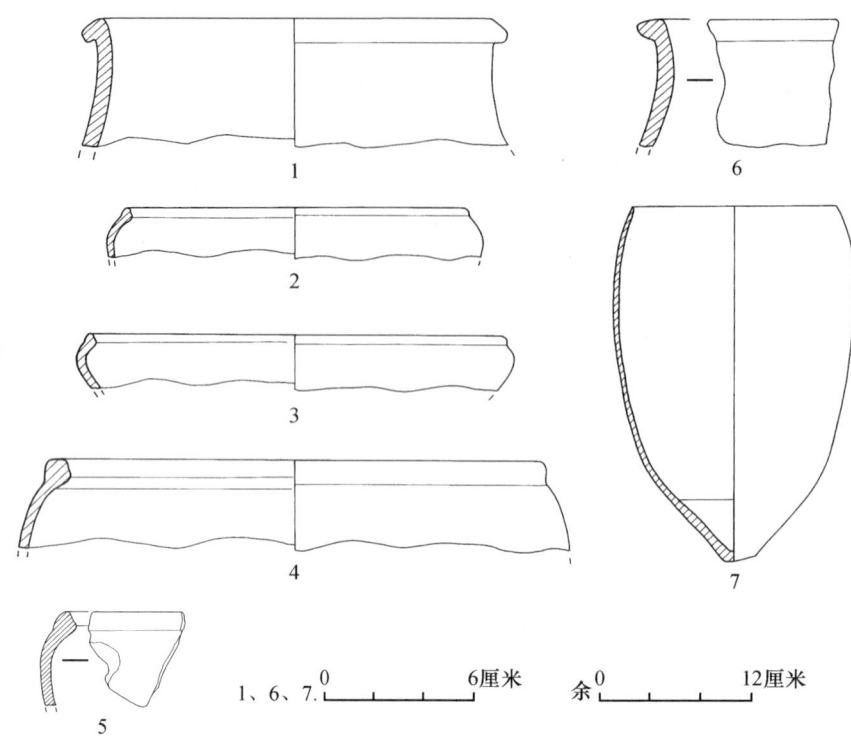

图七三　H9058出土陶器

1、6.高领罐（H9058：34、H9058：35）　2~5.敛口罐（H9058：32、H9058：6、H9058：23、H9058：14）
7.尖底杯（H9058：1）

陶矮领罐　8件。

H9058：31，夹砂灰黄陶。近直口，尖圆唇，矮领。领部饰一周凹弦纹。口径12、残高6.2厘米（图七四，1）。H9058：18，夹砂灰黑陶。侈口，圆唇，矮领，领部有一个圆形镂孔。口径16、残高4.3厘米（图七四，2）。H9058：16，夹砂灰陶。口微侈，圆唇，矮领。口径27.2、残高8.2厘米（图七四，3）。H9058：27，夹砂灰黄陶。直口，圆唇，矮领。口径23、残高4.6厘米（图七四，4）。H9058：29，夹砂灰黄陶。近直口，圆唇，矮领。残高6.2厘米（图七四，5）。H9058：12，夹砂灰黑陶。侈口，尖圆唇，矮领。残高6.5厘米（图七四，6）。H9058：28，夹砂灰黄陶。口微侈，圆唇，矮领。口径22、残高5厘米（图七四，7）。H9058：26，夹砂灰褐陶。侈口，方唇，矮领。口径21、残高7.4厘米（图七四，8）。

陶束颈罐　5件。

H9058：36，夹砂灰黑陶。方唇，束颈，卷沿，鼓肩。口径13、残高3厘米（图七六，1）。H9058：9，夹砂灰黑陶。圆唇，折沿，鼓肩。口径36、残高4厘米（图七六，2）。H9058：8，夹砂灰黑陶。圆唇，折沿，鼓肩。口径38、残高4厘米（图七六，3）。H9058：22，夹砂灰黑陶。圆唇，折沿，鼓肩。口径40、残高10.4厘米（图七六，4）。H9058：40，夹砂灰黄陶。圆唇，折沿，鼓肩。残高4.3厘米（图七六，5）。

陶壶　1件。

H9058：2，夹砂灰褐陶。方唇，口部有一个手捏的流，圈足残。口径12、残高25厘米（图七六，9；图版二二，2）。

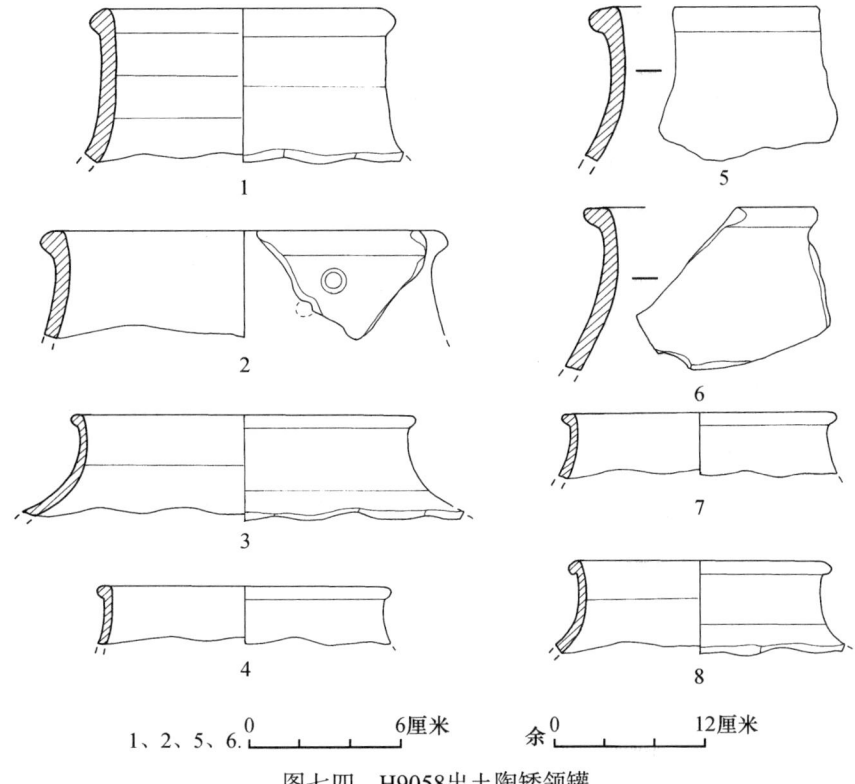

图七四　H9058出土陶矮领罐
1. H9058：31　2. H9058：18　3. H9058：16　4. H9058：27　5. H9058：29　6. H9058：12　7. H9058：28　8. H9058：26

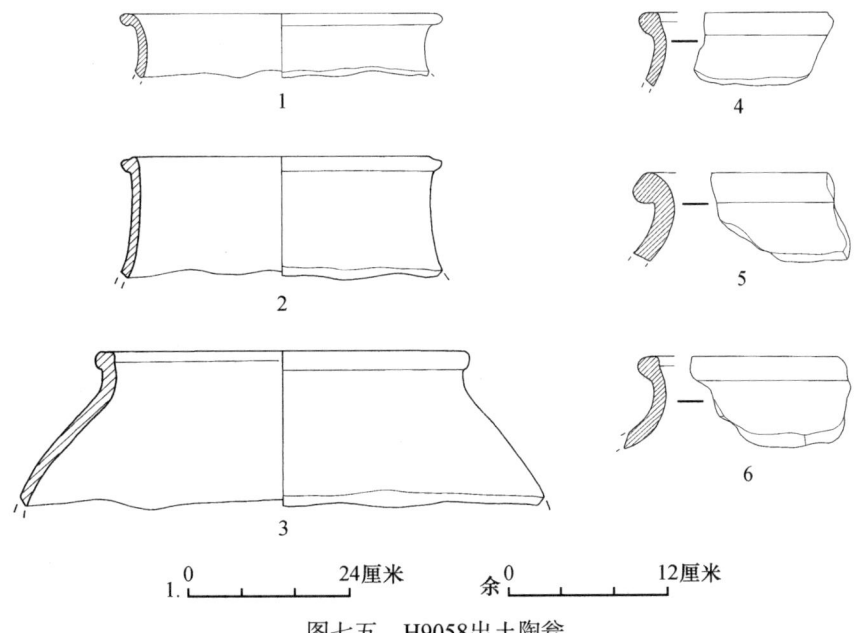

图七五　H9058出土陶瓮
1. H9058：20　2. H9058：21　3. H9058：24　4. H9058：19　5. H9058：15　6. H9058：25

陶瓮　6件。

H9058：20，夹砂灰黄陶。侈口，束颈，圆唇，卷沿，高领。口径48、残高9.6厘米（图七五，1）。H9058：21，夹砂灰黑陶。直口，圆唇，高领。口径24、残高9厘米（图七五，2）。H9058：24，夹砂灰黄陶。直口，圆唇，矮领。口径28、残高11.6厘米（图七五，3）。H9058：19，夹砂灰黑陶。侈口，圆唇，矮领。残高5.5厘米（图七五，4）。H9058：15，夹砂灰黄陶。侈口，圆唇，矮领。残高6.6厘米（图七五，5）。H9058：25，夹砂灰黑陶。侈口，圆唇，矮领。残高7厘米（图七五，6）。

陶缸　2件。

H9058：10，夹砂灰黑陶。直口，方唇。腹部饰附加堆纹。残高10厘米（图七六，10）。H9058：33，夹砂灰黑陶。敛口，方唇，弧腹。残高6厘米（图七六，11）。

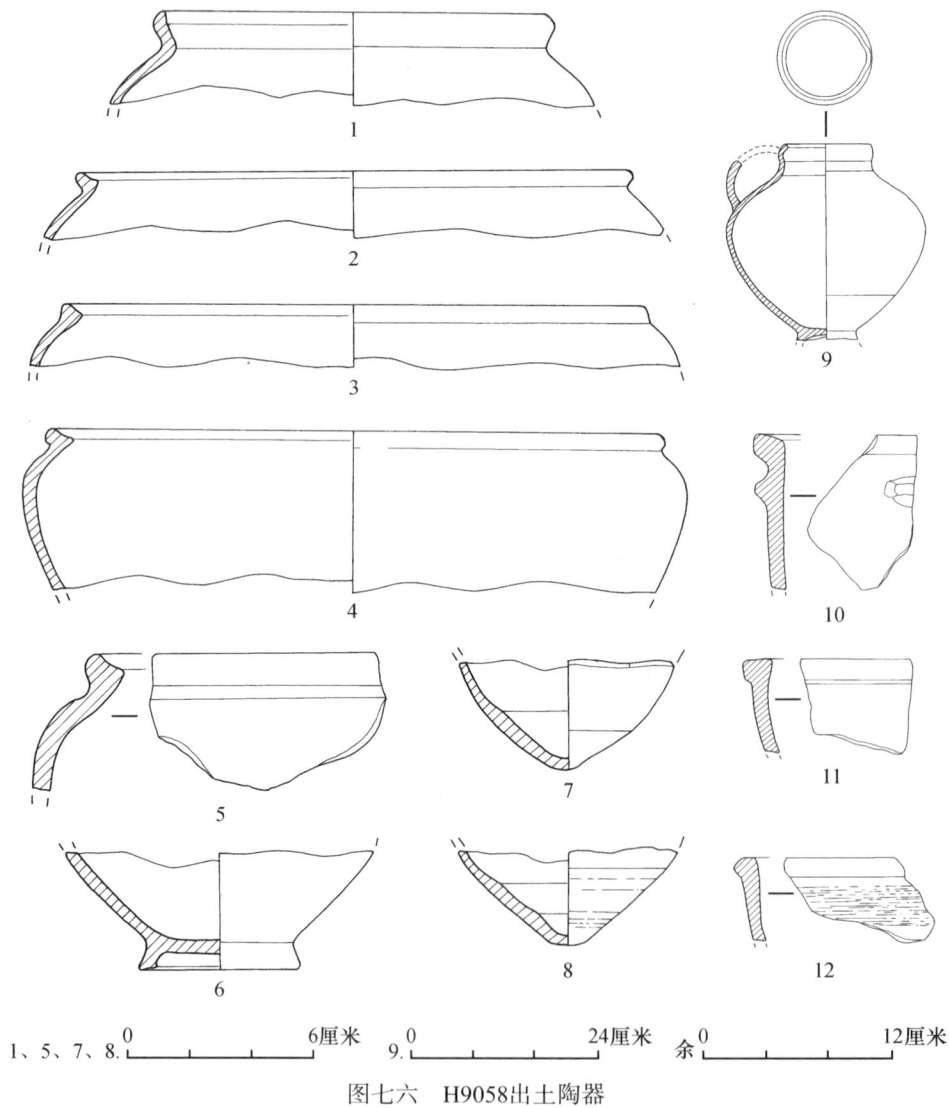

图七六　H9058出土陶器

1～5. 束颈罐（H9058：36、H9058：9、H9058：8、H9058：22、H9058：40）　6. 圈足（H9058：5）　7、8. 器底（H9058：37、H9058：38）　9. 壶（H9058：2）　10、11. 缸（H9058：10、H9058：33）　12. 豆盘（H9058：13）

陶豆盘　1件。

H9058：13，夹砂灰黑陶。折沿，圆唇。残高5.3厘米（图七六，12）。

陶器底　2件。

H9058：37，泥质灰黑陶。尖底。底径1、残高3.5厘米（图七六，7）。H9058：38，泥质灰黄陶。尖底。底径1.2、残高3.1厘米（图七六，8）。

陶圈足　1件。

H9058：5，夹砂灰黑陶。矮圈足。圈足径10.4、残高7.6厘米（图七六，6）。

31. H9070

位于T6713-T6814西南部、T6715-T6816西北部，中部位于隔梁中，未发掘。开口于第6层下，打破第7层，东北部被H9069打破。平面形状呈椭圆形，斜壁，弧底。长4.34、宽2.93、深0.7米（图七七）。坑内填黑褐色土，质地较紧密，略含沙，包含少量褐色颗粒和竹、木炭灰烬。出土陶片以夹砂灰黑陶为主，其余依次为夹砂灰黄陶、泥质灰黑陶、夹砂灰褐陶和泥质灰黄陶。纹饰以素面为主，其次为凹弦纹和粗绳纹，此外还有少量乳钉纹和圆圈、刻划纹。经统计，H9070出土陶片中，夹砂灰黑陶占陶片总数的59.9%，夹砂灰黄陶占陶片总数的25.5%，泥质灰黑陶占陶片总数的7%，夹砂灰褐陶占陶片总数的5.1%，泥质灰黄陶占陶片总数的2.5%。素面陶约占陶片总数的98.2%，凹弦纹陶和粗绳纹陶分别占陶片总数的1.1%和0.6%。可辨器形有瓮形器、高领罐、矮领罐、束颈罐、盆、缸等（图七八～图八三）。

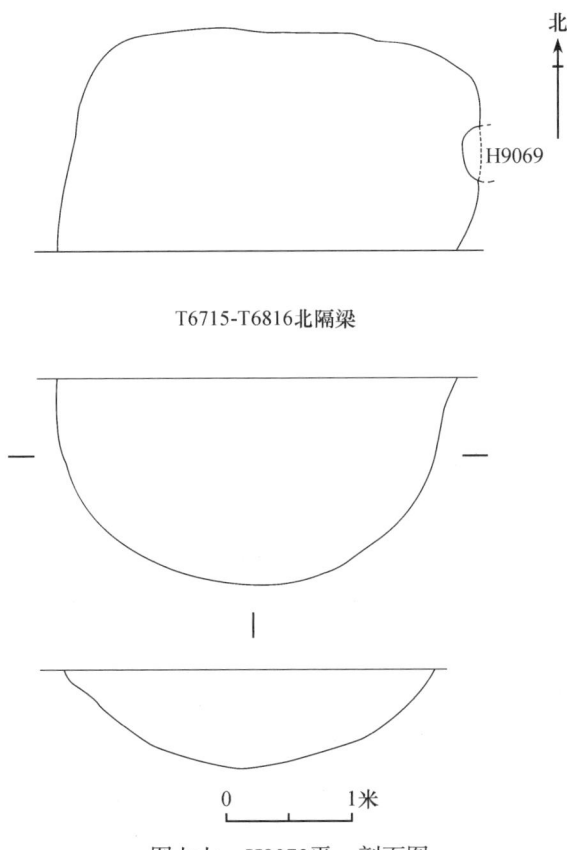

图七七　H9070平、剖面图

陶瓮形器　7件。

H9070：1，夹砂灰黑陶。敛口，方唇，鼓肩。沿外侧及肩部饰绳纹。口径26、残高6.6厘米（图七八，1）。H9070：72，夹砂灰黑陶。敛口，方唇，鼓肩。沿外侧及肩部饰绳纹。口径40、残高8.1厘米（图七八，2）。H9070：5，夹砂灰黑陶。敛口，方唇，鼓肩。沿外侧及肩部饰绳纹。残高5厘米（图七八，3）。H9070：45，夹砂灰黑陶。敛口，方唇，鼓肩。沿外侧及肩部饰绳纹。残高5.2厘米（图七八，4）。H9070：52，夹砂灰黑陶。敛口，方唇，鼓肩。沿外侧饰绳纹，肩部饰一周凹弦纹。残高5.4厘米（图七八，5）。H9070：2，夹砂灰黄陶。敛口，方唇。沿外侧饰绳纹，肩部饰一周凹弦纹。残高3.4厘米（图七八，6）。H9070：43，夹砂灰黑陶。敛口，方唇，鼓肩。沿外侧及肩部饰绳纹。残高8.4厘米（图七八，7）。

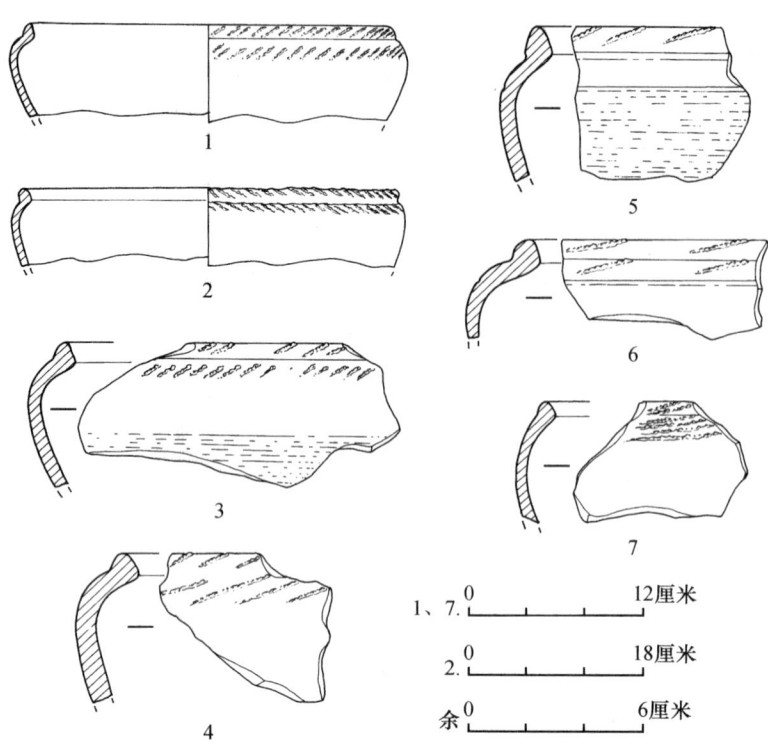

图七八　H9070出土陶瓮形器
1. H9070∶1　2. H9070∶72　3. H9070∶5　4. H9070∶45　5. H9070∶52　6. H9070∶2　7. H9070∶43

陶高领罐　10件。

H9070∶71，夹砂灰褐陶。侈口，圆唇，高领。口径24、残高8厘米（图七九，1）。H9070∶8，夹砂灰褐陶。侈口，圆唇，高领。口径16、残高3.5厘米（图七九，2）。H9070∶29，夹砂灰黑陶。侈口，圆唇，高领。领部饰一周凹弦纹。口径17、残高6厘米（图七九，3）。H9070∶9，夹砂灰黑陶。侈口，圆唇，高领。口径17、残高5厘米（图七九，4）。H9070∶46，夹砂灰黑陶。侈口，圆唇，高领。口径18、残高6.3厘米（图七九，5）。H9070∶25，夹砂灰黑陶。近直口，尖圆唇，高领。口径17、残高5厘米（图七九，6）。H9070∶23，夹砂灰黑陶。近直口，尖圆唇，高领。领部饰一道凹弦纹。口径18、残高8厘米（图七九，7）。H9070∶7，夹砂灰黄陶。侈口，圆唇，高领。领部饰一道凹弦纹。口径15、残高6厘米（图七九，8）。H9070∶44，夹砂灰黑陶。侈口，圆唇，高领。口径16、残高5厘米（图七九，9）。H9070∶22，夹砂灰黄陶。侈口，圆唇，高领。残高10.2厘米（图七九，10）。

陶矮领罐　1件。

H9070∶47，夹砂灰褐陶。侈口，圆唇，矮领，束颈。口径18、残高6.4厘米（图八〇，1）。

陶束颈罐　8件。

H9070∶6，夹砂灰黄陶。方唇，卷沿，束颈，鼓肩。肩部饰绳纹。口径16、残高4厘米（图八〇，2）。H9070∶11，夹砂灰黑陶。方唇，卷沿，束颈，鼓肩。肩部饰绳纹。残高4.8厘米（图八〇，3）。H9070∶13，夹砂灰黄陶。方唇，卷沿，束颈，鼓肩。残高4.1厘米（图八〇，4）。H9070∶38，夹砂灰黑陶。方唇，卷沿，束颈，溜肩。残高3.7厘米（图

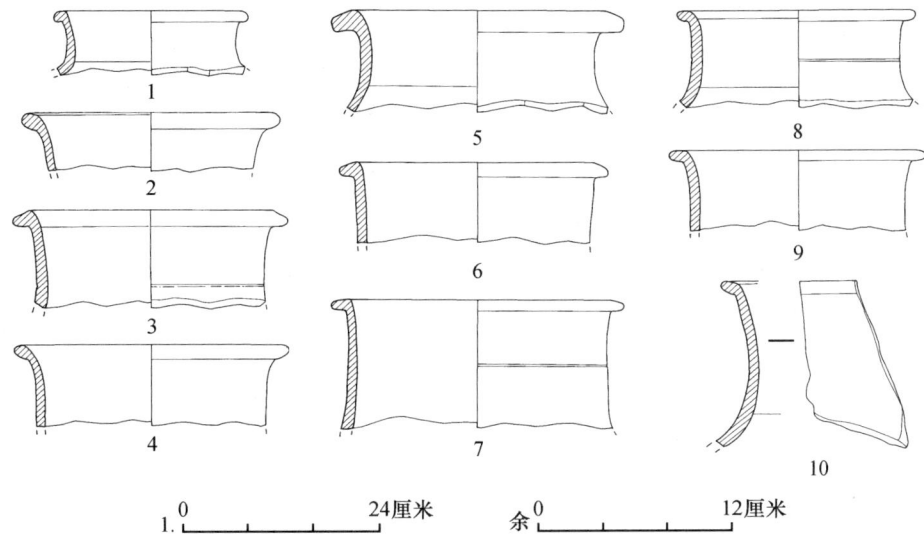

图七九 H9070出土陶高领罐

1. H9070：71 2. H9070：8 3. H9070：29 4. H9070：9 5. H9070：46 6. H9070：25 7. H9070：23 8. H9070：7 9. H9070：44 10. H9070：22

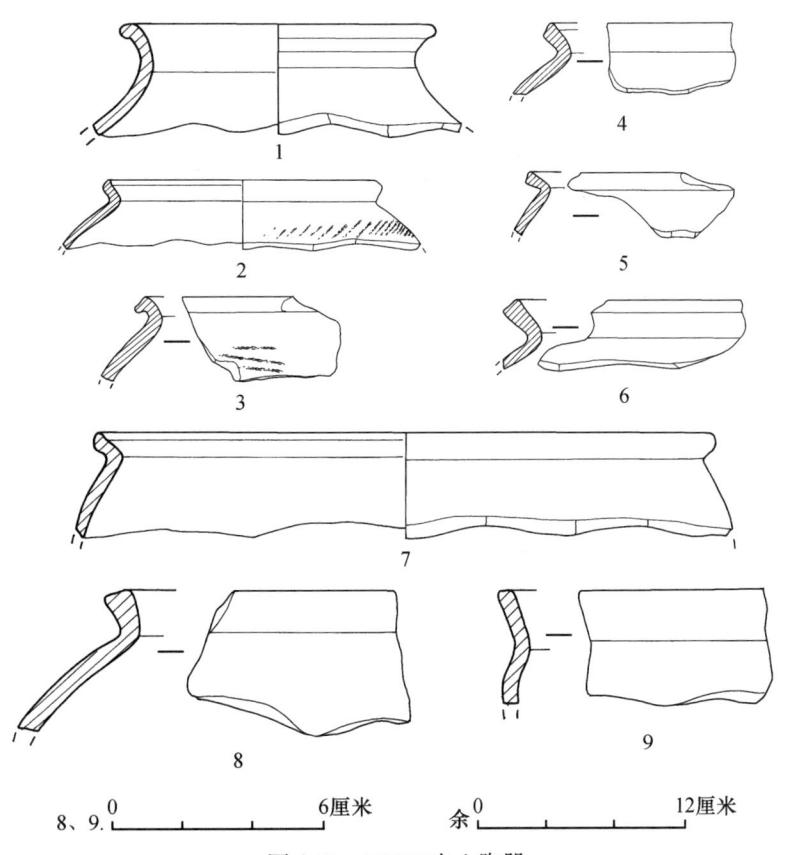

图八〇 H9070出土陶器

1. 矮领罐（H9070：47） 2~9. 束颈罐（H9070：6、H9070：11、H9070：13、H9070：38、H9070：36、H9070：75、H9070：18、H9070：39）

八〇，5）。H9070：36，夹砂灰黑陶。方唇，卷沿，束颈，鼓肩。残高4厘米（图八〇，6）。H9070：75，夹砂灰黄陶。圆唇，卷沿，束颈，溜肩。口径36、残高6厘米（图八〇，7）。H9070：18，夹砂灰黑陶。方唇，卷沿，束颈，鼓肩。残高4.1厘米（图八〇，8）。H9070：39，夹砂灰黑陶。方唇，卷沿，束颈，肩径与口径相当。残高3.3厘米（图八〇，9）。

陶盆　17件。

H9070：27，泥质灰黑陶。圆唇，折沿，深弧腹。腹部饰两道凹弦纹。残高5.7厘米（图八一，1）。H9070：30，泥质灰黑陶。圆唇，折沿，斜直深腹。腹部饰两道凹弦纹。残高5厘米（图八一，2）。H9070：26，夹砂灰黄陶。圆唇，折沿，深弧腹。腹部饰一道凹弦纹。残高5厘米（图八一，3）。H9070：37，夹砂灰黑陶。尖圆唇，卷沿，深弧腹。残高4.5厘米（图八一，4）。H9070：34，夹砂灰黑陶。圆唇，卷沿，深弧腹。腹部饰一道凹弦纹。残高5厘米（图八一，5）。H9070：20，夹砂灰黄陶。圆唇，折沿，深弧腹。腹部饰两道凹弦纹。残高7厘米（图八一，6）。H9070：17，夹砂灰黄陶。圆唇，卷沿，深弧腹。腹部饰一道凹弦纹。残高7.3厘米（图八一，7）。H9070：14，夹砂灰黄陶。圆唇，卷沿，深弧腹。残

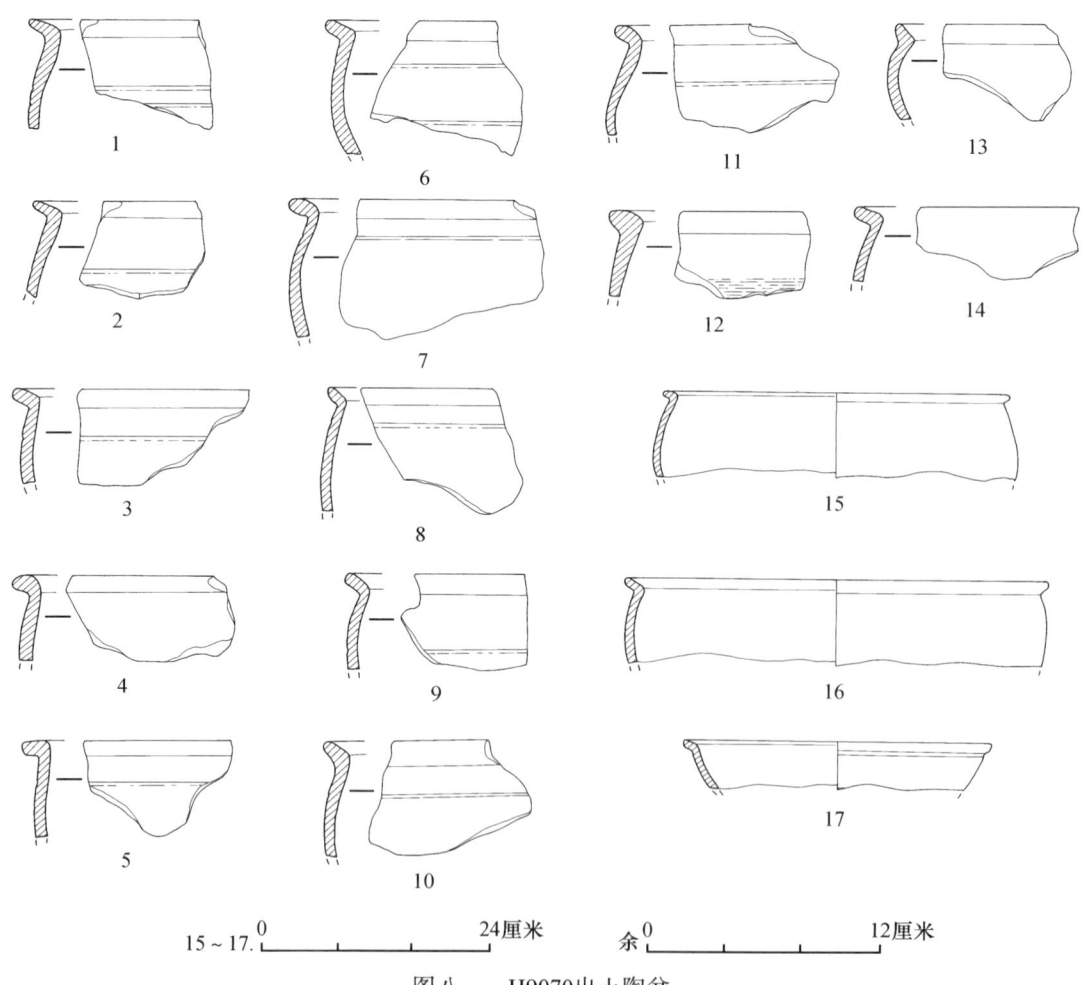

图八一　H9070出土陶盆

1. H9070：27　2. H9070：30　3. H9070：26　4. H9070：37　5. H9070：34　6. H9070：20　7. H9070：17　8. H9070：14　9. H9070：51　10. H9070：28　11. H9070：16　12. H9070：33　13. H9070：12　14. H9070：50　15. H9070：48　16. H9070：73　17. H9070：76

高6.5厘米（图八一，8）。H9070：51，夹砂灰黄陶。圆唇，卷沿，深弧腹。腹部饰一道凹弦纹。残高5厘米（图八一，9）。H9070：28，夹砂灰黄陶。圆唇，卷沿，深弧腹。腹部饰两道凹弦纹。残高6厘米（图八一，10）。H9070：16，夹砂灰黄陶。圆唇，卷沿，深弧腹。腹部饰一道凹弦纹。残高5.7厘米（图八一，11）。H9070：33，夹砂灰黑陶。圆唇，卷沿，斜直深腹。残高4.5厘米（图八一，12）。H9070：12，夹砂灰黄陶。圆唇，折沿，浅鼓腹。残高5厘米（图八一，13）。H9070：50，夹砂灰黄陶。圆唇，卷沿，深弧腹。残高3.9厘米（图八一，14）。H9070：48，夹砂灰黑陶。圆唇，卷沿，深弧腹。口径36、残高9厘米（图八一，15）。H9070：73，夹砂灰黄陶。圆唇，卷沿，深弧腹。口径44、残高9厘米（图八一，16）。H9070：76，夹砂灰黄陶。圆唇，卷沿，浅弧腹。口径32、残高5厘米（图八一，17）。

陶缸　2件。

H9070：74，夹砂灰黑陶。卷沿，方唇。腹部饰两道凹弦纹。口径53.6、残高11.4厘米（图八二，1）。H9070：15，夹砂灰黑陶。卷沿，圆唇。残高7.2厘米（图八二，2）。

陶器盖　3件。

H9070：19，夹砂灰黑陶。覆盆形，圆唇，盖身斜直。底径19、残高3厘米（图八二，

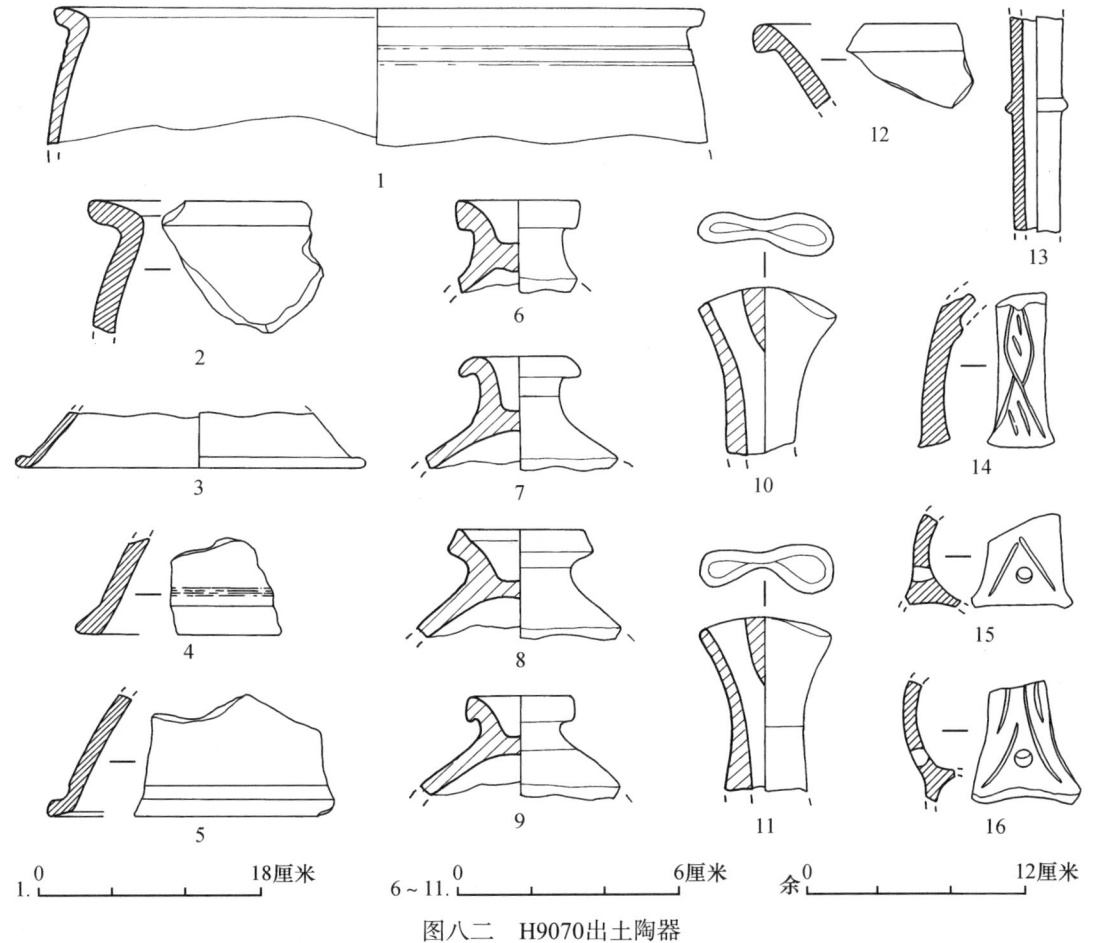

图八二　H9070出土陶器

1、2.缸（H9070：74、H9070：15）　3~5.器盖（H9070：19、H9070：31、H9070：21）　6~11.器纽（H9070：66、H9070：63、H9070：69、H9070：68、H9070：56、H9070：57）　12.豆盘（H9070：32）　13.豆柄（H9070：58）　14~16.器錾（H9070：61、H9070：54、H9070：65）

3）。H9070：31，夹砂灰黑陶。覆盆形，圆唇，盖身斜直。残高5.3厘米（图八二，4）。H9070：21，夹砂灰黄陶。覆钵形，圆唇。残高6.7厘米（图八二，5）。

陶器纽　6件。

H9070：66，夹砂灰黑陶。盘状纽，方唇。纽径3.4、残高2.5厘米（图八二，6）。H9070：63，夹砂灰黑陶。盘状纽，尖唇。纽径3.3、残高3.1厘米（图八二，7）。H9070：69，夹砂灰黑陶。盘状纽，方唇。纽径4、残高3厘米（图八二，8）。H9070：68，夹砂灰黑陶。盘状纽，方唇。纽径3、残高2.7厘米（图八二，9）。H9070：56，夹砂灰黄陶。高柄，"8"字形纽，圆唇。残高4.5厘米（图八二，10）。H9070：57，夹砂灰黄陶。高柄，"8"字形纽，方唇。残高4.8厘米（图八二，11）。

陶豆盘　1件。

H9070：32，夹砂灰黑陶。卷沿，尖圆唇。残高4.6厘米（图八二，12）。

陶豆柄　1件。

H9070：58，夹砂灰褐陶。器身饰一道凸棱。直径2.8、残高11.8厘米（图八二，13）。

陶器銎　3件。

H9070：61，夹砂灰黑陶。饰八道竖向划纹，其中一端左右两道在器耳中部相交，形成菱形。宽2.6～3.6、残高9厘米（图八二，14）。H9070：54，夹砂灰黑陶。饰两道竖向划纹和一个圆形镂孔。宽5.6、残高5厘米（图八二，15）。H9070：65，夹砂灰黄陶。饰五道竖向划纹和一个圆形镂孔。宽3～5.9、残高6.7厘米（图八二，16）。

陶器底　4件。

H9070：64，泥质灰白陶。小平底。底径1.5、残高3厘米（图八三，1）。H9070：67，泥质灰白陶。小平底。底径1.8、残高2.9厘米（图八三，2）。H9070：70，泥质灰黄陶。小平底。底径2、残高2.5厘米（图八三，3）。H9070：55，夹砂灰褐陶。圜底。残高4厘米（图八三，4）。

陶圈足　7件。

H9070：3，夹砂灰黑陶。喇叭状，高圈足。圈足径18、残高6厘米（图八三，5）。H9070：10，夹砂灰黑陶。喇叭状，高圈足。圈足径18、残高3.7厘米（图八三，6）。H9070：24，夹砂灰黑陶。喇叭状，高圈足。残高5厘米（图八三，7）。H9070：40，夹砂灰黑陶。喇叭状，高圈足。残高3.5厘米（图八三，8）。H9070：41，夹砂灰黄陶。喇叭状，高圈足。圈足径11、残高3厘米（图八三，9）。H9070：60，夹砂灰黑陶。矮圈足，足跟外侈。圈足径11、残高3.2厘米（图八三，10）。H9070：59，夹砂灰褐陶。矮圈足，足跟外侈。圈足径7、残高2.5厘米（图八三，11）。

陶袋足　2件。

H9070：53，夹砂灰黑陶。圆柱形，足端呈锥状。残长9厘米（图八三，12）。H9070：62，夹砂灰黑陶。圆柱形，足端呈锥状。残长14.3厘米（图八三，13）。

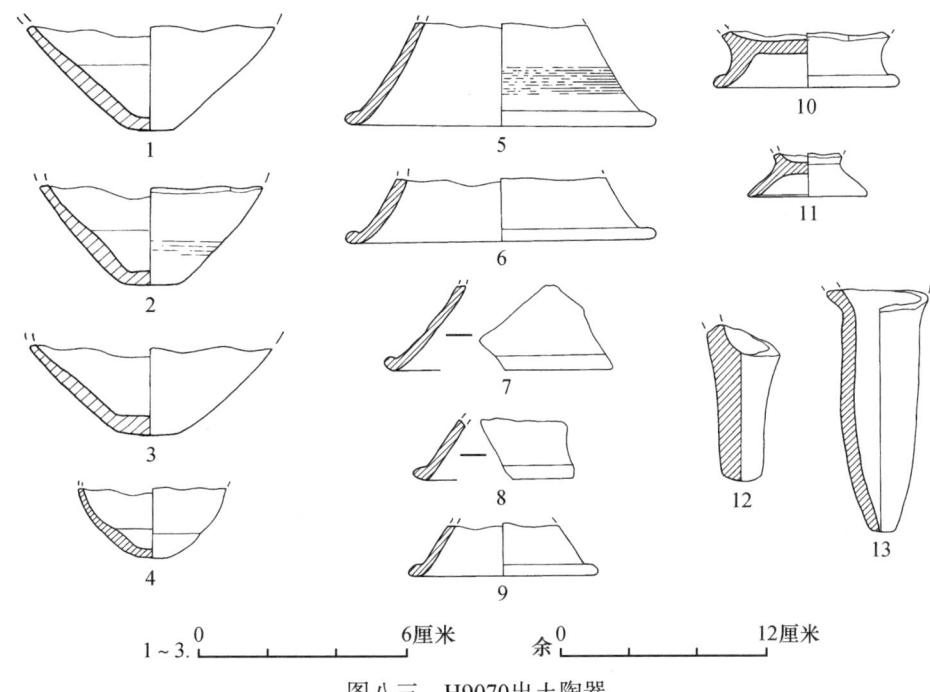

图八三 H9070出土陶器

1～4. 器底（H9070：64、H9070：67、H9070：70、H9070：55） 5～11. 圈足（H9070：3、H9070：10、H9070：24、H9070：40、H9070：41、H9070：60、H9070：59） 12、13. 袋足（H9070：53、H9070：62）

32. H9072

位于T6713-T6814西南部。开口于第6层下，打破第7层，南部被H9070打破。推测其完整平面形状为椭圆形，残长1.52、宽1.06米；斜壁，底部较平，深0.29米（图八四）。坑内填黄褐色土，土质较紧密，黏性较强，夹杂褐色颗粒和零星灰烬。出土陶片以夹砂灰黑陶为主，其余依次为夹砂灰黄陶、泥质灰黑陶、夹砂灰褐陶、泥质灰黄陶。陶片皆为素面陶。经统计，H9072出土陶片中，夹砂灰黑陶占陶片总数的50.6%，夹砂灰黄陶占陶片总数的33.7%，泥质灰黑陶占陶片总数的7.9%，夹砂灰褐陶占陶片总数的4.5%，泥质灰黄陶占陶片总数的3.3%。可辨器形有高领罐、盆、敛口小罐等（图八五）。

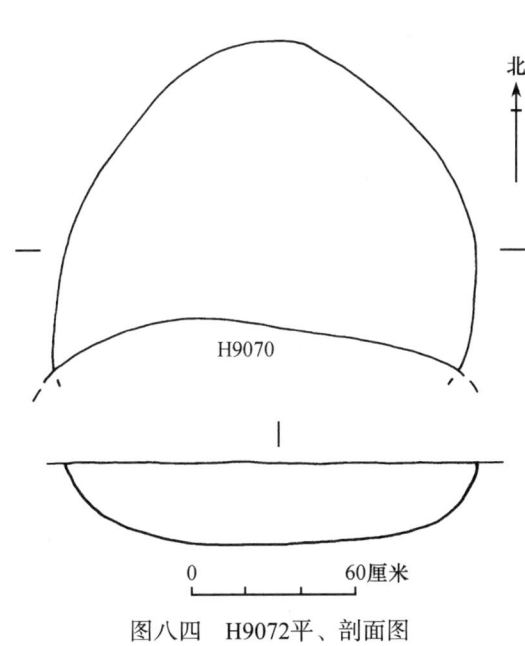

图八四 H9072平、剖面图

陶高领罐 1件。

H9072：3，夹砂灰黑陶。口微侈，圆唇，高直领。残高5.5厘米（图八五，2）。

陶盆 1件。

H9072：2，夹砂灰黑陶。圆唇，卷沿。残高3厘米（图八五，3）。

陶敛口小罐 1件。

H9072：1，泥质灰黑陶。敛口，圆唇，卷沿，鼓肩。口径27、残高3.7厘米（图八五，1）。

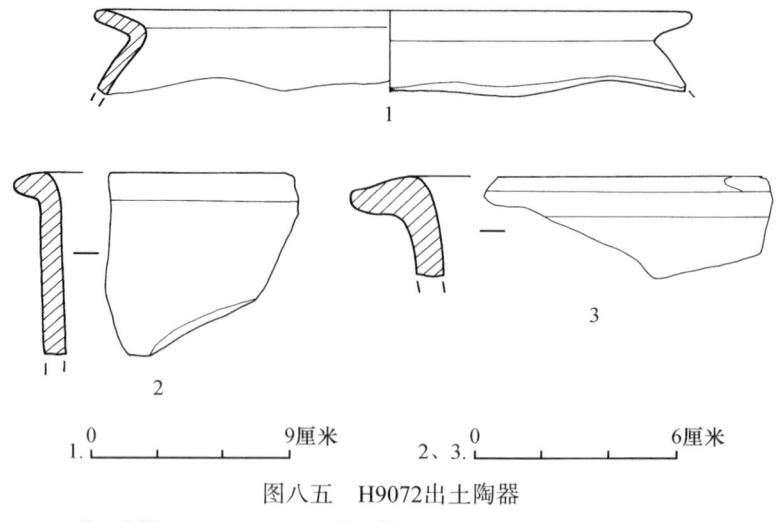

图八五 H9072出土陶器
1. 敛口小罐（H9072∶1） 2. 高领罐（H9072∶3） 3. 盆（H9072∶2）

33. H9075

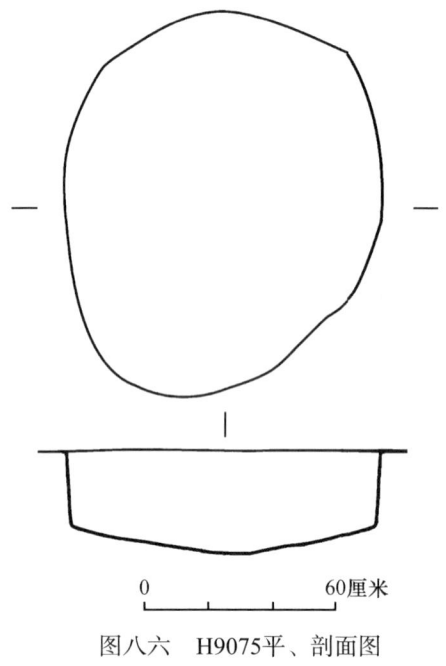

图八六 H9075平、剖面图

位于T6715-T6816东部。开口于晚期沟下，打破第7层，东部伸入东隔梁内，未全部发掘。推测其完整平面形状为椭圆形，长1.22、残宽0.9米；直壁，底部较平，深0.3米（图八六）。坑内填褐色土，土质紧密，坑中铺有较多卵石，夹杂少量灰烬。出土陶片有夹砂灰黑陶和夹砂灰黄陶，各占陶片总数的50%。陶片皆为素面陶。陶片过碎，器形不可辨。

34. H9079

位于T6915-T7016中西部。开口于第6层下，打破第7层。平面形状为椭圆形，长2.13、宽1.65米；斜壁，底部向东倾斜，深0.16～0.3米（图八七）。坑内填黑褐色土，土质较紧密，黏性较大，夹杂褐色颗粒，包含少量灰烬。出土陶片以夹砂灰黑陶为主，其余依次为夹砂灰黄陶、泥质灰黑陶、夹砂灰褐陶、泥质灰白陶、泥质灰褐陶。纹饰以素面为主，其余依次为粗绳纹、凹弦纹、压印纹和乳钉纹。经统计，H9079出土陶片中，夹砂灰黑陶占陶片总数的64%，夹砂灰黄陶占陶片总数的16.1%，泥质灰黑陶占陶片总数的9.3%，夹砂灰褐陶占陶片总数的7.2%，泥质灰白陶占陶片总数的2.5%，泥质灰褐陶占陶片总数的0.8%。素面陶占陶片总数的97.3%，粗绳纹陶占陶片总数的1.4%，凹弦纹陶占陶片总数的0.8%。压印纹和乳钉纹陶各占陶片总数的0.2%。可辨器形有小平底罐、瓮形器、矮领罐、束颈罐、盆、缸、器纽等（图八八）。

陶小平底罐 1件。

H9079∶2，泥质灰黑陶。直口，尖圆唇，鼓弧腹。口径10、残高3.8厘米（图八八，1）。

陶瓮形器 5件。

H9079：14，夹砂灰黑陶。敛口，方唇，鼓肩。沿外侧及肩部饰绳纹。口径30、残高4厘米（图八八，2）。H9079：4，夹砂灰黑陶。敛口，方唇，鼓肩。沿外侧及肩部饰绳纹。口径28、残高6.8厘米（图八八，3）。H9079：5，夹砂灰黄陶。敛口，方唇，鼓肩。沿外侧及肩部饰绳纹。残高4.5厘米（图八八，4）。H9079：7，夹砂灰黄陶。敛口，方唇，鼓肩。沿外侧饰绳纹。残高4.8厘米（图八八，5）。H9079：8，夹砂灰黄陶。敛口，方唇，鼓肩。沿外侧及肩部饰绳纹。残高4厘米（图八八，6）。

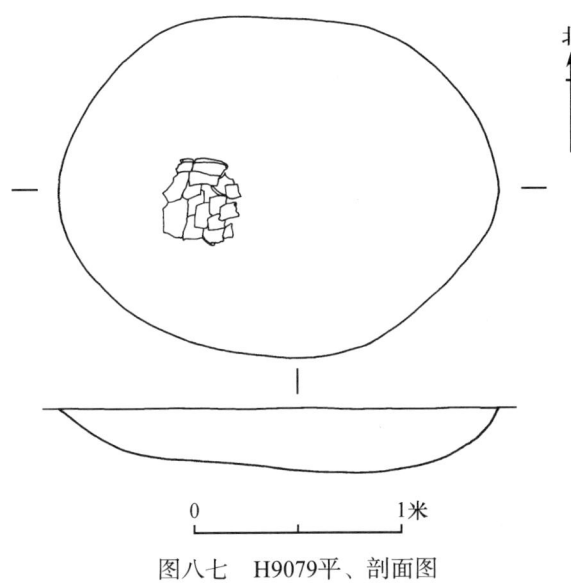

图八七 H9079平、剖面图

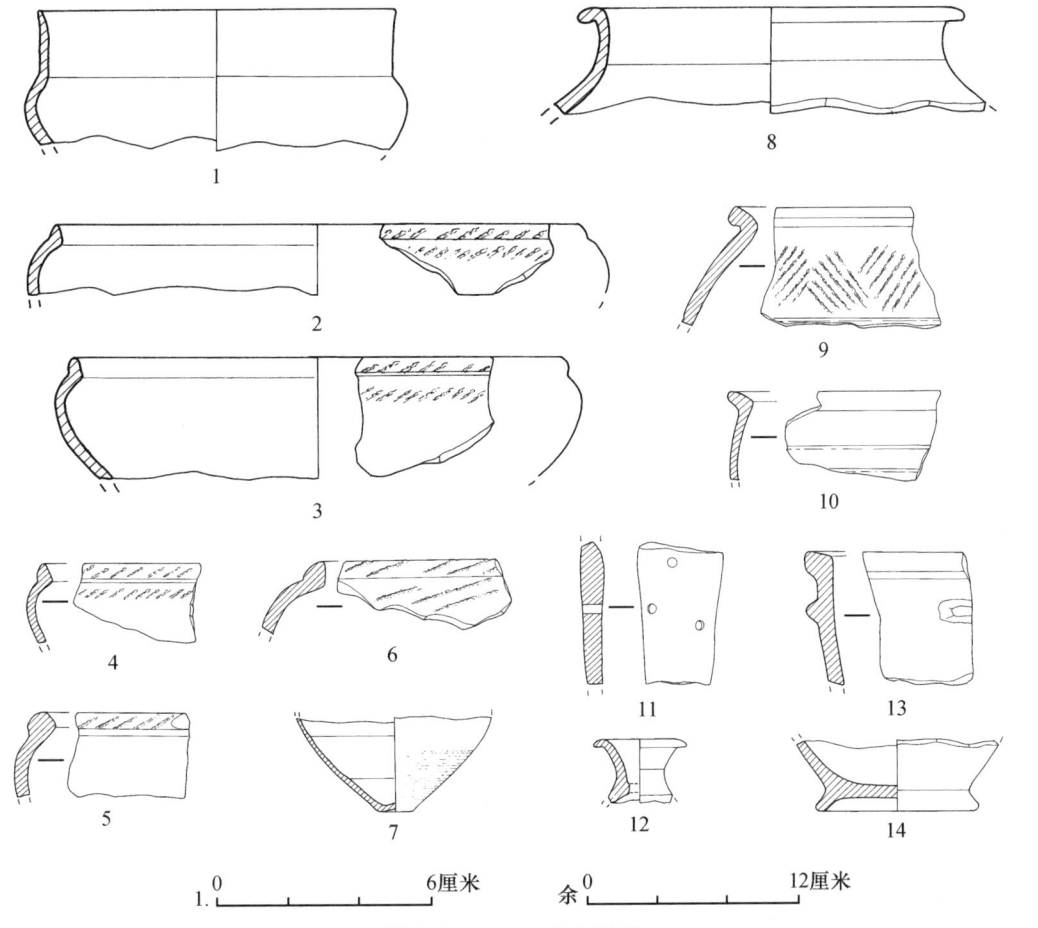

图八八 H9079出土陶器

1. 小平底罐（H9079：2） 2～6. 瓮形器（H9079：14、H9079：4、H9079：5、H9079：7、H9079：8） 7. 器底（H9079：1）
8. 矮领罐（H9079：13） 9. 束颈罐（H9079：9） 10. 盆（H9079：3） 11. 豆柄（H9079：11） 12. 器纽（H9079：10）
13. 缸（H9079：6） 14. 圈足（H9079：12）

陶矮领罐　1件。

H9079：13，夹砂灰黑陶。侈口，圆唇，矮束颈。口径22、残高6厘米（图八八，8）。

陶束颈罐　1件。

H9079：9，夹砂灰黑陶。方唇，卷沿，束颈，溜肩。肩部饰交错绳纹。残高6.7厘米（图八八，9）。

陶盆　1件。

H9079：3，夹砂灰褐陶。圆唇，卷沿，鼓弧腹。腹部饰两道凹弦纹。残高5.1厘米（图八八，10）。

陶缸　1件。

H9079：6，夹砂灰黑陶。方唇。腹部饰附加堆纹。残高7.5厘米（图八八，13）。

陶器纽　1件。

H9079：10，夹砂灰黑陶。喇叭状纽，圆唇。纽径5.3、残高3.6厘米（图八八，12）。

陶豆柄　1件。

H9079：11，夹砂灰黄陶。柄身饰6个圆形镂孔。直径3.6、残高8厘米（图八八，11）。

陶器底　1件。

H9079：1，泥质灰黑陶。小平底，微凹。底径2.1、残高5.8厘米（图八八，7）。

陶圈足　1件。

H9079：12，夹砂灰黄陶。矮圈足。圈足径9.2、残高4厘米（图八八，14）。

35. H9081

位于T6915-T7016西北部，北部伸入北隔梁，未全部发掘。开口于第6层下，打破第7层，东南部被晚期沟打破。推测其完整平面形状为椭圆形，长1.65、宽1米；斜壁，平底，深0.33米（图八九）。坑内填黄褐色土，土质较紧密，黏性较大，夹杂褐色颗粒。包含零星灰烬和陶片。出土陶片以夹砂灰黑陶为主，其余依次为泥质灰黑陶、夹砂灰黄陶、泥质灰黄陶。陶片皆为素面陶。经统计，H9081出土陶片中，夹砂灰黑陶占陶片总数的49.1%，泥质灰黑陶占陶片总数的31.6%，夹砂灰黄陶占陶片总数的17.5%，泥质灰黄陶占陶片总数的1.8%。可辨器形有束颈罐、盆和器座（图九〇）。

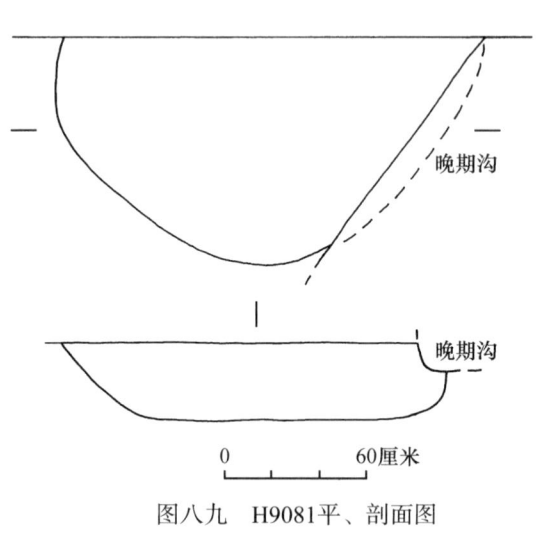

图八九　H9081平、剖面图

陶束颈罐　1件。

H9081：4，夹砂灰黑陶。方唇，卷沿，束颈，斜肩。残高4.3厘米（图九〇，1）。

陶盆　2件。

H9081：2，夹砂灰黑陶。圆唇，卷沿。腹部饰一道凹弦纹。残高4厘米（图九〇，3）。

H9081：3，夹砂灰黑陶。尖圆唇，卷沿。腹部饰一道凹弦纹。残高5.1厘米（图九〇，4）。

陶器座　1件。

H9081：1，泥质灰黄陶。卷沿，尖圆唇。下部饰两个戳印圆圈纹。底径15、残高8.2厘米（图九〇，2）。

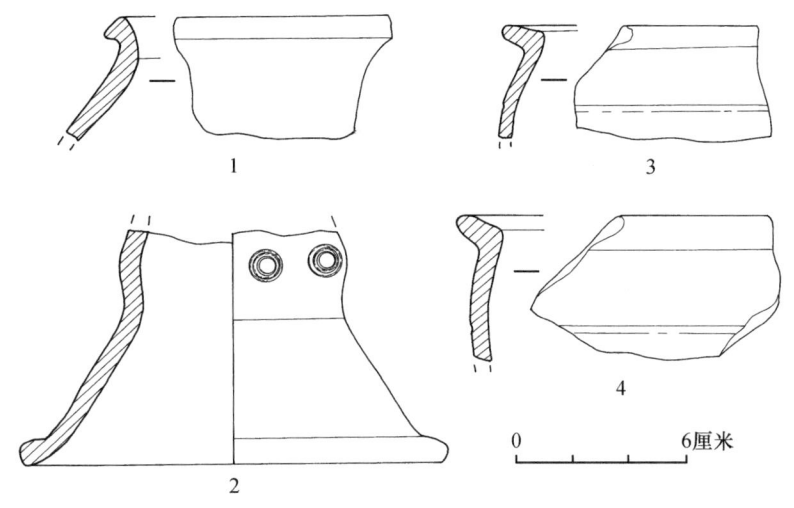

图九〇　H9081出土陶器
1. 束颈罐（H9081：4）　2. 器座（H9081：1）　3、4. 盆（H9081：2、H9081：3）

36. H9082

位于T6915-T7016西北部。开口于第6层下，打破第7层。平面形状近椭圆形，长1.06、宽0.9米；斜壁，平底，深0.27米（图九一）。坑内填黄褐色土，土质紧密，黏性较大。堆积中包含较厚的一层竹木炭灰烬。出土陶片以夹砂灰黑陶为主，其余依次为夹砂灰黄陶、泥质灰黑陶、夹砂灰褐陶。陶片皆为素面陶。经统计，H9082出土陶片中，夹砂灰黑陶占陶片总数的50%，夹砂灰黄陶占陶片总数的33.3%，泥质灰黑陶占陶片总数的10%，夹砂灰褐陶占陶片总数的6.7%。由于陶片过碎，器形不可辨。

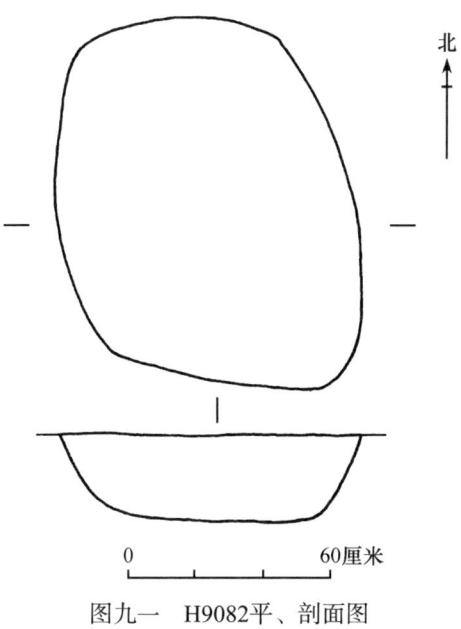

图九一　H9082平、剖面图

37. H9083

位于T6715-T6816中北部。开口于第6层下,打破第7层,东部被H9076打破,南部被H9074同时打破。平面形状呈椭圆形,斜壁,平底。长5.1、宽3.8、深0.63米(图九二;图版九,2)。坑内填土分为两层,第1层为黑褐色土,土质紧密,黏性较大,包含较多炭粒;第2层为黄褐色沙质土,土质较紧密。出土陶片以夹砂灰黑陶为主,其余依次是夹砂灰黄陶、泥质灰黑陶、夹砂灰褐陶、泥质灰黄陶和夹砂灰陶。纹饰以素面为主,其余依次为粗绳纹、凹弦纹、凸棱纹和乳钉纹。经统计,H9083出土陶片中,夹砂灰黑陶约占陶片总数的49.8%,夹砂灰黄陶占陶片总数的27.7%,夹砂灰褐陶占陶片总数的4.3%,夹砂灰陶占陶片总数的2.4%;泥质灰黑陶占陶片总数的13.4%,泥质灰黄陶占陶片总数的2.4%。素面陶约占陶片总数的95.4%,粗绳纹陶占陶片总数的3.3%,凹弦纹陶占陶片总数的1.1%,凸棱纹陶和乳钉纹陶各占陶片总数的0.1%。可辨器形有尖底杯、瓮形器、敛口罐、高领罐、束颈罐、盆、瓮等(图九三~图九八)。

陶尖底杯　2件。

H9083:50,泥质灰黑陶。侈口,尖唇,杯身分为上下两部分,下腹为鼓弧腹。残高4.3厘米(图九三,1)。H9083:62,泥质灰黑陶。侈口,尖唇,杯身分为上下两部分,下腹为弧腹。残高4.2厘米(图九三,2)。

陶瓮形器　7件。

H9083:39,夹砂灰黑陶。敛口,方唇,鼓肩。沿外侧及肩部饰绳纹。残高4.8厘米(图

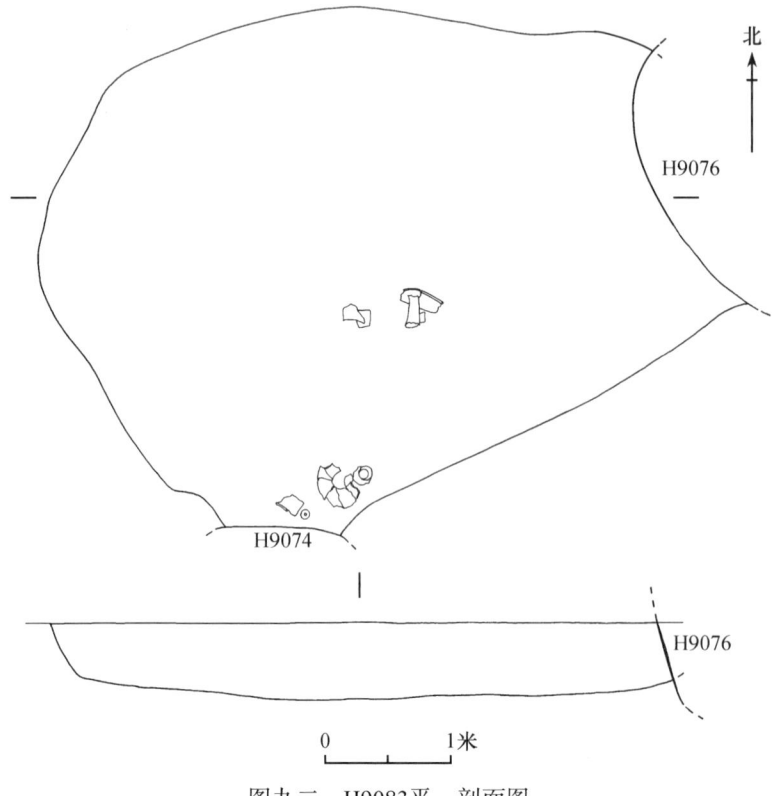

图九二　H9083平、剖面图

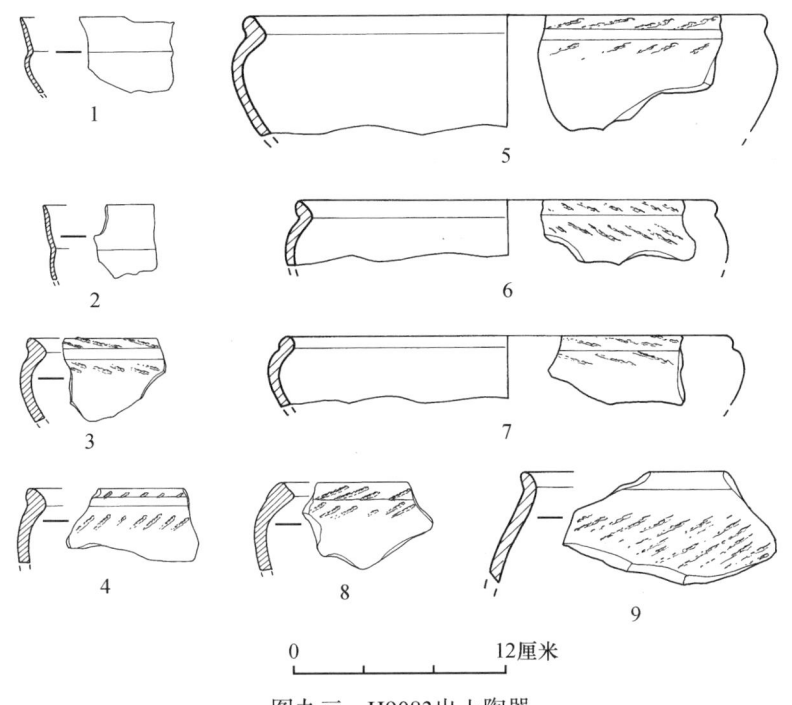

图九三　H9083出土陶器

1、2.尖底杯（H9083：50、H9083：62）　3~9.瓮形器（H9083：39、H9083：18、H9083：15、H9083：53、H9083：47、H9083：13、H9083：43）

九三，3）。H9083：18，夹砂灰黑陶。敛口，方唇，弧肩。沿外侧及肩部饰绳纹。残高4.2厘米（图九三，4）。H9083：15，夹砂灰黑陶。敛口，方唇，鼓肩。沿外侧及肩部饰绳纹。口径30、残高6.8厘米（图九三，5）。H9083：53，夹砂灰黑陶。敛口，方唇，鼓肩。沿外侧及肩部饰绳纹。口径24、残高3.4厘米（图九三，6）。H9083：47，夹砂灰黑陶。敛口，圆唇，鼓肩。沿外侧及肩部饰绳纹。口径26、残高4厘米（图九三，7）。H9083：13，夹砂灰黄陶。敛口，方唇，弧肩。沿外侧及肩部饰绳纹。残高5厘米（图九三，8）。H9083：43，夹砂灰黑陶。敛口，圆唇，斜肩。肩部饰绳纹。残高6.4厘米（图九三，9）。

陶敛口罐　4件。

H9083：16，夹砂灰黄陶。敛口，尖圆唇，卷沿，鼓肩。残高3.8厘米（图九四，1）。H9083：14，夹砂灰黄陶。敛口，圆唇，弧肩。残高6.5厘米（图九四，2）。H9083：54，夹砂灰黄陶。敛口，圆唇，弧肩。残高9厘米（图九四，3）。H9083：31，夹砂灰黑陶。敛口，圆唇，鼓肩。肩部饰斜向绳纹。残高3.8厘米（图九四，4）。

陶高领罐　12件。

H9083：12，夹砂灰黄陶。侈口，尖圆唇，高领。领部饰一周凹弦纹。残高6.4厘米（图九四，5）。H9083：29，夹砂灰黄陶。侈口，圆唇，高领。残高7厘米（图九四，6）。H9083：40，夹砂灰黄陶。侈口，圆唇，高领。残高5.5厘米（图九四，7）。H9083：3，夹砂灰黑陶。侈口，尖圆唇，高领。残高4.8厘米（图九四，8）。H9083：42，夹砂灰黑陶。侈口，尖圆唇，高领。残高7.5厘米（图九四，9）。H9083：41，夹砂灰黑陶。侈口，尖圆唇，高领。领部饰一道凹弦纹。残高8厘米（图九四，10）。H9083：25，夹砂灰黑陶。侈口，尖圆

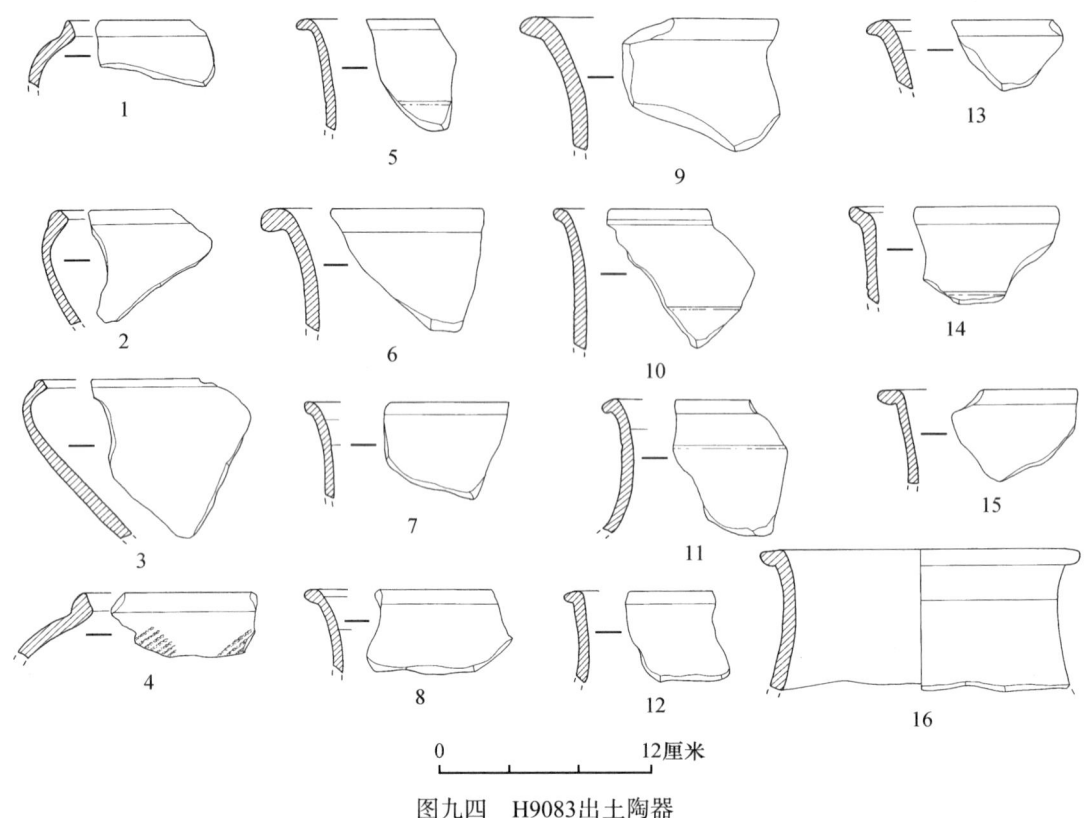

图九四　H9083出土陶器

1~4. 敛口罐（H9083：16、H9083：14、H9083：54、H9083：31）　5~16. 高领罐（H9083：12、H9083：29、H9083：40、H9083：3、H9083：42、H9083：41、H9083：25、H9083：27、H9083：45、H9083：37、H9083：30、H9083：24）

唇，高领。领部饰一道凹弦纹。残高7.7厘米（图九四，11）。H9083：27，夹砂灰黑陶。口微侈，圆唇，高领。残高5.2厘米（图九四，12）。H9083：45，夹砂灰黑陶。侈口，尖圆唇，高领。残高4厘米（图九四，13）。H9083：37，夹砂灰黑陶。侈口，圆唇，高领，领部较直。残高5.5厘米（图九四，14）。H9083：24，夹砂灰黄陶。侈口，圆唇，高领。领部饰一周凹弦纹。口径18、残高8厘米（图九四，16）。H9083：30，夹砂灰黄陶。侈口，圆唇，高领。残高5.3厘米（图九四，15）。

陶束颈罐　10件。

H9083：28，夹砂灰黄陶。束颈，方唇，卷沿，溜肩。肩部饰斜向绳纹和一周凹弦纹。残高3.9厘米（图九五，1）。H9083：11，夹砂灰黄陶。束颈，方唇，卷沿，斜肩。残高4厘米（图九五，2）。H9083：1，夹砂灰黑陶。束颈，圆唇，折沿，鼓肩，圈足底。口径14.8、圈足径7、通高14厘米（图九五，5；图版二二，3）。H9083：2，夹砂灰黑陶。束颈，方唇，折沿，鼓肩，小平底。口径13、通高11.4厘米（图九五，6；图版二二，4）。H9083：8，夹砂灰黄陶。束颈，方唇，卷沿，斜肩。残高5.5厘米（图九五，3）。H9083：20，夹砂灰黄陶。束颈，方唇，卷沿，鼓肩。残高4.1厘米（图九五，4）。H9083：7，夹砂灰黑陶。束颈，方唇，折沿，鼓肩。口径16、残高3.6厘米（图九五，7）。H9083：10，夹砂灰黑陶。束颈，方唇，折沿，鼓肩。残高4.1厘米（图七五，8）。H9083：19，夹砂灰黑陶。束颈，方唇，折沿，鼓

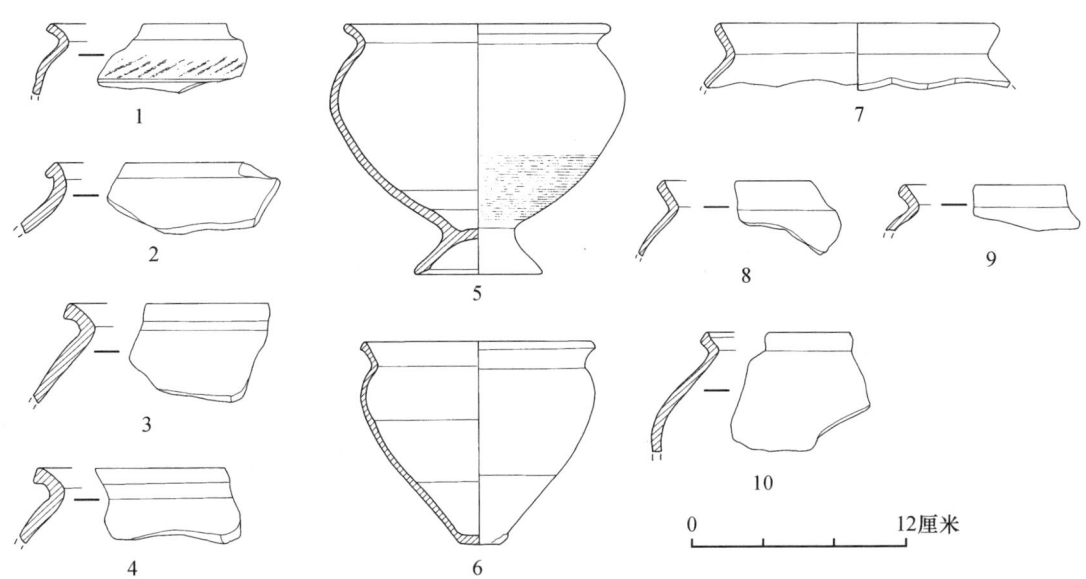

图九五　H9083出土陶束颈罐
1. H9083∶28　2. H9083∶11　3. H9083∶8　4. H9083∶20　5. H9083∶1　6. H9083∶2　7. H9083∶7　8. H9083∶10
9. H9083∶19　10. H9083∶23

肩。残高2.5厘米（图九五，9）。H9083∶23，夹砂灰黑陶。束颈，方唇，折沿，鼓肩。残高6.6厘米（图九五，10）。

陶盆　10件。

H9083∶68，夹砂灰黑陶。尖圆唇，折沿。口径30、残高13厘米（图九六，1）。H9083∶32，夹砂灰黄陶。尖圆唇，折沿。口径32、残高13厘米（图九六，2）。H9083∶33，泥质灰黑陶。方唇，折沿。饰一道凹弦纹。残高5.3厘米（图九六，3）。H9083∶17，夹砂灰黑陶。圆唇，卷沿。残高3.9厘米（图九六，4）。H9083∶56，夹砂灰黑陶。圆唇，卷沿。腹部饰一道凹弦纹。残高3.9厘米（图九六，5）。H9083∶55，夹砂灰黑陶。圆唇，折沿。腹部饰一道凹弦纹。残高4.7厘米（图九六，6）。H9083∶58，夹砂灰褐陶。圆唇，折沿。腹部饰一道凹弦纹。残高5.2厘米（图九六，7）。H9083∶36，夹砂灰黄陶。圆唇，折沿。残高4.7厘米（图九六，8）。H9083∶57，夹砂灰黄陶。圆唇，折沿。腹部饰一道凹弦纹。残高4.8厘米（图九六，9）。H9083∶35，夹砂灰黄陶。圆唇，卷沿。残高5厘米（图九六，10）。

陶瓮　4件。

H9083∶4，夹砂灰黑陶。敞口，卷沿，圆唇，半高领。口径51、残高10厘米（图九七，1）。H9083∶5，夹砂灰黑陶。敞口，卷沿，圆唇，半高领。口径51、通高10.5厘米（图九七，2）。H9083∶46，夹砂灰黑陶。敞口，圆唇，半高领。残高8厘米（图九七，3）。H9083∶26，夹砂灰黄陶。敞口，圆唇，半高领。残高4.3厘米（图九七，4）。

陶器盖　3件。

H9083∶59，夹砂灰黑陶。覆盆形，圆唇。底径13、残高3厘米（图九七，7）。H9083∶38，夹砂灰黑陶。覆盘形，圆唇。残高5.6厘米（图九七，8）。H9083∶49，夹砂灰黑陶。覆盘形，尖圆唇。残高3.5厘米（图九七，9）。

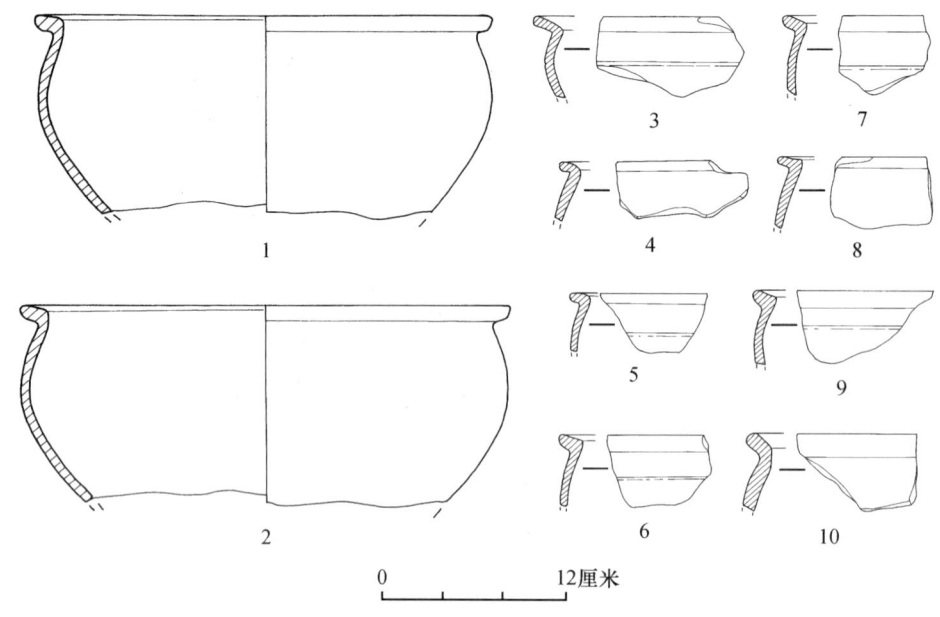

图九六　H9083出土陶盆
1. H9083∶68　2. H9083∶32　3. H9083∶33　4. H9083∶17　5. H9083∶56　6. H9083∶55　7. H9083∶58　8. H9083∶36
9. H9083∶57　10. H9083∶35

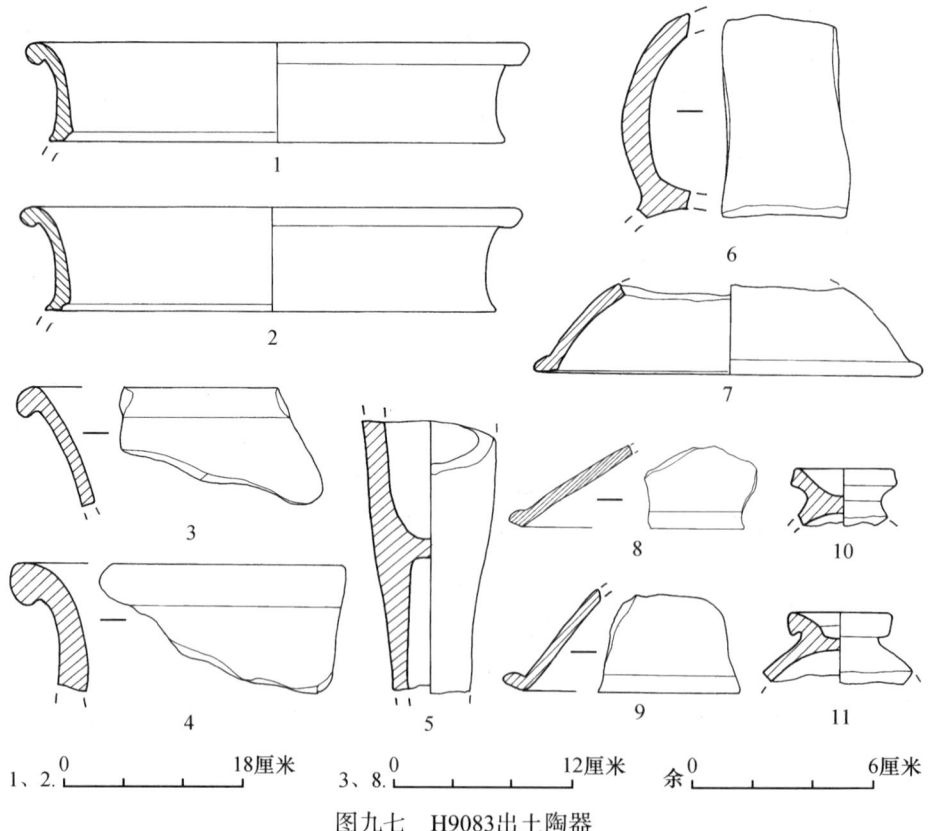

图九七　H9083出土陶器
1~4. 瓮（H9083∶4、H9083∶5、H9083∶46、H9083∶26）　5. 豆盘（H9083∶52）　6. 器鋬（H9083∶44）
7~9. 器盖（H9083∶59、H9083∶38、H9083∶49）　10、11. 器纽（H9083∶22、H9083∶64）

陶器纽　2件。

H9083：22，夹砂灰黑陶。盘状纽，方唇。纽径3.6、残高1.9厘米（图九七，10）。H9083：64，夹砂灰黑陶。盘状纽，方唇。纽径3.5、残高2.3厘米（图九七，11）。

陶豆盘　1件。

H9083：52，夹砂灰黄陶。杯形豆盘。残高9厘米（图九七，5）。

陶器錾　1件。

H9083：44，夹砂灰黑陶。宽4.3、残高7厘米（图九七，6）。

陶把手　1件。

H9083：69，夹砂灰黑陶。远离器身的一端为横"8"字形纽状，两端各饰一个圆形镂孔。残长25.6厘米（图九八，1）。

陶器底　3件。

H9083：61，泥质黑皮陶。小平底。底径2.2、残高2.6厘米（图九八，2）。H9083：60，泥质灰黑陶。小平底。底径1.6、残高3.5厘米（图九八，3）。H9083：6，泥质灰黑陶。尖底。底部饰两圈凹弦纹。残高3.2厘米（图九八，4）。

陶圈足　3件。

H9083：21，夹砂灰黑陶。高圈足，喇叭状。圈足径8.4、残高5.4厘米（图九八，5）。H9083：51，夹砂灰黑陶。矮圈足，足跟较直。圈足径11.2、残高2.2厘米（图九八，6）。H9083：63，夹砂灰黄陶。矮圈足，足跟外侈。圈足径6.6、残高2厘米（图九八，7）。

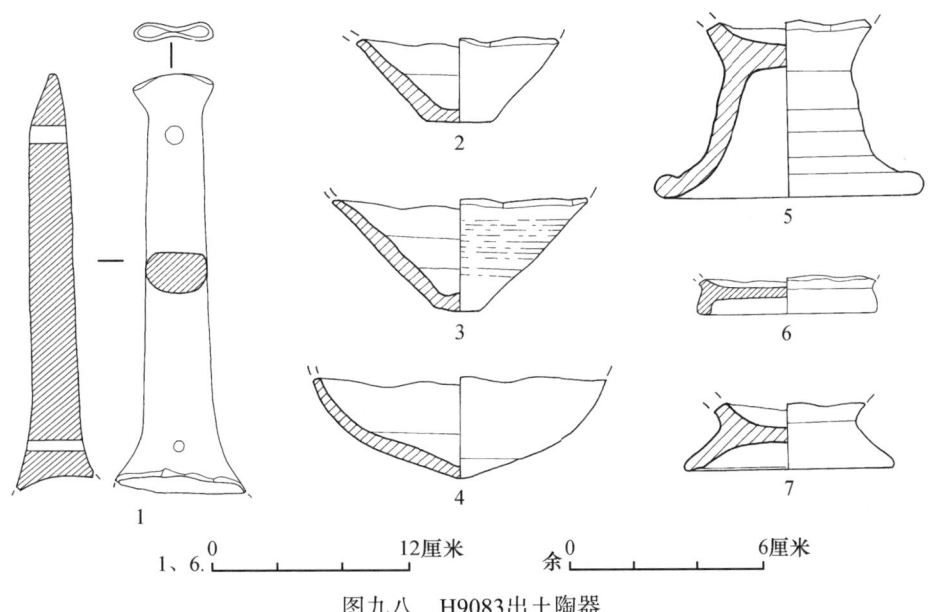

图九八　H9083出土陶器

1.把手（H9083：69）　2~4.器底（H9083：61、H9083：60、H9083：6）　5~7.圈足（H9083：21、H9083：51、H9083：63）

38. H9084

位于T6515-T6616东南部，东部和南部分别伸入东隔梁和南壁，未全部发掘。开口于第6层下，打破第7层。推测其完整平面形状为椭圆形，长5.8、宽4.5米；斜壁，平底，深0.1米（图九九）。坑内填土为褐色土，土质紧密，黏性较大，夹杂褐色颗粒。出土陶片主要为夹砂灰黑陶，其余依次为夹砂灰黄陶、夹砂灰褐陶、泥质灰黑陶、泥质灰黄陶。纹饰以素面为主，其次为粗绳纹和网格纹，再次为凹弦纹。经统计，H9084出土陶片中，夹砂灰黑陶占陶片总数的53.1%，夹砂灰黄陶占陶片总数的36%，夹砂灰褐陶占陶片总数的6.3%，泥质灰黑陶占陶片总数的3.3%，泥质灰黄陶占陶片总数的1.3%。素面陶占陶片总数的98.7%，粗绳纹陶和网格纹陶各占陶片总数的0.5%，凹弦纹陶占陶片总数的0.3%。可辨器形有瓮形器、敛口罐、高领罐、束颈罐、盆、瓮、缸、簋形器、器盖等（图一〇〇～图一〇三）。

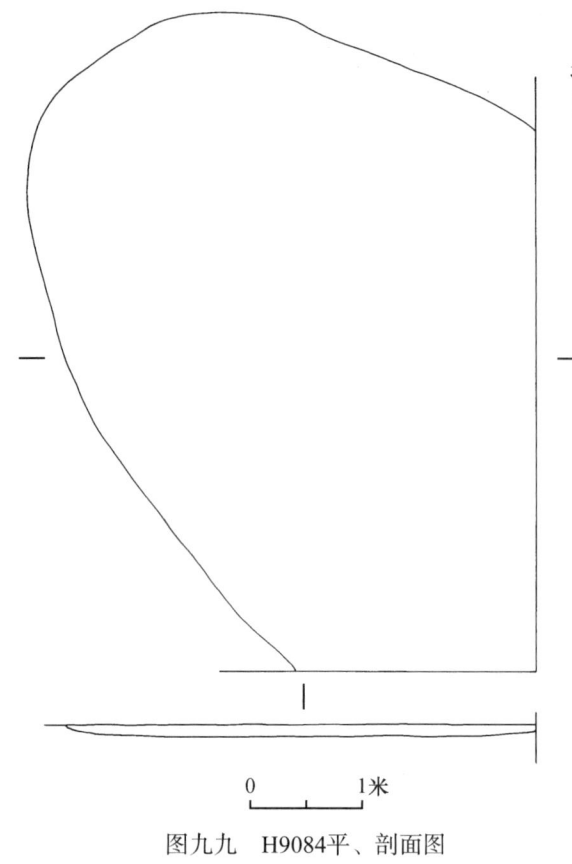

图九九　H9084平、剖面图

陶瓮形器　2件。

H9084：22，夹砂灰黑陶。敛口，圆唇，鼓肩。沿外侧及肩部饰绳纹。残高5.7厘米（图一〇〇，5）。H9084：30，夹砂灰黄陶。敛口，方唇，鼓肩。沿外侧饰绳纹。残高5.2厘米（图一〇〇，6）。

陶敛口罐　4件。

H9084：9，夹砂灰黑陶。敛口，圆唇，鼓肩，浅腹。残高4.7厘米（图一〇〇，1）。H9084：5，夹砂灰黑陶。敛口，圆唇，鼓肩，深腹。残高4.5厘米（图一〇〇，2）。H9084：28，夹砂灰黑陶。敛口，尖圆唇，溜肩，深腹。残高5.8厘米（图一〇〇，3）。H9084：2，夹砂灰黑陶。敛口，圆唇，鼓肩，浅腹，下腹斜直内收。口径36、残高7.5厘米（图一〇〇，4）。

陶高领罐　7件。

H9084：23，夹砂灰黑陶。口微侈，尖圆唇，高领，微束。口径16、残高6厘米（图一〇一，1）。H9084：6，夹砂灰黄陶。侈口，圆唇，高领，领部微束。口径15、残高4.8厘米（图一〇一，2）。H9084：21，夹砂灰黑陶。侈口，尖圆唇，高领，领部略直。口径16.5、残高6.2厘米（图一〇一，3）。H9084：29，夹砂灰黑陶。侈口，圆唇，高领，领部略直。口径16.5、残高5.5厘米（图一〇一，4）。H9084：32，夹砂灰黑陶。侈口，圆唇，高领，微束。残

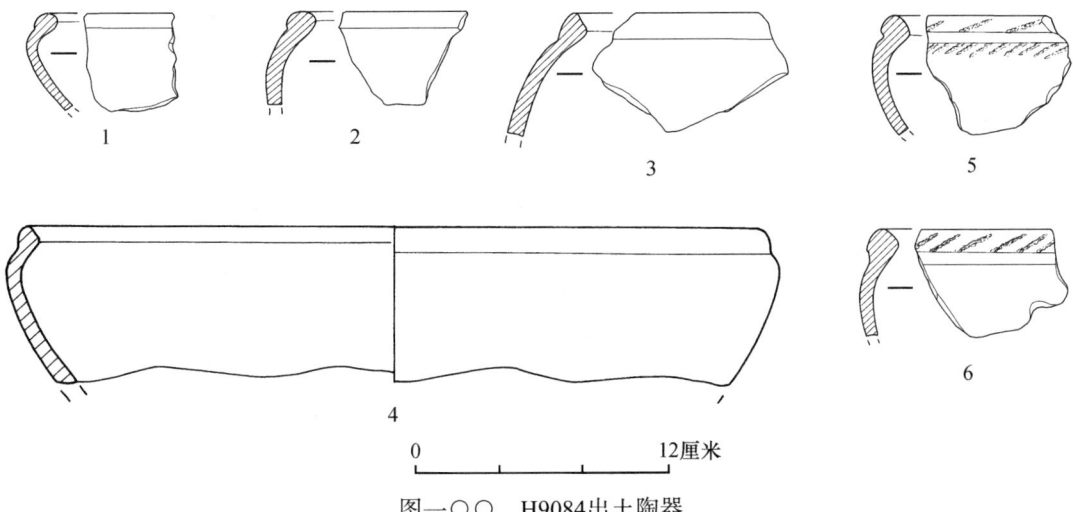

图一〇〇　H9084出土陶器

1~4.敛口罐（H9084：9、H9084：5、H9084：28、H9084：2）　5、6.瓮形器（H9084：22、H9084：30）

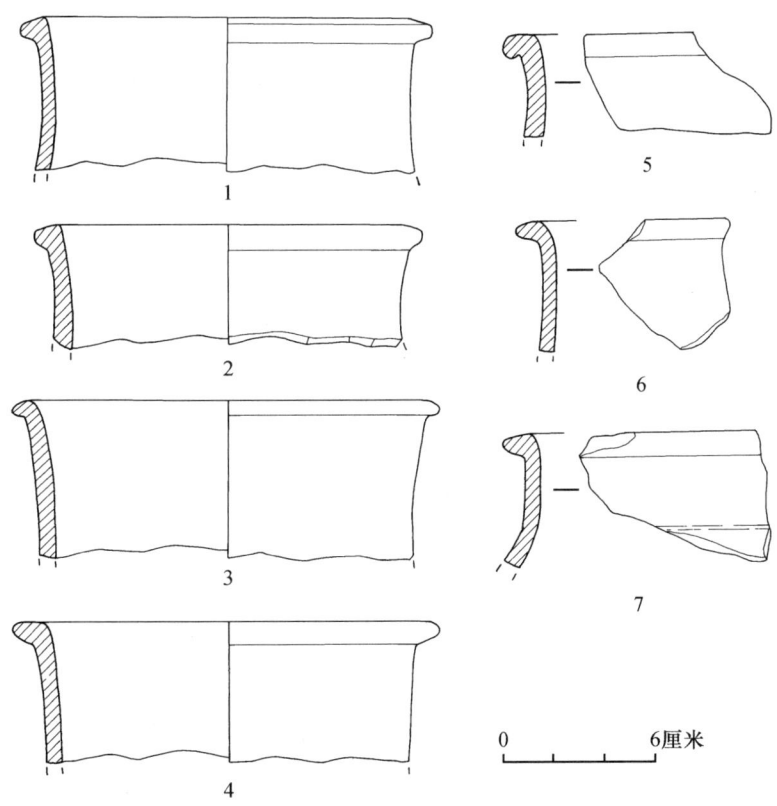

图一〇一　H9084出土陶高领罐

1.H9084：23　2.H9084：6　3.H9084：21　4.H9084：29　5.H9084：32　6.H9084：10　7.H9084：24

高4厘米（图一〇一，5）。H9084：10，夹砂灰黑陶。侈口，圆唇，高领，领部略直。残高5.1厘米（图一〇一，6）。H9084：24，夹砂灰黄陶。侈口，圆唇，领部略矮。领部饰一周凹弦纹。残高5.2厘米（图一〇一，7）。

陶束颈罐　5件。

H9084：17，夹砂灰褐陶。束颈，尖圆唇，卷沿，肩部微鼓。残高4.2厘米（图一〇二，1）。H9084：14，夹砂灰黄陶。束颈，方唇，折沿，鼓肩较甚。残高6.5厘米（图一〇二，2）。H9084：18，夹砂灰黑陶。束颈，方唇，卷沿，肩部微鼓。残高4.5厘米（图一〇二，3）。H9084：11，夹砂灰黑陶。束颈，圆唇，卷沿，肩部微鼓。残高3.1厘米（图一〇二，4）。H9084：16，夹砂灰灰黑陶。束颈，方唇，卷沿，鼓肩较甚。残高6厘米（图一〇二，5）。

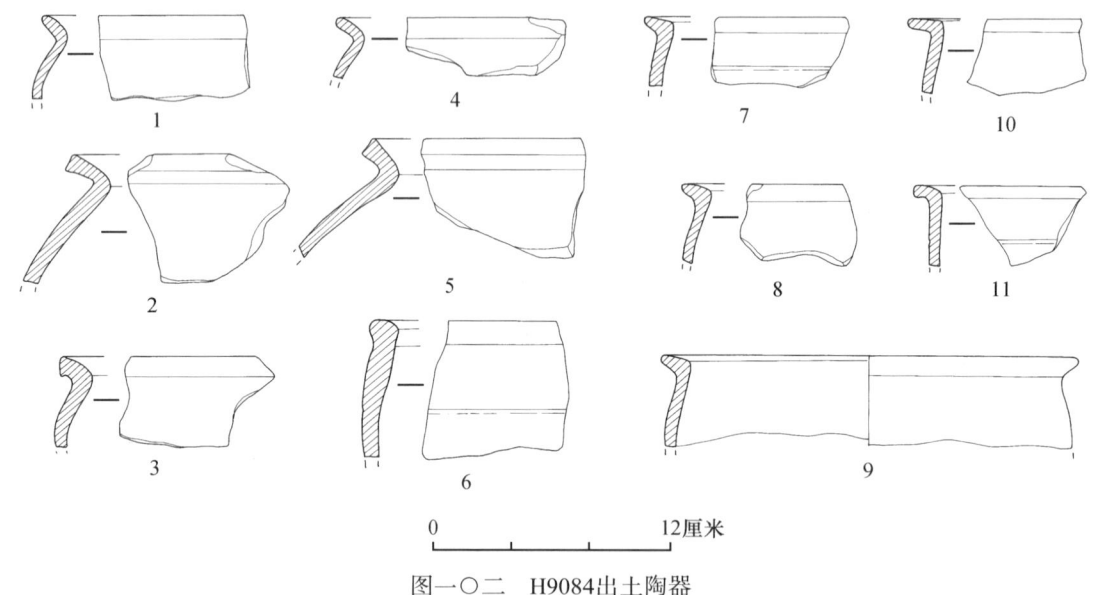

图一〇二　H9084出土陶器

1~5.束颈罐（H9084：17、H9084：14、H9084：18、H9084：11、H9084：16）　6~11.盆（H9084：3、H9084：20、H9084：31、H9084：13、H9084：19、H9084：25）

陶盆　6件。

H9084：3，夹砂灰黑陶。口微敛，圆唇，卷沿，弧腹。腹部饰一道凹弦纹。残高7厘米（图一〇二，6）。H9084：20，夹砂灰黑陶。敛口，尖圆唇，折沿，鼓腹。腹部饰一道凹弦纹。残高3.5厘米（图一〇二，7）。H9084：31，夹砂灰黄陶。敛口，圆唇，折沿，鼓腹。残高4厘米（图一〇二，8）。H9084：13，夹砂灰黄陶。敛口，圆唇，折沿，弧腹。口径21、残高4.6厘米（图一〇二，9）。H9084：19，夹砂灰黑陶。敛口，圆唇，折沿，鼓腹。残高3.9厘米（图一〇二，10）。H9084：25，夹砂灰黑陶。直口，圆唇，卷沿，直腹。腹部饰一道凹弦纹。残高4厘米（图一〇二，11）。

陶瓮　1件。

H9084：27，夹砂灰黄陶。侈口，圆唇。残高6.6厘米（图一〇三，1）。

陶缸　2件。

H9084：12，夹砂灰黑陶。直口，方唇，直腹。残高7.2厘米（图一〇三，2）。

H9084：15，夹砂灰褐陶。敛口，卷沿，圆唇，鼓弧腹。腹部饰三道凹弦纹。残高6.6厘米（图一〇三，4）。

陶簋形器　1件。

H9084：8，夹砂灰黑陶。沿面弧，敞口，斜直腹。残高7厘米（图一〇三，5）。

陶器盖　2件。

H9084：7，夹砂灰黑陶。覆盘形，尖圆唇。残高3.2厘米（图一〇三，3）。H9084：26，夹砂灰黑陶。覆盏形，圆唇，器纽呈尖凸状。底径8、残高1.6厘米（图一〇三，6）。

陶器纽　3件。

H9084：34，夹砂灰黑陶。盘状纽，方唇。纽径3.4、残高2厘米（图一〇三，7）。H9084：33，夹砂灰黑陶。盘状纽，方唇。纽径4.2、残高1.5厘米（图一〇三，8）。H9084：35，夹砂灰黑陶。盘状纽，方唇。纽径3.3、残高1.9厘米（图一〇三，9）。

陶豆柄　1件。

H9084：4，夹砂灰黑陶。竹节状，器身有一道凸棱。残高11厘米（图一〇三，10）。

陶圈足　1件。

H9084：1，夹砂灰黑陶。矮圈足，足缘微内敛。圈足径14、残高5厘米（图一〇三，11）。

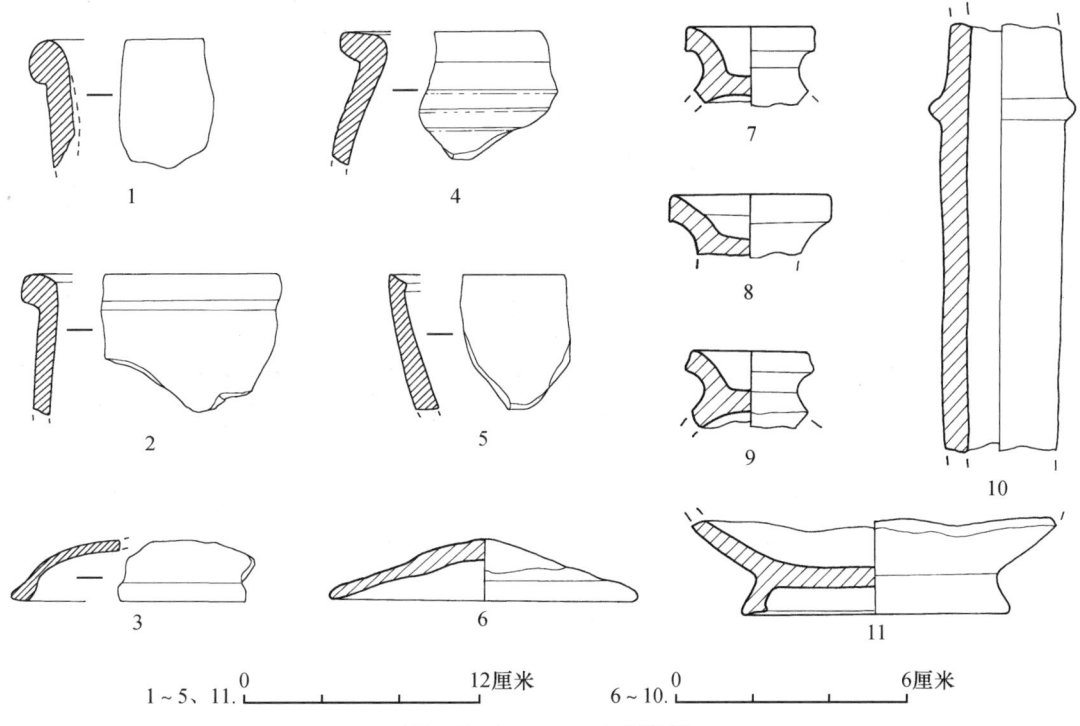

图一〇三　H9084出土陶器

1.瓮（H9084：27）　2、4.缸（H9084：12、H9084：15）　3、6.器盖（H9084：7、H9084：26）　5.簋形器（H9084：8）　7~9.器纽（H9084：34、H9084：33、H9084：35）　10.豆柄（H9084：4）　11.圈足（H9084：1）

（二）圆形

共105个。

1. H8847

位于T8111-T8212东北部。开口于第6层下，打破第7层。平面形状近圆形，直径约0.9米；斜壁，圜底，深0.18米（图一〇四）。坑内填土为灰褐色，土质较疏松，包含少量炭屑和较多陶片。陶片以夹砂灰黑陶为主，其余依次为泥质灰黑陶、夹砂灰黄陶、泥质灰黄陶，夹砂灰褐陶。纹饰以素面为主，其余为凹弦纹和刻划纹。经统计，H8847出土陶片中，夹砂灰黑陶占陶片总数的50.2%，泥质灰黑陶占陶片总数的36.9%，夹砂灰黄陶占陶片总数的7.4%，泥质灰黄陶占陶片总数的4.9%，夹砂灰褐陶占陶片总数的0.5%。素面陶占陶片总数的98.5%，凹弦纹陶占陶片总数的1%，刻划纹陶占陶片总数的0.5%。可辨器形有敛口罐、高领罐、束颈罐、器纽、器底等（图一〇五）。

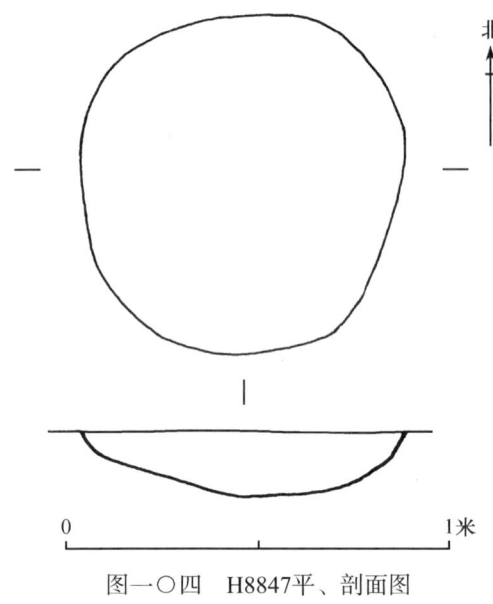

图一〇四 H8847平、剖面图

陶敛口罐 1件。

H8847：8，夹砂灰黑陶。敛口，圆唇，鼓肩，深腹。残高3.1厘米（图一〇五，1）。

陶高领罐 1件。

H8847：5，夹砂灰褐陶。敞口，尖圆唇，高领，束颈。口径13、残高6.5厘米（图一〇五，2）。

陶束颈罐 4件。

H8847：7，夹砂灰黑陶。束颈，方唇，卷沿，鼓肩。口径15、残高3厘米（图一〇五，3）。H8847：3，夹砂灰黑陶。束颈，方唇，卷沿，鼓弧肩。残高3.4厘米（图一〇五，4）。H8847：6，夹砂灰黄陶。束颈，圆唇，折沿，鼓肩。残高4厘米（图一〇五，5）。H8847：1，夹砂灰黑陶。束颈，方唇，折沿，鼓弧肩，圈足底。口径14.8、圈足径7.8、圈足高3.4、通高11.7厘米（图一〇五，6；图版二二，5）。

陶器纽 1件。

H8847：4，夹砂灰黑陶。盘状纽，方唇。纽径3.6、残高2.2厘米（图一〇五，7）。

陶器底 1件。

H8847：2，夹砂灰黑陶。圆凸尖底。残高4.2厘米（图一〇五，8）。

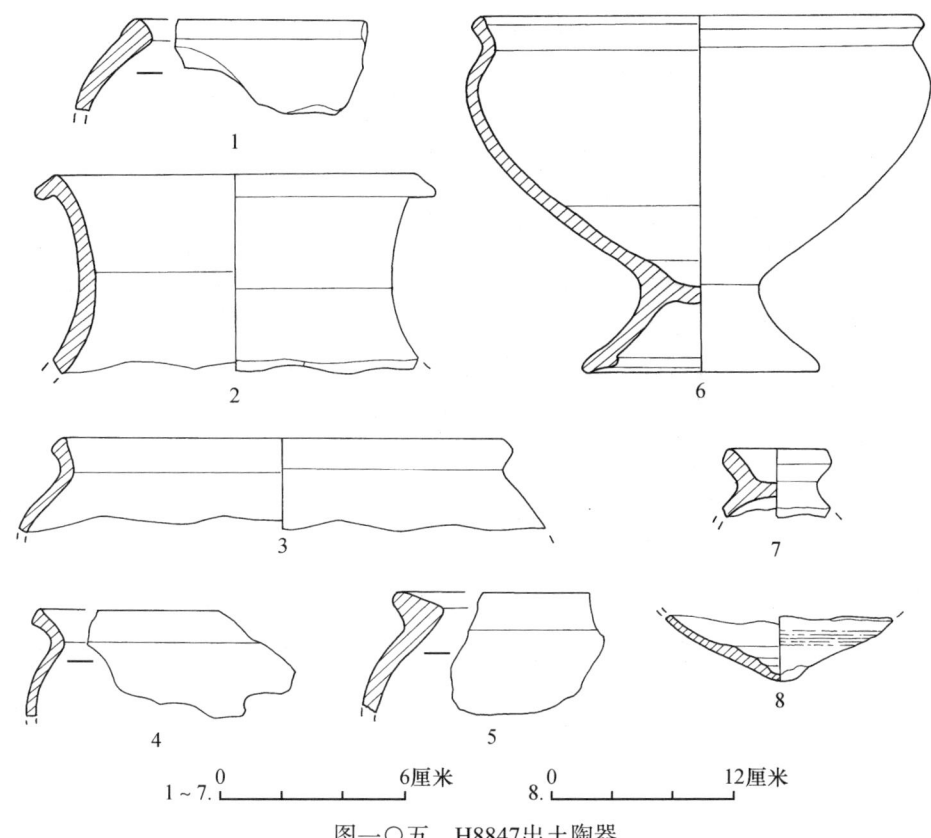

图一〇五 H8847出土陶器
1. 敛口罐（H8847∶8） 2. 高领罐（H8847∶5） 3~6. 束颈罐（H8847∶7、H8847∶3、H8847∶6、H8847∶1）
7. 器纽（H8847∶4） 8. 器底（H8847∶2）

2. H8848

位于T8311-T8412西北部。开口于第6层下，打破第7层。平面形状为圆形，直径1.5米；斜壁，平底，深0.1~0.2米（图一〇六）。坑内填灰褐色土，土质较致密，黏性较大。包含少量炭屑和较多陶片。陶片以夹砂灰黑陶为主，其余依次为夹砂灰黄陶、夹砂灰褐陶、泥质灰黑陶、泥质灰黄陶。其中，夹砂灰黑陶占陶片总数的53.3%，夹砂灰黄陶占陶片总数的33.3%，夹砂灰褐陶占陶片总数的5.3%，泥质灰黑陶占陶片总数的4.4%，泥质灰黄陶占陶片总数的3.7%。陶片皆为素面。可辨器形有敛口罐、高领罐、束颈罐、豆盘、豆柄、器底等（图一〇七）。

陶敛口罐　2件。

H8848∶8，夹砂灰黑陶。敛口，圆唇，鼓

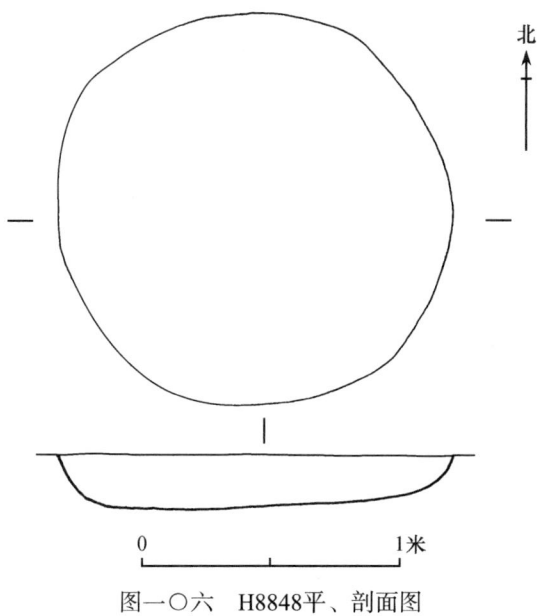

图一〇六 H8848平、剖面图

肩。肩部饰一道凹弦纹。残高4厘米（图一〇七，1）。H8848：1，夹砂灰黑陶。敛口，尖圆唇，鼓肩。残高5厘米（图一〇七，2）。

陶高领罐　2件。

H8848：4，夹砂灰黄陶。口微侈，尖圆唇，高领，领部微束。残高4.1厘米（图一〇七，3）。H8848：2，夹砂灰黑陶。敛口，尖圆唇，高领。残高3.9厘米（图一〇七，4）。

陶束颈罐　1件。

H8848：9，夹砂灰黄陶。束颈，方唇，卷沿，鼓肩。残高2.6厘米（图一〇七，5）。

陶豆盘　1件。

H8848：7，夹砂灰黑陶。折沿，圆唇，斜直腹。残高5厘米（图一〇七，6）。

陶豆柄　1件。

H8848：6，夹砂灰黑陶。圆柱形，中空。直径2.8、残高13.1厘米（图一〇七，7）。

陶器底　1件。

H8848：5，泥质灰黑陶。底部外凸。底径1.2、残高3.1厘米（图一〇七，8）。

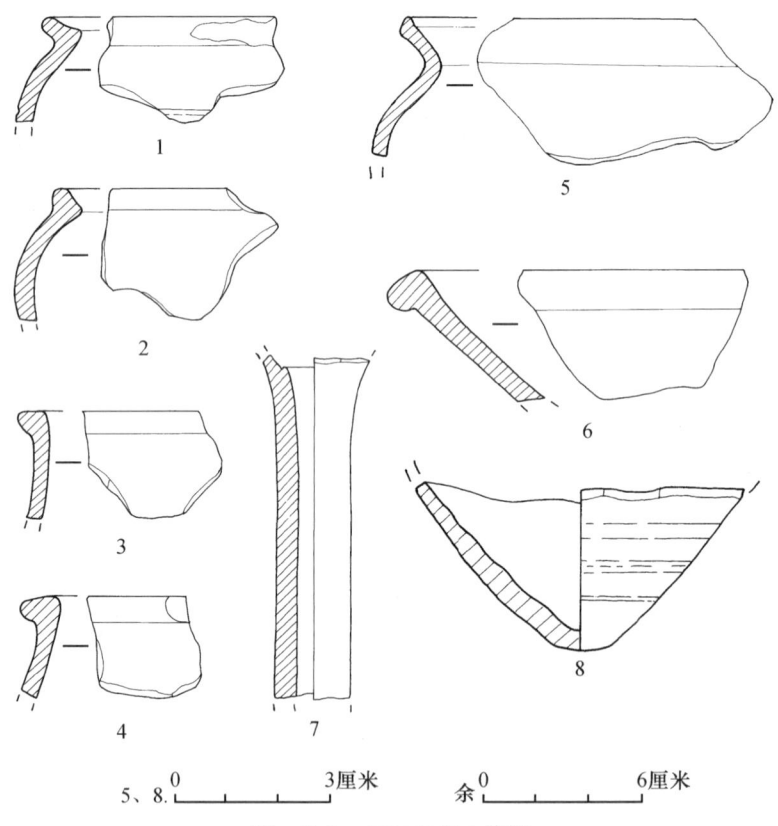

图一〇七　H8848出土陶器

1、2.敛口罐（H8848：8、H8848：1）　3、4.高领罐（H8848：4、H8848：2）　5.束颈罐（H8848：9）　6.豆盘（H8848：7）　7.豆柄（H8848：6）　8.器底（H8848：5）

3. H8854

位于T8311-T8412的东部。开口于第6层下，打破第7层。平面形状为圆形，直径1.2米；斜壁，近平底，深0.16～0.19米（图一○八）。填土为黑褐色土，土质较紧密，黏性较强。坑内包含零星木炭灰烬。出土陶片以泥质灰黑陶为主，其次为夹砂灰黑陶。坑内陶片皆为素面。经统计，H8854出土陶片中，泥质灰黑陶占陶片总数的75%，夹砂灰黑陶占陶片总数的25%。可辨器形有尖底杯、小平底罐等（图一○九）。

陶尖底杯　2件。

H8854：6，泥质灰黑陶。敛口，尖圆唇。口径8.5、残高3厘米（图一○九，1）。H8854：7，泥质灰黑陶。敛口，尖圆唇。残高4.7厘米（图一○九，2）。

陶小平底罐　1件。

H8854：4，夹砂灰黑陶。尖圆唇，鼓肩，小平底。口径13.6、底径2、通高9.8厘米（图一○九，3；图版二二，6）。

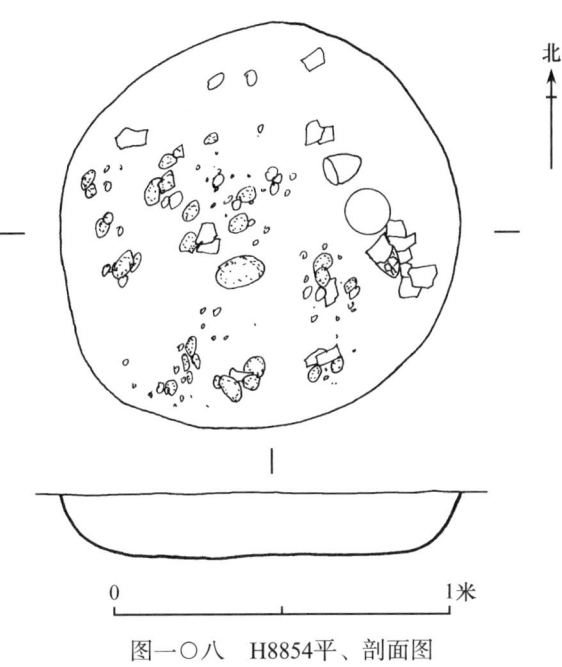

图一○八　H8854平、剖面图

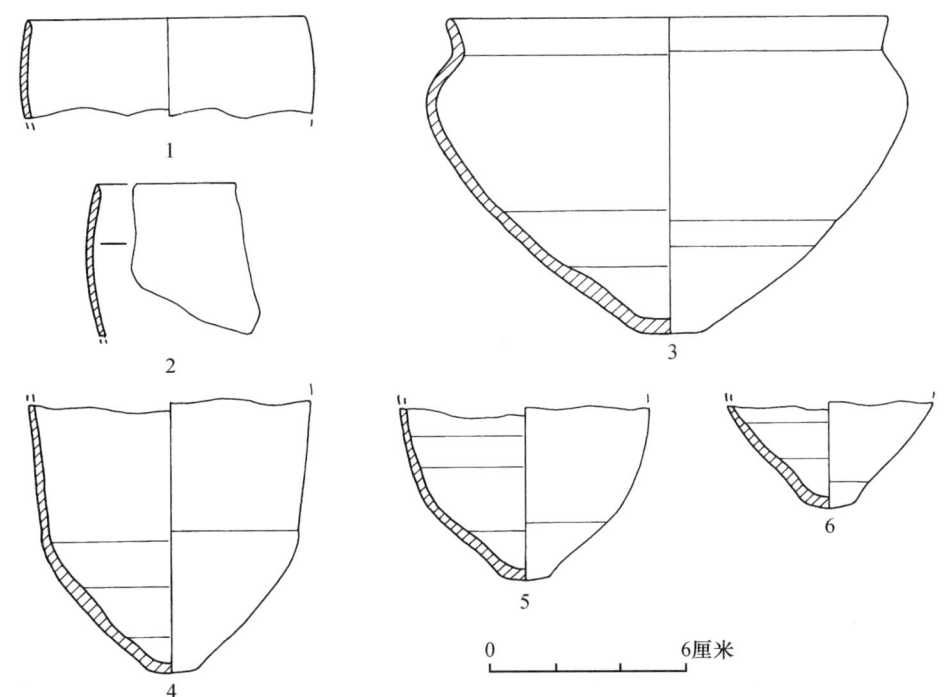

图一○九　H8854出土陶器

1、2.尖底杯（H8854：6、H8854：7）　3.小平底罐（H8854：4）　4～6.器底（H8854：3、H8854：1、H8854：5）

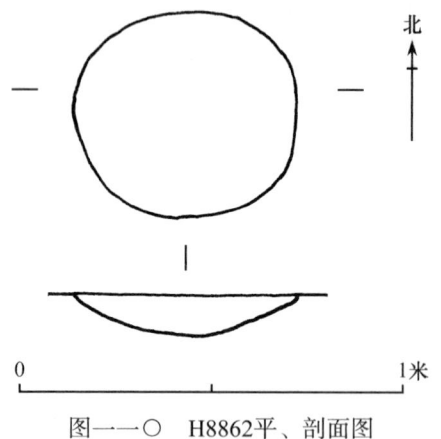

图一一〇 H8862平、剖面图

陶器底 3件。

H8854：3，泥质灰黑陶。小平底，底部外凸。底径1.6、残高8.3厘米（图一〇九，4）。H8854：1，泥质灰黑陶。小平底，底部外凸。底径1.5、残高5.3厘米（图一〇九，5）。H8854：5，泥质灰黑陶。小平底，底部外凸。底径1.6、残高3.2厘米（图一〇九，6）。

4. H8862

位于T8311-T8412西部。开口于第6层下，打破第7层。平面形状为圆形，直径0.55米；斜壁，圜底，深0.15米（图一一〇；图版一〇，1）。坑内填黑黄色土，土质较致密，黏性较大。包含零星炭屑和少量陶片。陶片以夹砂灰黑陶为主，其余依次为夹砂灰黄陶、泥质灰黑陶和泥质灰白陶、夹砂灰褐陶。纹饰以素面为主，其次为凹弦纹。经统计，H8862出土陶片中，夹砂灰黑陶占陶片总数的59.6%，夹砂灰黄陶占陶片总数的26.6%，泥质灰黑陶和泥质灰白陶各占陶片总数的5.3%，夹砂灰褐陶占陶片总数的3.2%。素面陶占陶片总数的98.9%，凹弦纹陶占陶片总数的1.1%。可辨器形有敛口罐、高领罐、器底、圈足等（图一一一）。

陶敛口罐 1件。

H8862：3，夹砂灰黑陶。敛口，尖圆唇，鼓肩。残高2.8厘米（图一一一，1）。

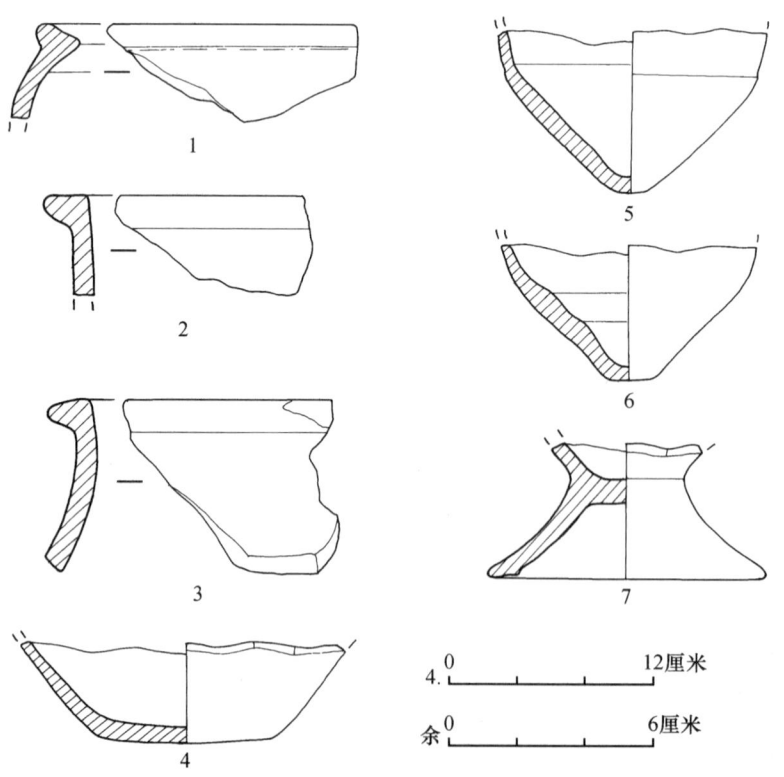

图一一一 H8862出土陶器

1. 敛口罐（H8862：3） 2、3. 高领罐（H8862：4、H8862：2） 4～6. 器底（H8862：7、H8862：5、H8862：6）
7. 圈足（H8862：1）

陶高领罐　2件。

H8862：4，夹砂灰黑陶。直口，尖圆唇，高领。残高3厘米（图一一一，2）。H8862：2，夹砂灰黑陶。口微侈，尖圆唇，高领，束颈。残高5.2厘米（图一一一，3）。

陶器底　3件。

H8862：7，夹砂灰黑陶。大平底，底部微外凸。底径10.4、残高6厘米（图一一一，4）。H8862：5，泥质灰黄陶。小平底，底部微外凸。底径1、残高4.9厘米（图一一一，5）。H8862：6，泥质灰黄陶。小平底。底径1.5、残高4厘米（图一一一，6）。

陶圈足　1件。

H8862：1，夹砂灰褐陶。喇叭状，矮圈足。圈足径8.2、残高4厘米（图一一一，7）。

5. H8863

位于T8311-T8412东南角，东部伸入东隔梁，未全部发掘。开口于第6层下，打破第7层，东部被晚期沟打破。推测其完整平面形状近圆形，残长0.8、残宽0.7米；斜壁，圜底，深0.15米（图一一二；图版一〇，2）。灰坑内的填土为黑黄色，土质较致密，黏性较大。包含零星炭屑和较少的陶片。陶片以泥质灰黑陶为主，其余依次为夹砂灰黑陶、夹砂灰黄陶、泥质灰黄陶、泥质灰白陶。纹饰以素面为主，其次为凹弦纹。经统计，H8863出土陶片中，泥质灰黑陶占陶片总数的35.6%，夹砂灰黑陶占陶片总数28.8%，夹砂灰黄陶占陶片总数的21.2%，泥质灰黄陶占陶片总数的8.5%，泥质灰白陶占陶片总数的5.9%。素面陶占陶片总数的96.6%，凹弦纹陶占陶片总数的3.4%。可辨器形有高领罐、束颈罐（图一一三）。

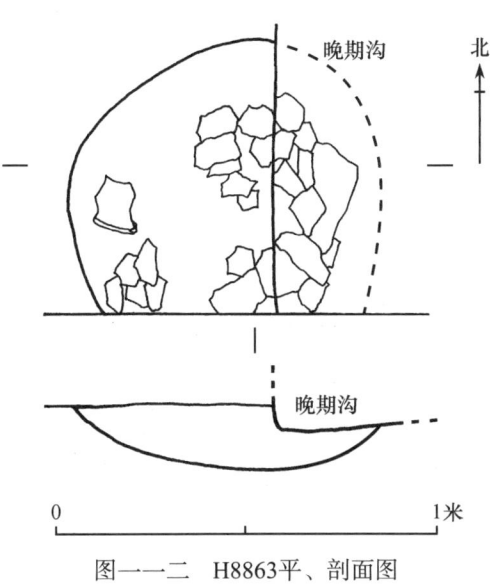

图一一二　H8863平、剖面图

陶高领罐　2件。

H8863：6，夹砂灰黑陶。侈口，尖圆唇，高领，领部微束。残高4厘米（图一一三，1）。H8863：3，夹砂灰黑陶。敞口，圆唇，高斜直领。口径17、残高2.7厘米（图一一三，4）。

陶束颈罐　4件。

H8863：5，夹砂灰黑陶。束颈，尖圆唇，卷沿，鼓肩。肩部饰绳纹。残高4厘米（图一一三，2）。H8863：4，夹砂灰黑陶。束颈，方唇，卷沿，鼓肩。肩部饰绳纹。残高4.2厘米（图一一三，3）。H8863：2，夹砂灰黑陶。束颈，方唇，卷沿，鼓肩。肩部饰绳纹。口径16、残高3.7厘米（图一一三，5）。H8863：1，夹砂灰褐陶。束颈，尖圆唇，卷沿，鼓肩。肩部饰斜向绳纹。口径16、残高5.8厘米（图一一三，6）。

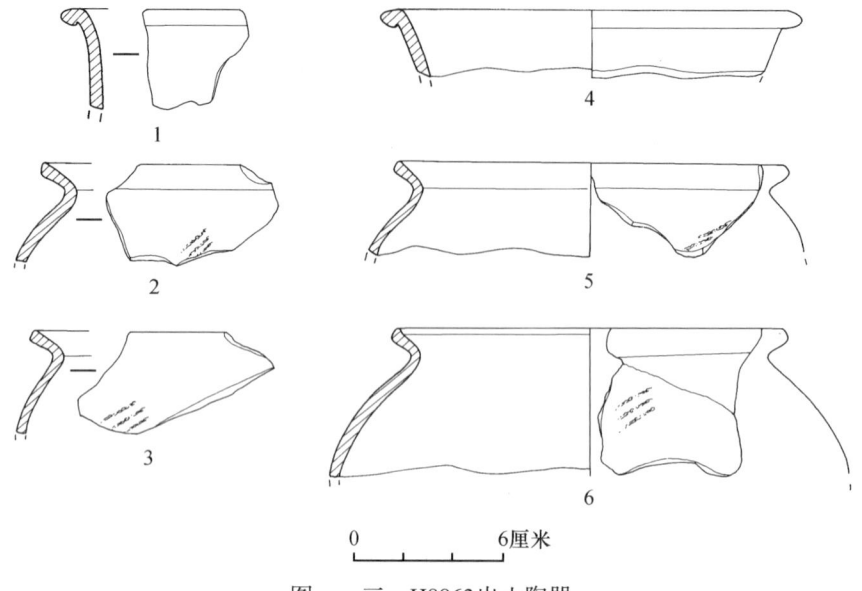

图一一三 H8863出土陶器

1、4.高领罐（H8863：6、H8863：3） 2、3、5、6.束颈罐（H8863：5、H8863：4、H8863：2、H8863：1）

6. H8865

位于T8311-T8412中南部。开口于第6层下，打破第7层。平面形状近圆形，直径约0.75米；斜壁，底部向西倾斜，深0.04～0.08米（图一一四）。坑内填灰褐色土，土质较致密，黏性较大。包含零星炭屑和少量陶片。陶片以夹砂灰黑陶为主，其次为泥质灰黑陶，再次为夹砂灰黄陶。其中，夹砂灰黑陶占陶片总数的47.6%，泥质灰黑陶占陶片总数的39.7%，夹砂灰黄陶占陶片总数的12.7%。陶片皆为素面陶。可辨器形有器鋬（图一一五）。

陶器鋬　1件。

H8865：1，夹砂灰黑陶。饰两道竖向划纹。宽2.3、残高7.6厘米（图一一五，1）。

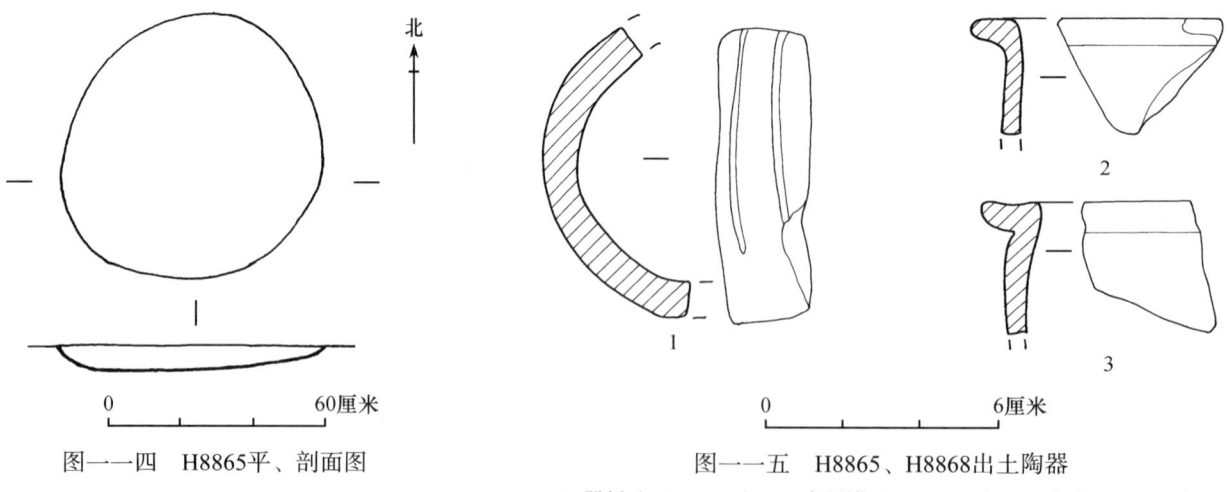

图一一四 H8865平、剖面图

图一一五 H8865、H8868出土陶器

1.器鋬（H8865：1） 2.高领罐（H8868：1） 3.盆（H8868：2）

7. H8866

位于T8311-T8412西北部。开口于第6层下,打破第7层,东北部和北部分别被H8855和H8848打破。推测其完整平面形状为圆形,残长0.75、残宽0.65米;斜直壁,平底,深0.1米(图一一六)。灰坑内填土为灰褐色,土质致密,黏性较大。包含少量炭屑和陶片,陶片以夹砂灰黑陶为主,其余依次为夹砂灰黄陶、泥质灰黑陶、泥质灰白陶、夹砂灰褐陶。其中,夹砂灰黑陶占陶片总数的44.8%,夹砂灰黄陶占陶片总数的29.9%,泥质灰黑陶占陶片总数的14.9%,泥质灰白陶占陶片总数的6%,夹砂灰褐陶占陶片总数的4.4%。陶片皆为素面陶,且陶片过碎,器形不可辨。

8. H8868

位于T8109-T8210中部。开口于第6层下,打破第7层。平面形状近圆形,直径约0.82米;壁斜直,底部较平,深0.27米(图一一七)。坑内填黑黄色土,土质较致密,黏性较大。底部铺有较多卵石,包含炭屑和少量陶片。陶片以夹砂灰黑陶为主,其次为泥质灰黑陶,再次为夹砂灰黄陶。其中,夹砂灰黑陶占陶片总数的73.8%,泥质灰黑陶占陶片总数的16.4%,夹砂灰黄陶占陶片总数的9.8%。陶片皆为素面陶。可辨器形有高领罐、盆(图一一五)。

陶高领罐 1件。

H8868:1,夹砂灰黑陶。直口,尖圆唇,高直领。残高3厘米(图一一五,2)。

陶盆 1件。

H8868:2,夹砂灰黑陶。微敛口,尖圆唇,折沿,沿面微凹,弧腹。残高3.5厘米(图一一五,3)。

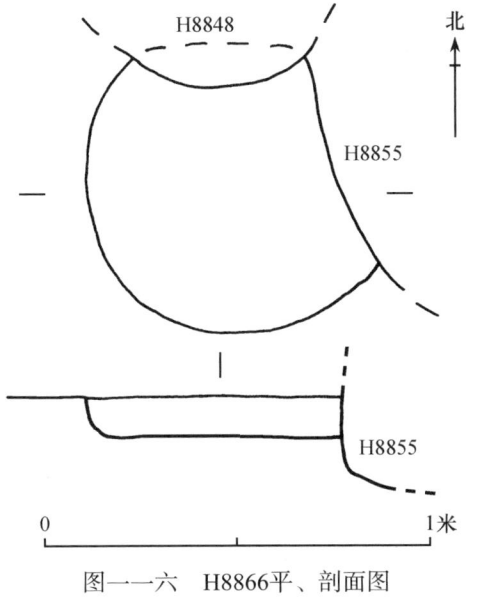

图一一六 H8866平、剖面图

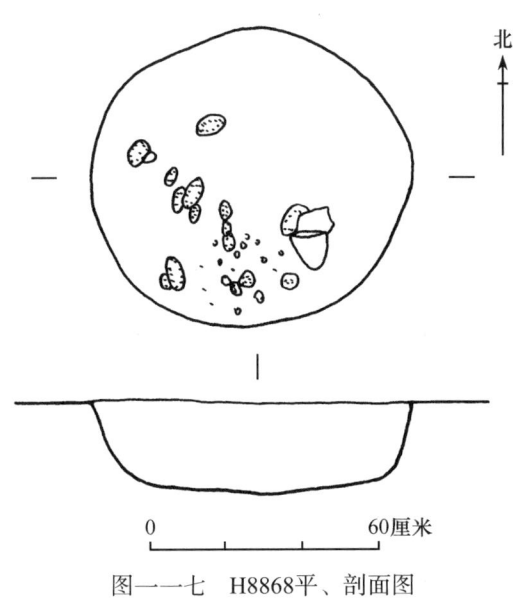

图一一七 H8868平、剖面图

9. H8875

位于T8311-T8412南部。开口于第6层下,打破第7层,西北部被H8865打破。平面形状呈圆形,直径0.92米;直壁,底部略平,深0.26米(图一一八)。坑内填土为灰黄色,土质较紧密,黏性较强,夹杂零星灰烬及烧土颗粒。包含卵石及陶片。出土陶片以夹砂灰黑陶为主,其余依次为夹砂灰黄陶、泥质灰黑陶、夹砂灰褐陶。皆为素面陶。经统计,H8875出土陶片中,夹砂灰黑陶占陶片总数的45.8%,夹砂灰黄陶占陶片总数的37.5%,泥质灰黑陶占陶片总数的12.5%,夹砂灰褐陶占陶片总数的4.2%。可辨器形有高领罐、束颈罐、盆、圈足、盂形器等(图一一九)。

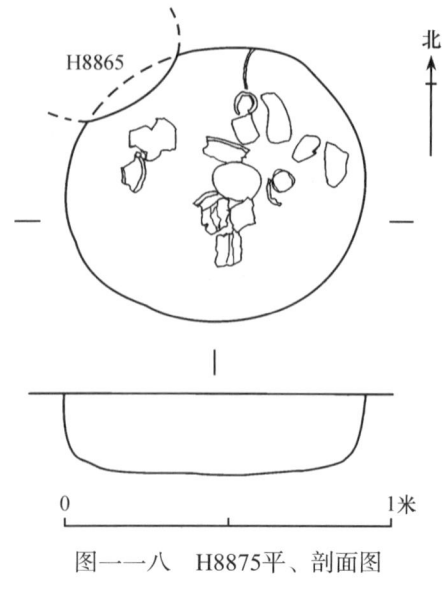

图一一八 H8875平、剖面图

陶高领罐 2件。

H8875∶3,夹砂灰黄陶。口微敛,尖圆唇,高领,领部近直。残高5厘米(图一一九,2)。

H8875∶6,夹砂灰黑陶。侈口,圆唇,高斜直领。口径18、残高3.4厘米(图一一九,3)。

陶束颈罐 1件。

H8875∶2,夹砂灰黄陶。束颈,方唇,卷沿,鼓肩甚。口径28、残高4厘米(图一一九,4)。

陶盆 2件。

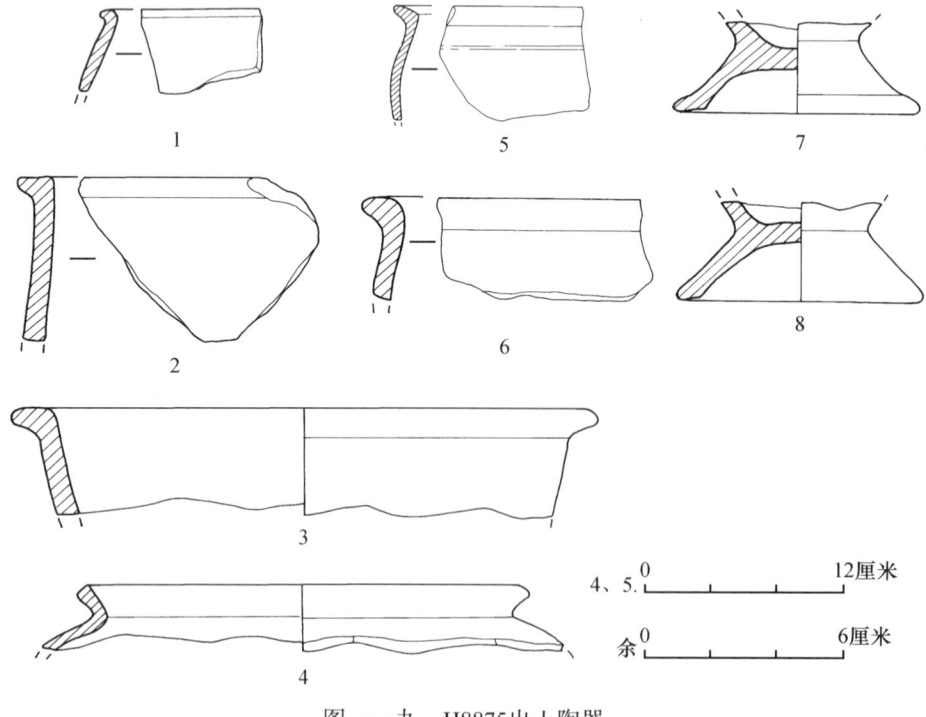

图一一九 H8875出土陶器

1.盂形器(H8875∶7) 2、3.高领罐(H8875∶3、H8875∶6) 4.束颈罐(H8875∶2) 5、6.盆(H8875∶4、H8875∶5) 7、8.圈足(H8875∶8、H8875∶9)

H8875：4，夹砂灰黄陶。敛口，尖圆唇，卷沿，鼓弧腹。腹部饰一道凹弦纹。残高7厘米（图一一九，5）。H8875：5，夹砂灰黄陶。敛口，尖圆唇，卷沿，鼓弧腹。残高3.1厘米（图一一九，6）。

陶圈足　2件。

H8875：8，夹砂灰陶。喇叭状，矮圈足。圈足径7.5、残高2.8厘米（图一一九，7）。H8875：9，夹砂灰黄陶。喇叭状，矮圈足。圈足径7.5、残高3厘米（图一一九，8）。

陶盂形器　1件。

H8875：7，泥质灰黄陶。敛口，圆唇，斜肩。残高2.5厘米（图一一九，1）。

10. H8883

位于T8109-T8210东南部。开口于第6层下，打破第7层。平面形状近圆形，直径1米；斜壁，圜底，深0.23米（图一二〇）。坑内填土为黄褐色，土质较紧密，黏性较大，夹杂褐色颗粒。灰坑底部的西部和北部铺有大量卵石，包含少量陶片。出土陶片以夹砂灰黑陶为主，其余依次为夹砂灰黄陶、泥质灰黑陶。纹饰以素面为主，其次为附加泥条堆纹。经统计，H8883出土陶片中，夹砂灰黑陶占陶片总数的50.9%，夹砂灰黄陶占陶片总数的32.4%，泥质灰黑陶占陶片总数的16.7%。素面陶占陶片总数的98.9%，附加泥条堆纹陶占陶片总数的1.1%。可辨器形有尖底杯、高领罐、束颈罐、簋形器、器底等（图一二一）。

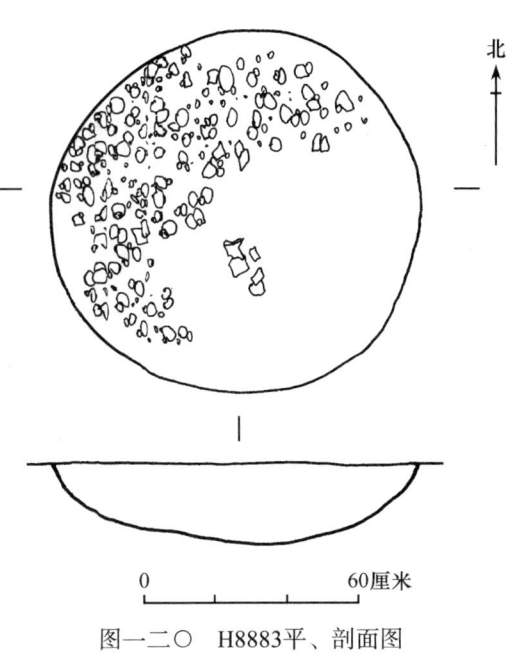

图一二〇　H8883平、剖面图

陶尖底杯　1件。

H8883：2，泥质灰黑陶。尖圆唇，直口，上下腹分区凸棱明显，上腹较长，下腹短。口径11、残高7.7厘米（图一二一，1）。

陶高领罐　1件。

H8883：9，夹砂灰黄陶。侈口，尖圆唇，高束颈。口径15、残高5.3厘米（图一二一，2）。

陶束颈罐　1件。

H8883：10，夹砂灰黄陶。束颈，尖圆唇，卷沿，溜肩。残高3.8厘米（图一二一，3）。

陶簋形器　1件。

H8883：11，夹砂灰黑陶。沿面弧，敛口，弧腹。残高3.5厘米（图一二一，4）。

陶器底　3件。

H8883：4，泥质灰黑陶。小平底。底径1.8、残高3厘米（图一二一，5）。H8883：8，泥质灰黑陶。小平底。底径1.6、残高3.5厘米（图一二一，6）。H8883：6，泥质灰黑陶。小平底。底径2、残高4.3厘米（图一二一，7）。

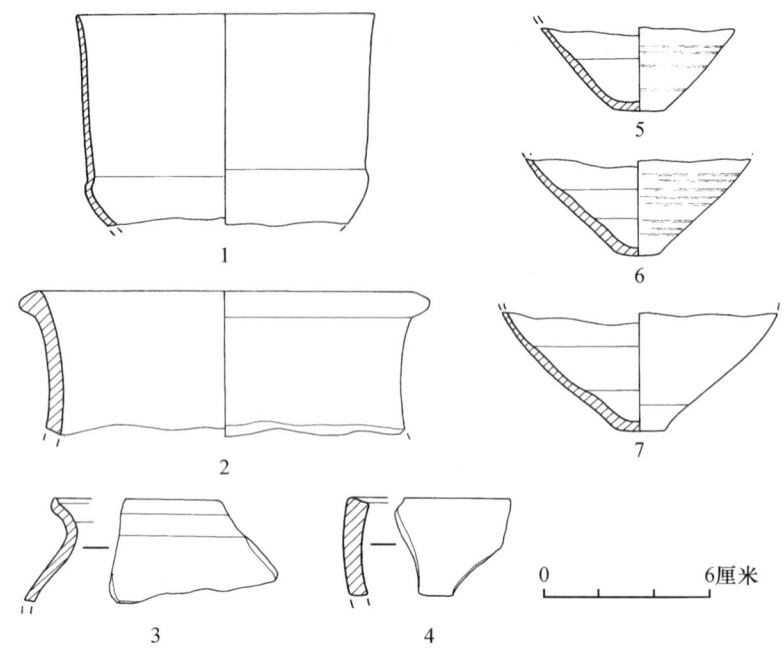

图一二一　H8883出土陶器

1. 尖底杯（H8883：2）　2. 高领罐（H8883：9）　3. 束颈罐（H8883：10）　4. 簋形器（H8883：11）　5～7. 器底（H8883：4、H8883：8、H8883：6）

11. H8888

位于T7909-T8010东南部。开口于第6层下，打破第7层。平面形状近圆形，直径1.6米；口大底小，底部直径约1.42米。斜直壁，平底，深0.54米（图一二二；图版一一，1）。坑内填土为黄褐色，土质较紧密，黏性较大，夹杂褐色颗粒。包含零星竹木炭灰烬和较多陶片。陶片以泥质灰黑陶为主，其余依次为夹砂灰黑陶、泥质灰黄陶、夹砂灰黄陶、夹砂灰褐陶。纹饰以素面陶为主，其余依次为凹弦纹、圆圈纹、凸棱纹。经统计，H8888出土陶片中，泥质灰黑陶占陶片总数的32.1%，夹砂灰黑陶占陶片总数的31%，泥质灰黄陶占陶片总数的15.2%，夹砂灰黄陶占陶片总数的13.6%，夹砂灰褐陶占陶片总数的8.2%。素面陶占陶片总数的95.1%，

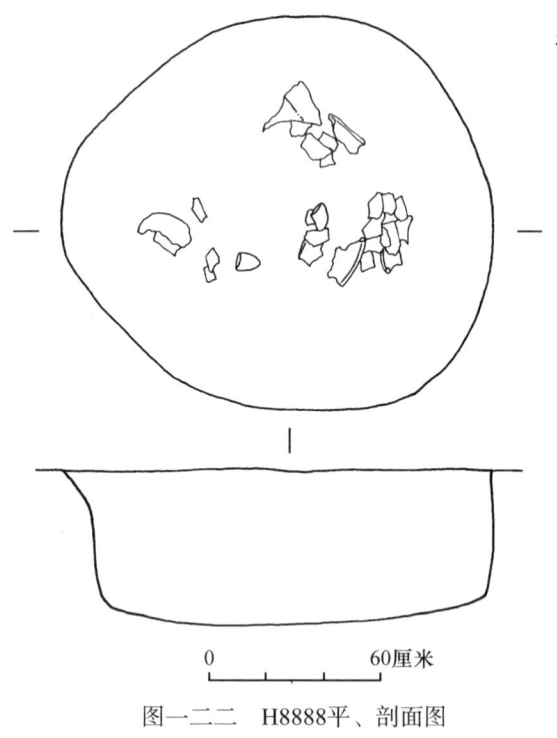

图一二二　H8888平、剖面图

凹弦纹陶占陶片总数的2.2%，圆圈纹陶占陶片总数的1.6%，凸棱纹陶占陶片总数的1.1%。可辨器形有敛口罐、高领罐、盆、瓮、器座等（图一二三、图一二四）。

陶敛口罐　2件。

H8888∶17，夹砂灰黄陶。敛口，圆唇，鼓肩。残高3.3厘米（图一二三，5）。H8888∶21，夹砂灰黑陶。敛口，尖圆唇，溜肩。残高3厘米（图一二三，6）。

陶高领罐　6件。

H8888∶13，夹砂灰黑陶。侈口，尖圆唇，高束颈。领部饰三周凹弦纹。口径16、残高8.2厘米（图一二三，1）。H8888∶12，夹砂灰黄陶。侈口，圆唇，高束颈。领部饰一周凹弦纹。口径16、残高8.6厘米（图一二三，2）。H8888∶15，夹砂灰黄陶。敞口，圆唇，高束颈。口径16、残高5.3厘米（图一二三，3）。H8888∶20，夹砂灰黑陶。侈口，圆唇，高束颈。残高4.3厘米（图一二三，7）。H8888∶16，夹砂灰黑陶。口微侈，尖圆唇，高直领。残高6厘米（图一二三，8）。H8888∶18，夹砂灰褐陶。口微侈，圆唇，高直领。残高3.6厘米（图一二三，9）。

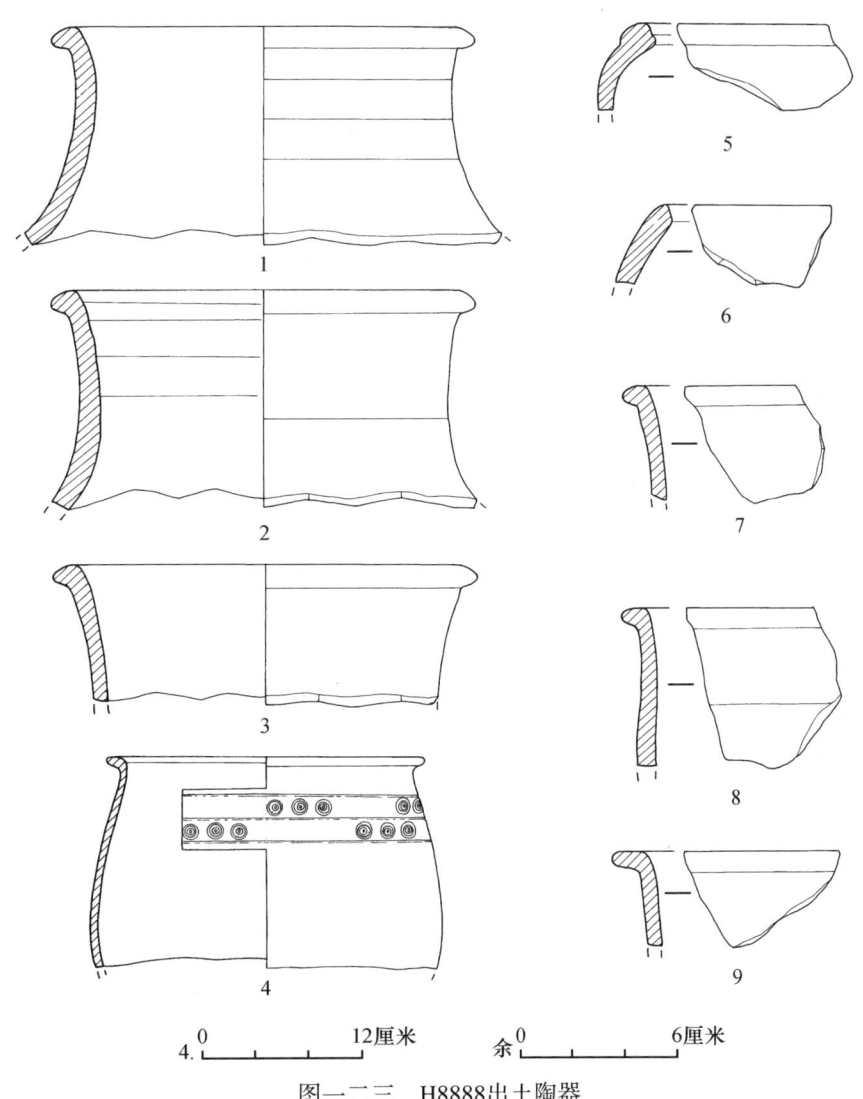

图一二三　H8888出土陶器

1～3、7～9.高领罐（H8888∶13、H8888∶12、H8888∶15、H8888∶20、H8888∶16、H8888∶18）　4.盆（H8888∶2）
5、6.敛口罐（H8888∶17、H8888∶21）

陶盆　1件。

H8888：2，泥质灰黄陶。敛口，尖圆唇，卷沿，深弧腹。腹部饰成组戳印圆圈纹及三周凹弦纹，每一组由三个圆圈组成，呈上下交错状，交错间以凹弦纹间隔。口径24、残高16厘米（图一二三，4）。

陶瓮　2件。

H8888：4-2，夹砂灰黑陶。直口，圆唇，高领。领部饰两道凹弦纹。口径28、残高5.6厘米（图一二四，1）。H8888：4-1，夹砂灰黑陶。喇叭口，圆唇，矮领，束颈。领部饰两道凹弦纹。口径28、残高11.6厘米（图一二四，2）。

陶器座　5件。

H8888：1，泥质灰黄陶。喇叭形高器座，卷沿，圆唇。器身整体饰较丰富的组合型镂孔纹饰，第一组：两周凸棱纹间由弧边三角形镂孔和圆形镂孔组成；第二组：由心形和剪刀形镂孔

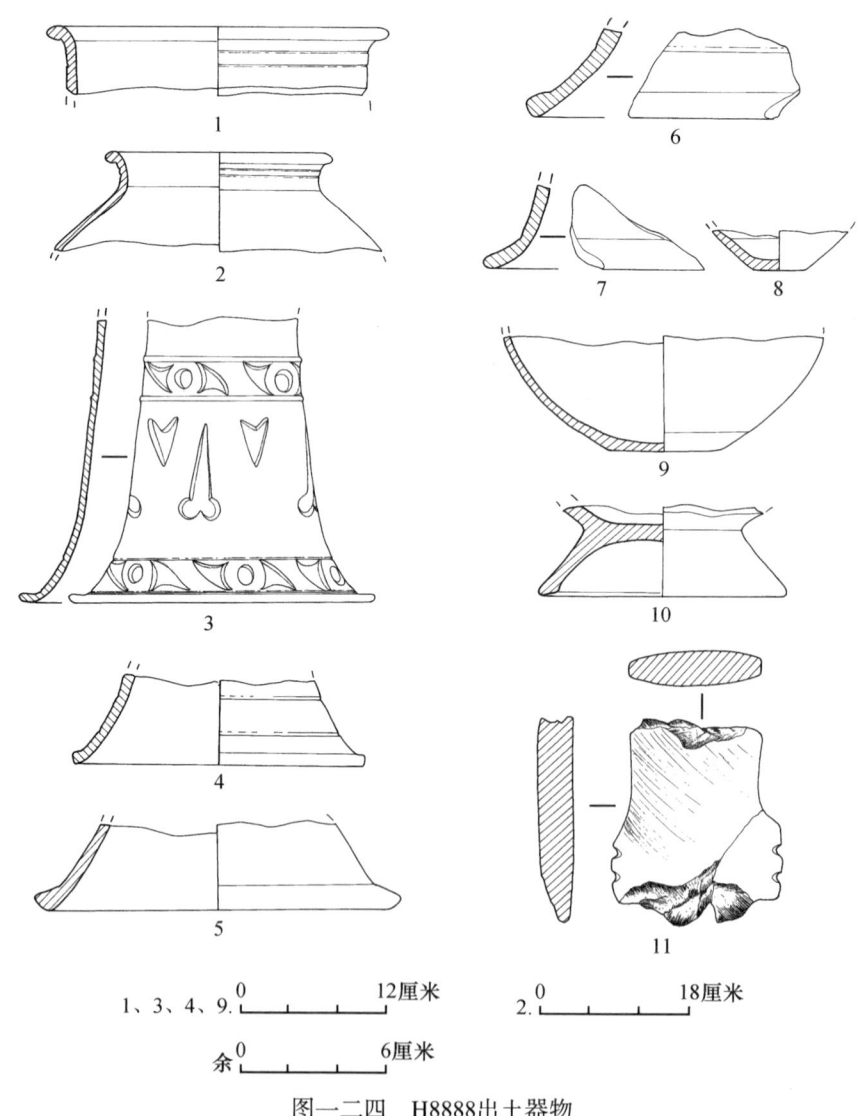

图一二四　H8888出土器物

1、2.陶瓮（H8888：4-2、H8888：4-1）　3～7.陶器座（H8888：1、H8888：10、H8888：11、H8888：14、H8888：19）　8、9.陶器底（H8888：22、H8888：3）　10.陶圈足（H8888：23）　11.石璋（H8888：6）

组成；第三组：两周凹弦纹间由弧边三角形镂孔和圆形镂孔组成。底径25、残高22.8厘米（图一二四，3；图版二三，1）。H8888：10，泥质灰黄陶。喇叭形高器座，卷沿，方唇。饰两周凹弦纹。底径24、残高7厘米（图一二四，4）。H8888：11，泥质灰黄陶。喇叭形高器座，卷沿，尖圆唇。底径15、残高3.5厘米（图一二四，5）。H8888：14，泥质灰黄陶。喇叭形高器座，卷沿，方唇。饰一周凹弦纹。残高3.6厘米（图一二四，6）。H8888：19，泥质灰黑陶。喇叭形高器座，卷沿，尖圆唇。残高3.4厘米（图一二四，7）。

陶器底　2件。

H8888：22，泥质灰黑陶。小平底。底径2.2、残高1.6厘米（图一二四，8）。H8888：3，夹砂灰黑陶。大平底。底径9.2、残高9.2厘米（图一二四，9）。

陶圈足　1件。

H8888：23，夹砂灰褐陶。盘状矮圈足。圈足径10、残高3.6厘米（图一二四，10）。

石璋　1件。

H8888：6，通体磨光，较残，仅存阑部，两侧边齿状装饰。残长8.5、宽3、厚1.5厘米（图一二四，11）。

12. H8891

位于T8109-T8210北部。开口于第6层下，打破第7层，北部被H8889打破。平面形状近圆形，直径约1.04米；斜壁，底部凹凸不平，深0.14米（图一二五；图版一一，2）。坑内填褐黄色土，土质较致密，黏性较大，夹杂褐色颗粒。包含少量炭屑和较多的陶片，底部堆积较多卵石。陶片以泥质灰黑陶为主，其余依次为夹砂灰黑陶、泥质灰黄陶、夹砂灰黄陶、夹砂灰褐陶。陶片皆为素面陶。其中，泥质灰黑陶占陶片总数的45.5%，夹砂灰黑陶占陶片总数的22.7%，泥质灰黄陶占陶片总数的15.2%，夹砂灰黄陶占陶片总数的12.1%，夹砂灰褐陶占陶片总数的4.5%。可辨器形有尖底杯、高领罐、束颈罐、盆、器底等（图一二六）。

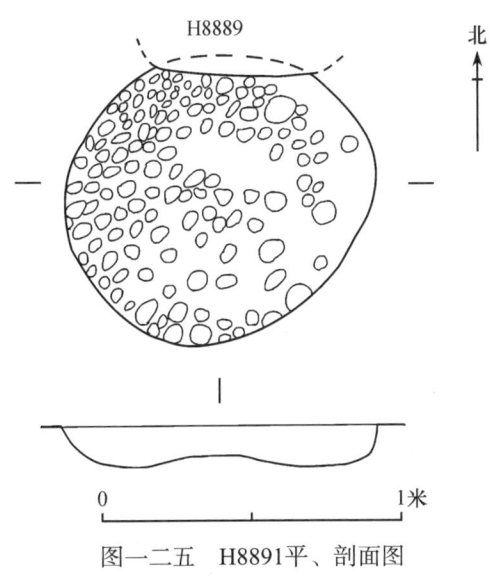

图一二五　H8891平、剖面图

陶尖底杯　1件。

H8891：6，泥质灰黑陶。侈口，尖圆唇，杯身分上下腹，上腹略短，下腹长。残高4厘米（图一二六，1）。

陶高领罐　1件。

H8891：3，夹砂灰黄陶。敞口，尖圆唇，高领。残高2.3厘米（图一二六，2）。

陶束颈罐　2件。

H8891：4，夹砂灰黑陶。束颈，尖圆唇，卷沿，肩部微鼓。残高3.6厘米（图一二六，3）。H8891：5，夹砂灰黑陶。束颈，尖圆唇，卷沿，肩部微鼓。残高3.5厘米（图一二六，4）。

陶盆　1件。

H8891：2，夹砂灰黄陶。方唇，折沿，弧腹。腹部饰一道凹弦纹。口径28、残高3.9厘米（图一二六，5）。

陶器底　2件。

H8891：1，泥质灰黑陶。小平底，底部微外凸。底径2、残高7.5厘米（图一二六，6）。H8891：7，泥质灰黑陶。小平底，底部微内凹。底径2.2、残高3.6厘米（图一二六，7）。

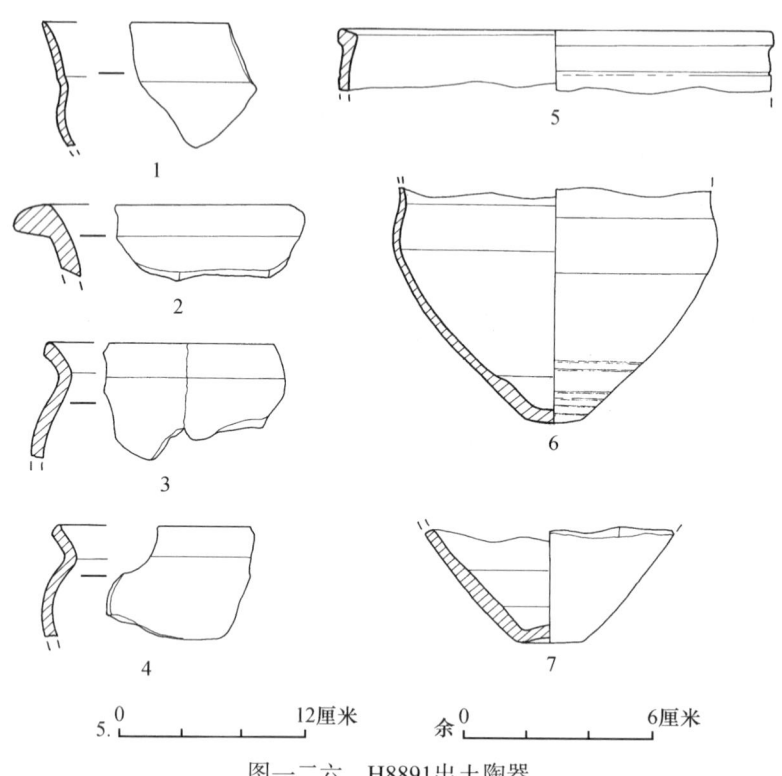

图一二六　H8891出土陶器
1. 尖底杯（H8891：6）　2. 高领罐（H8891：3）　3、4. 束颈罐（H8891：4、H8891：5）　5. 盆（H8891：2）
6、7. 器底（H8891：1、H8891：7）

13. H8898

位于T7909-T8010西北部。开口于第6层下，打破第7层，西部被H8894打破。平面形状近圆形，长0.9、宽0.6米；斜壁，底部略平，深0.14米（图一二七）。坑内填褐黄色土，土质较紧密，黏性较强。包含零星竹木炭灰烬颗粒。出土陶片以夹砂灰黑陶为主，其余依次为夹砂灰褐陶、夹砂灰黄陶。皆为素面陶。经统计，H8898出土陶片中，夹砂灰黑陶占陶片总数的63.6%，夹砂灰褐陶占陶片总数的21.8%，夹砂灰黄陶占陶片总数的14.6%。可辨器形有尖底盏、敛口罐、矮领罐、束颈罐、器盖等（图一二八）。

陶尖底盏　1件。

H8898：1，夹砂灰黑陶。敛口，尖圆唇，下腹内收，尖底。口径13.2、通高6.4厘米（图一二八，1；图版二三，2）。

陶敛口罐 1件。

H8898:4，夹砂灰黑陶。敛口，圆唇，溜肩。残高3厘米（图一二八，6）。

陶矮领罐 2件。

H8898:7，夹砂灰黄陶。口微侈，尖圆唇，矮直领。残高4.5厘米（图一二八，5）。H8898:5，夹砂灰黄陶。侈口，尖圆唇，矮领微束。口径17、残高4.1厘米（图一二八，2）。

陶束颈罐 1件。

H8898:6，夹砂灰黑陶。束颈，尖圆唇，卷沿，鼓肩。口径12、残高3厘米（图一二八，3）。

陶器盖 1件。

H8898:3，夹砂灰褐陶。覆盆形，圆唇，纽残。底径15、残高6厘米（图一二八，4；图版二三，3）。

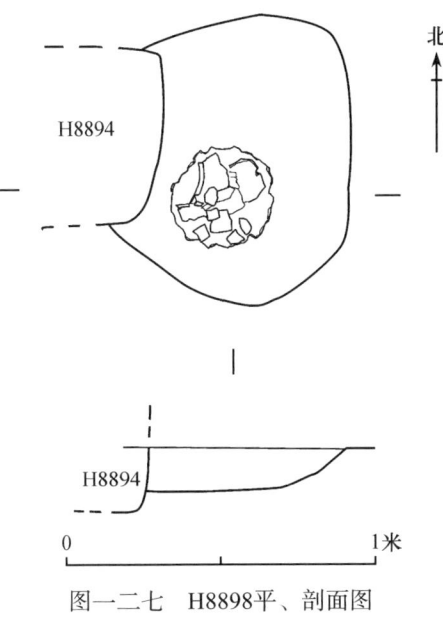

图一二七 H8898平、剖面图

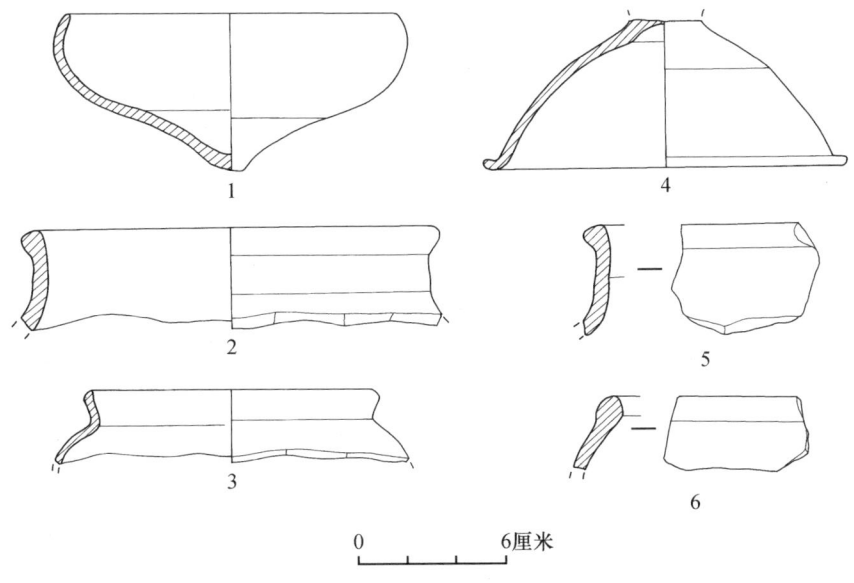

图一二八 H8898出土陶器
1.尖底盏（H8898:1） 2、5.矮领罐（H8898:5、H8898:7） 3.束颈罐（H8898:6） 4.器盖（H8898:3）
6.敛口罐（H8898:4）

14. H8900

位于T7909-T8010的西部。开口于第6层下，打破第7层，被H8895打破。平面形状近圆形，长2.28、宽2.18米；斜壁，底部略平，深0.3米（图一二九）。坑内填黑褐色土，土质较紧密，黏性较强。包含零星竹木炭灰烬颗粒及兽骨、牙齿等。出土陶片以夹砂灰黑陶为主，其余依次为泥质灰黑陶、夹砂灰黄陶、夹砂灰褐陶、泥质灰黄陶。纹饰以素面为主，其次为凹弦纹、戳印纹。经统计，H8900出土陶片中，夹砂灰黑陶占陶片总数的59.5%，泥质灰黑陶占陶片总数的27.6%，夹砂灰黄陶占陶片总数的8.6%，夹砂灰褐陶占陶片总数的3.1%，泥质灰黄陶占陶片总数的1.2%。素面陶占陶片总数的96.9%，凹弦纹陶占陶片总数的2.5%，戳印纹陶占陶片总数的0.6%。可辨器形有瓮形器、高领罐、束颈罐、壶、盆、瓮、器纽、器底等（图一三〇、图一三一）。

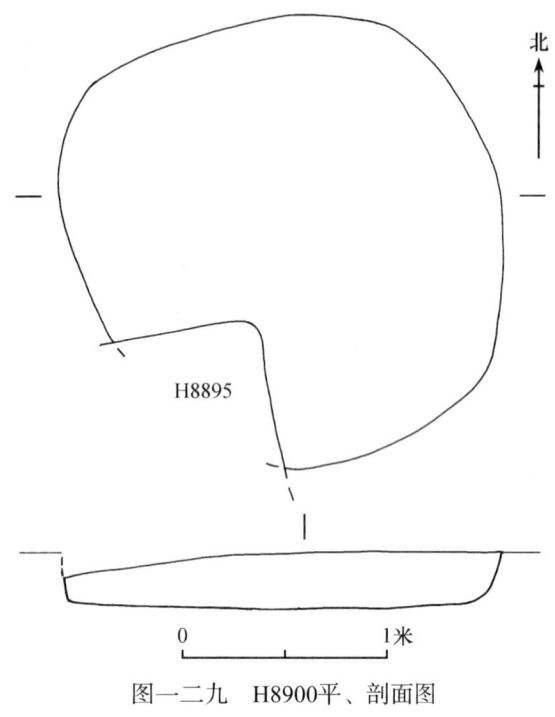

图一二九　H8900平、剖面图

陶瓮形器　1件。

H8900∶5，夹砂灰黑陶。敛口，圆唇，鼓肩，浅弧腹。沿外侧及肩部饰绳纹。残高7厘米（图一三〇，4）。

陶高领罐　2件。

H8900∶1，夹砂灰黑陶。侈口，圆唇，高领微束。领部饰一道凹弦纹。残高8厘米（图一三〇，5）。H8900∶8，夹砂灰黑陶。侈口，尖圆唇，高领微束。残高4.7厘米（图一三〇，6）。

陶束颈罐　3件。

H8900∶3，夹砂灰黑陶。束颈，方唇，卷沿，鼓肩。肩部饰成组绳纹及一周凹弦纹。口径18、残高6.5厘米（图一三〇，1）。H8900∶9，夹砂灰黄陶。束颈，尖圆唇，折沿，鼓弧肩。残高3.9厘米（图一三〇，2）。H8900∶4，夹砂灰黄陶。束颈，方唇，卷沿，鼓肩。肩部饰绳

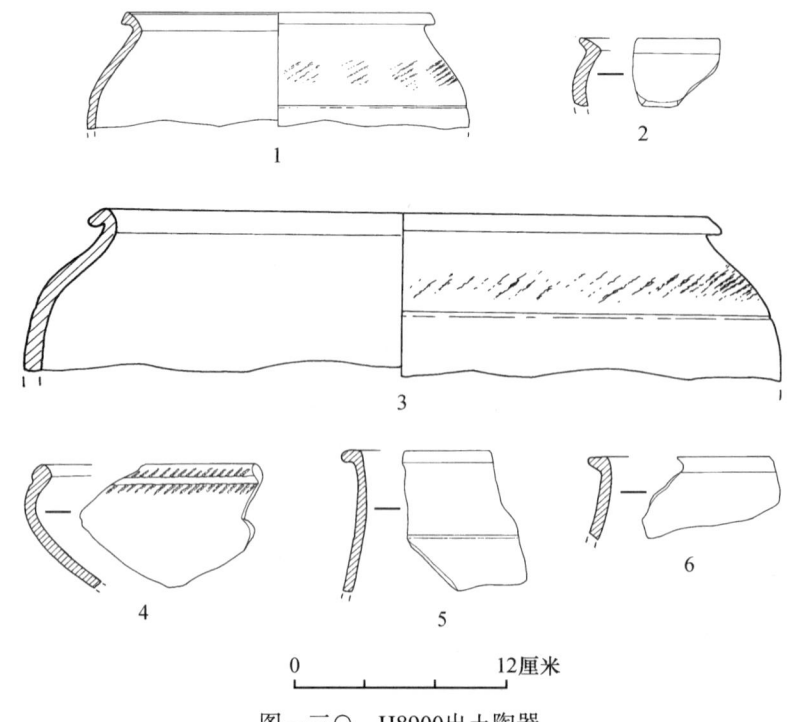

图一三〇　H8900出土陶器

1～3.束颈罐（H8900∶3、H8900∶9、H8900∶4）　4.瓮形器（H8900∶5）　5、6.高领罐（H8900∶1、H8900∶8）

纹及一周凹弦纹。口径36、残高9.2厘米（图一三〇，3）。

陶壶　1件。

H8900：11，泥质灰黑陶。小口，圆唇，领部微弧。口径7、残高2.5厘米（图一三一，1）。

陶盆　1件。

H8900：10，夹砂灰黑陶。敛口，尖圆唇，折沿，斜直深腹。腹部饰一道凹弦纹。残高4.4厘米（图一三一，3）。

陶瓮　1件。

H8900：2，夹砂灰黑陶。敞口，方唇，折沿。领部饰一道凹弦纹。口径54、残高7.5厘米（图一三一，2）。

陶器纽　1件。

H8900：6，夹砂灰黑陶。盘状纽，方唇。纽径3.7、残高2.3厘米（图一三一，4）。

陶器底　1件。

H8900：12，泥质灰黑陶。小平底，底部内凹。底径2、残高1.7厘米（图一三一，5）。

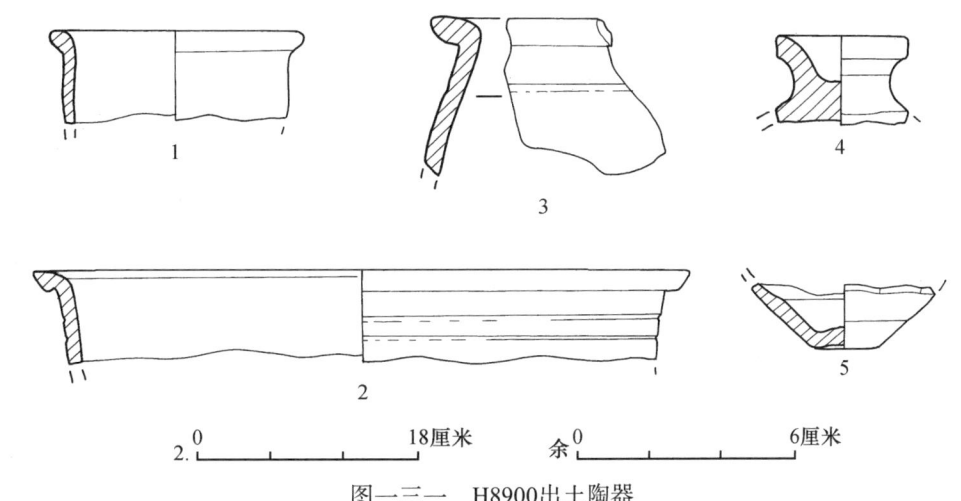

图一三一　H8900出土陶器

1. 壶（H8900：11）　2. 瓮（H8900：2）　3. 盆（H8900：10）　4. 器纽（H8900：6）　5. 器底（H8900：12）

15. H8905

位于T7907-T8008的南部。南部伸入探方壁内，未全部发掘。开口于第6层下，打破第7层。平面形状呈圆形，直径2.3米；斜壁，弧底，深0.3米（图一三二；图版一二，1）。坑内填褐黄色土，土质较致密，黏性较强，夹杂零星灰烬炭屑颗粒及少量陶片及卵石。陶片以夹砂灰黑陶为主，其余依次为夹砂灰黄陶、泥质灰黑陶、泥质灰黄陶、夹砂灰褐陶。纹饰以素面为主，其次为凹弦纹。其中，夹砂灰黑陶占陶片总数的37.3%，夹砂灰黄陶占陶

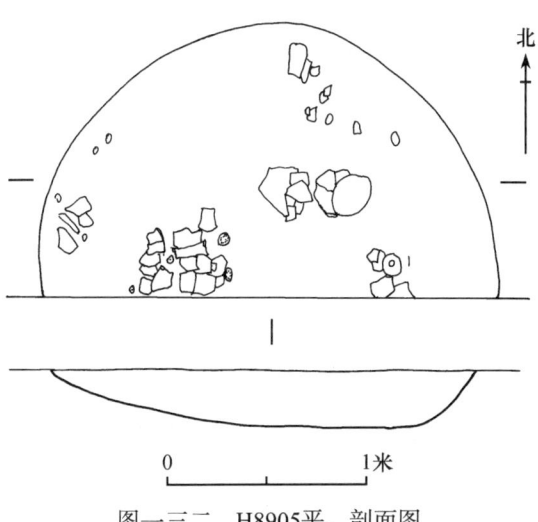

图一三二　H8905平、剖面图

片总数的37%，泥质灰黑陶占陶片总数的18.9%，泥质灰黄陶占陶片总数的3.2%，夹砂灰褐陶占陶片总数的3.5%。素面陶占陶片总数的98.6%，凹弦纹陶占陶片总数的1.4%。可辨器形有尖底杯、敛口罐、高领罐、束颈罐、盆、器盖、器底等（图一三三、图一三四）。

陶尖底杯　1件。

H8905：1，泥质灰黑陶。罐形，侈口，尖圆唇，器身分为两部分，上身短，下腹长，小平底，底部微外弧。口径11.6、底径2、通高9.2厘米（图一三三，7；图版二三，4）。

陶敛口罐　2件。

H8905：6，夹砂灰黄陶。敛口，圆唇，折肩，深腹。口径38、残高7.4厘米（图一三三，5）。H8905：14，夹砂灰黄陶。敛口，圆唇，折肩，深腹。残高8.6厘米（图一三三，6）。

陶高领罐　4件。

H8905：5，夹砂灰黄陶。侈口，尖圆唇，高领微束。残高3.7厘米（图一三三，1）。H8905：9，夹砂灰黑陶。侈口，尖圆唇，高领微束。口径24、残高9.4厘米（图一三三，2）。H8905：4，夹砂灰褐陶。口微侈，尖圆唇，高直领。口径15、残高4厘米（图一三三，3）。H8905：13，夹砂灰黄陶。喇叭口，尖圆唇，高束颈。口径16、残高3.2厘米（图一三三，4）。

陶束颈罐　1件。

H8905：8，夹砂灰黑陶。束颈，方唇，卷沿，斜弧肩。口径13、残高4.5厘米（图一三四，1）。

陶盆　2件。

H8905：3，夹砂灰黑陶。口微敛，方唇，折沿，近直腹。腹部饰一道凹弦纹。口径32、残

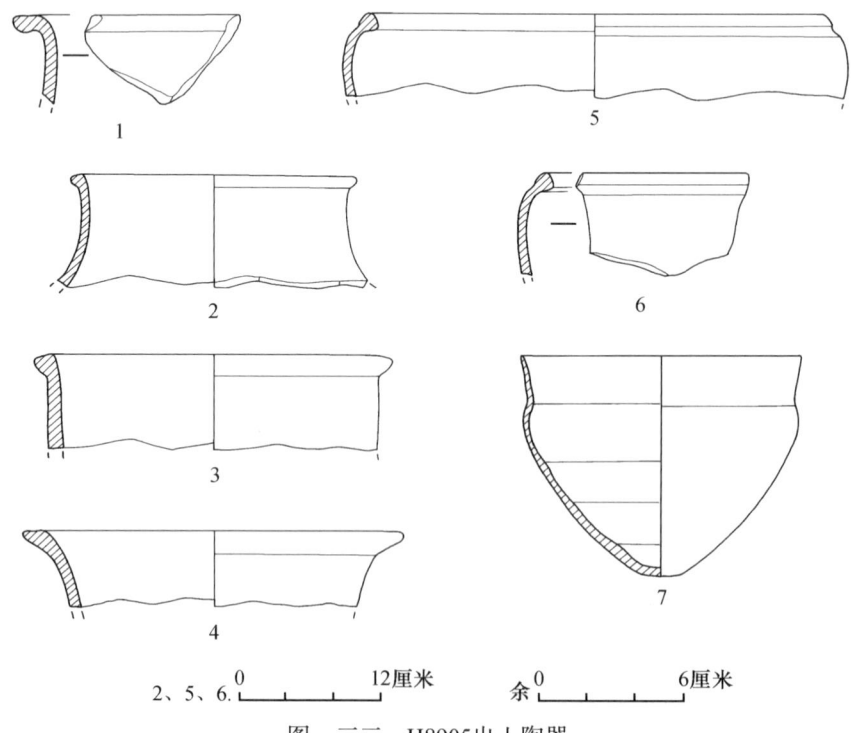

图一三三　H8905出土陶器

1～4. 高领罐（H8905：5、H8905：9、H8905：4、H8905：13）　5、6. 敛口罐（H8905：6、H8905：14）

7. 尖底杯（H8905：1）

高8厘米（图一三四，2）。H8905：12，夹砂灰黑陶。敛口，圆唇，折沿，鼓弧腹。腹部饰一道凹弦纹。口径30、残高8厘米（图一三四，3）。

陶器盖　2件。

H8905：10，夹砂灰黑陶。覆盆形，圆唇，盖身斜直。底径18、残高4.7厘米（图一三四，4）。H8905：11，夹砂灰黑陶。覆盆形，尖唇。残高2.6厘米（图一三四，7）。

陶器底　2件。

H8905：2，夹砂灰黑陶。大平底。底径21、残高9.6厘米（图一三四，5）。H8905：7，泥质陶。上腹灰黄，下腹灰黑。底径1、残高4.7厘米（图一三四，6）。

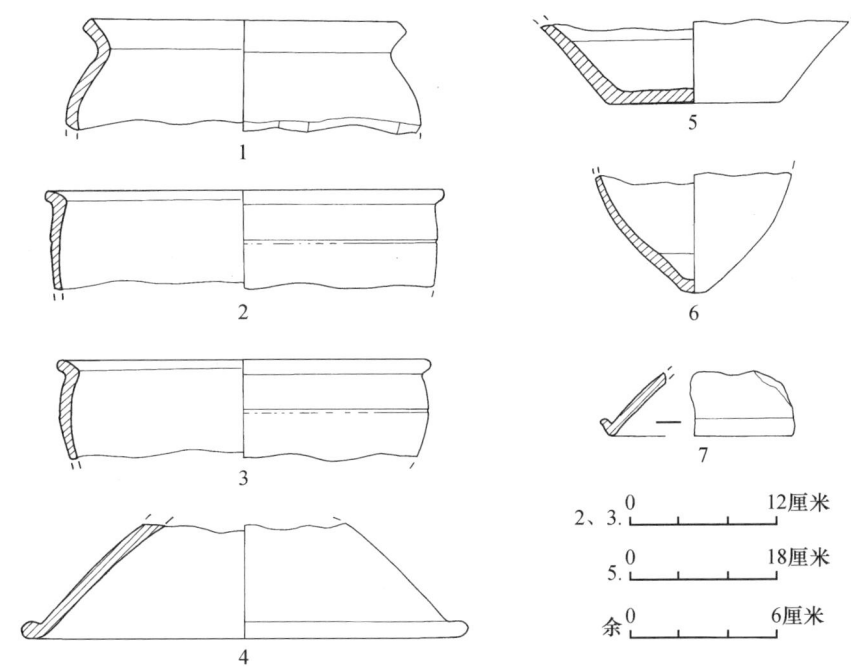

图一三四　H8905出土陶器

1. 束颈罐（H8905：8）　2、3. 盆（H8905：3、H8905：12）　4、7. 器盖（H8905：10、H8905：11）
5、6. 器底（H8905：2、H8905：7）

16. H8912

位于T7907-T8008北部。开口于第6层下，打破第7层。平面形状近圆形，直径约0.84米；斜壁，圜底，深0.21米（图一三五）。坑内填褐黄色土，土质较致密，黏性较大，夹杂褐色颗粒。包含少量炭屑和较多的陶片。陶片以夹砂灰黑陶为主，其余依次为泥质灰黑陶、泥质灰黄陶、夹砂灰黄陶、夹砂灰褐陶。其中，夹砂灰黑陶占陶片总数的57.4%，泥质灰黑陶占陶片总数的24.3%，泥质灰黄陶占陶片总数的13.9%，夹砂灰黄陶占陶片总数的3.5%，夹砂灰褐陶占陶片总数的0.9%。陶片皆为素面陶。可辨器形有尖底杯（图一三六）。

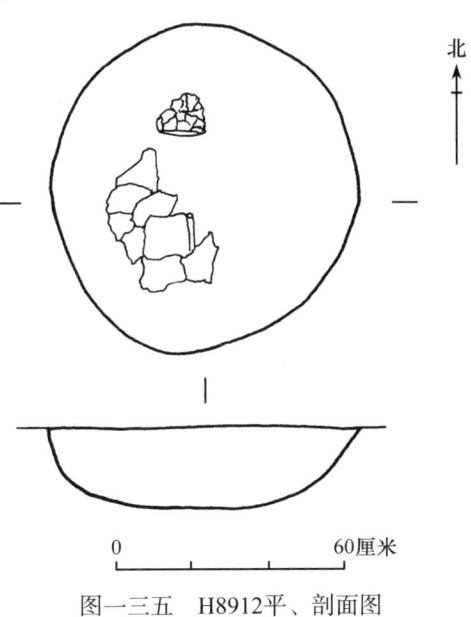

图一三五　H8912平、剖面图

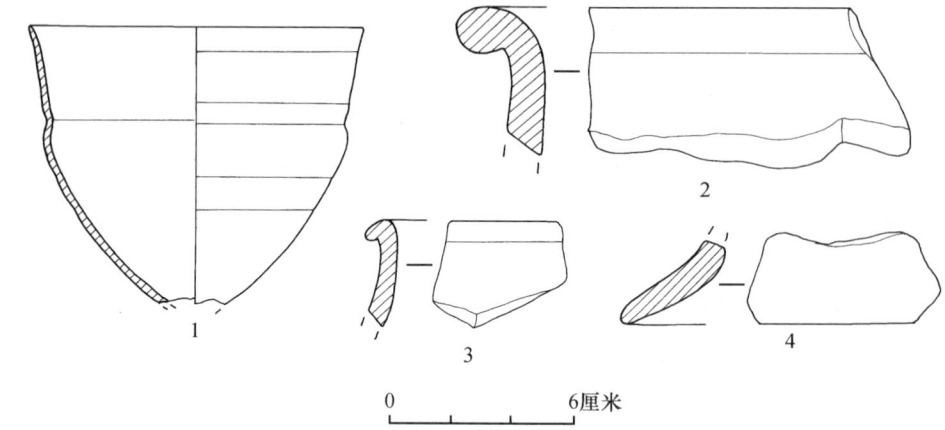

图一三六　H8912、H8915出土陶器

1. 尖底杯（H8912∶1）　2、3. 瓮（H8915∶3、H8915∶1）　4. 器盖（H8915∶2）

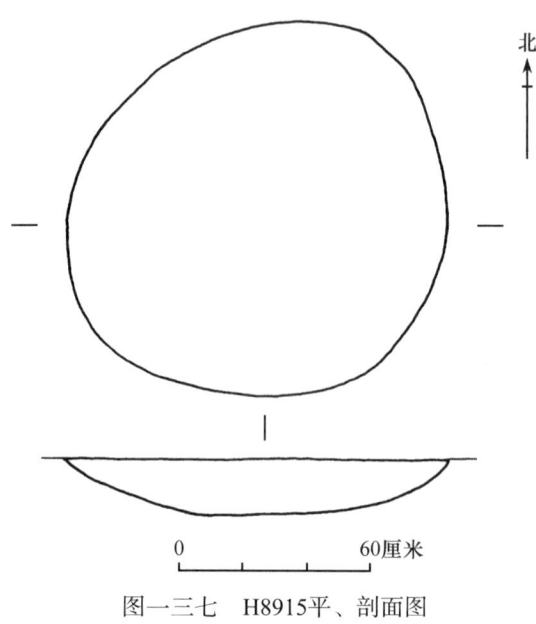

图一三七　H8915平、剖面图

陶尖底杯　1件。

H8912∶1，泥质灰黄陶。侈口，尖唇，杯身分为上下两部分，上身短，下腹长。口径11、残高9厘米（图一三六，1）。

17. H8915

位于T7707-T7808的北部。开口于第6层下，打破第7层。平面形状近圆形，直径约1.25米；斜壁，圜底，深0.1～0.18米（图一三七）。坑内填黑褐色土，土质较致密，黏性较大，夹杂褐色颗粒。包含少量炭屑和陶片。陶片以夹砂灰黑陶为主，其余依次为夹砂灰黄陶、夹砂灰褐陶、夹砂红褐陶。其中，夹砂灰黑陶占陶片总数的59.5%，夹砂灰黄陶占陶片总数的24.3%，夹砂灰褐陶占陶片总数的13.5%，夹砂红褐陶占陶片总数的2.7%。陶片皆为素面陶。可辨器形有瓮和器盖（图一三六）。

陶瓮　2件。

H8915∶3，夹砂灰黑陶。侈口，圆唇，高直领，器壁厚重。残高4.9厘米（图一三六，2）。H8915∶1，夹砂灰黑陶。口微侈，尖圆唇，矮领。残高3.5厘米（图一三六，3）。

陶器盖　1件。

H8915∶2，夹砂褐陶。斗笠状，圆唇。残高2.8厘米（图一三六，4）。

18. H8917

位于T7707-T7808中部。开口于第6层下，打破第7层。平面形状近圆形，直径约1.5米；斜壁，平底，深0.14米（图一三八）。坑内堆积为黑褐色土，土质较致密，黏性较大，夹杂褐色颗粒。包含少量竹木炭灰烬和少量陶片。出土陶片以夹砂灰黑陶为主，其余依次为夹砂灰黄陶、泥质灰黑陶、夹砂灰褐陶。其中，夹砂灰黑陶占陶片总数的61.1%，夹砂灰黄陶占陶片总数的25%，泥质灰黑陶占陶片总数的11.1%，夹砂灰褐陶占陶片总数的2.8%。陶片皆为素面陶。可辨器形有高领罐、盆、缸和器盖等（图一三九）。

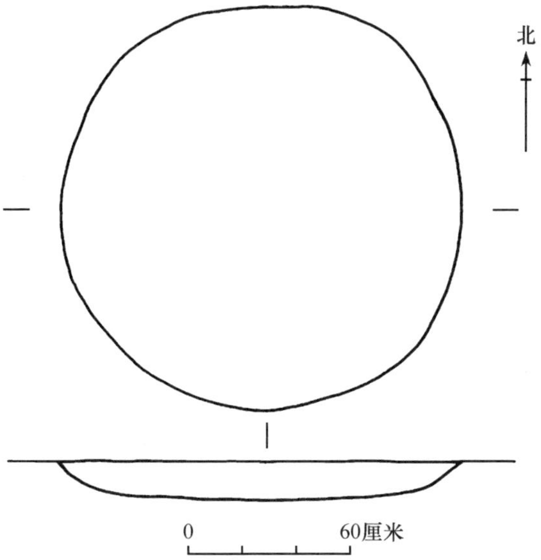

陶高领罐　1件。

H8917：2，夹砂灰黑陶。敞口，尖圆唇，斜直高领。残高4.5厘米（图一三九，1）。

陶盆　1件。

H8917：1，夹砂灰黑陶。敛口，尖圆唇，卷沿，鼓腹。残高4.3厘米（图一三九，2）。

陶缸　1件。

H8917：4，夹砂灰黑陶。敛口，尖唇，鼓腹。残高4.5厘米（图一三九，3）。

陶器盖　1件。

H8917：3，夹砂灰黑陶。覆盆形，圆唇。残高3厘米（图一三九，4）。

图一三八　H8917平、剖面图

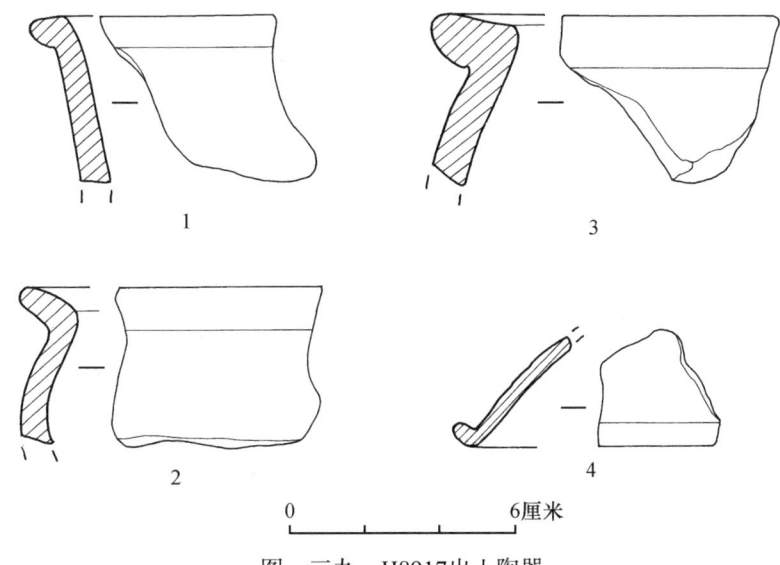

图一三九　H8917出土陶器
1. 高领罐（H8917：2）　2. 盆（H8917：1）　3. 缸（H8917：4）　4. 器盖（H8917：3）

19. H8923

位于T7509-T7610东南部。开口于第6层下，打破第7层。平面形状近圆形，直径2~2.24米；斜壁，平底，深0.18米（图一四〇）。坑内堆积为褐黄色土，土质较致密，黏性较大，夹杂褐色颗粒。包含少量竹木炭灰烬和少量陶片。出土陶片以夹砂灰黄陶为主，其余依次为夹砂灰黑陶、夹砂灰褐陶、泥质灰黑陶、泥质灰褐陶、泥质灰黄陶。其中，夹砂灰黄陶占陶片总数的41.3%，夹砂灰黑陶占陶片总数的31.5%，夹砂灰褐陶占陶片总数的10.8%，泥质灰黑陶占陶片总数的10.8%，泥质灰褐陶占陶片总数的3.3%，泥质灰黄陶占陶片总数的2.2%。陶片皆为素面陶。可辨器形有敛口罐、矮领罐、器盖、器底等（图一四一）。

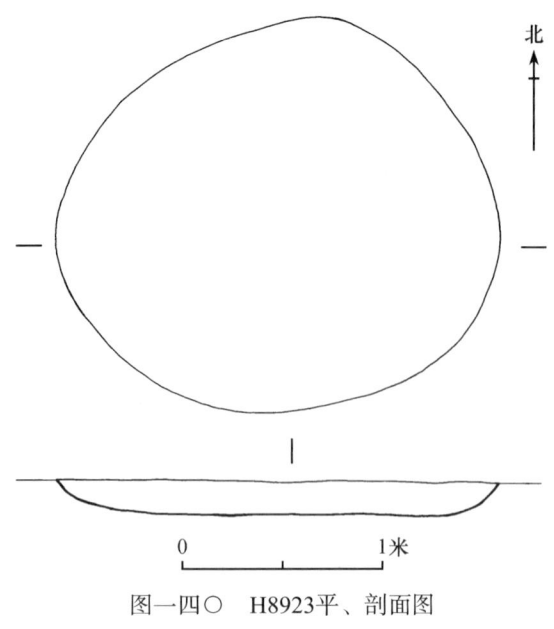

图一四〇　H8923平、剖面图

陶敛口罐　1件。

H8923∶3，夹砂灰黑陶。敛口，圆唇，折肩，深鼓腹。残高3.7厘米（图一四一，1）。

陶矮领罐　2件。

H8923∶5，夹砂灰陶。口微侈，圆唇，矮直领。口径20、残高6.5厘米（图一四一，2）。H8923∶12，夹砂灰黑陶。近直口，尖圆唇，矮领，广弧肩。口径13.6、残高5.8厘米（图一四一，3）。

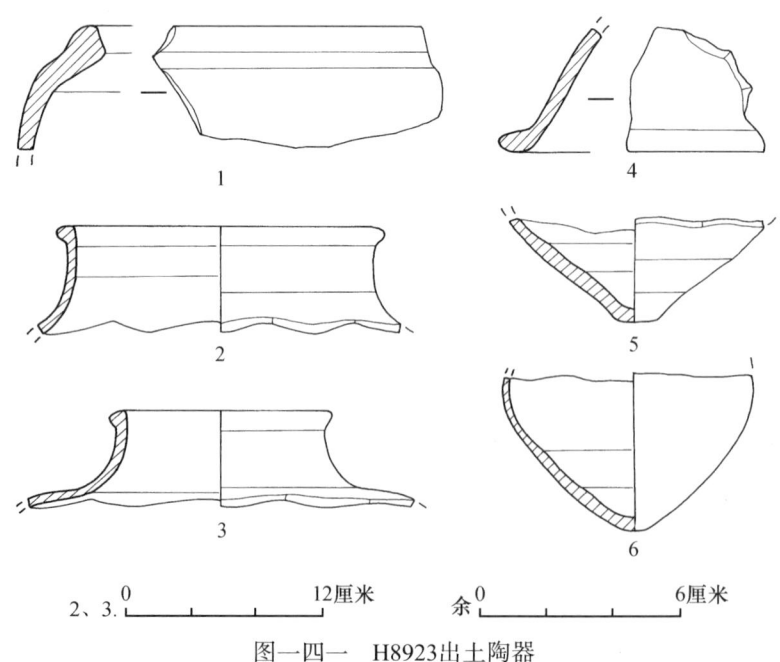

图一四一　H8923出土陶器

1.敛口罐（H8923∶3）　2、3.矮领罐（H8923∶5、H8923∶12）　4.器盖（H8923∶7）　5、6.器底（H8923∶6、H8923∶1）

陶器盖　1件。

H8923：7，夹砂灰黑陶。覆盆形，圆唇。残高3.8厘米（图一四一，4）。

陶器底　2件。

H8923：6，泥质灰黑陶。小平底。底径1.3、残高3.1厘米（图一四一，5）。H8923：1，泥质灰黑陶。圆凸尖底。残高4.7厘米（图一四一，6）。

20. H8938

位于T7307-T7408东北部。开口于第6层下，打破第7层，西部被晚期沟打破。平面形状近圆形，长径2.5、短径2.16米；斜壁，底部不平，深0.1~0.17米（图一四二；图版一二，2）。坑内堆积为褐黄色土，土质较紧密，黏性较强，土中夹杂少量竹木炭灰烬，包含较多陶片。出土陶片以夹砂灰黑陶为主，其余依次为夹砂灰黄陶、泥质灰黑陶、夹砂灰褐陶、泥质灰白陶、夹砂灰陶、泥质灰黄陶。其中，夹砂灰黑陶占陶片总数的43.4%，夹砂灰黄陶占陶片总数的32.9%，泥质灰黑陶占陶片总数的9.7%，夹砂灰褐陶占陶片总数的8.6%，泥质灰白陶占陶片总数的2.8%，夹砂灰陶占陶片总数的1.9%，泥质灰黄陶占陶片总数的0.8%。素面陶占陶片总数的98.6%，纹饰陶有凹弦纹、网格纹，凹弦纹陶占陶片总数的1.1%，网格纹陶占陶片总数的0.3%。可辨器形有尖底盏、敛口罐、矮领罐、束颈罐、盆、瓮、器盖、器纽、豆柄、器底等（图一四三、图一四四）。

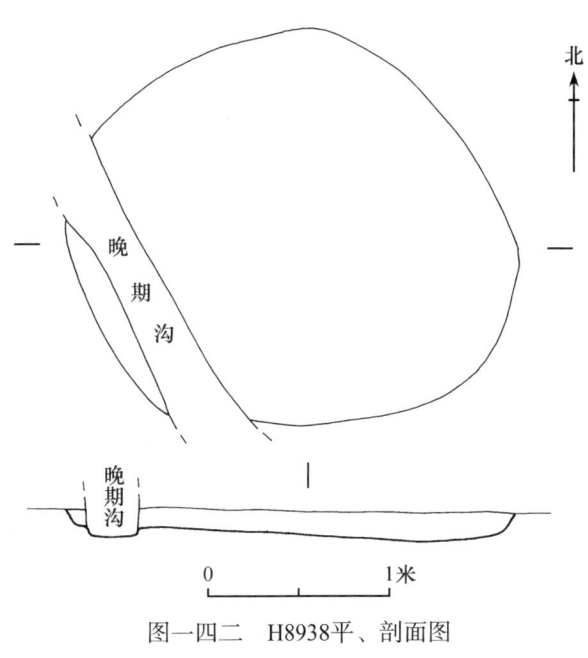

图一四二　H8938平、剖面图

陶尖底盏　1件。

H8938：14，夹砂灰黑陶。敛口，圆唇。残高2.4厘米（图一四三，1）。

陶敛口罐　3件。

H8938：6，夹砂灰黄陶。敛口，圆唇，鼓肩，深腹。残高5.3厘米（图一四三，2）。H8938：13，夹砂灰黄陶。敛口，圆唇，鼓肩，深腹。残高4.3厘米（图一四三，3）。H8938：9，夹砂灰黑陶。敛口，圆唇，斜肩，深腹。残高4.8厘米（图一四三，4）。

陶矮领罐　2件。

H8938：8，夹砂灰黑陶。敛口，尖圆唇，矮领。残高4.5厘米（图一四三，7）。H8938：4，夹砂灰黑陶。直口，圆唇，矮领。口径22、残高5.6厘米（图一四三，8）。

陶束颈罐　2件。

H8938：10，夹砂灰黑陶。束颈，圆唇，卷沿，鼓肩。残高4厘米（图一四三，5）。H8938：12，夹砂灰黄陶。敛口，束颈，圆唇，折沿，溜肩。残高3.7厘米（图一四三，6）。

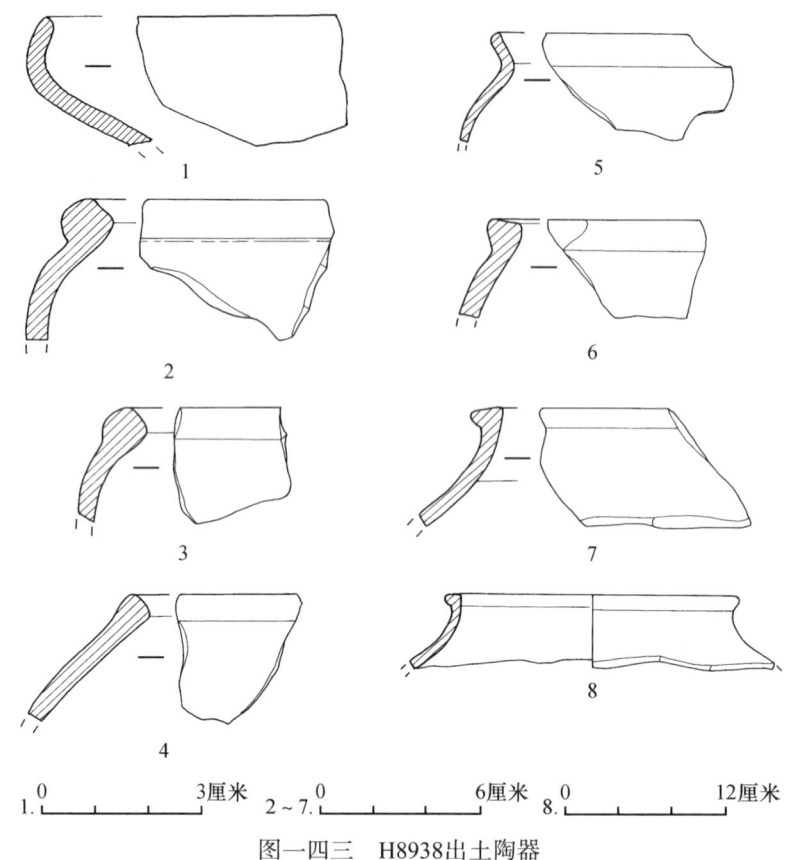

图一四三　H8938出土陶器
1.尖底盏（H8938∶14）　2~4.敛口罐（H8938∶6、H8938∶13、H8938∶9）　5、6.束颈罐（H8938∶10、H8938∶12）
7、8.矮领罐（H8938∶8、H8938∶4）

陶盆　2件。

H8938∶5，夹砂灰黄陶。敛口，圆唇，卷沿，斜直深腹。残高5厘米（图一四四，2）。H8938∶7，夹砂灰黑陶。敛口，圆唇，卷沿，鼓弧腹。腹部饰一道凹弦纹。残高4.5厘米（图一四四，3）。

陶瓮　1件。

H8938∶3，夹砂灰黄陶。喇叭口，凸唇，矮束颈。口径34、残高6.4厘米（图一四四，1）。

陶器盖　1件。

H8938∶11，夹砂灰黄陶。斗笠形，尖唇。残高2.5厘米（图一四四，4）。

陶器纽　1件。

H8938∶15，夹砂灰黑陶。盘状纽，方唇。纽径3.7、残高3.2厘米（图一四四，6）。

陶豆柄　1件。

H8938∶17，夹砂灰黑陶。圆柱形，中空。直径3、残高11.5厘米（图一四四，7）。

陶器底　1件。

H8938∶2，夹砂灰黑陶。大平底，底部微外弧。底径12.8、残高5厘米（图一四四，5）。

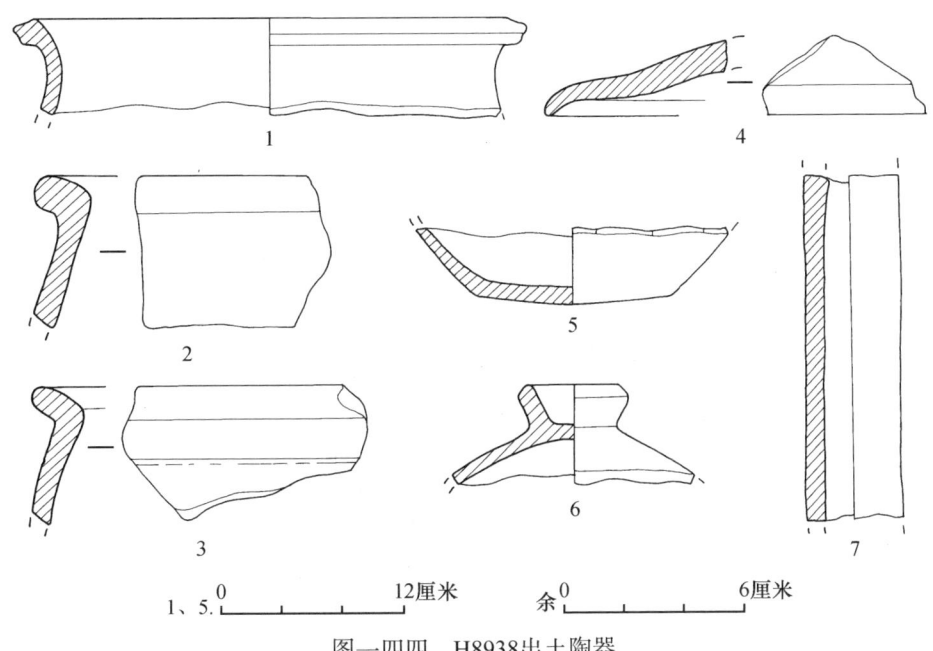

图一四四　H8938出土陶器

1. 瓮（H8938∶3）　2、3. 盆（H8938∶5、H8938∶7）　4. 器盖（H8938∶11）　5. 器底（H8938∶2）　6. 器纽（H8938∶15）
7. 豆柄（H8938∶17）

21. H8947

位于T7107-T7208中部。开口于第6层下，打破第7层。平面形状近圆形，长径3.38、短径3.36米；斜壁，平底，深0.8米（图一四五）。坑内堆积为褐黄色土，土质较紧密，黏性较强，土中夹杂少许竹木炭灰烬，有大量卵石堆积。包含较多陶片。出土陶片以夹砂灰黑陶为主，其余依次为夹砂灰黄陶、夹砂灰褐陶、泥质灰黑陶、泥质灰黄陶。其中，夹砂灰黑陶占陶片总数的59.3%，夹砂灰黄陶占陶片总数的25.1%，夹砂灰褐陶占陶片总数的9.3%，泥质灰黑陶占陶片总数的5.3%，泥质灰黄陶占陶片总数的1.1%。素面陶占陶片总数的99.5%。纹饰陶有重菱纹、凹弦纹，重菱纹陶占陶片总数的0.3%，凹弦纹陶占陶片总数的0.3%。可辨器形有矮领罐、束颈罐、壶、瓮等（图一四六、图一四七）。

陶矮领罐　5件。

H8947∶5，夹砂灰黑陶。直口，圆唇，矮领微束。口径16、残高5.4厘米（图一四六，1）。H8947∶9，夹砂灰黑陶。侈口，方唇，矮束颈。残高5.2厘米（图一四六，2）。H8947∶10，夹砂灰黑陶。侈口，圆唇，矮束颈。残高4.5厘米（图一四六，3）。H8947∶15，夹砂灰黑陶。侈口，尖圆唇，矮束颈。残高4.5厘米（图一四六，4）。H8947∶4，夹砂灰黑陶。侈口，尖圆唇，矮束颈。残高5厘米（图一四六，5）。

陶束颈罐　3件。

H8947∶7，夹砂灰黑陶。束颈，方唇，折沿，鼓肩。口径12、残高3.1厘米（图一四七，1）。H8947∶13，夹砂灰黑陶。敛口，尖圆唇，折沿，鼓肩。肩部饰一道凹弦纹。残高4厘米（图一四七，2）。H8947∶6，夹砂灰黑陶。敛口，圆唇，折沿，鼓肩。残高4厘米（图

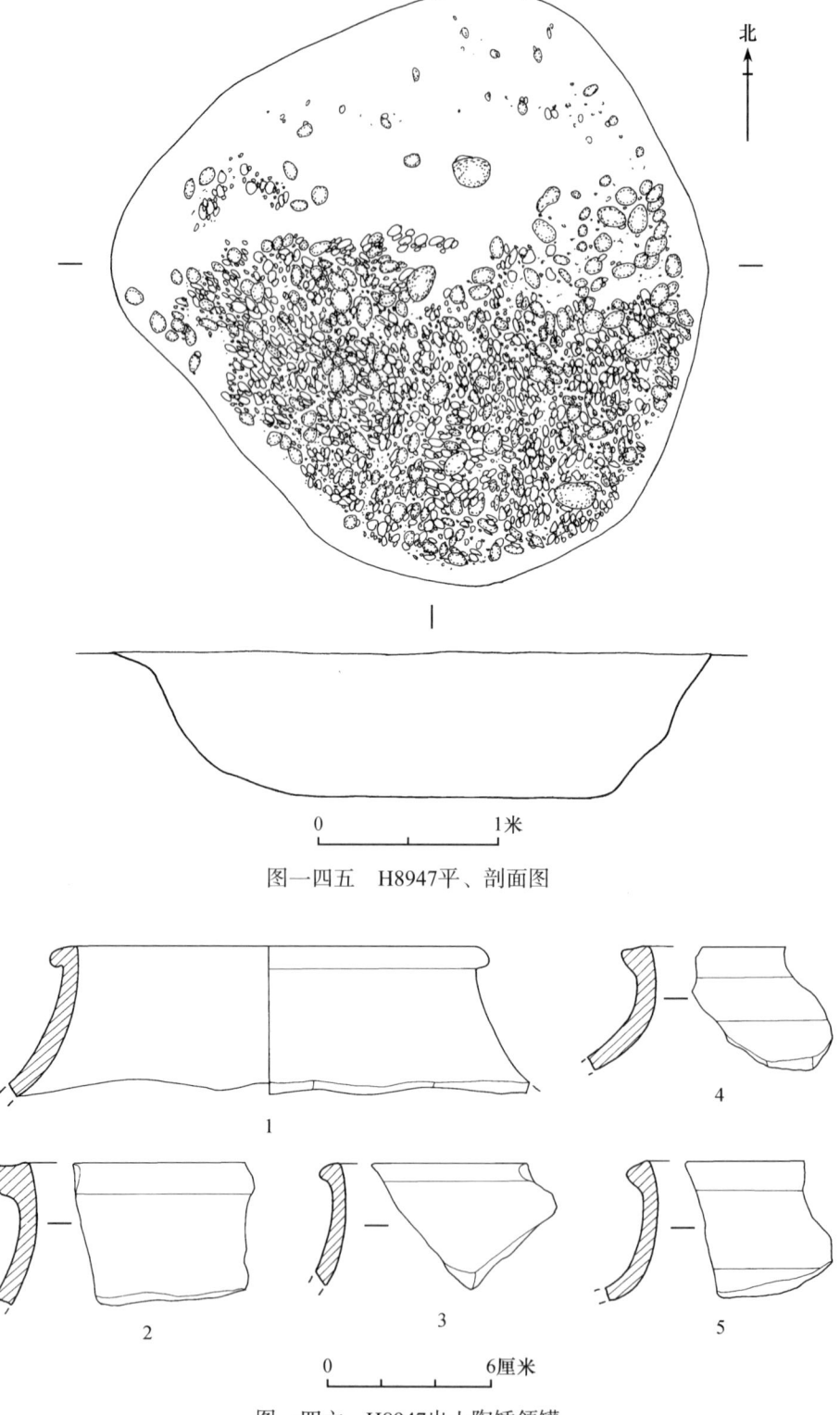

图一四五　H8947平、剖面图

图一四六　H8947出土陶矮领罐
1. H8947：5　2. H8947：9　3. H8947：10　4. H8947：15　5. H8947：4

一四七，3）。

陶壶 1件。

H8947∶14，夹砂灰褐陶。敛口，尖圆唇，束颈。口径14、残高4.5厘米（图一四七，4）。

陶瓮 3件。

H8947∶8，夹砂灰黑陶。侈口，圆唇，高直领。残高5厘米（图一四七，5）。H8947∶11，夹砂灰黄陶。喇叭口，尖圆唇，高束颈。残高6厘米（图一四七，6）。H8947∶2，夹砂灰褐陶。侈口，尖圆唇，高直领。残高5.8厘米（图一四七，7）。

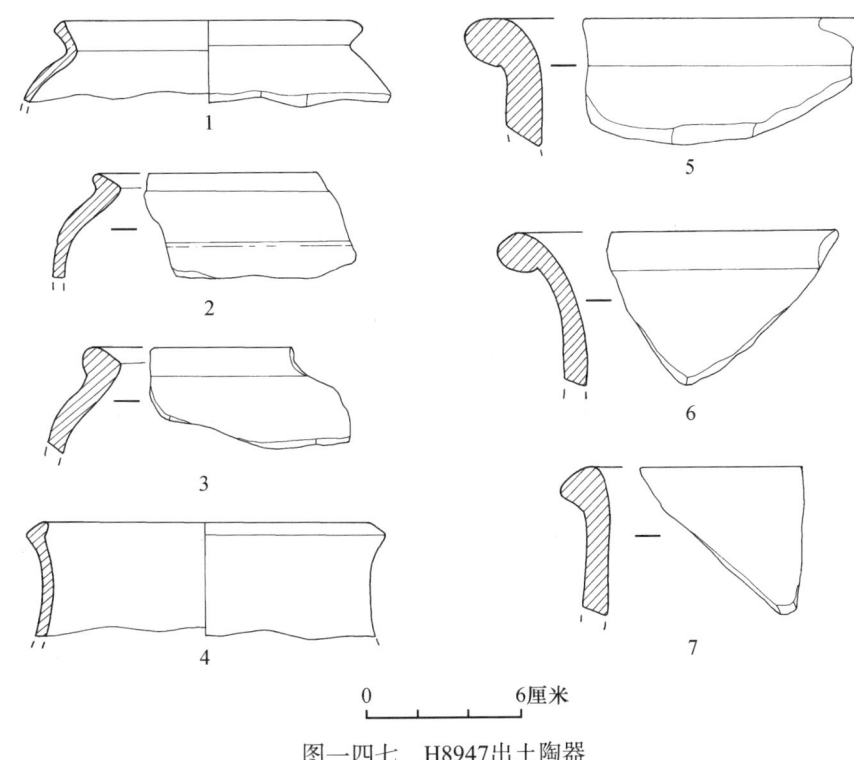

图一四七 H8947出土陶器

1~3.束颈罐（H8947∶7、H8947∶13、H8947∶6） 4.壶（H8947∶14） 5~7.瓮（H8947∶8、H8947∶11、H8947∶2）

22. H8956

位于T7107-T7208东南部。开口于第6层下，打破第7层。平面近圆形，斜壁，底部略平。长径0.56、短径0.52、深0.2米（图一四八）。坑内填褐黄色土，土质较紧密，略含沙，夹杂褐色颗粒及零星草木灰烬。坑底堆积较多卵石。出土少许陶片以夹砂灰黑陶为主，其余为夹砂灰黄陶。夹砂灰黑陶约占陶片总数的71.4%，夹砂灰黄陶占陶片总数的28.6%。出土陶片均为素面陶。器形有敛口罐、器纽、器底、钵等（图一四九）。

陶敛口罐 1件。

H8956∶1，夹砂灰黄陶。敛口，尖圆唇，鼓肩，深

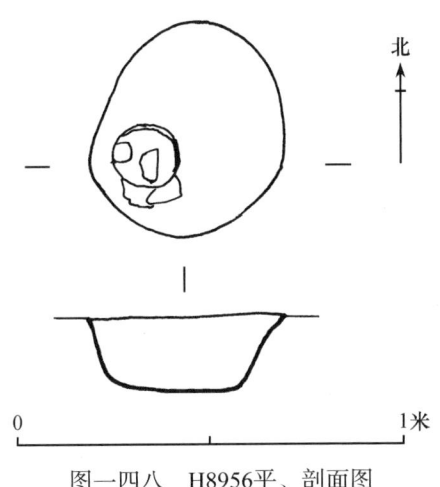

图一四八 H8956平、剖面图

腹。口径32、残高6.2厘米（图一四九，1）。

陶器纽　1件。

H8956：6，夹砂灰黑陶。盘状纽，方唇。纽径4、残高2厘米（图一四九，4）。

陶器底　1件。

H8956：4，夹砂灰褐陶。圆凸尖底。底径4、残高5.2厘米（图一四九，3）。

钵　1件。

H8956：3，夹砂灰黑陶。敞口，圆唇，斜直腹。口径18、残高4.8厘米（图一四九，2）。

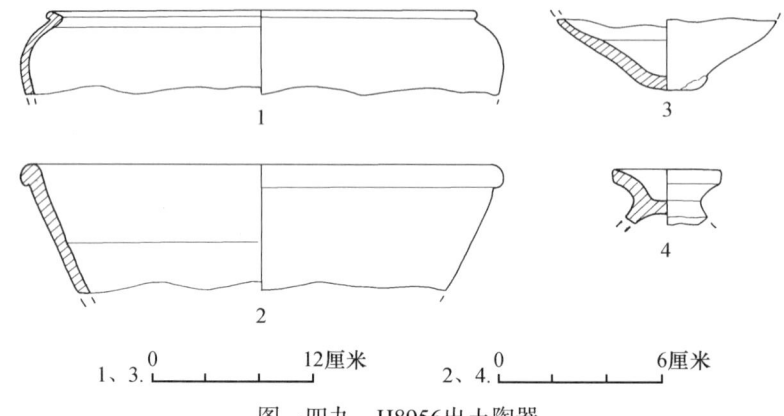

图一四九　H8956出土陶器

1. 敛口罐（H8956：1）　2. 钵（H8956：3）　3. 器底（H8956：4）　4. 器纽（H8956：6）

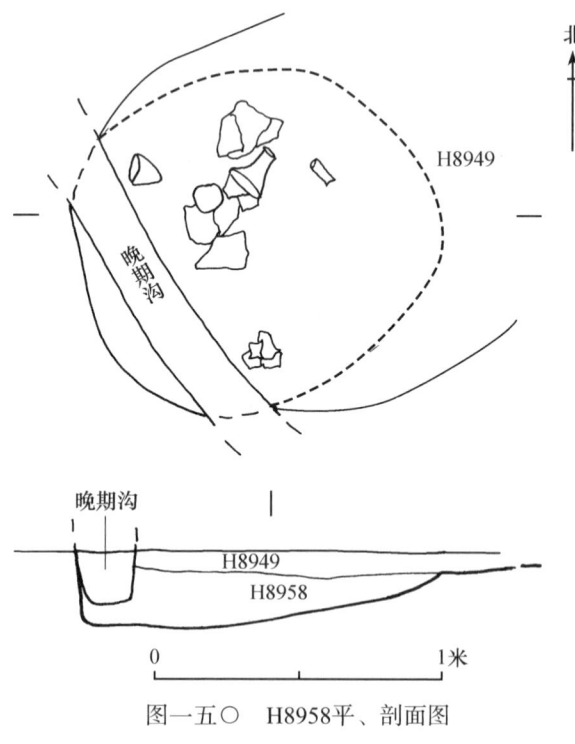

图一五〇　H8958平、剖面图

23. H8958

位于T7107-T7208西南部。开口于第6层下，打破第7层，被晚期沟和H8949打破。平面近圆形，斜壁，斜底。长径1.32、短径1.3、深0.2～0.28米（图一五〇）。坑内填灰黑色土，土质较紧密，夹杂大量草木灰烬。出土少许陶片以泥质灰黑陶为主，其余依次为夹砂灰黑陶、夹砂灰褐陶和泥质灰黄陶、夹砂灰黄陶。泥质灰黑陶约占陶片总数的34%，夹砂灰黑陶占陶片总数的29.8%，夹砂灰褐陶和泥质灰黄陶各占陶片总数的12.8%，夹砂灰黄陶占陶片总数的10.6%。出土陶片均为素面陶。可辨器形有尖底杯、敛口罐、束颈罐、器座、豆柄、器底、圈足等（图一五一）。

陶尖底杯　1件。

H8958：1，泥质灰黄陶。敛口，尖唇，鼓腹，上下一体，近底处凸棱不甚明显，近似尖底，底部微外凸。口径9、通高14.5厘米（图一五一，6；图版二三，5）。

陶敛口罐　1件。

H8958：8，夹砂灰黑陶。敛口，圆唇，鼓肩，深腹。口径45、残高15.6厘米（图一五一，1）。

陶束颈罐　2件。

H8958：9，夹砂灰黑陶。束颈，方唇，折沿，鼓肩。口径14、残高3厘米（图一五一，2）。H8958：3，夹砂灰黑陶。束颈，方唇，折沿，鼓肩，圈足残。口径12、残高14.1厘米（图一五一，3；图版二三，6）。

陶器座　1件。

H8958：2，夹砂灰黄陶。高器座，仅残存部分，器身细长，呈喇叭状，中空。底径11.2、残高15.6厘米（图一五一，5；图版二四，1）。

陶豆柄　2件。

H8958：5，夹砂灰黄陶。圆柱状，中空。饰镂孔。直径10.1、残高16厘米（图一五一，8）。H8958：6，夹砂灰黄陶。圆柱状，中空。直径3.3、残高13.5厘米（图一五一，9）。

陶器底　1件。

H8958：4，泥质灰黑陶。近尖底。底径1.5、残高3.7厘米（图一五一，7）。

陶圈足　1件。

H8958：7，夹砂灰褐陶。喇叭状，矮圈足。圈足径8.4、残高4.2厘米（图一五一，4）。

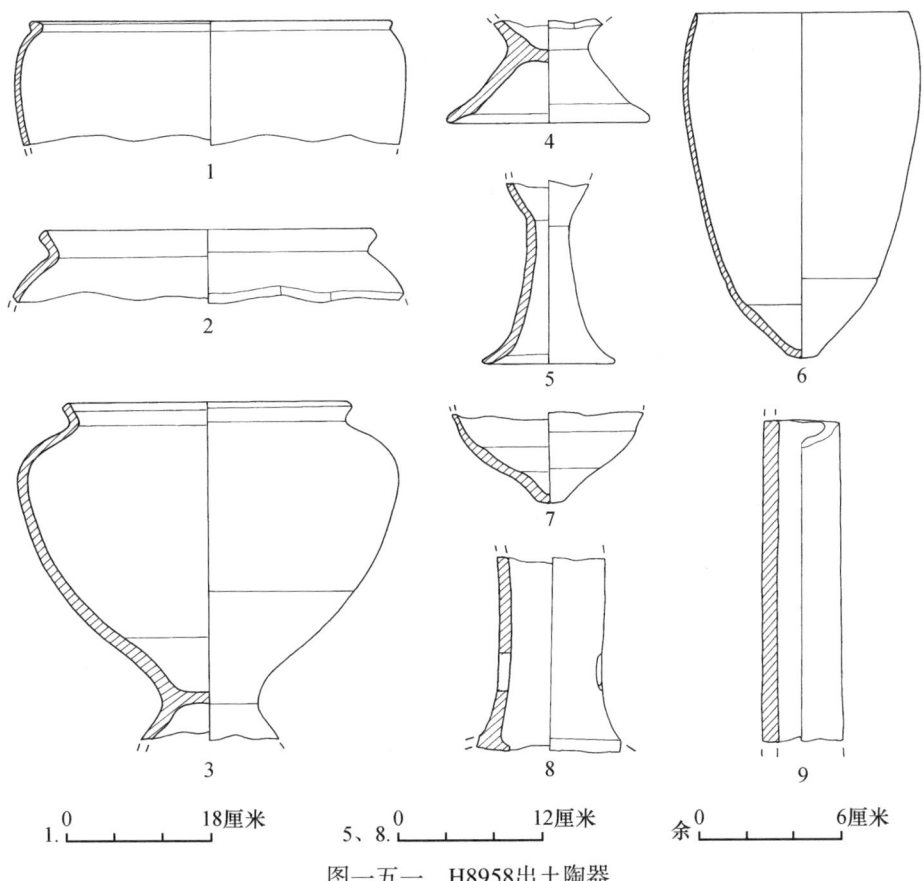

图一五一　H8958出土陶器

1.敛口罐（H8958：8）　2、3.束颈罐（H8958：9、H8958：3）　4.圈足（H8958：7）　5.器座（H8958：2）　6.尖底杯（H8958：1）　7.器底（H8958：4）　8、9.豆柄（H8958：5、H8958：6）

24. H8986

位于T6905-T7006北部。开口于第6层下，打破第7层。平面形状近圆形，直径2.3~2.5米；斜壁，底部略平，深0.3米（图一五二）。填土为褐黄色土，土质紧密，含零星木炭灰烬，夹杂褐色颗粒。出土陶片以夹砂灰黑陶为主，其余依次为夹砂灰黄陶、泥质灰黑陶和夹砂灰褐陶、泥质灰白陶、泥质灰褐陶。纹饰以素面为主，其次为粗绳纹、圆圈纹。经统计，H8986出土陶片中，夹砂灰黑陶占陶片总数的47.9%，夹砂灰黄陶占陶片总数的25.1%，泥质灰黑陶占陶片总数的13.4%，夹砂灰褐陶占陶片总数的7.3%，泥质灰白陶占陶片总数的4.6%，泥质灰褐陶占陶片总数的1.5%。素面陶占陶片总数的99.4%，粗绳纹陶占陶片总数的0.4%，圆圈纹陶占陶片总数的0.2%。可辨器形有尖底杯、瓮形器、敛口罐、高领罐、矮领罐、盆、瓮、豆盘、豆柄、器底等（图一五三、图一五四）。

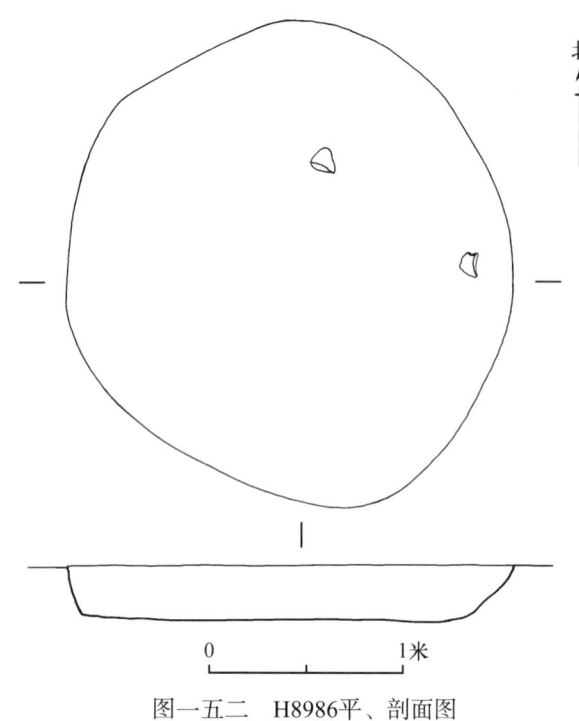

图一五二 H8986平、剖面图

陶尖底杯 1件。

H8986：3，泥质灰黑陶。敞口，尖唇，以束腰方式分界上下腹，上腹短，下腹长，鼓弧腹，小平底。口径10.4、高9.8厘米（图一五三，4）。

陶瓮形器 2件。

H8986：19，夹砂灰黄陶。敛口，方唇，鼓肩，深腹。沿外侧及肩部饰绳纹。口径32、残高7厘米（图一五三，2）。H8986：13，夹砂灰黑陶。敛口，方唇，鼓肩，深腹。沿外侧及肩部饰绳纹。残高7厘米（图一五三，6）。

陶敛口罐 1件。

H8986：9，夹砂灰黑陶。敛口，圆唇，肩部微鼓。残高5.2厘米（图一五三，7）。

陶高领罐 1件。

H8986：6，夹砂灰黄陶。侈口，尖圆唇，高束颈。领部饰一周凹弦纹。口径20、残高8厘米（图一五三，3）。

陶矮领罐 1件。

H8986：1，夹砂灰黑陶。直口，尖圆唇，矮领，领部微束。口径14、残高2.5厘米（图一五三，1）。

陶盆 1件。

H8986：17，夹砂灰黑陶。敞口，尖圆唇，折沿，鼓腹。腹部饰一道凹弦纹。残高6厘米（图一五三，5）。

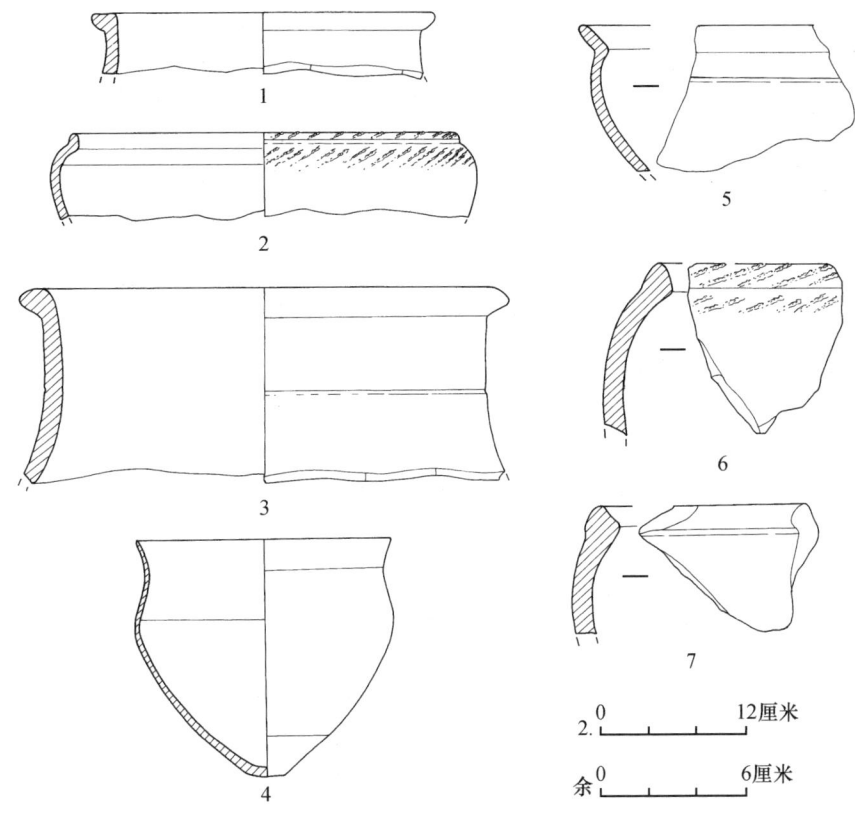

图一五三　H8986出土陶器

1.矮领罐（H8986∶1）　2、6.瓮形器（H8986∶19、H8986∶13）　3.高领罐（H8986∶6）　4.尖底杯（H8986∶3）
5.盆（H8986∶17）　7.敛口罐（H8986∶9）

陶瓮　2件。

H8986∶8，夹砂灰黄陶。喇叭口，圆唇，高领。口径46、残高5.2厘米（图一五四，1）。H8986∶10，夹砂灰黑陶。侈口，方唇，矮领，束颈。口径38、残高5厘米（图一五四，2）。

陶豆盘　2件。

H8986∶15，夹砂灰黑陶。卷沿，圆唇，斜直腹。残高8厘米（图一五四，7）。H8986∶14，夹砂灰黑陶。卷沿，圆唇，斜直腹。残高8厘米（图一五四，8）。

陶豆柄　1件。

H8986∶7，夹砂灰黑陶。圆柱形，中空。直径2.8、残高13.2厘米（图一五四，9）。

陶器底　4件。

H8986∶20，泥质灰黑陶。接近尖底。底径1.5、残高4厘米（图一五四，3）。H8986∶5，泥质灰黄陶。小平底，底部内凹。底径1.8、残高3厘米（图一五四，4）。H8986∶2，泥质灰黑陶。小平底，底部微内凹。底径2、残高6厘米（图一五四，5）。H8986∶4，泥质灰黑陶。小平底，底部内凹。底径2、残高6.2厘米（图一五四，6）。

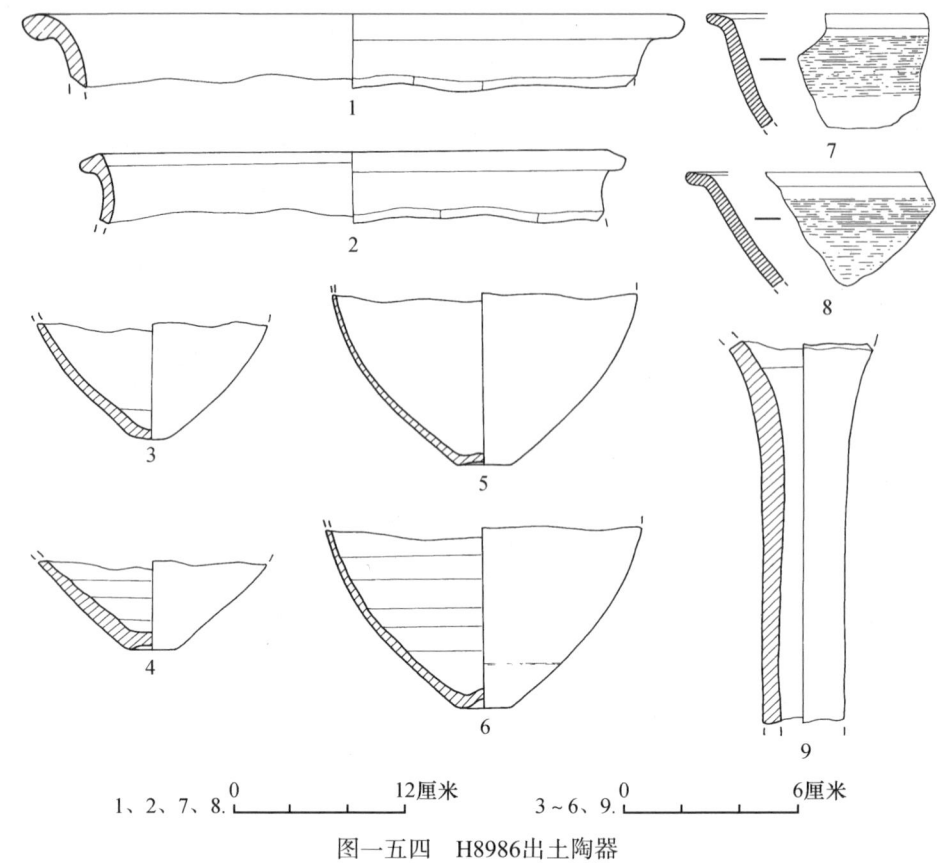

图一五四　H8986出土陶器

1、2. 瓮（H8986：8、H8986：10）　3~6. 器底（H8986：20、H8986：5、H8986：2、H8986：4）　7、8. 豆盘（H8986：15、H8986：14）　9. 豆柄（H8986：7）

25. H9010

位于T6909-T7010南部。开口于第6层下，打破第7层。平面形状近圆形，直径约为1.5米；斜壁，弧底，深0.2米（图一五五）。填土为褐色土，土质紧密，略含沙，夹杂褐色颗粒。出土陶片以夹砂灰黑陶为主，其余依次为夹砂灰黄陶、泥质灰黑陶、夹砂灰褐陶、泥质灰白陶。纹饰以素面为主，其次为凹弦纹、粗绳纹。经统计，H9010出土陶片中，夹砂灰黑陶占陶片总数的46.8%，夹砂灰黄陶占陶片总数的29%，泥质灰黑陶占陶片总数的12.1%，夹砂灰褐陶占陶片总数的8.9%，泥质灰白陶占陶片总数的3.2%。素面陶占陶片总数的93.5%，凹弦纹陶占陶片总数的4%，粗绳纹陶占陶片总数的2.4%。可辨器形有瓮形器、敛口罐、高领罐、盆等（图一五六、图一五七）。

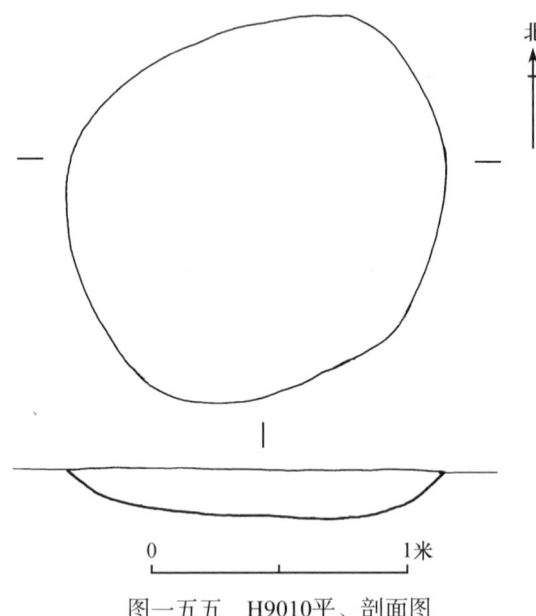

图一五五　H9010平、剖面图

陶瓮形器　4件。

H9010∶11，夹砂灰黑陶。敛口，方唇，鼓肩。沿外侧及肩部饰绳纹。残高5厘米（图一五六，1）。H9010∶4，夹砂灰褐陶。敛口，方唇，鼓肩。沿外侧及肩部饰绳纹。残高8.9厘米（图一五六，2）。H9010∶12，夹砂灰褐陶。敛口，方唇，鼓肩。沿外侧饰绳纹，肩部饰绳纹及一周凹弦纹。残高5厘米（图一五六，3）。H9010∶3，夹砂灰褐陶。敛口，方唇，鼓肩。沿外侧饰绳纹，肩部饰绳纹及一周凹弦纹。残高5.6厘米（图一五六，4）。

陶敛口罐　1件。

H9010∶13，夹砂灰黑陶。敛口，圆唇，鼓肩。肩部饰一道凹弦纹。残高3.5厘米（图一五六，5）。

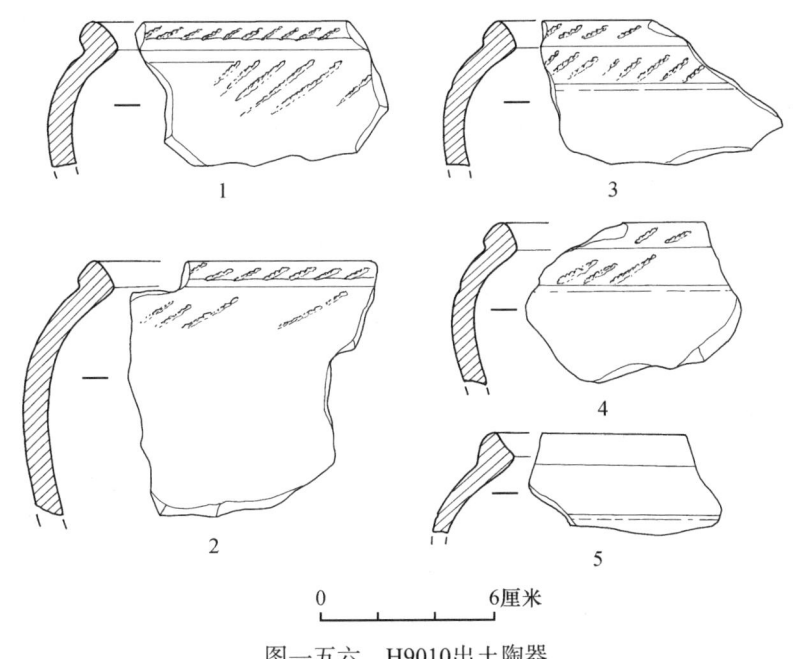

图一五六　H9010出土陶器

1~4.瓮形器（H9010∶11、H9010∶4、H9010∶12、H9010∶3）　5.敛口罐（H9010∶13）

陶高领罐　3件。

H9010∶5，夹砂灰黄陶。侈口，圆唇，高领微束。口径14、残高8厘米（图一五七，1）。H9010∶2，夹砂灰褐陶。敞口，尖圆唇，高斜直领。残高5厘米（图一五七，2）。H9010∶14，夹砂灰黑陶。喇叭口，圆唇，高束颈。领部饰一道凹弦纹。残高6厘米（图一五七，3）。

陶盆　4件。

H9010∶9，夹砂灰黑陶。敛口，圆唇，卷沿，腹部微鼓。腹部饰两道凹弦纹。残高5厘米（图一五七，4）。H9010∶6，夹砂灰黑陶。敛口，圆唇，浅弧腹。残高4.8厘米（图一五七，5）。H9010∶7，夹砂灰褐陶。敛口，尖唇，卷沿，鼓腹。腹部饰一道凹弦纹。残高4.9厘米（图一五七，6）。H9010∶10，夹砂灰黑陶。敛口，圆唇，鼓腹。残高6厘米（图一五七，7）。

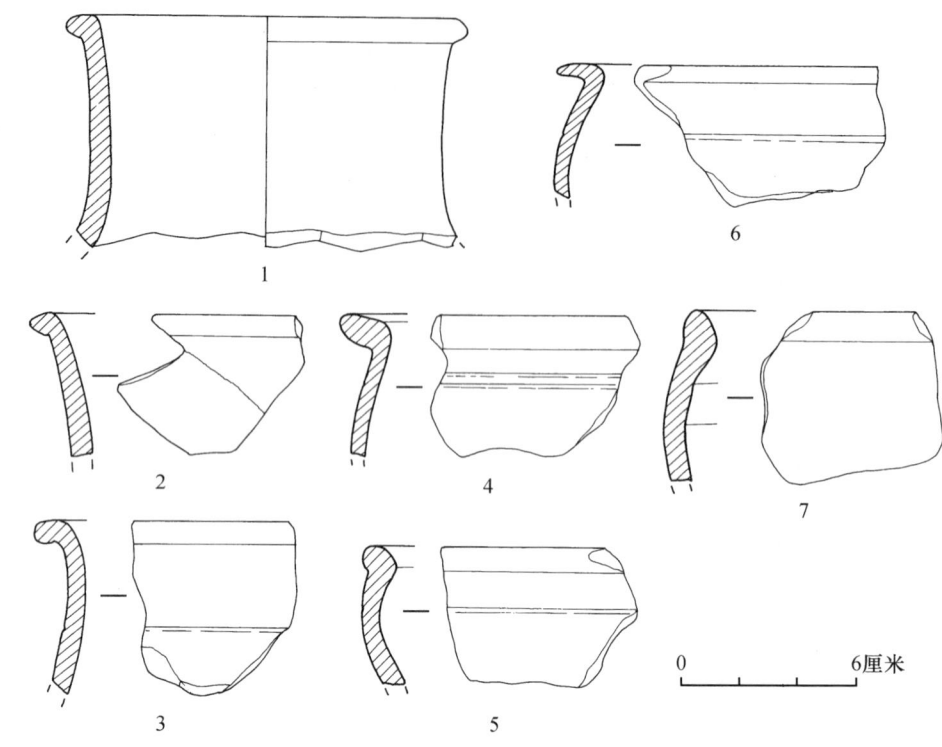

图一五七　H9010出土陶器

1~3.高领罐（H9010：5、H9010：2、H9010：14）　4~7.盆（H9010：9、H9010：6、H9010：7、H9010：10）

26. H9021

位于T6911-T7012中东部。开口于第6层下，打破第7层。平面形状近圆形，直径约1.15米；斜壁，底部凹凸不平，深0.22~0.26米（图一五八）。填土为褐色土，土质紧密，略含沙，夹杂褐色颗粒。出土陶片以夹砂灰黑陶为主，其余依次为夹砂灰黄陶、泥质灰黑陶和泥质灰黄陶、夹砂灰褐陶、泥质灰白陶。纹饰以素面为主，其次为凹弦纹。经统计，H9021出土陶片中，夹砂灰黑陶占陶片总数的38.9%，夹砂灰黄陶占陶片总数的17.7%，泥质灰黑陶和泥质灰黄陶各占陶片总数的15.2%，夹砂灰褐陶占陶片总数的8.1%，泥质灰白陶占陶片总数的5.1%。素面陶占陶片总数的98.5%，凹弦纹陶占陶片总数的1.5%。可辨器形有

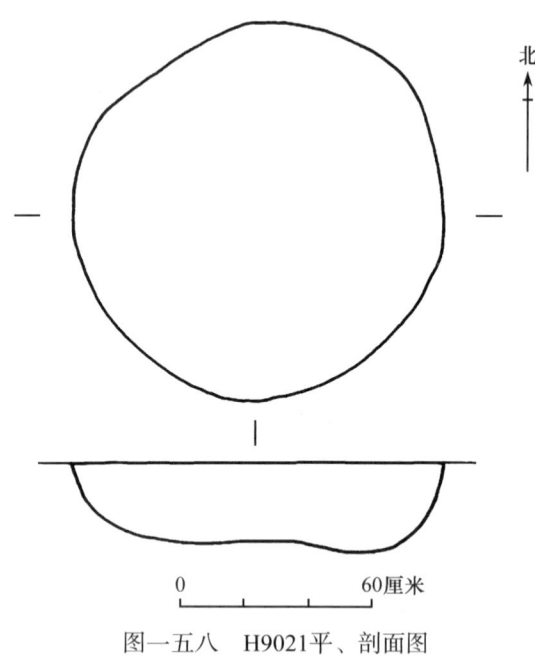

图一五八　H9021平、剖面图

高领罐、盆、纺轮等（图一五九）。

陶高领罐　1件。

H9021：4，夹砂灰黑陶。侈口，尖圆唇，高领微束。口径15、残高7.7厘米（图一五九，1）。

陶盆　1件。

H9021：1，夹砂灰黄陶。直口，尖圆唇，折沿，弧腹。腹部饰一颗乳钉纹。残高8.7厘米（图一五九，2）。

陶纺轮　1件。

H9021：3，夹砂灰褐陶。帽形。腰部饰四道凹弦纹。直径4、厚1.5厘米（图一五九，3）。

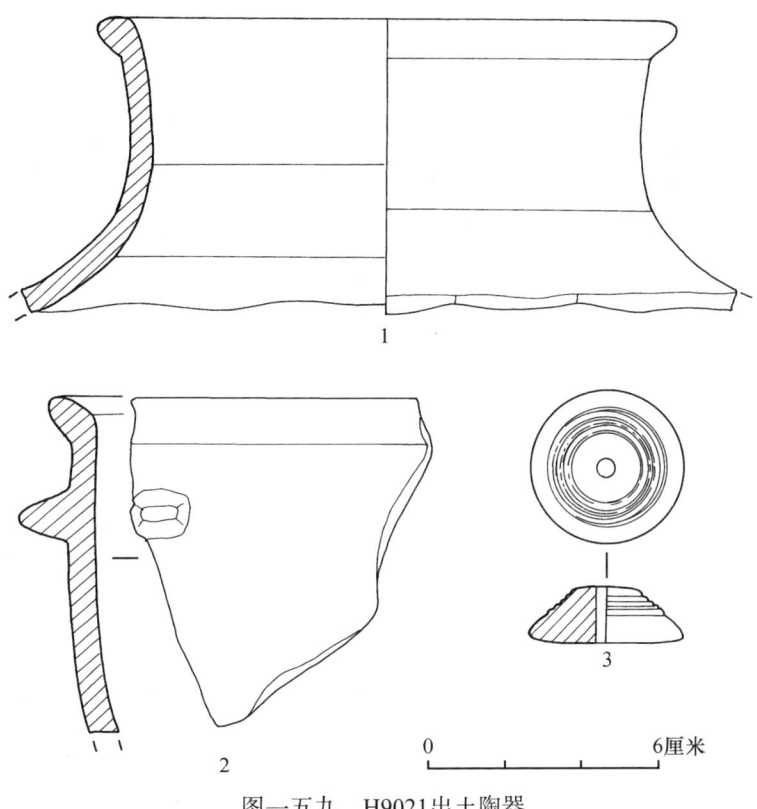

图一五九　H9021出土陶器
1. 高领罐（H9021：4）　2. 盆（H9021：1）　3. 纺轮（H9021：3）

27. H9022

位于T6911-T7012东南部，南部伸入探方南壁，未全部发掘。开口于第6层下，打破第7层。平面形状近圆形，斜壁，平底。长1.75、宽1.72、深0.12米（图一六〇）。坑内填黑褐色土，土质较紧密，略含沙，夹杂褐色颗粒。出土陶片以夹砂灰黑陶为主，其余依次为夹砂灰黄陶、泥质灰黑陶、夹砂灰褐陶、泥质灰黄陶、夹砂灰陶和泥质灰白陶、夹砂红褐陶。纹饰以素面为主，其余依次为凹弦纹、粗绳纹和菱形纹。经统计，H9022出土陶片中，夹砂灰黑陶占陶片总数的42%，夹砂灰黄陶占陶片总

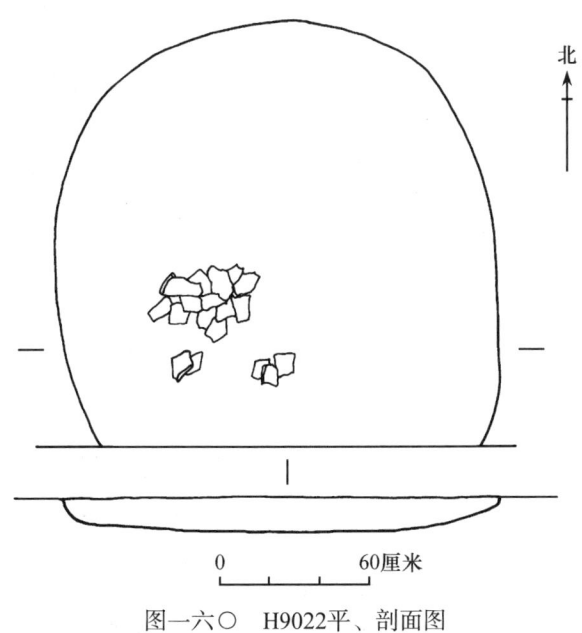

图一六〇　H9022平、剖面图

数的26.3%，泥质灰黑陶占陶片总数的14.3%，夹砂灰褐陶占陶片总数的8.3%，泥质灰黄陶占陶片总数的4%，夹砂灰陶和泥质灰白陶各占陶片总数的2%，夹砂红褐陶占陶片总数的1%。素面陶占陶片总数的99%，凹弦纹陶占陶片总数的0.6%，粗绳纹陶和菱形纹陶各占陶片总数的0.2%。器形有瓮形器、敛口罐、高领罐、矮领罐、缸、器纽等（图一六一）。

陶瓮形器　1件。

H9022∶6，夹砂灰褐陶。敛口，方唇，鼓肩，深腹。沿外侧及肩部饰绳纹。残高6厘米（图一六一，8）。

陶敛口罐　2件。

H9022∶4，夹砂灰黑陶。敛口，圆唇，鼓肩，深腹。腹部饰一道凹弦纹。口径32、残高10厘米（图一六一，4）。H9022∶12，夹砂灰黑陶。敛口，尖圆唇，鼓肩，深腹。残高4厘米（图一六一，5）。

陶高领罐　4件。

H9022∶7，夹砂灰黑陶。侈口，尖圆唇，高领束颈。口径14、残高4.6厘米（图一六一，

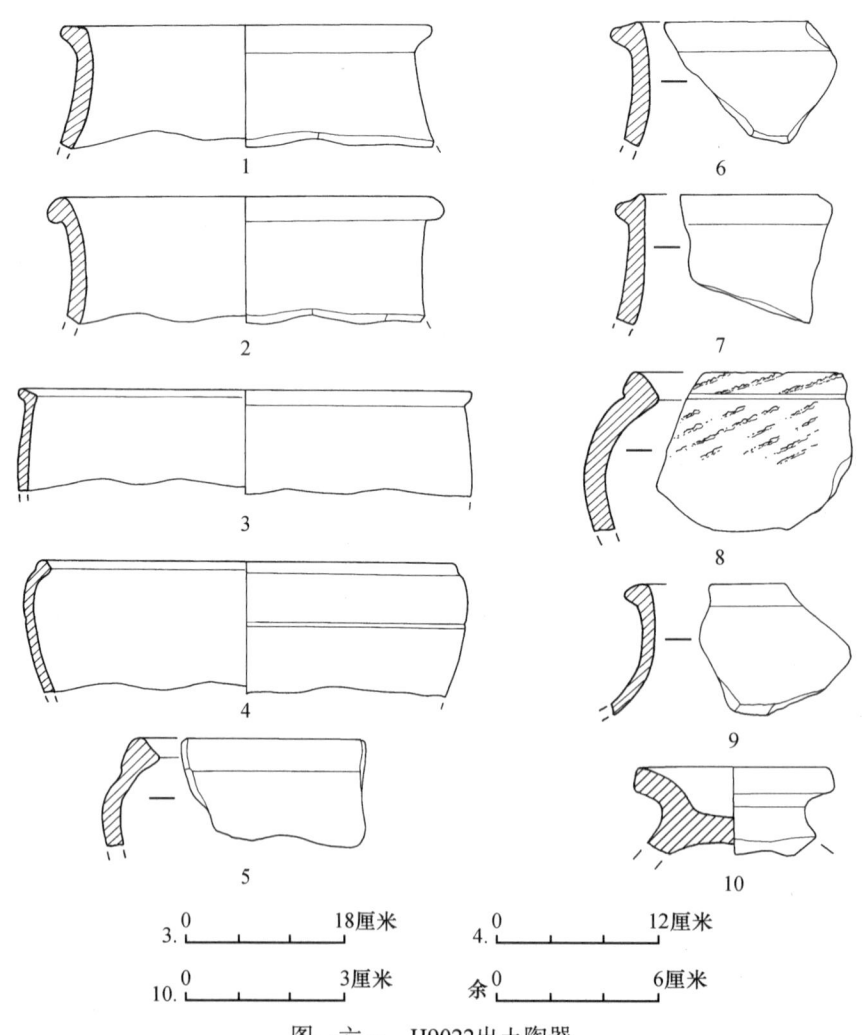

图一六一　H9022出土陶器

1、2、6、7.高领罐（H9022∶7、H9022∶8、H9022∶9、H9022∶11）　3.缸（H9022∶3）　4、5.敛口罐（H9022∶4、H9022∶12）　8.瓮形器（H9022∶6）　9.矮领罐（H9022∶10）　10.器纽（H9022∶13）

1）。H9022：8，夹砂灰黄陶。侈口，尖圆唇，高领束颈。口径15、残高4.7厘米（图一六一，2）。H9022：9，夹砂灰黑陶。侈口，尖圆唇，高领束颈。残高4.7厘米（图一六一，6）。H9022：11，夹砂灰黑陶。直口，凸唇，高领微束。残高4.9厘米（图一六一，7）。

陶矮领罐　1件。

H9022：10，夹砂灰黑陶。侈口，尖圆唇，矮领束颈。残高4.9厘米（图一六一，9）。

陶缸　1件。

H9022：3，夹砂灰黑陶。微敛口，折沿，圆唇，深直腹。口径52、残高11.4厘米（图一六一，3）。

陶器纽　1件。

H9022：13，夹砂灰黑陶。盘状纽，方唇。纽径3.8、残高1.6厘米（图一六一，10）。

28. H9023

位于T6911-T7012东部。开口于第6层下，打破第7层，北部被H9017打破。推测其完整平面形状为圆形，直径约为1米；斜壁，平底，深0.3米（图一六二）。坑内填黑褐色土，土质较疏松，略含沙，夹杂褐色颗粒。出土陶片以夹砂灰黑陶为主，其余依次为泥质灰黑陶、夹砂灰黄陶、夹砂灰褐陶和泥质灰黄陶。皆为素面陶。经统计，H9023出土陶片中，夹砂灰黑陶占陶片总数的41.9%，泥质灰黑陶占陶片总数的34.9%，夹砂灰黄陶占陶片总数的11.6%，夹砂灰褐陶占陶片总数的9.3%，泥质灰黄陶占陶片总数的2.3%。可辨器形有高领罐、束颈罐等（图一六三）。

陶高领罐　1件。

H9023：4，夹砂灰黑陶。侈口，尖圆唇，高直领。口径15.6、残高16.6厘米（图一六三，1）。

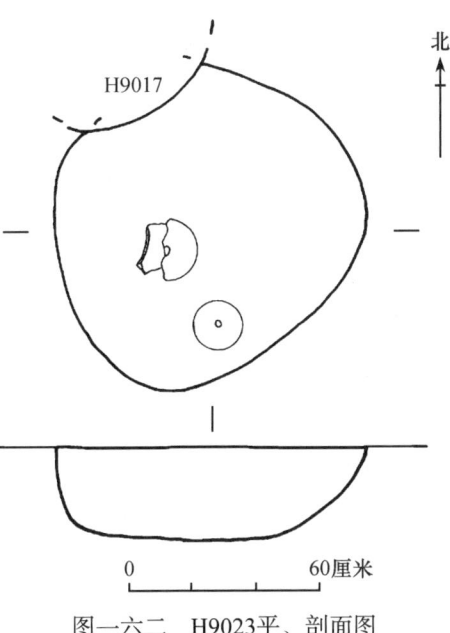

图一六二　H9023平、剖面图

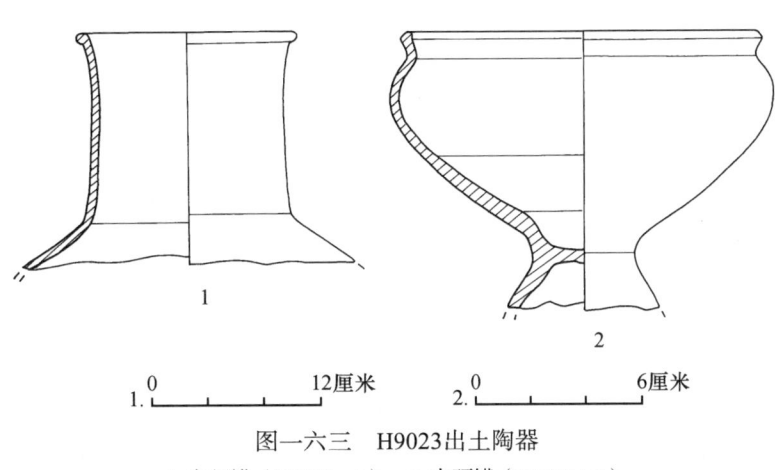

图一六三　H9023出土陶器
1.高领罐（H9023：4）　2.束颈罐（H9023：2）

陶束颈罐　1件。

H9023：2，夹砂灰黑陶。束颈，方唇，卷沿，鼓肩，圈足底残。口径13、残高9.9厘米（图一六三，2；图版二四，2）。

29. H9029

位于T6911-T7012西北部。开口于第6层下，打破第7层，西部被晚期沟打破，H9027叠压其上。推测其完整平面形状为圆形，直径约1.1米；斜壁，平底，残深0.1米（图一六四）。坑内填褐色土，土质较紧密，略含沙，夹杂褐色颗粒和零星灰烬。出土陶片以夹砂灰黑陶为主，其余依次为夹砂灰黄陶、泥质灰黑陶、夹砂灰褐陶。陶片皆为素面陶。经统计，H9029出土陶片中，夹砂灰黑陶占陶片总数的44.7%，夹砂灰黄陶占陶片总数的41.2%，泥质灰黑陶占陶片总数的9.4%，夹砂灰褐陶占陶片总数的4.7%。可辨器形有小平底罐、高领罐、束颈罐等（图一六五）。

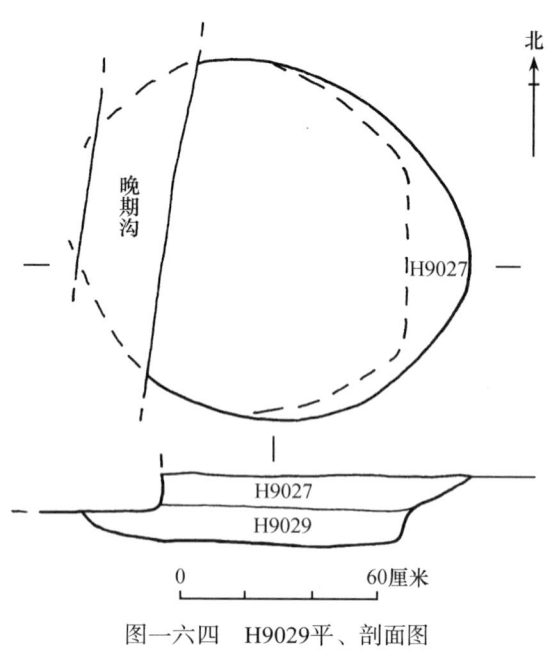

图一六四　H9029平、剖面图

陶小平底罐　1件。

H9029：1，夹砂灰黑陶。侈口，圆唇，弧腹，小平底。口径16.4、底径2.4、通高10.4厘米（图一六五，1；图版二四，3）。

陶高领罐　1件。

H9029：3，夹砂灰黄陶。侈口，圆唇，高领束颈。口径20、残高6厘米（图一六五，2）。

陶束颈罐　1件。

H9029：2，夹砂灰黄陶。束颈，方唇，卷沿，溜肩，曲腹。残高6厘米（图一六五，3）。

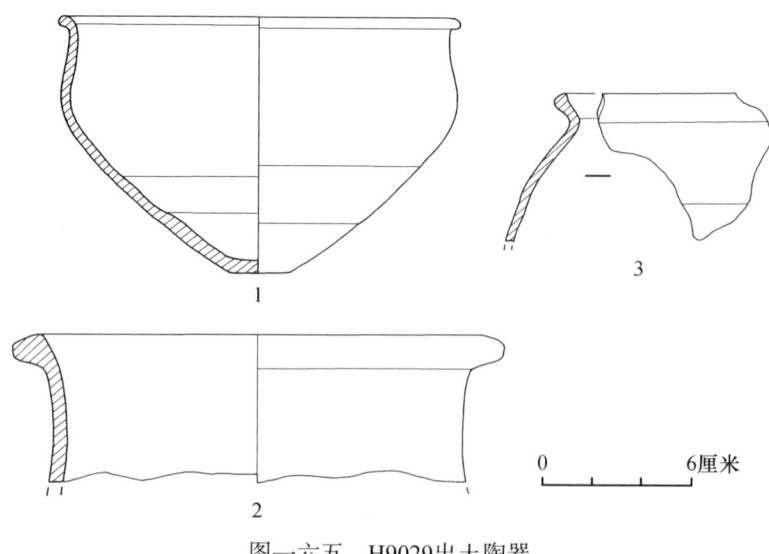

图一六五　H9029出土陶器

1. 小平底罐（H9029：1）　2. 高领罐（H9029：3）　3. 束颈罐（H9029：2）

30. H9071

位于T6713-T6814南部和T6715-T6816北部，被T6715-T6816北隔梁压住的部分未发掘。开口于第6层下，打破第7层。西部和西北部分别被H9070和H9069打破。推测其完整的平面形状为圆形，直径约3.4、深0.43米；斜壁，平底（图一六六）。坑内填黑褐色土，土质紧密，黏性较大，夹杂褐色颗粒和少量竹木炭灰烬。出土陶片以夹砂灰黑陶为主，其余依次为夹砂灰黄陶、泥质灰黑陶、夹砂灰褐陶、泥质灰黄陶和夹砂红褐陶。纹饰以素面为主，其余依次为粗绳纹、凹弦纹、交错粗绳纹、乳钉纹。经统计，H9071出土的陶片中，夹砂灰黑陶占陶片总数的55.5%，夹砂灰黄陶占陶片总数的28.5%，泥质灰黑陶占陶片总数的7.2%，夹砂灰褐陶占陶片总数的5.1%，泥质灰黄陶占陶片总数的3.1%，夹砂红褐陶占陶片总数的0.5%。素面陶占陶片总数的98.2%，粗绳纹陶占陶片总数的0.8%，凹弦纹陶占陶片总数的0.5%，交错绳纹陶和乳钉纹陶各占陶片总数的0.3%。可辨器形有尖底杯、尖底盏、瓮形器、敛口罐、高领罐、矮领罐、束颈罐、盆、器盖等（图一六七～图一七○）。

陶尖底杯　1件。

H9071：24，泥质灰黄陶。口微敞，尖唇，上下腹分界清晰，上腹短，下腹长。口径12、残高4.4厘米（图一六七，3）。

陶尖底盏　2件。

H9071：1，夹砂灰黑陶。侈口，圆唇，弧腹，小平底。口径10.2、通高6厘米（图一六七，4；图版二四，4）。H9071：2，夹砂灰黑陶。侈口，圆唇，弧腹，小平底。口径9、通高5.5厘米（图一六七，5；图版二四，5）。

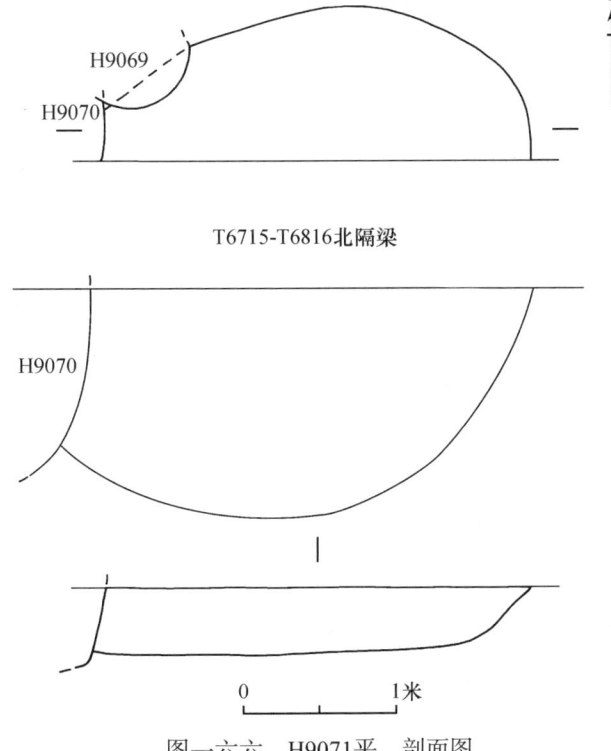

图一六六　H9071平、剖面图

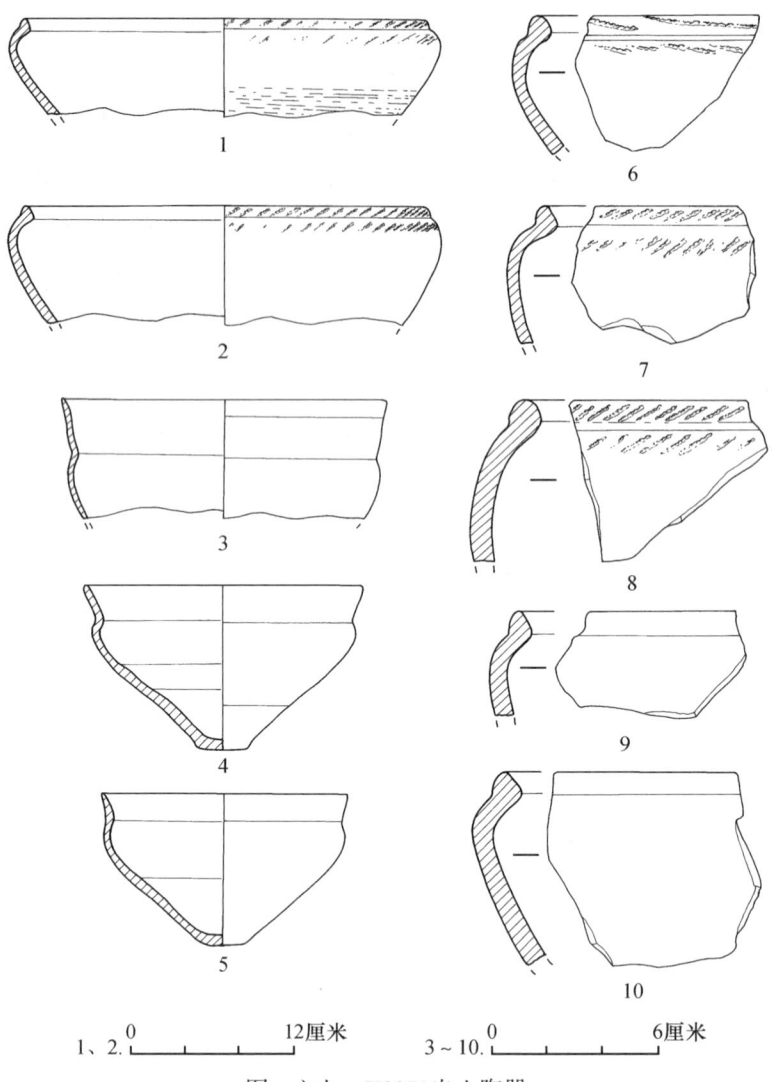

图一六七　H9071出土陶器

1、2、6～8. 瓮形器（H9071：17、H9071：18、H9071：21、H9071：12、H9071：25）　3. 尖底杯（H9071：24）
4、5. 尖底盏（H9071：1、H9071：2）　9、10. 敛口罐（H9071：27、H9071：15）

陶瓮形器　5件。

H9071：17，夹砂灰黑陶。敛口，方唇，鼓肩，腹稍浅。沿外侧及肩部饰绳纹。口径30、残高7厘米（图一六七，1）。H9071：18，夹砂灰黑陶。敛口，方唇，鼓肩，腹稍浅。沿外侧及肩部饰绳纹。口径30、残高8.6厘米（图一六七，2）。H9071：21，夹砂灰黑陶。敛口，圆唇，鼓肩，腹稍浅。沿外侧及肩部饰绳纹。残高5厘米（图一六七，6）。H9071：12，夹砂灰黑陶。敛口，方唇，鼓肩，深腹。沿外侧及肩部饰绳纹。残高5厘米（图一六七，7）。H9071：25，夹砂灰黄陶。敛口，圆唇，鼓肩，深腹。沿外侧及肩部饰绳纹。残高5.9厘米（图一六七，8）。

陶敛口罐　2件。

H9071：27，夹砂灰黑陶。敛口，圆唇，鼓肩，深腹。残高3.8厘米（图一六七，9）。H9071：15，夹砂灰黑陶。敛口，圆唇，鼓肩，深腹。残高7厘米（图一六七，10）。

陶高领罐　6件。

H9071：19，夹砂灰黑陶。侈口，尖圆唇，高领微束。领部饰两周凹弦纹。口径16、残高7.5厘米（图一六八，1）。H9071：32，夹砂灰黑陶。侈口，尖圆唇，高领微束。口径16、残高3.5厘米（图一六八，2）。H9071：8，夹砂灰黑陶。侈口，尖唇，高领束颈。口径17、残高11.3厘米（图一六八，3）。H9071：7，夹砂灰褐陶。侈口，圆唇，领微束。领部饰一道凹弦纹。口径18、残高11厘米（图一六八，4）。H9071：5，夹砂灰黄陶。侈口，圆唇，高领束颈。口径28、残高8厘米（图一六八，5）。H9071：6，夹砂灰黄陶。侈口，圆唇，高领束颈。残高8.8厘米（图一六八，6）。

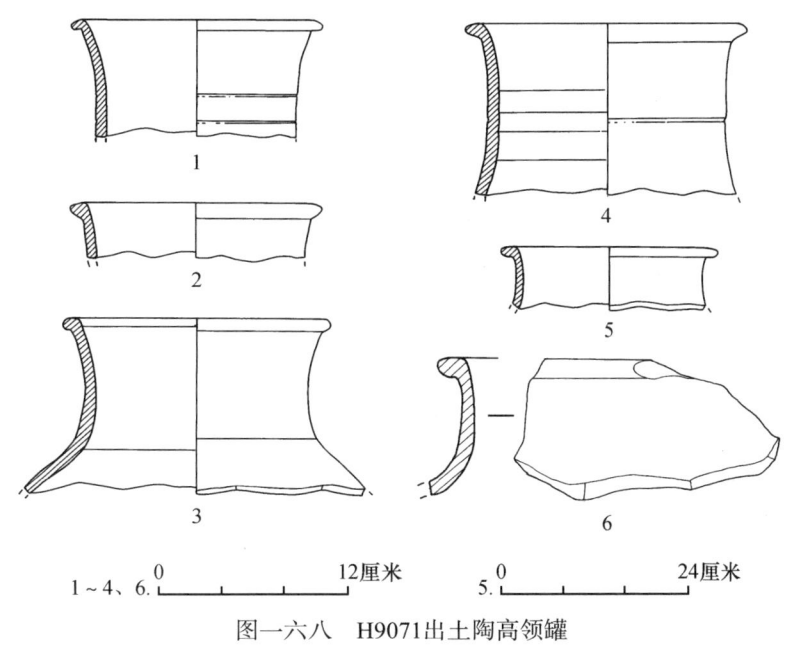

图一六八　H9071出土陶高领罐
1. H9071：19　2. H9071：32　3. H9071：8　4. H9071：7　5. H9071：5　6. H9071：6

陶矮领罐　1件。

H9071：11，夹砂灰黄陶。侈口，尖圆唇，矮束颈。领部饰一道凹弦纹。口径18、残高6.5厘米（图一六九，1）。

陶束颈罐　2件。

H9071：10，夹砂灰黄陶。束颈，方唇，折沿，鼓肩。肩部饰交错绳纹及一周凹弦纹，内壁有轮制痕迹。口径24、残高6厘米（图一六九，2）。H9071：13，夹砂灰黑陶。束颈，方唇，卷沿，溜肩。肩部饰交错绳纹。残高6.3厘米（图一六九，3）。

陶盆　3件。

H9071：22，夹砂灰黄陶。敛口，圆唇，卷沿，鼓深弧腹。残高7.9厘米（图一六九，4）。H9071：14，泥质灰黑陶。直口，方唇，折沿，浅弧腹。腹部饰两道凹弦纹。残高5厘米（图一六九，6）。H9071：16，夹砂灰黑陶。敛口，圆唇，折沿，斜直深腹。饰一道凹弦纹。残高4.1厘米（图一六九，5）。

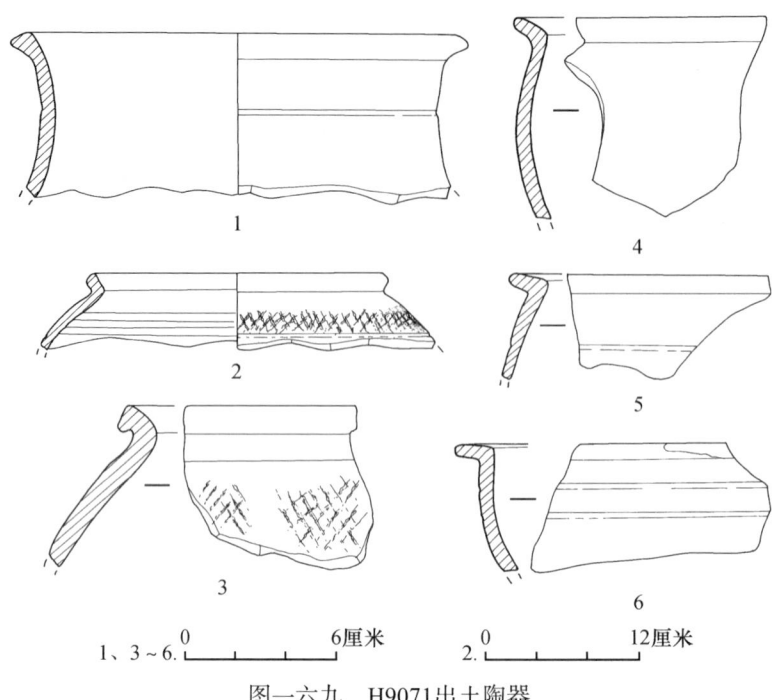

图一六九 H9071出土陶器

1. 矮领罐（H9071∶11） 2、3. 束颈罐（H9071∶10、H9071∶13） 4~6. 盆（H9071∶22、H9071∶16、H9071∶14）

陶器盖 2件。

H9071∶9，夹砂灰黑陶。覆盘形，圆唇。残高3.5厘米（图一七〇，6）。H9071∶23，夹砂灰黑陶。覆盘形，圆唇。残高4.6厘米（图一七〇，7）。

豆柄 2件。

H9071∶30，夹砂灰黑陶。圆柱形，中空。直径2.6、残高17.5厘米（图一七〇，11）。H9071∶31，夹砂灰黑陶。圆柱形，中空。直径2.6、残高17厘米（图一七〇，12）。

陶器銎 1件。

H9071∶26，夹砂灰黑陶。器表刻划"人"字形纹饰。宽4、残高6.3厘米（图一七〇，8）。

陶器底 3件。

H9071∶33，泥质灰黄陶。小平底。底径2.2、残高3厘米（图一七〇，1）。H9071∶35，泥质灰黑陶。小平底。底径2.4、残高2.6厘米（图一七〇，2）。H9071∶34，泥质灰黄陶。小平底。底径1.4、残高3.4厘米（图一七〇，3）。

陶圈足 1件。

H9071∶29，夹砂灰黄陶。盘状矮圈足。圈足径12、残高4.7厘米（图一七〇，4）。

陶袋足 1件。

H9071∶28，夹砂灰黄陶。锥状。残长14厘米（图一七〇，10）。

铜器 2件。

H9071∶3，串珠。圆角长方形，中空。直径0.5~0.7、残长0.8厘米（图一七〇，9）。

H9071∶4，锥形铜器。长条锥形，一端较为尖锐。长7.5厘米（图一七〇，5）。

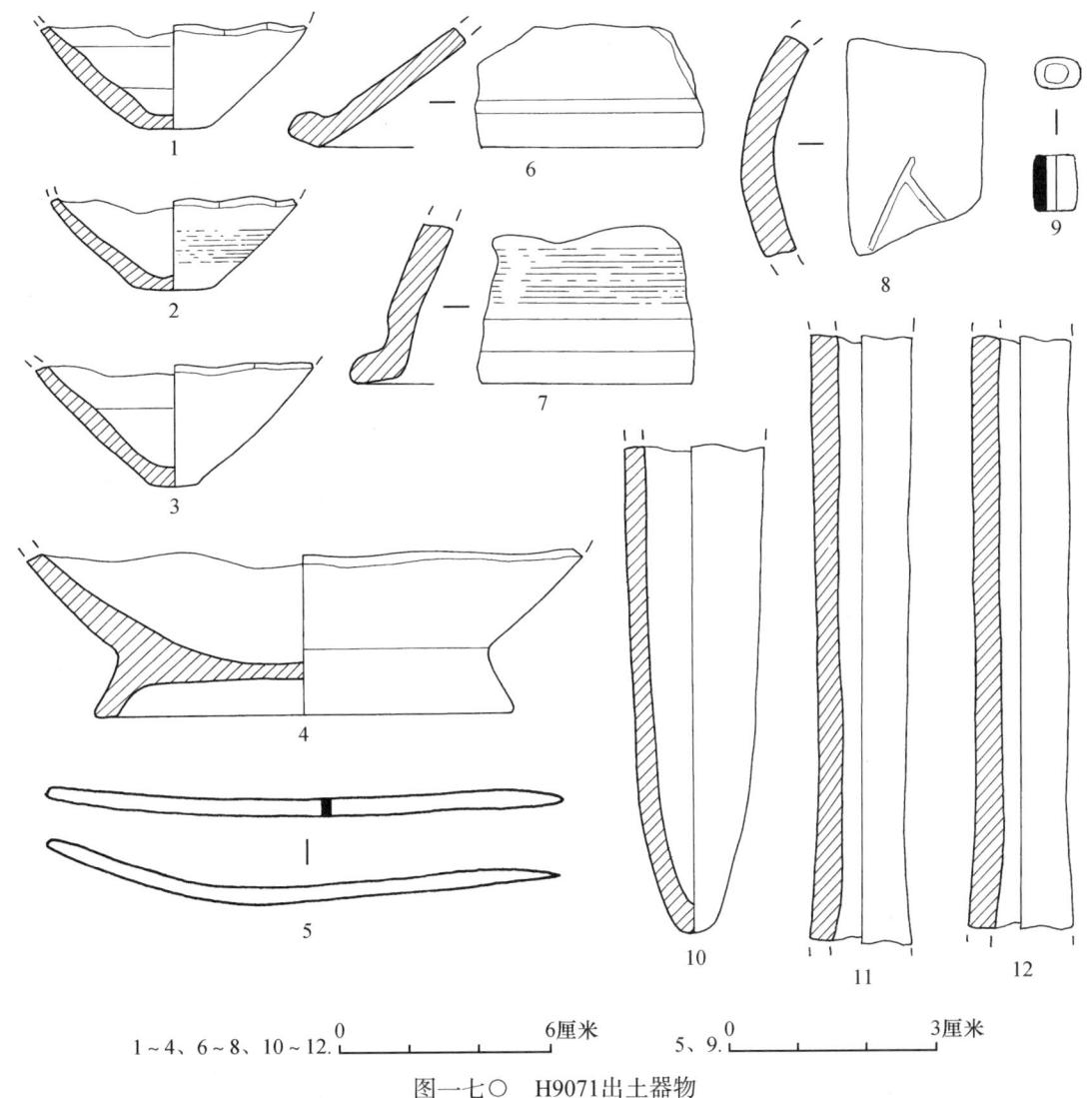

图一七〇 H9071出土器物

1~3. 陶器底（H9071：33、H9071：35、H9071：34） 4. 陶圈足（H9071：29） 5. 锥形铜器（H9071：4）
6、7. 陶器盖（H9071：9、H9071：23） 8. 陶器錾（H9071：26） 9. 铜串珠（H9071：3） 10. 陶袋足（H9071：28）
11、12. 陶豆柄（H9071：30、H9071：31）

31. H9074

位于T6715-T6816南部，南部伸入探方南壁，未全部发掘。开口于晚期坑下，打破第7层。推测其完整平面形状为圆形，直径约4.2、深0.5米；斜壁，平底（图一七一）。坑内填褐色土，土质较疏松，夹杂褐色颗粒和少量竹木炭灰烬。出土陶片以夹砂灰黑陶为主，其余依次为夹砂灰黄陶、泥质灰黑陶、夹砂灰褐陶、泥质灰黄陶和夹砂灰陶。纹饰以素面为主，其余依次为凹弦纹、粗绳纹、镂孔和细线纹。经统计，H9074出土陶片中，夹砂灰黑陶占陶片总数的52.5%，夹砂灰黄陶占陶片总数的30.9%，泥质灰黑陶占陶片总数的7.5%，夹砂灰褐陶占陶片总数的3.4%，泥质灰黄陶和夹砂灰陶各占陶片总数的2.8%。素面陶占陶片总数的95.7%，凹弦纹陶占陶片总数的2.3%，粗绳纹陶占陶片总数的1.7%，镂孔陶和细线纹陶各占陶片总数的

0.2%。可辨器形有尖底盏、瓮形器、高领罐、束颈罐、盆、壶、瓮、缸和器盖等。

陶尖底盏　1件。

H9074∶51，夹砂灰黑陶。敞口，尖圆唇。残高3.7厘米（图一七二，1）。

陶瓮形器　3件。

H9074∶38，夹砂灰黑陶。敛口，方唇，溜肩，深腹。沿外侧及肩部饰绳纹。残高3.7厘米（图一七二，2）。H9074∶7，夹砂灰褐陶。敛口，圆唇，肩部微鼓，腹稍浅。沿外侧饰绳纹，肩部饰绳纹及一周凹弦纹。口径26、残高5.6厘米（图一七二，3）。H9074∶5，夹砂灰黑陶。敛口，方唇，鼓肩，深腹。沿外侧及肩部饰绳纹。口径42、残高9.6厘米（图一七二，4）。

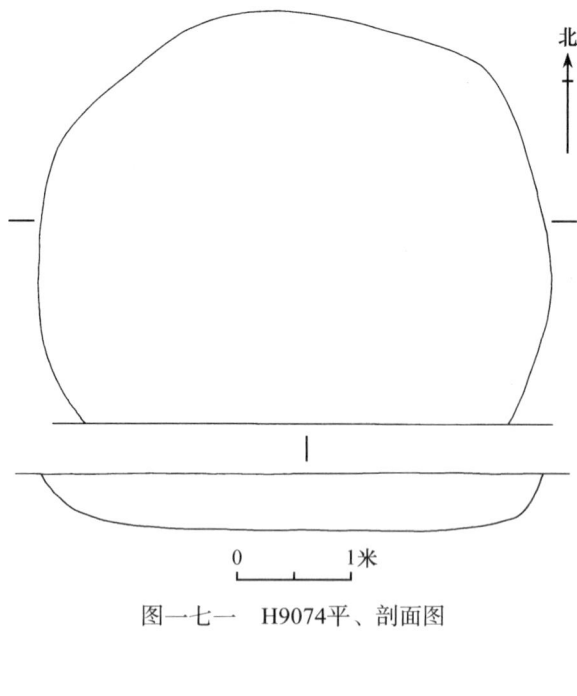

图一七一　H9074平、剖面图

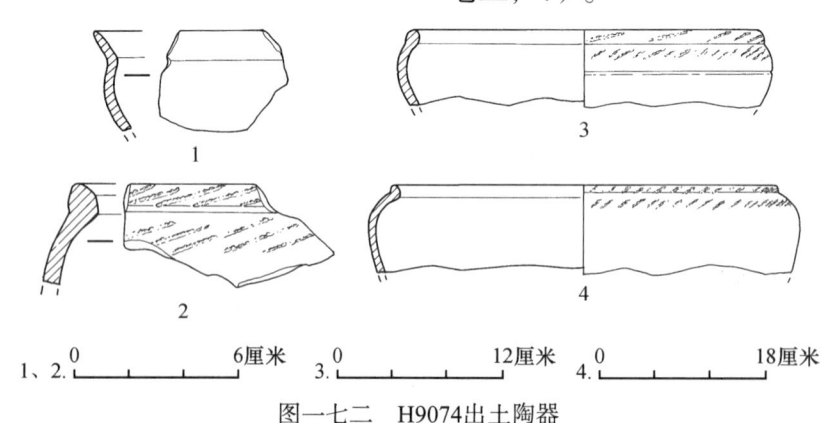

图一七二　H9074出土陶器

1.尖底盏（H9074∶51）　2～4.瓮形器（H9074∶38、H9074∶7、H9074∶5）

陶高领罐　7件。

H9074∶25，夹砂灰黄陶。敞口，圆唇，高领束颈。口径16、残高7厘米（图一七三，1）。H9074∶17，夹砂灰黑陶。敞口，尖圆唇，高直领。领部饰两道凹弦纹。口径20、残高8.7厘米（图一七三，2）。H9074∶37，夹砂灰黑陶。侈口，圆唇，高领微束。领部饰一道凹弦纹。口径20、残高7.3厘米（图一七三，3）。H9074∶4，夹砂灰黑陶。直口，圆唇，高直领。领部饰一道凹弦纹。口径15、残高8.4厘米（图一七三，4）。H9074∶20，夹砂灰黑陶。直口，圆唇，高直领。残高6.2厘米（图一七三，5）。H9074∶21，夹砂灰黑陶。侈口，尖圆唇，高领直领。领部饰一道凹弦纹。残高7厘米（图一七三，6）。H9074∶50，夹砂灰黑陶。侈口，尖圆唇，高直领。残高4厘米（图一七三，7）。

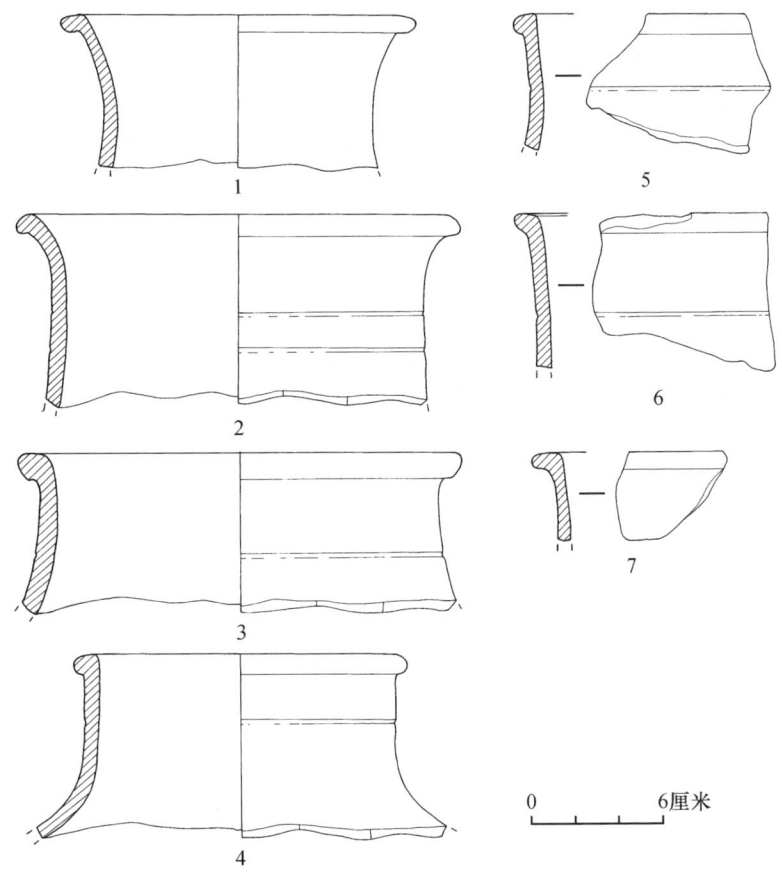

图一七三　H9074出土陶高领罐
1. H9074：25　2. H9074：17　3. H9074：37　4. H9074：4　5. H9074：20　6. H9074：21　7. H9074：50

陶束颈罐　11件。

H9074：23，夹砂灰黑陶。束颈，方唇，卷沿，溜肩。口径16、残高6厘米（图一七四，1）。H9074：42，夹砂灰黑陶。束颈，方唇，折沿，鼓肩。口径18、残高3.6厘米（图一七四，2）。H9074：31，夹砂灰黑陶。束颈，方唇，卷沿，鼓肩。肩部饰一周凹弦纹。残高5.8厘米（图一七四，3）。H9074：46，夹砂灰黑陶。束颈，方唇，卷沿，鼓肩。残高4.4厘米（图一七四，4）。H9074：44，夹砂灰黑陶。束颈，方唇，卷沿，斜肩。残高3.8厘米（图一七四，5）。H9074：41，夹砂灰黑陶。束颈，圆唇，折沿，鼓肩。残高4厘米（图一七四，6）。H9074：48，夹砂灰黑陶。束颈，方唇，折沿，鼓肩。残高3.5厘米（图一七四，7）。H9074：47，夹砂灰黄陶。束颈，方唇，卷沿，斜肩。残高4.6厘米（图一七四，8）。H9074：28，夹砂灰黄陶。束颈，方唇，卷沿，鼓肩。肩部饰交错绳纹。残高6.3厘米（图一七四，9）。H9074：29，夹砂灰黄陶。束颈，卷沿，鼓肩。肩部饰斜向绳纹。残高6.8厘米（图一七四，10）。H9074：27，夹砂灰黑陶。束颈，方唇，折沿，鼓肩。肩部饰斜向绳纹。残高6厘米（图一七四，11）。

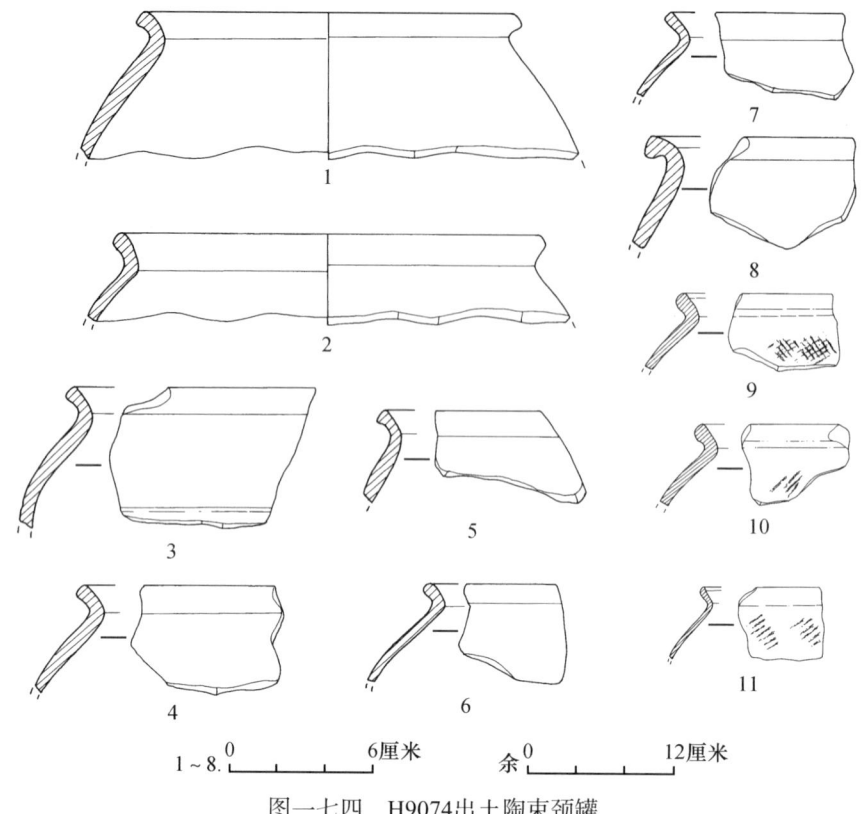

图一七四　H9074出土陶束颈罐
1. H9074∶23　2. H9074∶42　3. H9074∶31　4. H9074∶46　5. H9074∶44　6. H9074∶41　7. H9074∶48　8. H9074∶47
9. H9074∶28　10. H9074∶29　11. H9074∶27

陶盆　9件。

H9074∶24，夹砂灰黑陶。敛口，圆唇，卷沿。残高3.2厘米（图一七五，1）。H9074∶33，夹砂灰黄陶。敛口，圆唇，卷沿，深弧腹。口径30、残高5厘米（图一七五，2）。H9074∶34，夹砂灰黄陶。敛口，圆唇，卷沿，深弧腹。腹部饰一道凹弦纹。残高4.3厘米（图一七五，3）。H9074∶40，夹砂灰黄陶。敛口，圆唇，卷沿，深弧腹。腹部饰两道凹弦纹。残高6.5厘米（图一七五，4）。H9074∶32，夹砂灰黄陶。敛口，圆唇，折沿，深弧腹。腹部饰一道凹弦纹。残高5厘米（图一七五，5）。H9074∶45，夹砂灰黑陶。敛口，圆唇，卷沿，深弧腹。残高6.6厘米（图一七五，6）。H9074∶22，夹砂灰黑陶。敛口，圆唇，折沿，深弧腹。腹部饰一道凹弦纹。残高7厘米（图一七五，7）。H9074∶26，夹砂灰黑陶。敛口，圆唇，折沿，浅鼓腹。残高5厘米（图一七五，8）。H9074∶39，夹砂灰黄陶。敛口，圆唇，浅鼓腹。腹部饰一道凹弦纹。残高6厘米（图一七五，9）。

陶壶　1件。

H9074∶53，夹砂灰黑陶。直口，方唇，曲弧领，口与腹接有錾耳，圈足残。錾耳上饰四道刻划纹。口径8.4、残高22厘米（图一七六，1）。

陶瓮　1件。

H9074∶14，夹砂灰黑陶。侈口，圆唇，高领。领部饰一道凹弦纹。残高7.5厘米（图

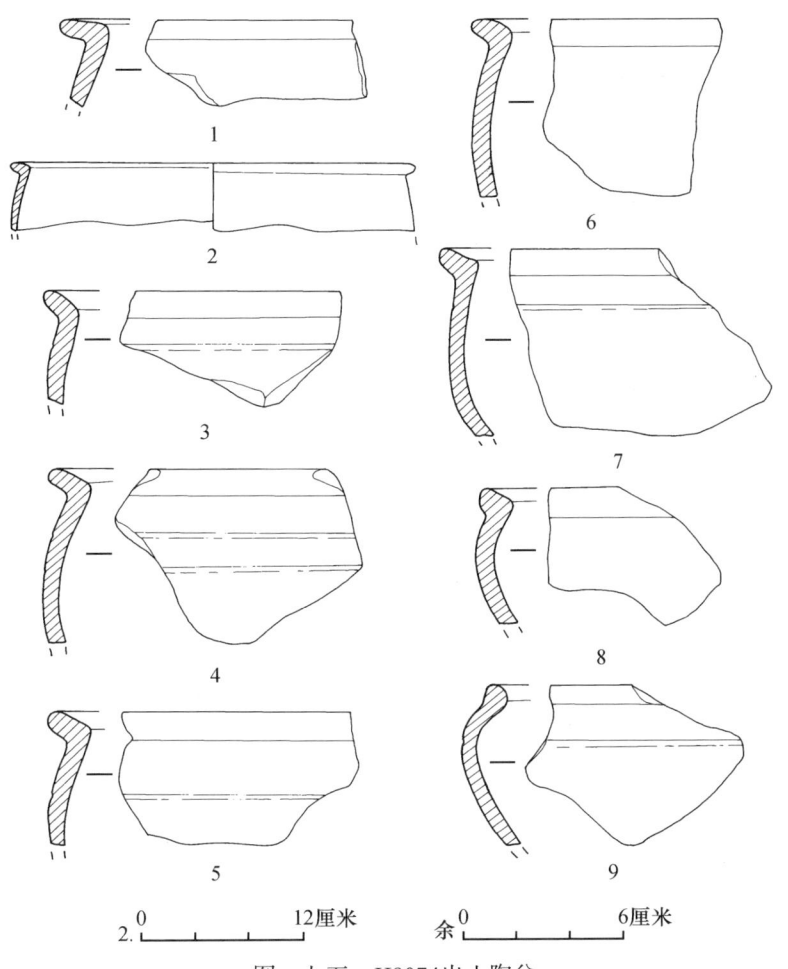

图一七五　H9074出土陶盆

1. H9074:24　2. H9074:33　3. H9074:34　4. H9074:40　5. H9074:32　6. H9074:45　7. H9074:22　8. H9074:26
9. H9074:39

一七六，5）。

陶缸　3件。

H9074:8，夹砂灰黄陶。口微敛，卷沿，圆唇，斜直深腹。口径49.8、残高12.6厘米（图一七六，2）。H9074:6，夹砂灰黑陶。敛口，折沿，方唇，斜直深腹。腹部饰两道凹弦纹。口径49.5、残高9.6厘米（图一七六，3）。H9074:10，夹砂灰黄陶。敛口，折沿，方唇，斜直深腹。残高5.1厘米（图一七六，4）。

陶器盖　3件。

H9074:15，夹砂灰黑陶。覆盆形，圆唇。底径14、残高3.7厘米（图一七六，6）。H9074:49，夹砂灰黄陶。覆盆形，尖圆唇。残高4厘米（图一七六，7）。H9074:9，夹砂灰黑陶。覆盏形，尖圆唇。底径8.5、残高1厘米（图一七六，8）。

陶器纽　1件。

H9074:56，夹砂灰黑陶。盘状纽，方唇。纽径4.4、残高1.7厘米（图一七七，1）。

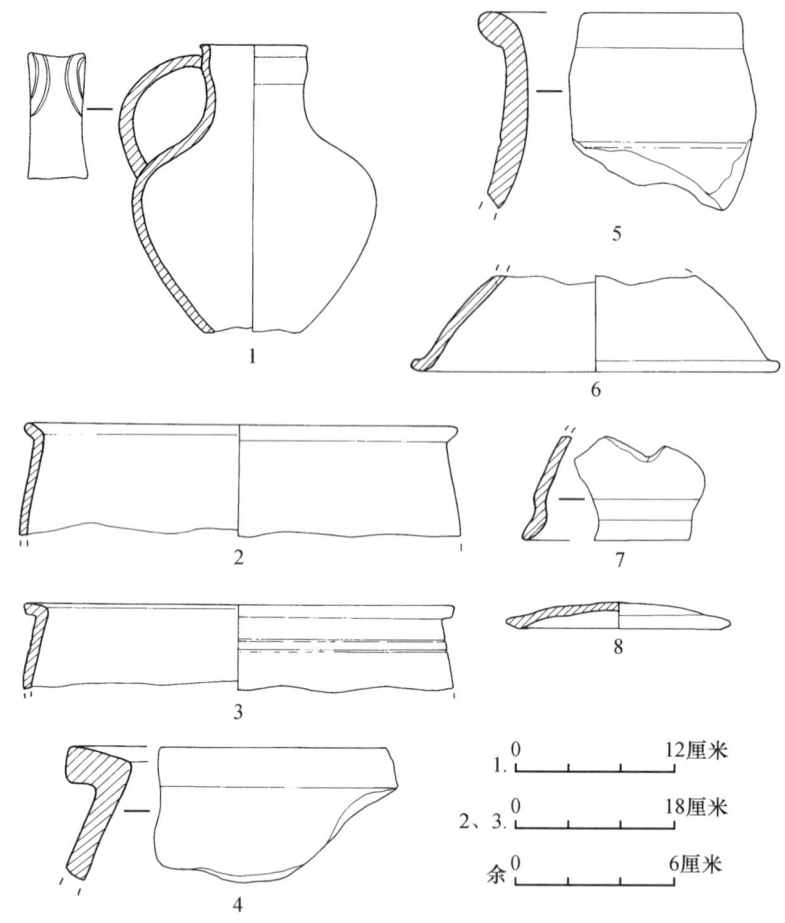

图一七六　H9074出土陶器

1.壶（H9074：53）　2~4.缸（H9074：8、H9074：6、H9074：10）　5.瓮（H9074：14）　6~8.器盖（H9074：15、H9074：49、H9074：9）

陶器座　2件。

H9074：35，夹砂灰黄陶。高器座，卷沿，尖圆唇。残高5.4厘米（图一七七，2）。H9074：30，夹砂灰黑陶。高器座，束腰状。饰两个圆形镂孔。底径10、残高9.4厘米（图一七七，3）。

陶器底　1件。

H9074：19，泥质灰黑陶。小平底，底部微内凹。底径1.9、残高3.7厘米（图一七七，4）。

陶圈足　5件。

H9074：11，夹砂灰黄陶。喇叭状，高圈足。圈足径11、残高7.5厘米（图一七七，5）。H9074：13，夹砂灰黑陶。盘状，矮圈足。圈足径13、残高4.4厘米（图一七七，6）。H9074：16，夹砂灰黄陶。喇叭状，矮圈足。圈足径6、残高3.4厘米（图一七七，7）。H9074：12，夹砂灰黑陶。盘状，矮圈足。圈足径6.6、残高3厘米（图一七七，8）。H9074：18，夹砂灰黄陶。喇叭状，矮圈足。圈足径10.6、残高4.4厘米（图一七七，9）。

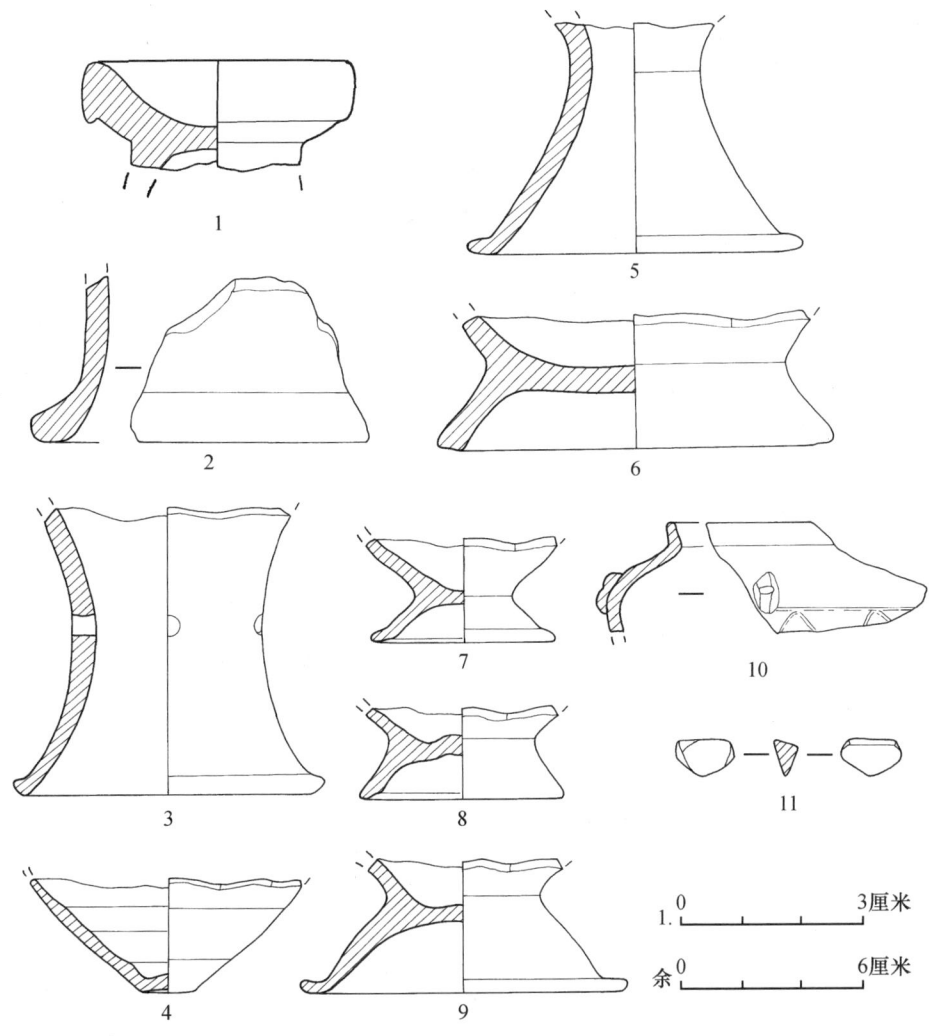

图一七七 H9074出土器物

1. 陶器纽（H9074：56） 2、3. 陶器座（H9074：35、H9074：30） 4. 陶器底（H9074：19） 5~9. 陶圈足（H9074：11、H9074：13、H9074：16、H9074：12、H9074：18） 10. 陶敛口小罐（H9074：43） 11. 铜器残件（H9074：3）

陶敛口小罐 1件。

H9074：43，泥质灰黑陶。圆唇，卷沿，鼓肩。肩部饰一个小錾耳，一周细线纹和竖向刻划纹。残高3.6厘米（图一七七，10）。

铜器 1件。

H9074：3，铜器残件。整体呈不规则形。长2、宽1.2、厚0.7厘米（图一七七，11）。

32. H9076

位于T6715-T6816东北部和T6915-T7016西北部。开口于第6层下，打破第7层，北部有一小部分伸入北隔梁内，南部被H9075打破。推测其完整平面形状为圆形，直径约4.2、深1.38米；斜壁，平底（图一七八；图版一三，1）。坑内堆积分层，上层为褐色土，土质紧密，黏性较强，厚约0.45米；下层为黑褐色土，土质较疏松，厚约0.93米。坑内填较多卵石和少量竹木炭

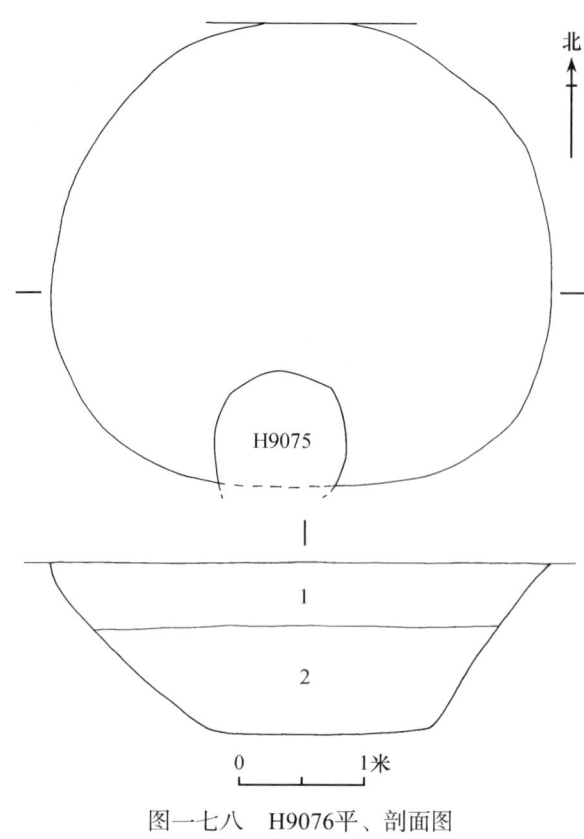

图一七八 H9076平、剖面图

灰烬。出土陶片以夹砂灰黑陶为主，其余依次为夹砂灰黄陶、夹砂灰褐陶、夹砂灰陶、泥质灰黑陶、泥质灰黄陶。纹饰以素面为主，其余依次为网格纹、凹弦纹、重菱纹、粗绳纹、镂孔和细线纹。经统计，H9076出土陶片中，夹砂灰黑陶占陶片总数的51.2%，夹砂灰黄陶占陶片总数的31.3%，夹砂灰褐陶占陶片总数的10.3%，夹砂灰陶占陶片总数的3.1%，泥质灰黑陶占陶片总数的2.4%，泥质灰黄陶占陶片总数的1.6%。素面陶占陶片总数的98.9%，网格纹陶占陶片总数的0.5%，凹弦纹陶占陶片总数的0.3%，重菱纹陶占陶片总数的0.2%，粗绳纹陶、镂孔陶、细线纹陶各占陶片总数的0.1%。可辨器形有瓮形器、敛口罐、高领罐、矮领罐、束颈罐、壶、盆、瓮、缸、器盖等（图一七九～图一八二）。

陶瓮形器　2件。

H9076∶22，夹砂灰黑陶。敛口，圆唇，肩部微鼓，浅弧腹。沿外侧及肩部饰绳纹。口径29、残高4.6厘米（图一七九，1）。H9076∶50，夹砂灰黄陶。敛口，方唇，肩部微鼓，浅弧腹。沿外侧及肩部饰绳纹。残高4.3厘米（图一七九，2）。

陶敛口罐　8件。

H9076∶46，夹砂灰黑陶。敛口，鼓肩，深腹。残高4.2厘米（图一七九，3）。H9076∶20，夹砂灰黑陶。敛口，鼓肩，深腹。残高3厘米（图一七九，4）。H9076∶10，夹砂灰黑陶。敛口，鼓肩，深腹。残高5.4厘米（图一七九，5）。H9076∶12，夹砂灰黄陶。敛口，鼓肩，深腹。残高4.5厘米（图一七九，6）。H9076∶7，夹砂灰黄陶。敛口，鼓肩，深腹。残高4.8厘米（图一七九，7）。H9076∶9，夹砂灰黄陶。敛口，弧肩，深腹。残高4厘米（图一七九，8）。H9076∶37，夹砂灰黄陶。敛口，鼓肩，深腹。残高4.7厘米（图一七九，9）。H9076∶11，夹砂灰黄陶。敛口，圆唇，卷沿，鼓肩，深腹。残高2.7厘米（图一七九，10）。

陶高领罐　4件。

H9076∶18，夹砂灰褐陶。侈口，尖圆唇，高领微束。口径17、残高5.7厘米（图一八〇，1）。H9076∶45，夹细砂灰黑陶。喇叭口，尖唇，高领束颈。口径13、残高4厘米（图一八〇，2）。H9076∶49，夹砂灰黑陶。侈口，尖圆唇，高领微束。残高8.2厘米（图一八〇，3）。H9076∶33，夹砂灰黑陶。侈口，圆唇，高直领。残高4.3厘米（图一八〇，4）。

陶矮领罐　8件。

H9076∶35，夹砂灰陶。侈口，尖圆唇，矮领束颈。口径17、残高6厘米（图一八〇，

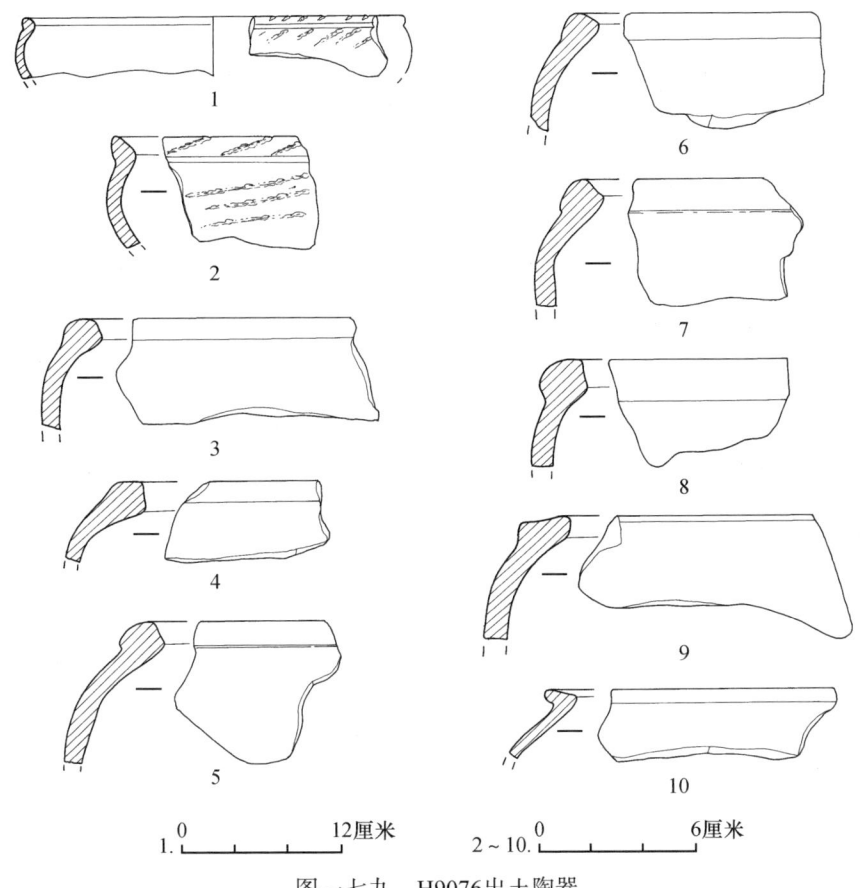

图一七九　H9076出土陶器

1、2. 瓮形器（H9076：22、H9076：50）　3～10. 敛口罐（H9076：46、H9076：20、H9076：10、H9076：12、H9076：7、H9076：9、H9076：37、H9076：11）

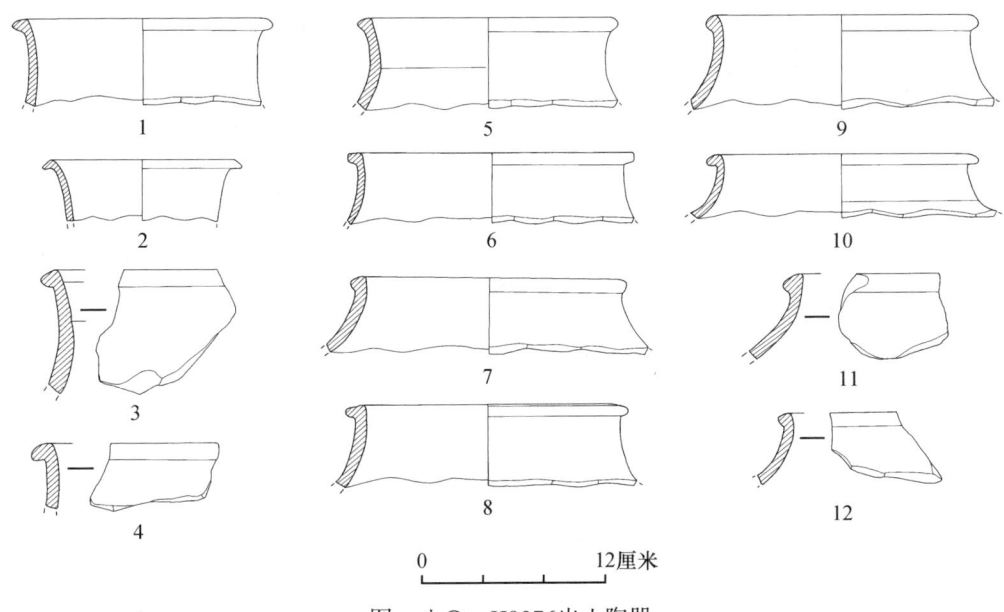

图一八〇　H9076出土陶器

1～4. 高领罐（H9076：18、H9076：45、H9076：49、H9076：33）　5～12. 矮领罐（H9076：35、H9076：36、H9076：52、H9076：26、H9076：5、H9076：27、H9076：39、H9076：21）

5）。H9076：36，夹砂灰黄陶。侈口，方唇，矮领微束。口径19、残高4.7厘米（图一八〇，6）。H9076：52，夹砂灰黑陶。近直口，方唇，矮领。口径18、残高5厘米（图一八〇，7）。H9076：26，夹砂灰黑陶。直口，尖圆唇，矮领束颈。口径18.5、残高5.4厘米（图一八〇，8）。H9076：5，夹砂灰黑陶。侈口，尖圆唇，矮领束颈。口径18、残高6.1厘米（图一八〇，9）。H9076：27，夹砂灰黑陶。侈口，尖圆唇，矮领束颈。口径18、残高4厘米（图一八〇，10）。H9076：39，夹砂灰黑陶。敛口，尖圆唇，矮领束颈。残高5.6厘米（图一八〇，11）。H9076：21，夹砂灰黑陶。侈口，尖圆唇，矮领束颈。残高4.7厘米（图一八〇，12）。

陶束颈罐　4件。

H9076：14，夹砂灰黑陶。尖圆唇，折沿。残高4厘米（图一八一，1）。H9076：41，夹砂灰黑陶。束颈，方唇，折沿，鼓肩。残高4.2厘米（图一八一，2）。H9076：6，夹砂灰黄陶。束颈，尖圆唇，折沿，鼓肩。口径32、残高4.2厘米（图一八一，3）。H9076：44，夹砂灰黑陶。束颈，尖圆唇，折沿，鼓肩。残高3.2厘米（图一八一，4）。

陶壶　1件。

H9076：32，夹砂灰黄陶。盘口，尖圆唇，高束领。残高5.5厘米（图一八一，5）。

陶盆　2件。

H9076：17，夹砂灰黑陶。侈口，尖圆唇，卷沿，浅弧腹。残高4.3厘米（图一八一，6）。H9076：29，夹砂灰黑陶。侈口，圆唇，卷沿，浅弧腹。腹部饰一道凹弦纹。残高4.5厘米（图一八一，7）。

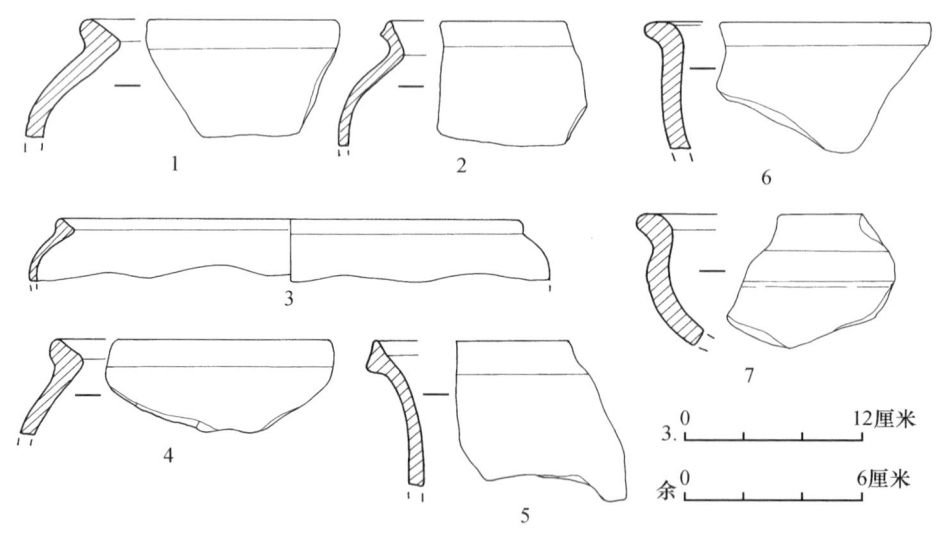

图一八一　H9076出土陶器

1~4.束颈罐（H9076：14、H9076：41、H9076：6、H9076：44）　5.壶（H9076：32）　6、7.盆（H9076：17、H9076：29）

陶瓮　9件。

H9076：38，夹砂灰黑陶。喇叭口，圆唇。残高6.7厘米（图一八二，1）。H9076：31，夹砂灰黑陶。侈口，方唇。残高6.9厘米（图一八二，2）。H9076：8，夹砂灰黑陶。侈口，方唇。残高5.5厘米（图一八二，3）。H9076：42，夹砂灰褐陶。侈口，圆唇。残高4.8厘米（图一八二，4）。H9076：40，夹砂灰黑陶。侈口，圆唇。残高6厘米（图一八二，5）。

H9076：28，夹砂灰黑陶。喇叭口，圆唇。残高7.3厘米（图一八二，6）。H9076：24，夹砂灰黄陶。喇叭口，方唇。残高7.6厘米（图一八二，7）。H9076：48，夹砂灰褐陶。喇叭口，方唇。残高6厘米（图一八二，8）。H9076：34，夹砂灰褐陶。侈口，圆唇。残高6.7厘米（图一八二，9）。

陶缸　3件。

H9076：43，夹砂灰黑陶。直口，方唇，直腹。残高6厘米（图一八二，10）。H9076：4，夹砂灰褐陶。直口，圆唇，直腹。残高5.3厘米（图一八二，11）。H9076：16，夹砂灰黄陶。敞口，卷沿，方唇，斜直腹。腹部饰一道凹弦纹。残高6.8厘米（图一八二，12）。

陶器盖　1件。

H9076：51，夹砂灰黑陶。伞形，尖唇。残高4厘米（图一八二，19）。

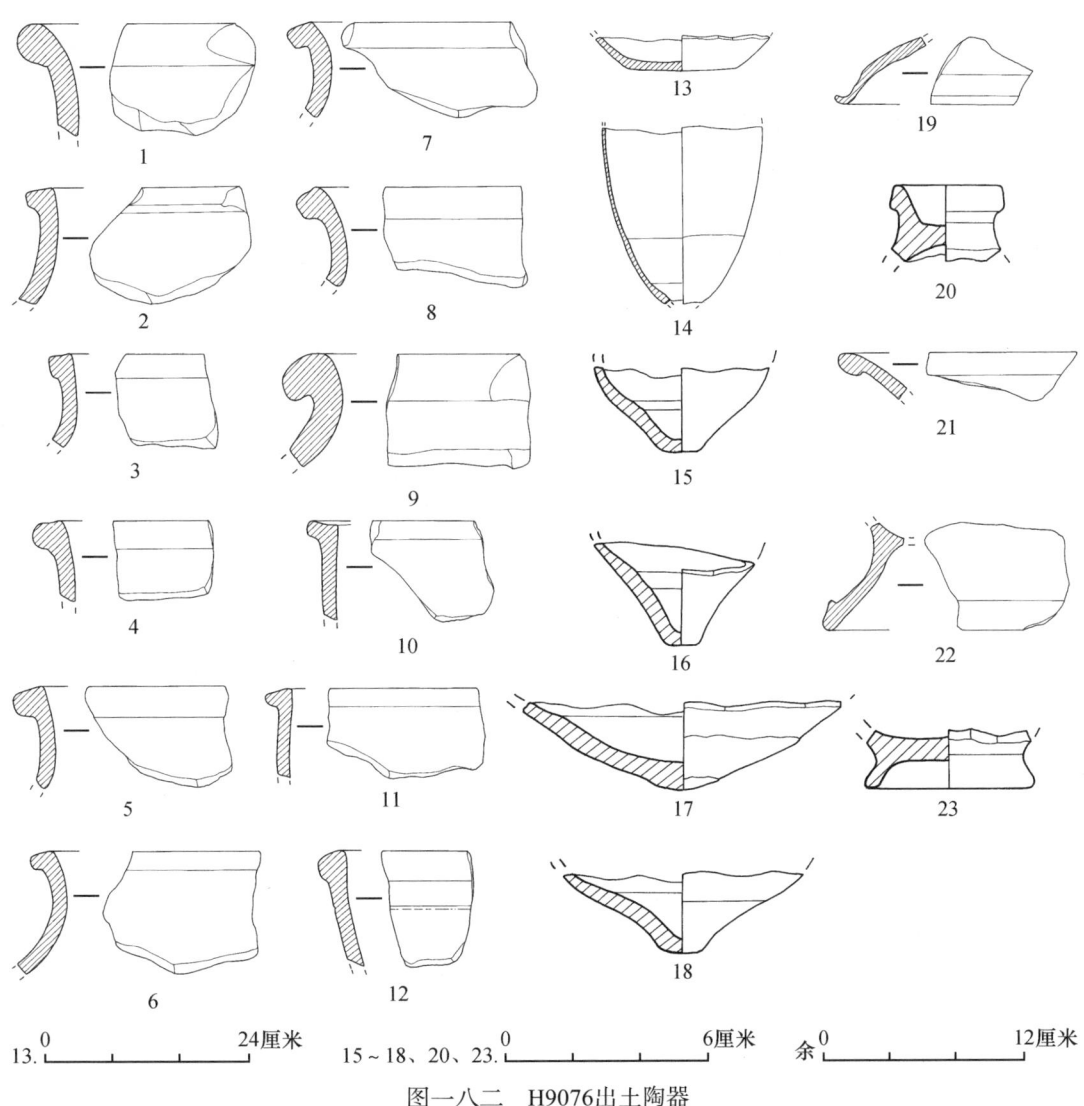

图一八二　H9076出土陶器

1~9.瓮（H9076：38、H9076：31、H9076：8、H9076：42、H9076：40、H9076：28、H9076：24、H9076：48、H9076：34）　10~12.缸（H9076：43、H9076：4、H9076：16）　13~18.器底（H9076：3、H9076：1、H9076：13、H9076：54、H9076：19、H9076：53）　19.器盖（H9076：51）　20.器纽（H9076：30）　21.豆盘（H9076：47）　22、23.圈足（H9076：15、H9076：25）

陶器纽　1件。

H9076：30，夹砂灰黄陶。盘状纽，方唇。纽径3.4、残高2.2厘米（图一八二，20）。

陶豆盘　1件。

H9076：47，夹砂灰黑陶。圆唇，斜直腹。残高2.7厘米（图一八二，21）。

陶器底　6件。

H9076：3，夹砂灰黑陶。大平底。底径12.6、残高4厘米（图一八二，13）。H9076：1，泥质陶，上部呈灰黄，下部呈灰黑。底部残缺。残高10.5厘米（图一八二，14）。H9076：13，泥质灰黑陶。小平底。底径1.4、残高2.5厘米（图一八二，15）。H9076：54，泥质黑皮陶。小平底。底径1.1、残高3厘米（图一八二，16）。H9076：19，夹砂灰黑陶。圜尖底。残高2.5厘米（图一八二，17）。H9076：53，泥质灰黑陶。圆凸尖底。残高2.3厘米（图一八二，18）。

陶圈足　2件。

H9076：15，夹砂灰黑陶。喇叭状矮圈足。残高6.4厘米（图一八二，22）。H9076：25，泥质灰黄陶。盘状矮圈足。圈足径5.1、残高1.7厘米（图一八二，23）。

33. H9077

位于T6915-T7016北部。开口于第6层下，打破第7层。平面形状为圆形（很圆），直径1.14米；斜壁，底部较平，深0.18米（图一八三）。坑内填黑褐色土，土质较疏松，夹杂竹木炭灰烬颗粒。出土陶片以夹砂灰黑陶和泥质灰黑陶为主，其余为夹砂灰陶和泥质灰黄陶。陶片皆为素面陶。经统计，H9077出土陶片中，夹砂灰黑陶和泥质灰黑陶各占陶片总数的33.3%，夹砂灰陶占陶片总数的25%，泥质灰黄陶占陶片总数的8.4%。可辨形有高领罐等（图一八四）。

陶高领罐　1件。

H9077：1，泥质灰黑陶。口微侈，尖圆唇，高直领。残高2.9厘米（图一八四，1）。

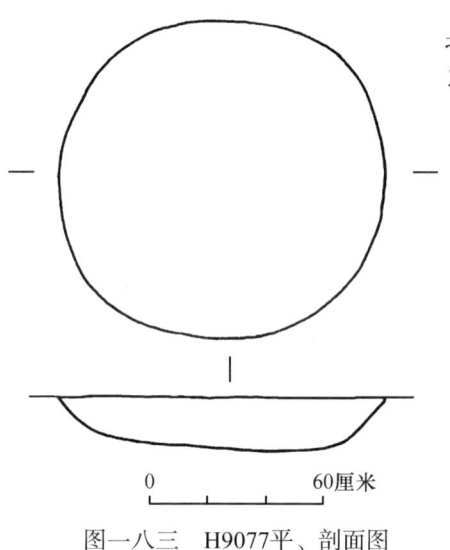

图一八三　H9077平、剖面图

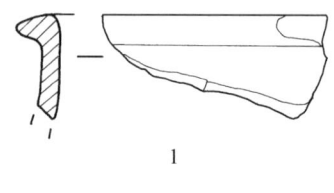 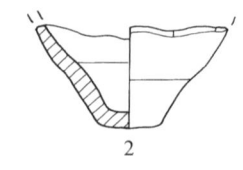 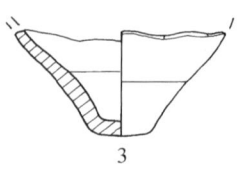

图一八四　H9077、H9078出土陶器

1. 高领罐（H9077：1）　2、3. 器底（H9078：1、H9078：2）

34. H9078

位于T6915-T7016西南角。开口于第6层下,打破第7层。平面形状近圆形,直径约1米;斜壁,近圜底,深0.25米(图一八五)。坑内填黄褐色土,土质紧密,黏性较强,夹杂褐色颗粒,包含少量竹木炭灰烬。出土陶片以夹砂灰黑陶为主,其余依次为泥质灰黑陶、夹砂灰黄陶、夹砂灰褐陶。陶片皆为素面陶。经统计,H9078出土陶片中,夹砂灰黑陶占陶片总数的52.9%,泥质灰黑陶占陶片总数的23.5%,夹砂灰黄陶占陶片总数的20.6%,夹砂灰褐陶占陶片总数的3%。可辨器形有器底(图一八四)。

陶器底　2件。

H9078:1,泥质灰黑陶。小平底。底径1.9、残高2.8厘米(图一八四,2)。H9078:2,泥质灰黑陶。小平底。底径1.8、残高2.8厘米(图一八四,3)。

35. H9080

位于T6915-T7016北部。开口于第6层下,打破第7层,东部被晚期沟打破。推测其完整平面形状为圆形,直径残长约0.68米;斜壁,平底,深0.25米(图一八六)。坑内填黑褐色土,土质紧密,黏性较大,夹杂褐色颗粒,灰坑底部铺有较多卵石,包含少量灰烬。出土陶片以夹砂灰黄陶为主,其余依次为泥质灰黑陶、夹砂灰黑陶、夹砂灰褐陶。陶片皆为素面陶。经统计,H9080出土陶片中,夹砂灰黄陶占陶片总数的38.9%,泥质灰黑陶占陶片总数的30.6%,夹砂灰黑陶占陶片总数的27.8%,夹砂灰褐陶占陶片总数的2.7%。陶片过碎,器形不可辨。

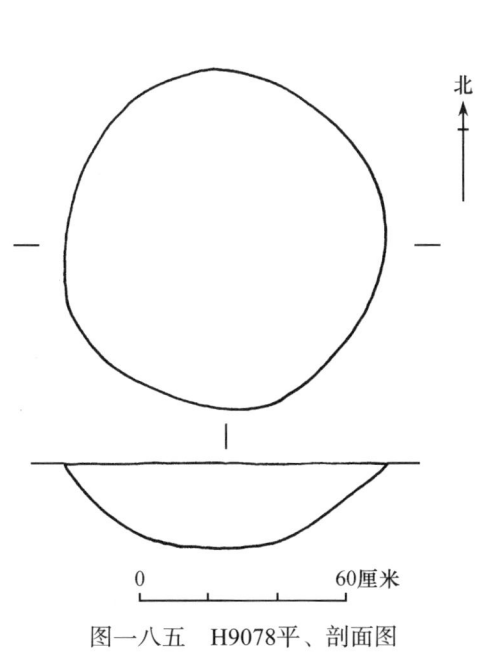

图一八五　H9078平、剖面图

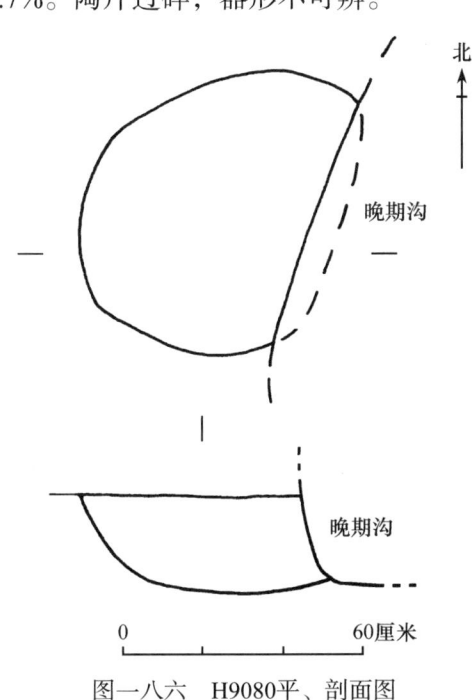

图一八六　H9080平、剖面图

（三）方形

9个。

1. H8864

位于T8109-T8210北部。开口于第6层下，打破第7层，东南部被晚期沟打破。推测其完整平面形状为长方形，长1.75、宽0.8米；斜壁，平底，深0.1米（图一八七；图版一三，2）。灰坑内的填土为黑褐色，土质较致密，黏性较大。灰坑底部铺有少量卵石，包含少量炭屑和较多陶片。陶片以夹砂灰黑陶为主，其余依次为夹砂灰黄陶、泥质灰黑陶、泥质灰白陶、夹砂灰褐陶。纹饰以素面为主，其次为凹弦纹、压印纹、圆圈纹和方格纹。经统计，H8864出土陶片中，夹砂灰黑陶占陶片总数的62.2%，夹砂灰黄陶占陶片总数的25.9%，泥质灰黑陶占陶片总数的7.8%，泥质灰白陶占陶片总数的3.7%，夹砂灰褐陶占陶片总数的0.4%。素面陶占陶片总数的98.5%，凹弦纹陶、压印纹陶、圆圈纹陶和方格纹陶各占陶片总数的0.4%。可辨器形有敛口罐、高领罐、束颈罐、盆、器盖、器底、盘等（图一八八）。

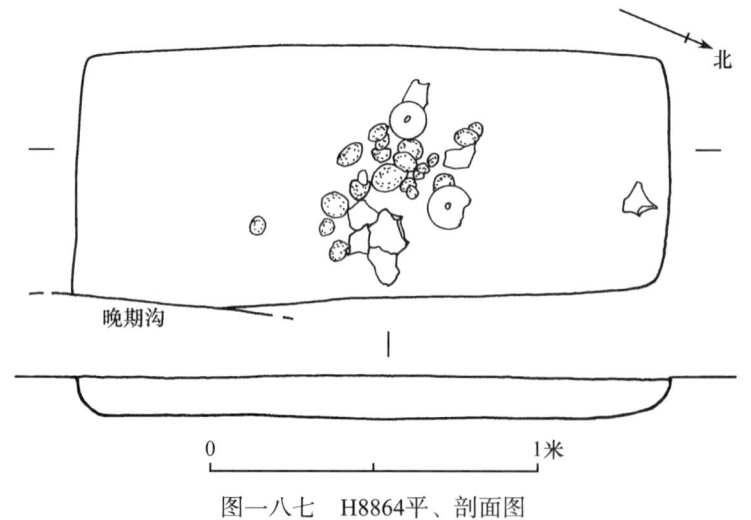

图一八七　H8864平、剖面图

陶敛口罐　1件。

H8864：13，夹砂灰黄陶。敛口，尖圆唇，鼓肩。残高2.8厘米（图一八八，1）。

陶高领罐　1件。

H8864：11，夹砂灰黄陶。侈口，尖圆唇，高领束颈。残高3厘米（图一八八，2）。

陶束颈罐　1件。

H8864：12，夹砂灰黄陶。束颈，方唇，卷沿，鼓肩。残高3.1厘米（图一八八，3）。

陶盆　1件。

H8864：9，夹砂灰黑陶。敛口，尖圆唇，折沿，鼓弧腹。残高4.9厘米（图一八八，4）。

陶器盖　6件。

H8864∶14，夹砂灰黄陶。伞形，圆唇。残高3.1厘米（图一八八，5）。H8864∶6，夹砂灰黑陶。伞形，圆唇，器纽呈乳头状。底径12.7、通高4.8厘米（图一八八，6；图版二五，1）。H8864∶1，夹砂灰黄陶。盆形，圆唇。喇叭状纽。底径12、纽径3.5、通高6.1厘米（图一八八，7；图版二四，6）。H8864∶3，夹砂灰黑陶。钵形，敛口，方唇。底径42、残高9厘米（图一八八，8）。H8864∶10，夹砂灰黑陶。盆形，圆唇。残高4厘米（图一八八，9）。H8864∶15，夹砂灰黑陶。伞形，尖圆唇。残高2厘米（图一八八，10）。

陶器底　1件。

H8864∶16，泥质灰黑陶。近尖底，底部外凸。底径1.6、残高2.9厘米（图一八八，11）。

陶盘　1件。

H8864∶7，夹砂灰黑陶。敞口，圆唇，斜直腹。残高5厘米（图一八八，13）。

石料　1件。

H8864∶4，一面磨光，另一面有切割痕迹。残长9.2、宽4、厚1.2厘米（图一八八，12）。

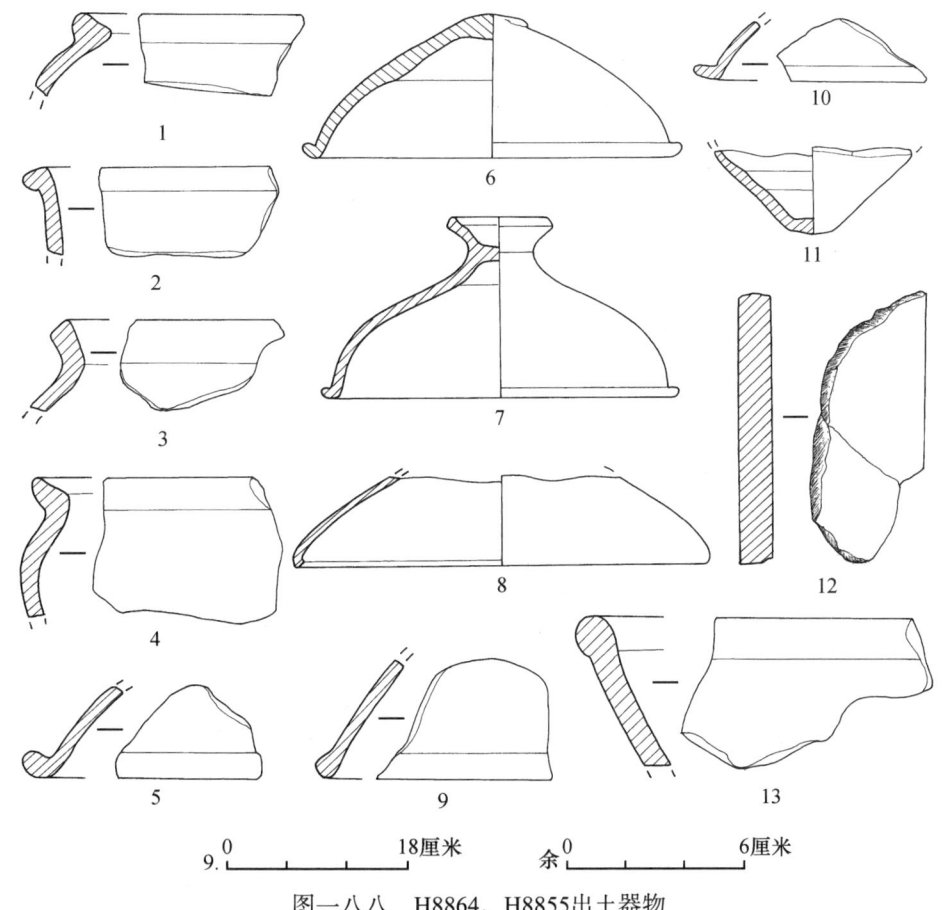

图一八八　H8864、H8855出土器物
1. 陶敛口罐（H8864∶13）　2. 陶高领罐（H8864∶11）　3. 陶束颈罐（H8864∶12）　4. 陶盆（H8864∶9）
5~10. 陶器盖（H8864∶14、H8864∶6、H8864∶1、H8864∶3、H8864∶10、H8864∶15）　11. 陶器底（H8864∶16）
12. 石料（H8864∶4）　13. 陶盘（H8864∶7）

2. H8948

位于T7107-T7208西北部。开口于第6层下,打破第7层。平面形状呈长方形,斜壁,底不平,长2.5、宽0.86、深0.1米(图一八九)。坑内填土为褐黄色土,土质较紧密,夹褐色颗粒和少许竹木炭灰烬。出土少量陶片,以夹砂灰黄陶为主,其次为夹砂灰黑陶、泥质灰黑陶、泥质灰白陶。经统计H8948出土陶片中夹砂灰黄陶占陶片总数的53.2%,夹砂灰黑陶占陶片总数的25.5%,泥质灰黑陶占陶片总数的12.8%,泥质灰白陶占陶片总数的8.5%。陶片皆为素面陶。陶片过碎,器形不可辨。

3. H8869

位于T8111-T8212东北部。开口于第6层下,打破第7层,西北部被M2934打破。平面形状为方形,长1.5、宽1.3米;斜直壁,平底,深0.27米(图一九〇)。坑内填灰黑色土,土质较致密,黏性较大。包含少量炭屑和陶片,陶片主要为夹砂灰黑陶,其余依次为夹砂灰黄陶、泥质灰黑陶、泥质灰黄陶。纹饰主要为素面,其次为凹弦纹。夹砂灰黑陶占陶片总数的82%,夹砂灰黄陶占陶片总数的9%,泥质灰黑陶占陶片总数的8.1%,泥质灰黄陶占陶片总数的0.9%。素面陶占陶片总数的99.1%,凹弦纹陶占陶片总数的0.9%。可辨器形有束颈罐、器底和圈足(图一九一)。

陶束颈罐　2件。

H8869:5,夹砂灰黄陶。束颈,方唇,卷沿,鼓肩。肩部饰一周凹弦纹。残高3.8厘米(图一九一,1)。H8869:6,夹砂灰黑陶。束颈,尖圆唇,卷沿,鼓肩。残高3.1厘米(图一九一,2)。

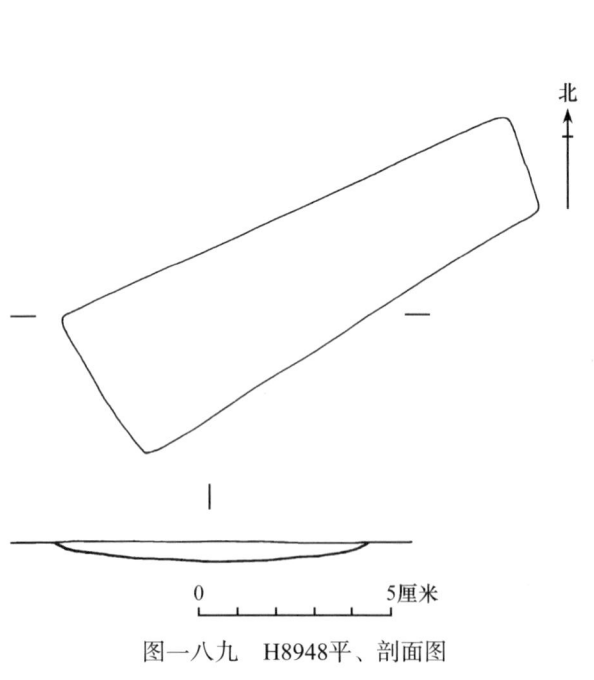

图一八九　H8948平、剖面图

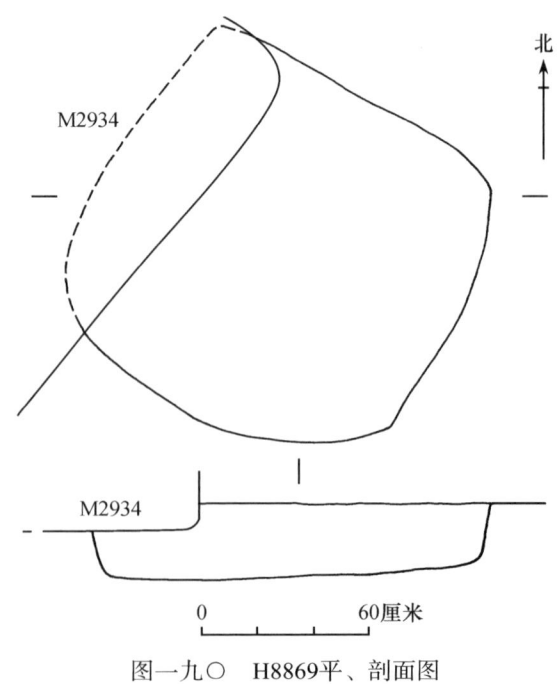

图一九〇　H8869平、剖面图

陶器底　1件。

H8869∶4，泥质灰黑陶。小平底。底径2.4、残高2.5厘米（图一九一，3）。

陶圈足　2件。

H8869∶1，夹砂灰黑陶。盘状矮圈足。圈足径12.6、残高4厘米（图一九一，4）。

H8869∶3，夹砂灰褐陶。盘状矮圈足。圈足径9、残高3.8厘米（图一九一，5）。

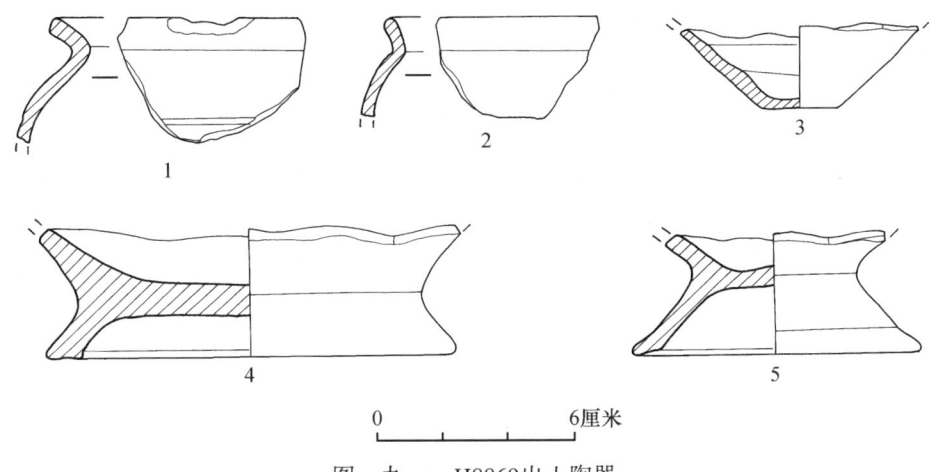

图一九一　H8869出土陶器

1、2. 束颈罐（H8869∶5、H8869∶6）　3. 器底（H8869∶4）　4、5. 圈足（H8869∶1、H8869∶3）

4. H8894

位于T7909-T8010西北角。开口于第6层下，打破第7层。平面形状为不规则长方形，残长1.2、宽0.6米；斜壁，弧底，深0.15米（图一九二；图版一四，1）。坑内填褐黄色土，土质较紧密，黏性较大。包含零星竹木炭灰烬和少量陶片。出土陶片以夹砂灰黑陶为主，其余依次为夹砂灰黄陶、泥质灰黑陶、泥质灰陶、泥质灰黄陶。皆为素面陶。经统计，H8894出土陶片中，夹砂灰黑陶占陶片总数的35.1%，夹砂灰黄陶占陶片总数的26.3%，泥质灰黑陶占陶片总数的26.3%，泥质灰陶占陶片总数的8.8%，泥质灰黄陶占陶片总数的3.5%。可辨器形有尖底杯、尖底盏、敛口罐、束颈罐、缸、器底等（图一九三）。

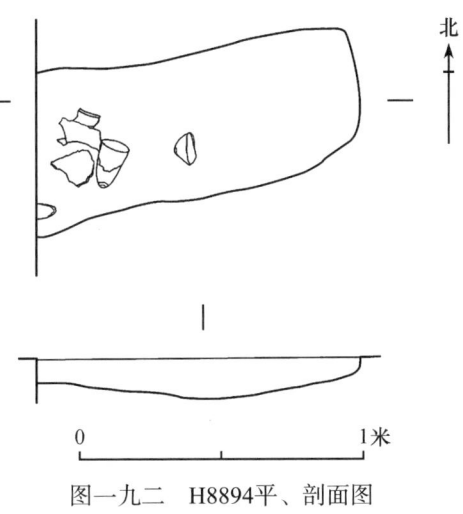

图一九二　H8894平、剖面图

陶尖底杯　1件。

H8894∶1，泥质灰黑陶。敛口，尖唇，上下腹几乎为一体，腹部较鼓，圆凸尖底。口径8.8、通高14.8厘米（图一九三，6；图版二五，2）。

陶尖底盏　1件。

H8894∶6，泥质灰白陶。口微敛，尖圆唇。口径10.6、残高3.6厘米（图一九三，1）。

陶敛口罐　1件。

H8894∶3，夹砂灰黄陶，敛口，圆唇，广弧肩。口径30、残高2.6厘米（图一九三，5）。

陶束颈罐　1件。

H8894∶5，夹砂灰黑陶。束颈，方唇，卷沿，斜肩。残高3.8厘米（图一九三，7）。

陶缸　1件。

H8894∶4，夹砂灰黑陶。直口，圆唇，直腹。腹部饰一颗乳钉纹和一道凹弦纹。残高6.6厘米（图一九三，8）。

陶器底　3件。

H8894∶2，泥质灰黄陶。近尖底。底径1、残高9.2厘米（图一九三，2）。H8894∶9，夹砂灰黄陶。大平底。底径8.4、残高7.4厘米（图一九三，3）。H8894∶8，夹砂灰黑陶。小平底，底部微外弧。底径2.5、残高2.6厘米（图一九三，4）。

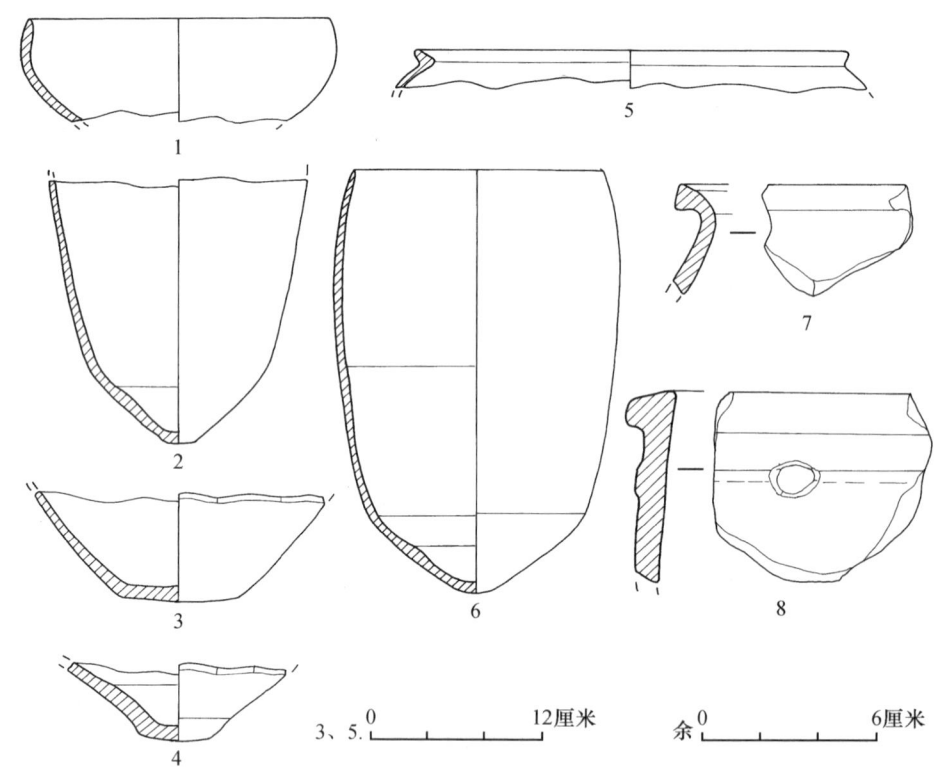

图一九三　H8894出土陶器

1.尖底盏（H8894∶6）　2~4.器底（H8894∶2、H8894∶9、H8894∶8）　5.敛口罐（H8894∶3）　6.尖底杯（H8894∶1）　7.束颈罐（H8894∶5）　8.缸（H8894∶4）

5. H8895

位于T7909-T8010西南部。开口于第6层下，打破第7层。平面形状为不规则长方形，长2.2、宽1.6米；斜壁，底部略平，深0.26米（图一九四）。坑内填土黑褐色土，土质较疏松，略带黏性。包含零星竹木炭灰烬和兽骨、牙齿等。出土陶片以夹砂灰黑陶为主，其余依次为泥质灰黑陶、夹砂灰黄陶、泥质灰白陶、泥质灰褐陶、泥质灰黄陶。纹饰仅有凹弦纹。经统计，H8895出土陶片中，夹砂灰黑陶占陶片总数的48.9%，泥质灰黑陶占陶片总数的25%，夹砂灰黄陶占陶片总数的13.1%，泥质灰白陶占陶片总数的9.3%，泥质灰褐陶占陶片总数的2.2%，泥质灰黄陶占陶片总数的1.5%。素面陶片占陶片总数的97.8%，凹弦纹陶占陶片总数的2.2%。可辨器形有瓮形器、高领罐、束颈罐、盆、器盖、器纽、器底、圈足等（图一九五、图一九六）。

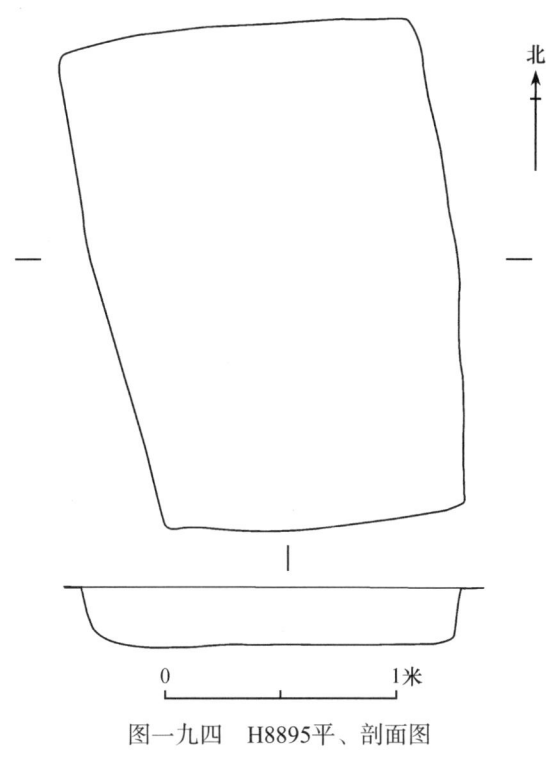

图一九四 H8895平、剖面图

陶瓮形器 4件。

H8895：2，夹砂灰黑陶。敛口，方唇，肩部微鼓，下腹斜直内收。沿外侧及肩部饰绳纹。残高8厘米（图一九五，1）。H8895：5，夹砂灰黄陶。敛口，方唇，肩部微鼓。沿外侧饰绳纹，肩部饰绳纹及一周凹弦纹。残高4厘米（图一九五，2）。H8895：4，夹砂灰黑陶。敛口，圆唇，鼓肩较甚。沿外侧及肩部饰绳纹。残高3.3厘米（图一九五，3）。H8895：13，夹砂灰黑陶。敛口，圆唇，鼓肩较甚。沿外侧及肩部饰绳纹。残高4厘米（图一九五，4）。

陶高领罐 3件。

H8895：10，夹砂灰黄陶。侈口，圆唇，斜直高领。口径13、残高4.2厘米（图一九五，9）。H8895：14，夹砂灰黑陶。侈口，圆唇，高领。残高3厘米（图一九五，10）。H8895：18，夹砂灰黄陶。侈口，圆唇，高领。残高3.2厘米（图一九五，11）。

陶束颈罐 4件。

H8895：12，夹砂灰黑陶。束颈，圆唇，卷沿，肩部微鼓。残高3.5厘米（图一九五，5）。H8895：17，夹砂灰黑陶。束颈，方唇，卷沿，肩部微鼓。残高2.6厘米（图一九五，6）。H8895：1，夹砂灰黑陶。束颈，方唇，卷沿，溜肩。肩部饰绳纹及一周凹弦纹。残高6厘米（图一九五，7）。H8895：3，夹砂灰黑陶。束颈，方唇，卷沿，溜肩。肩部饰绳纹。残高5厘米（图一九五，8）。

陶盆 3件。

H8895：6，夹砂灰黑陶。口微敛，方唇，卷沿，浅弧腹。残高4.5厘米（图一九六，

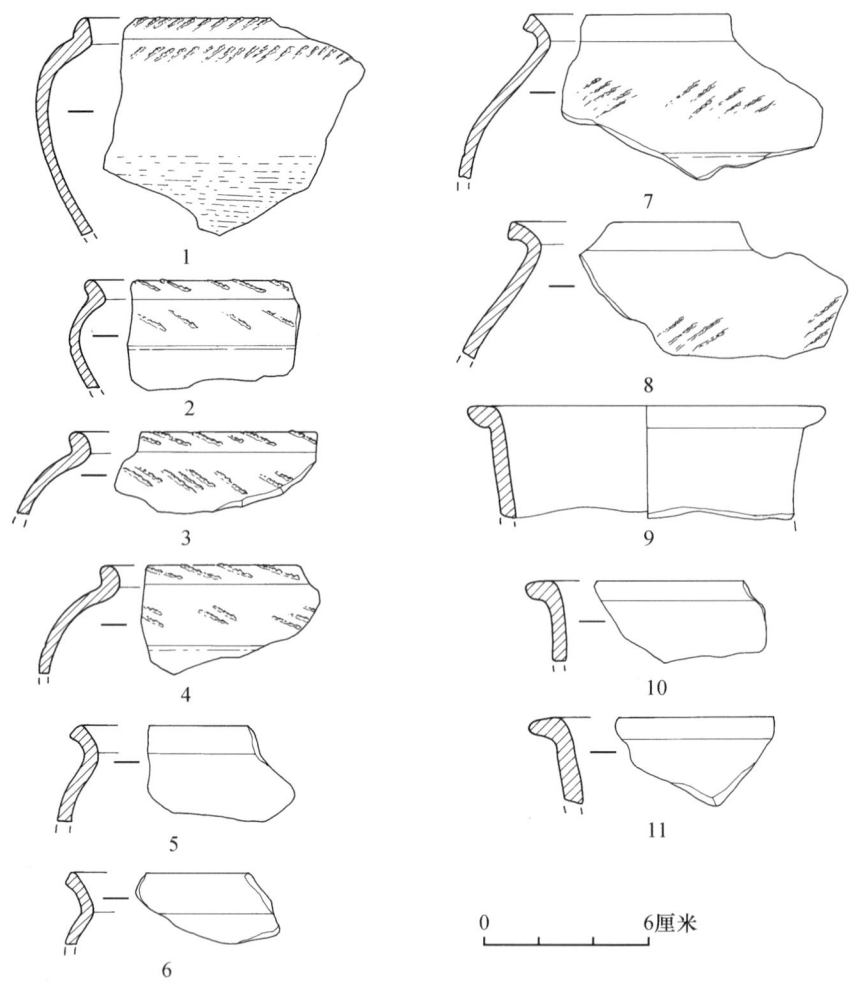

图一九五 H8895出土陶器

1~4.瓮形器（H8895：2、H8895：5、H8895：4、H8895：13） 5~8.束颈罐（H8895：12、H8895：17、H8895：1、H8895：3） 9~11.高领罐（H8895：10、H8895：14、H8895：18）

1）。H8895：7，夹砂灰黄陶。敛口，方唇，折沿，深鼓腹。腹部饰一周凹弦纹。残高4.5厘米（图一九六，2）。H8895：16，夹砂灰黑陶。敛口，圆唇，卷沿，深鼓腹。残高3厘米（图一九六，3）。

陶器盖　3件。

H8895：8，夹砂灰黑陶。钵形，圆唇。残高5厘米（图一九六，4）。H8895：19，夹砂褐陶。盏形，圆唇。底径7.6、通高1.4厘米（图一九六，5）。H8895：20，夹砂灰黑陶。盏形，尖圆唇。底径9、残高1厘米（图一九六，6）。

陶器纽　1件。

H8895：24，泥质灰黄陶。"8"字形纽，尖圆唇。残高3.8厘米（图一九六，10）。

陶器底　3件。

H8895：21，泥质灰黑陶。小平底。底径2.1、残高3.2厘米（图一九六，11）。H8895：22，泥质灰黑陶。小平底。底径1.8、残高2.5厘米（图一九六，12）。H8895：23，泥

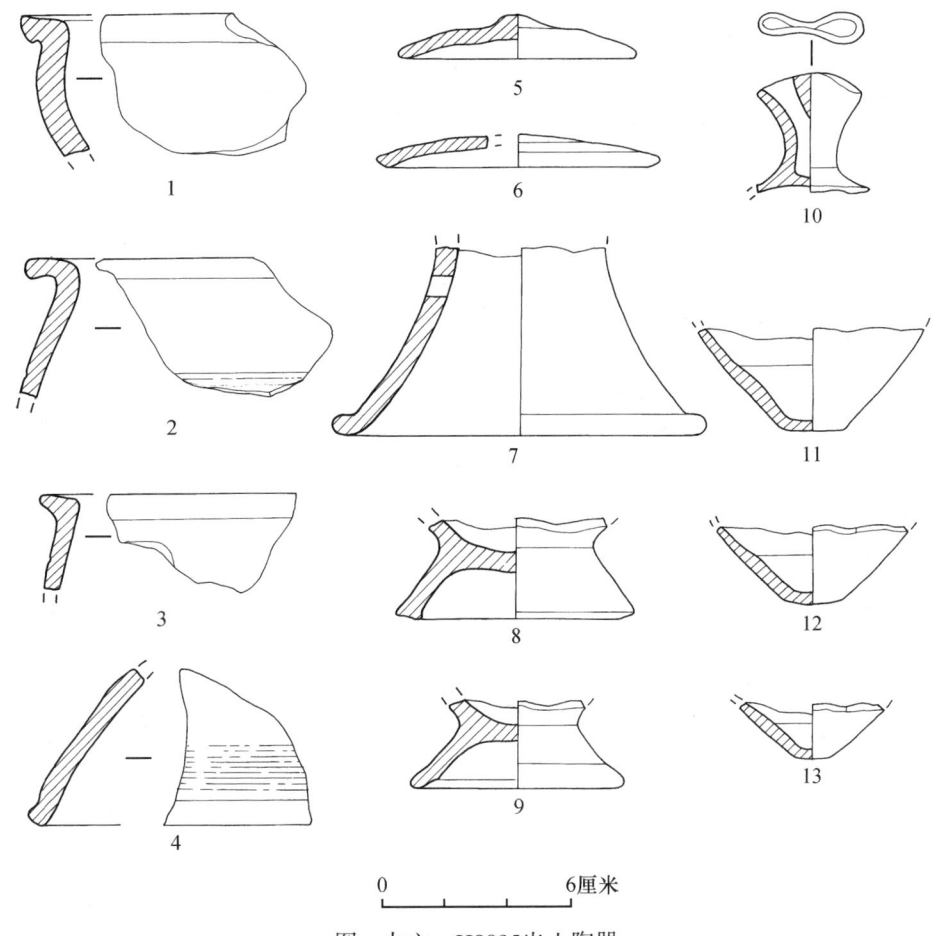

图一九六 H8895出土陶器

1~3.盆（H8895：6、H8895：7、H8895：16） 4~6.器盖（H8895：8、H8895：19、H8895：20） 7~9.圈足（H8895：26、H8895：25、H8895：27） 10.器纽（H8895：24） 11~13.器底（H8895：21、H8895：22、H8895：23）

质灰黑陶。小平底。底径1.2、残高1.8厘米（图一九六，13）。

陶圈足 3件。

H8895：26，夹砂灰黑陶。喇叭状，高圈足。圈足与器身相接处有两个对称分布的圆形镂孔。圈足径12、残高6厘米（图一九六，7）。H8895：25，夹砂灰黄陶。盘状，矮圈足。圈足径7.6、残高3.1厘米（图一九六，8）。H8895：27，夹砂灰黑陶。盘状，矮圈足。圈足径6.8、残高2.8厘米（图一九六，9）。

6. H8909

位于T7909-T8010的西南部。开口于第6层下，打破第7层，西北部和北部以及东北部分别被H8895和H8900打破。推测其完整平面形状为方形，残长2.04、宽1.44米；斜壁，平底，残深0.18米（图一九七）。坑内填土为黑色夹杂黄色土，土质较紧密，黏性较大。包含零星竹木炭灰烬和陶片。出土陶片以夹砂灰黑陶为主，其余依次为泥质灰黑陶、夹砂灰黄陶、夹砂灰陶、夹砂灰褐陶、泥质灰黄陶、泥质灰白陶、泥质灰褐陶。纹饰以素面为主，其次为凹弦纹。经统计，H8909出土陶片中，夹砂灰黑陶占陶片总数的35.5%，泥质灰黑陶占陶片总数的23.5%，

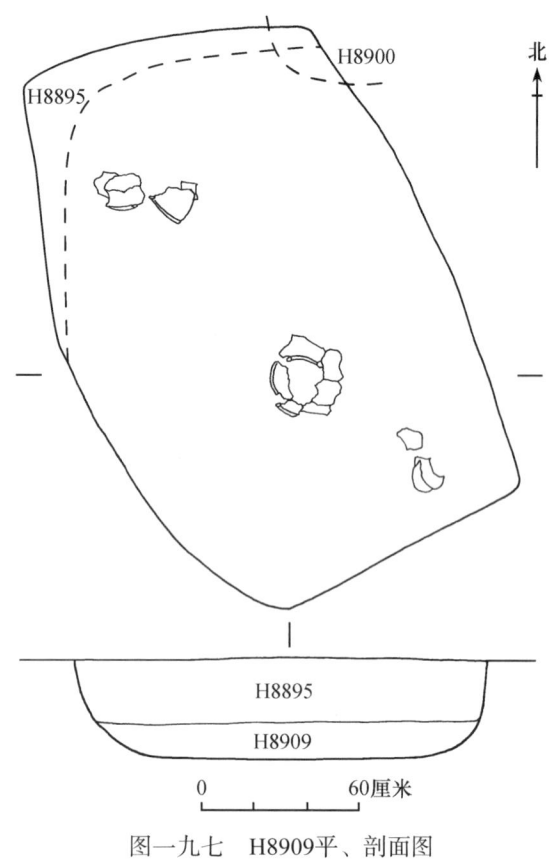

图一九七　H8909平、剖面图

夹砂灰黄陶占陶片总数的22.3%，夹砂灰陶占陶片总数的6.6%，夹砂灰褐陶占陶片总数的3.6%，泥质灰黄陶占陶片总数的3.3%，泥质灰白陶占陶片总数的2.8%，泥质灰褐陶占陶片总数的2.3%。素面陶占陶片总数的99.5%，凹弦纹陶占陶片总数的0.5%。可辨器形有尖底杯、瓮形器、高领罐、束颈罐、盆、器盖等（图一九八~图二〇〇）。

陶尖底杯　2件。

H8909：8，泥质灰黑陶。近罐形，尖圆唇，侈口。口径11、残高7厘米（图一九八，6）。H8909：1，泥质灰黑陶。近罐形，尖圆唇，侈口。底部留有制作遗留痕迹，形似线纹。口径12、底径2.5、通高9.3厘米（图一九八，7；图版二五，3）。

陶瓮形器　5件。

H8909：16，夹砂灰黑陶。敛口，圆唇，肩部微鼓。沿外侧及肩部饰戳印纹。残高6.2厘米（图一九八，1）。H8909：5，夹砂灰黑陶。敛口，圆唇，肩部微鼓。沿外侧及肩部饰戳印纹。口径30、残高15厘米（图一九八，2）。H8909：18，夹砂灰黑陶。敛口，圆唇，肩部微鼓。沿外侧及肩部饰戳印纹。口径36、残高5厘米（图一九八，3）。H8909：14，夹砂灰黑陶。敛口，圆唇，肩部微鼓。沿外侧及肩部饰戳印纹。残高3.5厘米（图一九八，4）。H8909：9，夹砂灰黑陶。敛口，方唇，折肩。沿外侧饰戳印纹。残高3.4厘米（图一九八，5）。

陶高领罐　7件。

H8909：4，夹砂灰褐陶。侈口，圆唇，高领微束。领部饰一道凹弦纹。口径19、残高11.2厘米（图一九九，1）。H8909：3，夹砂灰黄陶。侈口，尖圆唇，高领微束。口径20、残高15.8厘米（图一九九，2）。H8909：23，夹砂灰黄陶。侈口，尖圆唇，高直领。口径16、残高4.2厘米（图一九九，3）。H8909：21，夹砂灰黄陶。侈口，尖圆唇，高斜直领。残高5厘米（图一九九，4）。H8909：19，夹砂灰黑陶。侈口，尖圆唇，高斜直领。残高3.6厘米（图一九九，5）。H8909：22，夹砂灰黑陶。盘口，方唇，高领束颈。领部饰一周凹弦纹。口径17、残高5厘米（图一九九，6）。H8909：10，夹砂灰黑陶。侈口，圆唇，高领束颈。残高4厘米（图一九九，7）。

陶束颈罐　2件。

H8909：20，夹砂灰黑陶。束颈，方唇，卷沿，鼓肩。口径14、残高3.8厘米（图二〇〇，1）。H8909：6，夹砂灰黑陶。侈口，束颈，圆唇，卷沿，口与肩相当。残高4.1厘米（图二〇〇，6）。

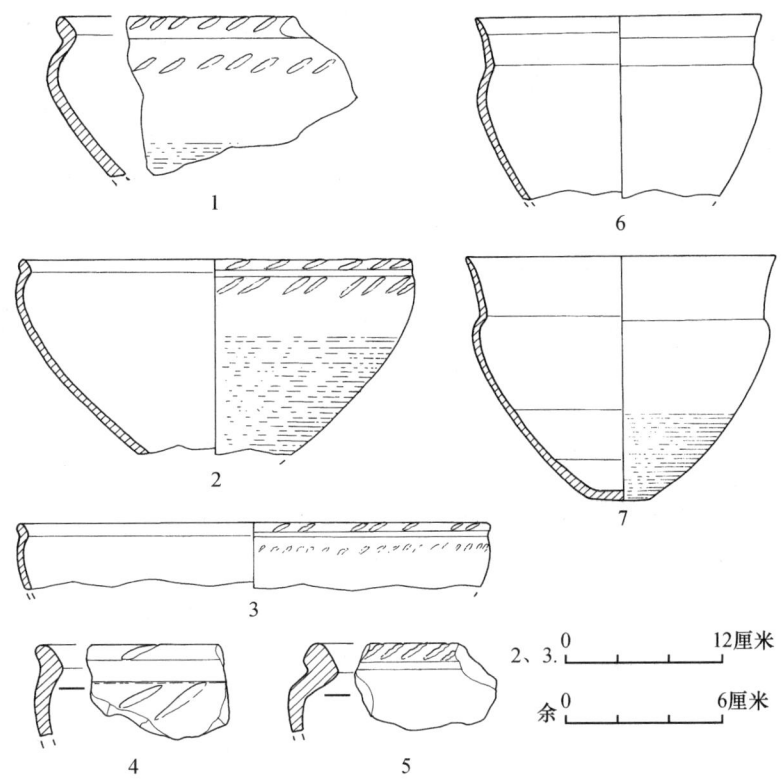

图一九八 H8909出土陶器
1~5.瓮形器（H8909：16、H8909：5、H8909：18、H8909：14、H8909：9） 6、7.尖底杯（H8909：8、H8909：1）

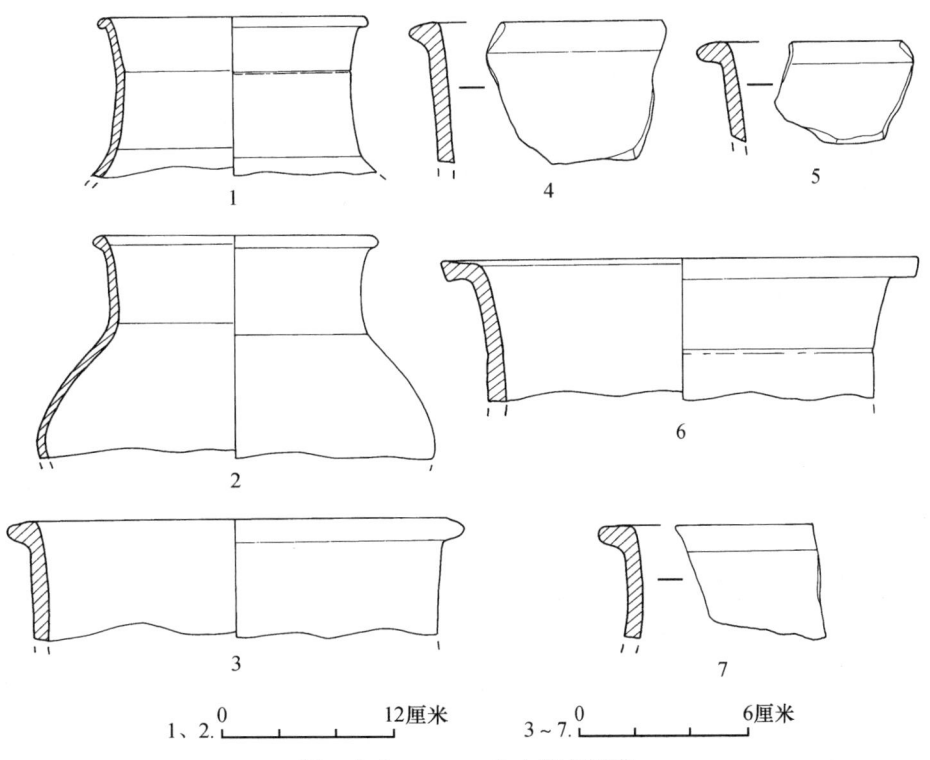

图一九九 H8909出土陶高领罐
1.H8909：4 2.H8909：3 3.H8909：23 4.H8909：21 5.H8909：19 6.H8909：22 7.H8909：10

陶盆　3件。

H8909：24，夹砂灰黄陶。尖圆唇，卷沿，浅弧腹。口径22、残高6.5厘米（图二〇〇，2）。H8909：12，夹砂灰黄陶。尖圆唇，卷沿，浅弧腹。口径22、残高10厘米（图二〇〇，3）。H8909：15，夹砂灰黄陶。敛口，圆唇，卷沿，深弧腹。腹部饰两道凹弦纹。残高5.3厘米（图二〇〇，7）。

陶器盖　2件。

H8909：13，夹砂灰黑陶。覆盘形，尖圆唇。底径17、残高2厘米（图二〇〇，4）。H8909：2，夹砂灰黄陶。覆盏形，尖圆唇。底径8、残高1.4厘米（图二〇〇，5；图版二五，4）。

陶器纽　1件。

H8909：17，泥质灰黑陶。高柄，"8"字形纽。残高7.4厘米（图二〇〇，8）。

陶器底　1件。

H8909：11，泥质灰黑陶。小平底，底部微凹。底径2.3、残高4.1厘米（图二〇〇，9）。

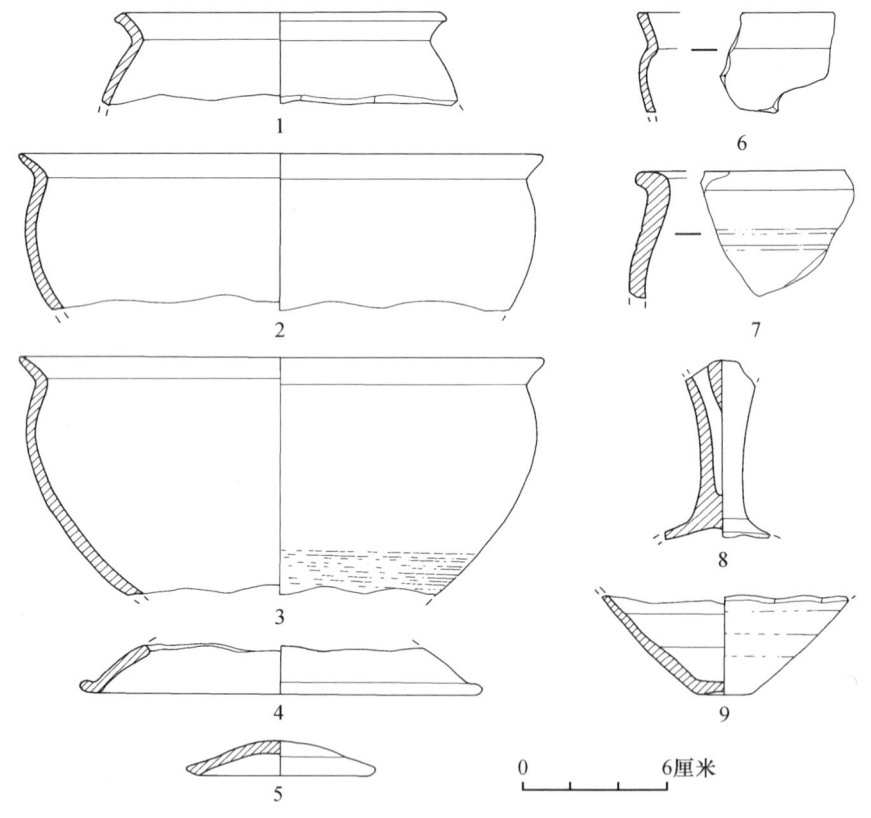

图二〇〇　H8909出土陶器

1、6.束颈罐（H8909：20、H8909：6）　2、3、7.盆（H8909：24、H8909：12、H8909：15）　4、5.器盖（H8909：13、H8909：2）　8.器纽（H8909：17）　9.器底（H8909：11）

7. H8914

位于T7707-T7808东部。开口于第6层下，打破第7层。平面形状为方形，斜壁，平底，长1.04、宽0.9、深0.1米（图二〇一）。坑内填黑褐色土，质地紧密，黏性较强。夹杂褐色颗粒和零星竹木炭灰烬。出土陶片以泥质灰黑陶为主，其余依次为夹砂灰黑陶、夹砂灰黄陶、泥质灰黄陶、夹砂灰褐陶。纹饰以素面为主，其余为网格纹。经统计，H8914出土陶片中，泥质灰黑陶占陶片总数的58%，夹砂灰黑陶占陶片总数为19.6%，夹砂灰黄陶占陶片总数为13.4%，泥质灰黄陶占陶片总数的5.4%，夹砂灰褐陶占陶片总数的3.6%。素面陶占陶片总数的99.1%，网格纹陶占陶片总数的0.9%。可辨器形有高领罐、器底等（图二〇二）。

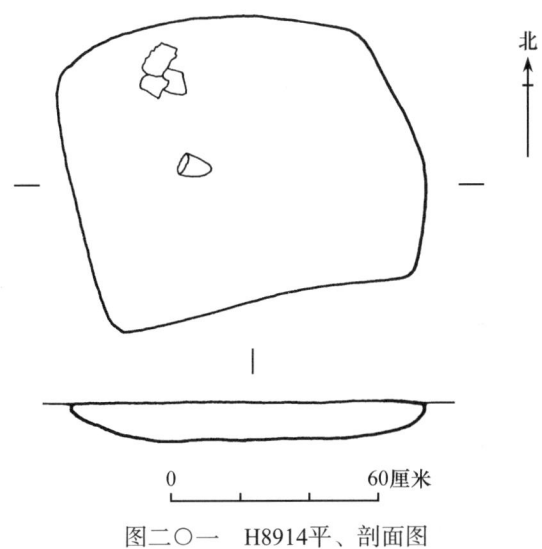

图二〇一 H8914平、剖面图

陶高领罐　1件。

H8914∶4，夹砂灰黄陶。侈口，圆唇，高束颈。残高5.3厘米（图二〇二，1）。

陶器底　3件。

H8914∶1，泥质灰黑陶。小平底。底径1.4、残高10.2厘米（图二〇二，2）。H8914∶2，泥质陶。上腹灰黄，下腹灰黑。近尖底。底径1.3、残高6.3厘米（图二〇二，3）。H8914∶3，泥质灰黑陶。近尖底。底径1.1、残高4.5厘米（图二〇二，4）。

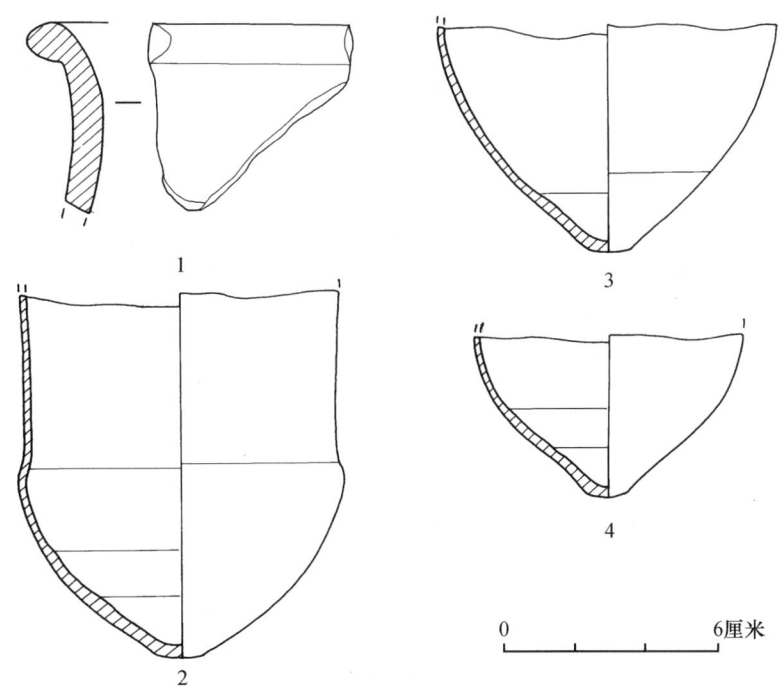

图二〇二 H8914出土陶器

1.高领罐（H8914∶4）　2~4.器底（H8914∶1、H8914∶2、H8914∶3）

（四）不规则形

19个。

1. H8846

位于T8311-T8412西南部，西部伸入探方西壁，未全部发掘。开口于第6层下，打破第7层。平面为不规则形，直径约1.8米；斜壁，平底，深0.13米（图二〇三）。坑内填灰黑色土，土质致密，黏性较大。包含少量炭屑和陶片，陶片以夹砂灰黑陶为主，其余依次为泥质灰黄陶、泥质灰黑陶和泥质灰白陶、夹砂灰褐陶、夹砂灰陶和夹砂灰黄陶。其中，夹砂灰黑陶占陶片总数的31.5%，泥质灰黄陶占陶片总数的20.5%，泥质灰黑陶和泥质灰白陶各占陶片总数的13.7%，夹砂灰褐陶占陶片总数的12.3%，夹砂灰陶和夹砂灰黄陶各占陶片总数的4.15%。陶片皆为素面陶。可辨器形有器底（图二〇四）。

陶器底　2件。

H8846：1，夹砂灰黑陶。大平底，底部微凹。底径10.8、残高2.5厘米（图二〇四，1）。

H8846：2，泥质灰黑陶。圆凸尖底。残高3.2厘米（图二〇四，2）。

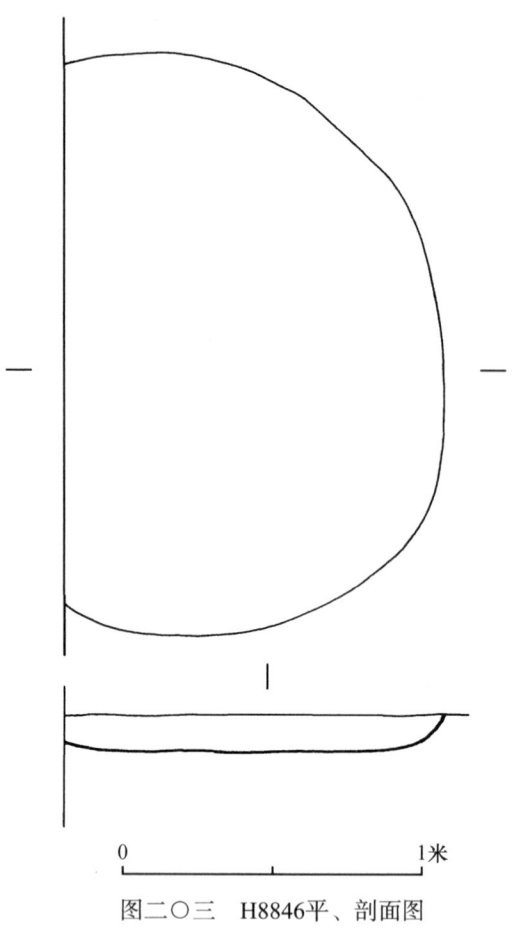

图二〇三　H8846平、剖面图

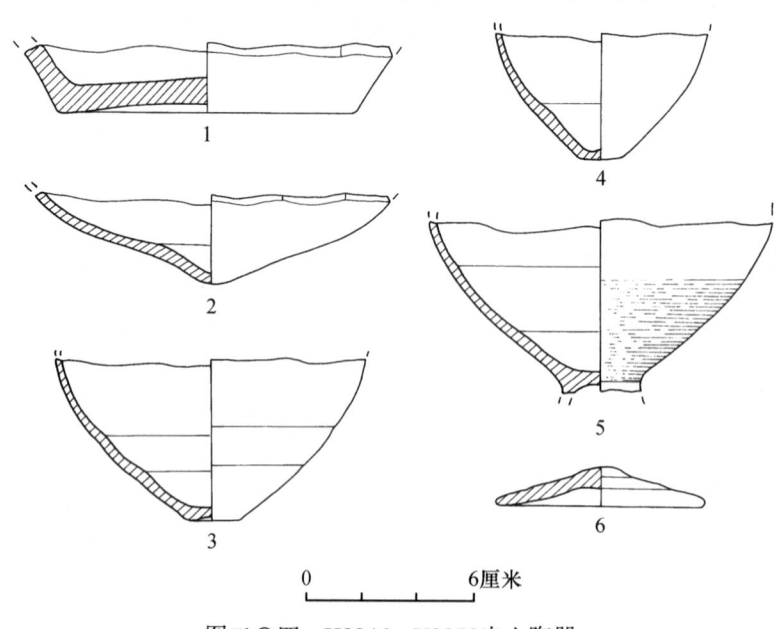

图二〇四　H8846、H8878出土陶器

1~4.器底（H8846：1、H8846：2、H8878：1、H8878：3）　5.圈足（H8878：2）　6.器盖（H8878：4）

2. H8878

位于T8111-T8212的北部。开口于第6层下，打破第7层，被G867打破。平面形状为不规则形，斜壁，圜底，长1.3、宽1.05、深0.27米（图二〇五）。坑内填黑褐色土，土质较紧密，黏性较强。夹杂褐色颗粒和零星竹木炭灰烬。出土陶片以夹砂灰黑陶为主，其余依次为泥质灰黑陶、夹砂灰黄陶、夹砂灰褐陶和泥质灰黄陶。纹饰以素面为主，其次为凹弦纹。经统计，H8878出土陶片中，夹砂灰黑陶占陶片总数的44.8%，泥质灰黑陶占陶片总数的27.6%，夹砂灰黄陶占陶片总数的20.7%，夹砂灰褐陶占陶片总数的5.2%，泥质灰黄陶占陶片总数的1.7%。素面陶占陶片总数的98.3%，凹弦纹陶占陶片总数的1.7%。可辨器形有器盖、器底、圈足等（图二〇四）。

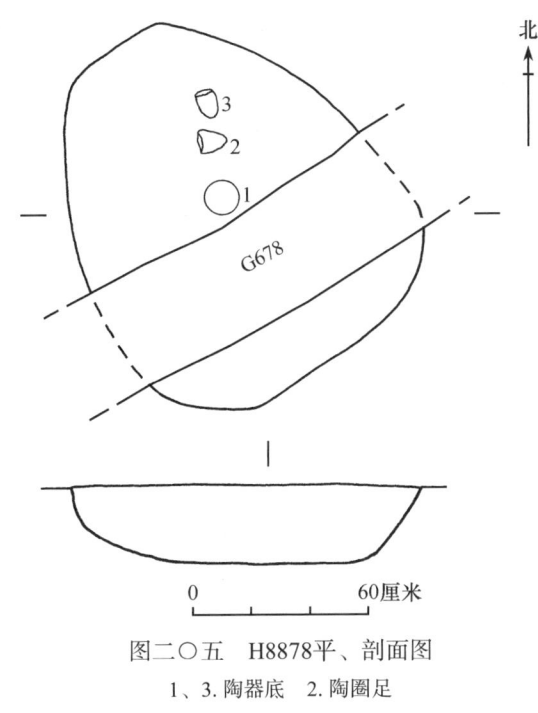

图二〇五 H8878平、剖面图
1、3.陶器底 2.陶圈足

陶器盖　1件。

H8878：4，夹砂灰黑陶。覆盏形。圆唇。底径7.4、通高1.4厘米（图二〇四，6）。

陶器底　2件。

H8878：1，泥质灰黑陶。小平底，底部微凹。底径2.2、残高5.8厘米（图二〇四，3）。H8878：3，泥质灰黑陶。小平底。底径1.6、残高4.5厘米（图二〇四，4）。

陶圈足　1件。

H8878：2，夹砂灰黑陶。口部、圈足残缺。残高6.4厘米（图二〇四，5）。

3. H8899

位于T7909-T8010北部。开口于第6层下，打破第7层，北部伸入北隔梁内，未发掘。平面形状呈不规则形，长1.8、宽1米；斜壁，底部略平，深0.1米（图二〇六）。坑内填褐黄色土，土质较致密，黏性较强，夹杂褐色颗粒。包含少量炭屑及陶片。陶片以夹砂灰黑陶为主，其余依次为泥质灰黑陶、泥质灰黄陶。陶片皆为素面陶。其中，夹砂灰黑陶占陶片总数的63.8%，泥质灰黑陶占陶片总数的25.9%，泥质灰黄陶占陶片总数的10.3%。可辨器形有陶尖底盏、陶器纽、石锛等（图二〇七）。

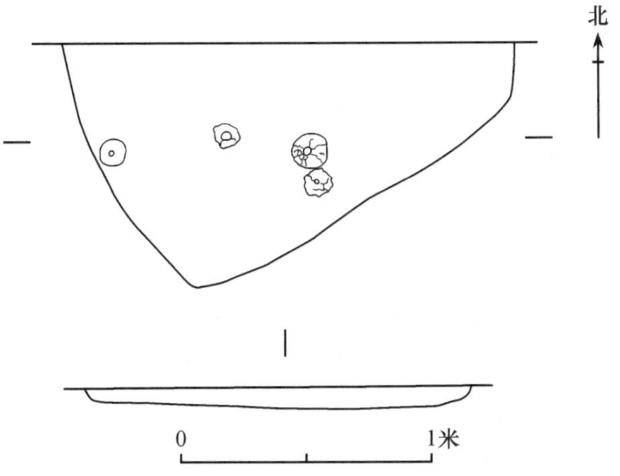

图二〇六 H8899平、剖面图

陶尖底盏　3件。

H8899：3，夹砂灰黑陶。侈口，尖圆唇，小平底。口径12.6、通高6.4厘米（图二〇七，1；图版二五，5）。H8899：4，夹砂灰黑陶。侈口，尖圆唇，下腹内收，小平底。口径12、通高5.2厘米（图二〇七，2）。H8899：7，夹砂灰黑陶。侈口，尖圆唇，浅腹，下腹急收，底部残。口径11.6、残高2.8厘米（图二〇七，3）。

陶器纽　1件。

H8899：6，夹砂灰黑陶。盘状纽，方唇。纽径3.1、残高1.5厘米（图二〇七，4）。

石锛　1件。

H8899：1，梯形，通体磨光，顶残。残长4.2、宽3.2、厚0.6厘米（图二〇七，5）。

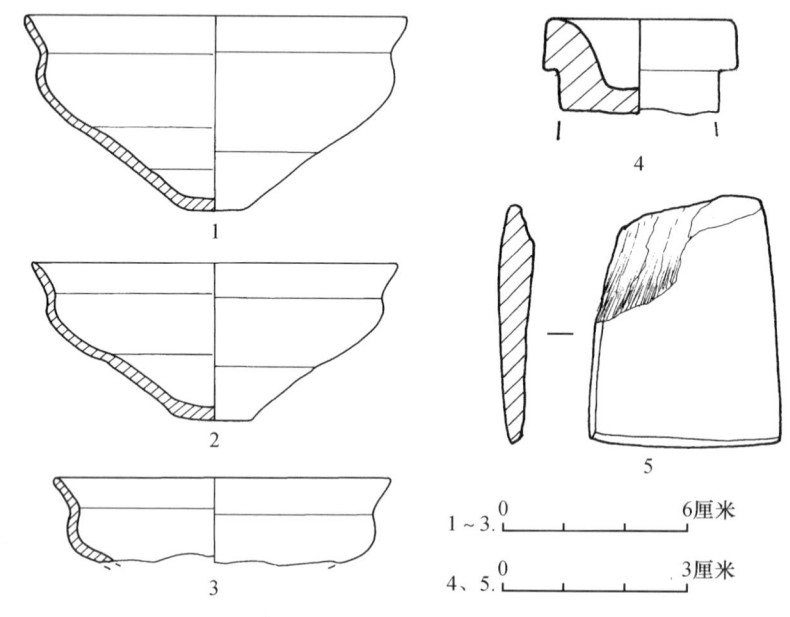

图二〇七　H8899出土器物

1~3.陶尖底盏（H8899：3、H8899：4、H8899：7）　4.陶器纽（H8899：6）　5.石锛（H8899：1）

4. H8918

位于T7505-T7606东部。北部和东部伸入探方壁内，未全部发掘。开口于第6层下，打破第7层，南部被晚期沟打破。平面形状呈不规则形，长2.84、宽0.4米；壁较直，底部较平，深0.1米（图二〇八）。坑内填黑褐色土，土质较致密，黏性较强，夹杂零星灰烬炭屑颗粒，坑底较多卵石堆积。陶片以夹砂灰黑陶为主，其余依次为夹砂灰黄陶、夹砂灰褐陶、泥质灰黑陶。纹饰以素面为主，其次有凹弦纹、网格纹。其中，夹砂灰黑陶占陶片总数的43%，夹砂灰黄陶占陶片总数的44.5%，夹砂灰褐陶占陶片总数的7.9%，泥质灰黑陶占陶片总数的4.5%。素面陶占陶片总数的99.1%，凹弦纹陶占陶片总数的0.6%，网格纹陶占陶片总数的0.3%。可辨器形有瓮形器、敛口罐、高领罐、矮领罐、束颈罐、壶、盆、瓮、缸、豆柄、圈足等（图二〇九）。

图二〇八 H8918平面图

陶瓮形器 1件。

H8918：5，夹砂灰黑陶。敛口，方唇，鼓肩，深腹。沿外侧及肩部饰绳纹。残高4.2厘米（图二〇九，1）。

陶敛口罐 1件。

H8918：7，夹砂灰黑陶。敛口，圆唇，鼓肩，浅腹。残高3.7厘米（图二〇九，2）。

陶高领罐 3件。

H8918：10，夹砂灰陶。侈口，圆唇，斜直高领。残高3.6厘米（图二〇九，3）。H8918：8，夹砂灰黄陶。侈口，尖圆唇，高领束颈。残高3.7厘米（图二〇九，4）。H8918：12，夹砂灰褐陶。侈口，尖圆唇，高领束颈。残高3.7厘米（图二〇九，5）。

陶矮领罐 1件。

H8918：15，夹砂灰黄陶。侈口，尖圆唇，矮领束颈。残高5厘米（图二〇九，6）。

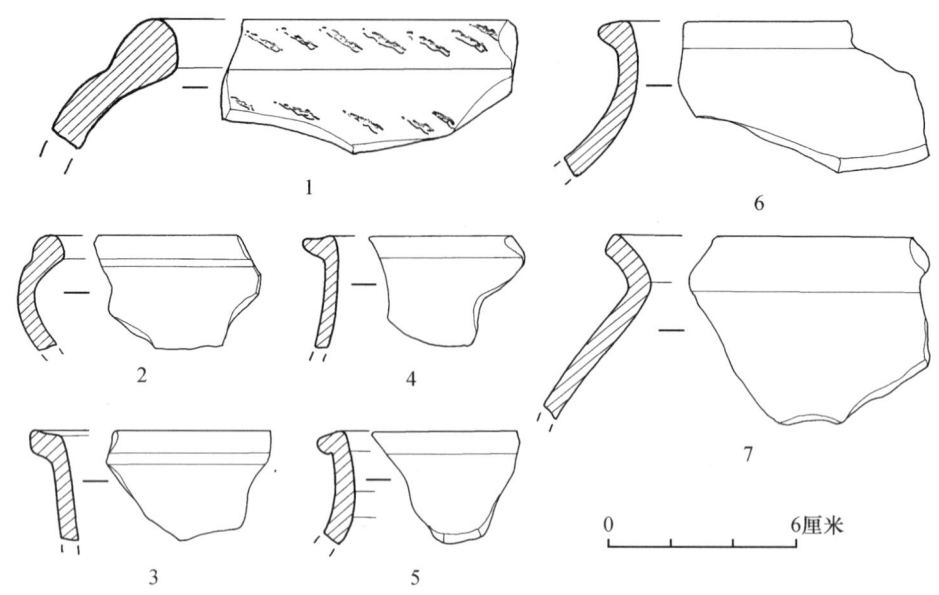

图二〇九　H8918出土陶器
1. 瓮形器（H8918∶5）　2. 敛口罐（H8918∶7）　3~5. 高领罐（H8918∶10、H8918∶8、H8918∶12）
6. 矮领罐（H8918∶15）　7. 束颈罐（H8918∶11）

陶束颈罐　1件。

H8918∶11，夹砂灰黄陶。束颈，方唇，卷沿，溜肩。残高6厘米（图二〇九，7）。

陶壶　1件。

H8918∶14，夹砂灰陶。敞口，束颈，方唇。口径14、残高7厘米（图二一〇，1）。

陶盆　2件。

H8918∶3，夹砂灰褐陶。敛口，尖圆唇，卷沿，深鼓腹。残高3.8厘米（图二一〇，2）。

H8918∶9，夹砂灰黑陶。敛口，圆唇，折沿，深鼓腹。残高4.2厘米（图二一〇，3）。

陶瓮　1件。

H8918∶4，夹砂灰黄陶。侈口，尖圆唇，矮领，束颈。残高5.5厘米（图二一〇，4）。

陶缸　2件。

H8918∶6，夹砂灰褐陶。直口，圆唇，深直腹。残高4.8厘米（图二一〇，5）。

H8918∶1，夹砂灰黄陶。口微敛，圆唇，深直腹。残高4.5厘米（图二一〇，6）。

陶豆柄　1件。

H8918∶2，夹砂灰黄陶。竹节状。柄身饰一道凸棱。直径3.1、残高8.4厘米（图二一〇，7）。

陶圈足　1件。

H8918∶13，夹砂灰黑陶。盘状矮圈足。残高4厘米（图二一〇，8）。

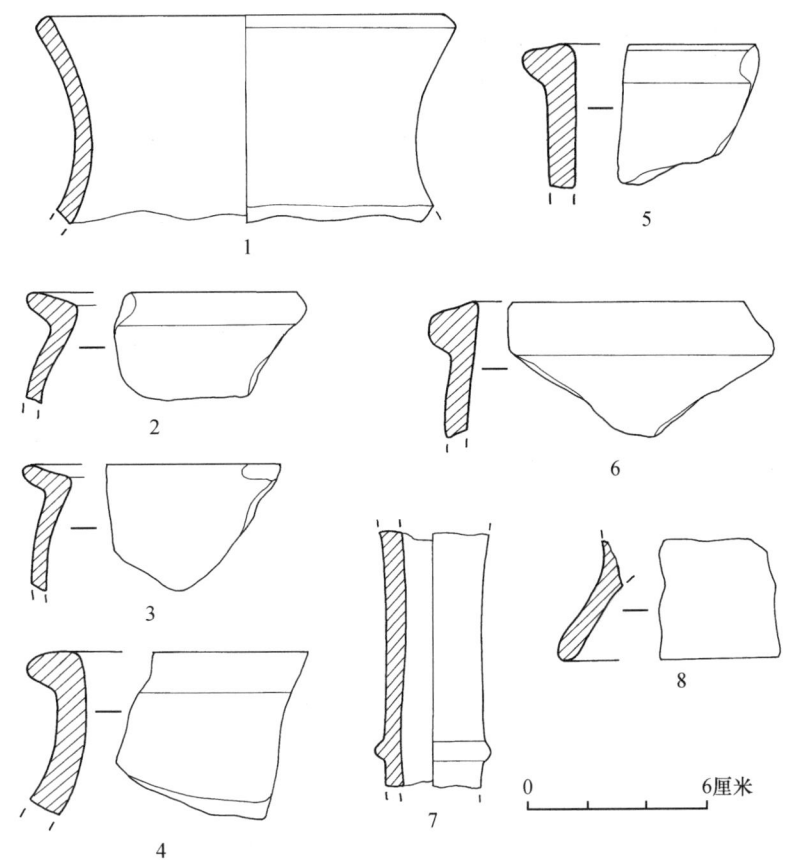

图二一〇　H8918出土陶器

1.壶（H8918：14）　2、3.盆（H8918：3、H8918：9）　4.瓮（H8918：4）　5、6.缸（H8918：6、H8918：1）
7.豆柄（H8918：2）　8.圈足（H8918：13）

5. H8920

位于T7505-T7606东部。开口于第6层下，打破第7层，被H8918、H8919及晚期沟打破。平面形状呈不规则形，长3.16、宽2.36米；斜壁，底部较平，深0.2米（图二一一）。坑内填黑褐色土，土质较致密，黏性较强，夹杂零星灰烬炭屑颗粒。出土陶片以夹砂灰黑陶为主，其余依次为夹砂灰黄陶、泥质灰黑陶、泥质灰黄陶。出土陶片均为素面。其中，夹砂灰黑陶占陶片总数的49.5%，夹砂灰黄陶占陶片总数的36.4%，泥质灰黑陶占陶片总数的10.9%，泥质灰黄陶占陶片总数的3.3%。可辨器形有高领罐、束颈罐、缸、器盖等（图二一二）。

陶高领罐　1件。

H8920：2，夹砂灰黑陶。侈口，圆唇，高领。残高5.4厘米（图二一二，1）。

陶束颈罐　1件。

H8920：4，夹砂灰黑陶。侈口，束颈，方唇，卷沿，弧腹，腹径与口径相当。残高4厘米（图二一二，2）。

陶缸　2件。

H8920：1，夹砂灰黑陶。口微敛，方唇。腹部饰一道凹弦纹。残高5.5厘米（图二一二，

4）。H8920：3，夹砂灰黑陶。侈口，卷沿，圆唇，直腹。腹部饰一道凹弦纹。残高5.8厘米（图二一二，5）。

陶器盖 1件。

H8920：5，夹砂灰黑陶。覆盘形，尖唇。残高3.5厘米（图二一二，3）。

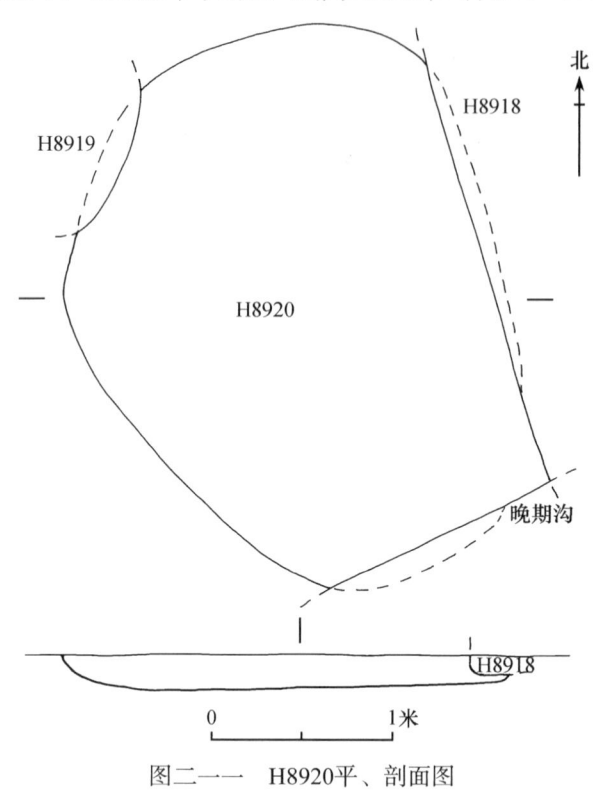

图二一一 H8920平、剖面图

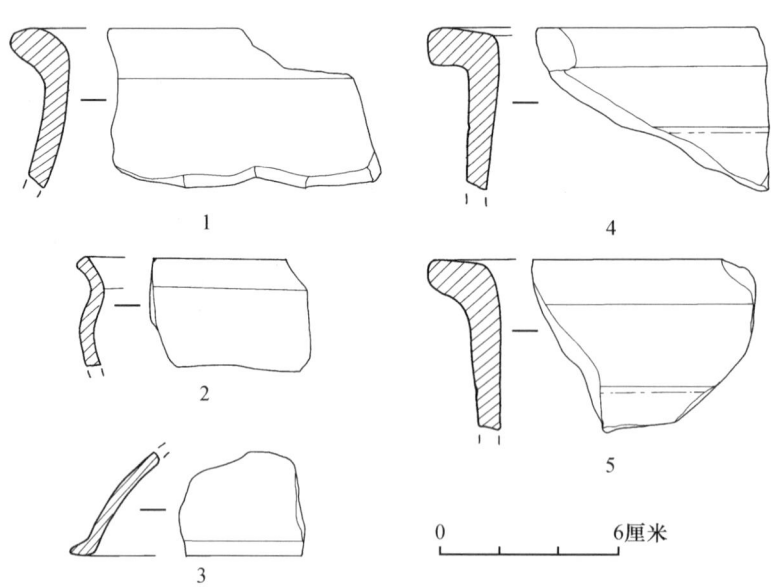

图二一二 H8920出土陶器

1.高领罐（H8920：2） 2.束颈罐（H8920：4） 3.器盖（H8920：5） 4、5.缸（H8920：1、H8920：3）

6. H8946

位于T7307-T7408西北角，部分延伸至北壁内，未扩方发掘。开口于第6层下，西部被H8941打破，打破第7层。平面形状呈不规则形，长1.6、宽0.78米；斜壁，圜底，深0.26米（图二一三）。坑内堆积为黑褐色土，土质较疏松，土中夹杂褐色颗粒及少量竹木炭灰烬，包含少量陶片。出土陶片以夹砂灰黑陶为主，其余依次为夹砂灰黄陶、夹砂灰褐陶、泥质灰黑陶、泥质灰黄陶。纹饰以素面为主，其次为细绳纹、重菱纹。其中，夹砂灰黑陶占陶片总数的52%，夹砂灰黄陶占陶片总数的

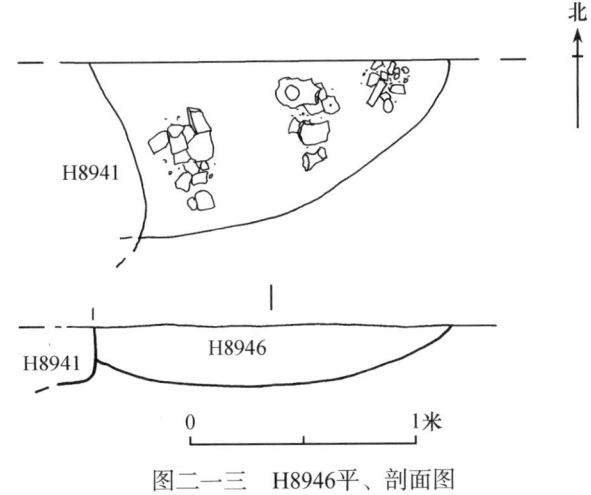

图二一三 H8946平、剖面图

23.6%，夹砂灰褐陶占陶片总数的11.8%，泥质灰黑陶占陶片总数的7.9%，泥质灰黄陶占陶片总数的4.7%。素面陶占陶片总数的98.4%，细绳纹陶占陶片总数的0.8%，重菱纹陶占陶片总数的0.8%。可辨器形有敛口罐、高领罐、束颈罐、缸、圈足等（图二一四）。

陶敛口罐　1件。

H8946：4，夹砂灰黄陶。敛口，尖圆唇，鼓肩。口径18、残高4.5厘米（图二一四，1）。

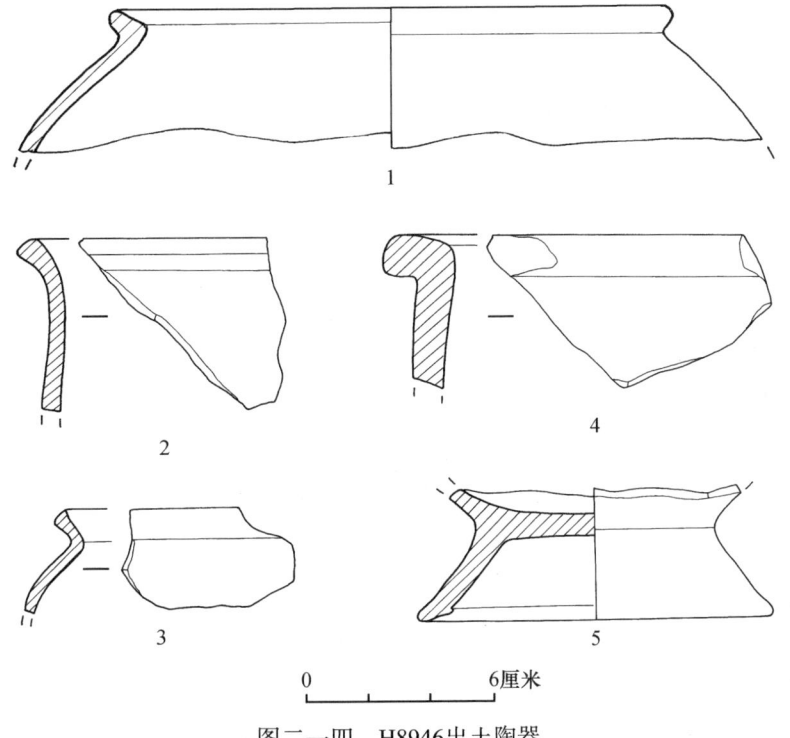

图二一四 H8946出土陶器

1. 敛口罐（H8946：4） 2. 高领罐（H8946：2） 3. 束颈罐（H8946：1） 4. 缸（H8946：3） 5. 圈足（H8946：5）

陶高领罐　1件。

H8946：2，夹砂灰黄陶。侈口，尖圆唇，高直领。残高5.5厘米（图二一四，2）。

陶束颈罐　1件。

H8946：1，夹砂灰黑陶。束颈，方唇，卷沿，鼓肩。残高3.2厘米（图二一四，3）。

陶缸　1件。

H8946：3，夹砂灰黄陶。口微敛，卷沿，方唇，直腹。残高5厘米（图二一四，4）。

陶圈足　1件。

H8946：5，夹砂灰褐陶。盘状，矮圈足。圈足径11.5、残高4.2厘米（图二一四，5）。

7. H9002

位于T6903-T7004西南部。开口于第6层下，打破第7层，被晚期沟和H8998打破。平面形状为不规则形，长1.1、宽1.04、深0.16米；斜壁，底部较平（图二一五）。坑内填黑褐色土，土质较紧密，夹杂褐色颗粒和零星灰烬，坑底有一层卵石堆积。出土陶片以夹砂灰黑陶为主，其余依次为夹砂灰黄陶、泥质灰黑陶、夹砂灰褐陶。纹饰以素面为主，其次为交错粗绳纹。经统计，H9002出土陶片中，夹砂灰黑陶占陶片总数的55.9%，夹砂灰黄陶占陶片总数的29.6%，泥质灰黑陶占陶片总数的10.5%，夹砂灰褐陶占陶片总数的3.9%。素面陶占陶片总数的99.3%，交错粗绳纹陶占陶片总数的0.7%。可辨器形有高领罐、器盖、器底等（图二一六）。

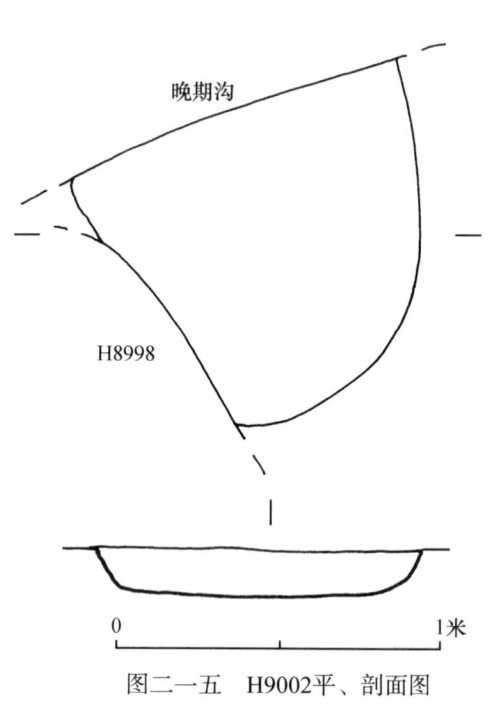

图二一五　H9002平、剖面图

陶高领罐　4件。

H9002：3，夹砂灰黑陶。侈口，尖圆唇，高领，微束。口径16、残高4.2厘米（图二一六，1）。H9002：2，夹砂灰黑陶。侈口，尖圆唇，高领，微束。口径16、残高7.2厘米（图二一六，2）。H9002：5，夹砂灰黑陶。侈口，尖圆唇，高领。残高4厘米（图二一六，4）。H9002：1，夹砂灰黑陶。侈口，尖圆唇，高领。领部饰两道凹弦纹。残高8厘米（图二一六，5）。

陶器盖　1件。

H9002：4，夹砂灰黑陶。覆盘形，圆唇。残高3.4厘米（图二一六，6）。

陶器底　1件。

H9002：6，夹砂灰黑陶。大平底。底径11.8、残高3.8厘米（图二一六，3）。

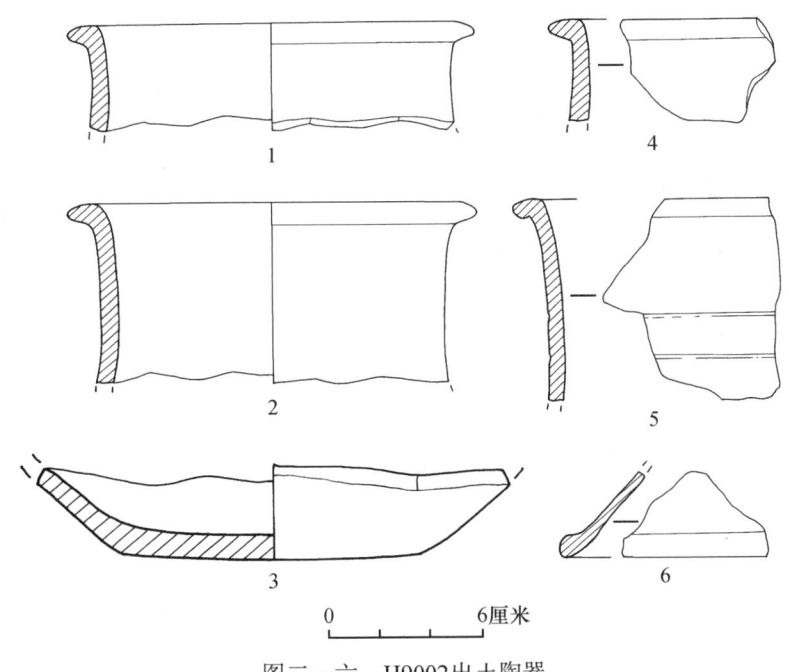

图二一六　H9002出土陶器

1、2、4、5. 高领罐（H9002：3、H9002：2、H9002：5、H9002：1）　3. 器底（H9002：6）　6. 器盖（H9002：4）

8. H9004

位于T6903-T7004西南部。开口于第6层下，打破第7层。被晚期沟和H8992、H8997、H9002打破。平面形状为不规则形，长1.76、宽1.32、深0.16米；斜壁，弧底（图二一七）。坑内填褐黄色土，土质较紧密，夹杂褐色颗粒和少许灰烬。出土少量陶片以夹砂灰黑陶为主，其余依次为夹砂灰黄陶、泥质灰黑陶、夹砂灰褐陶。纹饰以素面为主，其次为粗绳纹、凹弦纹。经统计，H9004出土陶片中，夹砂灰黑陶占陶片总数的36.1%，夹砂灰黄陶占陶片总数的34.9%，泥质灰黑陶占陶片总数的22.9%，夹砂灰褐陶占陶片总数的6%。素面陶占陶片总数的97.6%，粗绳纹陶和凹弦纹陶各占陶片总数的1.2%。可辨器形有瓮形器、敛口罐、矮领罐、圈足等（图二一八）。

陶瓮形器　1件。

H9004：4，夹砂灰黑陶。敛口，方唇，鼓肩。沿外侧及肩部饰绳纹。残高4.5厘米（图二一八，1）。

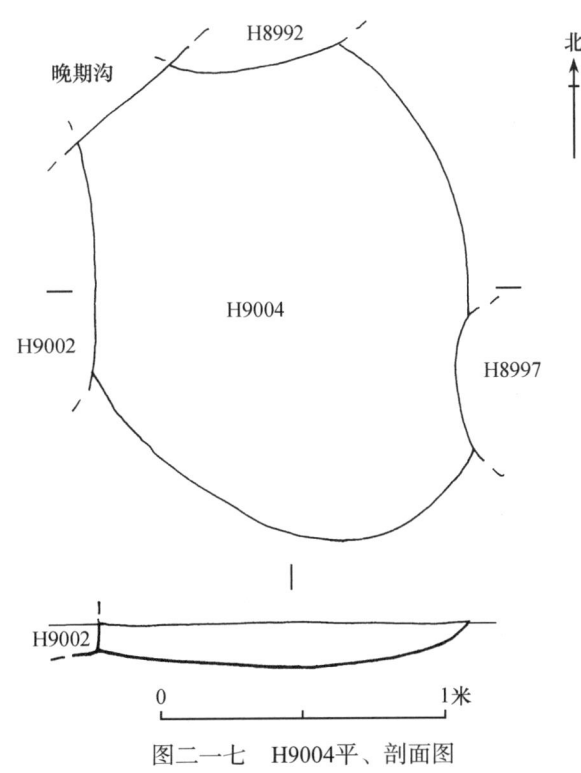

图二一七　H9004平、剖面图

陶敛口罐　1件。

H9004：3，夹砂灰黄陶。敛口，尖圆唇，鼓肩。残高3.3厘米（图二一八，2）。

陶矮领罐　1件。

H9004：5，夹砂灰黑陶。侈口，尖圆唇。领部饰一道凹弦纹。口径13、残高5厘米（图二一八，3）。

陶圈足　2件。

H9004：1，夹砂灰黄陶。盘状，矮圈足。圈足径11.6、残高5.6厘米（图二一八，4）。
H9004：2，夹砂灰黑陶。盘状，矮圈足。圈足径7.1、残高2.6厘米（图二一八，5）。

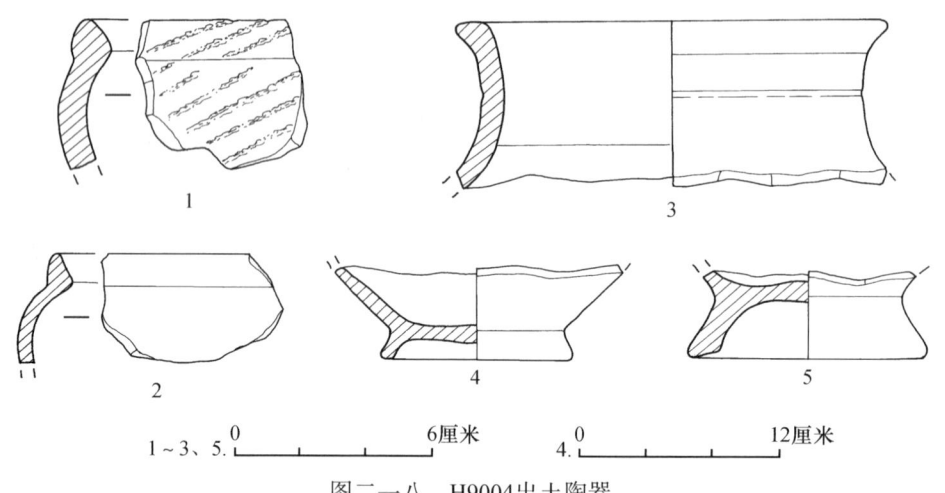

图二一八　H9004出土陶器
1. 瓮形器（H9004：4）　2. 敛口罐（H9004：3）　3. 矮领罐（H9004：5）　4、5. 圈足（H9004：1、H9004：2）

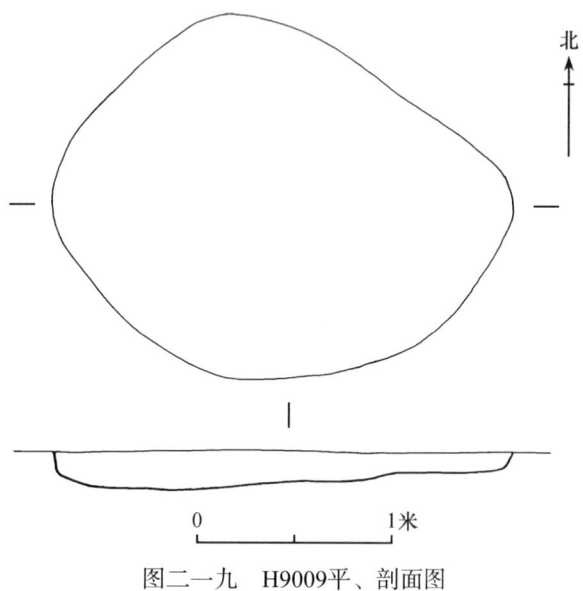

图二一九　H9009平、剖面图

9. H9009

位于T6909-T7010西北部。开口于第6层下，打破第7层。平面形状为不规则形，长2.4、宽1.9米；斜壁，底部不平，深0.1～0.2米（图二一九）。坑内填褐色土，土质较紧密，夹杂褐色颗粒和零星灰烬。出土陶片以夹砂灰黄陶为主，其余依次为夹砂灰黑陶、夹砂灰褐陶、泥质灰黑陶。均为素面陶。经统计，H9009出土陶片中，夹砂灰黄陶占陶片总数的41.9%，夹砂灰黑陶占陶片总数的38.7%，夹砂灰褐陶占陶片总数的12.9%，泥质灰黑陶占陶片总数的6.5%。可辨器形有敛口罐、高领罐、束颈罐、器盖、豆柄等（图二二○）。

陶敛口罐　2件。

H9009：3，夹砂灰黑陶。敛口，尖圆唇，鼓肩。残高3.9厘米（图二二〇，1）。

H9009：1，夹砂灰黄陶。敛口，圆唇，鼓肩。残高5.5厘米（图二二〇，2）。

陶高领罐　2件。

H9009：5，夹砂灰黑陶。侈口，尖圆唇，高领，领部微束。残高4.5厘米（图二二〇，5）。

H9009：2，夹砂灰黑陶。侈口，圆唇，高领，领部微束。残高5.4厘米（图二二〇，6）。

陶束颈罐　1件。

H9009：6，夹砂灰黑陶。束颈，方唇，卷沿，鼓肩。口径13、残高3.4厘米（图二二〇，3）。

陶器盖　1件。

H9009：4，夹砂灰黑陶。覆伞形，尖唇。残高4厘米（图二二〇，4）。

陶豆柄　1件。

H9009：7，夹砂灰黑陶。圆柱形，中空。直径2.5、残高12.2厘米（图二二〇，7）。

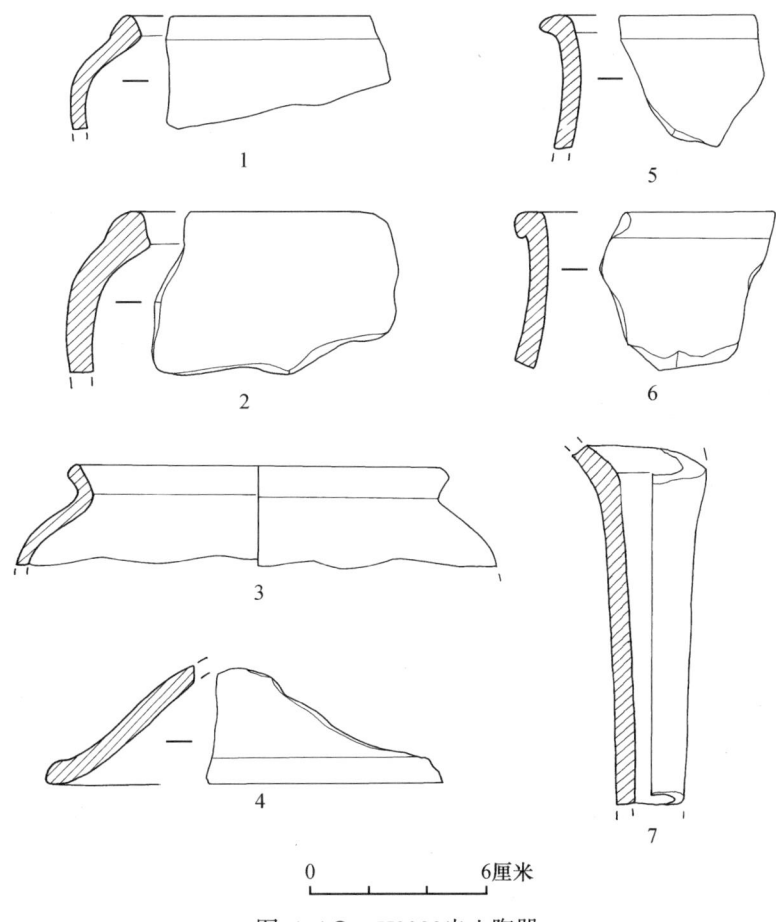

图二二〇　H9009出土陶器

1、2. 敛口罐（H9009：3、H9009：1）　3. 束颈罐（H9009：6）　4. 器盖（H9009：4）　5、6. 高领罐（H9009：5、H9009：2）
7. 豆柄（H9009：7）

10. H9024

位于T6911-T7012东南部，南部伸入探方南壁，未全部发掘。开口于第6层下，打破第7层。东部被H9022打破。平面形状为不规则形，半径约1.2米；斜壁，底部较平，深0.14～0.2米（图二二一）。坑内填褐色土，土质较紧密，夹杂褐色颗粒和零星灰烬。出土陶片以夹砂灰黑陶为主，其余依次为夹砂灰黄陶、泥质灰黑陶、夹砂灰褐陶、泥质灰黄陶。纹饰以素面为主，其次为凹弦纹。经统计，H9024出土陶片中，夹砂灰黑陶占陶片总数的45.9%，夹砂灰黄陶占陶片总数的29.5%，泥质灰黑陶占陶片总数的14.5%，夹砂灰褐陶占陶片总数的5.3%，泥质灰黄陶占陶片总数的4.8%。素面陶占陶片总数的99%，凹弦纹陶占陶片总数的1%。可辨器形有束颈罐、袋足等（图二二二）。

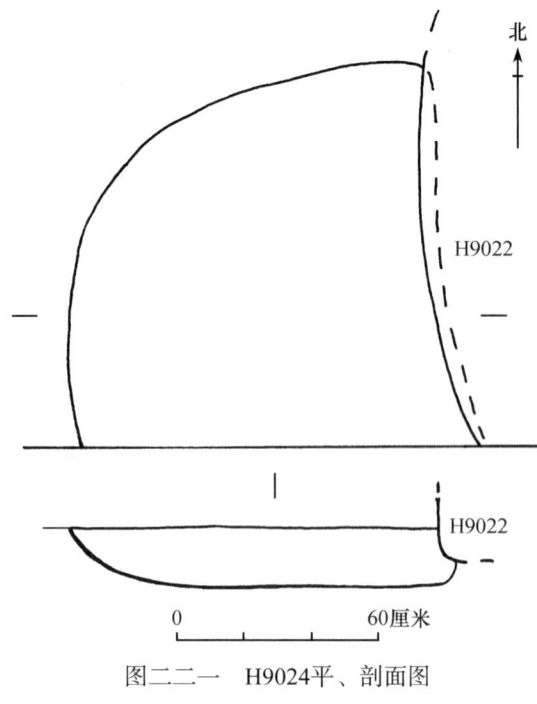

图二二一　H9024平、剖面图

陶束颈罐　1件。

H9024：1，夹砂灰褐陶。束颈，圆唇，折沿，鼓肩。残高4.5厘米（图二二二，4）。

陶袋足　1件。

H9024：2，泥质灰褐陶。圆锥形。残长4.9厘米（图二二二，7）。

11. H9026

位于T6911-T7012的西北部。开口于第6层下，打破第7层。北部被H9025打破，东部被晚期沟打破。平面形状呈不规则形，斜壁，圜底。残长1.1、残宽0.99、深0.22米（图二二三）。坑内填黑褐色土，土质较紧密，略含沙，夹杂褐色颗粒。出土陶片以夹砂灰黑陶为主，其余依次为夹砂灰黄陶和泥质灰黄陶、夹砂灰褐陶、泥质灰黑陶、泥质灰白陶。皆为素面陶。经统计，H9026出土陶片中，夹砂灰黑陶占陶片总数的39.4%，夹砂灰黄陶和泥质灰黄陶占陶片总数的15.7%，夹砂灰褐陶占陶片总数的14.2%，泥质灰黑陶占陶片总数的11.8%，泥质灰白陶占陶片总数的3.4%。可辨器形有敛口罐、束颈罐、器底（图二二二）。

陶敛口罐　3件。

H9026：3，夹砂灰褐陶。敛口，尖圆唇，鼓肩。残高7厘米（图二二二，1）。H9026：4，夹砂灰黑陶。敛口，尖圆唇，卷沿，鼓肩。残高5.5厘米（图二二二，2）。H9026：5，夹砂灰黑陶。敛口，尖圆唇，卷沿，鼓肩。残高5厘米（图二二二，3）。

陶束颈罐　1件。

H9026：1，夹砂灰黑陶。束颈，方唇，卷沿，鼓肩，弧腹。口径13、残高11.5厘米（图

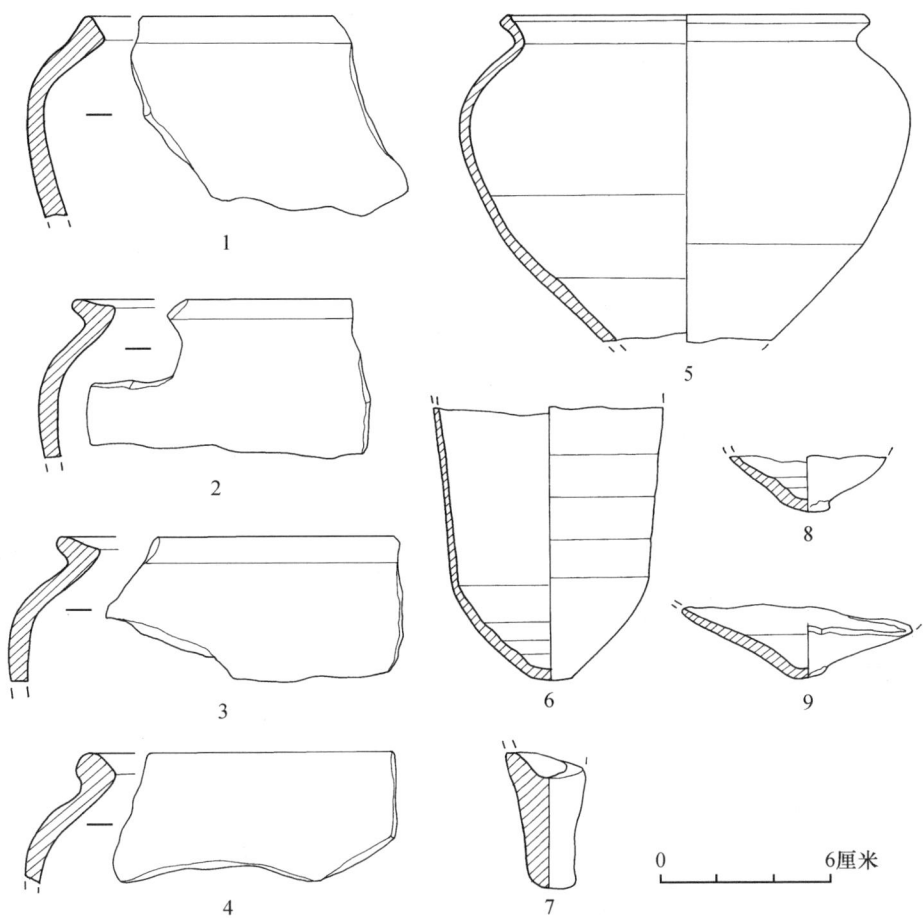

图二二二　H9024、H9026出土陶器

1~3. 敛口罐（H9026：3、H9026：4、H9026：5）　4、5. 束颈罐（H9024：1、H9026：1）　6、8、9. 器底（H9026：2、H9026：7、H9026：6）　7. 袋足（H9024：2）

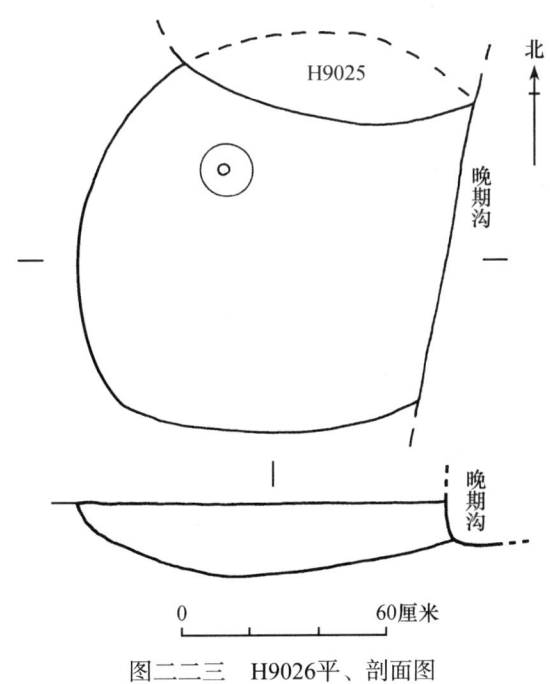

图二二三　H9026平、剖面图

二二二，5；图版二五，6）。

陶器底　3件。

H9026:2，泥质灰白陶。小平底。底径1.5、残高9.6厘米（图二二二，6）。H9026:7，夹砂灰黑陶。尖底。残高2厘米（图二二二，8）。H9026:6，泥质灰黑陶。尖底。残高2.5厘米（图二二二，9）。

12. H9059

位于T6913-T7014东南部。开口于第6层下，打破第7层。南部伸入探方南壁，东西两侧均被晚期沟打破。平面形状呈不规则形，长1.24、残宽0.9米；底部向东部倾斜，深0.14~0.28米（图二二四）。坑内填土为黑褐色，土质较致密，黏性较大，夹杂褐色颗粒。包含较多陶片和少量竹木炭灰烬。出土陶片以夹砂灰黑陶为主，其余依次为泥质灰黑陶、夹砂灰黄陶、夹砂灰褐陶、泥质灰黄陶。纹饰以

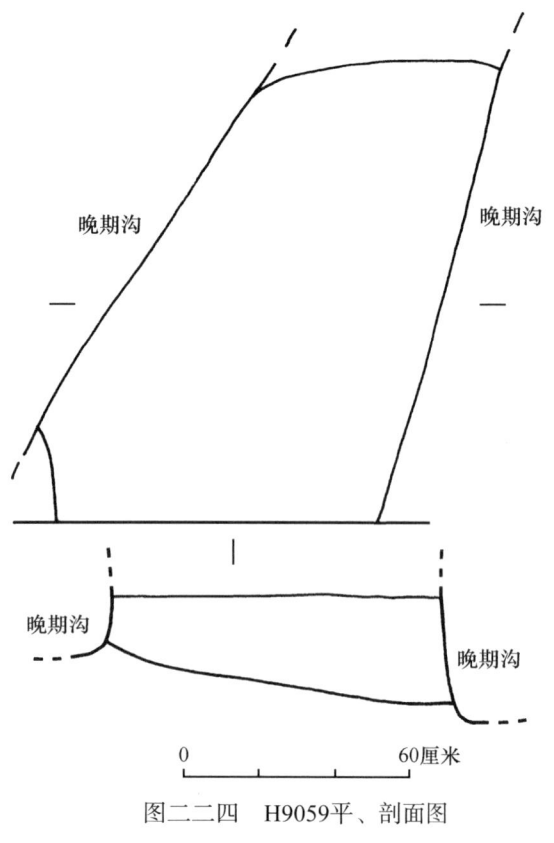

图二二四　H9059平、剖面图

素面为主，其次为粗绳纹，再次为凹弦纹。经统计，H9059出土陶片中，夹砂灰黑陶占陶片总数的39%，泥质灰黑陶占陶片总数的37.4%，夹砂灰黄陶占陶片总数的15.5%，夹砂灰褐陶占陶片总数的5.3%，泥质灰黄陶占陶片总数的2.7%。素面陶占陶片总数的97.3%，粗绳纹陶占陶片总数的2.1%，凹弦纹陶占陶片总数的0.5%。可辨器形有尖底盏、瓮形器、高领罐、盆、瓮、缸等（图二二五、图二二六）。

陶尖底盏　1件。

H9059:1，泥制灰黑陶。侈口，尖圆唇。下腹轮制痕迹明显。口径12.4、通高5.6厘米（图二二五，2；图版二六，1）。

陶瓮形器　3件。

H9059:5，夹砂灰黑陶。敛口，方唇，鼓肩。沿外侧及肩部饰绳纹。口径22、残高6.8厘米（图二二五，4）。H9059:10，夹砂灰黑陶。敛口，方唇，鼓肩。沿外侧及肩部饰绳纹。残高4.3厘米（图二二五，5）。H9059:9，夹砂灰黑陶。敛口，方唇，鼓肩。沿外侧及肩部饰绳纹。残高4.7厘米（图二二五，6）。

陶高领罐　1件。

H9059:6，夹砂灰黑陶。侈口，尖圆唇，高领，束颈。领部饰两道凹弦纹。口径24、残高10.6厘米（图二二五，3）。

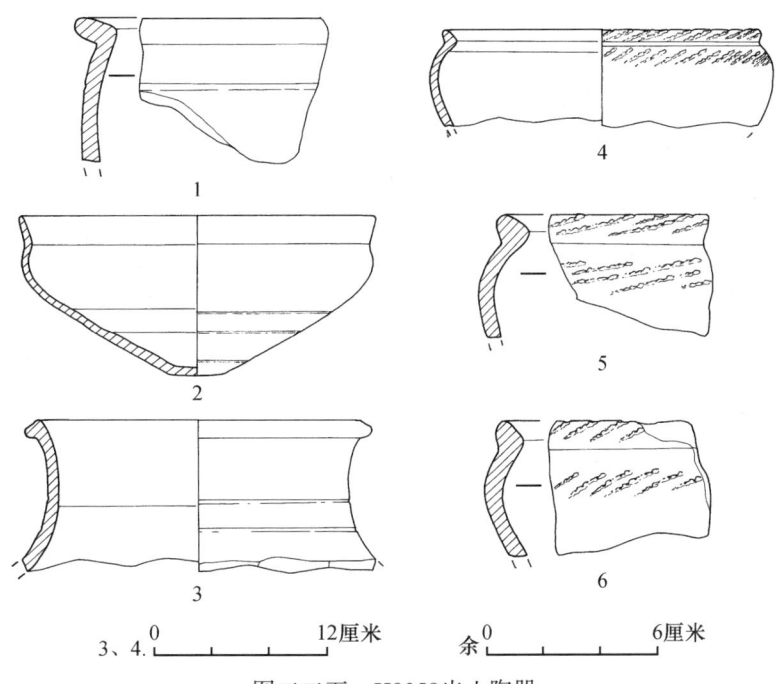

图二二五　H9059出土陶器

1. 盆（H9059：11）　2. 尖底盏（H9059：1）　3. 高领罐（H9059：6）　4~6. 瓮形器（H9059：5、H9059：10、H9059：9）

陶盆　1件。

H9059：11，夹砂灰陶。敛口，圆唇，卷沿，弧腹。腹部饰一周凹弦纹。残高5厘米（图二二五，1）。

陶瓮　3件。

H9059：4，夹砂灰黄陶。喇叭口，方唇，高领。口径30、残高5.2厘米（图二二六，2）。H9059：3，夹砂灰黑陶。喇叭口，尖圆唇，高领。口径54、残高8.1厘米（图二二六，3）。H9059：8，夹砂灰黑陶。敞口，圆唇，斜直，高领。残高4.2厘米（图二二六，4）。

陶缸　1件。

H9059：14，夹砂灰黑陶。敛口，卷沿，圆唇，鼓腹。腹部饰一周凹弦纹。口径54、残高7.8厘米（图二二六，1）。

陶器纽　1件。

H9059：12，夹砂灰黄陶。"8"字形纽。圆唇。残高3.9厘米（图二二六，7）。

陶豆柄　1件。

H9059：13，夹砂灰黑陶。圆柱形，中空。直径2.7、残高9.3厘米（图二二六，6）。

石锛　1件。

H9059：2，通体磨光，弧刃，顶部残，两侧边平直，平面两侧多处片疤。残长5.1、宽4.3、厚1.7厘米（图二二六，5）。

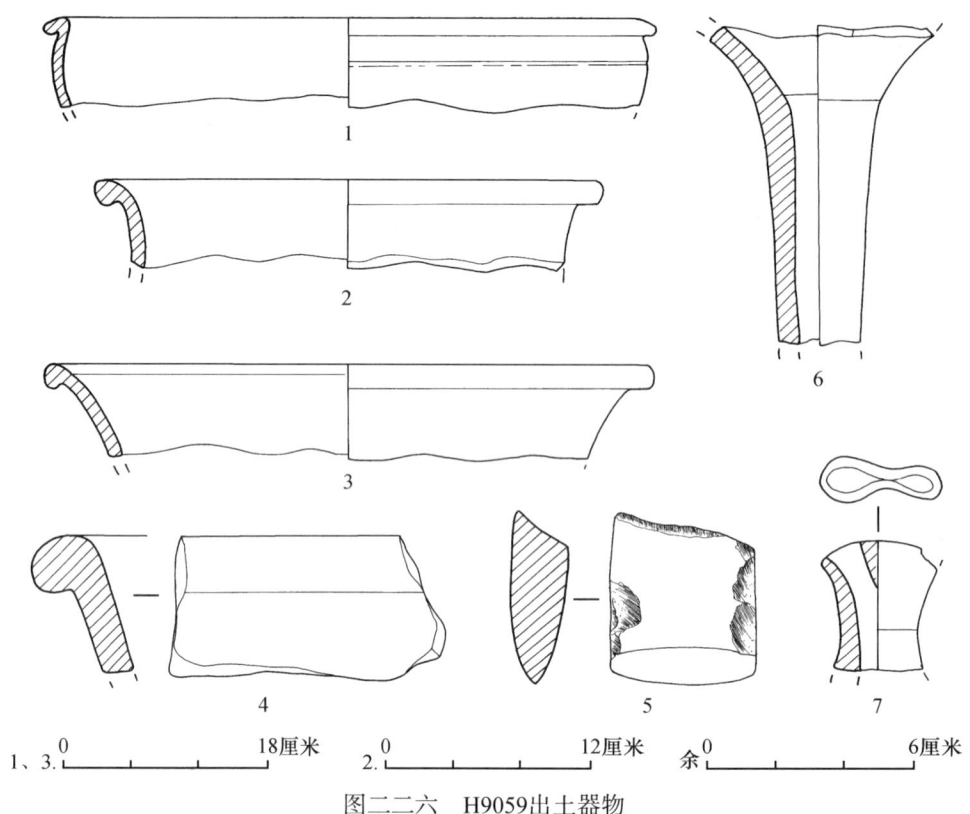

图二二六　H9059出土器物

1. 陶缸（H9059:14）　2~4. 陶瓮（H9059:4、H9059:3、H9059:8）　5. 石锛（H9059:2）　6. 陶豆柄（H9059:13）
7. 陶器纽（H9059:12）

第二节　沟

14条，均开口于第6层下。

1. G691

位于T7707-T7808西北至东南以及T7709-T7810的北部至东南。开口于第6层下，打破第7层。距地表1.36米，被H8913、H8916和H8917打破，整体走向为西北—东南。平面形状呈长条形，长约21.1、宽约2.14米；斜壁，底部较平，深0.3米（图二二七；图版一四，2）。沟内填黑褐色土，土质较紧密，黏性较强。夹杂零星竹木炭灰烬，底部有少量卵石，包含少量红烧土、兽骨和陶片。出土陶片以夹砂灰黑陶为主，其余依次为夹砂灰黄陶、夹砂灰褐陶泥质灰黑陶、夹砂灰陶和泥质灰褐陶。纹饰以素面为主，另有少量凹弦纹、细绳纹和圆圈纹。经统计，G691出土陶片中，夹砂灰黑陶占陶片总数的51.6%，夹砂灰黄陶占陶片总数的31.1%，夹砂灰褐陶、泥质灰黑陶、夹砂灰陶和泥质灰褐陶各占陶片总数的7.5%、3.8%、3.4%和2.6%。素面陶占陶片总数的98.9%，凹弦纹陶、细绳纹陶和圆圈纹陶各占陶片总数的0.8%、0.2%、0.2%。可辨器形有瓮形器、敛口罐、高领罐、矮领罐、束颈罐、盆、器盖等（图二二八、图二二九）。

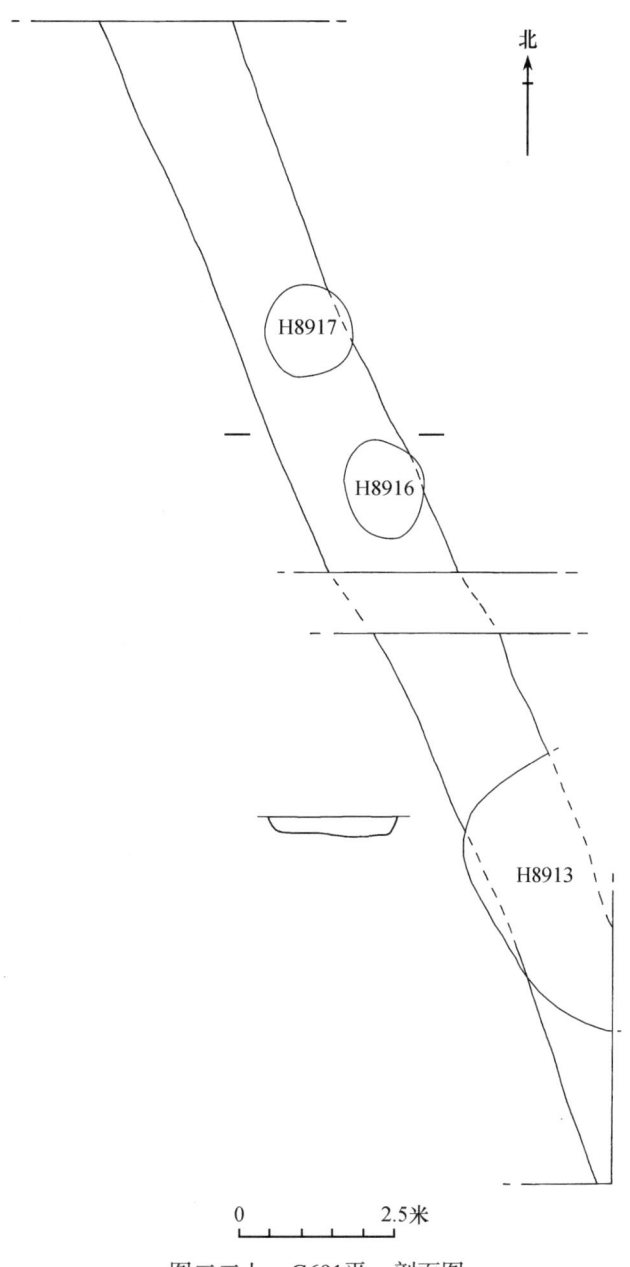

图二二七 G691平、剖面图

陶瓮形器 1件。

G691：2，夹砂灰黄陶。敛口，方唇，鼓肩。沿外侧及肩部饰绳纹。残高5厘米（图二二八，1）。

陶敛口罐 2件。

G691：6，夹砂灰黄陶。敛口，尖圆唇，鼓肩。肩部饰一道凹弦纹。残高4.3厘米（图二二八，2）。G691：19，夹砂灰黄陶。敛口，尖圆唇，鼓肩。残高4.4厘米（图二二八，3）。

陶高领罐 3件。

G691：17，夹砂灰黄陶。侈口，尖圆唇，高斜直领。残高5厘米（图二二八，6）。

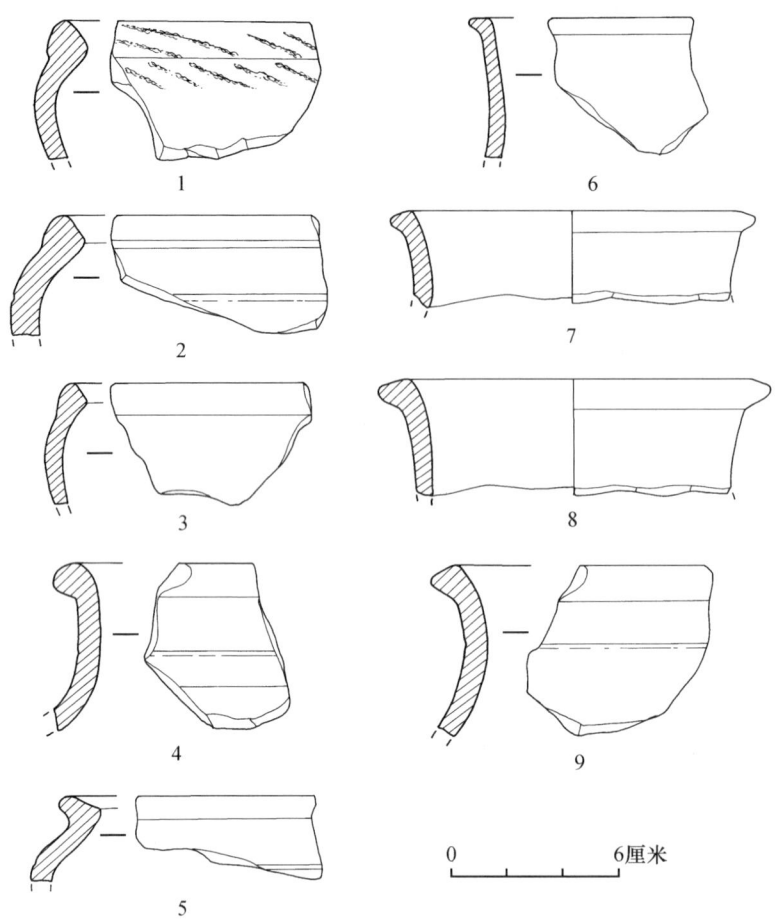

图二二八　G691出土陶器

1. 瓮形器（G691：2）　2、3. 敛口罐（G691：6、G691：19）　4、9. 矮领罐（G691：5、G691：16）　5. 束颈罐（G691：8）
6~8. 高领罐（G691：17、G691：4、G691：3）

G691：4，夹砂灰黄陶。侈口，尖圆唇，高领，束颈。口径13、残高3.5厘米（图二二八，7）。G691：3，夹砂灰黄陶。侈口，尖圆唇，高领，束颈。口径14、残高4.2厘米（图二二八，8）。

陶矮领罐　2件。

G691：5，夹砂灰黑陶。侈口，圆唇，矮领。领部饰两道凹弦纹。残高5.9厘米（图二二八，4）。G691：16，夹砂灰黑陶。侈口，圆唇，矮领。领部饰一道凹弦纹。残高6.2厘米（图二二八，9）。

陶束颈罐　1件。

G691：8，夹砂灰黑陶。束颈，圆唇，折沿，鼓肩。残高3厘米（图二二八，5）。

陶盆　5件。

G691：9，夹砂灰黑陶。侈口，圆唇，卷沿，弧腹。残高6厘米（图二二九，1）。G691：15，夹砂灰黄陶。敛口，圆唇，折沿，鼓腹。腹部饰一道凹弦纹。残高4.7厘米（图二二九，2）。G691：10，夹砂灰黑陶。敛口，圆唇，折沿。腹部饰一道凹弦纹。残高4.7厘米

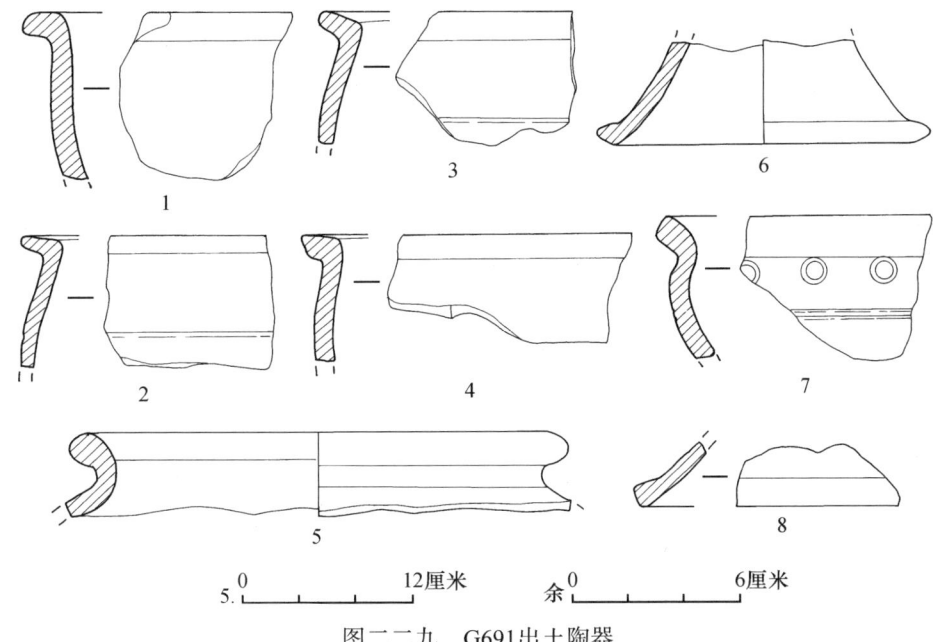

图二二九　G691出土陶器

1~4、7.盆（G691：9、G691：15、G691：10、G691：12、G691：11）　5.敛口小罐（G691：18）　6.圈足（G691：13）
8.器盖（G691：14）

（图二二九，3）。G691：12，夹砂灰黄陶。口微敛，方唇，折沿，弧腹。残高4.5厘米（图二二九，4）。G691：11，夹砂灰黑陶。敞口，方唇，卷沿，浅弧腹。腹部饰一道细线纹和三个戳印圆圈纹。残高5厘米（图二二九，7）。

陶器盖　1件。

G691：14，泥质灰黄陶。伞形，方唇。残高2.3厘米（图二二九，8）。

陶圈足　1件。

G691：13，夹砂灰褐陶。喇叭状，高圈足。圈足径12、残高3.7厘米（图二二九，6）。

陶敛口小罐　1件。

G691：18，泥质灰黄陶。侈口，圆唇，卷沿，矮领，束颈。口径36、残高6厘米（图二二九，5）。

2. G692

主体位于T7709-T7810西北部，北部跨方贯穿于T7707-T7808的西南部。开口于第6层下，打破第7层，距地表1.34米，整体走向为西北—东南。平面形状呈长条形，长约14.3、宽1.4米；斜壁，平底，深约0.1米（图二三〇）。沟内填褐黄色土，土质较紧密，黏性较强。夹杂褐色颗粒，包含少量竹木炭灰烬和陶片。出

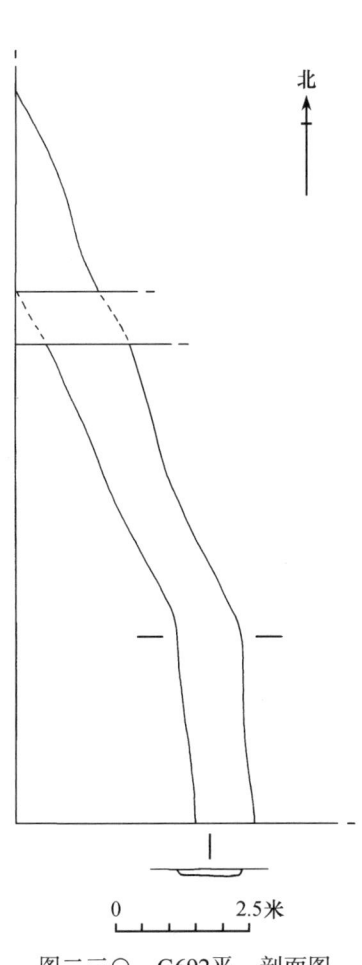

图二三〇　G692平、剖面图

土陶片以夹砂褐灰黄陶为主，其余依次为夹砂灰黑陶、夹砂灰褐陶，另有少量泥质灰黄陶。纹饰以素面为主，其次为凹弦纹。经统计，G692出土陶片中，夹砂灰黄陶占陶片总数的43.3%，夹砂灰黑陶占35%，夹砂灰褐陶占11.7%，泥质灰黄陶占10%。素面陶占陶片总数的96.7%，凹弦纹陶占3.3%。可辨器形有敛口罐、束颈罐、盆、缸、豆盘和豆柄等（图二三一）。

陶敛口罐　1件。

G692∶4，夹砂灰黑陶。敛口，方唇，肩部微鼓，浅弧腹。残高6厘米（图二三一，1）。

陶束颈罐　1件。

G692∶2，夹砂灰黑陶。束颈，方唇，卷沿，鼓肩。残高3.3厘米（图二三一，2）。

陶盆　2件。

G692∶7，夹砂灰黑陶。敛口，方唇，卷沿，斜直深腹。残高4.2厘米（图二三一，3）。G692∶6，夹砂灰黄陶。敛口，尖圆唇，卷沿，鼓腹。腹部饰一道凹弦纹。残高4.5厘米（图二三一，4）。

陶缸　1件。

G692∶3，夹砂灰黑陶。敛口，圆唇，深直腹。腹部饰两道凹弦纹。残高5.5厘米（图二三一，5）。

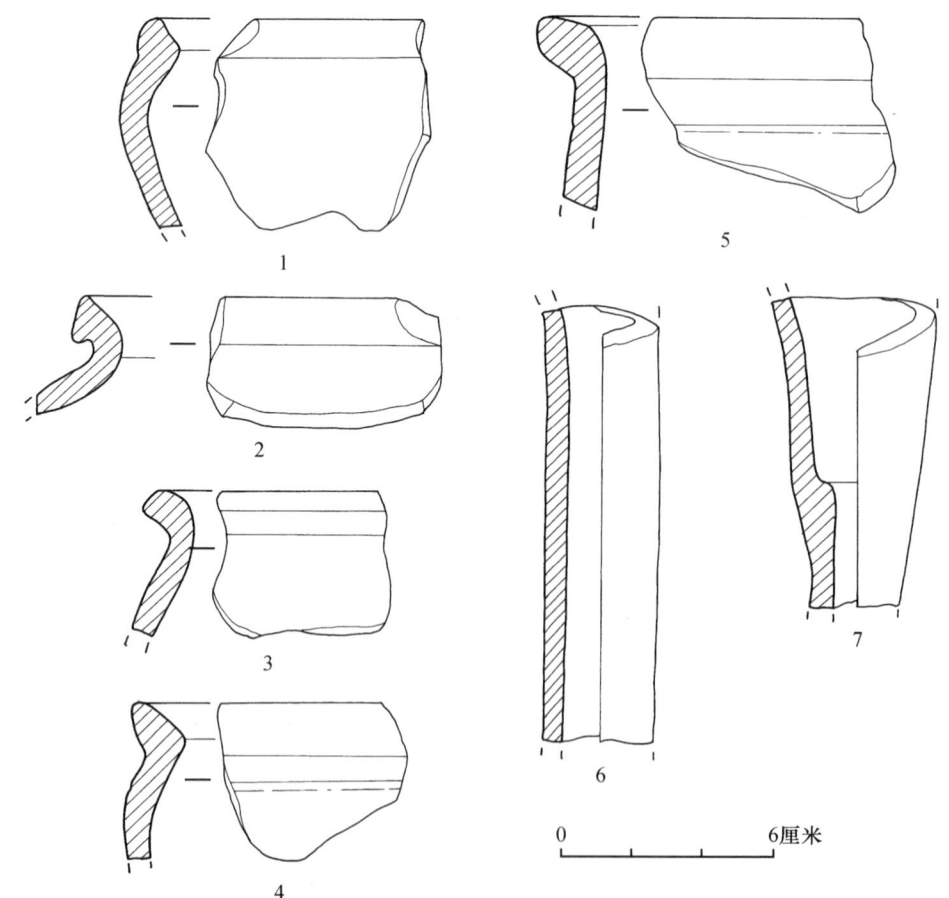

图二三一　G692出土陶器

1. 敛口罐（G692∶4）　2. 束颈罐（G692∶2）　3、4. 盆（G692∶7、G692∶6）　5. 缸（G692∶3）　6. 豆柄（G692∶5）　7. 豆盘（G692∶10）

陶豆盘　1件。

G692：10，夹砂灰黑陶。杯形。残高8.8厘米（图二三一，7）。

陶豆柄　1件。

G692：5，夹砂灰黑陶。圆柱形，中空。直径3.1、残高12.6厘米（图二三一，6）。

3. G697

位于T7309-T7410东南部、T7509-T7610西南部。开口于第6层下，打破第7层，被H8921、H8927、G694、Y262打破。距地表0.65米，整体走向为西北—东南。平面形状呈长条形，长约23.4、宽0.35～0.5米；斜壁，平底，深0.1～0.13米（图二三二）。沟内填褐黄色土，土质较紧密，黏性较强。夹杂褐色颗粒，包含少量竹木炭灰烬和陶片。出土陶片以夹砂灰黑陶为主，其余依次为夹砂灰黄陶、泥质灰黑陶、泥质灰黄陶、泥质灰白陶、夹砂灰褐陶。均为素面。经统计，G697出土陶片中，夹砂灰黑陶占陶片总数的49.3%，夹砂灰黄陶占陶片总数的28.2%，泥质灰黑陶占11.3%，泥质灰黄陶占7%，泥质灰白陶占2.8%，夹砂灰褐陶占1.4%。可辨器形有束颈罐、高领罐等（图二三三）。

陶束颈罐　1件。

G697：2，夹砂灰黑陶。束颈，方唇，卷沿，肩径与口径相当，浅腹。残高3.5厘米（图二三三，1）。

陶高领罐　1件。

G697：1，夹砂灰黑陶。侈口，尖圆唇，高直领。口径16、残高3.5厘米（图二三三，3）。

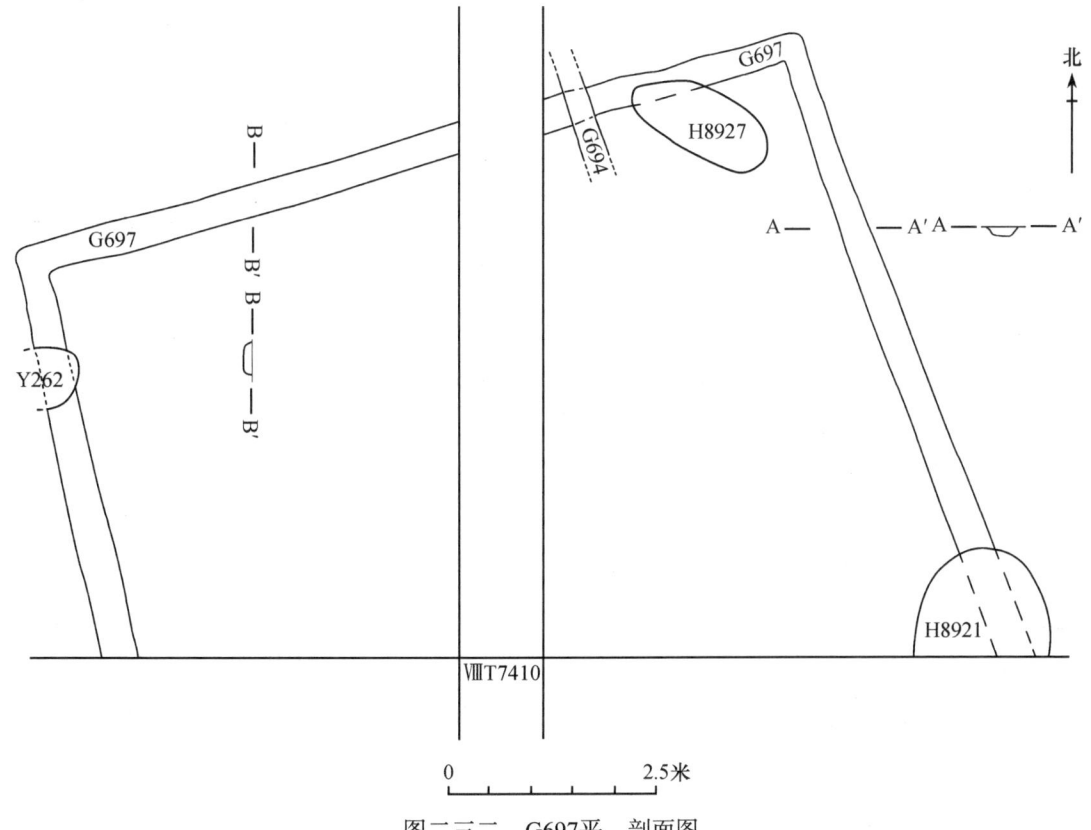

图二三二　G697平、剖面图

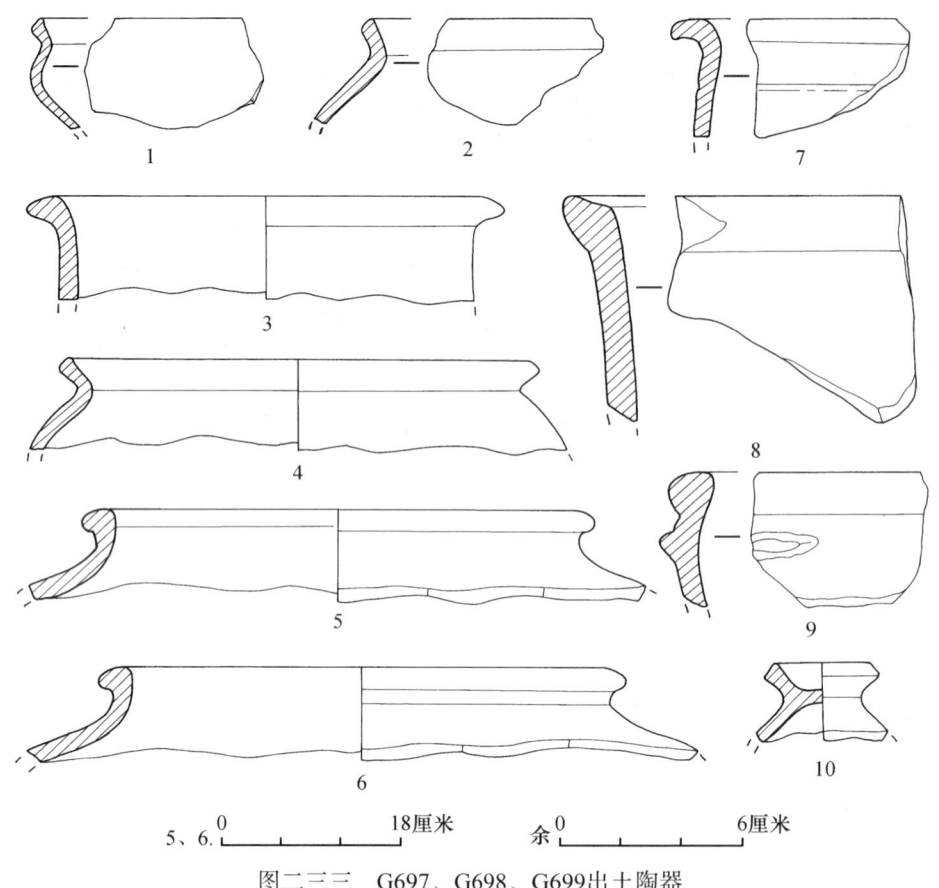

图二三三　G697、G698、G699出土陶器
1、2、4.束颈罐（G697∶2、G698∶2、G698∶3）　3.高领罐（G697∶1）　5、6.瓮（G699∶4、G699∶2）
7、9.盆（G698∶4、G699∶3）　8.缸（G699∶1）　10.器纽（G698∶1）

4. G698

位于T7509-T7610东北部，东北部延伸至隔梁内，未全部发掘。开口于第6层下，打破第7层，被G696、G697打破。距地表0.7米。平面形状呈长条形，长约5.9、宽0.6～0.75米；斜壁，底不平，深0.1～0.27米（图二三四）。沟内填褐黄色土，土质较紧密，黏性较强。夹杂褐色颗粒，包含少量竹木炭灰烬和陶片。出土陶片以夹砂灰黑陶为主，其余依次为夹砂灰黄陶、泥质灰黑陶、泥质灰黄陶。均为素面陶。经统计，G698出土陶片中，夹砂灰黑陶占陶片总数的63.8%，夹砂灰黄陶占陶片总数的26.6%，泥质灰黑陶占8.5%，泥质灰黄陶占1.1%。可辨器形有束颈罐、盆、器纽等（图二三三）。

陶束颈罐　2件。

G698∶2，夹砂灰黑陶。束颈，圆唇，卷沿，鼓肩。残高3.5厘米（图二三三，2）。G698∶3，夹砂灰黑陶。束颈，方唇，卷沿，鼓肩。口径16、残高3厘米（图二三三，4）。

陶盆　1件。

G698∶4，夹砂灰黑陶。敛口，圆唇，卷沿，鼓腹。腹部饰一道凹弦纹。残高4厘米（图二三三，7）。

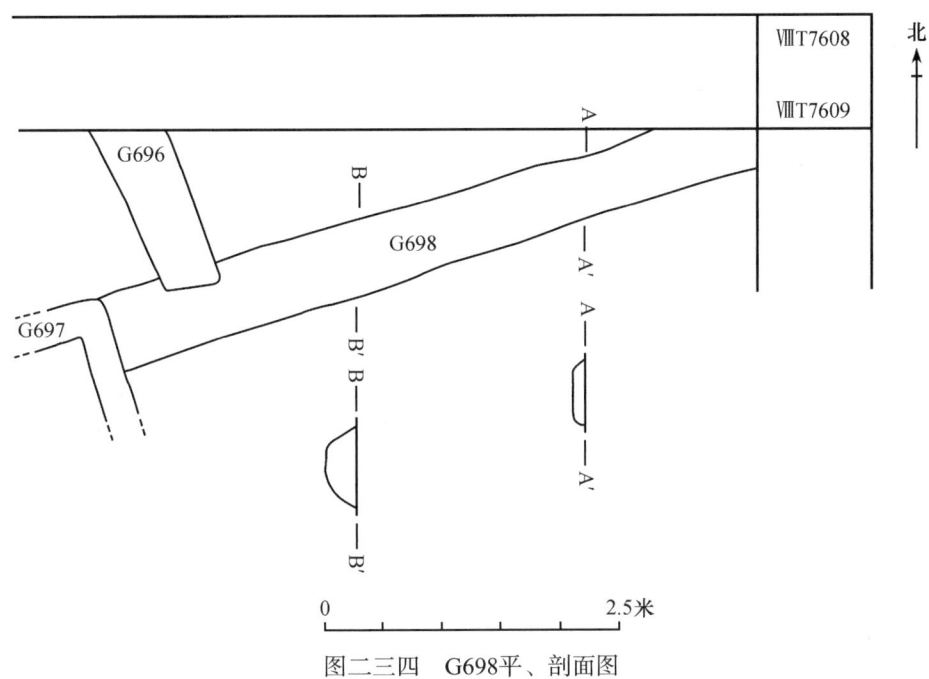

图二三四　G698平、剖面图

陶器纽　1件。

G698：1，夹砂灰黑陶。盘状纽，方唇。纽径3.8、残高2.6厘米（图二三三，10）。

5. G699

位于T7105-T7206东南部。开口于第6层下，打破第7层，中部被H8970打破，东部被两条晚期沟打破。距地表0.52米。平面形状呈长条形，长约6.4、宽0.5米；斜壁，底不平，深约0.1米（图二三五）。沟内填黑褐色土，土质较紧密，黏性较强。夹杂褐色颗粒，包含少量竹木炭灰烬和陶片。出土陶片以夹砂灰黑陶为主，其余依次为夹砂灰黄陶、夹砂灰褐陶、泥质灰黑陶。均为素面陶。经统计，G699出土陶片中，夹砂灰黑陶占陶片总数的51.9%，夹砂灰黄陶占陶片总数的26.4%，夹砂灰褐陶占18.9%，泥质灰黑陶占2.8%。可辨器形有盆、瓮、缸等（图二三三）。

陶盆　1件。

G699：3，夹砂灰黑陶。敛口，圆唇，浅弧腹。腹部饰附加堆纹。残高4.4厘米（图二三三，9）。

陶瓮　2件。

G699：4，夹砂灰褐陶。敛口，圆唇，束颈，广肩。口径51、残高9厘米（图二三三，5）。

G699：2，夹砂灰褐陶。敛口，圆唇，束颈，广肩。口径53.1、残高9.3厘米（图二三三，6）。

陶缸　1件。

G699：1，夹砂灰黑陶。侈口，卷沿，圆唇，斜直深腹。残高7.6厘米（图二三三，8）。

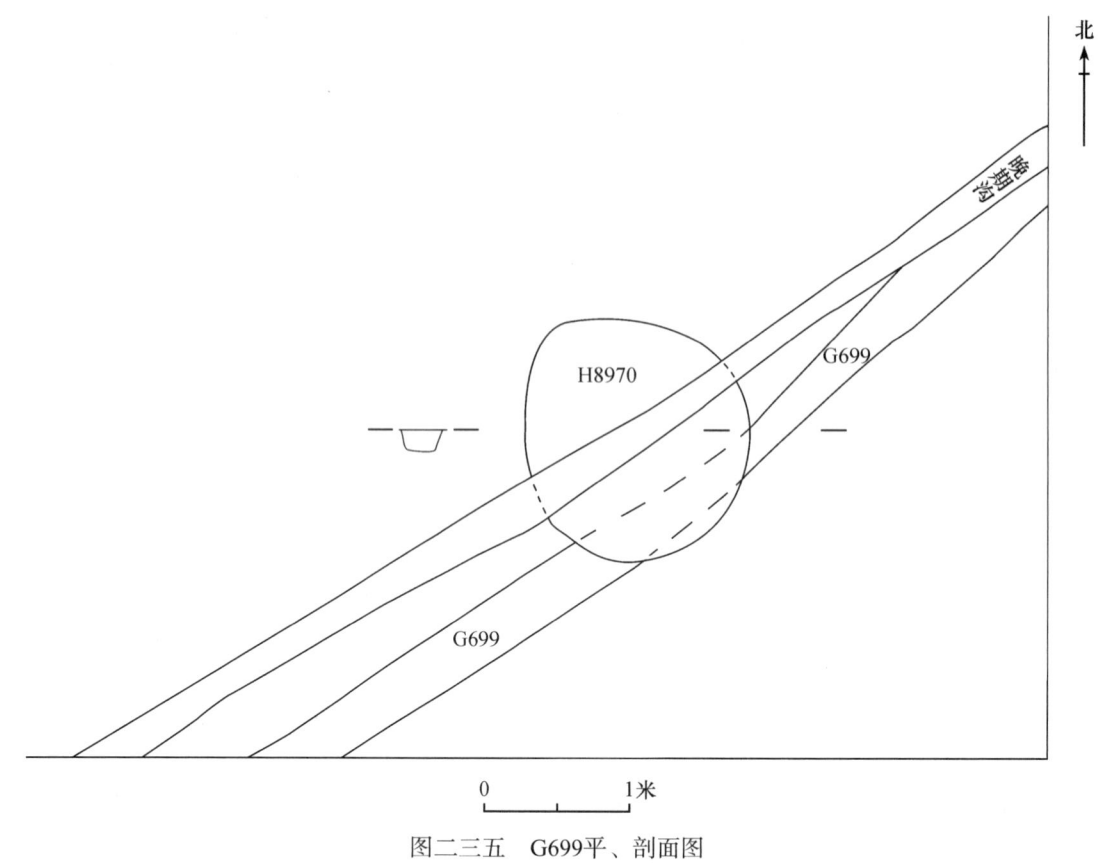

图二三五 G699平、剖面图

第三节 窑 址

Y262

位于T7309-T7410西南部。叠压于第6层下，打破第7层。由窑室、火膛和操作坑组成，总长2.42米。现存窑室平面近椭圆形，长径1.5、短径1.3、深0.3米（图二三六；图版一五，1）。填土为黑褐色砂土，土质较疏松，夹杂大量红烧土块和炭屑。窑床底部较光滑，堆积呈斜坡状，西北高东南低，窑顶已塌落，情况不明，窑壁较薄，厚0.03～0.05米。火膛平面呈束腰喇叭状，长0.25、宽0.18、高0.14米。填土为黑褐色砂土，土质较疏松，夹杂少量红烧土块和炭屑。操作坑平面近椭圆形，长径0.84、短径0.6、深0.26米。填土为灰黑色砂土，土质较致密。窑室和操作坑内填有大量卵石。无出土遗物。

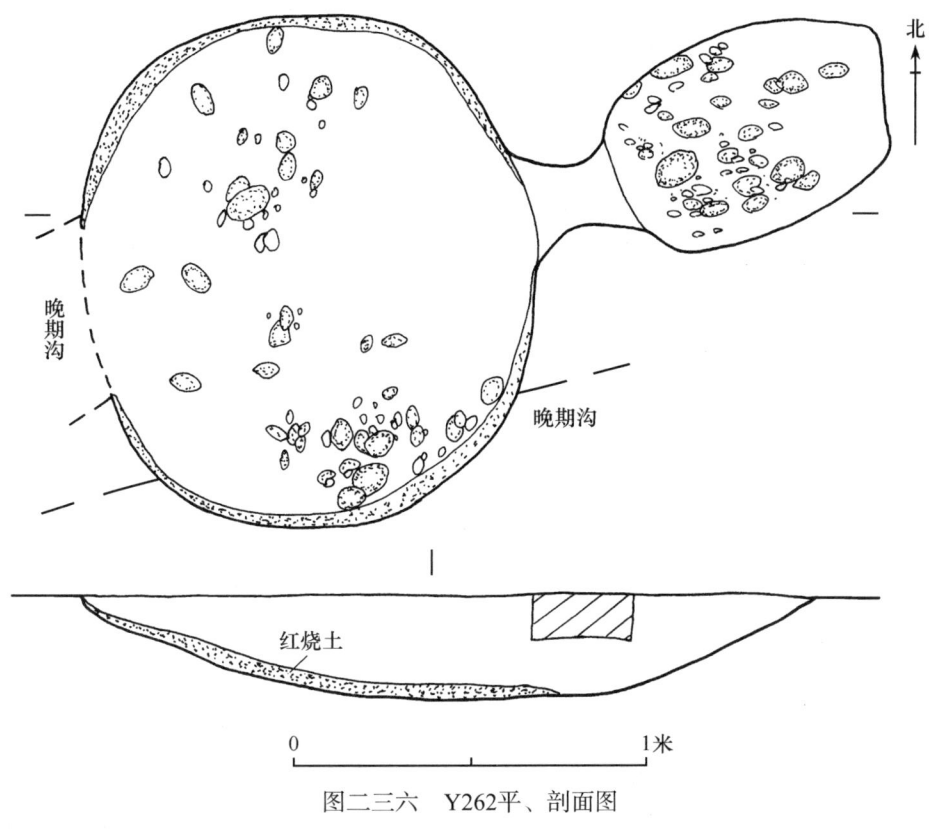

图二三六 Y262平、剖面图

第四节 墓 葬

一、第7层下墓葬

1座。

M2939

单人二次葬。位于T6511-T6612中西部。开口于第7层下，打破生土。墓向为北偏西20°。墓圹为长方形，墓壁较斜，墓底不平，长约1.65、宽0.42、深0.2米（图二三七；图版一五，2）。填褐色土，土质较紧密，黏性较强，夹杂褐色颗粒和少量灰烬。骨架保存很差，仅留有1根左臂骨和1段右臂骨下节在墓内散乱的放置。墓内无随葬品。

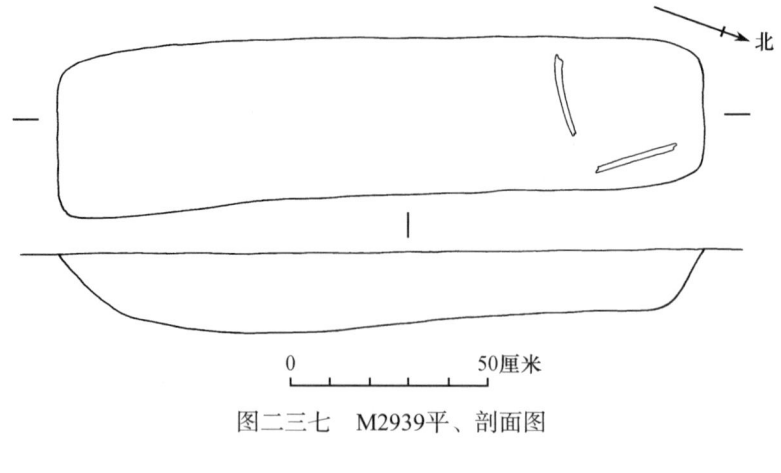

图二三七　M2939平、剖面图

二、第6层下墓葬

共7座。

1. M2933

双人同穴合葬墓。位于T8109-T8210西南部，小部分伸入探方的西壁，未全部清理。开口于第6层下，打破第7层，墓向为北偏东53°。墓口平面形状为长方形，墓圹长约2.08、宽1.02、深0.1~0.15米，墓底长约1.94、宽0.99米（图二三八；图版一六，1）。墓壁较直，墓底西深东

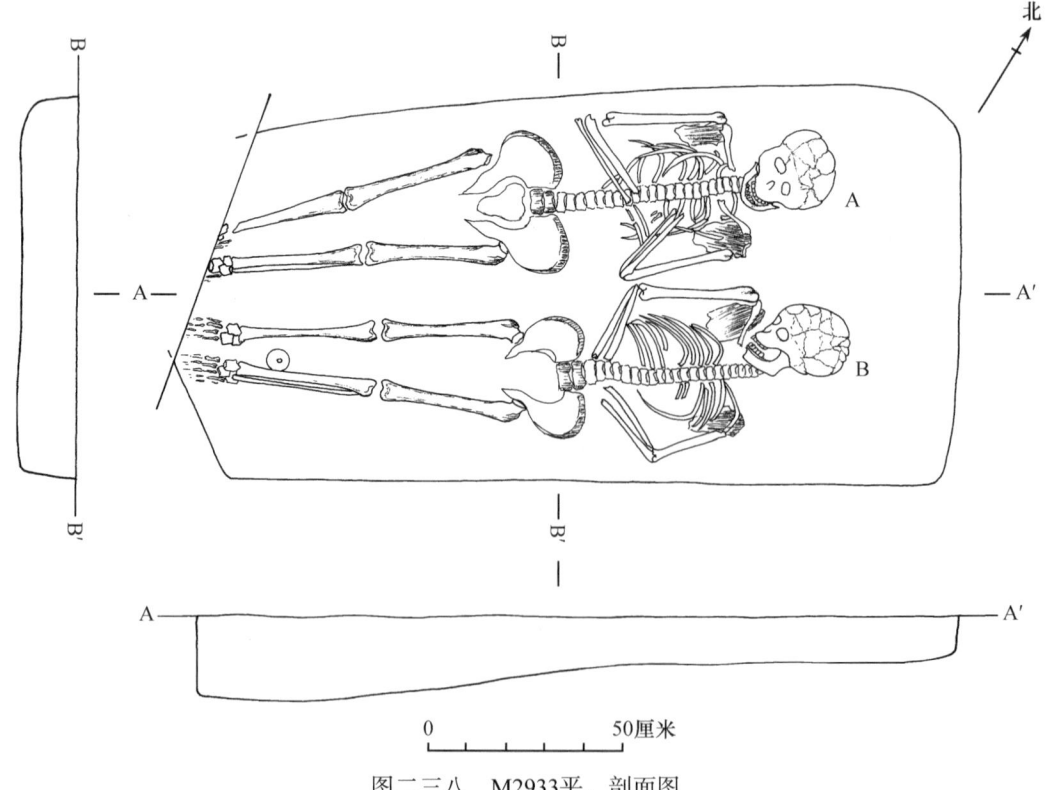

图二三八　M2933平、剖面图

浅，未见人工处理的痕迹。黑黄色填土，土质较紧密，黏性较强。墓主人骨架保存较好，头朝东北脚向西南，仰身直肢，面向相对。A的双手环抱放于胸前，B的双手放于腹部。两具骨架一高一矮，推测为夫妻合葬。墓内发现少量陶片。

2. M2934

单人一次葬。位于T8111-T8212东北部。开口于第6层下，打破第7层。墓向为北偏东35°。墓圹为长方形，墓壁较直，墓底略平，无加工痕迹，长约1.74、宽0.43、深0.3米（图二三九；图版一六，2）。填黑黄色土，土质较紧密，黏性较强，夹杂零星木炭灰烬。墓主人骨架保存较好，基本完整，头朝东北脚向西南，仰身直肢，面向上，双臂交叠置于胸前。右边盆骨旁放置一件尖底杯，左边盆骨周围放置有几块卵石。

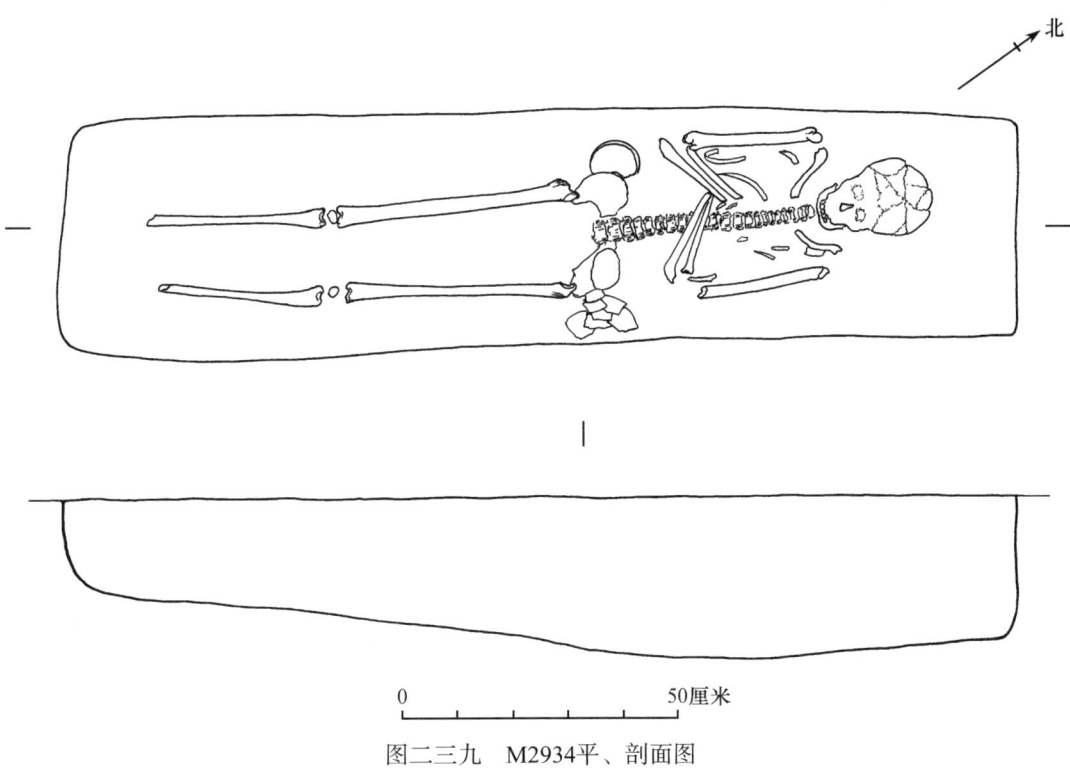

图二三九　M2934平、剖面图

3. M2935

单人一次葬。位于T8111-T8212西北部。开口于第6层下，打破第7层。墓向为北偏西125°。墓圹为长方形，墓壁斜直，底部较平，长约1.53、宽0.39~0.47、残深0.05米（图二四〇）。填黄褐色土，土质较紧密，夹杂褐色颗粒和少许竹木炭灰烬。骨架保存较差，头朝西南脚向东北，肋骨无存，头骨遗留有痕迹，右臂微曲自然垂下，左臂弯肘压在盆骨下，双脚自然伸直。墓内有少量泥质陶片，陶片过碎，器形不可辨。

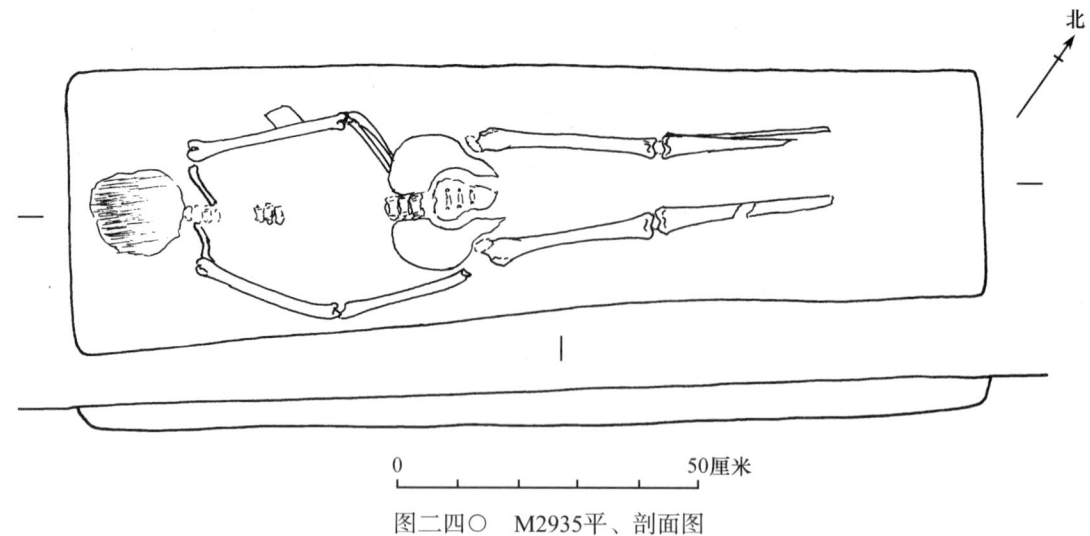

图二四〇　M2935平、剖面图

4. M2938

单人一次葬。位于T7507-T7608西北部。开口于第6层下，打破第7层。墓向为北偏东70°。墓圹为长方形，墓壁斜直，圜底，长约1.79、宽0.59、深0.2米（图二四一；图版一七，1）。填褐黄色土，土质较紧密，黏性较强，夹杂褐色颗粒和少量竹木炭灰烬。骨架保存较好，基本完整。头朝东北脚向西南，头部俯向地面，牙齿移至头顶端，右肩骨上移到头部位置，其余骨骼按照正常人体位置放置。右边盆骨周围分布少量陶片，陶片过碎，器形不可辨。

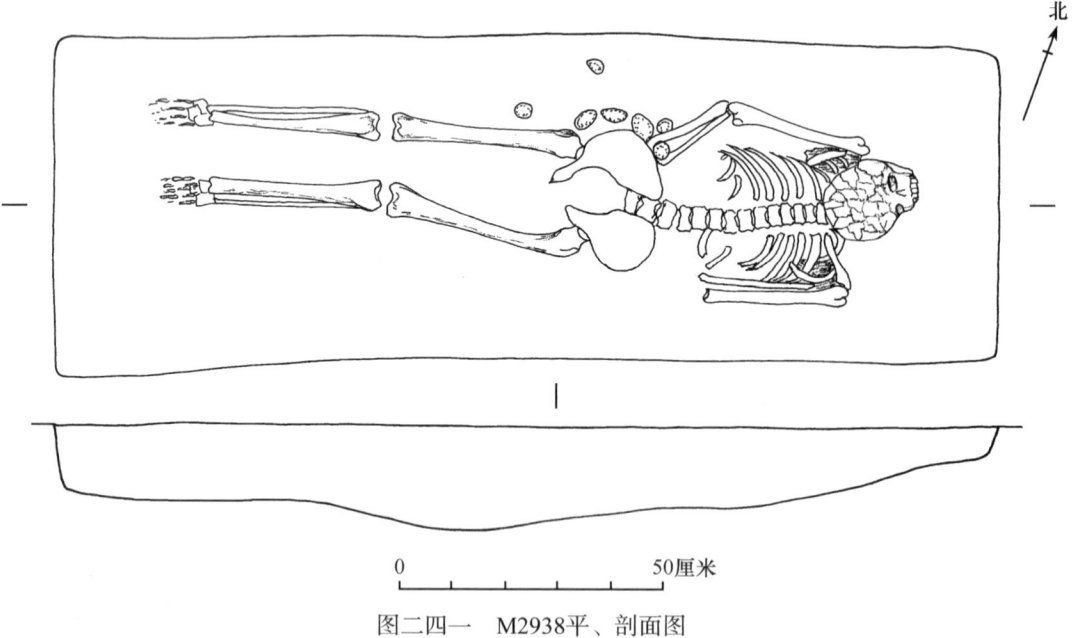

图二四一　M2938平、剖面图

5. M2940

单人一次葬。位于T6713-T6814中部偏北。开口于第6层下，打破第7层，东南部被H9049打破。墓向为正南北方向。墓圹为长方形，墓壁斜直，平底，长约1.64、宽0.47、深0.04米（图二四二；图版一七，2）。填褐色土，土质紧密，黏性较强，夹杂褐色颗粒和少量灰烬。骨架保存较差，头朝正南，头骨仅见痕迹，双臂交叠置于右胸部位，其余骨骼按照正常人体位置放置。墓内仅出土少量较碎的陶片，器形不可辨。

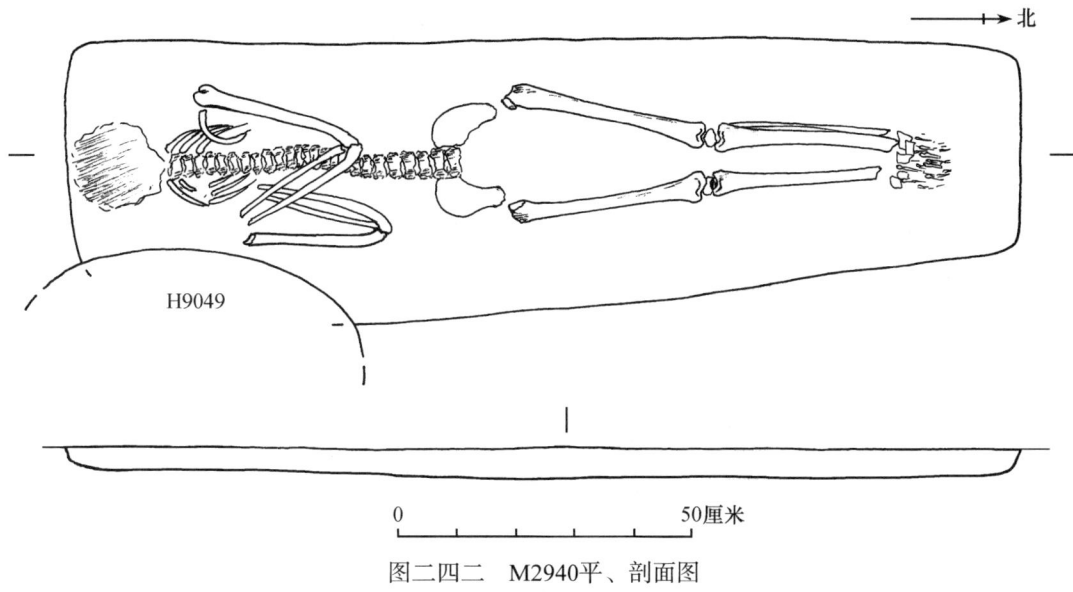

图二四二　M2940平、剖面图

6. M2936

单人二次葬。位于T8109-T8210西南角。开口于第6层下，打破第7层。墓向为北偏东45°。墓圹为长方形，墓壁较直，底部较平，长约1.11、宽0.37～0.46、深0.11～0.14米（图二四三；图版一八，1）。填褐黄色土，土质较紧密，黏性较强，夹杂褐色颗粒和少量竹木炭灰烬。骨架保存很差，遗留的头骨和下肢骨按正常人体位置放置。墓主人头部放置1件尖底盏，右腿膝盖位置放置1块石头，左脚旁边有几块较碎的陶片，器形不可辨。

7. M2937

单人二次葬。位于T8109-T8210的西南角。开口于第6层下，打破第7层。墓向为北偏东58°。墓圹为长方形，墓壁较直，墓底略平，长约1.06、宽0.55、深0.07米（图二四四；图版一八，2）。填褐色土，土质较紧密，黏性较强，夹杂褐色颗粒，坑底有少量竹木炭灰烬。骨架保存很差，初步判断为儿童墓，仅留有头骨和股骨按正常人体位置放置。墓内无随葬品。

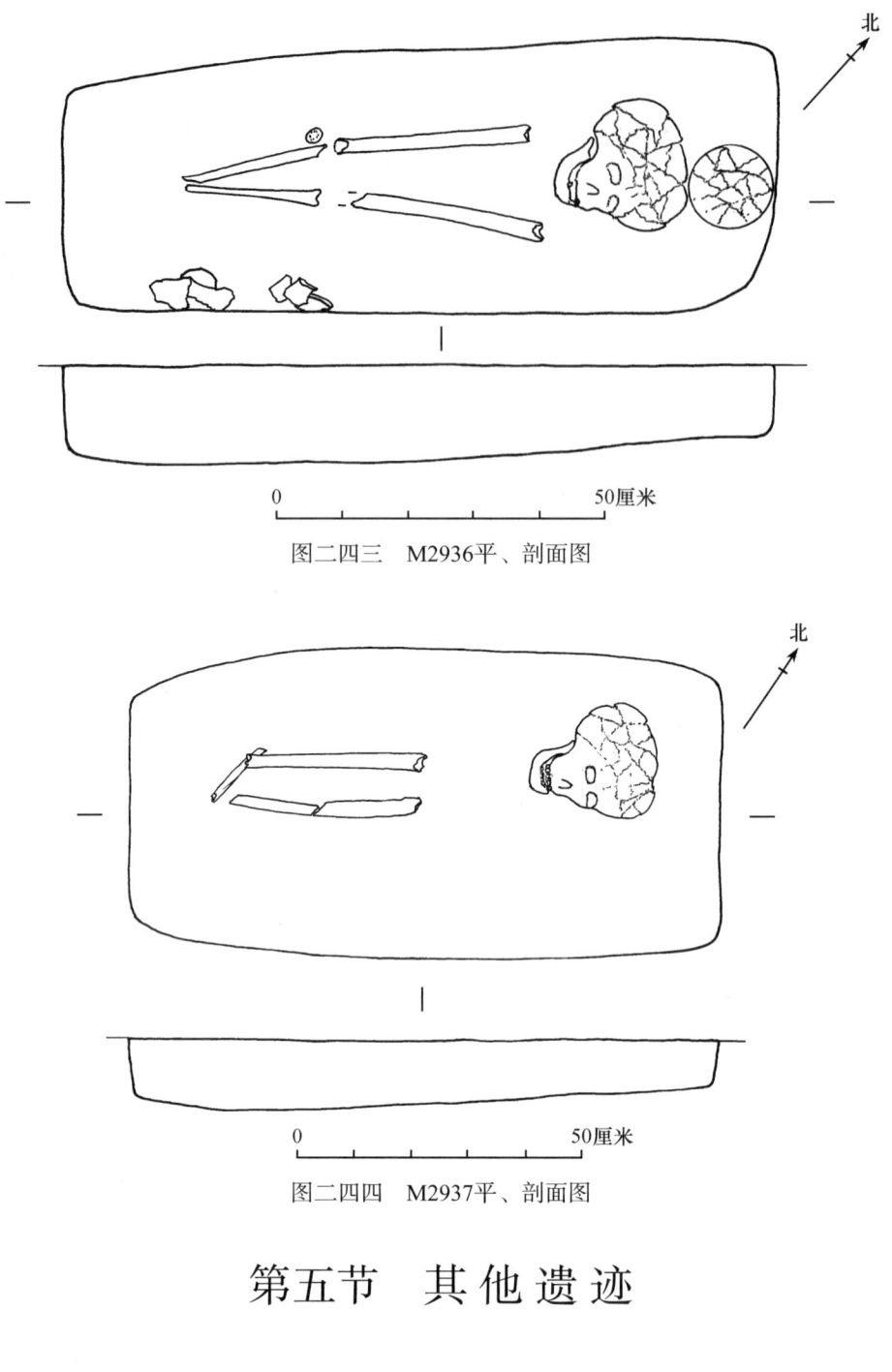

图二四三　M2936平、剖面图

图二四四　M2937平、剖面图

第五节　其他遗迹

一、堆　　积

1处。

C1

位于T7109-T7210南部。开口于第6层下，打破第7层，被晚期沟和河道打破。平面形状呈不规则形，推测其完整平面形状为圆形，残长4.4、残宽3.5米；底部不平，深0.2～0.28米。池内填灰色土，土质较疏松。夹杂竹木炭灰烬，底部铺有大量卵石堆积，无出土遗物（图二四五）。

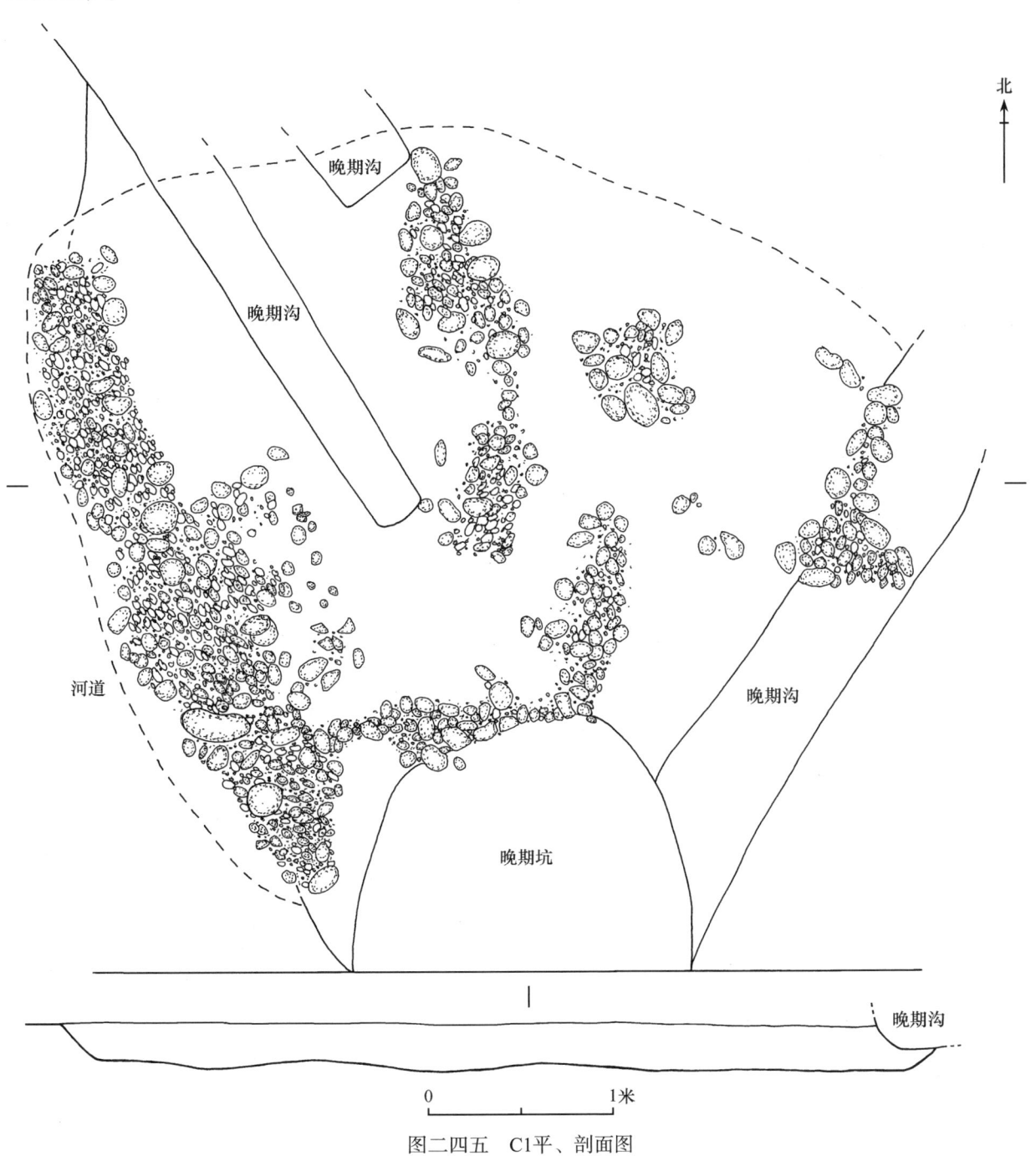

图二四五　C1平、剖面图

二、柱　　洞

4个。

D2

位于T6711-T6812西南部。开口于第6层下，打破第7层。平面形状呈圆形，长0.67、宽0.63米；直壁，圜底，深0.5米（图二四六）。柱洞内填褐色土，土质较紧密，黏性较强，包含少量陶片。出土陶片以夹砂灰黑陶为主，其余依次为夹砂灰黄陶和夹砂灰褐陶、泥质灰黑陶。经统计，夹砂灰黑陶占陶片总数的50%，夹砂灰黄陶、夹砂灰褐陶和泥质灰黑陶各占陶片总数的18.8%、18.8%和12.4%。皆为素面陶。可辨器形有圈足（图二四七）。

陶圈足　1件。

D2：1，夹砂灰黑陶。盘状，矮圈足。圈足径11.2、残高5.8厘米（图二四七）。

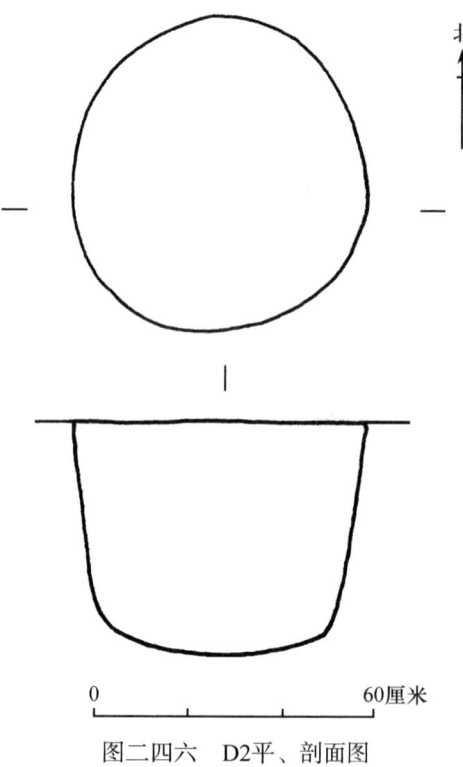

图二四六　D2平、剖面图

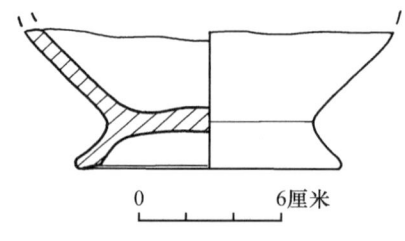

图二四七　D2出土陶圈足（D2：1）

第六节 地层出土遗物

一、第7层出土遗物

(一) 陶器

1. 尖底杯

7件。

T6713-T6814⑦:18，泥质灰黑陶。侈口，罐形，尖圆唇。口径11、残高3.5厘米（图二四八，1）。T7909-T8010⑦:57，泥质灰黑陶。侈口，尖圆唇。残高3厘米（图二四八，2）。T6905-T7006⑦:1，泥质黑陶。罐形，尖唇。底部留有轮制痕迹。口径10.2、底径1、通高7.8厘米（图二四八，3；图版二六，2）。T7909-T8010⑦:36，泥质灰白陶。敛口，尖圆唇，尖底。口径9、残高3.6厘米（图二四八，4）。T7709-T7810⑦:1，泥质灰黑陶。敛口，尖唇。口径8.4、通高12.7厘米（图二四八，5；图版二六，4）。T6907-T7008⑦:16，泥质灰黑陶。侈口，尖唇。残高3.6厘米（图二四八，6）。T7707-T7808⑦:84，泥质陶，近底部为灰黑色，上部为灰白色。敛口，尖唇，尖底。口径8、通高14.5厘米（图二四八，7；图版二六，3）。

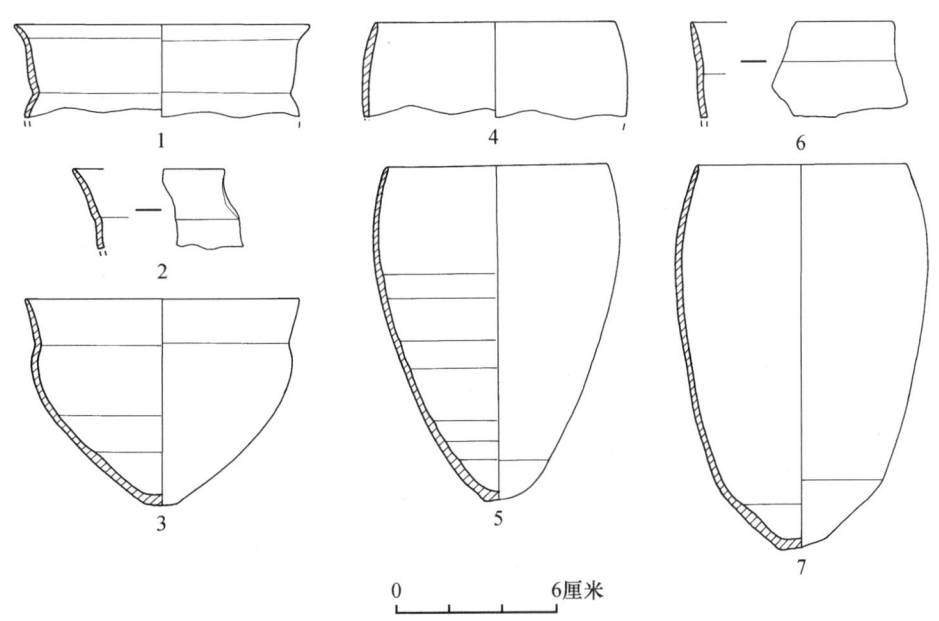

图二四八 第7层出土陶尖底杯

1. T6713-T6814⑦:18 2. T7909-T8010⑦:57 3. T6905-T7006⑦:1 4. T7909-T8010⑦:36 5. T7709-T7810⑦:1
6. T6907-T7008⑦:16 7. T7707-T7808⑦:84

2. 尖底盏

8件。

T6713-T6814⑦：54，泥质灰褐陶。侈口，尖圆唇。口径11、残高2厘米（图二四九，2）。T7505-T7606⑦：1，夹砂灰黑陶。侈口，尖圆唇，尖底。口径9.2、通高6.3厘米（图二四九，3）。T7907-T8008⑦：1，夹砂灰黑陶。侈口，方唇。口径16、底径2.2、通高8.4厘米（图二四九，4；图版二七，1）。T6713-T6814⑦：35，泥质灰褐陶。敛口，尖圆唇，浅弧腹。口径11.6、残高2.3厘米（图二四九，5）。T7909-T8010⑦：54，夹砂灰褐陶。敛口，圆唇，浅弧腹。口径11、残高2.6厘米（图二四九，6）。T8109-T8210⑦：5，泥质灰黑陶。敛口，尖圆唇，浅弧腹。口径12、残高3.5厘米（图二四九，7）。T8311-T8412⑦：2，泥质灰黑陶。尖圆唇，斜直深腹，尖底。口径14、通高5.7厘米（图二四九，8；图版二七，2）。T8311-T8412⑦：1，泥质灰黑陶。敛口，尖圆唇，深弧腹，下腹内收，圆凸尖底。口径12.2、通高6.8厘米（图二四九，9；图版二七，3）。

3. 尖底罐

1件。

T7909-T8010⑦：23，夹砂灰黑陶。方唇，圆鼓肩。素面。残高3.5厘米（图二四九，1）。

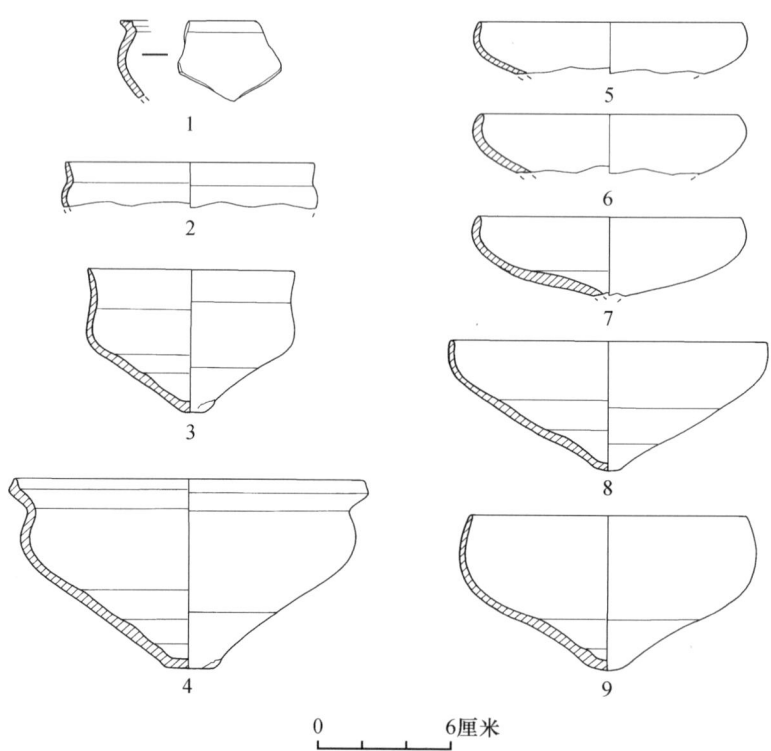

图二四九　第7层出土陶尖底盏、陶尖底罐

1.尖底罐（T7909-T8010⑦：23）　2~9.尖底盏（T6713-T6814⑦：54、T7505-T7606⑦：1、T7907-T8008⑦：1、T6713-T6814⑦：35、T7909-T8010⑦：54、T8109-T8210⑦：5、T8311-T8412⑦：2、T8311-T8412⑦：1）

4. 瓮形器

37件。

T7907-T8008⑦：8，夹砂灰褐陶。敛口，方唇，浅弧腹。沿外侧饰压印纹。残高5.8厘米（图二五〇，1）。T8111-T8212⑦：10，夹砂灰黑陶。敛口，方唇，浅弧腹。沿外侧饰绳纹。残高4厘米（图二五〇，2）。T6715-T6816⑦：49，夹砂灰黑陶。敛口，圆唇，肩部微鼓，深腹。沿外侧及肩部饰绳纹。残高3.5厘米（图二五〇，3）。T8109-T8210⑦：13，夹砂灰黑陶。敛口，圆唇，鼓肩，深弧腹。沿外侧及肩部饰绳纹。残高4.5厘米（图二五〇，4）。T7709-T7810⑦：47，夹砂灰黑陶。敛口，方唇，鼓肩，深腹。沿外侧饰绳纹，肩部饰一周凹弦纹。残高6厘米（图二五〇，5）。T7507-T7608⑦：10，夹砂灰黑陶。敛口，方唇，鼓肩，深腹。沿外侧及肩部饰绳纹和一周凹弦纹。口径23.2、残高4.2厘米（图二五〇，6）。T7307-T7408⑦：10，夹砂灰黄陶。敛口，方唇，鼓肩，深腹。沿外侧及肩部饰绳纹。口径30、残高5.8厘米（图二五〇，7）。T7107-T7208⑦：22，夹砂灰黑陶。敛口，方唇，鼓肩。沿外侧及肩部饰绳纹。残高5.1厘米（图二五〇，8）。T6903-T7004⑦：49，夹砂灰黑陶。敛口，方唇，圆鼓肩，深腹。沿外侧及肩部饰绳纹。残高3.5厘米（图二五〇，9）。T6905-T7006⑦：31，夹砂灰黑陶。敛口，方唇，鼓肩，深腹。沿外侧及肩部饰戳印纹及一周凹弦纹。残高3.7厘米（图二五〇，10）。T7307-T7408⑦：29，夹砂灰黑陶。敛口，方唇，鼓肩，深腹。沿外侧及肩部饰绳纹。残高3.5厘米（图二五〇，11）。T6905-T7006⑦：19，夹砂灰黑陶。敛口，方唇，鼓肩，深腹。沿外侧及肩部饰绳纹。残高8.1厘米（图二五〇，12）。T6903-T7004⑦：37，夹砂灰褐陶。敛口，方唇，浅弧腹。沿外侧及肩部饰绳纹。残高6厘米（图二五〇，13）。T6711-T6812⑦：17，夹砂灰黄陶。敛口，方唇，鼓肩。沿外侧及肩部饰绳纹。残高6.6厘米（图二五一，1）。T6515-T6616⑦：55，夹砂灰黑陶。敛口，方唇，鼓肩。沿外侧及肩部饰绳纹。残高4.7厘米（图二五一，2）。T7505-T7606⑦：14，夹砂灰黄陶。敛口，方唇，鼓肩。沿外侧及肩部饰绳纹。残高3.1厘米（图二五一，3）。T7707-T7808⑦：63，夹砂灰褐陶。敛口，方唇，鼓肩。沿外侧及肩部饰绳纹。残高5厘米（图二五一，4）。T6911-T7012⑦：20，夹砂灰黄陶。敛口，方唇，溜肩。沿外侧及肩部饰绳纹。残高4.4厘米（图二五一，5）。T6905-T7006⑦：8，夹砂灰黄陶。敛口，方唇，鼓肩。沿外侧及肩部饰绳纹。口径38、残高6厘米（图二五一，6）。T6715-T6816⑦：33，夹砂灰黄陶。敛口，圆唇，鼓肩。沿外侧及肩部饰绳纹。口径36、残高6厘米（图二五一，7）。T8109-T8210⑦：17，夹砂灰黄陶。敛口，方唇，肩部微鼓，下腹斜直缓收。沿外侧及肩部饰绳纹。残高4.8厘米（图二五一，8）。T7709-T7810⑦：20，夹砂灰黄陶。敛口，方唇，鼓肩。沿外侧及肩部饰绳纹。残高2.5厘米（图二五一，9）。T6911-T7012⑦：21，夹砂灰黑陶。敛口，圆唇，肩部微鼓。沿外侧及肩部饰绳纹。残高4.9厘米（图二五一，10）。T6903-T7004⑦：53，夹砂灰黑陶。敛口，方唇，斜肩。沿外侧及肩部饰绳纹。残高4.5厘米（图二五一，11）。T7105-T7206⑦：10，夹砂灰黄陶。敛口，圆唇，斜肩。沿外侧及肩部饰绳纹。残高4.5厘米（图二五一，12）。T6907-T7008⑦：9，夹砂灰黄陶。敛口，方唇，

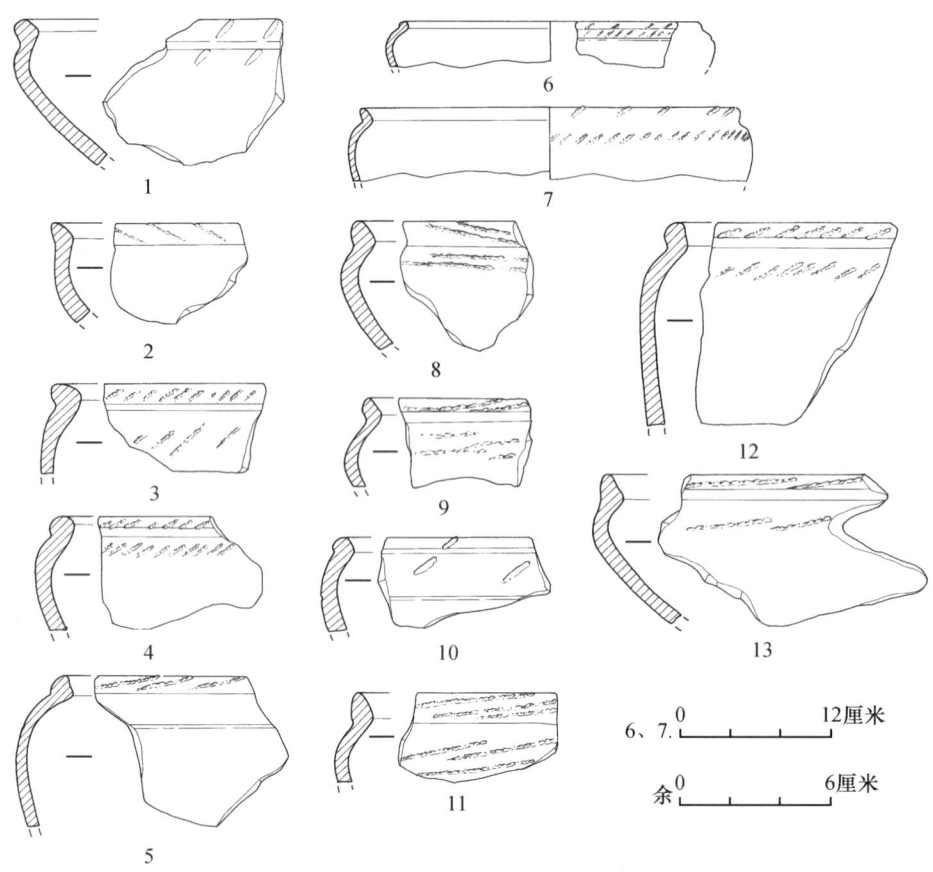

图二五〇　第7层出土陶瓷形器

1. T7907-T8008⑦：8　2. T8111-T8212⑦：10　3. T6715-T6816⑦：49　4. T8109-T8210⑦：13　5. T7709-T7810⑦：47
6. T7507-T7608⑦：10　7. T7307-T7408⑦：10　8. T7107-T7208⑦：22　9. T6903-T7004⑦：49　10. T6905-T7006⑦：31
11. T7307-T7408⑦：29　12. T6905-T7006⑦：19　13. T6903-T7004⑦：37

肩部微鼓。沿外侧及肩部饰绳纹。残高3.3厘米（图二五一，13）。T6905-T7006⑦：29，夹砂灰黑陶。敛口，方唇，斜肩。沿外侧及肩部饰压印纹。残高4.8厘米（图二五一，14）。T8109-T8210⑦：22，夹砂灰黑陶。敛口，方唇，鼓肩。沿外侧及肩部饰戳印纹。残高4.8厘米（图二五一，15）。T7709-T7810⑦：60，夹砂灰黄陶。敛口，方唇，肩部微鼓，浅腹，下腹急收。沿外侧及肩部饰绳纹。残高3.8厘米（图二五二，1）。T6515-T6616⑦：90，夹砂灰黑陶。敛口，方唇，沿面微凹，鼓肩。沿外侧及肩部饰绳纹。残高4厘米（图二五二，2）。T6911-T7012⑦：10，夹砂灰黄陶。敛口，方唇，鼓肩。沿外侧及肩部饰绳纹。残高6厘米（图二五二，3）。T7707-T7808⑦：28，夹砂灰褐陶。敛口，方唇，鼓肩。沿外侧及肩部饰绳纹。残高7.2厘米（图二五二，4）。T6713-T6814⑦：24，夹砂灰黑陶。敛口，方唇，鼓肩。沿外侧及肩部饰绳纹。口径30、残高4.6厘米（图二五二，5）。T7505-T7606⑦：13，夹砂灰黄陶。敛口，方唇，溜肩。沿外侧及肩部饰绳纹，上腹部饰两个錾耳。残高4.4厘米（图二五二，6）。T6713-T6814⑦：7，夹砂灰黄陶。敛口，方唇，广肩。沿外侧及肩部饰绳纹及一周凹弦纹。残高4.2厘米（图二五二，7）。T6715-T6816⑦：27，夹砂灰黄陶。敛口，圆唇，广肩。肩部饰绳纹。残高4.1厘米（图二五二，8）。T6905-T7006⑦：18，夹砂灰黄陶。敛口，方唇，折肩。沿外侧饰绳纹。残高4.1厘米（图二五二，9）。

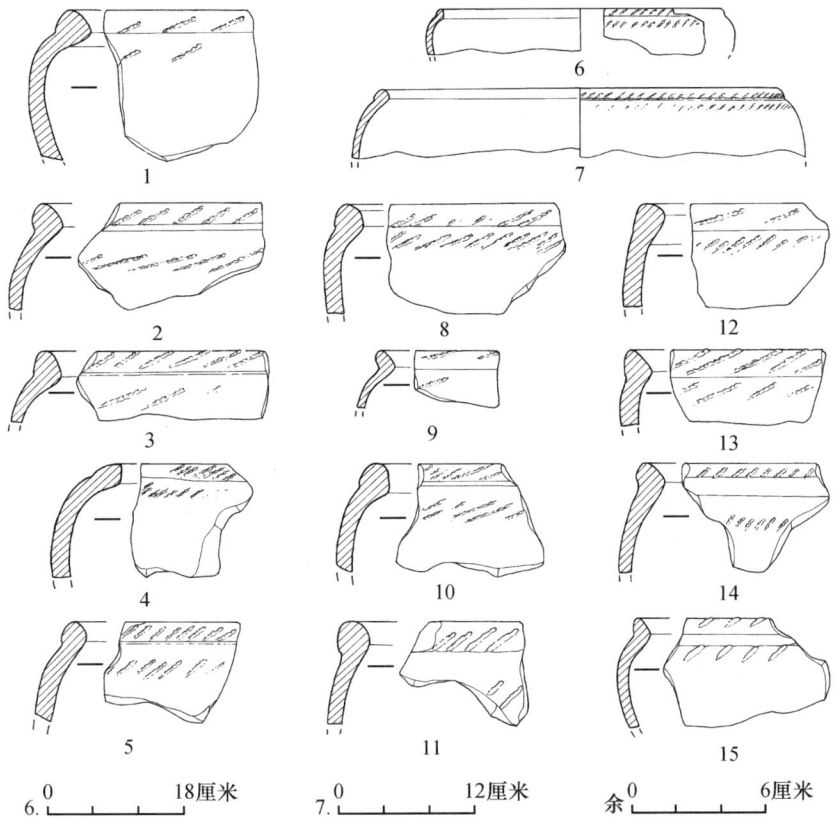

图二五一　第7层出土陶瓮形器
1. T6711-T6812⑦：17　2. T6515-T6616⑦：55　3. T7505-T7606⑦：14　4. T7707-T7808⑦：63　5. T6911-T7012⑦：20
6. T6905-T7006⑦：8　7. T6715-T6816⑦：33　8. T8109-T8210⑦：17　9. T7709-T7810⑦：20　10. T6911-T7012⑦：21
11. T6903-T7004⑦：53　12. T7105-T7206⑦：10　13. T6907-T7008⑦：9　14. T6905-T7006⑦：29　15. T8109-T8210⑦：22

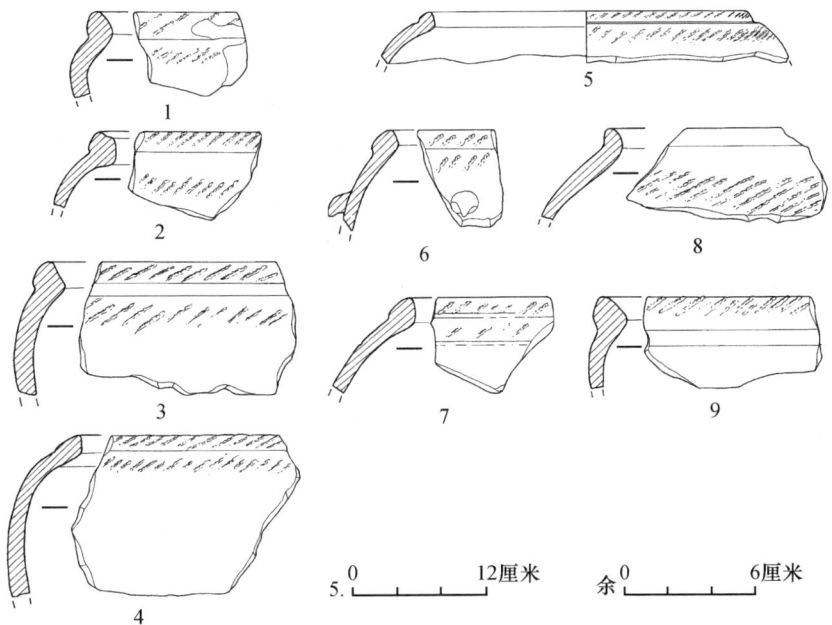

图二五二　第7层出土陶瓮形器
1. T7709-T7810⑦：60　2. T6515-T6616⑦：90　3. T6911-T7012⑦：10　4. T7707-T7808⑦：28　5. T6713-T6814⑦：24
6. T7505-T7606⑦：13　7. T6713-T6814⑦：7　8. T6715-T6816⑦：27　9. T6905-T7006⑦：18

5. 敛口罐

127件。

T6915-T7016⑦：7，夹砂灰黑陶。敛口，方唇，鼓肩。口径38、残高9厘米（图二五三，1）。T6915-T7016⑦：3，夹砂灰黄陶。敛口，圆唇，鼓肩。口径38、残高5.2厘米（图二五三，2）。T6515-T6616⑦：28，夹砂灰黄陶。敛口，圆唇，唇部有凹槽，鼓肩。口径36、残高5.4厘米（图二五三，3）。T6711-T6812⑦：7，夹砂灰黑陶。敛口，尖圆唇，卷沿，鼓肩。残高4.6厘米（图二五三，4）。T6715-T6816⑦：23，夹砂灰黑陶。敛口，圆唇，鼓肩。残高5.3厘米（图二五三，5）。T6511-T6612⑦：22，夹砂灰褐陶。敛口，方唇，鼓肩。残高4厘米（图二五三，6）。T6515-T6616⑦：86，夹砂灰褐陶。敛口，圆唇，鼓肩。残高5.5厘米（图二五三，7）。T6911-T7012⑦：13，夹砂灰黄陶。敛口，方唇，肩部微鼓。残

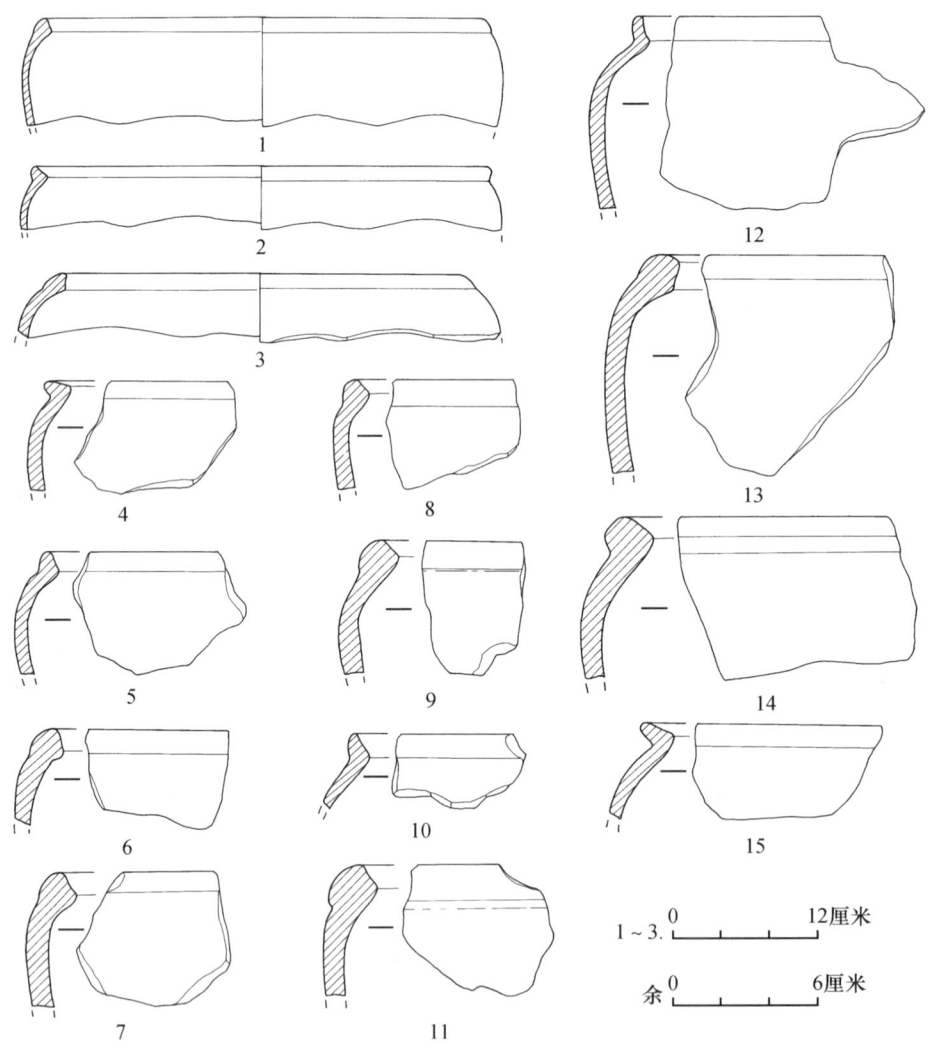

图二五三　第7层出土陶敛口罐

1. T6915-T7016⑦：7　2. T6915-T7016⑦：3　3. T6515-T6616⑦：28　4. T6711-T6812⑦：7　5. T6715-T6816⑦：23
6. T6511-T6612⑦：22　7. T6515-T6616⑦：86　8. T6911-T7012⑦：13　9. T6511-T6612⑦：23　10. T6513-T6614⑦：5
11. T6903-T7004⑦：19　12. T6713-T6814⑦：21　13. T6905-T7006⑦：9　14. T6511-T6612⑦：3　15. T6511-T6612⑦：9

高4.5厘米（图二五三，8）。T6511-T6612⑦：23，夹砂灰黄陶。敛口，方唇，鼓肩。残高5.5厘米（图二五三，9）。T6513-T6614⑦：5，夹砂灰黑陶。敛口，尖圆唇，卷沿，溜肩。残高3.1厘米（图二五三，10）。T6903-T7004⑦：19，夹砂灰黄陶。敛口，圆唇，折肩。残高5.4厘米（图二五三，11）。T6713-T6814⑦：21，夹砂灰黑陶。敛口，圆唇，鼓肩。残高8厘米（图二五三，12）。T6905-T7006⑦：9，夹砂灰黄陶。敛口，圆唇，鼓肩。残高9厘米（图二五三，13）。T6511-T6612⑦：3，夹砂灰黄陶。敛口，方唇，鼓肩。残高6.7厘米（图二五三，14）。T6511-T6612⑦：9，夹砂灰褐陶。敛口，折沿，尖圆唇，鼓肩。残高4厘米（图二五三，15）。T6515-T6616⑦：84，夹砂灰黄陶。敛口，圆唇，唇部有道浅凹槽，鼓肩。残高6.4厘米（图二五四，1）。T6515-T6616⑦：74，夹砂灰黄陶。敛口，方唇，鼓肩。残高5.4厘米（图二五四，2）。T6903-T7004⑦：3，夹砂灰褐陶。敛口，方唇，折肩。

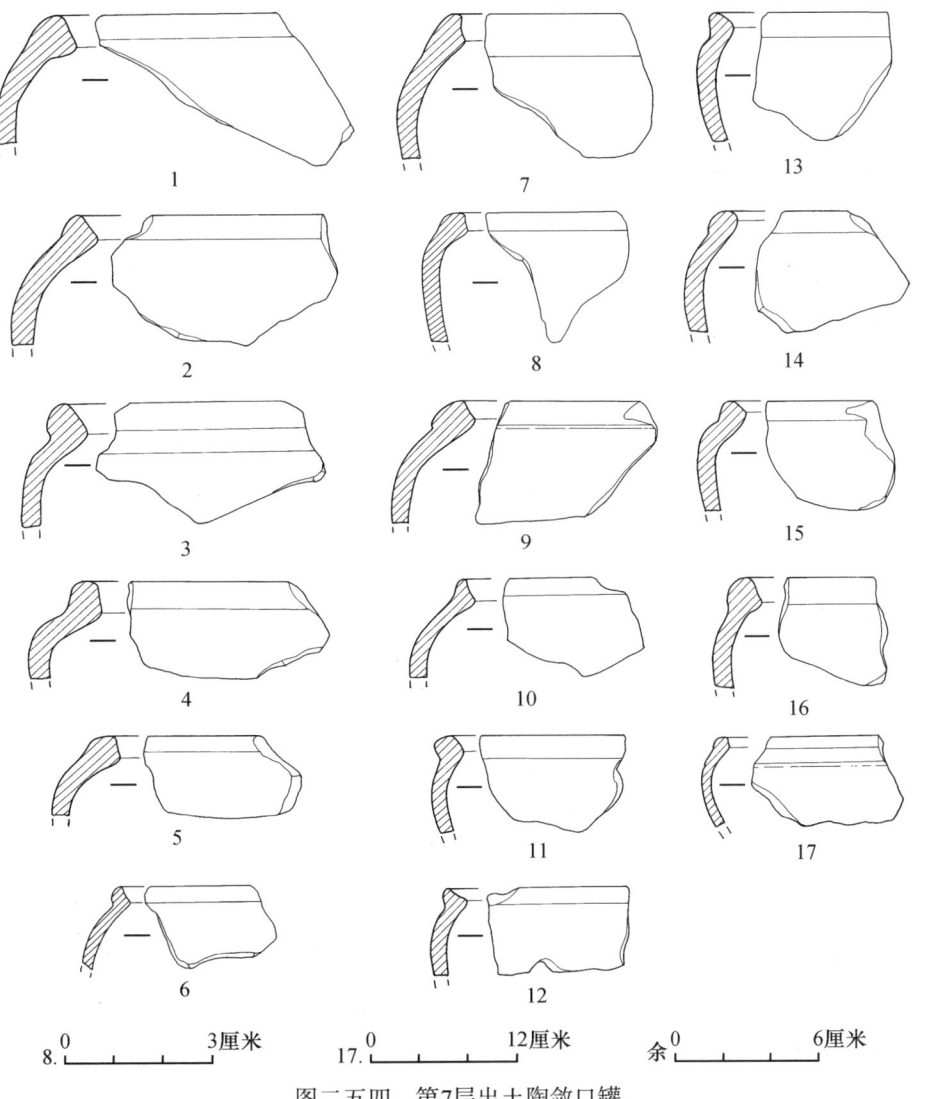

图二五四　第7层出土陶敛口罐

1. T6515-T6616⑦：84　2. T6515-T6616⑦：74　3. T6903-T7004⑦：3　4. T6715-T6816⑦：54　5. T6711-T6812⑦：18　6. T6515-T6616⑦：11　7. T6515-T6616⑦：61　8. T6515-T6616⑦：16　9. T6711-T6812⑦：30　10. T6515-T6616⑦：65　11. T6713-T6814⑦：42　12. T6903-T7004⑦：15　13. T6713-T6814⑦：28　14. T6715-T6816⑦：60　15. T6713-T6814⑦：40　16. T6713-T6814⑦：23　17. T6903-T7004⑦：36

残高5厘米（图二五四，3）。T6715-T6816⑦：54，夹砂灰黑陶。敛口，圆唇，鼓肩。残高4厘米（图二五四，4）。T6711-T6812⑦：18，夹砂灰黑陶。敛口，尖圆唇，鼓肩。残高3.2厘米（图二五四，5）。T6515-T6616⑦：11，夹砂灰黄陶。敛口，圆唇，唇部有凹槽，鼓肩。残高3.4厘米（图二五四，6）。T6515-T6616⑦：61，夹砂灰黄陶。敛口，方唇，唇部有一道凹槽，溜肩。残高6厘米（图二五四，7）。T6515-T6616⑦：16，夹砂灰黄陶。敛口，方唇，肩部微鼓。残高2.7厘米（图二五四，8）。T6711-T6812⑦：30，夹砂灰黑陶。敛口，圆唇，鼓肩。残高5厘米（图二五四，9）。T6515-T6616⑦：65，夹砂灰黄陶。敛口，方唇，唇部有一道凹槽，鼓肩。残高4.1厘米（图二五四，10）。T6713-T6814⑦：42，夹砂灰黑陶。敛口，圆唇，肩部微鼓。残高4厘米（图二五四，11）。T6903-T7004⑦：15，夹砂灰黄陶。敛口，圆唇，鼓肩。残高3.6厘米（图二五四，12）。T6713-T6814⑦：28，夹砂灰黄陶。敛口，圆唇，肩部微鼓。残高5.2厘米（图二五四，13）。T6715-T6816⑦：60，夹砂灰黑陶。敛口，圆唇，鼓肩。残高5厘米（图二五四，14）。T6713-T6814⑦：40，夹砂灰黑陶。敛口，方唇，鼓肩。残高4.5厘米（图二五四，15）。T6713-T6814⑦：23，夹砂灰黑陶。敛口，方唇，肩部微鼓。残高4.5厘米（图二五四，16）。T6903-T7004⑦：36，夹砂灰黑陶。敛口，方唇，鼓肩。肩部饰一道凹弦纹。残高7.4厘米（图二五四，17）。T7907-T8008⑦：35，夹砂灰黑陶。敛口，圆唇，鼓肩。肩部饰一道凹弦纹。残高4.4厘米（图二五五，1）。T7307-T7408⑦：4，夹砂灰黑陶。敛口，圆唇，肩部微鼓。残高6.3厘米（图二五五，2）。T7107-T7208⑦：17，夹砂灰黄陶。敛口，方唇，肩部微鼓。残高5.5厘米（图二五五，3）。T7505-T7606⑦：3，夹砂灰褐陶。敛口，尖圆唇，肩部微鼓。残高5厘米（图二五五，4）。T6905-T7006⑦：32，夹砂灰褐陶。敛口，圆唇，肩部微鼓。残高4.6厘米（图二五五，5）。T6909-T7010⑦：12，夹砂灰黑陶。敛口，方唇，鼓肩，下腹急收。口径14、残高4.5厘米（图二五五，6）。T7309-T7410⑦：2，夹砂灰黄陶。敛口，方唇，鼓肩。口径49.7、残高5.7厘米（图二五五，7）。T6915-T7016⑦：6，夹砂灰黄陶。敛口，圆唇，鼓肩。口径38、残高6.6厘米（图二五五，8）。T7509-T7610⑦：2，夹砂灰黑陶。敛口，方唇，肩部微鼓。残高5.5厘米（图二五五，9）。T6905-T7006⑦：26，夹砂灰黑陶。敛口，方唇，鼓肩。残高4.5厘米（图二五五，10）。T8111-T8212⑦：8，夹砂灰褐陶。敛口，方唇，折肩。残高4厘米（图二五五，11）。T8311-T8412⑦：21，夹砂灰黑陶。敛口，圆唇，鼓肩。残高5.3厘米（图二五五，12）。T6903-T7004⑦：50，夹砂灰黑陶。敛口，圆唇，肩部微鼓。残高4.1厘米（图二五五，13）。T7909-T8010⑦：4，夹砂灰黑陶。敛口，方唇，折肩。残高5.4厘米（图二五五，14）。T7307-T7408⑦：15，夹砂灰黄陶。敛口，圆唇，鼓肩。残高4.4厘米（图二五六，1）。T6911-T7012⑦：14，夹砂灰黄陶。敛口，方唇，鼓肩。残高4.7厘米（图二五六，2）。T6913-T7014⑦：6，夹砂灰黄陶。敛口，方唇，鼓肩。残高4.9厘米（图二五六，3）。T7307-T7408⑦：22，夹砂灰黑陶。敛口，圆唇，肩部微鼓。残高5.3厘米（图二五六，4）。T6915-T7016⑦：20，夹砂灰黄陶。敛口，圆唇，肩部微鼓。残高5.2厘米（图二五六，5）。T7709-T7810⑦：64，夹砂灰黑陶。敛口，圆唇，肩部微鼓。残高6.5厘米（图二五六，6）。T7105-T7206⑦：3，夹砂灰褐陶。敛

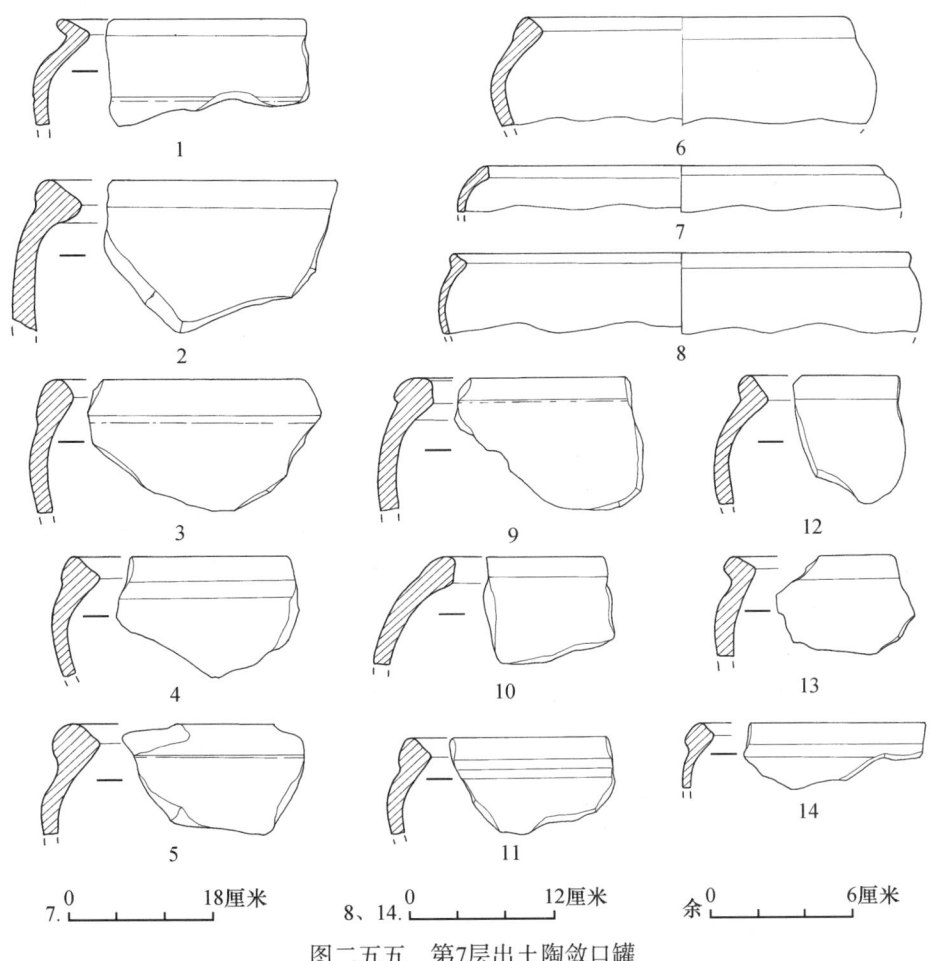

图二五五　第7层出土陶敛口罐

1. T7907-T8008⑦：35　2. T7307-T7408⑦：4　3. T7107-T7208⑦：17　4. T7505-T7606⑦：3　5. T6905-T7006⑦：32
6. T6909-T7010⑦：12　7. T7309-T7410⑦：2　8. T6915-T7016⑦：6　9. T7509-T7610⑦：2　10. T6905-T7006⑦：26
11. T8111-T8212⑦：8　12. T8311-T8412⑦：21　13. T6903-T7004⑦：50　14. T7909-T8010⑦：4

口，方唇，鼓肩。残高4.7厘米（图二五六，7）。T6907-T7008⑦：3，夹砂灰黑陶。敛口，方唇，鼓肩。残高4.4厘米（图二五六，8）。T7307-T7408⑦：28，夹砂灰褐陶。敛口，尖唇，鼓肩。残高4.3厘米（图二五六，9）。T7105-T7206⑦：11，夹砂灰黑陶。敛口，方唇，肩部微鼓。残高4.5厘米（图二五六，10）。T7107-T7208⑦：8，夹砂灰黑陶。敛口，方唇，鼓肩。残高8厘米（图二五六，11）。T7105-T7206⑦：5，夹砂灰黄陶。敛口，圆唇，鼓肩。残高3.3厘米（图二五六，12）。T6911-T7012⑦：27，夹砂灰黑陶。敛口，方唇，鼓肩。残高4.8厘米（图二五六，13）。T6911-T7012⑦：8，夹砂灰黑陶。敛口，方唇，鼓肩。残高4厘米（图二五六，14）。T7105-T7206⑦：8，夹砂灰黑陶。敛口，圆唇，鼓肩。残高4厘米（图二五六，15）。T7305-T7406⑦：6，夹砂灰黄陶。敛口，圆唇，鼓肩。残高3.5厘米（图二五六，16）。T7305-T7406⑦：10，夹砂灰黑陶。敛口，圆唇，鼓肩。残高3.6厘米（图二五六，17）。T7707-T7808⑦：51，夹砂灰黑陶。敛口，圆唇，鼓肩。残高4.5厘米（图二五七，1）。T7509-T7610⑦：9，夹砂灰黄陶。敛口，圆唇，鼓肩。残高3.9厘米（图二五七，2）。T7505-T7606⑦：16，夹砂灰黄陶。敛口，尖唇，鼓肩。残高3.5厘

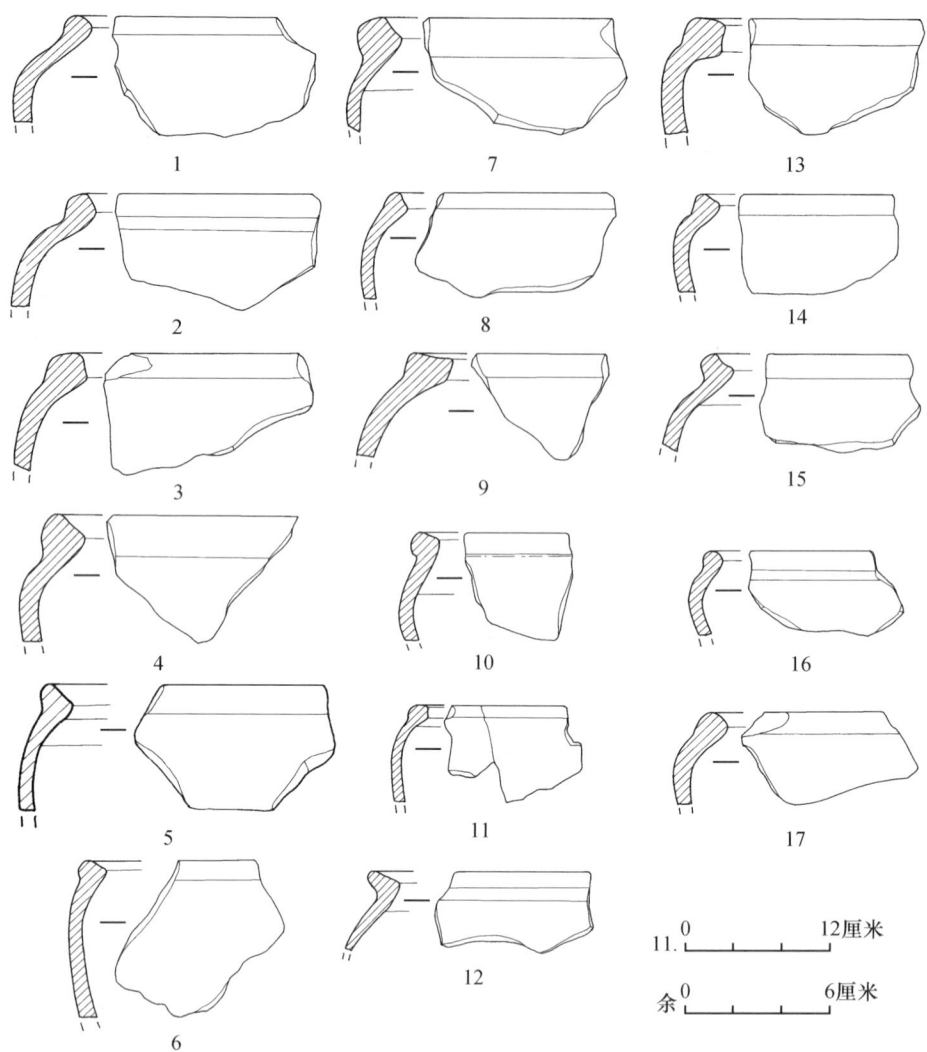

图二五六　第7层出土陶敛口罐

1. T7307-T7408⑦：15　2. T6911-T7012⑦：14　3. T6913-T7014⑦：6　4. T7307-T7408⑦：22　5. T6915-T7016⑦：20
6. T7709-T7810⑦：64　7. T7105-T7206⑦：3　8. T6907-T7008⑦：3　9. T7307-T7408⑦：28　10. T7105-T7206⑦：11
11. T7107-T7208⑦：8　12. T7105-T7206⑦：5　13. T6911-T7012⑦：27　14. T6911-T7012⑦：8　15. T7105-T7206⑦：8
16. T7305-T7406⑦：6　17. T7305-T7406⑦：10

米（图二五七，3）。T7707-T7808⑦：78，夹砂灰黄陶。敛口，圆唇，鼓肩。残高3.4厘米（图二五七，4）。T7707-T7808⑦：29，夹砂灰黄陶。敛口，尖唇，鼓部微鼓。残高6.5厘米（图二五七，5）。T7907-T8008⑦：12，夹砂灰褐陶。敛口，圆唇，鼓肩。残高4.5厘米（图二五七，6）。T7507-T7608⑦：7，夹砂灰黄陶。敛口，尖圆唇，鼓肩。肩部饰一道凹弦纹。残高4厘米（图二五七，7）。T7309-T7410⑦：8，夹砂灰黑陶。敛口，圆唇，鼓肩。残高3厘米（图二五七，8）。T7509-T7610⑦：10，夹砂灰黄陶。敛口，方唇，鼓肩。残高4.2厘米（图二五七，9）。T7709-T7810⑦：46，夹砂灰黄陶。敛口，方唇，鼓肩。残高5.7厘米（图二五七，10）。T7707-T7808⑦：5，夹砂灰黄陶。敛口，圆唇，鼓肩。残高4.4厘米（图二五七，11）。T8109-T8210⑦：21，夹砂灰黄陶。敛口，方唇，肩部微鼓。残高4.2

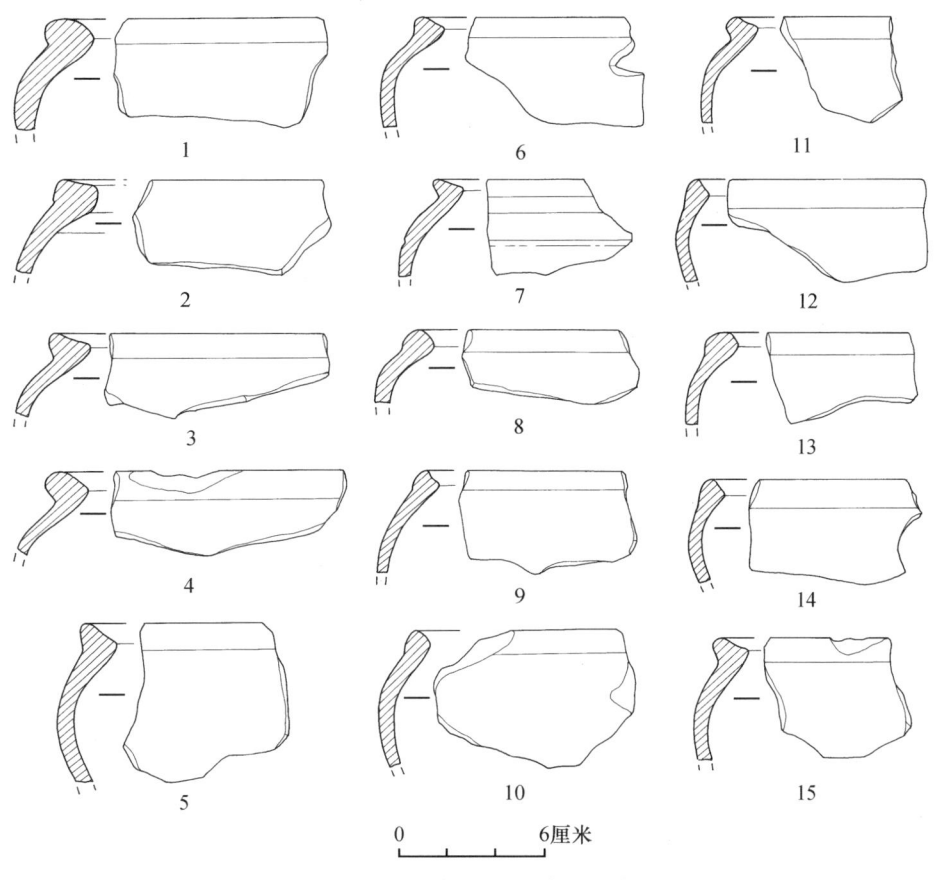

图二五七　第7层出土陶敛口罐

1. T7707-T7808⑦：51　2. T7509-T7610⑦：9　3. T7505-T7606⑦：16　4. T7707-T7808⑦：78　5. T7707-T7808⑦：29
6. T7907-T8008⑦：12　7. T7507-T7608⑦：7　8. T7309-T7410⑦：8　9. T7509-T7610⑦：10　10. T7709-T7810⑦：46
11. T7707-T7808⑦：5　12. T8109-T8210⑦：21　13. T7309-T7410⑦：5　14. T8109-T8210⑦：10　15. T7707-T7808⑦：52

厘米（图二五七，12）。T7309-T7410⑦：5，夹砂灰黑陶。敛口，方唇，鼓肩。残高3.8厘米（图二五七，13）。T8109-T8210⑦：10，夹砂灰黄陶。敛口，方唇，肩部微鼓。残高4.2厘米（图二五七，14）。T7707-T7808⑦：52，夹砂灰黄陶。敛口，尖唇，肩部微鼓。残高5厘米（图二五七，15）。T8111-T8212⑦：11，夹砂灰黑陶。敛口，圆唇，折肩。残高3.5厘米（图二五八，1）。T8111-T8212⑦：12，夹砂灰黄陶。敛口，圆唇，鼓肩，下腹急收。残高4厘米（图二五八，2）。T8311-T8412⑦：28，夹砂灰黑陶。敛口，圆唇，鼓肩。残高4.2厘米（图二五八，3）。T6511-T6612⑦：19，夹砂灰黄陶。敛口，圆唇，鼓肩，浅腹，下腹急收。残高4.3厘米（图二五八，4）。T6715-T6816⑦：43，夹砂灰黑陶。敛口，圆唇，鼓肩，腹稍浅。肩部饰一道凹弦纹。残高6.1厘米（图二五八，5）。T6913-T7014⑦：9，夹砂灰黄陶。敛口，方唇，肩部微鼓。残高5.8厘米（图二五八，6）。T6905-T7006⑦：6，夹砂灰黑陶。敛口，圆唇，肩部微鼓。腹部有轮制痕迹。口径28.3、残高5厘米（图二五八，7）。T6905-T7006⑦：16，夹砂灰黑陶。敛口，圆唇，肩部微鼓。口径36、残高6厘米（图二五八，8）。T6911-T7012⑦：23，夹砂灰黑陶。敛口，圆唇，肩部微鼓。口径38、残高6.6厘米（图二五八，9）。T7307-T7408⑦：14，夹砂灰黑陶。敛口，圆唇，鼓肩。残高4.3

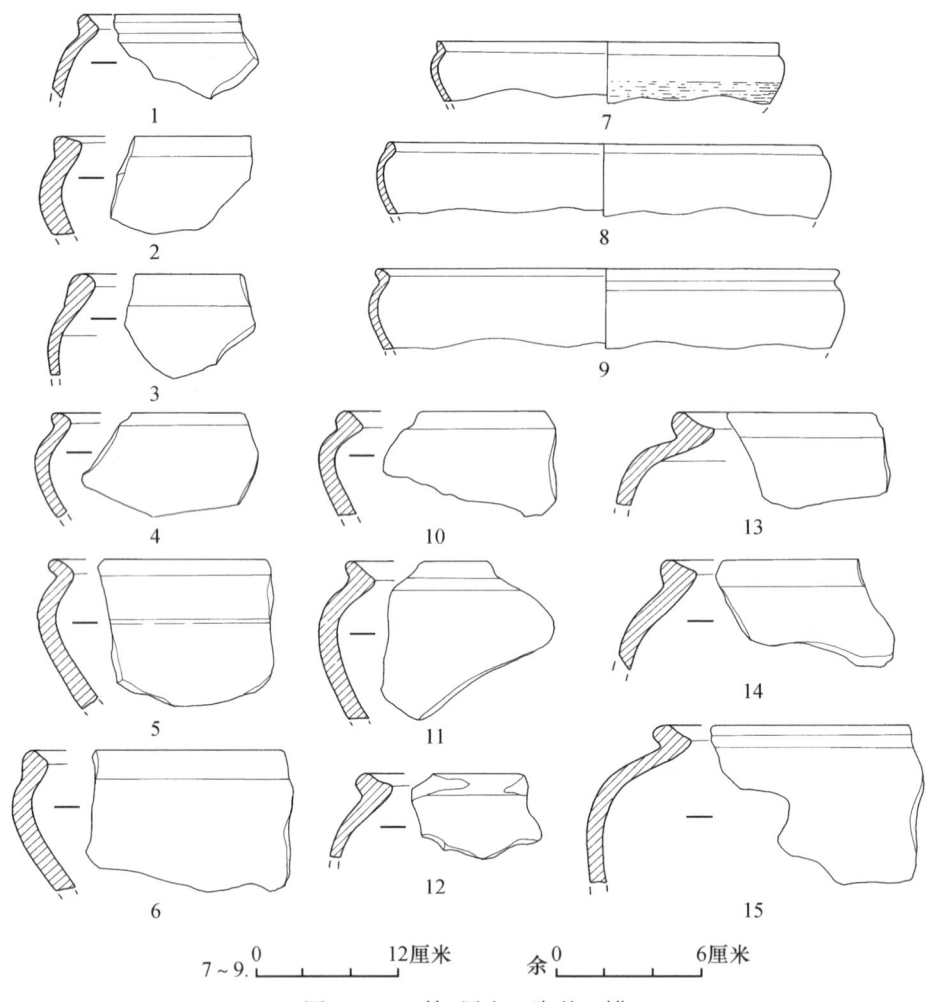

图二五八　第7层出土陶敛口罐
1. T8111-T8212⑦：11　2. T8111-T8212⑦：12　3. T8311-T8412⑦：28　4. T6511-T6612⑦：19　5. T6715-T6816⑦：43
6. T6913-T7014⑦：9　7. T6905-T7006⑦：6　8. T6905-T7006⑦：16　9. T6911-T7012⑦：23　10. T7307-T7408⑦：14
11. T6713-T6814⑦：8　12. T6909-T7010⑦：6　13. T7107-T7208⑦：15　14. T8111-T8212⑦：13　15. T6911-T7012⑦：22

厘米（图二五八，10）。T6713-T6814⑦：8，夹砂灰黄陶。敛口，圆唇，鼓肩。残高6.5厘米（图二五八，11）。T6909-T7010⑦：6，夹砂灰黑陶。敛口，圆唇，鼓肩。残高3.5厘米（图二五八，12）。T7107-T7208⑦：15，夹砂灰黑陶。敛口，圆唇，鼓肩。残高3.8厘米（图二五八，13）。T8111-T8212⑦：13，夹砂灰黑陶。敛口，圆唇，鼓肩。残高4.5厘米（图二五八，14）。T6911-T7012⑦：22，夹砂灰褐陶。敛口，圆唇，鼓肩。残高6.5厘米（图二五八，15）。T7909-T8010⑦：5，夹砂灰黑陶。敛口，圆唇，圆鼓肩。器表有轮制痕迹。残高7.4厘米（图二五九，1）。T6715-T6816⑦：19，夹砂灰褐陶。敛口，圆唇，肩部微鼓，下腹斜直缓收。残高8厘米（图二五九，2）。T8109-T8210⑦：4，夹砂灰黑陶。敛口，圆唇，肩部微鼓。残高6厘米（图二五九，3）。T6905-T7006⑦：11，夹砂灰褐陶。敛口，方唇，肩部微鼓。残高4.6厘米（图二五九，4）。T6515-T6616⑦：6，夹砂灰黄陶。敛口，圆唇，肩部微鼓。残高7.5厘米（图二五六，5）。T6907-T7008⑦：5，夹砂灰黄陶。敛口，方唇，圆鼓

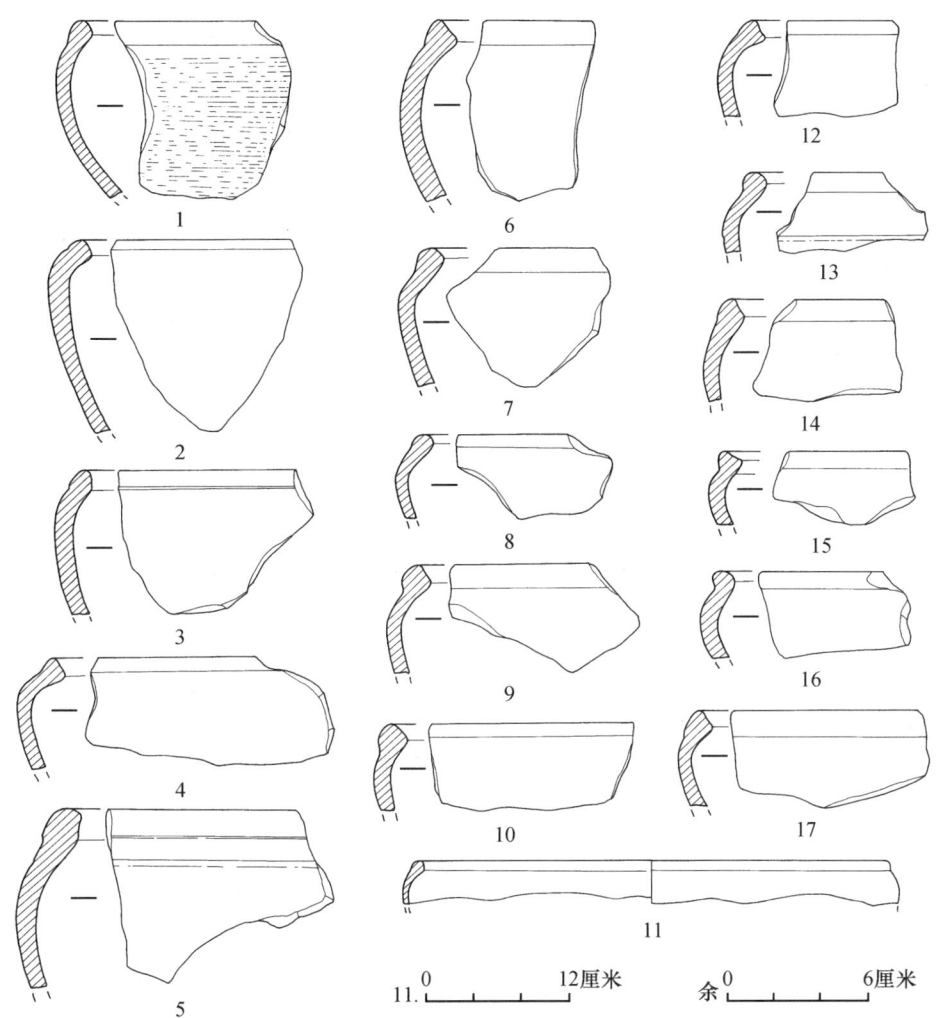

图二五九　第7层出土陶敛口罐

1. T7909-T8010⑦：5　2. T6715-T6816⑦：19　3. T8109-T8210⑦：4　4. T6905-T7006⑦：11　5. T6515-T6616⑦：6
6. T6907-T7008⑦：5　7. T6715-T6816⑦：57　8. T7909-T8010⑦：42　9. T7709-T7810⑦：58　10. T7709-T7810⑦：54
11. T7709-T7810⑦：27　12. T6713-T6814⑦：19　13. T7305-T7406⑦：11　14. T6909-T7010⑦：9　15. T8311-T8412⑦：35
16. T6911-T7012⑦：7　17. T6715-T6816⑦：34

肩。残高7.5厘米（图二五六，6）。T6715-T6816⑦：57，夹砂灰褐陶。敛口，圆唇，肩部微鼓。残高5.8厘米（图二五九，7）。T7909-T8010⑦：42，夹砂灰黑陶。敛口，圆唇，肩部微鼓。残高3.5厘米（图二五九，8）。T7709-T7810⑦：58，夹砂灰黑陶。敛口，方唇，肩部微鼓。残高4.5厘米（图二五九，9）。T7709-T7810⑦：54，夹砂灰黑陶。敛口，方唇，肩部微鼓。残高3.6厘米（图二五九，10）。T7709-T7810⑦：27，夹砂灰黄陶。敛口，方唇，鼓肩。口径40、残高3.6厘米（图二五九，11）。T6713-T6814⑦：19，夹砂灰黄陶。敛口，方唇，鼓肩。残高4厘米（图二五九，12）。T7305-T7406⑦：11，夹砂灰黑陶。敛口，圆唇，鼓肩。肩部饰一周凹弦纹。残高3.3厘米（图二五九，13）。T6909-T7010⑦：9，夹砂灰黄陶。敛口，方唇，肩部微鼓。残高4.3厘米（图二五九，14）。T8311-T8412⑦：35，夹砂灰黄陶。敛口，圆唇，肩部微鼓，腹稍浅。残高3厘米（图二五九，15）。T6911-T7012⑦：7，夹砂灰黄陶。

敛口，圆唇，肩部微鼓，腹稍浅。残高3.6厘米（图二五九，16）。T6715-T6816⑦：34，夹砂灰黄陶。敛口，方唇，鼓肩。残高4厘米（图二五九，17）。T6911-T7012⑦：17，夹砂灰褐陶。敛口，方唇，折肩。残高6厘米（图二六〇，1）。T7907-T8008⑦：30，夹砂灰褐陶。敛口，方唇，折肩。残高3.3厘米（图二六〇，2）。T7909-T8010⑦：28，夹砂灰黄陶。敛口，方唇，折肩。残高5.7厘米（图二六〇，3）。T6905-T7006⑦：7，夹砂灰褐陶。敛口，方唇，折肩。残高5.4厘米（图二六〇，4）。T6515-T6616⑦：4，夹砂灰黄陶。敛口，方唇，折肩。残高1.6厘米（图二六〇，5）。T6515-T6616⑦：12，夹砂灰黄陶。敛口，方唇，折肩。残高6厘米（图二六〇，6）。T6515-T6616⑦：8，夹砂灰褐陶。敛口，方唇，溜肩。残高5.5厘米（图二六〇，7）。T7309-T7410⑦：3，夹砂灰黄陶。敛口，尖唇，溜肩。残高6.4厘米（图二六〇，8）。T6903-T7004⑦：46，夹砂灰黄陶。敛口，圆唇，折肩，腹稍浅，下腹急收。残高4厘米（图二六〇，9）。T7707-T7808⑦：25，夹砂灰褐陶。敛口，圆唇，鼓肩。残高6.2厘米（图二六〇，10）。T6515-T6616⑦：56，夹砂灰黑陶。敛口，方唇，唇部有一道凹槽，折肩。残高4.2厘米（图二六〇，11）。T6511-T6612⑦：18，夹砂灰褐陶。敛口，圆唇，折肩，腹稍浅，下腹急收。残高5.4厘米（图二六〇，12）。T7507-T7608⑦：23，夹砂灰黑陶。敛口，方唇，折肩。残高3.7厘米（图二六一，1）。T6515-T6616⑦：9，夹砂灰黄陶。敛口，圆唇，溜肩。残高1.4厘米（图二六一，2）。T7507-T7608⑦：8，夹砂灰黄陶。敛口，尖唇，广肩。残高2.6厘米（图二六一，3）。T7707-T7808⑦：37，夹砂灰黄陶。敛口，方唇，折肩。

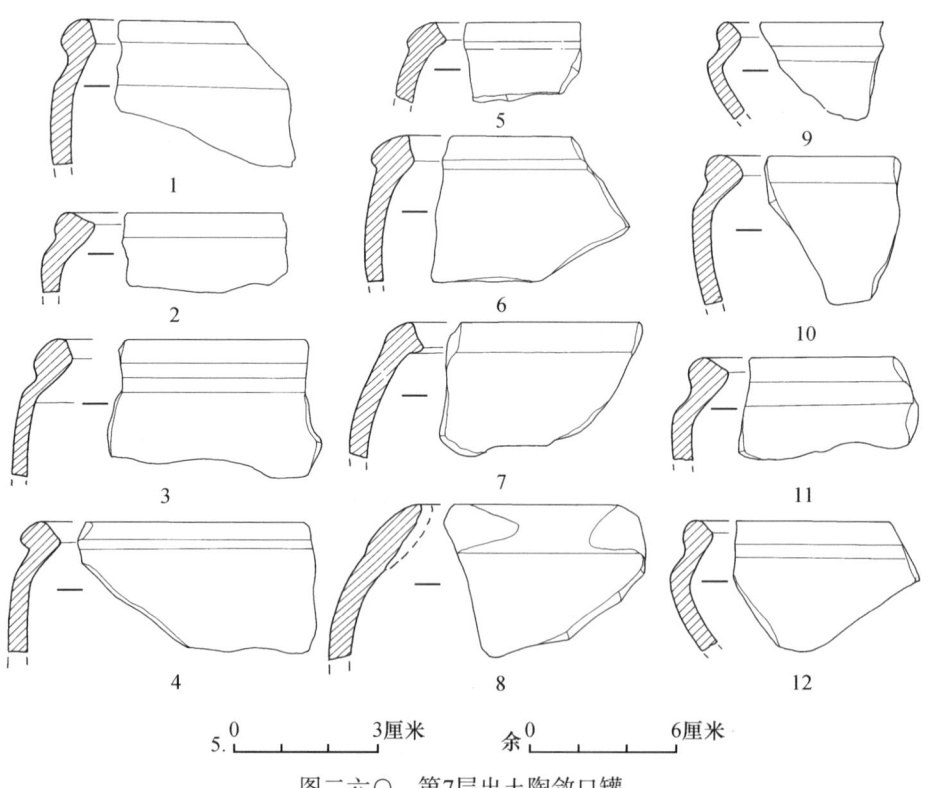

图二六〇　第7层出土陶敛口罐

1. T6911-T7012⑦：17　2. T7907-T8008⑦：30　3. T7909-T8010⑦：28　4. T6905-T7006⑦：7　5. T6515-T6616⑦：4
6. T6515-T6616⑦：12　7. T6515-T6616⑦：8　8. T7309-T7410⑦：3　9. T6903-T7004⑦：46　10. T7707-T7808⑦：25
11. T6515-T6616⑦：56　12. T6511-T6612⑦：18

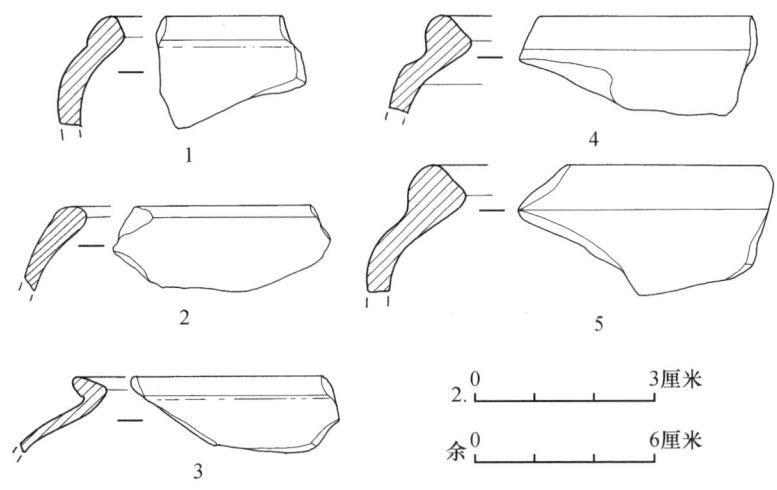

图二六一　第7层出土陶敛口罐
1. T7507-T7608⑦：23　2. T6515-T6616⑦：9　3. T7507-T7608⑦：8　4. T7707-T7808⑦：37　5. T7309-T7410⑦：7

残高3.2厘米（图二六一，4）。T7309-T7410⑦：7，夹砂灰黑陶。敛口，方唇，鼓肩。残高4.3厘米（图二六一，5）。

6. 高领罐

103件。

T6715-T6816⑦：26，夹砂灰褐陶。侈口，圆唇，高领。领部饰一道凹弦纹。口径26、残高5厘米（图二六二，1）。T6515-T6616⑦：31，夹砂灰黄陶。敛口，尖圆唇，高斜直领。口径13、残高5.1厘米（图二六二，2）。T6715-T6816⑦：45，夹砂灰黄陶。侈口，圆唇，高斜直领。口径16、残高4厘米（图二六二，3）。T6715-T6816⑦：70，夹砂灰褐陶。侈口，尖圆唇，高斜直领。口径16、残高4.2厘米（图二六二，4）。T6711-T6812⑦：5，夹砂灰褐陶。侈口，尖圆唇，高直领，领部微束。口径16.5、残高6厘米（图二六二，5）。T6911-T7012⑦：9，夹砂灰褐陶。侈口，尖唇，高领微束。口径13、残高7.3厘米（图二六二，6）。T6905-T7006⑦：4，夹砂灰黑陶。侈口，尖圆唇，高直领。口径16、残高5.6厘米（图二六二，7）。T6903-T7004⑦：41，夹砂灰黑陶。侈口，圆唇，高领微束。领部饰一周凹弦纹。口径16、残高5.5厘米（图二六二，8）。T6911-T7012⑦：42，夹砂灰黄陶。口微侈，尖圆唇，高领微束。口径17、残高7.5厘米（图二六二，9）。T6515-T6616⑦：66，夹砂灰陶。侈口，尖圆唇，高领，领部微束。口径19、残高6.3厘米（图二六三，1）。T6915-T7016⑦：2，夹砂灰黄陶。敞口，圆唇，高领束颈。领部饰一道凹弦纹。口径21、残高9厘米（图二六三，2）。T6515-T6616⑦：59，夹砂灰黄陶。直口，圆唇，高领，领部微束。口径20、残高7.6厘米（图二六三，3）。T6711-T6812⑦：21，夹砂灰黄陶。侈口，圆唇，高领，领部微束。口径13、残高4厘米（图二六三，4）。T6715-T6816⑦：29，夹砂灰褐陶。侈口，圆唇，高领束颈。口径13、残高8厘米（图二六三，5）。T6713-T6814⑦：58，夹砂灰黄陶。口微侈，圆唇，高直领。口径30、残高5.2厘米（图

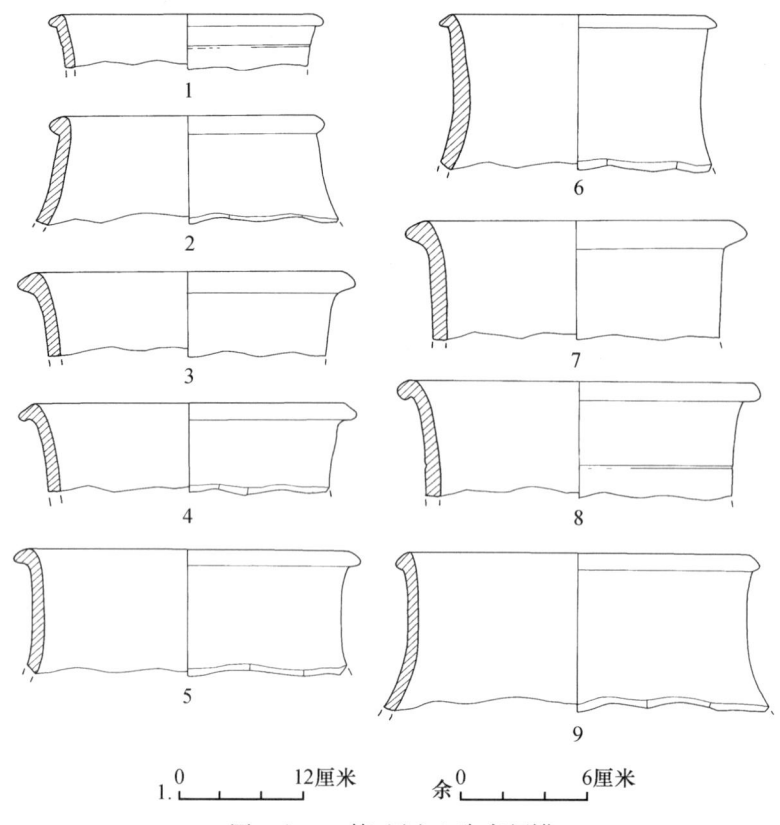

图二六二　第7层出土陶高领罐

1. T6715-T6816⑦：26　2. T6515-T6616⑦：31　3. T6715-T6816⑦：45　4. T6715-T6816⑦：70　5. T6711-T6812⑦：5
6. T6911-T7012⑦：9　7. T6905-T7006⑦：4　8. T6903-T7004⑦：41　9. T6911-T7012⑦：42

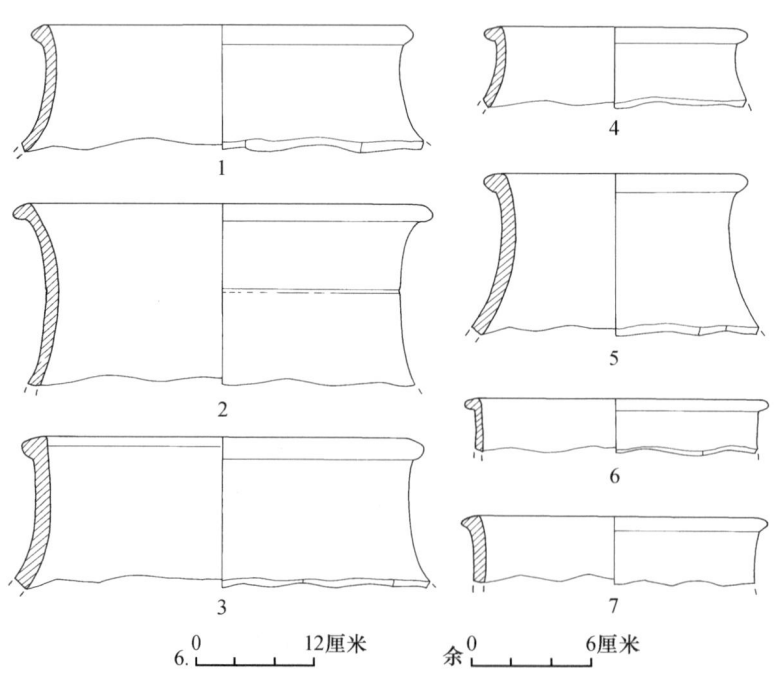

图二六三　第7层出土陶高领罐

1. T6515-T6616⑦：66　2. T6915-T7016⑦：2　3. T6515-T6616⑦：59　4. T6711-T6812⑦：21　5. T6715-T6816⑦：29
6. T6713-T6814⑦：58　7. T6715-T6816⑦：50

二六三，6）。T6715-T6816⑦：50，夹砂灰黄陶。口微侈，圆唇，高直领。口径15、残高3.3厘米（图二六三，7）。T6903-T7004⑦：25，夹砂灰黄陶。侈口，圆唇，高领束颈。残高5.2厘米（图二六四，1）。T6715-T6816⑦：47，夹砂灰黑陶。侈口，尖唇，高直领。残高5.2厘米（图二六四，2）。T7305-T7406⑦：5，夹砂灰褐陶。侈口，尖圆唇，高领，领部微束。残高5.3厘米（图二六四，3）。T6715-T6816⑦：40，夹砂灰黄陶。侈口，圆唇，高领束颈。残高5.3厘米（图二六四，4）。T6711-T6812⑦：2，夹砂灰黄陶。侈口，尖圆唇，高领束颈。残高8.3厘米（图二六四，5）。T6511-T6612⑦：26，夹砂灰黄陶。侈口，尖唇，高领，领部略直。残高4厘米（图二六四，6）。T6903-T7004⑦：42，夹砂灰黄陶。侈口，尖圆唇，高斜直领。残高5厘米（图二六四，7）。T6713-T6814⑦：49，夹砂灰黄陶。侈口，尖圆唇，高领束颈。残高4厘米（图二六四，8）。T6715-T6816⑦：64，夹砂灰黄陶。侈口，尖圆唇，高领束颈。残高7厘米（图二六四，9）。T6907-T7008⑦：7，夹砂灰黄陶。侈口，圆唇，高领束颈。残高5.8厘米（图二六四，10）。T6713-T6814⑦：45，夹砂

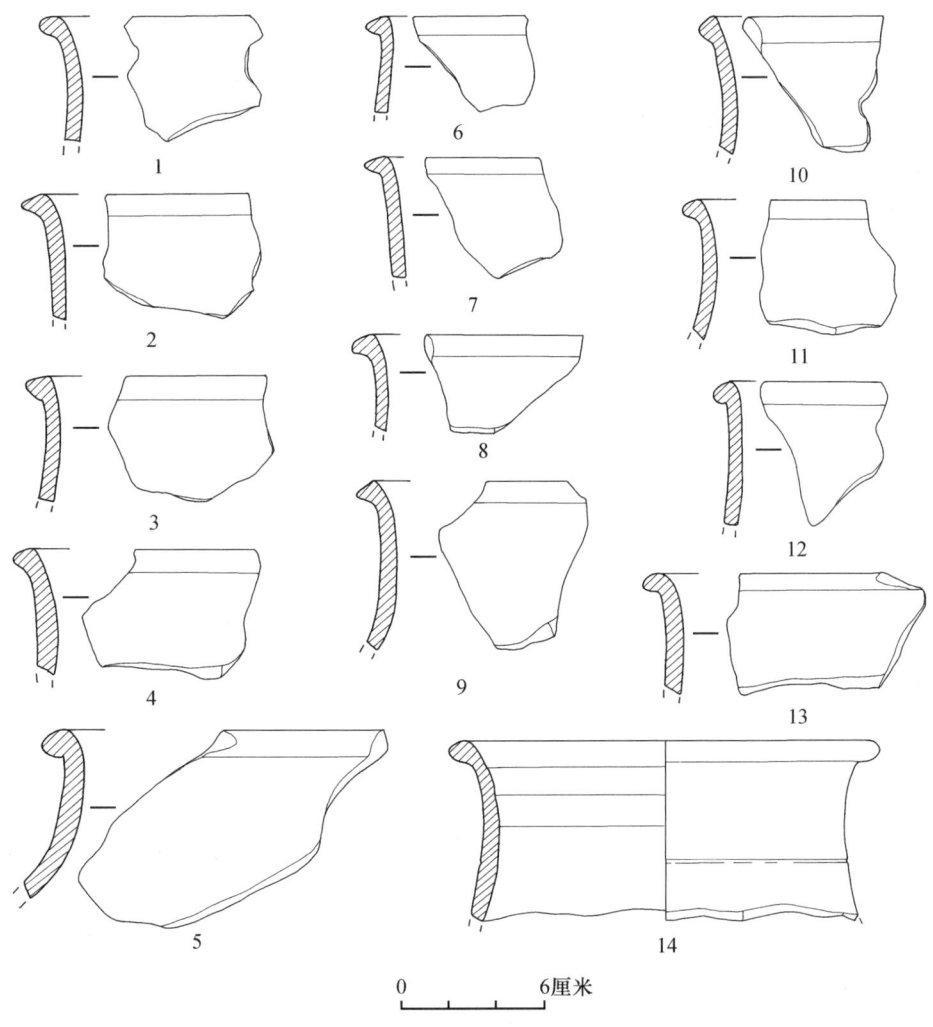

图二六四　第7层出土陶高领罐

1. T6903-T7004⑦：25　2. T6715-T6816⑦：47　3. T7305-T7406⑦：5　4. T6715-T6816⑦：40　5. T6711-T6812⑦：2
6. T6511-T6612⑦：26　7. T6903-T7004⑦：42　8. T6713-T6814⑦：49　9. T6715-T6816⑦：64　10. T6907-T7008⑦：7
11. T6713-T6814⑦：45　12. T6711-T6812⑦：15　13. T6511-T6612⑦：8　14. T6715-T6816⑦：65

灰黄陶。侈口，圆唇，高领微束。残高5.9厘米（图二六四，11）。T6711-T6812⑦：15，夹砂灰黄陶。口微侈，圆唇，高直领。残高6厘米（图二六四，12）。T6511-T6612⑦：8，夹砂灰褐陶。侈口，圆唇，高领，微束。残高5厘米（图二六四，13）。T6715-T6816⑦：65，夹砂灰褐陶。敞口，尖圆唇，高领。领部饰一道凹弦纹，内壁有轮制痕迹。口径18、残高7.5厘米（图二六四，14）。T7507-T7608⑦：19，夹砂灰黄陶。侈口，圆唇，高领，领部近直。口径13、残高3.3厘米（图二六五，1）。T7507-T7608⑦：25，夹砂灰黄陶。侈口，圆唇，高领微束。口径13、残高5.5厘米（图二六五，2）。T7509-T7610⑦：14，夹砂灰褐陶。侈口，尖唇，高领微束。口径14、残高4.5厘米（图二六五，3）。T7907-T8008⑦：39，夹砂灰黄陶。口部微侈，圆唇，高领，领部较直。口径15、残高4厘米（图二六五，4）。T7707-T7808⑦：14，夹砂灰褐陶。侈口，尖唇，高领束颈。口径16、残高5厘米（图二六五，5）。T8311-T8412⑦：33，夹砂灰黑陶。侈口，尖圆唇，高领束颈。口径14、残高3.5厘米（图二六五，6）。T7909-T8010⑦：35，夹砂灰黑陶。侈口，尖圆唇，高领束颈。口径16、残高4.2厘米（图二六五，7）。T8111-T8212⑦：6，夹砂灰黄陶。侈口，尖唇，高直领。口径16、残高4.2厘米（图二六五，8）。T8311-T8412⑦：8，夹砂灰黄陶。侈口，尖圆唇，高领束颈。口径16、残高6厘米（图二六五，9）。T8109-T8210⑦：20，夹砂灰黄陶。敞口，尖圆唇，高领束颈。领部饰一道凹弦纹。口径17、残高4.3厘米（图二六五，10）。T7909-T8010⑦：44，夹砂灰黄陶。侈口，圆唇，高领束颈。口径14、残高4.7厘米（图

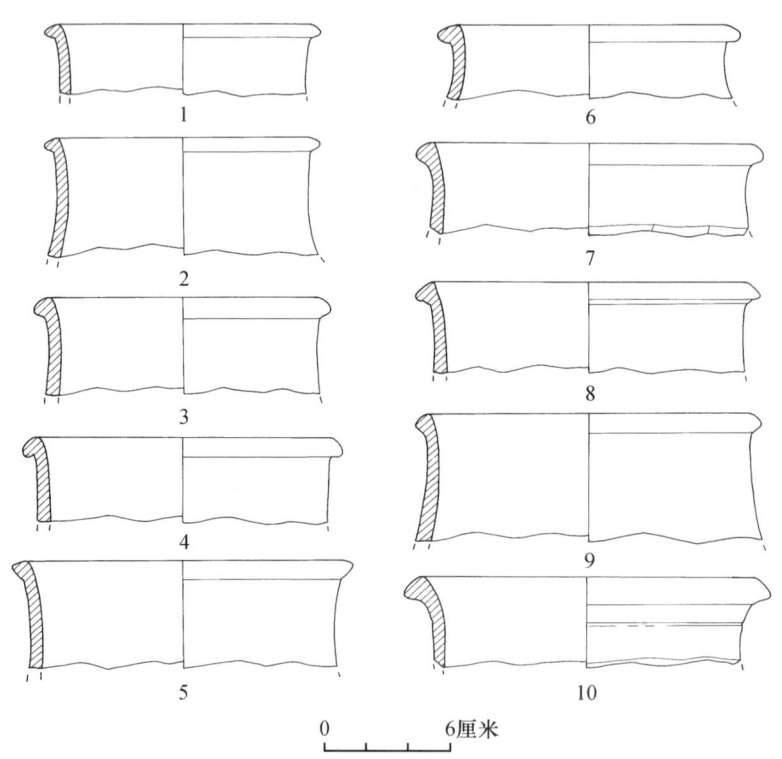

图二六五　第7层出土陶高领罐

1. T7507-T7608⑦：19　2. T7507-T7608⑦：25　3. T7509-T7610⑦：14　4. T7907-T8008⑦：39　5. T7707-T7808⑦：14
6. T8311-T8412⑦：33　7. T7909-T8010⑦：35　8. T8111-T8212⑦：6　9. T8311-T8412⑦：8　10. T8109-T8210⑦：20

二六六，1）。T6905-T7006⑦：20，夹砂灰黑陶。近直口，圆唇，高领束颈。口径30、残高5厘米（图二六六，2）。T6911-T7012⑦：43，夹砂灰黑陶。侈口，圆唇，高领束颈。口径17、残高7厘米（图二六六，3）。T7505-T7606⑦：17，夹砂灰黑陶。侈口，圆唇，高领束颈。口径18、残高4.6厘米（图二六六，4）。T6715-T6816⑦：17，夹砂灰黑陶。侈口，尖圆唇，高领束颈。口径14、残高7厘米（图二六六，5）。T8109-T8210⑦：6，夹砂灰黑陶。敞口，圆唇，高领束颈。领部饰两周凹弦纹。口径17、残高4厘米（图二六六，6）。T7707-T7808⑦：54，夹砂灰黄陶。侈口，尖圆唇，高领束颈。口径18、残高3厘米（图二六六，7）。T7507-T7608⑦：26，夹砂灰黄陶。侈口，圆唇，高领微束。口径19、残高5.5厘米（图二六六，8）。T7107-T7208⑦：14，夹砂灰黄陶。侈口，尖圆唇，高领束颈。残高4.3厘米（图二六七，1）。T6915-T7016⑦：24，夹砂灰褐陶。侈口，圆唇，高领。残高4厘米（图二六七，2）。T6911-T7012⑦：15，夹砂灰黑陶。侈口，尖圆唇，高直领。残高4.4厘米（图二六七，3）。T7107-T7208⑦：18，夹砂灰黑陶。敞口，圆唇，高领，领部近直。残高5.1厘米（图二六七，4）。T7107-T7208⑦：4，夹砂灰黑陶。口微侈，尖圆唇，高领束颈。残高5厘米（图二六七，5）。T7305-T7406⑦：4，夹砂灰黄陶。侈口，圆唇，高领，领部微束。残高5厘米（图二六七，6）。T7309-T7410⑦：6，夹砂灰黑陶。侈口，尖圆唇，高领束颈。残高4.8厘米（图二六七，7）。T7505-T7606⑦：20，夹砂灰黄陶。侈口，圆唇，高领束颈。残高4.5厘米（图二六七，8）。T7505-T7606⑦：19，夹砂灰黄陶。敛口，尖圆唇，高领。残高4.3厘米（图二六七，9）。T7509-T7610⑦：4，夹砂灰黄陶。直口，尖圆唇，高领，领部微束。残高6厘米（图二六七，10）。T6915-T7016⑦：21，夹砂灰黄陶。口微侈，

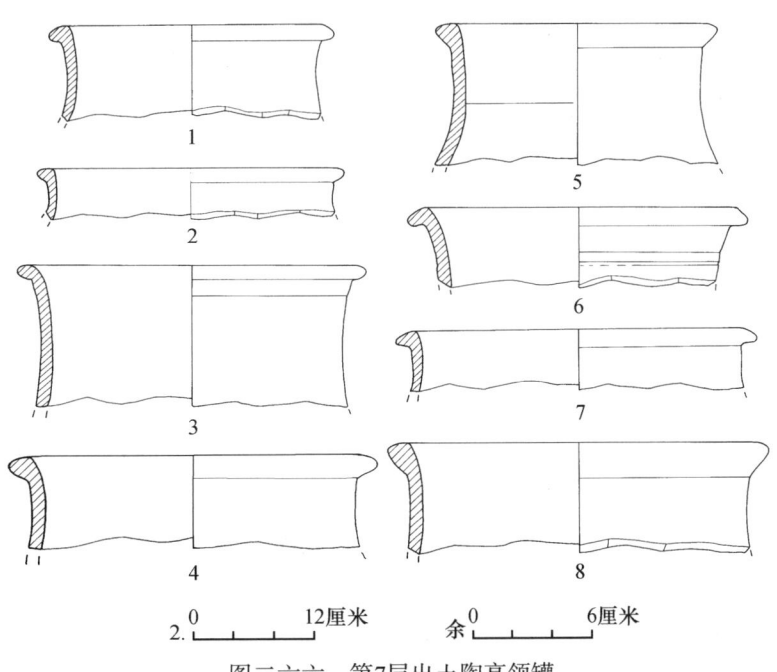

图二六六　第7层出土陶高领罐

1. T7909-T8010⑦：44　2. T6905-T7006⑦：20　3. T6911-T7012⑦：43　4. T7505-T7606⑦：17　5. T6715-T6816⑦：17
6. T8109-T8210⑦：6　7. T7707-T7808⑦：54　8. T7507-T7608⑦：26

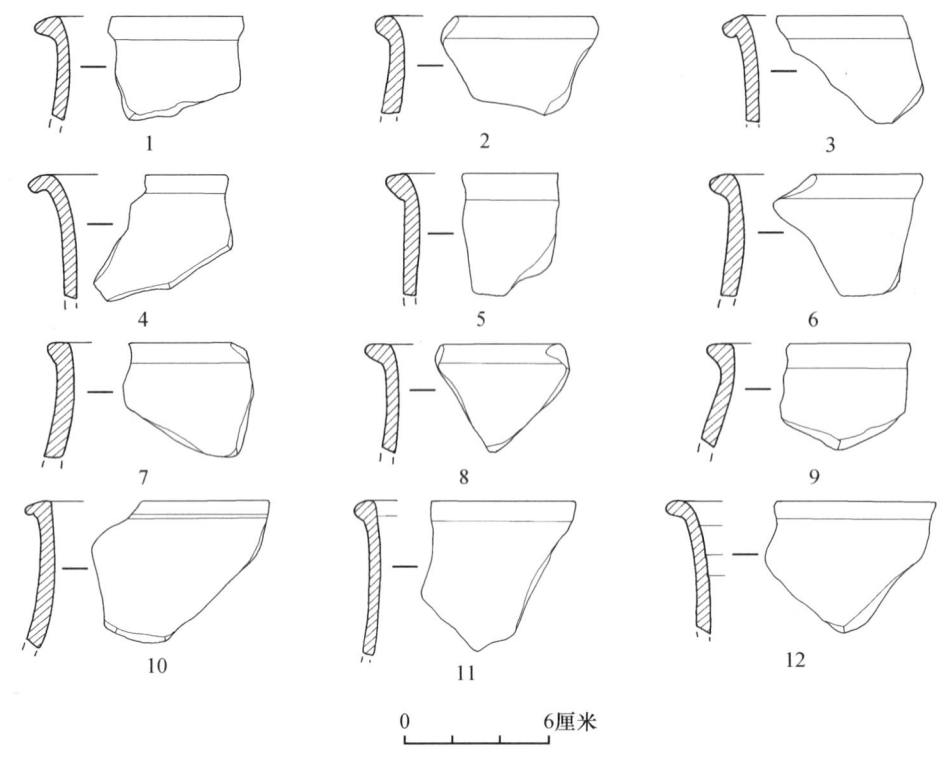

图二六七　第7层出土陶高领罐
1. T7107-T7208⑦：14　2. T6915-T7016⑦：24　3. T6911-T7012⑦：15　4. T7107-T7208⑦：18　5. T7107-T7208⑦：4
6. T7305-T7406⑦：4　7. T7309-T7410⑦：6　8. T7505-T7606⑦：20　9. T7505-T7606⑦：19　10. T7509-T7610⑦：4
11. T6915-T7016⑦：21　12. T6913-T7014⑦：15

圆唇，高领近直。残高6.3厘米（图二六七，11）。T6913-T7014⑦：15，夹砂灰黑陶。敞口，圆唇，高领束颈。内壁有轮制痕迹。残高5.4厘米（图二六七，12）。T7707-T7808⑦：67，夹砂灰黑陶。敞口，圆唇，高领束颈。领部饰两道凹弦纹。口径31、残高7厘米（图二六八，1）。T8311-T8412⑦：23，夹砂灰黄陶。侈口，圆唇，高领束颈。口径15.6、残高4厘米（图二六八，2）。T7907-T8008⑦：18，夹砂灰黑陶。敛口，方唇，高领。口径16、残高2.9厘米（图二六八，3）。T6715-T6816⑦：5，夹砂灰黑陶。侈口，尖圆唇，高领束颈。残高7.5厘米（图二六八，4）。T6913-T7014⑦：4，夹砂灰黄陶。敞口，圆唇，高领束颈。残高6厘米（图二六八，5）。T7509-T7610⑦：18，夹砂灰褐陶。口微侈，尖圆唇，高领束颈。残高5.6厘米（图二六九，1）。T8111-T8212⑦：3，夹砂灰黑陶。近直口，尖圆唇，高领微束。残高5.7厘米（图二六九，2）。T7707-T7808⑦：80，夹砂灰黄陶。侈口，圆唇，高领束颈。残高5.6厘米（图二六九，3）。T7709-T7810⑦：13，夹砂灰黄陶。侈口，圆唇，高领，领部近直。残高4.5厘米（图二六九，4）。T8311-T8412⑦：12，夹砂灰黑陶。敛口，尖圆唇，高领束颈。残高4.2厘米（图二六九，5）。T7507-T7608⑦：18，夹砂灰黄陶。侈口，圆唇，高直领。残高4.1厘米（图二六九，6）。T7707-T7808⑦：10，夹砂灰黄陶。直口，尖圆唇，高领，领部微束。残高4.3厘米（图二六九，7）。T8111-T8212⑦：25，夹砂灰黄陶。近直口，圆唇，高领微束。残高4.2厘米（图二六九，8）。T7707-T7808⑦：40，夹砂灰黄陶。口微

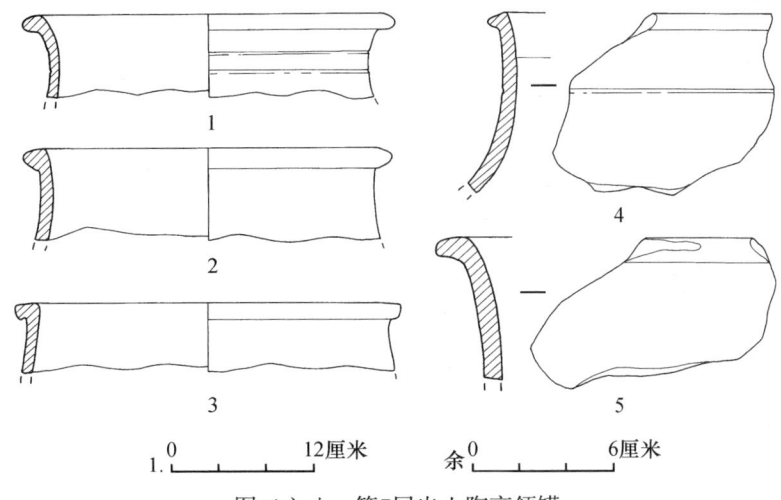

图二六八　第7层出土陶高领罐

1. T7707-T7808⑦：67　2. T8311-T8412⑦：23　3. T7907-T8008⑦：18　4. T6715-T6816⑦：5　5. T6913-T7014⑦：4

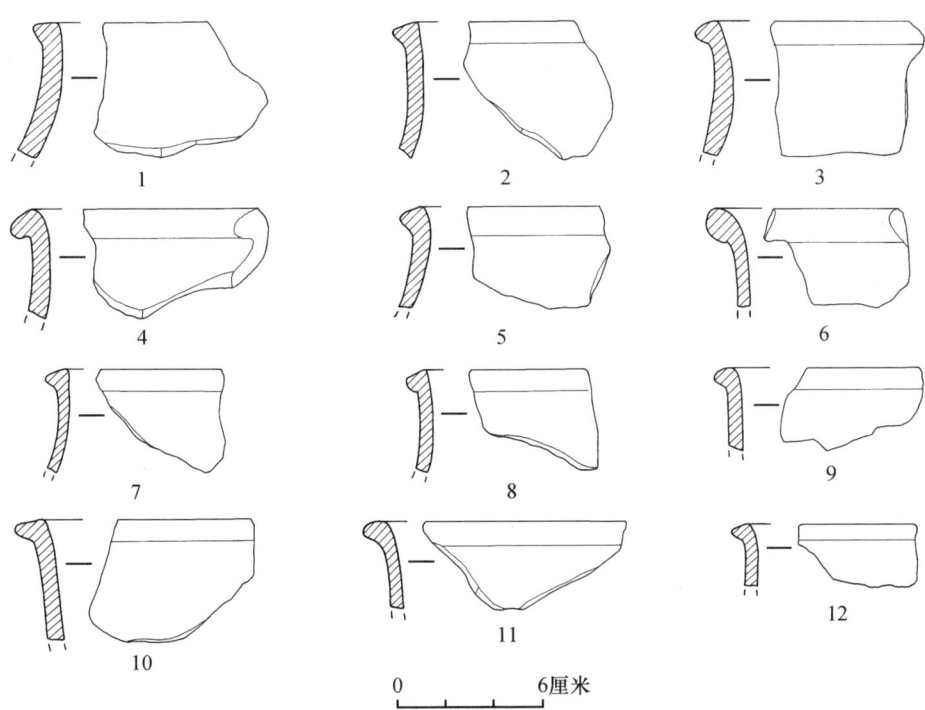

图二六九　第7层出土陶高领罐

1. T7509-T7610⑦：18　2. T8111-T8212⑦：3　3. T7707-T7808⑦：80　4. T7709-T7810⑦：13　5. T8311-T8412⑦：12
6. T7507-T7608⑦：18　7. T7707-T7808⑦：10　8. T8111-T8212⑦：25　9. T7707-T7808⑦：40　10. T8111-T8212⑦：2
11. T7307-T7408⑦：23　12. T7907-T8008⑦：41

侈，尖圆唇，高直领。残高3.4厘米（图二六九，9）。T8111-T8212⑦：2，夹砂灰黄陶。侈口，尖圆唇，高斜直领。残高5厘米（图二六九，10）。T7307-T7408⑦：23，夹砂灰黑陶。侈口，圆唇，高斜直领。残高3.6厘米（图二六九，11）。T7907-T8008⑦：41，夹砂灰黑陶。口微侈，尖圆唇，高领，领部较直。残高2.6厘米（图二六九，12）。T7105-T7206⑦：12，夹砂灰褐陶。直口，尖圆唇，高领束颈。残高3.6厘米（图二七〇，1）。T7709-T7810⑦：24，夹砂灰褐陶。直口，圆唇，高领略直。残高4厘米（图二七〇，2）。T7707-T7808⑦：7，夹砂灰黑陶。近直口，口部略显厚重，方唇，高领微束。残高4.5厘米（图二七〇，3）。T7707-T7808⑦：76，夹砂灰黄陶。口微侈，尖圆唇，高领微束。残高6厘米（图二七〇，4）。T7105-T7206⑦：7，夹砂灰黄陶。口部略呈盘口形，圆唇，高领束颈。残高5厘米（图二七〇，5）。T6913-T7014⑦：5，夹砂灰黑陶。敞口，尖圆唇，高领束颈。领部有轮制痕迹。口径14、残高5厘米（图二七〇，6）。T7909-T8010⑦：21，夹砂灰黑陶。侈口，圆唇，高领束颈。领部饰一道凹弦纹，内壁轮制痕迹明显。口径16、残高9.7厘米（图二七〇，7）。T7507-T7608⑦：15，夹砂灰黑陶。喇叭口，圆唇，高领束颈。领部有轮制痕迹。口径13、

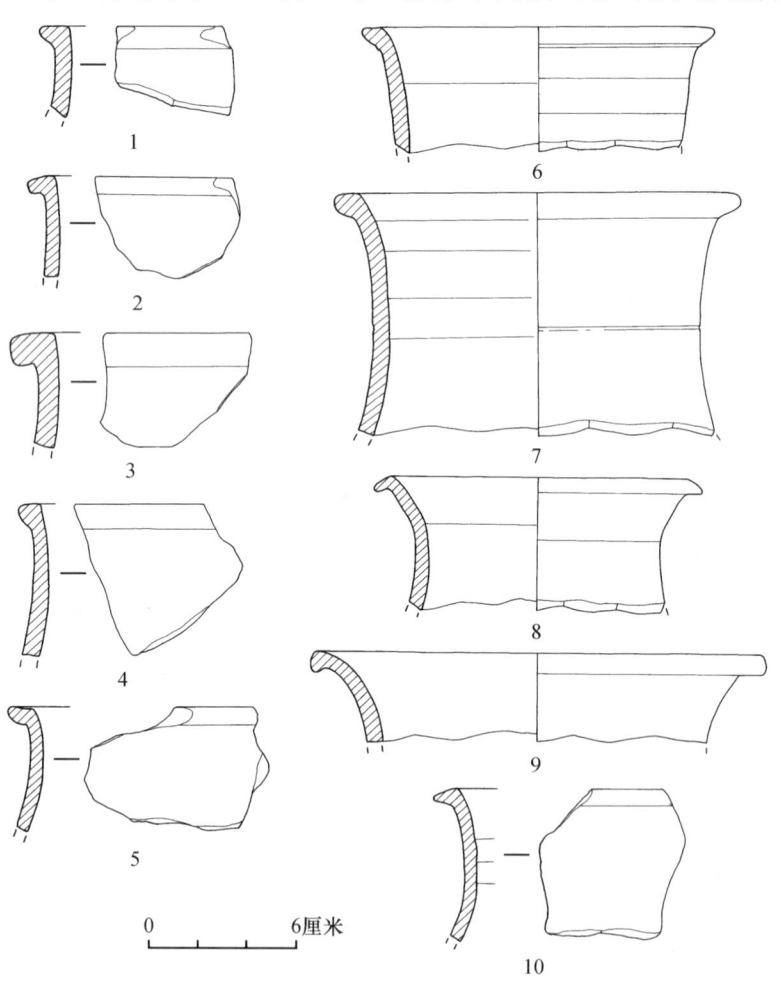

图二七〇　第7层出土陶高领罐

1. T7105-T7206⑦：12　2. T7709-T7810⑦：24　3. T7707-T7808⑦：7　4. T7707-T7808⑦：76　5. T7105-T7206⑦：7
6. T6913-T7014⑦：5　7. T7909-T8010⑦：21　8. T7507-T7608⑦：15　9. T6911-T7012⑦：11　10. T8109-T8210⑦：16

残高5.3厘米（图二七〇，8）。T6911-T7012⑦：11，夹砂灰黄陶。喇叭口，尖圆唇，高领束颈。口径18、残高3.5厘米（图二七〇，9）。T8109-T8210⑦：16，夹砂灰黄陶。喇叭口，尖圆唇，高领束颈。残高6厘米（图二七〇，10）。T7307-T7408⑦：30，夹砂灰黄陶。直口，尖圆唇，高直领。残高3.9厘米（图二七一，1）。T6903-T7004⑦：26，夹砂灰黄陶。侈口，圆唇，高直领。残高4.3厘米（图二七一，2）。T6911-T7012⑦：6，夹砂灰黑陶。侈口，尖圆唇，高斜直领。残高4.2厘米（图二七一，3）。T7909-T8010⑦：9，夹砂灰黑陶。敞口，尖圆唇，高斜直领。残高4.5厘米（图二七一，4）。T6511-T6612⑦：14，夹砂灰黄陶。侈口，尖唇，高领微束。残高5厘米（图二七一，5）。T6513-T6614⑦：4，夹砂灰黑陶。口微侈，尖唇，高直领。残高6厘米（图二七一，7）。T6909-T7010⑦：7，夹砂灰褐陶。侈口，尖圆唇，高直领。残高5厘米（图二七一，6）。T6907-T7008⑦：15，夹砂灰黄陶。口微侈，尖圆唇，高直领。口径15、残高3厘米（图二七一，8）。T6915-T7016⑦：8，夹砂灰褐陶。喇叭口，圆唇，高领束颈。领部饰一周凹弦纹。口径21、残高3.5厘米（图二七二，1）。T6905-T7006⑦：25，夹砂灰黄陶。侈口，圆唇，高领束颈。口径28、残高5厘米（图二七二，2）。T6909-T7010⑦：5，夹砂灰褐陶。直口，尖圆唇，高直领。口径16、残高4.3厘米（图二七二，3）。T6715-T6816⑦：44，夹砂灰黑陶。侈口，尖圆唇，斜直高领。残高5.1厘米（图二七二，4）。T6515-T6616⑦：15，夹砂灰褐陶。近直口，凸唇，高直领。残高5.2厘米（图二七二，5）。T6913-T7014⑦：11，夹砂灰黑陶。直口，圆唇，高直领。残高3.6厘米（图二七二，6）。T7107-T7208⑦：3，夹砂灰黄陶。侈口，尖唇，斜直高领。残高3.4厘米（图二七二，7）。T6713-T6814⑦：64，夹砂灰黄陶。直口，圆唇，高直领。残高5.7厘米（图二七二，8）。

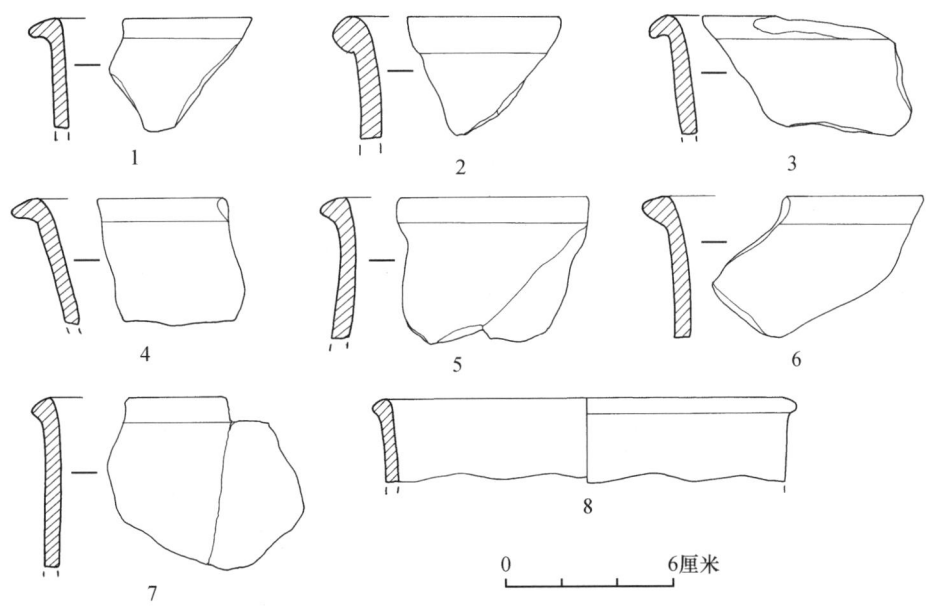

图二七一　第7层出土陶高领罐

1. T7307-T7408⑦：30　2. T6903-T7004⑦：26　3. T6911-T7012⑦：6　4. T7909-T8010⑦：9　5. T6511-T6612⑦：14
6. T6909-T7010⑦：7　7. T6513-T6614⑦：4　8. T6907-T7008⑦：15

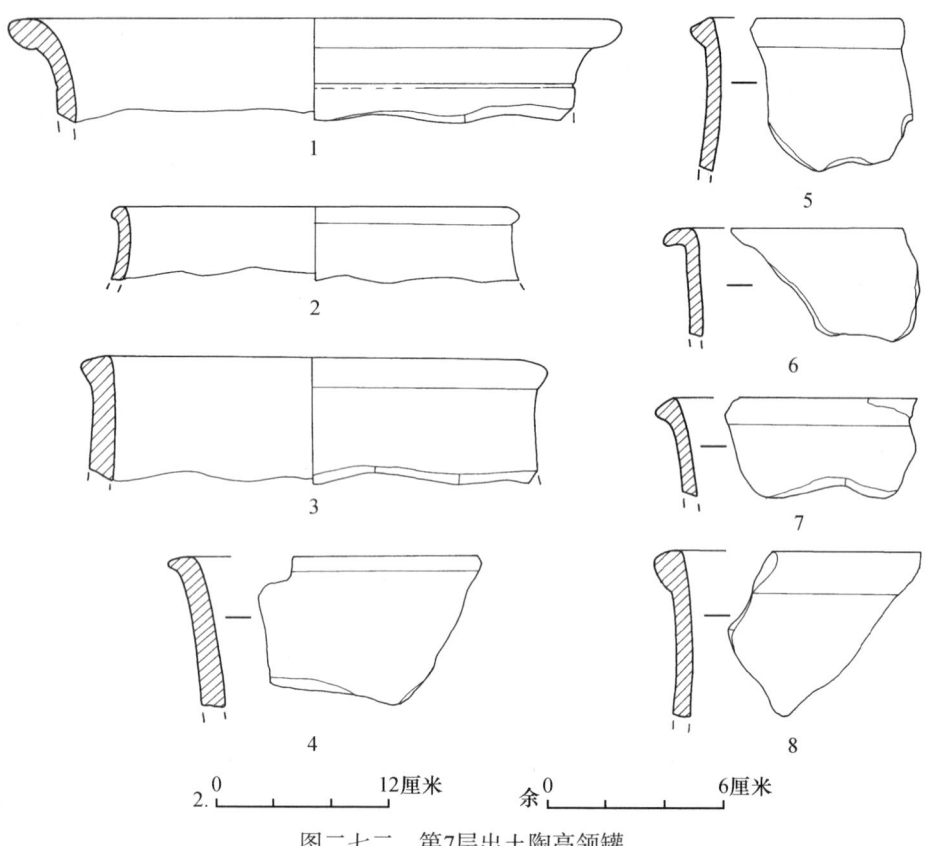

图二七二　第7层出土陶高领罐

1. T6915-T7016⑦：8　2. T6905-T7006⑦：25　3. T6909-T7010⑦：5　4. T6715-T6816⑦：44　5. T6515-T6616⑦：15
6. T6913-T7014⑦：11　7. T7107-T7208⑦：3　8. T6713-T6814⑦：64

7. 矮领罐

25件。

T6907-T7008⑦：14，夹砂灰黑陶。侈口，尖圆唇，矮领。残高4厘米（图二七三，1）。T7307-T7408⑦：20，夹砂灰黄陶。近直口，方唇，矮领。残高5厘米（图二七三，2）。T6515-T6616⑦：5，夹砂灰黄陶。侈口，圆唇，矮领。残高4.4厘米（图二七三，3）。T6905-T7006⑦：30，夹砂灰黄陶。口微侈，尖圆唇，矮领。残高5厘米（图二七三，4）。T6511-T6612⑦：15，夹砂灰黄陶。直口，尖圆唇，矮领。残高4.4厘米（图二七三，5）。T6913-T7014⑦：2，夹砂灰黑陶。侈口，圆唇，矮领。残高4.2厘米（图二七三，6）。T7509-T7610⑦：17，夹砂灰黑陶。口微侈，尖圆唇，矮领。口径14、残高4.4厘米（图二七三，7）。T6915-T7016⑦：12，夹砂灰黑陶。敛口，圆唇，矮领。口径13、残高6厘米（图二七三，8）。T6515-T6616⑦：39，夹砂灰黄陶。侈口，尖唇，矮领束颈。口径14、残高3厘米（图二七三，9）。T6903-T7004⑦：31，夹砂灰黄陶。侈口，尖唇，矮领。口径17、残高5.2厘米（图二七三，10）。T6515-T6616⑦：97，夹砂灰黑陶。直口，尖唇，矮领。口径16、残高5.8厘米（图二七三，11）。T7309-T7410⑦：9，夹砂灰黑陶。侈口，圆唇，矮领。口径23、残高4.2厘米（图二七四，1）。T6903-T7004⑦：30，夹砂灰黄陶。侈口，尖圆唇，矮领。口径14、残高3.6厘米（图二七四，2）。T7707-T7808⑦：79，夹砂灰

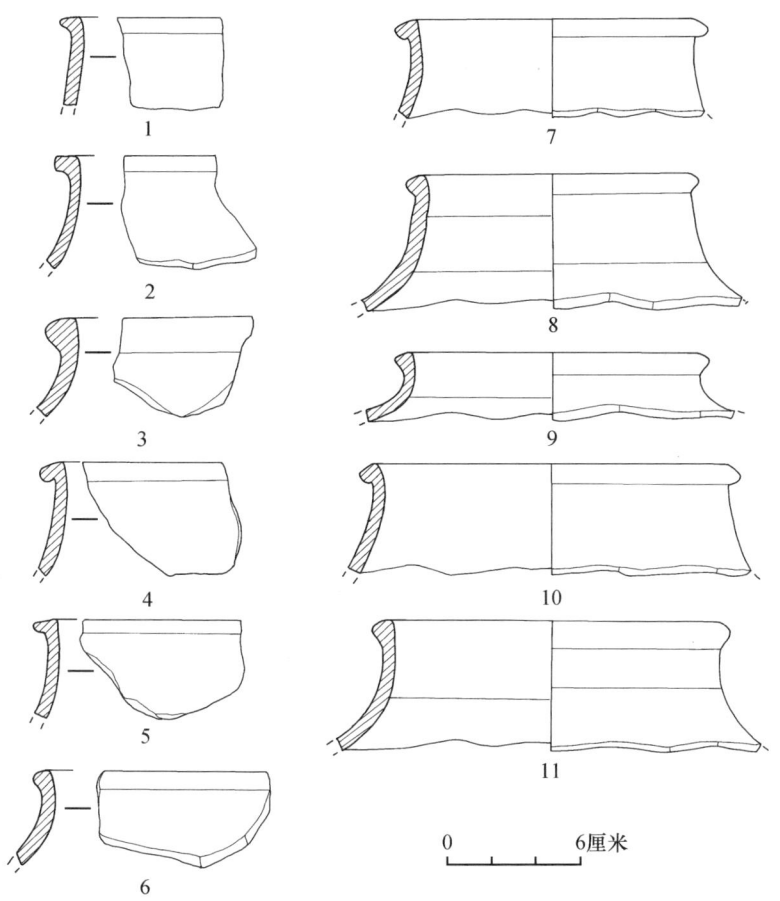

图二七三 第7层出土陶矮领罐
1. T6907-T7008⑦：14 2. T7307-T7408⑦：20 3. T6515-T6616⑦：5 4. T6905-T7006⑦：30 5. T6511-T6612⑦：15
6. T6913-T7014⑦：2 7. T7509-T7610⑦：17 8. T6915-T7016⑦：12 9. T6515-T6616⑦：39 10. T6903-T7004⑦：31
11. T6515-T6616⑦：97

黄陶。侈口，圆唇，矮领。口径13、残高4.7厘米（图二七四，3）。T7707-T7808⑦：60，夹砂灰黄陶。侈口，尖圆唇，矮领。内壁有轮制痕迹。口径12、残高4.2厘米（图二七四，4）。T6513-T6614⑦：6，夹砂灰褐陶。侈口，尖唇，矮领。残高5.5厘米（图二七四，5）。T7507-T7608⑦：33，夹砂灰黄陶。侈口，尖圆唇，矮领。残高4.7厘米（图二七四，6）。T7709-T7810⑦：39，夹砂灰黄陶。侈口，尖圆唇，矮领。残高4.6厘米（图二七四，7）。T6515-T6616⑦：92，夹砂灰黄陶。直口，尖圆唇，矮领。残高4.6厘米（图二七四，8）。T8311-T8412⑦：24，夹砂灰黄陶。敞口，圆唇，矮领。残高4.9厘米（图二七四，9）。T7509-T7610⑦：24，夹砂灰黄陶。直口，尖圆唇，矮领。残高5厘米（图二七四，10）。T6711-T6812⑦：19，夹砂灰黄陶。敞口，尖圆唇，矮领。残高5.2厘米（图二七五，1）。T6913-T7014⑦：3，夹砂灰褐陶。侈口，圆唇，矮领。领部饰一道凹弦纹。残高7.6厘米（图二七五，2）。T7907-T8008⑦：14，夹砂灰黄陶。敛口，尖圆唇，矮领。残高4.5厘米（图二七五，3）。T7307-T7408⑦：19，夹砂灰褐陶。敛口，尖圆唇，矮领。口径12、残高4.6厘米（图二七五，4）。

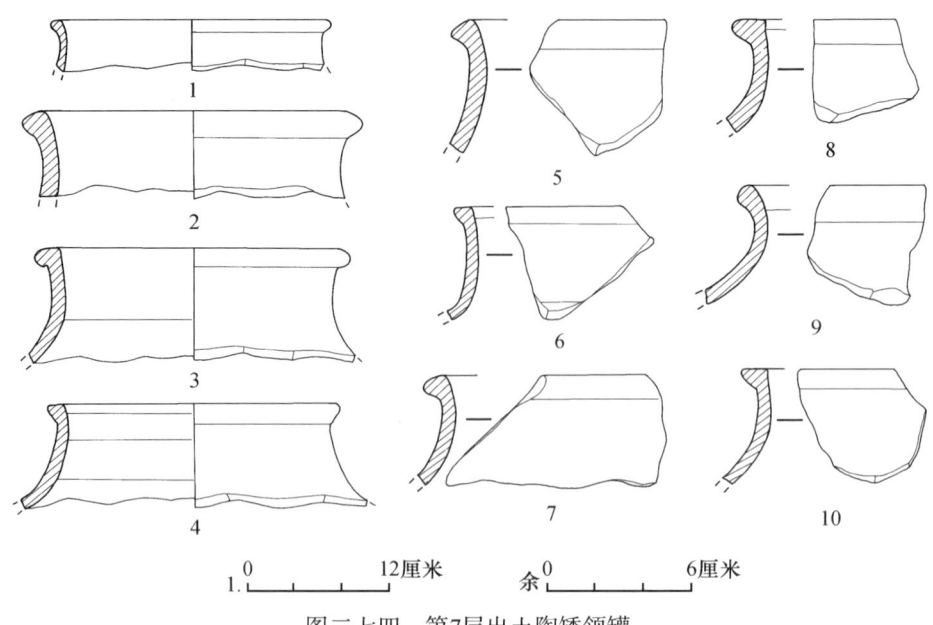

图二七四　第7层出土陶矮领罐
1. T7309-T7410⑦：9　2. T6903-T7004⑦：30　3. T7707-T7808⑦：79　4. T7707-T7808⑦：60　5. T6513-T6614⑦：6
6. T7507-T7608⑦：33　7. T7709-T7810⑦：39　8. T6515-T6616⑦：92　9. T8311-T8412⑦：24　10. T7509-T7610⑦：24

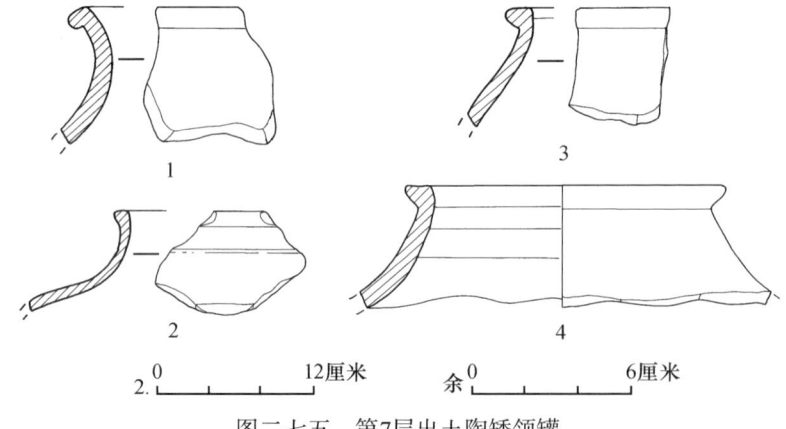

图二七五　第7层出土陶矮领罐
1. T6711-T6812⑦：19　2. T6913-T7014⑦：3　3. T7907-T8008⑦：14　4. T7307-T7408⑦：19

8. 束颈罐

75件。

T7505-T7606⑦：15，夹砂灰黄陶。束颈，方唇，卷沿，鼓肩。素面。口径34、残高4.8厘米（图二七六，1）。T6905-T7006⑦：24，夹砂灰黑陶。束颈，方唇，卷沿，鼓肩。肩部饰绳纹。口径36、残高5.8厘米（图二七六，2）。T8111-T8212⑦：7，夹砂灰黄陶。束颈，方唇，卷沿，鼓肩。肩部饰斜向绳纹。口径28、残高5.2厘米（图二七六，3）。T6713-T6814⑦：52，夹砂灰黑陶。束颈，方唇，卷沿，鼓肩。肩部饰交错绳纹。残高5厘米（图二七六，4）。T6905-T7006⑦：17，夹砂灰黑陶。束颈，方唇，卷沿，鼓肩。肩部饰绳纹。残高5.5厘米（图二七六，5）。T6715-T6816⑦：9，夹砂灰黑陶。束颈，方唇，

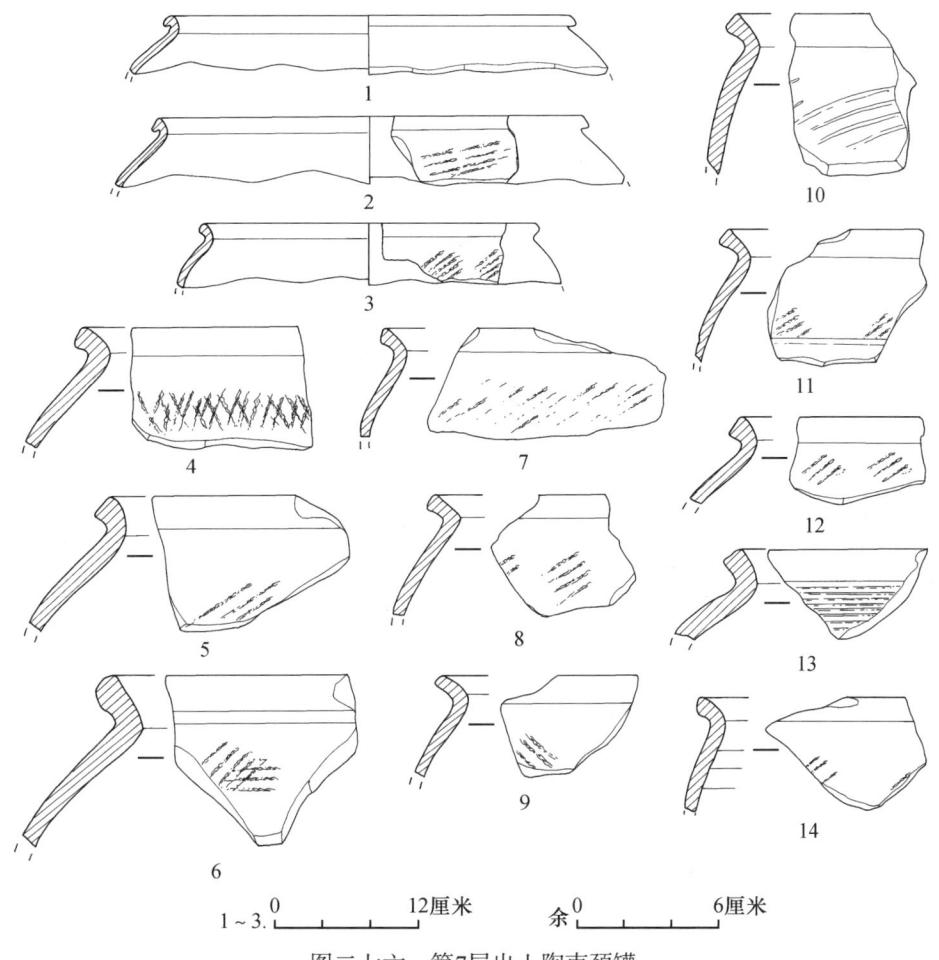

图二七六　第7层出土陶束颈罐

1. T7505-T7606⑦：15　2. T6905-T7006⑦：24　3. T8111-T8212⑦：7　4. T6713-T6814⑦：52　5. T6905-T7006⑦：17
6. T6715-T6816⑦：9　7. T6715-T6816⑦：59　8. T7909-T8010⑦：30　9. T7709-T7810⑦：31　10. T6711-T6812⑦：29
11. T6711-T6812⑦：33　12. T7105-T7206⑦：4　13. T7305-T7406⑦：8　14. T8111-T8212⑦：20

折沿，鼓肩。肩部饰交错绳纹。残高7厘米（图二七六，6）。T6715-T6816⑦：59，夹砂灰黄陶。束颈，尖圆唇，卷沿，斜弧肩。肩部饰绳纹。残高4.5厘米（图二七六，7）。T7909-T8010⑦：30，夹砂灰黑陶。束颈，方唇，折沿，溜肩。肩部饰绳纹。残高5厘米（图二七六，8）。T7709-T7810⑦：31，夹砂灰黑陶。束颈，圆唇，卷沿，溜肩。肩部饰斜向绳纹。残高4.2厘米（图二七六，9）。T6711-T6812⑦：29，夹砂灰黑陶。束颈，方唇，卷沿，斜弧肩。肩部饰绳纹。残高6.5厘米（图二七六，10）。T6711-T6812⑦：33，夹砂灰黑陶。束颈，方唇，卷沿，斜弧肩。肩部饰绳纹及一周凹弦纹。残高5.5厘米（图二七六，11）。T7105-T7206⑦：4，夹砂灰黑陶。束颈，方唇，卷沿，鼓肩。肩部饰绳纹。残高3.7厘米（图二七六，12）。T7305-T7406⑦：8，夹砂灰黑陶。束颈，方唇，卷沿，鼓肩，鼓肩。肩部饰绳纹。残高3.7厘米（图二七六，13）。T8111-T8212⑦：20，夹砂灰黑陶。束颈，方唇，卷沿，斜弧肩。肩部饰绳纹，内壁有轮制痕迹。残高4.7厘米（图二七六，14）。T6515-T6616⑦：37，夹砂灰黄陶。束颈，方唇，卷沿，鼓肩。口径18、残高4厘米（图二七七，1）。T7707-T7808⑦：48，夹砂灰黑陶。束颈，尖圆唇，卷沿，鼓肩。口径12、残高2.7厘米（图二七七，2）。T7707-T7808⑦：43，夹砂灰黑陶。束颈，方唇，卷沿，鼓肩。口径32、残高3.4厘米（图二七七，3）。T6515-T6616⑦：70，夹砂灰黄陶。束颈，方唇，卷沿，鼓肩。口径16、残高3.1厘米（图二七七，4）。T6907-T7008⑦：10，夹砂灰黑陶。束颈，方唇，折沿，鼓肩。残高3.5厘米（图二七七，5）。T6715-T6816⑦：22，夹砂灰黑陶。束颈，尖圆唇，卷沿，鼓肩。残高4厘米（图二七七，6）。T6711-T6812⑦：8，夹砂灰黄陶。束颈，方唇，折沿，鼓肩。残高2.8厘米（图二七七，7）。T6903-T7004⑦：56，夹砂灰黑陶。束颈，方唇，折沿，鼓肩。残高2.6厘米（图二七七，8）。T6713-T6814⑦：25，夹砂灰黑陶。束颈，方唇，卷沿，鼓肩。残高3厘米（图二七七，9）。T8109-T8210⑦：34，夹砂灰黑陶。束颈，尖圆唇，卷沿，溜肩。残高2.7厘米（图二七七，10）。T6515-T6616⑦：75，夹砂灰黑陶。束颈，方唇，卷沿，鼓肩。口径12、残高4厘米（图二七八，1）。T8311-T8412⑦：6，夹砂灰黄陶。束颈，方唇，卷沿，鼓肩。口径28、残高4厘米（图二七八，2）。T7307-T7408⑦：9，夹砂灰黑陶。束颈，圆唇，卷沿，鼓肩。口径15、残高3.6厘米（图二七八，3）。T6713-T6814⑦：11，夹砂灰褐陶。束颈，方唇，折沿，溜肩。残高2.5厘米（图二七八，4）。T6713-T6814⑦：55，夹砂灰黑陶。束颈，方唇，卷沿，鼓肩。残高3.2厘米（图二七八，5）。T6913-T7014⑦：18，夹砂灰黄陶。束颈，方唇，折沿，鼓肩。残高3.7厘米（图二七八，6）。T8109-T8210⑦：26，夹砂灰黑陶。束颈，方唇，卷沿，鼓肩。肩部饰一周凹弦纹。残高3.5厘米（图二七八，7）。T7907-T8008⑦：10，夹砂灰褐陶。束颈，方唇，卷沿，鼓肩。残高3.5厘米（图二七八，8）。T7709-T7810⑦：33，夹砂灰黑

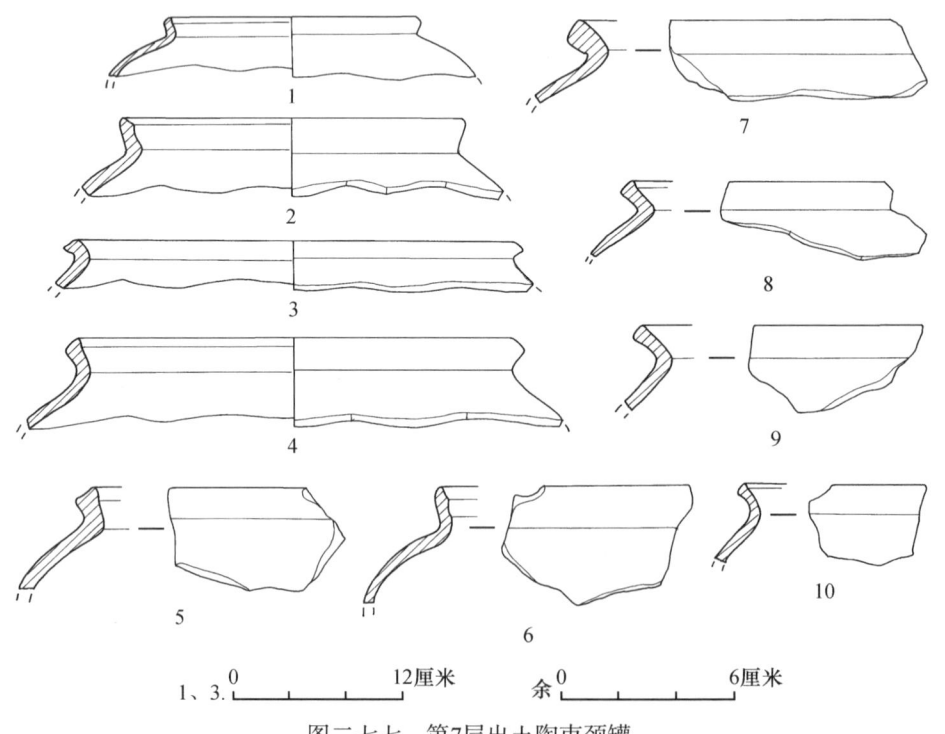

图二七七　第7层出土陶束颈罐

1. T6515-T6616⑦：37　2. T7707-T7808⑦：48　3. T7707-T7808⑦：43　4. T6515-T6616⑦：70　5. T6907-T7008⑦：10
6. T6715-T6816⑦：22　7. T6711-T6812⑦：8　8. T6903-T7004⑦：56　9. T6713-T6814⑦：25　10. T8109-T8210⑦：34

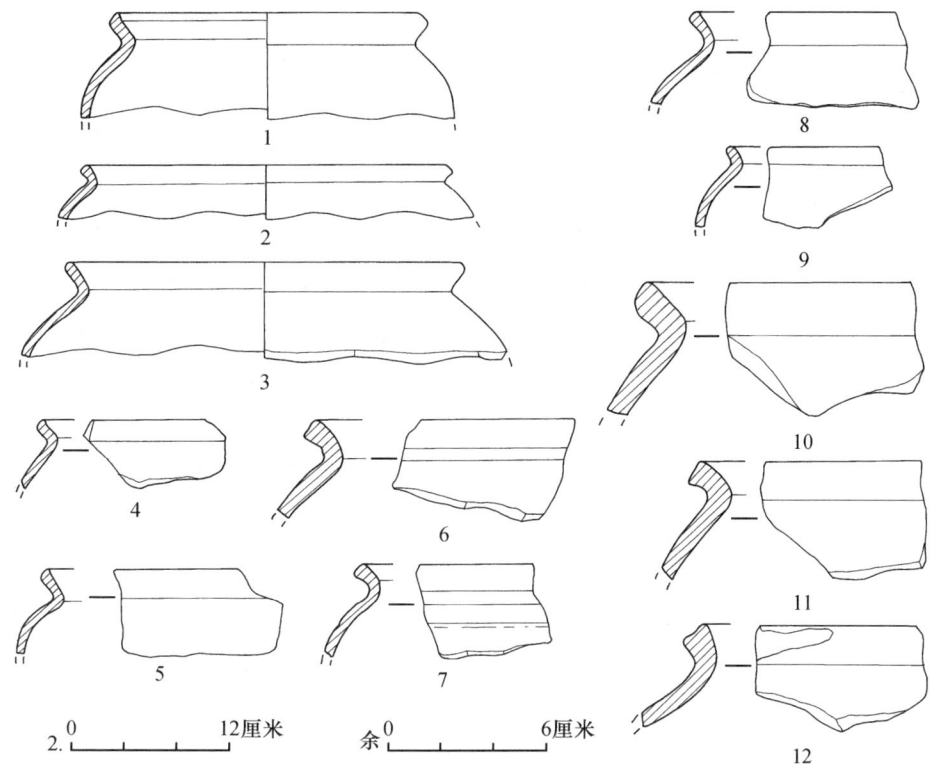

图二七八 第7层出土陶束颈罐
1. T6515-T6616⑦：75 2. T8311-T8412⑦：6 3. T7307-T7408⑦：9 4. T6713-T6814⑦：11 5. T6713-T6814⑦：55
6. T6913-T7014⑦：18 7. T8109-T8210⑦：26 8. T7907-T8008⑦：10 9. T7709-T7810⑦：33 10. T7509-T7610⑦：8
11. T6715-T6816⑦：55 12. T7709-T7810⑦：49

陶。束颈，圆唇，卷沿，鼓肩。残高3.3厘米（图二七八，9）。T7509-T7610⑦：8，夹砂灰黄陶。束颈，圆唇，卷沿，斜肩。残高5厘米（图二七八，10）。T6715-T6816⑦：55，夹砂灰黄陶。束颈，方唇，卷沿，鼓肩。残高4.5厘米（图二七八，11）。T7709-T7810⑦：49，夹砂灰黄陶。束颈，方唇，卷沿，鼓肩。残高3.9厘米（图二七八，12）。T7505-T7606⑦：18，夹砂灰黑陶。束颈，方唇，卷沿，鼓肩。残高3厘米（图二七九，1）。T6911-T7012⑦：40，夹砂灰褐陶。束颈，方唇，卷沿，鼓肩。肩部饰一周凹弦纹。残高3厘米（图二七九，2）。T6911-T7012⑦：12，夹砂灰黑陶。束颈，方唇，卷沿，鼓肩。残高3.3厘米（图二七九，3）。T6715-T6816⑦：15，夹砂灰黑陶。束颈，方唇，卷沿，溜肩。残高5厘米（图二七九，4）。T7707-T7808⑦：18，夹砂灰黄陶。束颈，方唇，卷沿，鼓肩。残高4厘米（图二七九，5）。T6915-T7016⑦：14，夹砂灰黑陶。束颈，方唇，卷沿，溜肩。肩部饰一周凹弦纹。残高4厘米（图二七九，6）。T6915-T7016⑦：13，夹砂灰黑陶。束颈，方唇，卷沿，鼓肩。残高3.3厘米（图二七九，7）。T7309-T7410⑦：10，夹砂灰黑陶。束颈，方唇，卷沿，鼓肩。残高3.5厘米（图二七九，8）。T8109-T8210⑦：27，夹砂灰黑陶。束颈，方唇，卷沿，溜肩。残高3.6厘米（图二七九，9）。T6913-T7014⑦：8，夹砂灰黄陶。束颈，方唇，折沿，鼓肩。残高4厘米（图二七九，10）。T7909-T8010⑦：49，夹砂灰黑陶。束颈，方唇，卷沿，鼓肩。残高3厘米（图二七九，11）。T7507-T7608⑦：30，夹砂灰黑陶。束颈，方唇，卷沿，肩部

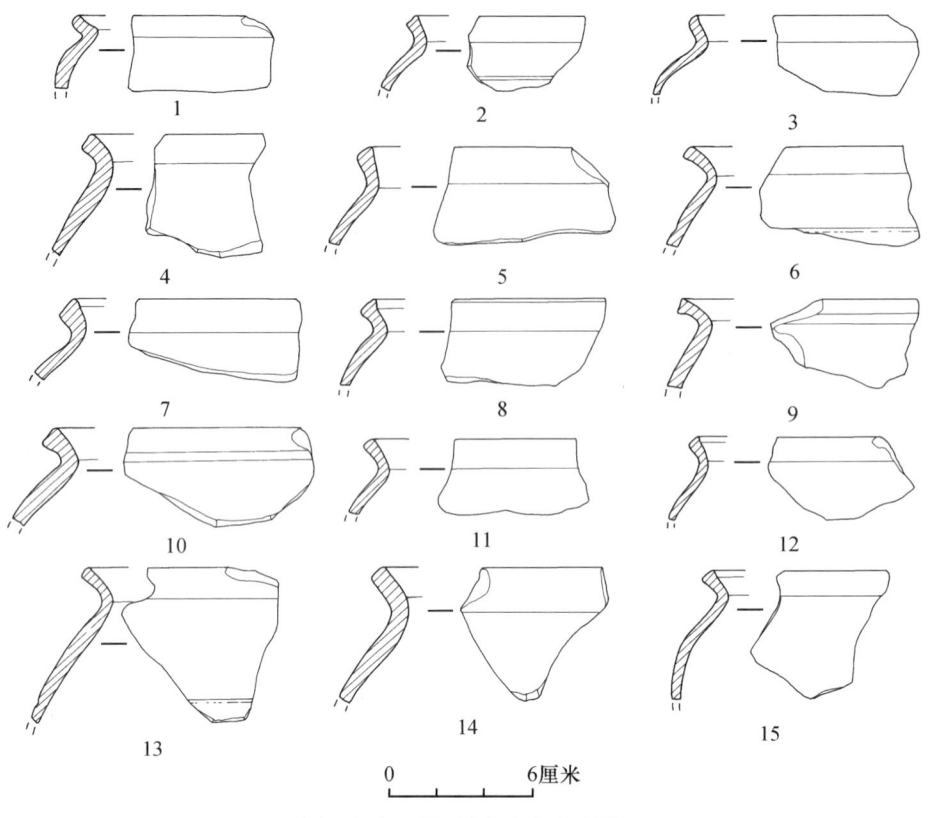

图二七九　第7层出土陶束颈罐

1. T7505-T7606⑦：18　2. T6911-T7012⑦：40　3. T6911-T7012⑦：12　4. T6715-T6816⑦：15　5. T7707-T7808⑦：18
6. T6915-T7016⑦：14　7. T6915-T7016⑦：13　8. T7309-T7410⑦：10　9. T8109-T8210⑦：27　10. T6913-T7014⑦：8
11. T7909-T8010⑦：49　12. T7507-T7608⑦：30　13. T7909-T8010⑦：46　14. T7709-T7810⑦：61　15. T6913-T7014⑦：17

微鼓。残高3.4厘米（图二七九，12）。T7909-T8010⑦：46，夹砂灰黄陶。束颈，方唇，卷沿，溜肩。肩部饰一周凹弦纹。残高6.4厘米（图二七九，13）。T7709-T7810⑦：61，夹砂灰黄陶。束颈，方唇，卷沿，溜肩。残高5.5厘米（图二七九，14）。T6913-T7014⑦：17，夹砂灰黑陶。束颈，方唇，折沿，鼓肩。残高5.2厘米（图二七九，15）。T8311-T8412⑦：5，夹砂灰黑陶。束颈，方唇，卷沿，圈足残。口径14、残高9厘米（图二八〇，1；图版二八，2）。T7305-T7406⑦：1，夹砂灰黑陶。颈部微束，尖唇，折沿，肩部微鼓，圈足底。口径12.8、圈足径7.8、通高11.6（图二八〇，2；图版二七，4）。T8311-T8412⑦：3，夹砂灰黑陶。束颈，方唇，卷沿，圆鼓肩，小平底。口径16、通高9.8厘米（图二八〇，3；图版二八，1）。T7707-T7808⑦：6，夹砂灰黑陶。束颈，尖圆唇，折沿，鼓肩。残高3.5厘米（图二八〇，4）。T7107-T7208⑦：13，夹砂灰黄陶。束颈，尖圆唇，折沿，广肩。残高3厘米（图二八〇，5）。T7507-T7608⑦：20，夹砂灰黄陶。束颈，圆唇，折沿，鼓肩。残高3.2厘米（图二八〇，6）。T7505-T7606⑦：4，夹砂灰褐陶。束颈，圆唇，折沿，斜肩。残高3.5厘米（图二八〇，7）。T7307-T7408⑦：31，夹砂灰黑陶。微束颈，方唇，卷沿，肩部微鼓。残高3厘米（图二八〇，8）。T8111-T8212⑦：17，夹砂灰黑陶。微束颈，方唇，卷沿，肩部微鼓。残高3.5厘米（图二八〇，9）。T8111-T8212⑦：22，夹砂灰黑陶。微束颈，

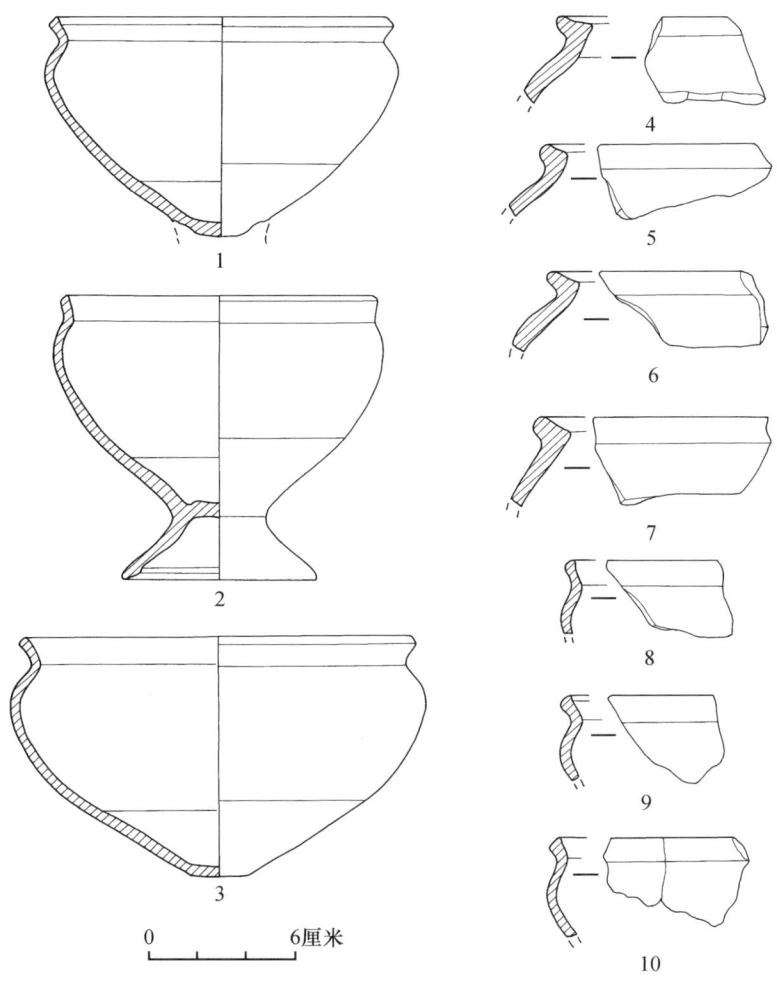

图二八〇　第7层出土陶束颈罐
1. T8311-T8412⑦：5　2. T7305-T7406⑦：1　3. T8311-T8412⑦：3　4. T7707-T7808⑦：6　5. T7107-T7208⑦：13
6. T7507-T7608⑦：20　7. T7505-T7606⑦：4　8. T7307-T7408⑦：31　9. T8111-T8212⑦：17　10. T8111-T8212⑦：22

方唇，卷沿，肩部微鼓。残高4厘米（图二八〇，10）。T6515-T6616⑦：69，夹砂灰黄陶。束颈，圆唇，折沿，鼓肩。口径32、残高5厘米（图二八一，1）。T7505-T7606⑦：11，夹砂灰黑陶。束颈，圆唇，折沿，鼓肩。肩部饰两道凹弦纹。口径34、残高5厘米（图二八一，2）。T8109-T8210⑦：19，夹砂灰黄陶。束颈，尖圆唇，折沿，鼓肩。残高5.5厘米（图二八一，3）。T7307-T7408⑦：12，夹砂灰黄陶。束颈，圆唇，折沿，鼓肩。残高3.9厘米（图二八一，4）。T7709-T7810⑦：65，夹砂灰黄陶。束颈，圆唇，折沿，鼓肩。残高3.9厘米（图二八一，5）。T7505-T7606⑦：5，夹砂灰黄陶。束颈，尖圆唇，折沿，鼓肩。残高3厘米（图二八一，6）。T7709-T7810⑦：44，夹砂灰黑陶。束颈，尖圆唇，折沿，鼓肩。残高4.5厘米（图二八一，7）。T7309-T7410⑦：11，夹砂灰黄陶。束颈，尖圆唇，折沿，鼓肩。肩部饰一道凹弦纹。残高4.5厘米（图二八一，8）。T7509-T7610⑦：23，夹砂灰黑陶。束颈，尖圆唇，折沿，鼓肩。残高3.5厘米（图二八一，9）。T7709-T7810⑦：5，夹砂灰黑陶。束颈，尖圆唇，折沿，鼓肩。残高7.3厘米（图二八一，10）。T8311-T8412⑦：22，夹砂灰黄

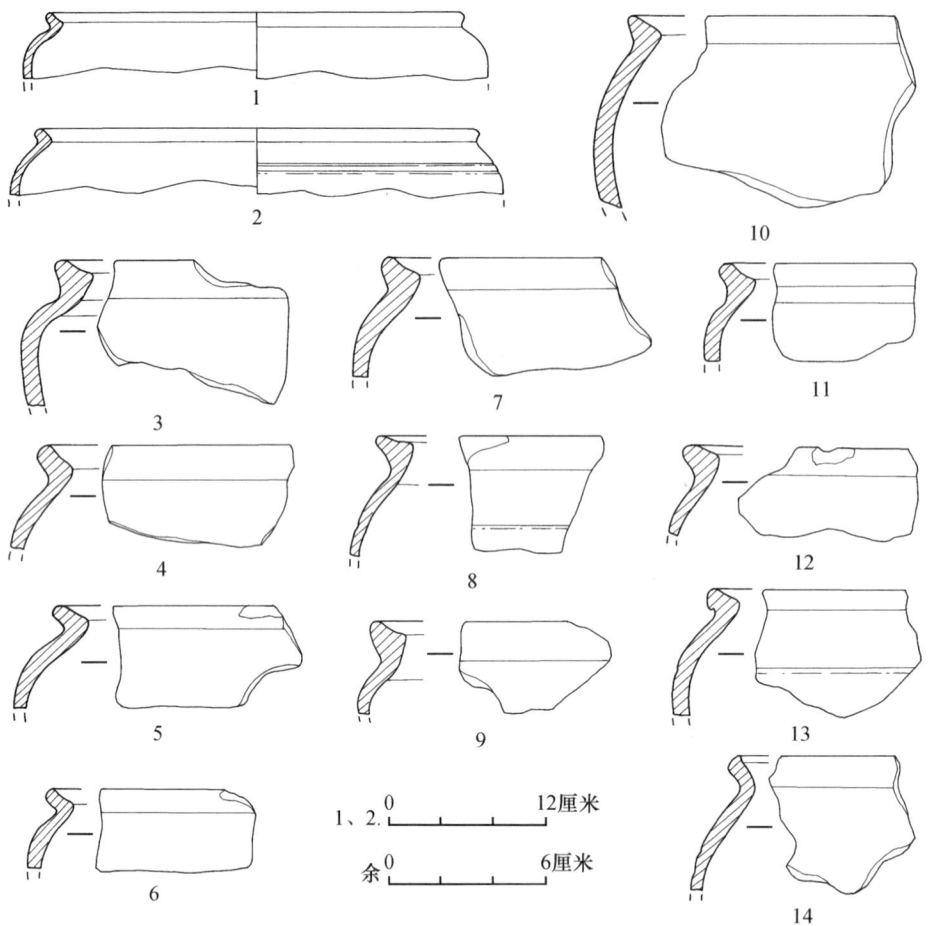

图二八一　第7层出土陶束颈罐
1. T6515-T6616⑦：69　2. T7505-T7606⑦：11　3. T8109-T8210⑦：19　4. T7307-T7408⑦：12　5. T7709-T7810⑦：65
6. T7505-T7606⑦：5　7. T7709-T7810⑦：44　8. T7309-T7410⑦：11　9. T7509-T7610⑦：23　10. T7709-T7810⑦：5
11. T8311-T8412⑦：22　12. T8111-T8212⑦：16　13. T7507-T7608⑦：21　14. T6715-T6816⑦：56

陶。束颈，尖圆唇，折沿，鼓肩。残高3.7厘米（图二八一，11）。T8111-T8212⑦：16，夹砂灰黑陶。束颈，圆唇，折沿，鼓肩。残高3.4厘米（图二八一，12）。T7507-T7608⑦：21，夹砂灰黄陶。束颈，圆唇，折沿，鼓肩。肩部饰一道凹弦纹。残高4.8厘米（图二八一，13）。T6715-T6816⑦：56，夹砂灰黑陶。束颈，方唇，卷沿，溜肩。残高5.1厘米（图二八一，14）。

9. 壶

16件。

T6913-T7014⑦：19，夹砂灰褐陶。直口，尖圆唇，高领。残高4.5厘米（图二八二，1）。T7507-T7608⑦：29，夹砂灰黄陶。口部近盘口状，尖圆唇，高领。残高4.4厘米（图二八二，2）。T6911-T7012⑦：38，夹砂灰黄陶。侈口，尖圆唇，高领。残高7厘米（图

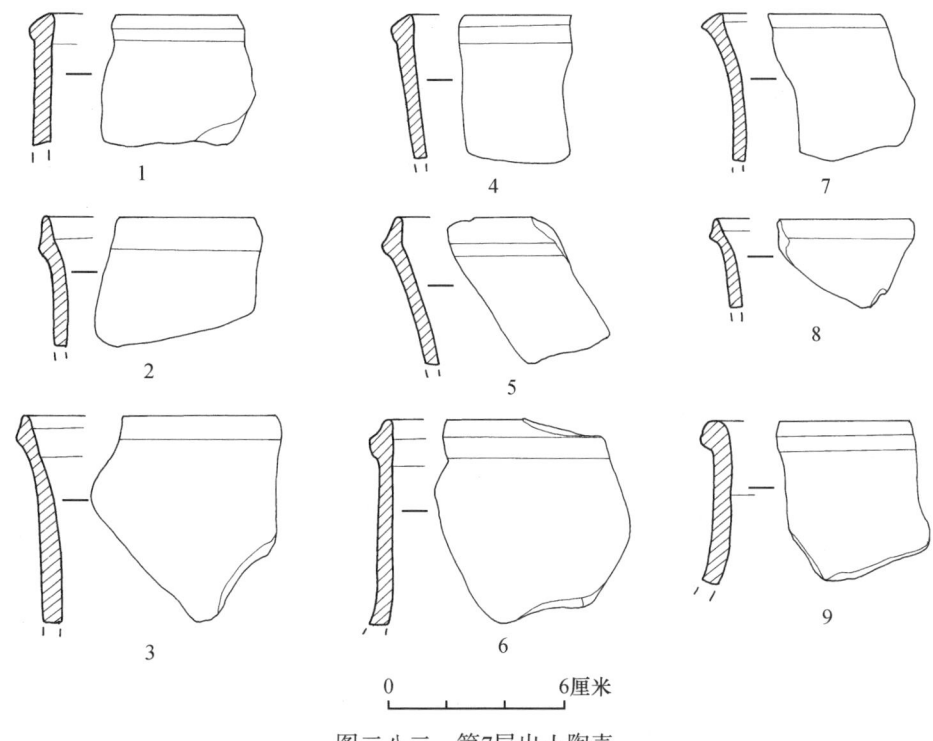

图二八二　第7层出土陶壶

1. T6913-T7014⑦：19　2. T7507-T7608⑦：29　3. T6911-T7012⑦：38　4. T6915-T7016⑦：25　5. T8311-T8412⑦：9
6. T7509-T7610⑦：7　7. T7709-T7810⑦：67　8. T7707-T7808⑦：35　9. T7907-T8008⑦：23

二八二，3）。T6915-T7016⑦：25，夹砂灰黄陶。直口，尖圆唇，高领。残高5厘米（图二八二，4）。T8311-T8412⑦：9，夹砂灰黑陶。口部近盘口状，尖圆唇，高领。残高5厘米（图二八二，5）。T7509-T7610⑦：7，夹砂灰黑陶。直口，尖圆唇，高领。残高7厘米（图二八二，6）。T7709-T7810⑦：67，夹砂灰黄陶。侈口，尖圆唇，高领。残高5厘米（图二八二，7）。T7707-T7808⑦：35，泥质灰黑陶。口部近盘口状，尖圆唇，高领。残高3厘米（图二八二，8）。T7907-T8008⑦：23，夹砂灰黑陶。侈口，圆唇，高领。残高5.5厘米（图二八二，9）。T7709-T7810⑦：32，泥质灰黑陶。敞口，尖圆唇，高领。残高3厘米（图二八三，1）。T7709-T7810⑦：36，泥质灰黑陶。侈口，圆唇，高领。领部饰两道浅凹弦纹。残高6.5厘米（图二八三，2）。T8109-T8210⑦：33，泥质灰黑陶。侈口，尖圆唇，领偏矮。口径6.6、残高2.5厘米（图二八三，3）。T7709-T7810⑦：30，泥质灰黑陶。喇叭口，圆唇，高领。口径12、残高2.5厘米（图二八三，4）。T6915-T7016⑦：22，夹砂灰黑陶。侈口，尖圆唇，领偏矮。口径13、残高5厘米（图二八三，5）。T7509-T7610⑦：21，夹砂灰黑陶。侈口，方唇，领偏矮。口径13、残高5厘米（图二八三，6）。T7509-T7610⑦：16，夹砂灰褐陶。喇叭口，尖圆唇，高领。口径14、残高4厘米（图二八三，7）。

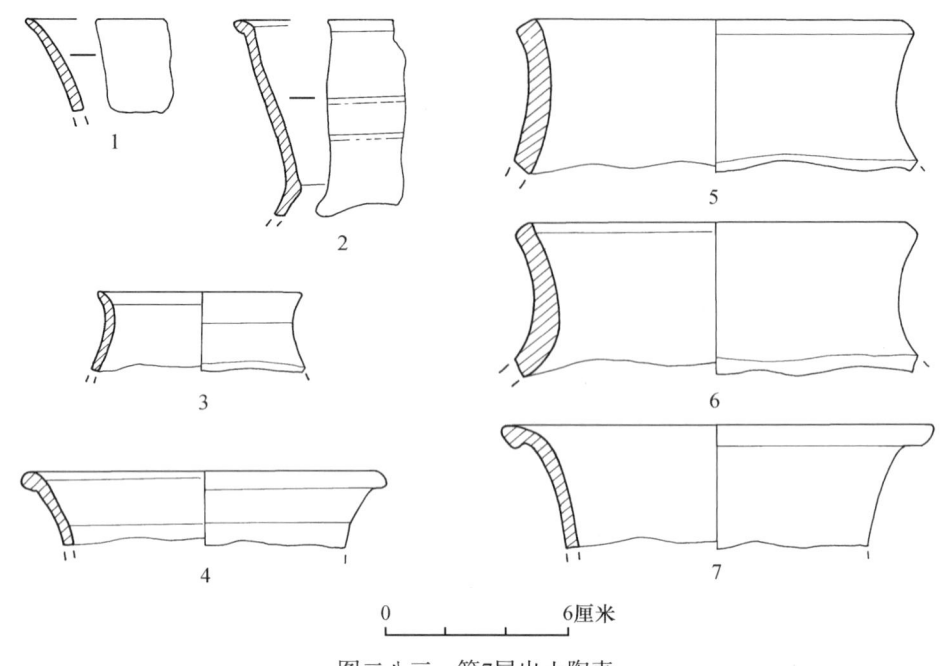

图二八三　第7层出土陶壶

1. T7709-T7810⑦:32　2. T7709-T7810⑦:36　3. T8109-T8210⑦:33　4. T7709-T7810⑦:30　5. T6915-T7016⑦:22
6. T7509-T7610⑦:21　7. T7509-T7610⑦:16

10. 盆

88件。

T6909-T7010⑦:3，夹砂灰黄陶。侈口，圆唇，卷沿。腹部饰一道凹弦纹。口径32、残高7.6厘米（图二八四，1）。T8111-T8212⑦:15，夹砂灰褐陶。口微侈，圆唇，折沿，深弧腹。腹部饰一道凹弦纹。残高4.5厘米（图二八四，2）。T6909-T7010⑦:10，夹砂灰黄陶。敛口，圆唇，卷沿，深鼓腹。残高4.9厘米（图二八四，3）。T6515-T6616⑦:96，夹砂灰黑陶。敛口，圆唇，折沿，斜直腹。残高5厘米（图二八四，4）。T7909-T8010⑦:24，夹砂灰黑陶。口微敛，圆唇，卷沿，深直腹。腹部饰两道凹弦纹。残高4.5厘米（图二八四，5）。T6511-T6612⑦:10，夹砂灰褐陶。口微敛，圆唇，直腹。残高5厘米（图二八四，6）。T6915-T7016⑦:16，夹砂褐陶。敛口，圆唇，折沿，斜直深腹。残高5厘米（图二八四，7）。T8311-T8412⑦:7，夹砂灰黄陶。侈口，方唇，卷沿，斜直深腹。残高6厘米（图二八四，8）。T6715-T6816⑦:13，夹砂灰黑陶。敛口，方唇，折沿，深弧腹。腹部饰附加堆纹。残高6.2厘米（图二八四，9）。T7909-T8010⑦:53，夹砂灰黄陶。口微敛，尖圆唇，折沿，深直腹。残高3.5厘米（图二八四，10）。T8311-T8412⑦:32，夹砂灰黑陶。口微侈，圆唇，卷沿，深直腹。残高7厘米（图二八四，11）。T6715-T6816⑦:46，泥质灰褐陶。直口，圆唇，折沿，浅弧腹。腹部饰两道凹弦纹。残高4.1厘米（图二八四，12）。T6715-T6816⑦:11，泥质灰褐陶。直口，圆唇，折沿，浅弧腹。腹部饰两道凹弦纹。残高3.5厘米（图二八四，13）。T6907-T7008⑦:12，夹砂灰黑陶。敛口，圆唇，卷沿，深鼓腹。腹部饰一道凹弦纹。口径28、残高3.6厘米（图二八五，1）。T6905-T7006⑦:2，夹砂

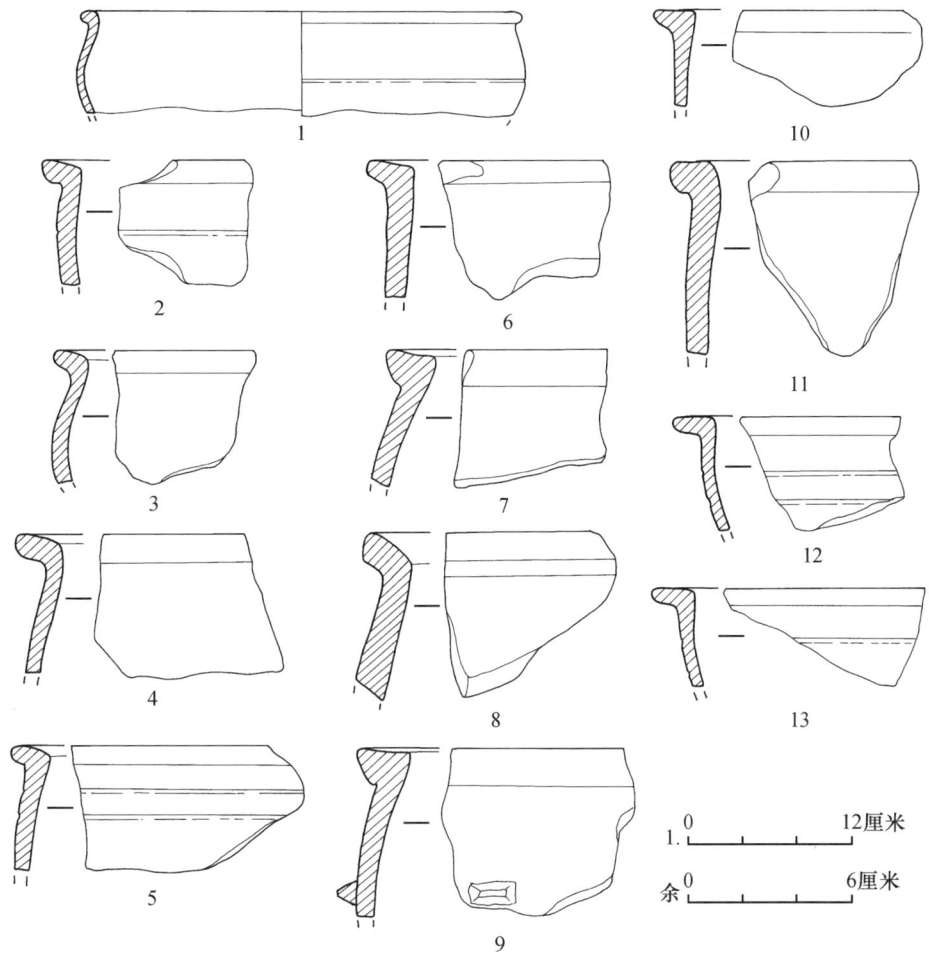

图二八四　第7层出土陶盆
1. T6909-T7010⑦：3　2. T8111-T8212⑦：15　3. T6909-T7010⑦：10　4. T6515-T6616⑦：96　5. T7909-T8010⑦：24
6. T6511-T6612⑦：10　7. T6915-T7016⑦：16　8. T8311-T8412⑦：7　9. T6715-T6816⑦：13　10. T7909-T8010⑦：53
11. T8311-T8412⑦：32　12. T6715-T6816⑦：46　13. T6715-T6816⑦：11

灰黑陶。敛口，圆唇，折沿，深鼓腹。腹部饰两道凹弦纹。口径30、残高5厘米（图二八五，2）。T7907-T8008⑦：36，夹砂灰黄陶。敛口，圆唇，卷沿，深鼓腹。腹部饰一道凹弦纹。口径36、残高5厘米（图二八五，3）。T6907-T7008⑦：11，夹砂灰黑陶。敛口，圆唇，卷沿，深鼓腹。腹部饰一道凹弦纹。残高4.6厘米（图二八五，4）。T6715-T6816⑦：38，夹砂灰黄陶。敛口，圆唇，卷沿，深弧腹。腹部饰一道凹弦纹。残高3.7厘米（图二八五，5）。T6903-T7004⑦：20，夹砂灰黄陶。直口，圆唇，卷沿，浅弧腹。残高4厘米（图二八五，6）。T6903-T7004⑦：27，夹砂灰黄陶。敛口，圆唇，折沿，斜直深腹。残高3.4厘米（图二八五，7）。T6911-T7012⑦：28，夹砂灰黑陶。敛口，圆唇，卷沿，深鼓腹。腹部饰两道凹弦纹。残高4厘米（图二八五，8）。T6905-T7006⑦：5，夹砂灰黑陶。敛口，方唇，折沿，深鼓腹。腹部饰一道凹弦纹。残高4.8厘米（图二八五，9）。T7307-T7408⑦：21，夹砂灰黄陶。敛口，圆唇，卷沿，深鼓腹。腹部饰一道凹弦纹。残高4.7厘米（图二八五，10）。T6905-T7006⑦：21，夹砂灰黄陶。敛口，圆唇，折沿，深鼓腹。腹部饰一道凹弦纹。

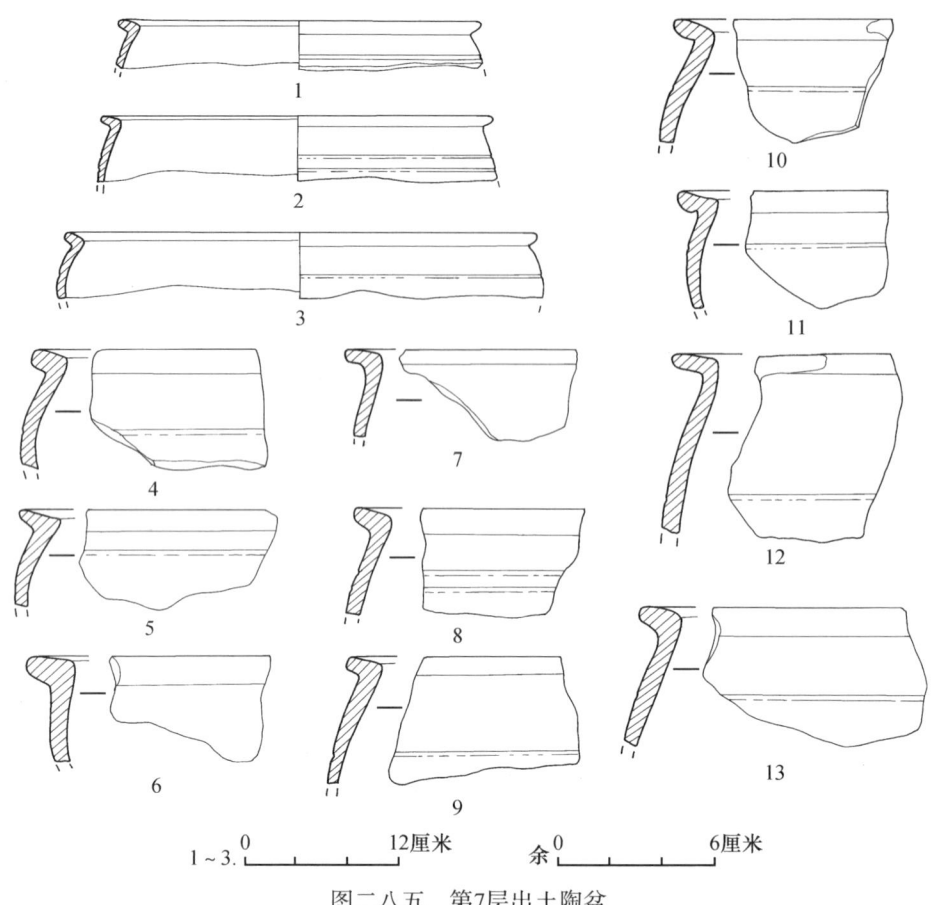

图二八五　第7层出土陶盆

1. T6907-T7008⑦：12　2. T6905-T7006⑦：2　3. T7907-T8008⑦：36　4. T6907-T7008⑦：11　5. T6715-T6816⑦：38
6. T6903-T7004⑦：20　7. T6903-T7004⑦：27　8. T6911-T7012⑦：28　9. T6905-T7006⑦：5　10. T7307-T7408⑦：21
11. T6905-T7006⑦：21　12. T8111-T8212⑦：1　13. T7509-T7610⑦：19

残高4.5厘米（图二八五，11）。T8111-T8212⑦：1，泥质灰黄陶。敛口，圆唇，折沿，深鼓腹。腹部饰一道凹弦纹。残高7厘米（图二八五，12）。T7509-T7610⑦：19，夹砂灰黄陶。敛口，圆唇，卷沿，斜直深腹。腹部饰一道凹弦纹。残高5.3厘米（图二八五，13）。T7709-T7810⑦：68，夹砂灰黄陶。侈口，圆唇，卷沿，深弧腹。腹部饰一周凹弦纹。口径34、残高5.4厘米（图二八六，1）。T7307-T7408⑦：3，夹砂灰黄陶。侈口，圆唇，卷沿，深弧腹。口径36、残高5.8厘米（图二八六，2）。T7707-T7808⑦：27，夹砂灰褐陶。敛口，圆唇，卷沿，深弧腹。口径38、残高14.4厘米（图二八六，3）。T6715-T6816⑦：36，夹砂灰黄陶。敛口，圆唇，折沿，深弧腹。腹部饰一道凹弦纹。残高5厘米（图二八六，4）。T6715-T6816⑦：28，夹砂灰黄陶。敛口，圆唇，折沿，深弧腹。残高4.7厘米（图二八六，5）。T6915-T7016⑦：15，夹砂灰黄陶。口微敛，圆唇，卷沿，深弧腹。腹部饰一道凹弦纹。残高4厘米（图二八六，6）。T6515-T6616⑦：26，夹砂灰褐陶。敛口，圆唇，卷沿，深弧腹。腹部饰一道凹弦纹。残高5厘米（图二八六，7）。T7307-T7408⑦：24，夹砂灰黑陶。敛口，圆唇，卷沿，深弧腹。腹部饰一道凹弦纹。残高5.4厘米（图二八六，8）。T6905-T7006⑦：34，夹砂灰黑陶。敛口，圆唇，卷沿，深弧腹。腹部饰一道凹弦纹。残高5

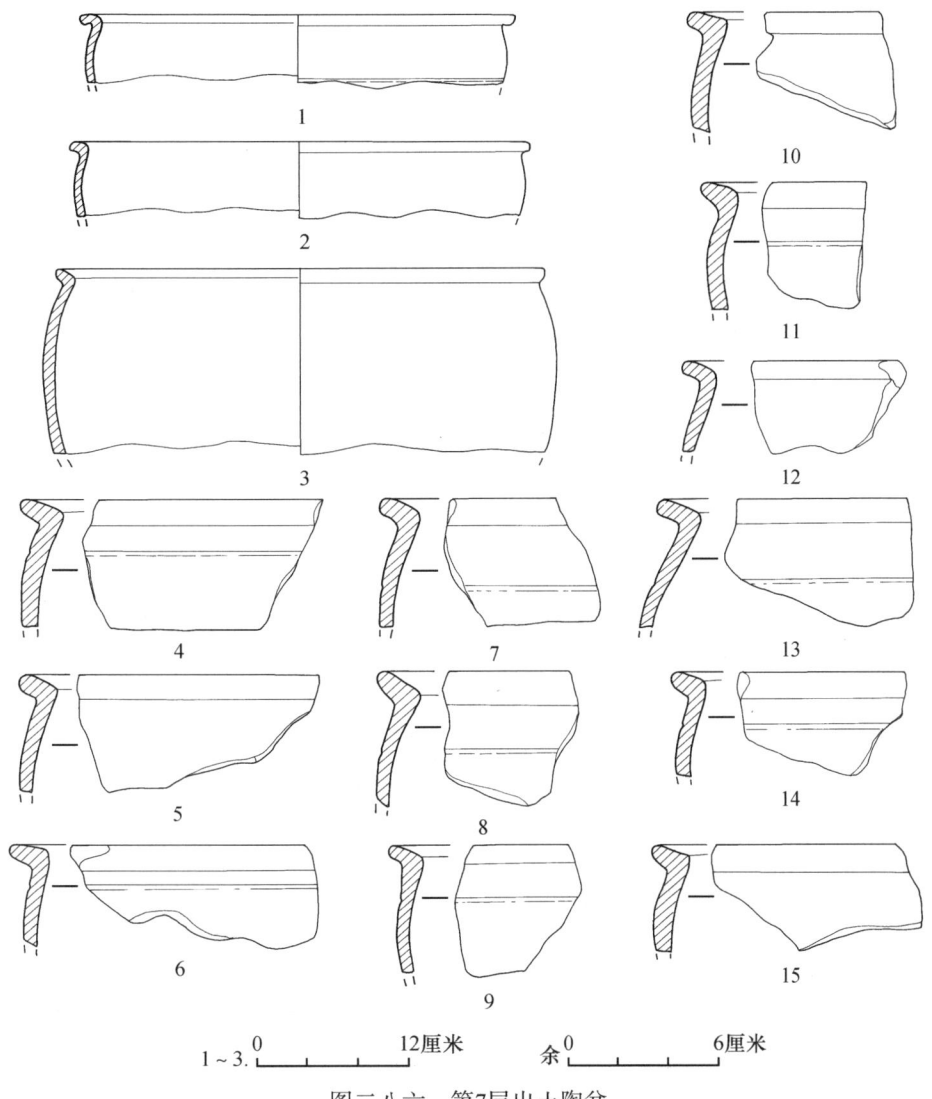

图二八六　第7层出土陶盆

1. T7709-T7810⑦：68　2. T7307-T7408⑦：3　3. T7707-T7808⑦：27　4. T6715-T6816⑦：36　5. T6715-T6816⑦：28
6. T6915-T7016⑦：15　7. T6515-T6616⑦：26　8. T7307-T7408⑦：24　9. T6905-T7006⑦：34　10. T8111-T8212⑦：18
11. T7909-T8010⑦：52　12. T8109-T8210⑦：14　13. T7907-T8008⑦：34　14. T6903-T7004⑦：32　15. T6715-T6816⑦：10

厘米（图二八六，9）。T8111-T8212⑦：18，夹砂灰黑陶。敛口，圆唇，折沿，深弧腹。残高4.6厘米（图二八六，10）。T7909-T8010⑦：52，夹砂灰黄陶。敛口，圆唇，卷沿，深弧腹。腹部饰一道凹弦纹。残高5厘米（图二八六，11）。T8109-T8210⑦：14，夹砂灰黄陶。敛口，圆唇，卷沿，深鼓腹。残高3.5厘米（图二八六，12）。T7907-T8008⑦：34，夹砂灰黑陶。敛口，圆唇，卷沿，深鼓腹。腹部饰一道凹弦纹。残高5厘米（图二八六，13）。T6903-T7004⑦：32，夹砂灰黄陶。敛口，圆唇，卷沿，深弧腹。腹部饰一周凹弦纹。残高4.1厘米（图二八六，14）。T6715-T6816⑦：10，夹砂灰黑陶。敛口，圆唇，折沿，深弧腹。残高4.1厘米（图二八六，15）。T8311-T8412⑦：26，夹砂灰黑陶。侈口，圆唇，卷沿，深弧腹。腹部饰一道凹弦纹。残高4.5厘米（图二八七，1）。T6515-T6616⑦：48，夹

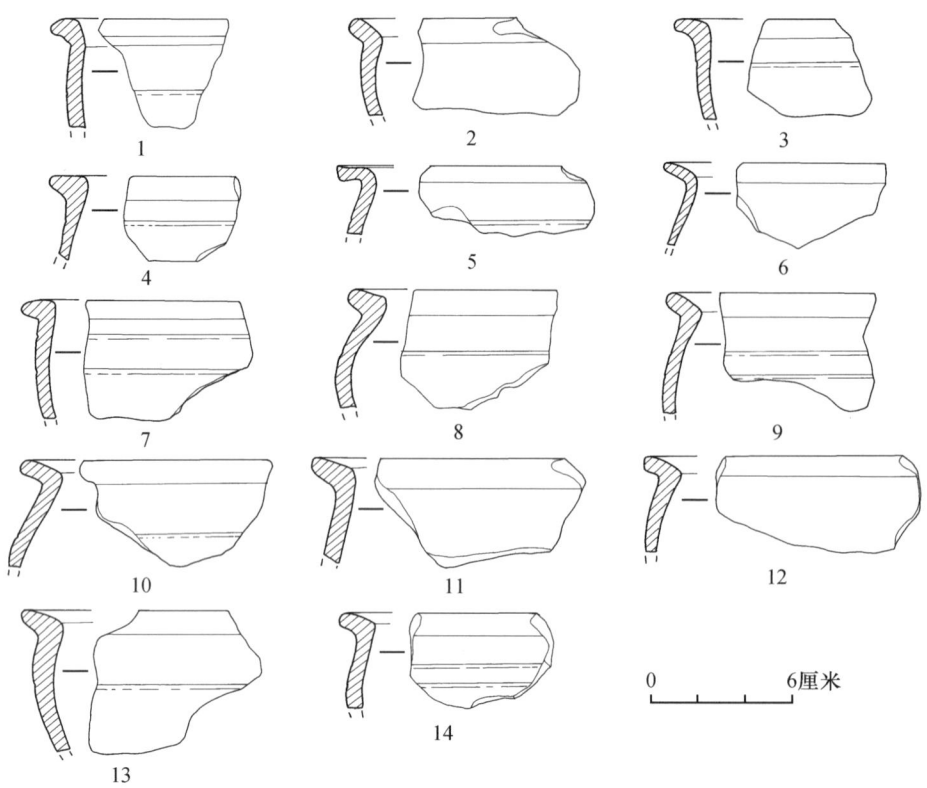

图二八七 第7层出土陶盆
1. T8311-T8412⑦：26 2. T6515-T6616⑦：48 3. T7105-T7206⑦：6 4. T6713-T6814⑦：39 5. T7909-T8010⑦：47
6. T6713-T6814⑦：48 7. T6715-T6816⑦：37 8. T7509-T7610⑦：12 9. T6715-T6816⑦：32 10. T7907-T8008⑦：38
11. T6907-T7008⑦：6 12. T6515-T6616⑦：44 13. T6911-T7012⑦：50 14. T8311-T8412⑦：30

砂灰黑陶。敛口，圆唇，卷沿，浅弧腹。残高4厘米（图二八七，2）。T7105-T7206⑦：6，夹砂灰黑陶。侈口，圆唇，卷沿。腹部饰一道凹弦纹。残高4.2厘米（图二八七，3）。T6713-T6814⑦：39，夹砂灰黑陶。敛口，圆唇，卷沿，斜直深腹。腹部饰一道凹弦纹。残高3.6厘米（图二八七，4）。T7909-T8010⑦：47，夹砂灰黄陶。敛口，方唇，折沿，深鼓腹。腹部饰一道凹弦纹。残高3厘米（图二八七，5）。T6713-T6814⑦：48，泥质灰黑陶。敛口，圆唇，卷沿，斜直深腹。残高3.5厘米（图二八七，6）。T6715-T6816⑦：37，夹砂灰黄陶。口微敛，圆唇，卷沿。腹部饰一道凹弦纹。残高5厘米（图二八七，7）。T7509-T7610⑦：12，夹砂灰黄陶。敛口，圆唇，折沿，深鼓腹。腹部饰一道凹弦纹。残高5厘米（图二八七，8）。T6715-T6816⑦：32，夹砂灰黄陶。敛口，圆唇，卷沿，深弧腹。腹部饰两周凹弦纹。残高5厘米（图二八七，9）。T7907-T8008⑦：38，夹砂灰黑陶。敛口，圆唇，卷沿，深鼓腹。腹部饰一道凹弦纹。残高4.5厘米（图二八七，10）。T6907-T7008⑦：6，夹砂灰黑陶。敛口，圆唇，卷沿，斜直深腹。残高4.5厘米（图二八七，11）。T6515-T6616⑦：44，夹砂灰黄陶。敛口，方唇，折沿，深弧腹。残高4厘米（图二八七，12）。T6911-T7012⑦：50，夹砂灰黄陶。敛口，圆唇，卷沿，浅弧腹。腹部饰一道凹弦纹。残高6厘米（图二八七，13）。T8311-T8412⑦：30，夹砂灰黑陶。敛口，圆唇，卷沿，深弧腹。腹部饰两道凹弦纹。残高4厘米（图二八七，14）。T7507-T7608⑦：13，夹砂灰褐陶。侈口，方唇，卷沿，深鼓腹。残高4.9厘米（图二八八，1）。T7507-T7608⑦：22，夹砂灰黑陶。敛口，圆唇，折沿，深弧腹。腹部饰一道凹弦纹。残高4.8厘米（图二八八，2）。T6905-T7006⑦：13，夹砂灰黑陶。敛口，圆唇，卷沿，深鼓腹。残高4.1厘米（图二八八，3）。T6713-T6814⑦：47，夹砂灰黄陶。敛口，圆唇，卷沿，斜直深腹。残高5厘米（图二八八，4）。T6715-T6816⑦：18，夹砂灰黄陶。敞口，圆唇，卷沿，斜直腹。残高5.4厘米（图二八八，5）。T7707-T7808⑦：45，夹砂灰黑陶。侈口，圆唇，卷沿，深直腹。残高4厘米（图二八八，6）。T7507-T7608⑦：28，夹砂灰褐陶。敛口，方唇，折沿，斜直深腹。腹部饰两道凹弦纹。残高5厘米（图二八八，7）。T6715-T6816⑦：39，夹砂灰黑陶。口微敛，圆唇，卷沿，深直腹。腹部饰一道凹弦纹。残高4厘米（图二八八，8）。T8109-T8210⑦：15，夹砂灰黄陶。侈口，圆唇，卷沿，深直腹。残高6厘米（图二八八，9）。T7509-T7610⑦：6，夹砂灰黑陶。侈口，圆唇，卷沿，深直腹。残高3.9厘米（图二八八，10）。T7909-T8010⑦：31，夹砂灰黑陶。敛口，圆唇，卷沿，斜直深腹。腹部饰两道凹弦纹。残高5厘米（图二八八，11）。T7907-T8008⑦：29，夹砂灰黑陶。敛口，圆唇，折沿，深弧腹。残高5厘米（图二八八，12）。T8109-T8210⑦：25，夹砂灰黑陶。敛口，尖圆唇，折沿，深弧

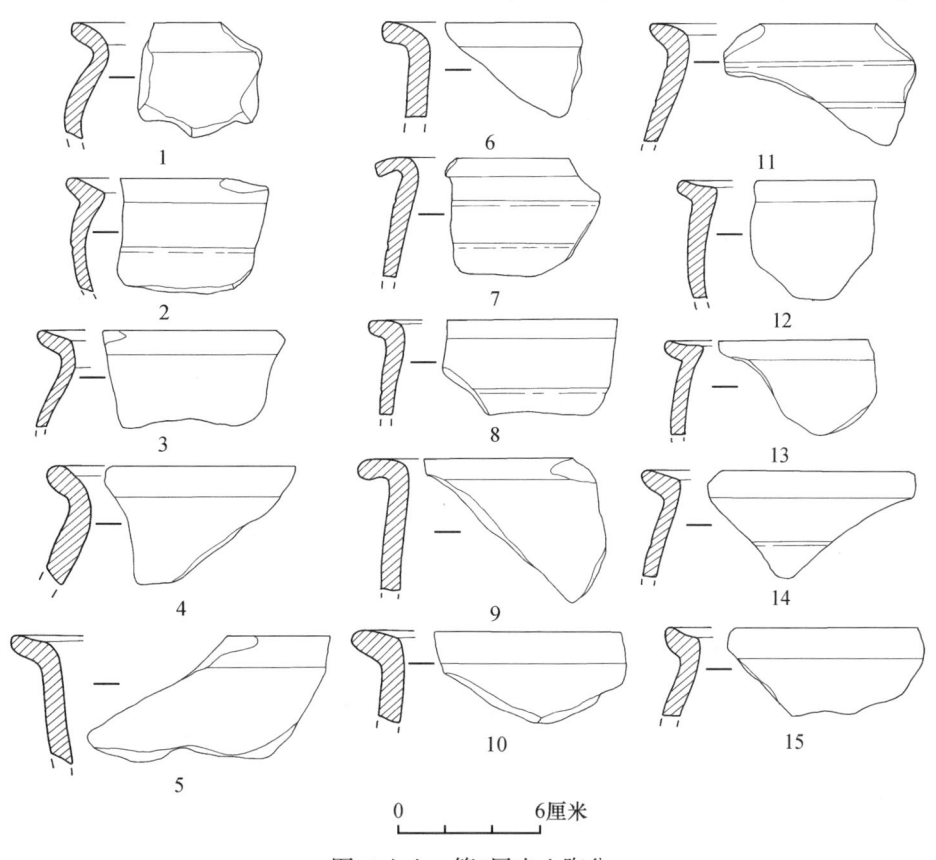

图二八八　第7层出土陶盆

1. T7507-T7608⑦：13　2. T7507-T7608⑦：22　3. T6905-T7006⑦：13　4. T6713-T6814⑦：47　5. T6715-T6816⑦：18　6. T7707-T7808⑦：45　7. T7507-T7608⑦：28　8. T6715-T6816⑦：39　9. T8109-T8210⑦：15　10. T7509-T7610⑦：6　11. T7909-T8010⑦：31　12. T7907-T8008⑦：29　13. T8109-T8210⑦：25　14. T6911-T7012⑦：45　15. T7909-T8010⑦：45

腹。残高4厘米（图二八八，13）。T6911-T7012⑦：45，夹砂灰黄陶。敛口，圆唇，卷沿，斜直深腹。腹部饰一道凹弦纹。残高4.5厘米（图二八八，14）。T7909-T8010⑦：45，夹砂灰褐陶。敛口，圆唇，卷沿，深腹。残高3.8厘米（图二八八，15）。T8109-T8210⑦：9，夹砂灰黑陶。敞口，尖圆唇，浅弧腹。残高4厘米（图二八九，1）。T8111-T8212⑦：19，夹砂灰褐陶。口微敛，方唇，折沿，浅弧腹。残高4厘米（图二八九，2）。T7707-T7808⑦：64，夹砂灰黑陶。直口，圆唇，深直腹。残高4.4厘米（图二八九，3）。T8109-T8210⑦：7，夹砂灰褐陶。敞口，圆唇，浅弧腹。残高5.2厘米（图二八九，4）。T6515-T6616⑦：38，夹砂灰黑陶。直口，方唇，折沿，深弧腹。残高6厘米（图二八九，5）。T6903-T7004⑦：9，夹砂灰褐陶。敛口，方唇，折沿，深弧腹。残高5.4厘米（图二八九，6）。T7107-T7208⑦：10，夹砂灰褐陶。口微敛，尖圆唇，浅弧腹。残高5.4厘米（图二八九，7）。T6913-T7014⑦：20，夹砂灰黑陶。敛口，圆唇，折沿，深鼓腹。腹部饰一道凹弦纹。残高5厘米（图二八九，8）。T7907-T8008⑦：27，夹砂灰黑陶。口微敛，尖圆唇，深弧腹。残高5厘米（图二八九，9）。T7305-T7406⑦：12，夹砂灰黄陶。敛口，圆唇，卷沿，深鼓腹。腹部饰一道凹弦纹。残高7厘米（图二八九，10）。T7107-T7208⑦：12，夹砂灰黑陶。敛口，方唇，深弧腹。残高3.6厘米（图二八九，11）。T6903-T7004⑦：48，夹砂灰黑陶。直口，圆唇，折沿，浅弧腹。残高3厘米（图二九〇，1）。T8311-T8412⑦：27，泥质灰黑陶。侈口，圆唇，浅鼓腹。残高3厘米（图二九〇，2）。T7509-T7610⑦：11，夹砂灰黄陶。侈口，圆唇，卷沿，浅弧腹。残高3.3厘米（图二九〇，3）。T7709-T7810⑦：29，夹砂灰黄陶。侈口，圆唇，卷沿，浅弧腹。残高

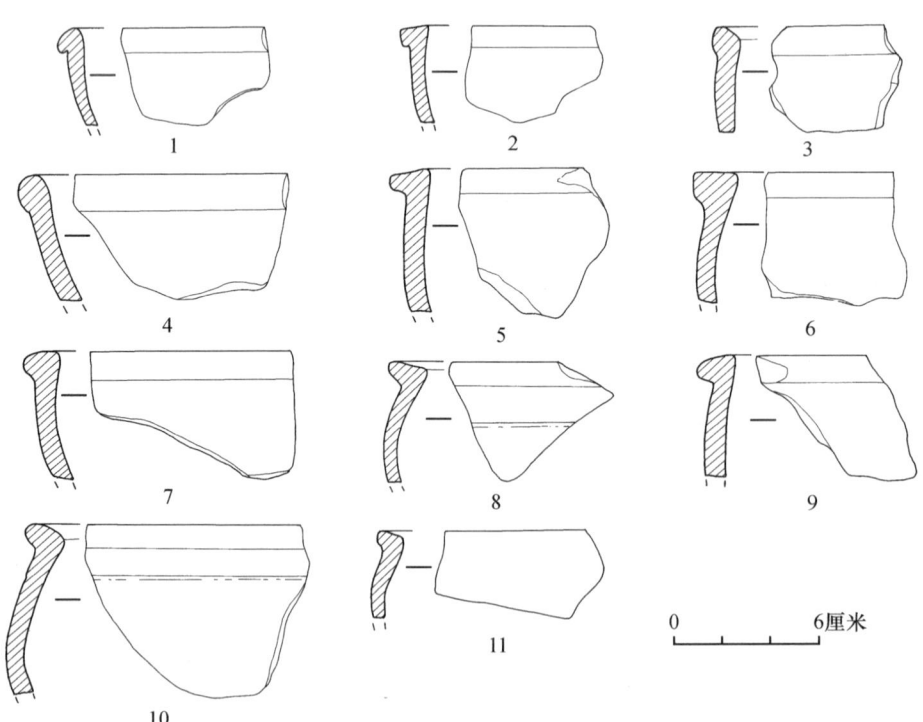

图二八九　第7层出土陶盆
1. T8109-T8210⑦：9　2. T8111-T8212⑦：19　3. T7707-T7808⑦：64　4. T8109-T8210⑦：7　5. T6515-T6616⑦：38
6. T6903-T7004⑦：9　7. T7107-T7208⑦：10　8. T6913-T7014⑦：20　9. T7907-T8008⑦：27　10. T7305-T7406⑦：12
11. T7107-T7208⑦：12

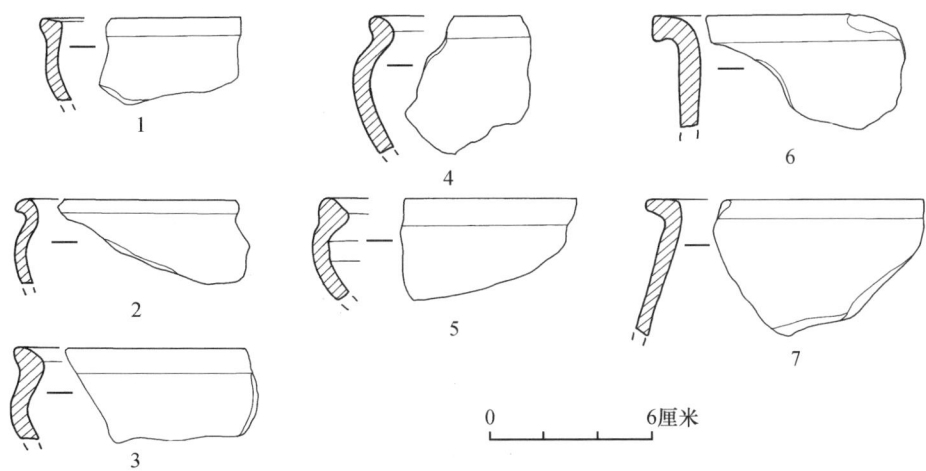

图二九〇　第7层出土陶盆
1. T6903-T7004⑦：48　2. T8311-T8412⑦：27　3. T7509-T7610⑦：11　4. T7709-T7810⑦：29　5. T7309-T7410⑦：13
6. T7307-T7408⑦：16　7. T6515-T6616⑦：40

5厘米（图二九〇，4）。T7309-T7410⑦：13，夹砂灰黄陶。敛口，圆唇，浅弧腹。残高3.7厘米（图二九〇，5）。T7307-T7408⑦：16，夹砂灰黄陶。侈口，方唇，深直腹。残高4.1厘米（图二九〇，6）。T6515-T6616⑦：40，夹砂灰黄陶。敛口，圆唇，卷沿，斜直深腹。残高5厘米（图二九〇，7）。

11. 瓮

74件。

T6903-T7004⑦：40，夹砂灰黑陶。喇叭口，圆唇，高领。残高4.7厘米（图二九一，1）。T6903-T7004⑦：47，夹砂灰黑陶。侈口，圆唇，高领。残高5.1厘米（图二九一，2）。T7505-T7606⑦：9，夹砂灰黑陶。侈口，圆唇，高领。残高5.7厘米（图二九一，3）。T6903-T7004⑦：28，夹砂灰黄陶，喇叭口，圆唇，高领。残高4.5厘米（图二九一，4）。T6905-T7006⑦：57，夹砂灰黄陶。侈口，圆唇，高领。口径30.4、残高3.8厘米（图二九一，5）。T6907-T7008⑦：2，夹砂灰褐陶。侈口，圆唇，高领。领部饰一道凹弦纹。口径26、残高8.4厘米（图二九一，6）。T6907-T7008⑦：1，夹砂灰褐陶。喇叭口，圆唇，高领。口径30、残高10.4厘米（图二九一，7）。T6713-T6814⑦：61，夹砂灰黑陶。侈口，圆唇，矮领。口径28.4、残高8.4厘米（图二九一，8）。T7709-T7810⑦：40，夹砂灰黑陶。侈口，圆唇，矮领。口径34、残高6.4厘米（图二九一，9）。T6905-T7006⑦：10，夹砂灰黑陶。喇叭口，圆唇，高领。口径42、残高5.4厘米（图二九二，1）。T6511-T6612⑦：2，夹砂灰黑陶。喇叭口，圆唇，高领。口径42、残高7.6厘米（图二九二，2）。T6515-T6616⑦：52，夹砂灰黑陶。喇叭口，圆唇，高领。口径44、残高7.6厘米（图二九二，3）。T8311-T8412⑦：13，夹砂灰黑陶。喇叭口，圆唇，高领。残高7厘米（图二九二，4）。T6515-T6616⑦：27，夹砂灰黑陶。喇叭口，圆唇，高领。残高4厘米（图二九二，5）。T7709-T7810⑦：9，夹砂灰黄陶。侈口，圆唇，高领。残高3.8厘米（图二九二，6）。T7709-T7810⑦：18，夹砂灰

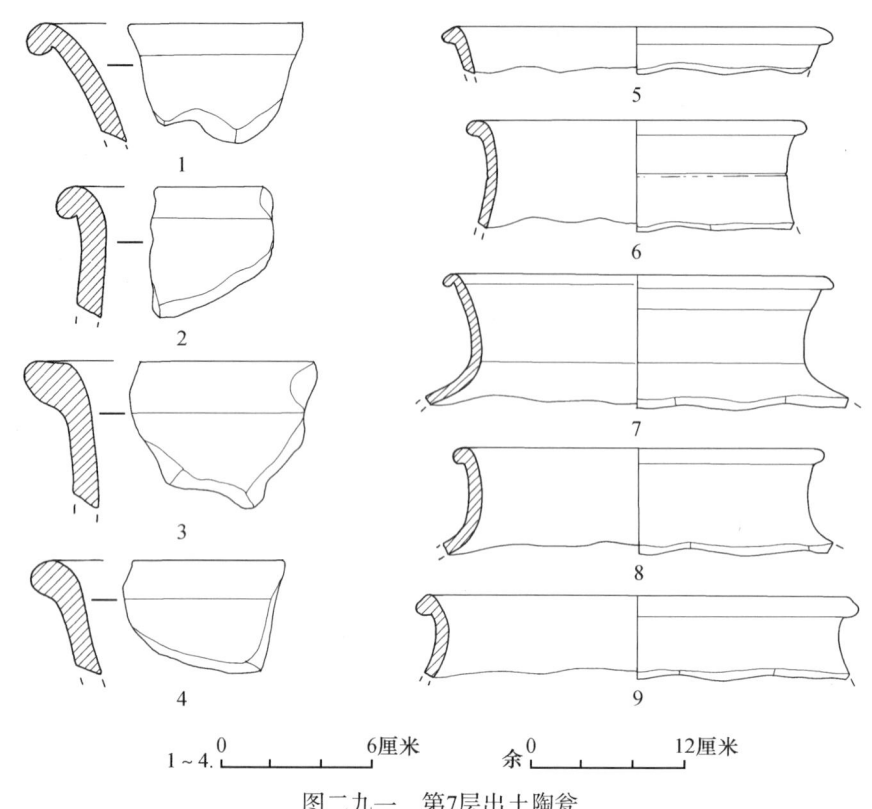

图二九一 第7层出土陶瓮
1. T6903-T7004⑦：40　2. T6903-T7004⑦：47　3. T7505-T7606⑦：9　4. T6903-T7004⑦：28　5. T6905-T7006⑦：57
6. T6907-T7008⑦：2　7. T6907-T7008⑦：1　8. T6713-T6814⑦：61　9. T7709-T7810⑦：40

黑陶。喇叭口，圆唇，高领。残高5厘米（图二九二，7）。T7509-T7610⑦：15，夹砂灰褐陶。侈口，圆唇，矮领。残高4.5厘米（图二九二，8）。T7507-T7608⑦：17，夹砂灰黄陶。侈口，圆唇，高领。残高4.8厘米（图二九二，9）。T7907-T8008⑦：20，夹砂灰黄陶。侈口，圆唇，高领。残高4.8厘米（图二九二，10）。T7107-T7208⑦：9，夹砂灰黄陶。喇叭口，圆唇，高领。残高4.5厘米（图二九二，11）。T7505-T7606⑦：6，夹砂灰黄陶。侈口，方唇，高领。残高5.6厘米（图二九二，12）。T7305-T7406⑦：9，夹砂灰黑陶。喇叭口，圆唇，高领。残高4厘米（图二九二，13）。T7709-T7810⑦：6，夹砂灰黑陶。直口，尖圆唇，矮领。残高5.4厘米（图二九三，1）。T7709-T7810⑦：16，夹砂灰黄陶。侈口，方唇，矮领。残高5厘米（图二九三，2）。T7907-T8008⑦：31，夹砂灰黄陶。侈口，圆唇，矮领。残高4.8厘米（图二九三，3）。T7307-T7408⑦：11，夹砂灰黑陶。侈口，方唇，矮领。残高4.4厘米（图二九三，4）。T7909-T8010⑦：11，夹砂灰黄陶。直口，圆唇，矮领。残高6厘米（图二九三，5）。T7707-T7808⑦：66，夹砂灰黑陶。侈口，方唇，矮领。残高5厘米（图二九三，6）。T7105-T7206⑦：9，夹砂灰褐陶。侈口，圆唇，矮领。残高6厘米（图二九三，7）。T7707-T7808⑦：44，夹砂灰黑陶。口微侈，圆唇，矮领。残高6.4厘米（图二九三，8）。T6513-T6614⑦：3，夹砂灰黄陶。侈口，圆唇，矮领。残高4.7厘米（图二九三，9）。T7707-T7808⑦：71，夹砂灰黄陶。侈口，方唇，矮领。残高5.8厘米（图二九三，10）。T7907-T8008⑦：19，夹砂灰褐陶。敛口，圆唇，矮领。残高4.7厘米

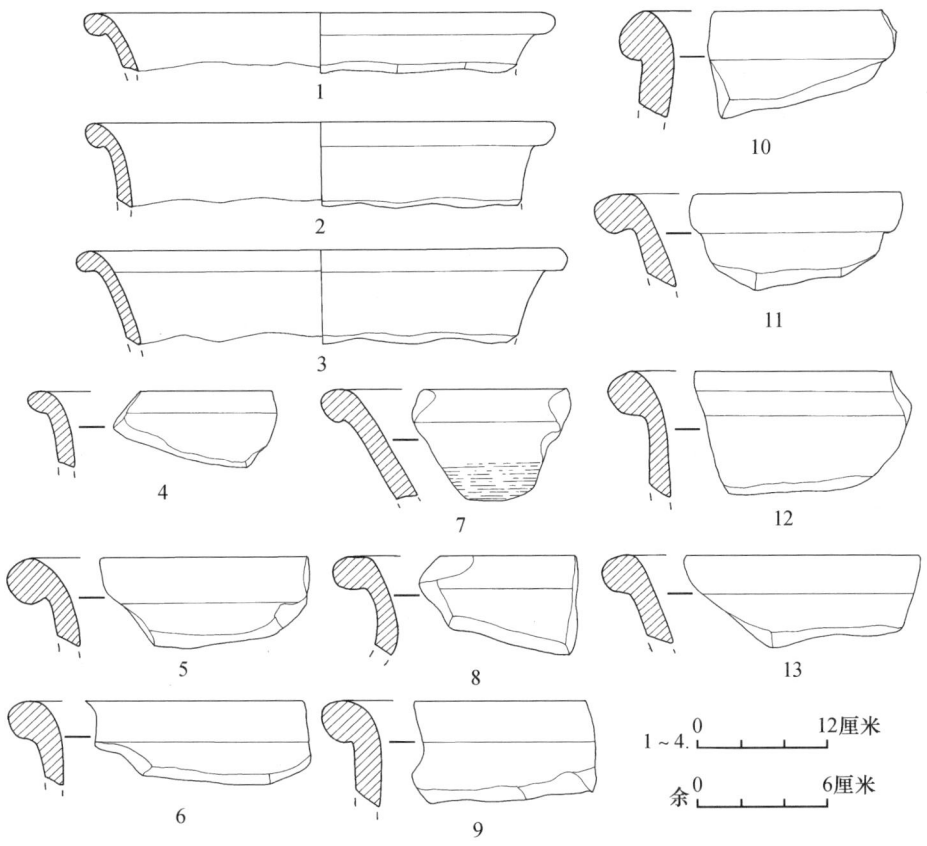

图二九二 第7层出土陶瓮
1. T6905-T7006⑦:10 2. T6511-T6612⑦:2 3. T6515-T6616⑦:52 4. T8311-T8412⑦:13 5. T6515-T6616⑦:27
6. T7709-T7810⑦:9 7. T7709-T7810⑦:18 8. T7509-T7610⑦:15 9. T7507-T7608⑦:17 10. T7907-T8008⑦:20
11. T7107-T7208⑦:9 12. T7505-T7606⑦:6 13. T7305-T7406⑦:9

（图二九三，11）。T7707-T7808⑦:55，夹砂灰黑陶。直口，圆唇，矮领。残高5.9厘米（图二九四，1）。T7509-T7610⑦:1，夹砂灰黑陶。侈口，方唇，矮领。残高6.1厘米（图二九四，2）。T7707-T7808⑦:26，夹砂灰黄陶。侈口，圆唇，矮领。残高8.2厘米（图二九四，3）。T6905-T7006⑦:3，夹砂灰褐陶。直口，圆唇，矮领。口径36.6、残高4.8厘米（图二九四，4）。T6713-T6814⑦:57，夹砂灰黑陶。侈口，圆唇，矮领。口径26、残高6厘米（图二九四，5）。T7507-T7608⑦:4，夹砂灰黄陶。侈口，方唇，矮领。口径36、残高7.6厘米（图二九四，6）。T7107-T7208⑦:21，夹砂灰黄陶。口微侈，尖圆唇，矮领。口径38、残高5.6厘米（图二九四，7）。T7307-T7408⑦:5，夹砂灰褐陶。侈口，圆唇，矮领。口径34、残高10.2厘米（图二九四，8）。T7707-T7808⑦:23，夹砂灰黑陶。侈口，圆唇，矮领。口径36、残高5.2厘米（图二九五，1）。T6713-T6814⑦:62，夹砂灰黑陶。侈口，圆唇，矮领。口径40、残高6.4厘米（图二九五，2）。T7709-T7810⑦:70，夹砂灰褐陶。侈口，圆唇，矮领。残高5.2厘米（图二九五，3）。T6515-T6616⑦:23，夹砂灰褐陶。侈口，圆唇，矮领。残高6.3厘米（图二九五，4）。T6515-T6616⑦:2，夹砂灰黄陶。侈口，圆唇，矮领。残高6厘米（图二九五，5）。T6903-T7004⑦:29，夹砂灰

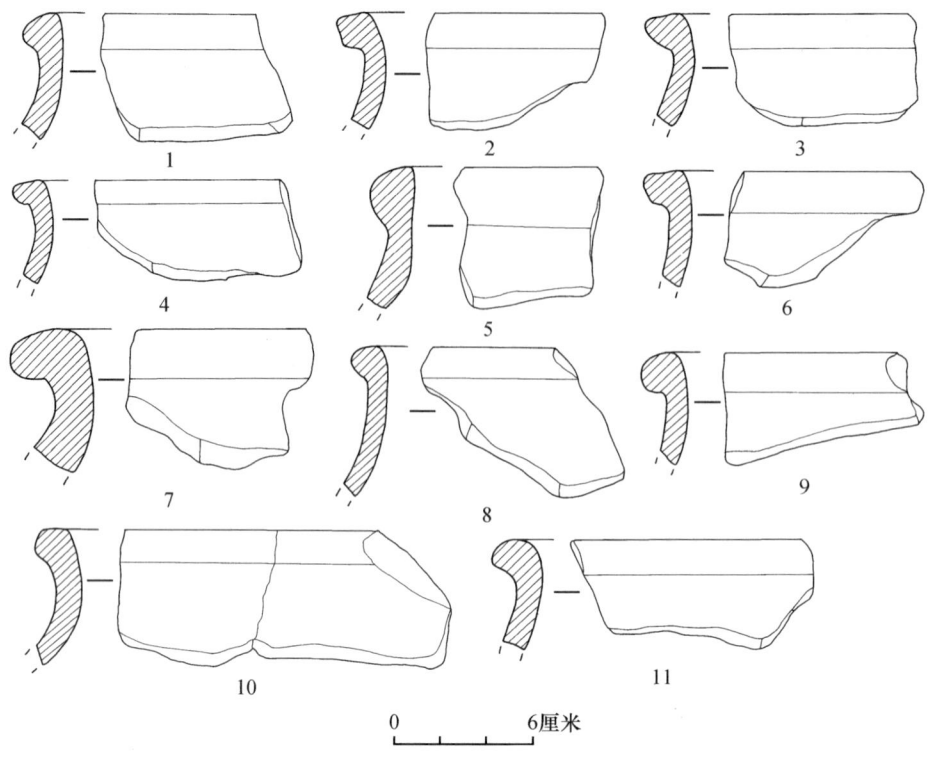

图二九三　第7层出土陶瓮

1. T7709-T7810⑦：6　2. T7709-T7810⑦：16　3. T7907-T8008⑦：31　4. T7307-T7408⑦：11　5. T7909-T8010⑦：11
6. T7707-T7808⑦：66　7. T7105-T7206⑦：9　8. T7707-T7808⑦：44　9. T6513-T6614⑦：3　10. T7707-T7808⑦：71
11. T7907-T8008⑦：19

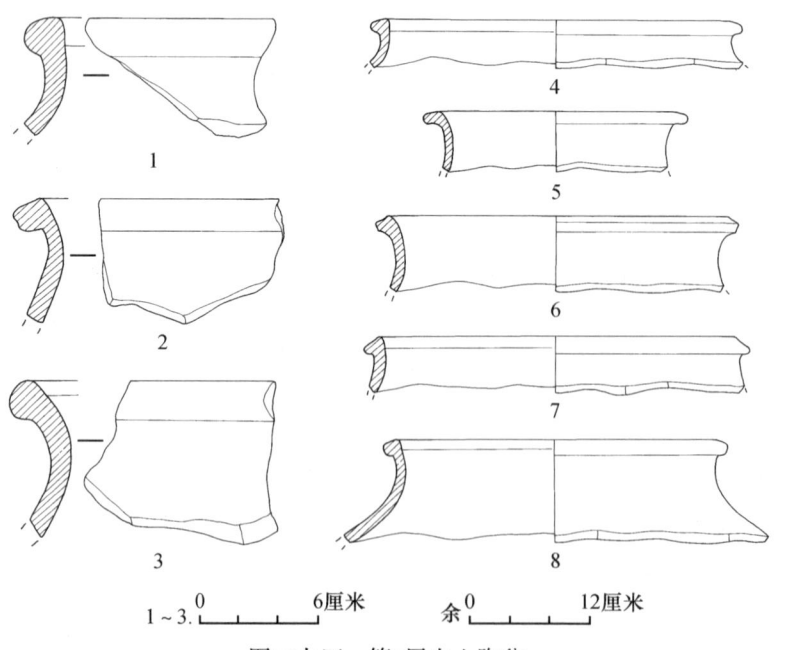

图二九四　第7层出土陶瓮

1. T7707-T7808⑦：55　2. T7509-T7610⑦：1　3. T7707-T7808⑦：26　4. T6905-T7006⑦：3　5. T6713-T6814⑦：57
6. T7507-T7608⑦：4　7. T7107-T7208⑦：21　8. T7307-T7408⑦：5

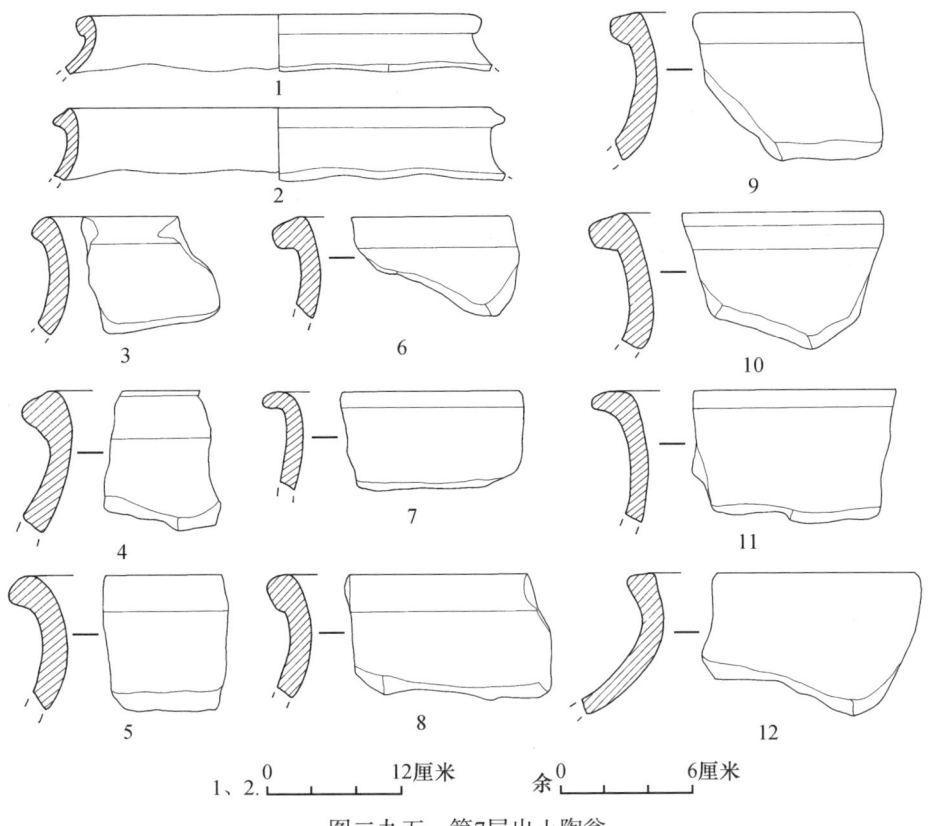

图二九五　第7层出土陶瓮
1. T7707-T7808⑦：23　2. T6713-T6814⑦：62　3. T7709-T7810⑦：70　4. T6515-T6616⑦：23　5. T6515-T6616⑦：2
6. T6903-T7004⑦：29　7. T6515-T6616⑦：33　8. T6903-T7004⑦：33　9. T6511-T6612⑦：12　10. T6513-T6614⑦：2
11. T6515-T6616⑦：71　12. T7909-T8010⑦：8

黄陶。侈口，方唇，矮领。残高4.5厘米（图二九五，6）。T6515-T6616⑦：33，夹砂灰黄陶。侈口，圆唇，矮领。残高4.4厘米（图二九五，7）。T6903-T7004⑦：33，夹砂灰黄陶。侈口，方唇，矮领。残高5.6厘米（图二九五，8）。T6511-T6612⑦：12，夹砂灰黄陶。侈口，圆唇，矮领。残高6.6厘米（图二九五，9）。T6513-T6614⑦：2，夹砂灰黑陶。侈口，圆唇，矮领。残高6厘米（图二九五，10）。T6515-T6616⑦：71，夹砂灰黑陶。侈口，圆唇，矮领。残高5.9厘米（图二九五，11）。T7909-T8010⑦：8，夹砂灰黑陶。侈口，矮领。残高6.3厘米（图二九五，12）。T7907-T8008⑦：24，夹砂灰黄陶。侈口，方唇，矮领。残高5厘米（图二九六，1）。T7509-T7610⑦：22，夹砂灰黑陶。口微侈，圆唇，矮领。残高5.6厘米（图二九六，2）。T7507-T7608⑦：5，夹砂灰黄陶。侈口，方唇，矮领。残高5.8厘米（图二九六，3）。T6713-T6814⑦：63，夹砂灰褐陶。侈口，方唇，矮领。残高6.1厘米（图二九六，4）。T6715-T6816⑦：68，夹砂灰黄陶。侈口，圆唇，矮领。残高7.5厘米（图二九六，5）。T8109-T8210⑦：3，夹砂灰黑陶。侈口，圆唇，矮领。残高6.5厘米（图二九六，6）。T7307-T7408⑦：26，夹砂灰褐陶。侈口，圆唇，矮领。残高6厘米（图二九六，7）。T7307-T7408⑦：8，夹砂灰黑陶。侈口，圆唇，矮领。残高6.7厘米（图二九六，8）。T6715-T6816⑦：67，夹砂灰黑陶。侈口，方唇，矮领。残

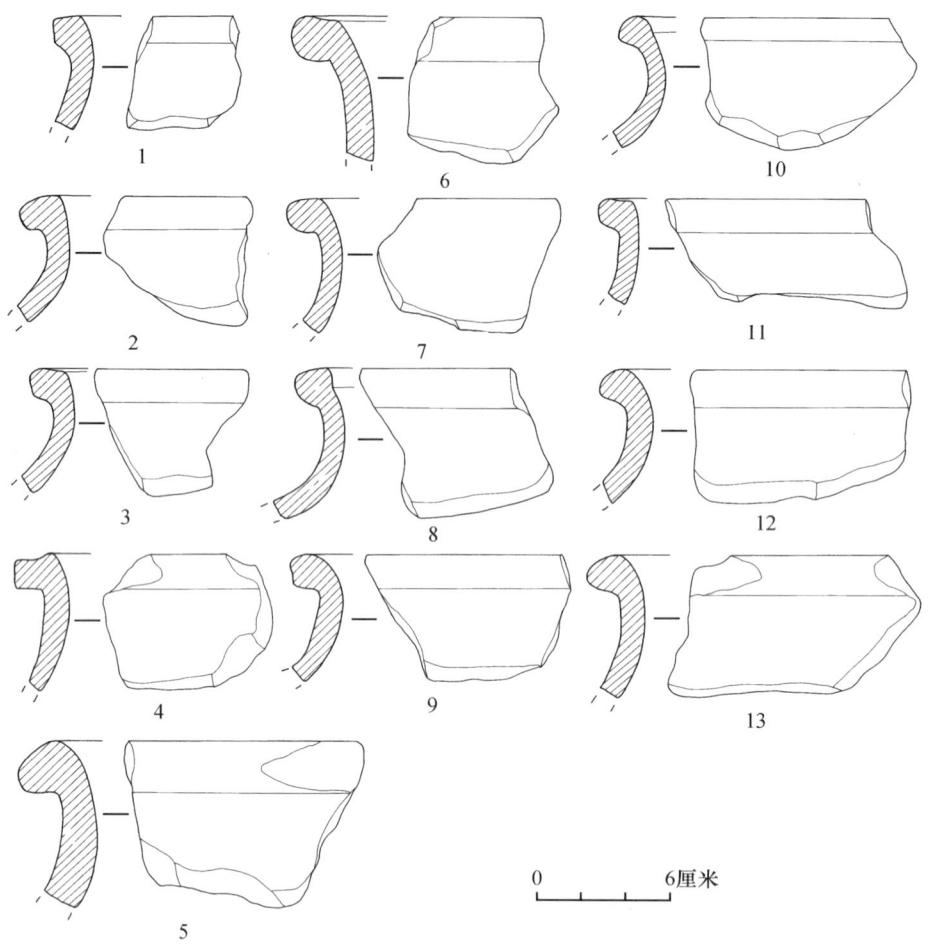

图二九六　第7层出土陶瓮
1. T7907-T8008⑦：24　2. T7509-T7610⑦：22　3. T7507-T7608⑦：5　4. T6713-T6814⑦：63　5. T6715-T6816⑦：68
6. T8109-T8210⑦：3　7. T7307-T7408⑦：26　8. T7307-T7408⑦：8　9. T6715-T6816⑦：67　10. T7707-T7808⑦：49
11. T6915-T7016⑦：11　12. T6715-T6816⑦：8　13. T6715-T6816⑦：2

高5.7厘米（图二九六，9）。T7707-T7808⑦：49，夹砂灰黑陶。侈口，圆唇，矮领。残高5.9厘米（图二九六，10）。T6915-T7016⑦：11，夹砂灰黑陶。侈口，方唇，矮领。残高5厘米（图二九六，11）。T6715-T6816⑦：8，夹砂灰褐陶。侈口，圆唇，矮领。残高6厘米（图二九六，12）。T6715-T6816⑦：2，夹砂灰黄陶。侈口，圆唇，矮领。残高7.3厘米（图二九六，13）。T6511-T6612⑦：5，夹砂灰黄陶。侈口，圆唇，矮领。残高7.5厘米（图二九七，1）。T6915-T7016⑦：9，夹砂灰褐陶。口微侈，圆唇，矮领。残高6.5厘米（图二九七，2）。T8111-T8212⑦：4，夹砂灰黑陶。直口，圆唇，矮领。残高4.1厘米（图二九七，3）。T6715-T6816⑦：3，夹砂灰黄陶。口微侈，圆唇，矮领。残高6厘米（图二九七，4）。T7707-T7808⑦：57，夹砂灰黑陶。直口，圆唇，矮领。残高5厘米（图二九七，5）。T6911-T7012⑦：5，夹砂灰褐陶。敛口，圆唇，矮领。肩部饰网格纹。残高10厘米（图二九七，6）。T6515-T6616⑦：78，夹砂灰黄陶。敛口，圆唇，矮领。领部饰网格纹。残高6.6厘米（图二九七，7）。T6905-T7006⑦：12，夹砂灰黑陶。敛口，圆唇，束颈，广肩。口径26、残高4.8厘米（图二九七，8）。

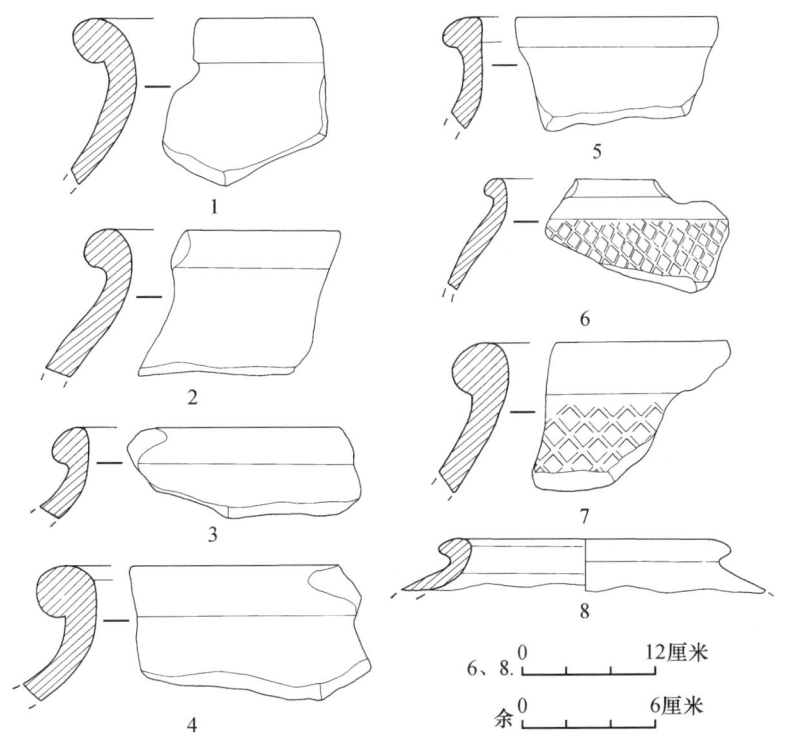

图二九七　第7层出土陶瓷
1. T6511-T6612⑦：5　2. T6915-T7016⑦：9　3. T8111-T8212⑦：4　4. T6715-T6816⑦：3　5. T7707-T7808⑦：57
6. T6911-T7012⑦：5　7. T6515-T6616⑦：78　8. T6905-T7006⑦：12

12. 缸

30件。

T7707-T7808⑦：20，夹砂灰黄陶。敛口，圆唇，直腹。残高4.5厘米（图二九八，1）。T7507-T7608⑦：3，夹砂灰黄陶。侈口，尖圆唇，弧腹。腹部饰一道凹弦纹和一个鋬耳。残高12厘米（图二九八，2）。T7707-T7808⑦：46，夹砂灰黑陶。敛口，尖圆唇，直腹。残高6厘米（图二九八，3）。T6711-T6812⑦：20，夹砂灰黑陶。近直口，方唇，斜直腹。残高4.8厘米（图二九八，4）。T7707-T7808⑦：41，夹砂灰黑陶。敛口，圆唇，弧腹。腹部饰一道凹弦纹。残高4.1厘米（图二九八，5）。T7509-T7610⑦：20，夹砂灰黄陶。敛口，圆唇，弧腹。残高5厘米（图二九八，6）。T7507-T7608⑦：16，夹砂灰黄陶。侈口，方唇，直腹。腹部饰一道凹弦纹。残高6.8厘米（图二九八，7）。T7107-T7208⑦：6，夹砂灰陶。口微侈，方唇，直腹。腹部饰一周凹弦纹。残高11.8厘米（图二九八，8）。T6713-T6814⑦：53，夹砂灰黑陶。口微敛，折沿，方唇，直腹。残高5.4厘米（图二九八，9）。T7709-T7810⑦：43，夹砂灰黑陶。敛口，折沿，方唇，直腹。腹部饰一道凹弦纹。残高5厘米（图二九八，10）。T6711-T6812⑦：9，夹砂灰黑陶。直口，方唇，直腹。残高7.6厘米（图二九八，11）。T7107-T7208⑦：7，夹砂灰黑陶。敛口，方唇，直腹。腹部饰一道凹弦纹。残高6.9厘米（图二九八，12）。T7907-T8008⑦：7，夹砂灰黑陶。敛口，卷沿，方唇，弧腹。腹部饰一道凹弦纹。口径48、残高7.5厘米（图二九九，1）。T8109-T8210⑦：1，夹砂灰黑陶。

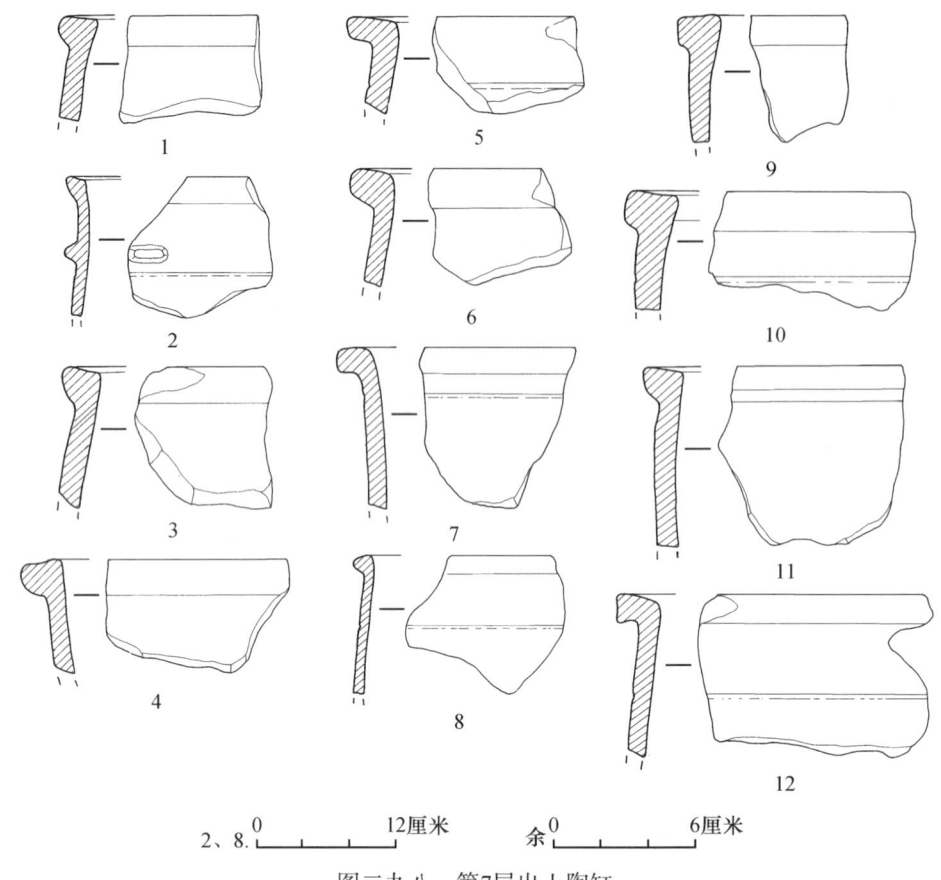

图二九八　第7层出土陶缸
1. T7707-T7808⑦:20　2. T7507-T7608⑦:3　3. T7707-T7808⑦:46　4. T6711-T6812⑦:20　5. T7707-T7808⑦:41
6. T7509-T7610⑦:20　7. T7507-T7608⑦:16　8. T7107-T7208⑦:6　9. T6713-T6814⑦:53　10. T7709-T7810⑦:43
11. T6711-T6812⑦:9　12. T7107-T7208⑦:7

敛口，卷沿，圆唇，弧腹。腹部饰一道凹弦纹。口径51、残高5.1厘米（图二九九，2）。T6915-T7016⑦:5，夹砂灰黄陶。侈口，方唇，斜直腹。口径60、残高9厘米（图二九九，3）。T6913-T7014⑦:7，夹砂灰黑陶。侈口，卷沿，圆唇，斜直腹。口径57、残高5.7厘米（图二九九，4）。T6515-T6616⑦:81，夹砂灰黑陶。侈口，卷沿，圆唇，斜直腹。残高6.6厘米（图二九九，5）。T7709-T7810⑦:15，夹砂灰黑陶。侈口，卷沿，方唇，直腹。腹部饰一道凹弦纹。残高6.7厘米（图二九九，6）。T7509-T7610⑦:5，夹砂灰黑陶。侈口，折沿，圆唇，直腹。残高4.7厘米（图二九九，7）。T6511-T6612⑦:6，夹砂灰黑陶。侈口，圆唇，直腹。残高5.6厘米（图二九九，8）。T8109-T8210⑦:2，夹砂灰黑陶。侈口，卷沿，圆唇，斜直腹。腹部饰一道凹弦纹。残高8厘米（图二九九，9）。T7507-T7608⑦:11，夹砂灰黄陶。侈口，卷沿，圆唇，斜直腹。腹部饰两道凹弦纹和一个附加堆纹。残高6.3厘米（图二九九，10）。T7707-T7808⑦:77，夹砂灰黄陶。直口，圆唇，直腹。残高4.8厘米（图二九九，11）。T7505-T7606⑦:7，夹砂灰黑陶。侈口，圆唇，弧腹。残高8厘米（图二九九，12）。T7509-T7610⑦:13，夹砂灰黑陶。敛口，卷沿，方唇，弧腹。腹部饰两道凹弦纹。残高4.9厘米（图三〇〇，1）。T6715-T6816⑦:14，夹砂灰黑陶。敛口，卷沿，

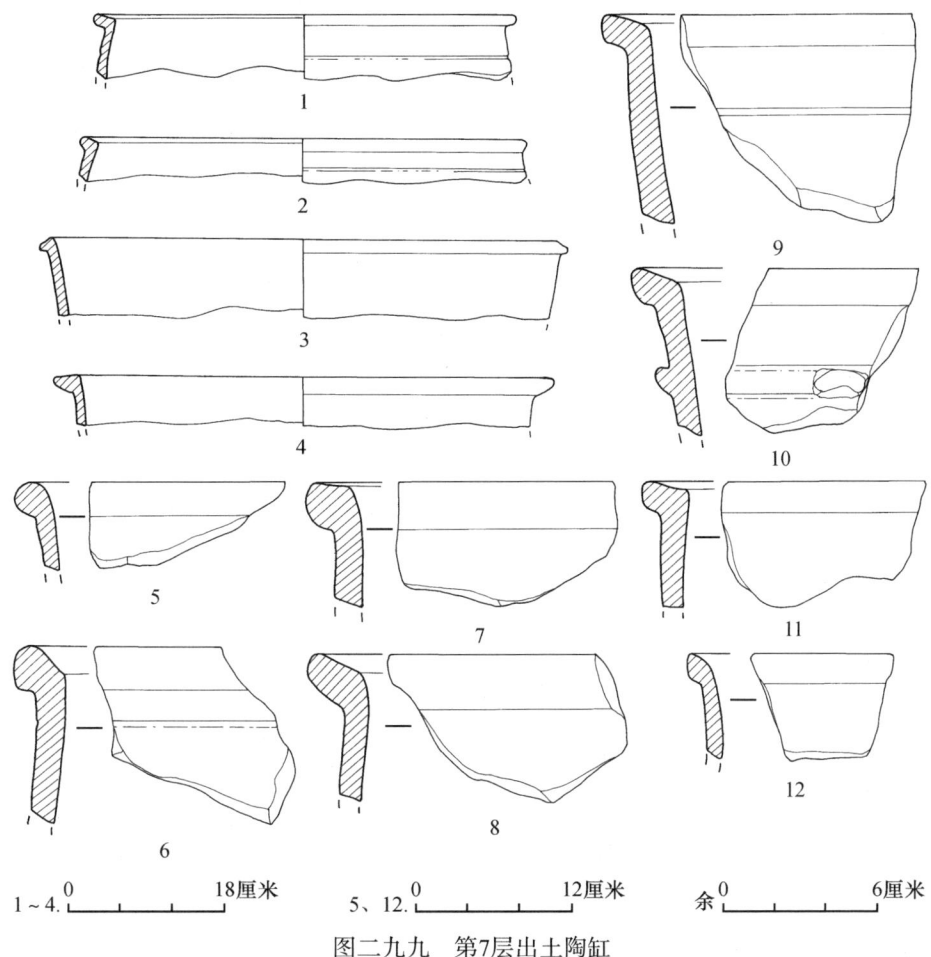

图二九九　第7层出土陶缸

1. T7907-T8008⑦：7　2. T8109-T8210⑦：1　3. T6915-T7016⑦：5　4. T6913-T7014⑦：7　5. T6515-T6616⑦：81
6. T7709-T7810⑦：15　7. T7509-T7610⑦：5　8. T6511-T6612⑦：6　9. T8109-T8210⑦：2　10. T7507-T7608⑦：11
11. T7707-T7808⑦：77　12. T7505-T7606⑦：7

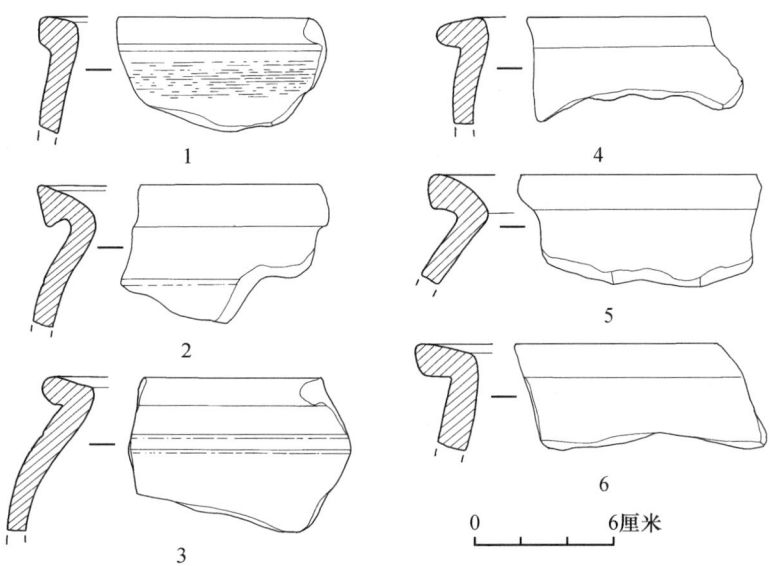

图三〇〇　第7层出土陶缸

1. T7509-T7610⑦：13　2. T6715-T6816⑦：14　3. T6907-T7008⑦：4　4. T6515-T6616⑦：57　5. T6713-T6814⑦：60
6. T6715-T6816⑦：4

方唇，鼓腹。腹部饰一道凹弦纹。残高5.9厘米（图三〇〇，2）。T6907-T7008⑦：4，夹砂灰陶。敛口，折沿，圆唇，鼓腹。腹部饰两道凹弦纹。残高6.5厘米（图三〇〇，3）。T6515-T6616⑦：57，夹砂灰褐陶。口微侈，折沿，圆唇，弧腹。残高4.5厘米（图三〇〇，4）。T6713-T6814⑦：60，夹砂灰黑陶。敛口，卷沿，方唇，鼓腹。残高4.8厘米（图三〇〇，5）。T6715-T6816⑦：4，夹砂灰黄陶。敛口，卷沿，方唇，弧腹。残高4.5厘米（图三〇〇，6）。

13. 盘口罐

1件。

T7909-T8010⑦：55　夹砂灰黑陶。口沿部内敛，沿下部外弧。残高3.5厘米（图三〇一，14）。

14. 簋形器

13件。

T7909-T8010⑦：12，夹砂灰黑陶。近直口，沿面弧。残高6.5厘米（图三〇一，1）。T6913-T7014⑦：16，夹砂灰黑陶。直口，沿面凸。残高6.8厘米（图三〇一，2）。T8111-T8212⑦：24，夹砂灰黑陶。敛口，沿面弧。残高3.9厘米（图三〇一，3）。T7309-T7410⑦：12，夹砂灰黑陶。侈口，沿面弧。残高5.3厘米（图三〇一，4）。T7507-T7608⑦：9，夹砂灰黑陶。侈口，沿面弧。残高5.8厘米（图三〇一，5）。T7707-T7808⑦：33，夹砂灰黑陶。侈口，沿面弧。腹部饰一道凹弦纹。残高5.3厘米（图三〇一，6）。T7707-T7808⑦：19，夹砂灰黑陶。侈口，沿面弧。残高5.2厘米（图三〇一，7）。T6913-T7014⑦：10，夹砂灰黑陶。敛口，沿面凸。残高5.7厘米（图三〇一，8）。T6913-T7014⑦：12，夹砂灰褐陶。直口，沿面弧。残高5.3厘米（图三〇一，9）。T6913-T7014⑦：14，夹砂灰黑陶。直口，沿面弧。残高4.5厘米（图三〇一，10）。T7909-T8010⑦：15，夹砂灰黑陶。直口，沿面弧。残高4.8厘米（图三〇一，11）。T7909-T8010⑦：50，夹砂灰黑陶。直口，沿面弧。残高4厘米（图三〇一，12）。T7709-T7810⑦：56，夹砂灰黑陶。侈口，无沿，尖唇。残高7厘米（图三〇一，13）。

15. 敛口小罐

1件。

T7107-T7208⑦：20，泥质灰黄陶。敛口，圆唇，卷沿，鼓腹。残高3厘米（图三〇二，8）。

16. 豆盘

7件。

T7909-T8010⑦：20，夹砂灰黑陶。大喇叭口，卷沿，圆唇，弧腹。残高3.7厘米（图三〇二，1）。T7309-T7410⑦：4，夹砂灰黑陶。大喇叭口，卷沿，圆唇，斜直腹。残高3.5厘

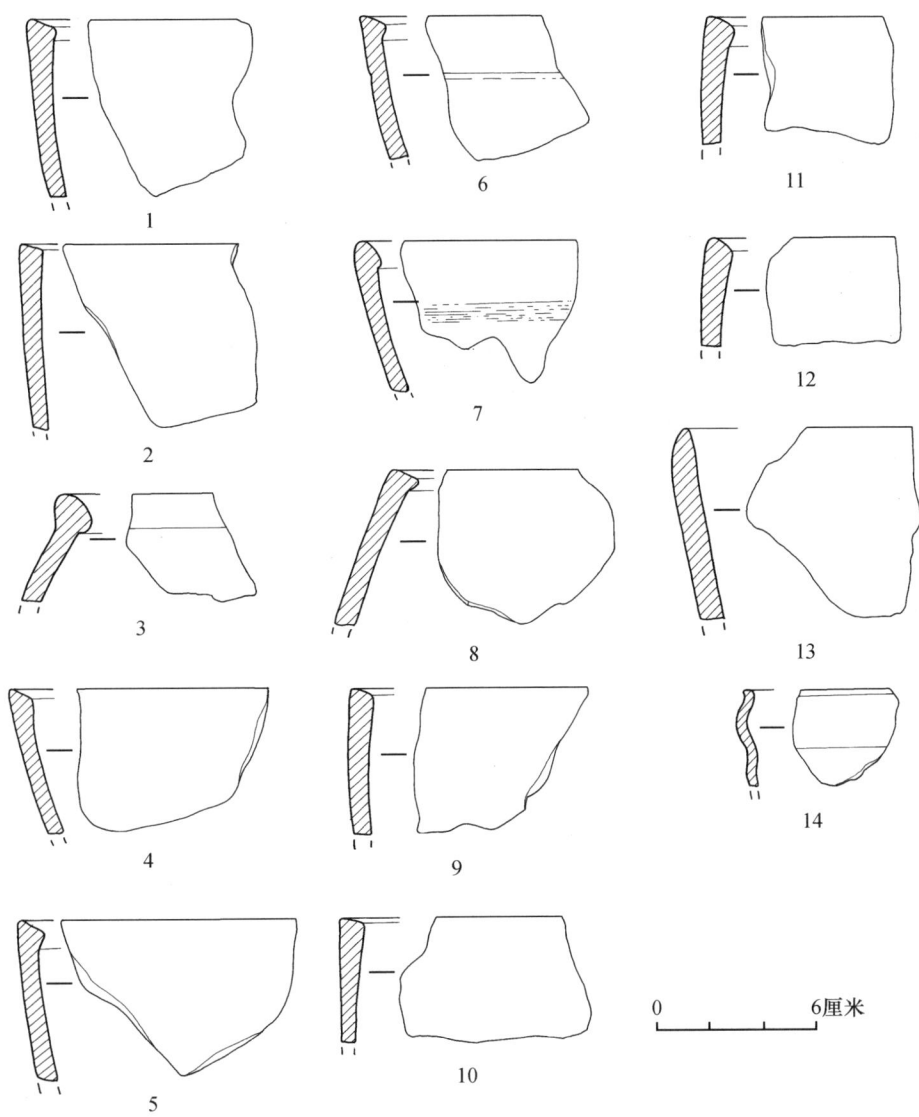

图三〇一　第7层出土陶器

1~13. 簋形器（T7909-T8010⑦：12、T6913-T7014⑦：16、T8111-T8212⑦：24、T7309-T7410⑦：12、T7507-T7608⑦：9、T7707-T7808⑦：33、T7707-T7808⑦：19、T6913-T7014⑦：10、T6913-T7014⑦：12、T6913-T7014⑦：14、T7909-T8010⑦：15、T7909-T8010⑦：50、T7709-T7810⑦：56）　14. 盘口罐（T7909-T8010⑦：55）

米（图三〇二，2）。T7909-T8010⑦：27，夹砂灰黑陶。大喇叭口，折沿，方唇，弧腹。残高4.1厘米（图三〇二，3）。T6511-T6612⑦：11，夹砂灰黄陶。大喇叭口，折沿，尖唇，斜直腹。残高5厘米（图三〇二，4）。T6903-T7004⑦：17，夹砂灰褐陶。大喇叭口，卷沿，圆唇，斜直腹。残高6厘米（图三〇二，5）。T7707-T7808⑦：56，夹砂灰褐陶。大喇叭口，圆唇，斜直腹。残高4.5厘米（图三〇二，6）。T7505-T7606⑦：22，夹砂灰黑陶。形似杯形，仅残存中间部分。残高6.5厘米（图三〇二，7）。

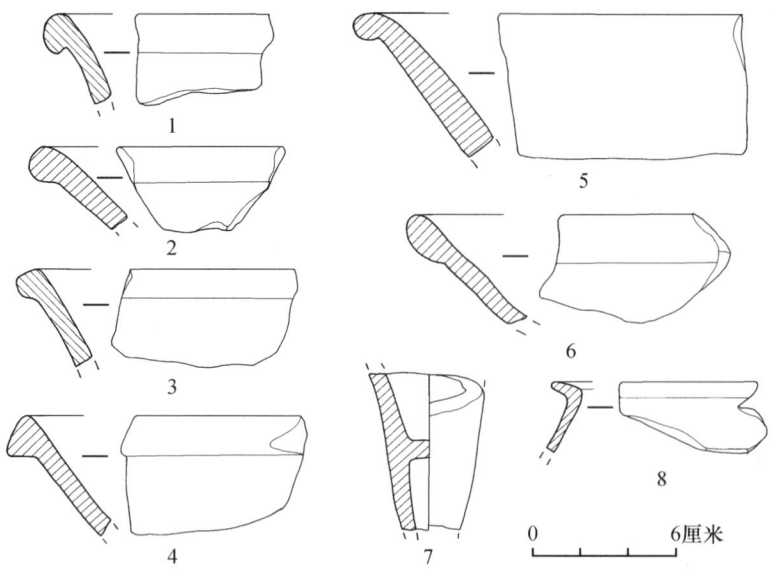

图三〇二　第7层出土陶器

1~7.豆盘（T7909-T8010⑦：20、T7309-T7410⑦：4、T7909-T8010⑦：27、T6511-T6612⑦：11、T6903-T7004⑦：17、T7707-T7808⑦：56、T7505-T7606⑦：22）　8.敛口小罐（T7107-T7208⑦：20）

17. 豆柄

12件。

T6713-T6814⑦：27，泥质灰黄陶。圆柱形。中空器身饰五道凹弦纹。直径2.8、残高21.7厘米（图三〇三，1）。T6713-T6814⑦：69，夹砂灰褐陶，圆柱形，中空。直径2.8、残高8厘米（图三〇三，2）。T6511-T6612⑦：29，夹砂灰黄陶。圆柱形，中空。直径3.4、残高19厘米（图三〇三，3）。T7707-T7808⑦：30，夹砂灰黄陶。圆柱形，中空。直径3.6、残高10厘米（图三〇三，4）。T6515-T6616⑦：45，夹砂灰黑陶。圆柱形，中空。直径3.6、残高17厘米（图三〇三，5）。T6907-T7008⑦：18，夹砂灰黑陶。圆柱形，中空。直径3.3、残高11厘米（图三〇三，6）。T6515-T6616⑦：46，夹砂灰黑陶。圆柱形，中空。直径2.6、残高14.6厘米（图三〇三，7）。T6913-T7014⑦：21，夹砂灰黄陶。圆柱形，中空。直径2、残高10.5厘米（图三〇三，8）。T6515-T6616⑦：47，夹砂灰褐陶。圆柱形，中空。直径3.6、残高14.8厘米（图三〇三，9）。T7707-T7808⑦：12，夹砂灰黑陶。圆柱形，中空。直径3、残高8.9厘米（图三〇三，10）。T7505-T7606⑦：21，夹砂灰黄陶。圆柱形，中空。柄身饰一道凸棱形成竹节状。直径2.9、残高13.8厘米（图三〇三，11）。T6713-T6814⑦：31，夹砂灰黑陶。圆柱形，中空。柄身饰一道凸棱形成竹节状。直径3.1、残高6.2厘米（图三〇三，12）。

18. 圈足豆

1件。

T6715-T6816⑦：16。夹砂灰褐陶。仅残留部分豆盘和豆柄。豆柄上端饰一道条形镂孔。残高7厘米（图三〇四，16）。

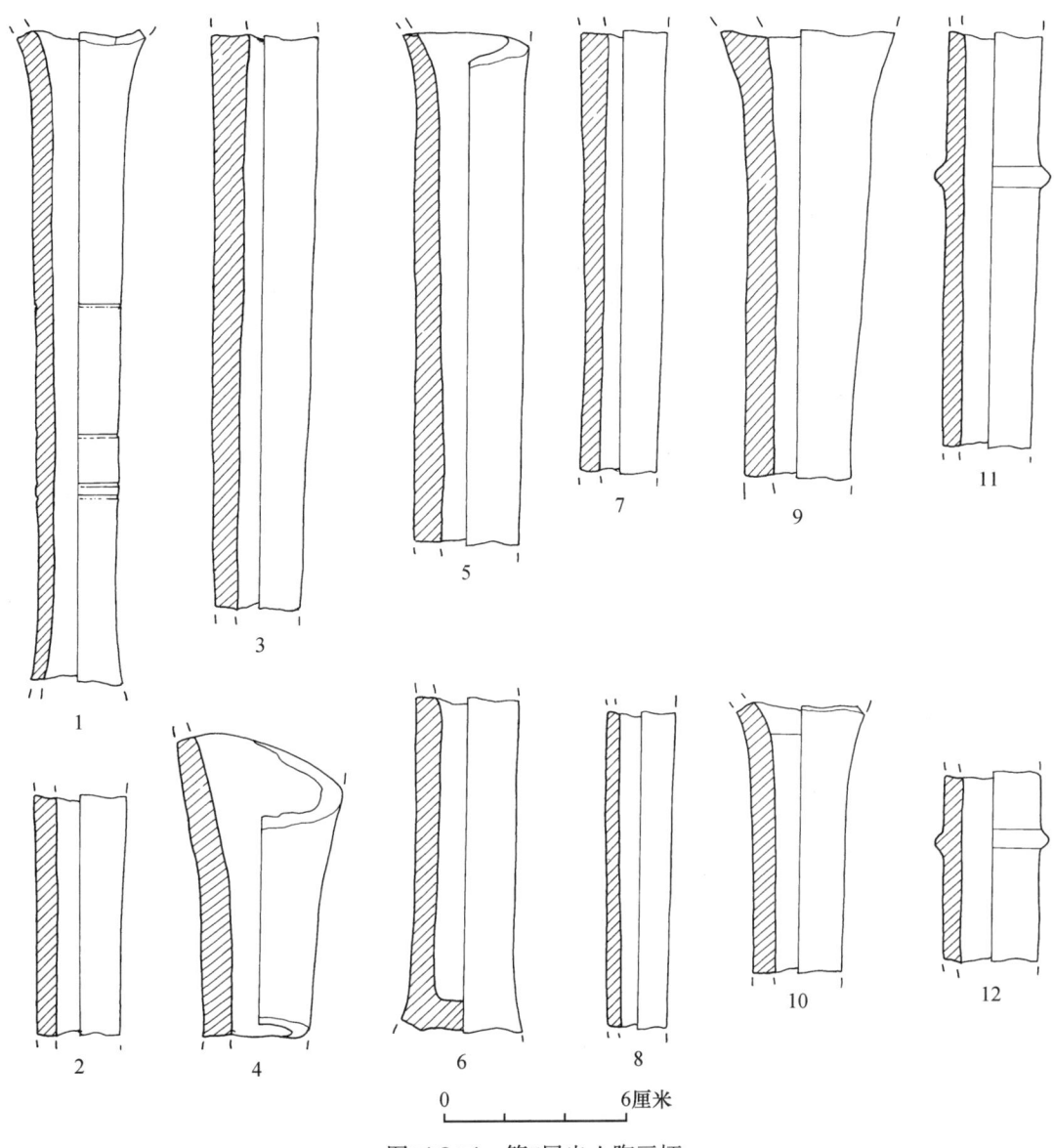

图三〇三　第7层出土陶豆柄

1. T6713-T6814⑦：27　2. T6713-T6814⑦：69　3. T6511-T6612⑦：29　4. T7707-T7808⑦：30　5. T6515-T6616⑦：45
6. T6907-T7008⑦：18　7. T6515-T6616⑦：46　8. T6913-T7014⑦：21　9. T6515-T6616⑦：47　10. T7707-T7808⑦：12
11. T7505-T7606⑦：21　12. T6713-T6814⑦：31

19. 器盖

25件。

T7709-T7810⑦：57，夹砂灰黑陶。覆盆形，圆唇。残高3.1厘米（图三〇四，1）。T7707-T7808⑦：47，夹砂灰黄陶。覆盆形，尖圆唇。残高3.2厘米（图三〇四，2）。T6915-T7016⑦：19，夹砂灰黑陶。覆盆形，尖圆唇。残高3.5厘米（图三〇四，3）。T6913-T7014⑦：13，夹砂灰黑陶。覆盆形，尖圆唇。残高3.5厘米（图三〇四，4）。T6715-T6816⑦：62，夹砂灰黄陶。覆盆形，圆唇。底径12、残高2.2厘米（图三〇四，

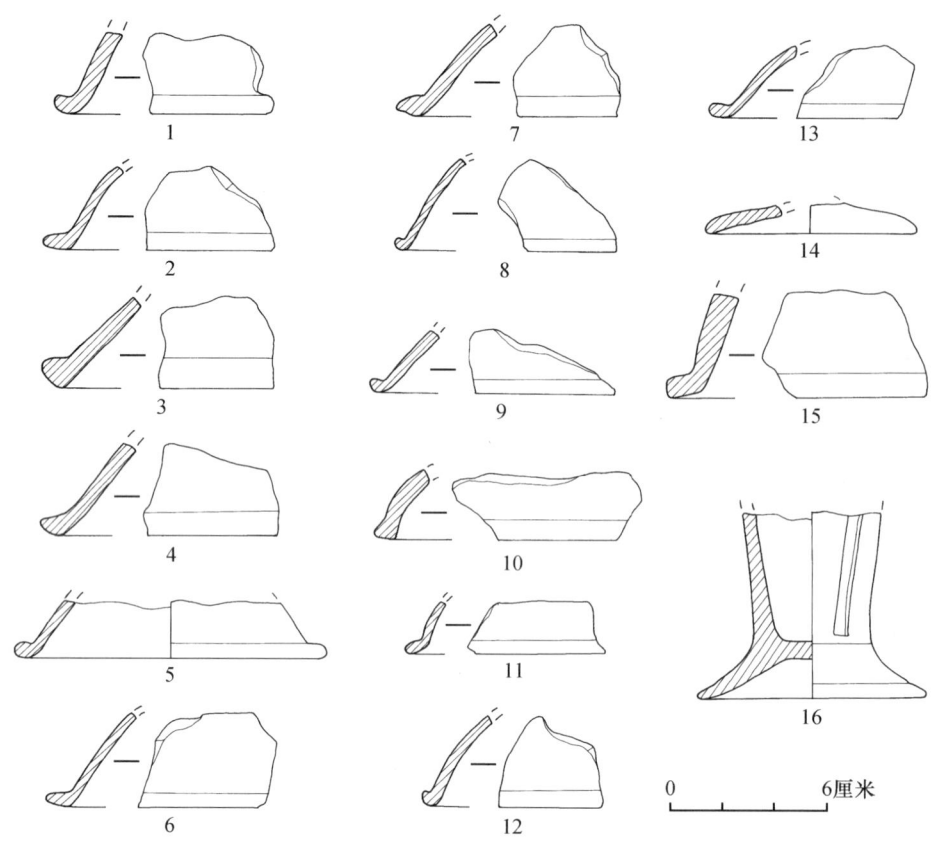

图三〇四 第7层出土陶器

1~15. 器盖（T7709-T7810⑦：57、T7707-T7808⑦：47、T6915-T7016⑦：19、T6913-T7014⑦：13、T6715-T6816⑦：62、T8311-T8412⑦：36、T8111-T8212⑦：23、T8311-T8412⑦：10、T7709-T7810⑦：55、T6907-T7008⑦：8、T7907-T8008⑦：22、T6713-T6814⑦：5、T6713-T6814⑦：12、T7907-T8008⑦：26、T6905-T7006⑦：15） 16. 圈足豆（T6715-T6816⑦：16）

5）。T8311-T8412⑦：36，夹砂灰褐陶。覆盆形，尖圆唇。残高3.6厘米（图三〇四，6）。T8111-T8212⑦：23，夹砂灰黑陶。覆盆形，尖圆唇。残高3.5厘米（图三〇四，7）。T8311-T8412⑦：10，夹砂灰黑陶。覆盆形，尖圆唇。残高3.5厘米（图三〇四，8）。T7709-T7810⑦：55，夹砂灰黑陶。喇叭状，圆唇。残高2.4厘米（图三〇四，9）。T6907-T7008⑦：8，夹砂灰黑陶。覆盏形，尖圆唇。残高2.7厘米（图三〇四，10）。T7907-T8008⑦：22，夹砂灰黄陶。覆盆形，尖圆唇。残高2厘米（图三〇四，11）。T6713-T6814⑦：5，夹砂灰黑陶。覆盆形，尖圆唇。残高3.5厘米（图三〇四，12）。T6713-T6814⑦：12，夹砂灰黄陶。覆盆形，圆唇。残高2.8厘米（图三〇四，13）。T7907-T8008⑦：26，夹砂灰黑陶。覆盏形，圆唇。底径8、残高1.1厘米（图三〇四，14）。T6905-T7006⑦：15，夹砂灰黑陶。覆盆形，圆唇。残高4厘米（图三〇四，15）。T7707-T7808⑦：34，泥质灰黄陶。覆盏形，尖唇。残高2.5厘米（图三〇五，1）。T6713-T6814⑦：34，泥质灰黄陶。喇叭状，尖唇。底径8、残高1.2厘米（图三〇五，2）。T6715-T6816⑦：20，夹砂灰黄陶。喇叭状，尖圆唇。底径18、残高2.7厘米（图三〇五，3）。T7907-T8008⑦：25，夹砂灰陶。覆钵形，圆唇。底径12、残高4厘米（图三〇五，

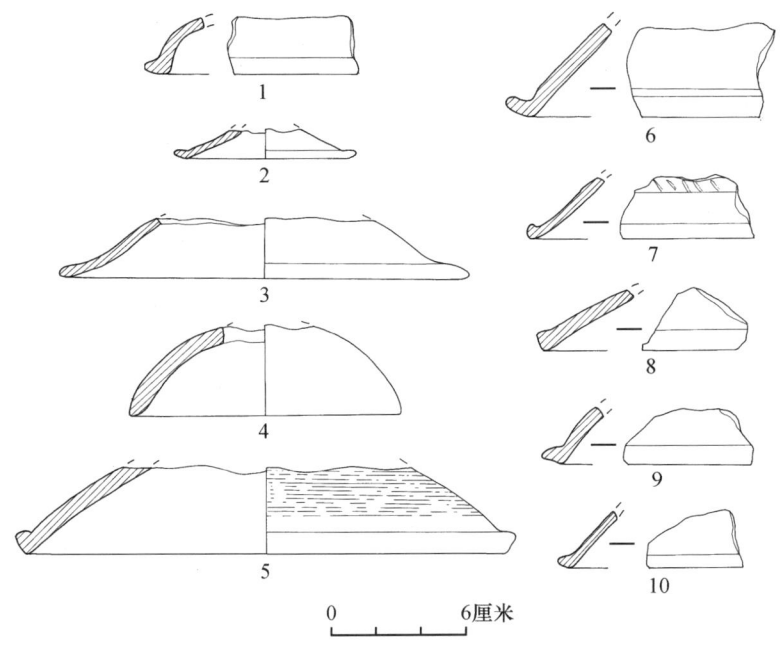

图三〇五　第7层出土陶器盖
1. T7707-T7808⑦:34　2. T6713-T6814⑦:34　3. T6715-T6816⑦:20　4. T7907-T8008⑦:25　5. T6909-T7010⑦:4
6. T8109-T8210⑦:12　7. T7307-T7408⑦:27　8. T6905-T7006⑦:35　9. T7709-T7810⑦:62　10. T8111-T8212⑦:28

4）。T6909-T7010⑦:4，夹砂灰黑陶。覆盘形，圆唇。底径22、残高3.8厘米（图三〇五，5）。T8109-T8210⑦:12，夹砂灰黄陶。覆盘形，圆唇。残高4.2厘米（图三〇五，6）。T7307-T7408⑦:27，夹砂灰黑陶。喇叭状，圆唇。盖身饰一道细线纹和数道刻划纹。残高2.7厘米（图三〇五，7）。T6905-T7006⑦:35，夹砂灰黑陶。覆盘形，方唇。残高2.7厘米（图三〇五，8）。T7709-T7810⑦:62，夹砂灰黑陶。覆盘形，尖唇。残高2.5厘米（图三〇五，9）。T8111-T8212⑦:28，夹砂灰黄陶。覆盘形，尖圆唇。残高2.5厘米（图三〇五，10）。

20. 器纽

36件。

T6911-T7012⑦:16，夹砂灰黑陶。盘状纽，方唇。纽径3.9、残高1.6厘米（图三〇六，1）。T6515-T6616⑦:75，夹砂灰褐陶。盘状纽，方唇。纽径3.6、残高2.2厘米（图三〇六，2）。T7509-T7610⑦:26，夹砂灰黄陶。盘状纽，方唇。纽径3.8、残高2.1厘米（图三〇六，3）。T7709-T7810⑦:28，夹砂灰黑陶。盘状纽，方唇。纽径4.2、残高2.7厘米（图三〇六，4）。T7909-T8010⑦:60，夹砂灰黑陶。盘状纽，方唇。纽径3.5、残高2.1厘米（图三〇六，5）。T7105-T7206⑦:15，夹砂灰黑陶。盘状纽，方唇。纽径4.4、残高2.2厘米（图三〇六，6）。T6915-T7016⑦:31，夹砂灰黑陶。盘状纽，方唇。纽径4.3、残高2.3厘米（图三〇六，7）。T6903-T7004⑦:54，夹砂灰黑陶。杯状纽，圆唇。纽径4.4、残高2.5厘米（图三〇六，8）。T6713-T6814⑦:29，夹砂灰黑陶。盘状纽，方唇。纽径3.5、残高1.6厘米（图三〇六，9）。T8109-T8210⑦:39，夹砂灰黑陶。方唇，盘状纽。纽径3.2、残高2.1厘米（图三〇六，10）。

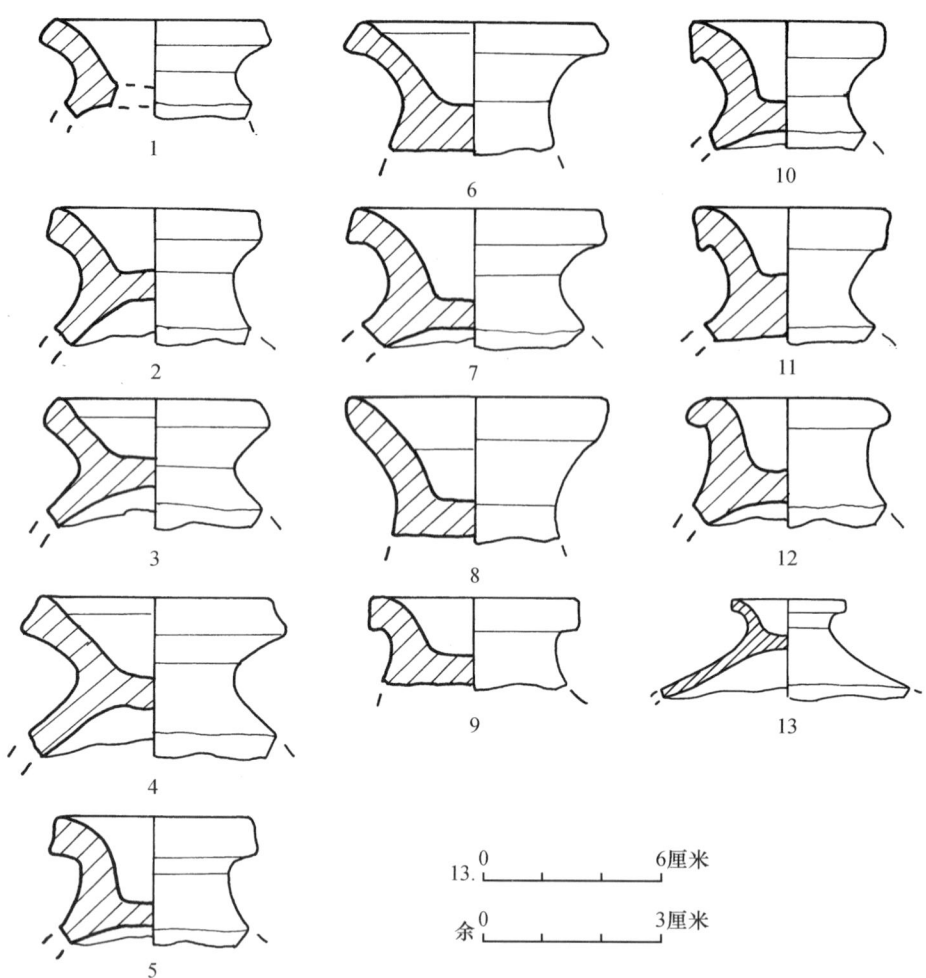

图三〇六　第7层出土陶器纽
1. T6911-T7012⑦：16　2. T6515-T6616⑦：75　3. T7509-T7610⑦：26　4. T7709-T7810⑦：28　5. T7909-T8010⑦：60
6. T7105-T7206⑦：15　7. T6915-T7016⑦：31　8. T6903-T7004⑦：54　9. T6713-T6814⑦：29　10. T8109-T8210⑦：39
11. T7909-T8010⑦：62　12. T7909-T8010⑦：61　13. T7307-T7408⑦：33

T7909-T8010⑦：62，夹砂灰黑陶。盘状纽，方唇。纽径3.3、残高2.3厘米（图三〇六，11）。
T7909-T8010⑦：61，夹砂灰黑陶。圆圈形纽，圆唇。纽径3.4、残高2.1厘米（图三〇六，12）。
T7307-T7408⑦：33，夹砂灰黄陶。盘状纽，方唇。纽径3.8、残高3.5厘米（图三〇六，13）。
T6903-T7004⑦：35，夹砂灰黄陶。盘状纽，方唇。纽径3.1、残高1.5厘米（图三〇七，1）。
T6711-T6812⑦：34，夹砂灰黄陶。喇叭形纽，尖唇。纽径4.4、残高2.1厘米（图三〇七，2）。
T6515-T6616⑦：91，夹砂灰黑陶。盘状纽，方唇。纽径4.2、残高2.1厘米（图三〇七，3）。
T7107-T7208⑦：23，夹砂灰黑陶。盘状纽，方唇。纽径4.4、残高2.5厘米（图三〇七，4）。
T7507-T7608⑦：31，夹砂灰黑陶。盘状纽，方唇。纽径4.8、残高3.3厘米（图三〇七，5）。
T8311-T8412⑦：15，夹砂灰黑陶。盘状纽，方唇。纽径3.5、残高2.1厘米（图三〇七，6）。
T6711-T6812⑦：35，夹砂灰黑陶。盘状纽，方唇。纽径3.5、残高2.4厘米（图三〇七，7）。
T6915-T7016⑦：32，夹砂灰黑陶。盘状纽，方唇。纽径3.4、残高2.5厘米（图三〇七，8）。
T8109-T8210⑦：38，夹砂灰黑陶。盘状纽，方唇。纽径4.6、残高2.6厘米（图三〇七，9）。

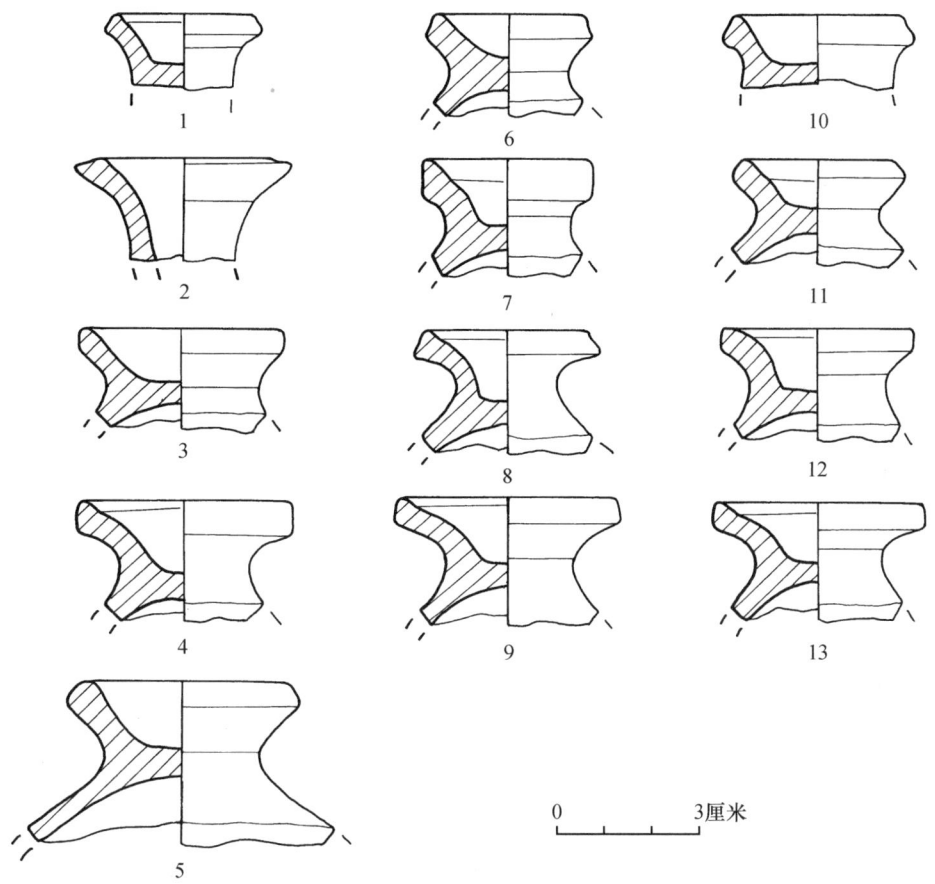

图三〇七　第7层出土陶器纽
1. T6903-T7004⑦：35　2. T6711-T6812⑦：34　3. T6515-T6616⑦：91　4. T7107-T7208⑦：23　5. T7507-T7608⑦：31
6. T8311-T8412⑦：15　7. T6711-T6812⑦：35　8. T6915-T7016⑦：32　9. T8109-T8210⑦：38　10. T8109-T8210⑦：41
11. T7707-T7808⑦：82　12. T7105-T7206⑦：16　13. T6713-T6814⑦：10

T8109-T8210⑦：41，夹砂灰黑陶。盘状纽，方唇。纽径4、残高1.5厘米（图三〇七，10）。T7707-T7808⑦：82，夹砂灰黑陶。盘状纽，方唇。纽径3.6、残高2.1厘米（图三〇七，11）。T7105-T7206⑦：16，夹砂灰黄陶。盘状纽，方唇。纽径4、残高2.3厘米（图三〇七，12）。T6713-T6814⑦：10，夹砂灰褐陶。盘状纽，方唇。纽4.4、残高2.5厘米（图三〇七，13）。T8311-T8412⑦：17，夹砂灰黑陶。圆圈形纽，纽柄略长，圆唇。纽径4、残高3.7厘米（图三〇八，1）。T6903-T7004⑦：55，夹砂灰黑陶。"8"字形纽，纽柄略长，圆唇，陶色不均。残高5.6厘米（图三〇八，2）。T7709-T7810⑦：14，夹砂灰黄陶。圆饼形纽。纽径7、高2厘米（图三〇八，3）。T7909-T8010⑦：58，夹砂灰黑陶。"8"字形纽，纽口残缺。残高3.4厘米（图三〇八，4）。T6915-T7016⑦：34，泥质灰白陶。"8"字形纽，纽口残缺。残高4.5厘米（图三〇八，5）。T7909-T8010⑦：63，夹砂灰黄陶。"8"字形纽，纽口残缺。残高4.8厘米（图三〇八，6）。T6911-T7012⑦：46，夹砂灰黑陶。"8"字形纽，方唇。残高4.5厘米（图三〇八，7）。T7107-T7208⑦：19，夹砂灰黄陶。"8"字形纽，圆唇。残高5.2厘米（图三〇八，8）。T6915-T7016⑦：33，夹砂灰黑陶。"8"字形纽，方唇。残高4厘米（图三〇八，9）。T7309-T7410⑦：17，夹砂灰褐陶。"8"字形纽，方唇。残高2.5厘米（图三〇八，10）。

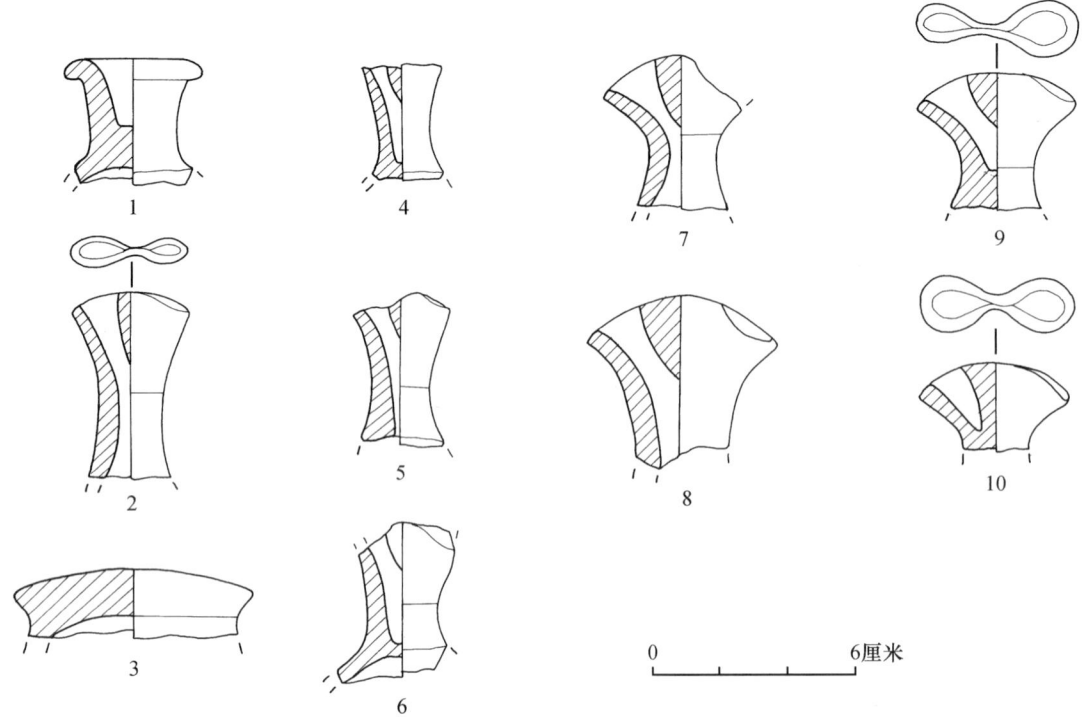

图三〇八　第7层出土陶器纽
1. T8311-T8412⑦：17　2. T6903-T7004⑦：55　3. T7709-T7810⑦：14　4. T7909-T8010⑦：58　5. T6915-T7016⑦：34
6. T7909-T8010⑦：63　7. T6911-T7012⑦：46　8. T7107-T7208⑦：19　9. T6915-T7016⑦：33　10. T7309-T7410⑦：17

21. 盘

2件。

T6515-T6616⑦：7，夹砂灰黄陶。敛口，圆唇，浅弧腹，胎略厚重。残高5厘米（图三〇九，1）。T7707-T7808⑦：72，夹砂灰黄陶。敞口，圆唇，深弧腹。残高5.5厘米（图三〇九，2）。

22. 钵

1件。

T6715-T6816⑦：72，夹砂灰黑陶。敞口，弧腹。残高4.9厘米（图三〇九，3）。

23. 器錾

2件。

T8311-T8412⑦：18，夹砂灰黑陶。桥形錾，饰一道竖向细线纹。宽2.3、残高7厘米（图三〇九，4）。T6715-T6816⑦：35，夹砂灰黑陶。桥形錾，素面。宽3.2、残高8.2厘米（图三〇九，5）。

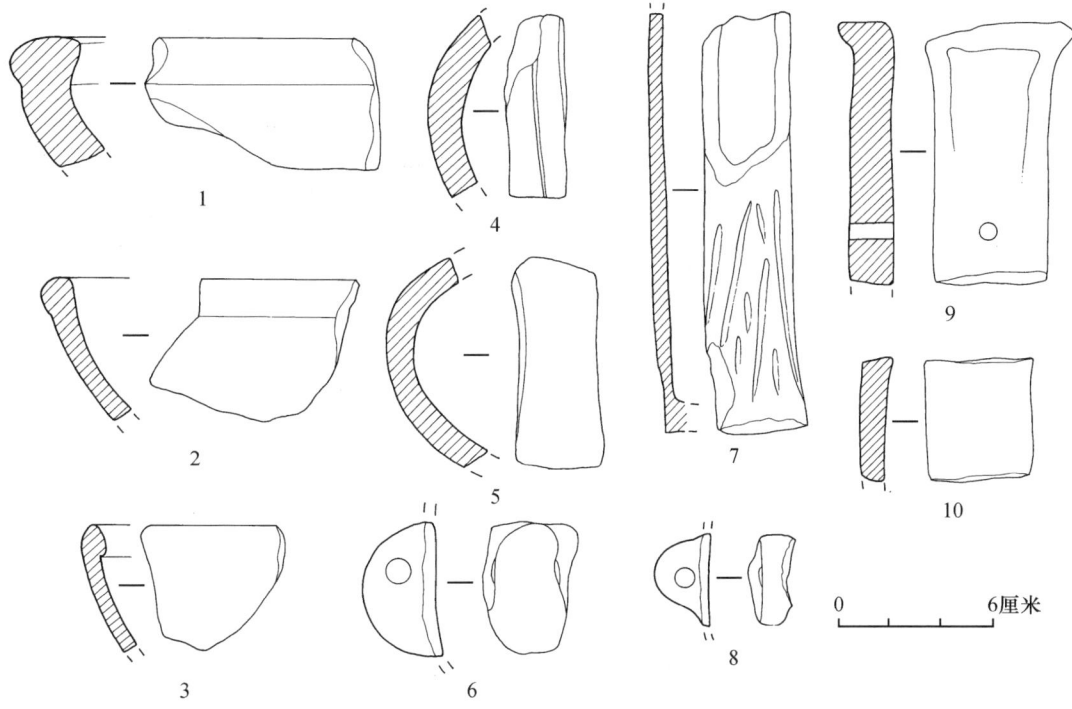

图三〇九　第7层出土陶器

1、2.盘（T6515-T6616⑦：7、T7707-T7808⑦：72）　3.钵（T6715-T6816⑦：72）　4、5.器錾（T8311-T8412⑦：18、T6715-T6816⑦：35）　6、8.器耳（T7907-T8008⑦：43、T7909-T8010⑦：59）　7、9、10.把手（T6511-T6612⑦：30、T7105-T7206⑦：13、T7909-T8010⑦：22）

24. 器耳

2件。

T7907-T8008⑦：43，泥质灰黄陶。半圆形，中部贯穿一圆孔。宽3、残高5.2厘米（图三〇九，6）。T7909-T8010⑦：59，泥质灰黑陶。半圆形，中部贯穿一圆孔。宽1、残高3.6厘米（图三〇九，8）。

25. 把手

3件。

T6511-T6612⑦：30，夹砂灰黄陶。扁圆形，中空。器身饰多道长短不一的竖向划纹。残高16.3厘米（图三〇九，7）。T7105-T7206⑦：13，夹砂灰黑陶。长方形，器身饰一个圆形镂孔。残高10.2、厚1.8厘米（图三〇九，9）。T7909-T8010⑦：22，夹砂灰黑陶。长方形。残高4.7、厚1厘米（图三〇九，10）。

26. 器座

6件。

T6903-T7004⑦：12，夹砂灰褐陶。矮器座，束腰状，尖圆唇。底径9.5、上径8.3、高6厘米（图三一〇，1）。T7707-T7808⑦：15，夹砂灰褐陶。高器座，杯状。底径10.4、残高7.3厘米（图三一〇，2）。T8111-T8212⑦：5，夹砂灰黄陶。矮器座，圆唇，束腰状。器身饰一道凸棱。残高7厘米（图三一〇，3）。T7709-T7810⑦：42，夹砂灰黑陶。矮器座，束腰状。底径20、上径18.8、高5.7厘米（图三一〇，4）。T7505-T7606⑦：12，夹砂灰黄陶。高器座，喇叭状，圆唇。残高4.5厘米（图三一〇，5）。T6915-T7016⑦：4，夹砂灰褐陶。高器座，喇叭状，方唇。底径21、残高5.2厘米（图三一〇，6）。

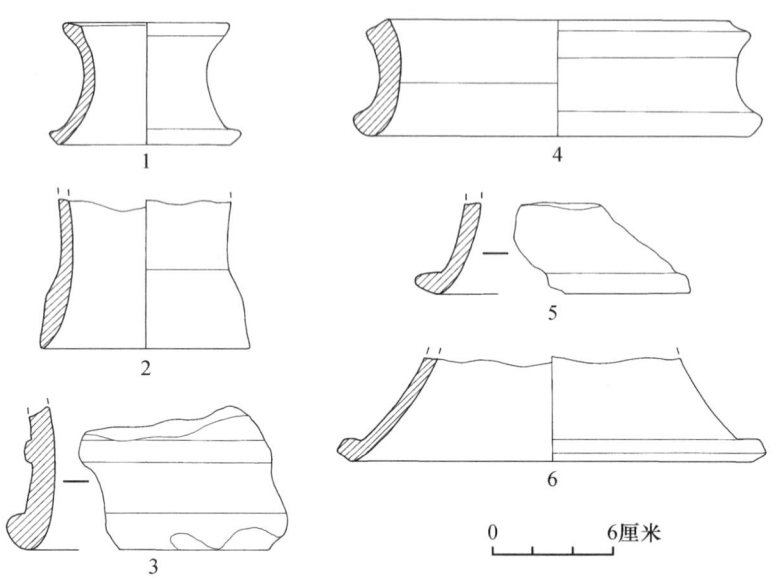

图三一〇　第7层出土陶器座
1. T6903-T7004⑦：12　2. T7707-T7808⑦：15　3. T8111-T8212⑦：5　4. T7709-T7810⑦：42　5. T7505-T7606⑦：12
6. T6915-T7016⑦：4

27. 器底

64件。

T7507-T7608⑦：14，夹砂灰黑陶。大平底。底径8.4、残高3.8厘米（图三一一，1）。T6713-T6814⑦：70，泥质灰黄陶。平底，底部外弧。器身饰四道斜向划痕。底径6、残高6厘米（图三一一，2）。T6907-T7008⑦：17，夹砂灰黑陶。大平底，底部微外弧。底径8.4、残高8.2厘米（图三一一，3）。T6713-T6814⑦：41，夹砂灰黑陶。大平底。底径9、残高2.6厘米（图三一一，4）。T6715-T6816⑦：53，泥质黑皮陶。近小平底。底径1.5、残高2.9厘米（图三一一，5）。T7709-T7810⑦：11，夹砂灰黑陶。小平底。底径1.8、残高2.6厘米（图三一一，6）。T7709-T7810⑦：2，夹砂灰黑陶。小平底。底径2、残高3.1厘米（图三一一，7）。T7907-T8008⑦：3，泥质灰黑陶。小平底。底径2.4、残高9.5厘米（图三一一，8）。T7909-T8010⑦：40，泥质灰黑陶。小平底。底径1.6、残高2.8厘米（图三一二，1）。T8311-T8412⑦：16，泥质灰黑陶。小平底，微外凸。底径1.6、残高2.7厘米（图三一二，2）。T6915-T7016⑦：28，泥质灰黑陶。尖底。底径2.2、残高3厘米（图三一二，3）。T8311-T8412⑦：4，泥质灰黑陶。斜小平

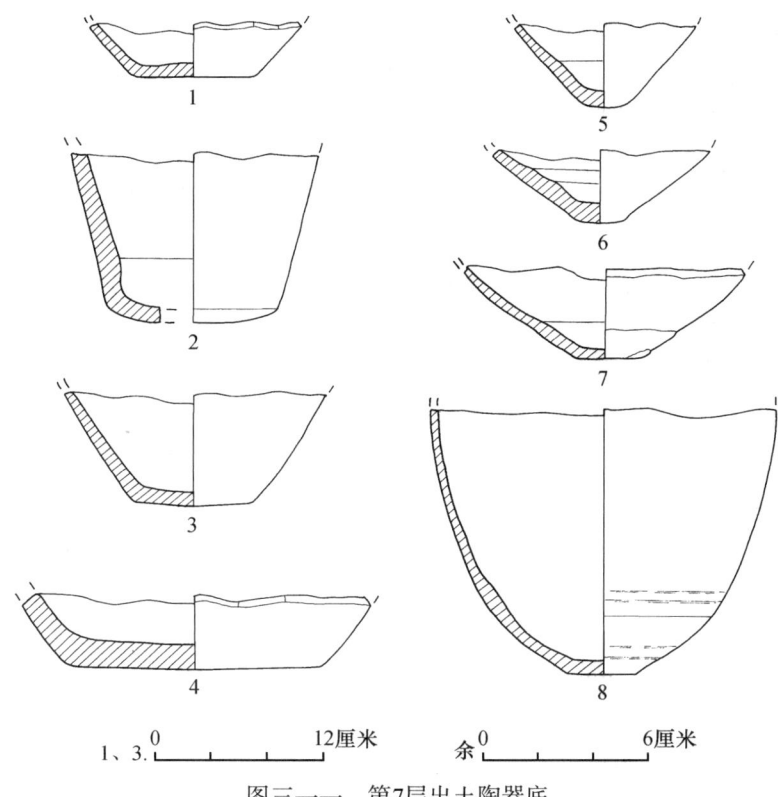

图三一一　第7层出土陶器底
1. T7507-T7608⑦：14　2. T6713-T6814⑦：70　3. T6907-T7008⑦：17　4. T6713-T6814⑦：41　5. T6715-T6816⑦：53
6. T7709-T7810⑦：11　7. T7709-T7810⑦：2　8. T7907-T8008⑦：3

底，底部不规整。底径2.8、残高12.8厘米（图三一二，4）。T7309-T7410⑦：14，泥质灰黑陶。尖底。底径1、残高2.8厘米（图三一二，5）。T7309-T7410⑦：16，泥质灰黑陶。尖底。底径1.4、残高2.1厘米（图三一二，6）。T7909-T8010⑦：67，泥质灰黑陶。尖底。底径1.2、残高3厘米（图三一二，7）。T7907-T8008⑦：2，泥质灰黄陶。尖底。底径1、残高7.6厘米（图三一二，8）。T8109-T8210⑦：29，泥质灰黑陶。尖底。底径1.4、残高4厘米（图三一二，9）。T7707-T7808⑦：32，泥质灰黄陶。尖底。底径1.5、残高2.8厘米（图三一二，10）。T8311-T8412⑦：14，泥质灰黑陶。小平底。底径1.4、残高2.5厘米（图三一二，11）。T8109-T8210⑦：31，泥质灰黑陶。尖底。底径1.4、残高2.7厘米（图三一二，12）。T8111-T8212⑦：29，泥质灰黄陶。尖底。底径1.5、残高4.5厘米（图三一二，13）。T7707-T7808⑦：1，泥质灰黑陶。近小平底。底径1.5、残高5.5厘米（图三一二，14）。T6515-T6616⑦：73，泥质灰黑陶。小平底。底径1.6、残高2.8厘米（图三一三，1）。T7107-T7208⑦：16，泥质灰黑陶。小平底。底径1.5、残高2.6厘米（图三一三，2）。T7907-T8008⑦：16，泥质灰黑陶。小平底。底径1.6、残高2.2厘米（图三一三，3）。T6511-T6612⑦：33，泥质灰黑陶。圆凸尖底。底径1.5、残高2.4厘米（图三一三，4）。T6715-T6816⑦：42，泥质黑皮陶。近小平底。底径1.3、残高2.4厘米（图三一三，5）。T8311-T8412⑦：37，泥质灰黄陶。尖底。底径1.4、残高1.4厘米（图三一三，6）。T6911-T7012⑦：33，泥质灰黑陶。尖底。底径1、残高3厘

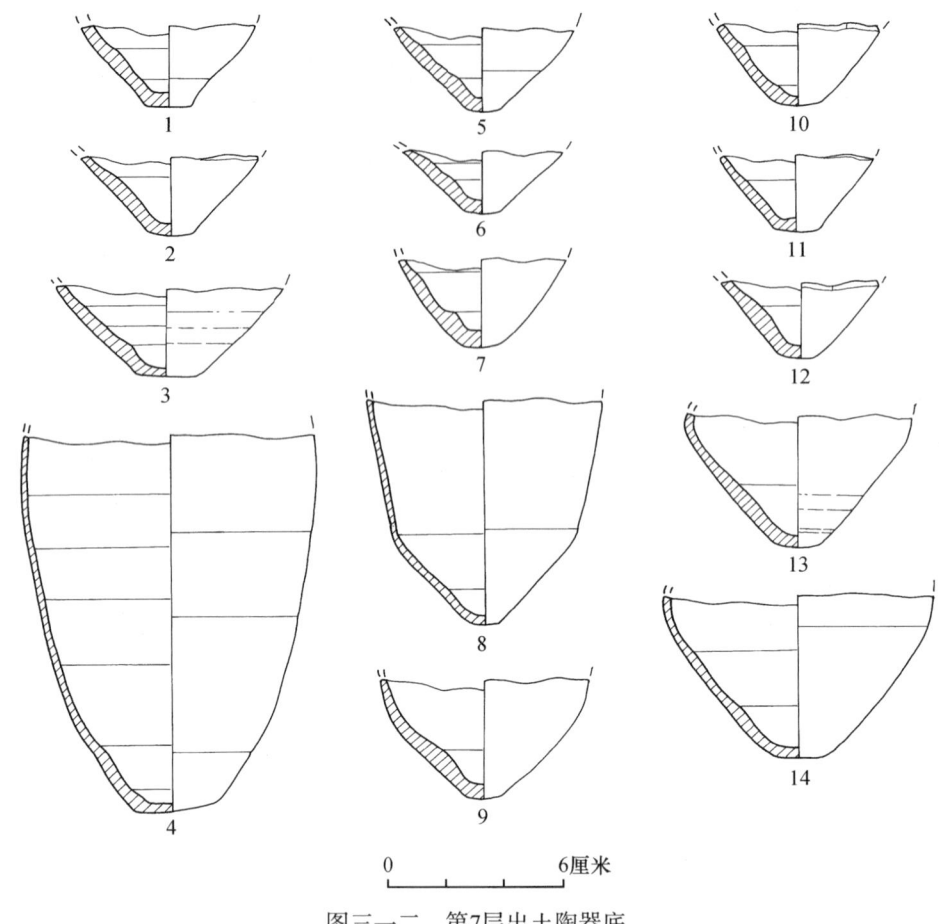

图三一二　第7层出土陶器底

1. T7909-T8010⑦：40　2. T8311-T8412⑦：16　3. T6915-T7016⑦：28　4. T8311-T8412⑦：4　5. T7309-T7410⑦：14
6. T7309-T7410⑦：16　7. T7909-T8010⑦：67　8. T7907-T8008⑦：2　9. T8109-T8210⑦：29　10. T7707-T7808⑦：32
11. T8311-T8412⑦：14　12. T8109-T8210⑦：31　13. T8111-T8212⑦：29　14. T7707-T7808⑦：1

米（图三一三，7）。T6911-T7012⑦：37，泥质灰黄陶。尖底。底径1.7、残高2.7厘米（图三一三，8）。T7707-T7808⑦：31，泥质灰黄陶。尖底。底径1.2、残高2.9厘米（图三一三，9）。T6713-T6814⑦：3，泥质灰黄陶。近小平底。底径1.4、残高3厘米（图三一三，10）。T6911-T7012⑦：39，泥质灰黑陶。尖底。底径1.6、残高3.5厘米（图三一三，11）。T7709-T7810⑦：23，泥质灰黄陶。小平底。底径1.6、残高3.1厘米（图三一三，12）。T7307-T7408⑦：37，泥质灰黑陶。近小平底。底部有一道划痕。底径1、残高3.6厘米（图三一三，13）。T6911-T7012⑦：30，泥质灰黑陶。小平底。底径1.2、残高4.4厘米（图三一三，14）。T7909-T8010⑦：66，泥质灰黑陶。圜底。残高2.1厘米（图三一四，1）。T7709-T7810⑦：22，夹砂灰褐陶。尖底。残高3.2厘米（图三一四，2）。T8109-T8210⑦：24，夹砂灰黄陶。圜底。残高3厘米（图三一四，3）。T7307-T7408⑦：34，夹砂灰黑陶。尖底。残高2.7厘米（图三一四，4）。T6711-T6812⑦：24，夹砂灰黑陶。介于小平底与尖底间。残高2.6厘米（图三一四，5）。T6911-T7012⑦：36，夹砂灰黑陶。尖底。残高2.1厘米（图三一四，6）。T7907-T8008⑦：40，泥质灰黄陶。尖底。残高1.9厘米（图

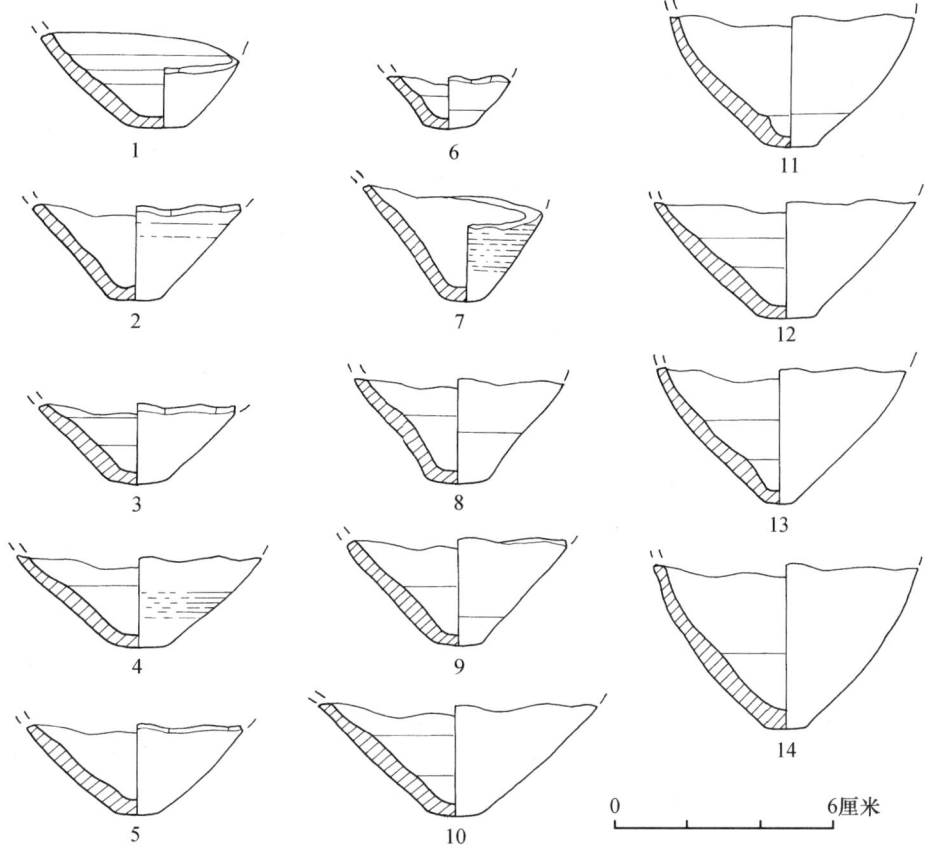

图三一三　第7层出土陶器底

1. T6515-T6616⑦：73　2. T7107-T7208⑦：16　3. T7907-T8008⑦：16　4. T6511-T6612⑦：33　5. T6715-T6816⑦：42
6. T8311-T8412⑦：37　7. T6911-T7012⑦：33　8. T6911-T7012⑦：37　9. T7707-T7808⑦：31　10. T6713-T6814⑦：3
11. T6911-T7012⑦：39　12. T7709-T7810⑦：23　13. T7307-T7408⑦：37　14. T6911-T7012⑦：30

三一四，7）。T6903-T7004⑦：10，夹砂灰黑陶。尖底。残高2.3厘米（图三一四，8）。T7107-T7208⑦：11，夹砂灰黑陶。尖底。残高2厘米（图三一四，9）。T7709-T7810⑦：7，泥质灰黄陶。尖底。残高2.6厘米（图三一四，10）。T8111-T8212⑦：27，夹砂灰黑陶。尖底。残高2.9厘米（图三一四，11）。T6915-T7016⑦：27，泥质灰白陶。尖底。残高2.3厘米（图三一四，12）。T7305-T7406⑦：14，夹砂灰黑陶。尖底。残高1.8厘米（图三一四，13）。T6711-T6812⑦：26，夹砂灰黑陶。小平底。底径3.4、残高1.6厘米（图三一四，14）。T7909-T8010⑦：37，夹砂灰黄陶。小平底。底径3.8、残高3.2厘米（图三一四，15）。T7907-T8008⑦：28，夹砂灰黑陶。小平底。底径3、残高2.9厘米（图三一四，16）。T8109-T8210⑦：36，泥质灰黑陶。圜底。残高2.2厘米（图三一五，1）。T7909-T8010⑦：65，泥质灰黑陶。尖底。残高2.1厘米（图三一五，2）。T7709-T7810⑦：10，泥质灰黄陶。尖底。残高3厘米（图三一五，3）。T6915-T7016⑦：26，泥质灰黑陶。尖底。残高3.1厘米（图三一五，4）。T6515-T6616⑦：67，泥质灰黑陶。尖底。靠近底部处有四道划痕。残高2.8厘米（图三一五，5）。T6911-T7012⑦：51，泥质灰黄陶。尖底。残高2.4厘米（图三一五，6）。T6511-T6612⑦：32，泥质灰黑陶。尖底。靠近底

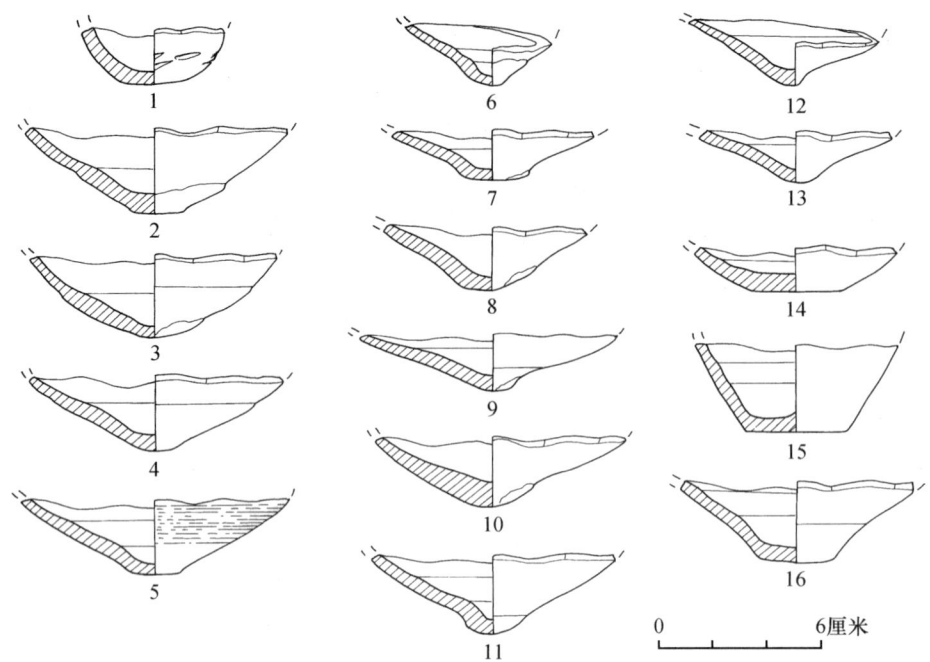

图三一四　第7层出土陶器底

1. T7909-T8010⑦：66　2. T7709-T7810⑦：22　3. T8109-T8210⑦：24　4. T7307-T7408⑦：34　5. T6711-T6812⑦：24
6. T6911-T7012⑦：36　7. T7907-T8008⑦：40　8. T6903-T7004⑦：10　9. T7107-T7208⑦：11　10. T7709-T7810⑦：7
11. T8111-T8212⑦：27　12. T6915-T7016⑦：27　13. T7305-T7406⑦：14　14. T6711-T6812⑦：26　15. T7909-T8010⑦：37
16. T7907-T8008⑦：28

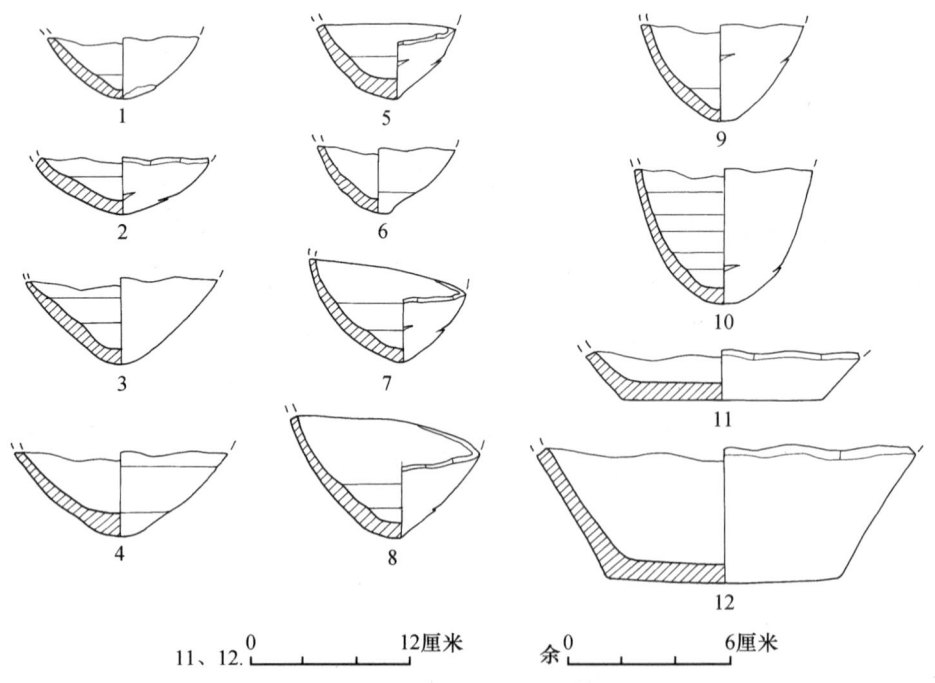

图三一五　第7层出土陶器底

1. T8109-T8210⑦：36　2. T7909-T8010⑦：65　3. T7709-T7810⑦：10　4. T6915-T7016⑦：26　5. T6515-T6616⑦：67
6. T6911-T7012⑦：51　7. T6511-T6612⑦：32　8. T6515-T6616⑦：54　9. T7909-T8010⑦：68　10. T6511-T6612⑦：31
11. T7907-T8008⑦：6　12. T6711-T6812⑦：1

部处有四道划痕。残高3.8厘米（图三一五，7）。T6515-T6616⑦：54，泥质灰黑陶。尖底。靠近底部处有三道划痕。残高4.5厘米（图三一五，8）。T7909-T8010⑦：68，泥质灰黑陶。尖底。残高3.5厘米（图三一五，9）。T6511-T6612⑦：31，泥质灰黑陶。尖底。靠近底部处有六道划痕。残高5厘米（图三一五，10）。T7907-T8008⑦：6，夹砂灰黄陶。大平底。底径15、残高3.6厘米（图三一五，11）。T6711-T6812⑦：1，夹砂灰黄陶。大平底。底径16.6、残高10厘米（图三一五，12）。

28. 圈足

34件。

T8111-T8212⑦：26，泥质灰黄陶。喇叭状。残高4.5厘米（图三一六，1）。T7307-T7408⑦：36，泥质灰黑陶。喇叭状。圈足径8.4、残高3.9厘米（图三一六，2）。T6907-T7008⑦：13，夹砂灰黄陶。喇叭状。圈足径8、残高3.4厘米（图三一六，3）。T7507-T7608⑦：6，夹砂灰黑陶。喇叭状。残高5.2厘米（图三一六，4）。T6903-T7004⑦：51，夹砂灰黑陶。喇叭状。圈足径9.6、残高4厘米（图三一六，5）。T7107-T7208⑦：2，泥质灰黑陶。喇叭状。底径11、残高5厘米（图三一六，6）。T8311-T8412⑦：20，泥质灰黄陶。喇叭状。圈足径12、残高3厘米（图三一六，7）。T8311-T8412⑦：34，泥质灰黄陶。喇叭状。圈足径13、残高2.8厘米（图三一六，8）。T8111-T8212⑦：9，夹砂灰黑陶。喇叭状。圈足径14、残高4.8厘米（图三一六，9）。T6711-T6812⑦：14，夹砂灰褐陶。喇叭状。圈足径14、残高2.4厘米（图三一六，10）。

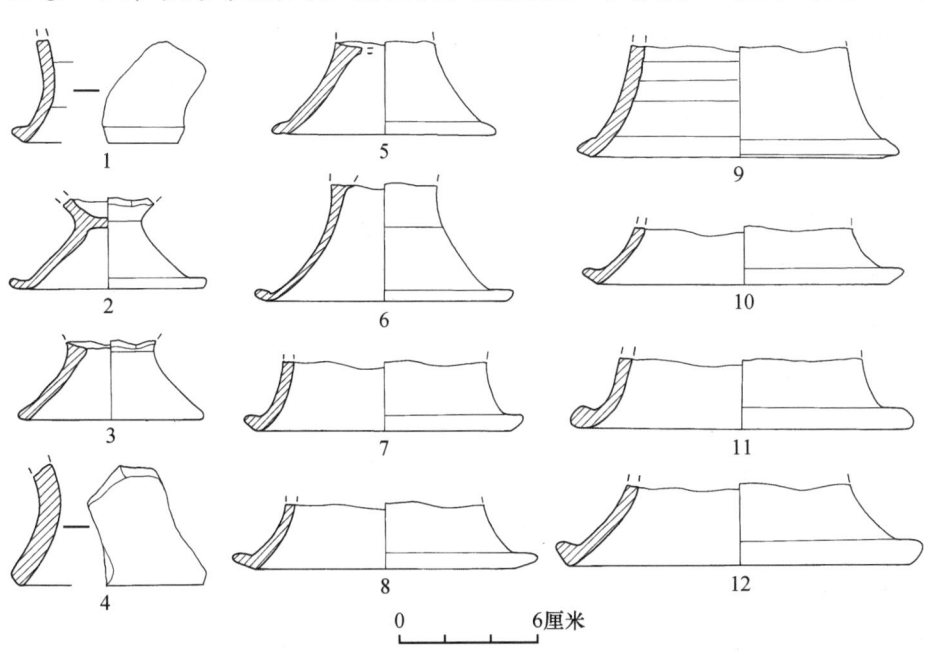

图三一六　第7层出土陶圈足

1. T8111-T8212⑦：26　2. T7307-T7408⑦：36　3. T6907-T7008⑦：13　4. T7507-T7608⑦：6　5. T6903-T7004⑦：51　6. T7107-T7208⑦：2　7. T8311-T8412⑦：20　8. T8311-T8412⑦：34　9. T8111-T8212⑦：9　10. T6711-T6812⑦：14　11. T6515-T6616⑦：22　12. T7909-T8010⑦：38

T6515-T6616⑦：22，泥质灰黄陶，喇叭状。圈足径15、残高3厘米（图三一六，11）。T7909-T8010⑦：38，夹砂灰黄陶。喇叭状。圈足径16、残高3.5厘米（图三一六，12）。T8111-T8212⑦：30，夹砂灰黑陶。斜直壁，盘状。圈足径5.8、残高2.2厘米（图三一七，1）。T6715-T6816⑦：52，夹砂灰黑陶。盘状圈足。圈足径5.6、残高2.8厘米（图三一七，2）。T7907-T8008⑦：17，夹砂灰黑陶。足壁外侈，盘状。圈足径5.6、残高3厘米（图三一七，3）。T6915-T7016⑦：29，夹砂灰褐陶。足壁外侈，盘状。圈足径7、残高2.3厘米（图三一七，4）。T7509-T7610⑦：25，夹砂灰褐陶。足壁外侈，盘状。圈足径7.2、残高3.3厘米（图三一七，5）。T7307-T7408⑦：35，夹砂灰褐陶。足壁外侈，盘状。圈足径7.6、残高3.6厘米（图三一七，6）。T6903-T7004⑦：13，夹砂灰褐陶。足壁外侈，盘状。圈足径8.8、残高3.5厘米（图三一七，7）。T8311-T8412⑦：38，夹砂灰褐陶。斜直壁，盘状。圈足径6.8、残高2.8厘米（图三一七，8）。T6905-T7006⑦：36，夹砂灰褐陶。足壁外侈，盘状。圈足径7.4、残高2.7厘米（图三一七，9）。T7909-T8010⑦：29，夹砂灰黄陶。足壁外侈，盘状。圈足径11、残高4.1厘米（图三一七，10）。T6515-T6616⑦：87，夹砂灰黑陶。足壁外侈，足缘折壁形成凸棱。残高4厘米（图三一八，1）。T7507-T7608⑦：24，夹砂灰黄陶。喇叭状。残高3.4厘米（图三一八，2）。T6915-T7016⑦：30，夹砂灰黄陶。足壁外侈，弧壁。圈足径9.6、残高3厘米（图三一八，3）。T6911-T7012⑦：24，夹砂灰黄陶。直壁，矮圈足。圈足径11.4、残高2.5厘米（图三一八，4）。T7909-T8010⑦：26，夹砂灰黑陶。直壁，矮圈足。圈足径13、残高2.4厘米（图三一八，5）。T8311-T8412⑦：31，夹砂灰黑陶。直壁，矮圈足。圈足径13.6、残高3厘米（图三一八，6）。T8311-T8412⑦：19，夹砂灰黄陶。足壁外侈，足缘折壁形成凸棱。圈足径18、残高4厘米（图三一八，7）。T6715-T6816⑦：51，

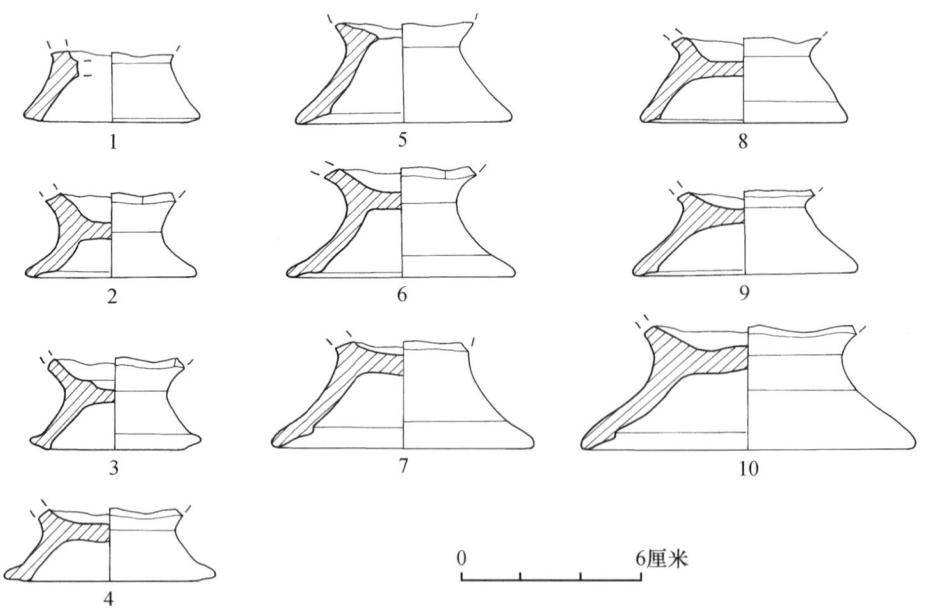

图三一七　第7层出土陶圈足

1. T8111-T8212⑦：30　2. T6715-T6816⑦：52　3. T7907-T8008⑦：17　4. T6915-T7016⑦：29　5. T7509-T7610⑦：25　6. T7307-T7408⑦：35　7. T6903-T7004⑦：13　8. T8311-T8412⑦：38　9. T6905-T7006⑦：36　10. T7909-T8010⑦：29

夹砂灰黑陶。足壁外侈，足缘折壁形成凸棱。圈足径20、残高7.2厘米（图三一八，8）。T7707-T7808⑦：16，夹砂灰褐陶。足壁外侈，足缘折壁形成凸棱。圈足径15、残高4.5厘米（图三一八，9）。T7709-T7810⑦：37，夹砂灰黑陶。足壁外侈，足缘折壁形成凸棱。圈足径16、残高2厘米（图三一八，10）。T7909-T8010⑦：34，夹砂灰黄陶。足壁外侈，足缘折壁形成凸棱。圈足径12、残高4厘米（图三一八，11）。T7907-T8008⑦：15，泥质灰黄陶。足壁外侈，足缘折壁形成凸棱。圈足径14、残高2.8厘米（图三一八，12）。

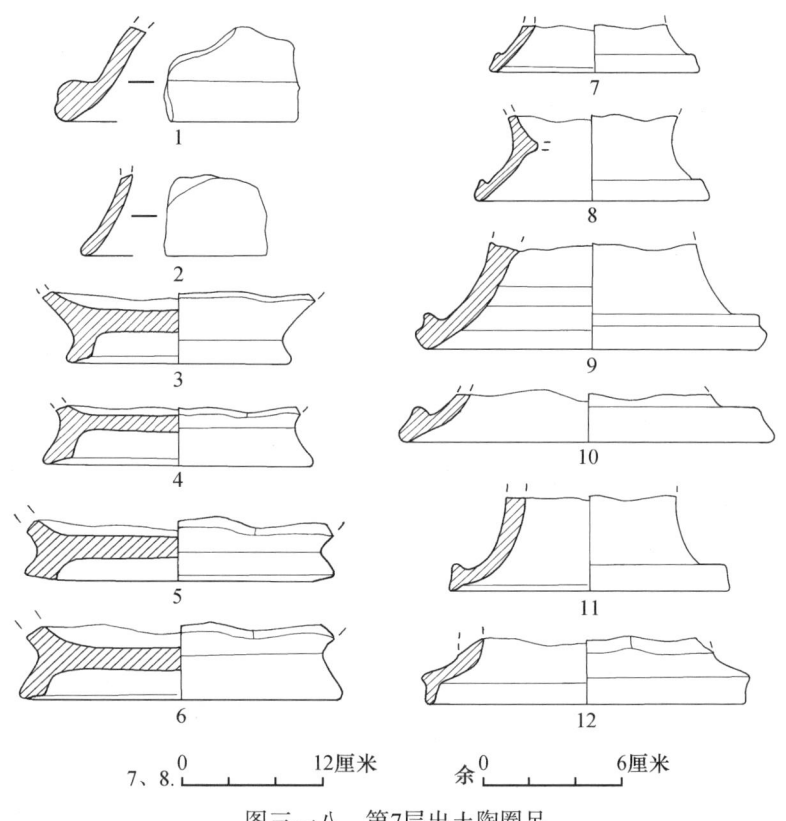

图三一八　第7层出土陶圈足

1. T6515-T6616⑦：87　2. T7507-T7608⑦：24　3. T6915-T7016⑦：30　4. T6911-T7012⑦：24　5. T7909-T8010⑦：26　6. T8311-T8412⑦：31　7. T8311-T8412⑦：19　8. T6715-T6816⑦：51　9. T7707-T7808⑦：16　10. T7709-T7810⑦：37　11. T7909-T8010⑦：34　12. T7907-T8008⑦：15

29. 纺轮

17件。

T6903-T7004⑦：1，泥质灰黑陶。帽形。直径3.4、厚1.2厘米（图三一九，1；图版二八，3）。T6515-T6616⑦：98，泥质灰黑陶。帽形，仅残存一半。饰一周凹弦纹。直径4.7、厚1.6厘米（图三一九，2）。T7305-T7406⑦：2，泥质灰黑陶。帽形，上小下大。腰部饰四道凹弦纹。直径4.8、厚1.4厘米（图三一九，3；图版二八，4）。T7907-T8008⑦：5，泥质灰黑陶。帽形。腰部饰三道凹弦纹。直径4.2、厚1.5厘米（图三一九，4）。T6515-T6616⑦：1，夹砂灰褐陶。帽形。表面多道凹弦纹。直径4.2、厚1.7厘米（图三一九，

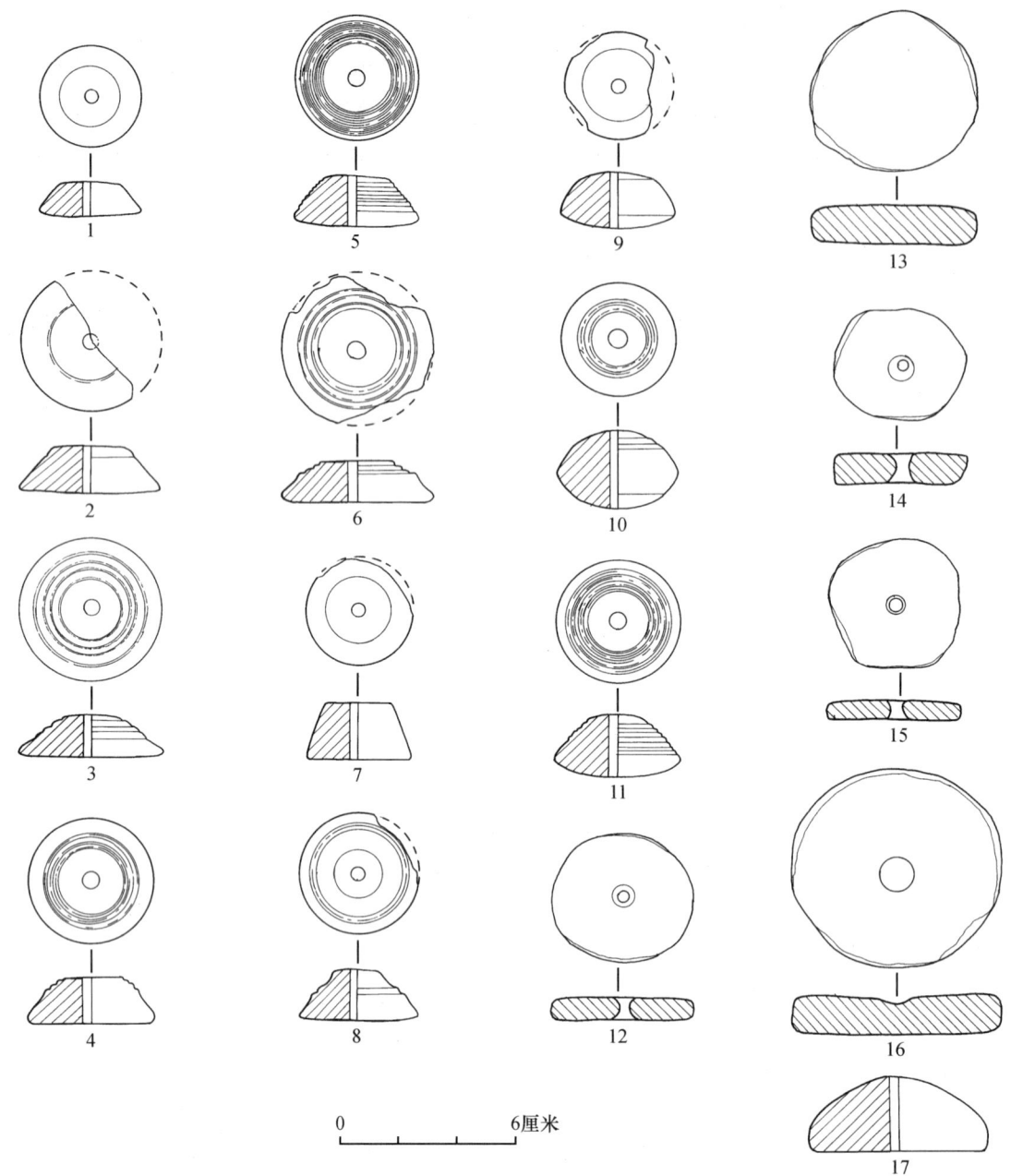

图三一九　第7层出土陶纺轮

1. T6903-T7004⑦：1　2. T6515-T6616⑦：98　3. T7305-T7406⑦：2　4. T7907-T8008⑦：5　5. T6515-T6616⑦：1
6. T7309-T7410⑦：18　7. T7307-T7408⑦：1　8. T7107-T7208⑦：1　9. T6909-T7010⑦：2　10. T6913-T7014⑦：1
11. T6911-T7012⑦：53　12. T6713-T6814⑦：71　13. T7509-T7610⑦：28　14. T6713-T6814⑦：14　15. T7509-T7610⑦：29
16. T7509-T7610⑦：27　17. T6713-T6814⑦：1

5）。T7309-T7410⑦：18，夹砂灰黑陶。帽形。腰部饰三道凹弦纹。直径5.1、厚1.4厘米（图三一九，6）。T7307-T7408⑦：1，泥质灰黑陶。圆台形。直径3.6、厚1.9厘米（图三一九，7）。T7107-T7208⑦：1，泥质灰黑陶。帽形。腰部饰二道凸棱。直径4、厚1.7厘米（图三一九，8）。T6909-T7010⑦：2，泥质灰黑陶。算珠形，底部残。直径3.8、厚1.9厘米（图三一九，9）。T6913-T7014⑦：1，夹砂灰褐陶。算珠形。直径4、厚2.6厘米（图三一九，10）。T6911-T7012⑦：53，泥质灰黑陶。算珠形。腰部饰四道凹弦纹。直径4.2、厚2.1厘米（图三一九，11）。T6713-T6814⑦：71，夹砂灰陶。圆饼形。直径4.7、厚0.7厘米（图三一九，12）。T7509-T7610⑦：28，夹砂灰黄陶。圆饼形。直径5.5、厚1.2厘米（图三一九，13）。T6713-T6814⑦：14，夹砂灰黄陶。圆饼形。直径4.4、厚1厘米（图三一九，14）。T7509-T7610⑦：29，夹砂灰黄陶。圆饼形。直径4.4、厚0.7厘米（图三一九，15）。T7509-T7610⑦：27，夹砂灰黑陶。圆饼形。直径7、厚1.2厘米（图三一九，16）。T6713-T6814⑦：1，夹砂灰褐陶。圆丘形。直径6、厚2.5厘米（图三一九，17）。

30. 异形器

1件。

T7309-T7410⑦：15，夹砂灰黄陶。整器残缺严重，无法辨识。残高5.2厘米（图三二○，5）。

（二）石器

石斧

3件。

T7907-T8008⑦：42，弧顶弧刃，两侧平直，刃部局部残缺，器身经过打磨。长5.8、宽3.7、厚0.9厘米（图三二○，1；图版二八，5）。T6909-T7010⑦：1，顶部和刃部残缺，仅残存中段部分，两侧平直，器身经过打磨，一侧有两道凹槽。残长9、宽5、厚2.6厘米（图三二○，2）。T7507-T7608⑦：2，器形较小，通体磨光，弧顶，斜弧刃，两侧边平直，刃部略显锋利。长4、宽1.6、厚0.4厘米（图三二○，3）。

（三）铜器

铜凿

1件。

T6911-T7012⑦：1，器呈圆形，下端呈锥形，中空。长5.4、直径1厘米（图三二○，4）。

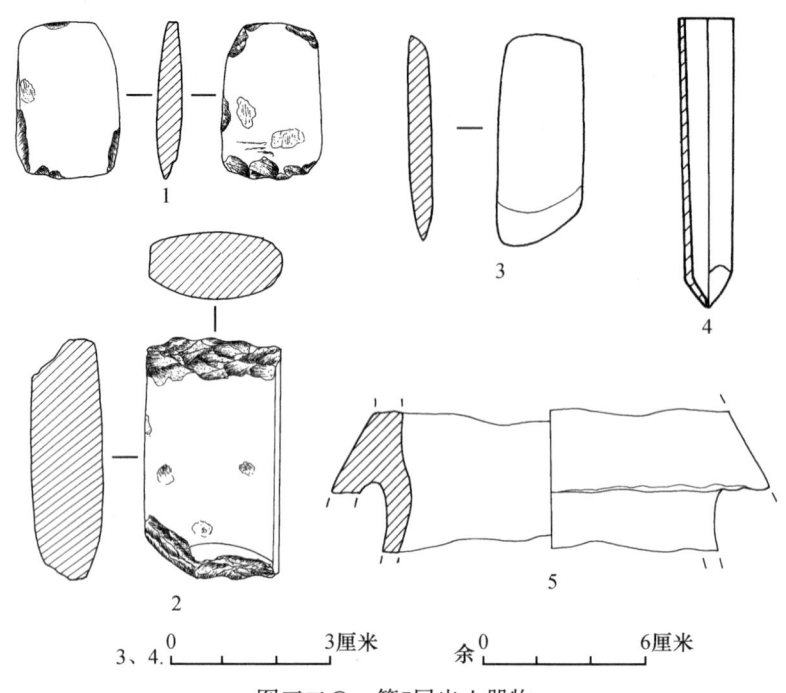

图三二〇　第7层出土器物

1~3. 石斧（T7907-T8008⑦：42、T6909-T7010⑦：1、T7507-T7608⑦：2）　4. 铜凿（T6911-T7012⑦：1）
5. 陶异形器（T7309-T7410⑦：15）

二、第6层出土遗物

（一）陶器

1. 瓮形器

4件。

T6515-T6616⑥：4，夹砂灰黑陶。口微侈，方唇，弧肩。沿外侧及肩部饰绳纹。残高4.5厘米（图三二一，1）。T7709-T7810⑥：11，夹砂灰黑陶。侈口，圆唇，弧肩。沿外侧饰绳纹。残高4.5厘米（图三二一，2）。T7709-T7810⑥：10，夹砂灰黄陶。敛口，方唇，鼓肩。沿外侧饰绳纹。残高3.1厘米（图三二一，3）。T6911-T7012⑥：4，夹砂灰黑陶。敛口，圆唇，鼓肩。沿外侧饰绳纹。残高5厘米（图三二一，4）。

2. 敛口罐

33件。

T6511-T6612⑥：3，夹砂灰黑陶。敛口，尖圆唇，溜肩。残高4厘米（图三二二，1）。T6515-T6616⑥：26，夹砂灰黄陶。敛口，尖圆唇，鼓肩。残高2.8厘米（图三二二，2）。T6515-T6616⑥：25，夹砂灰黄陶。敛口，圆唇，鼓肩。残高2.4厘米（图三二二，3）。

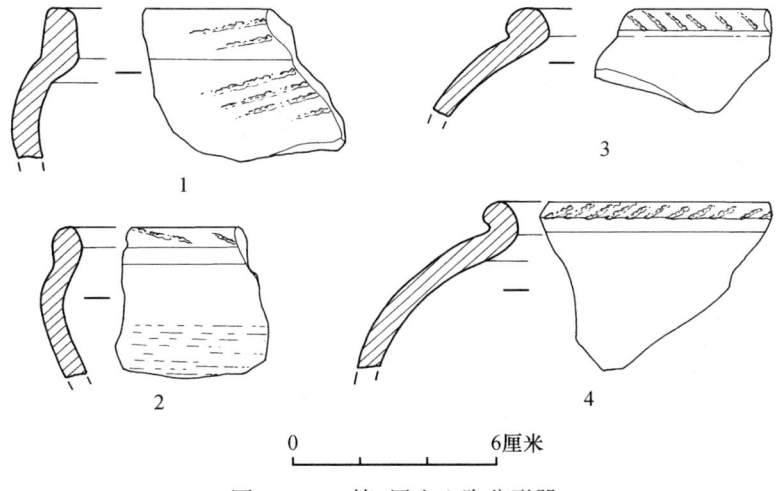

图三二一　第6层出土陶瓮形器
1. T6515-T6616⑥：4　2. T7709-T7810⑥：11　3. T7709-T7810⑥：10　4. T6911-T7012⑥：4

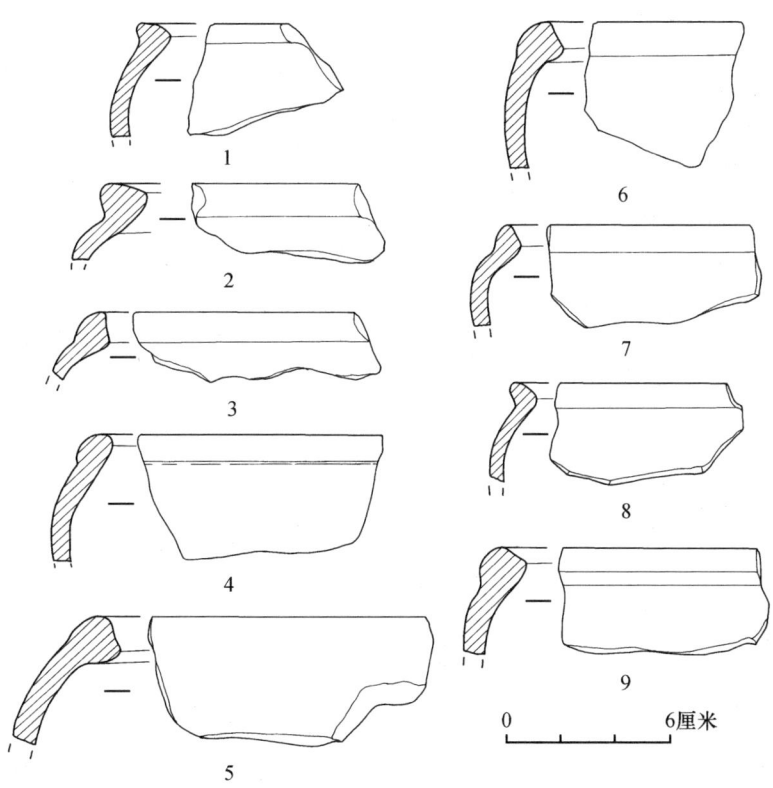

图三二二　第6层出土陶敛口罐
1. T6511-T6612⑥：3　2. T6515-T6616⑥：26　3. T6515-T6616⑥：25　4. T6711-T6812⑥：4　5. T6715-T6816⑥：6
6. T6515-T6616⑥：21　7. T6713-T6814⑥：10　8. T6713-T6814⑥：7　9. T6715-T6816⑥：3

T6711-T6812⑥：4，夹砂灰黑陶。敛口，圆唇，弧肩。残高4.6厘米（图三二二，4）。

T6715-T6816⑥：6，夹砂灰褐陶。敛口，圆唇，鼓肩。残高4.7厘米（图三二二，5）。

T6515-T6616⑥：21，夹砂灰黑陶。敛口，圆唇，弧肩。残高5.3厘米（图三二二，6）。

T6713-T6814⑥：10，夹砂灰黑陶。敛口，尖圆唇，鼓肩。残高3.7厘米（图三二二，7）。

T6713-T6814⑥：7，夹砂灰褐陶。敛口，尖圆唇，鼓肩。残高3.6厘米（图三二二，8）。

T6715-T6816⑥：3，夹砂灰黑陶。敛口，方唇，弧肩。残高3.9厘米（图三二二，9）。

T6903-T7004⑥：2，夹砂灰黄陶。敛口，圆唇，弧肩。残高4.8厘米（图三二三，1）。

T6911-T7012⑥：6，夹砂灰黄陶。敛口，尖圆唇，鼓肩。残高3.1厘米（图三二三，2）。

T6911-T7012⑥：5，夹砂灰黄陶。敛口，尖圆唇，鼓肩。残高4厘米（图三二三，3）。

T7305-T7406⑥：1，夹砂灰黄陶。敛口，圆唇，鼓肩。残高3厘米（图三二三，4）。

T7305-T7406⑥：2，夹砂灰黑陶。敛口，圆唇，鼓肩。残高6.4厘米（图三二三，5）。

T7707-T7808⑥：11，夹砂灰黑陶。敛口，圆唇，溜肩。肩部饰一道凹弦纹。残高5.1厘米（图三二三，6）。T7709-T7810⑥：3，夹砂灰黑陶。敛口，圆唇，溜肩。残高4.3厘米（图三二三，7）。T7907-T8008⑥：2，夹砂灰黄陶。敛口，圆唇，鼓肩。残高4.7厘米（图三二三，8）。T6711-T6812⑥：5，夹砂灰黄陶。敛口，尖圆唇，鼓肩。残高3厘米（图三二四，1）。T6905-T7006⑥：1，夹砂灰黄陶。敛口，尖圆唇，鼓肩。残高3厘米（图三二四，2）。T6915-T7016⑥：2，夹砂灰黑陶。敛口，圆唇，鼓肩。残高3厘米（图三二四，3）。T6915-T7016⑥：3，夹砂灰黑陶。敛口，圆唇，鼓肩。残高2.5厘米（图三二四，

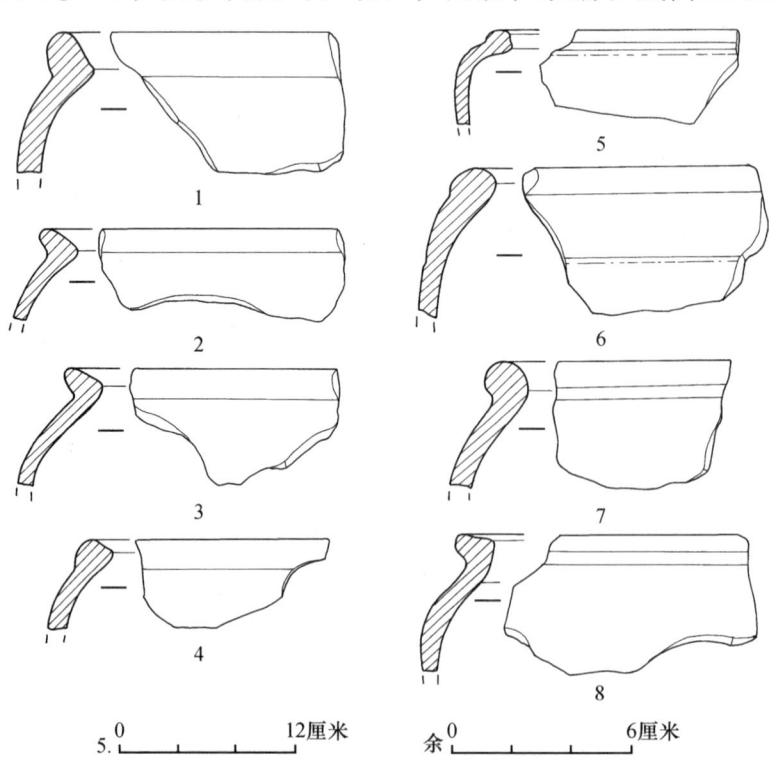

图三二三　第6层出土陶敛口罐

1. T6903-T7004⑥：2　2. T6911-T7012⑥：6　3. T6911-T7012⑥：5　4. T7305-T7406⑥：1　5. T7305-T7406⑥：2
6. T7707-T7808⑥：11　7. T7709-T7810⑥：3　8. T7907-T8008⑥：2

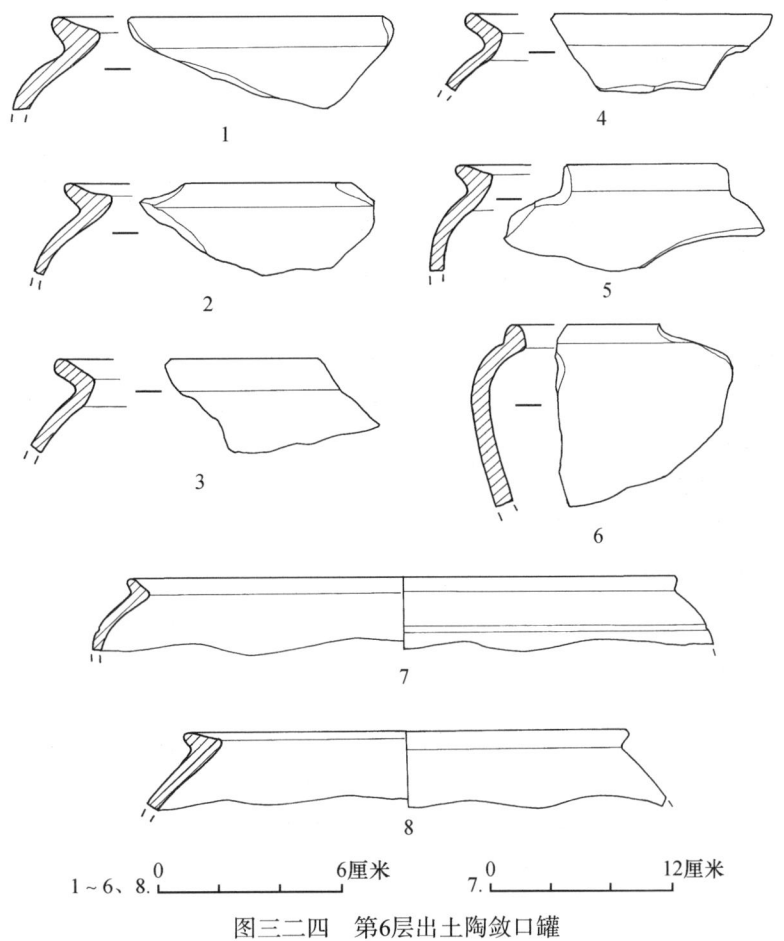

图三二四　第6层出土陶敛口罐
1. T6711-T6812⑥:5　2. T6905-T7006⑥:1　3. T6915-T7016⑥:2　4. T6915-T7016⑥:3　5. T6915-T7016⑥:1
6. T7909-T8010⑥:14　7. T6911-T7012⑥:1　8. T6515-T6616⑥:23

4）。T6915-T7016⑥:1，夹砂灰褐陶。敛口，圆唇，鼓肩。残高3.5厘米（图三二四，5）。T7909-T8010⑥:14，夹砂灰黄陶。敛口，圆唇，鼓肩。残高6厘米（图三二四，6）。T6911-T7012⑥:1，夹砂灰黑陶。敛口，尖圆唇，鼓肩。肩部饰一周凹弦纹。口径36、残高4.8厘米（图三二四，7）。T6515-T6616⑥:23，夹砂灰褐陶。敛口，尖圆唇，鼓肩。口径14.6、残高2.5厘米（图三二四，8）。T6711-T6812⑥:6，夹砂灰黄陶。敛口，尖圆唇，鼓肩。残高3厘米（图三二五，1）。T6511-T6612⑥:2，夹砂灰黑陶。敛口，方唇，鼓肩。残高3.4厘米（图三二五，2）。T6911-T7012⑥:3，泥质灰黄陶。敛口，尖圆唇，鼓肩。残高2.8厘米（图三二五，3）。T8109-T8210⑥:1，夹砂灰黑陶。敛口，尖圆唇，鼓肩。残高3.9厘米（图三二五，4）。T8109-T8210⑥:5，夹砂灰黑陶。敛口，尖圆唇，鼓肩。残高2.7厘米（图三二五，5）。T6715-T6816⑥:7，夹砂灰黄陶。敛口，圆唇，广肩。残高3.7厘米（图三二五，6）。T7707-T7808⑥:9，夹砂灰黄陶。敛口，圆唇，折肩。残高4厘米（图三二五，7）。T7709-T7810⑥:2，夹砂灰黄陶。敛口，圆唇，折肩。残高3.4厘米（图三二五，8）。

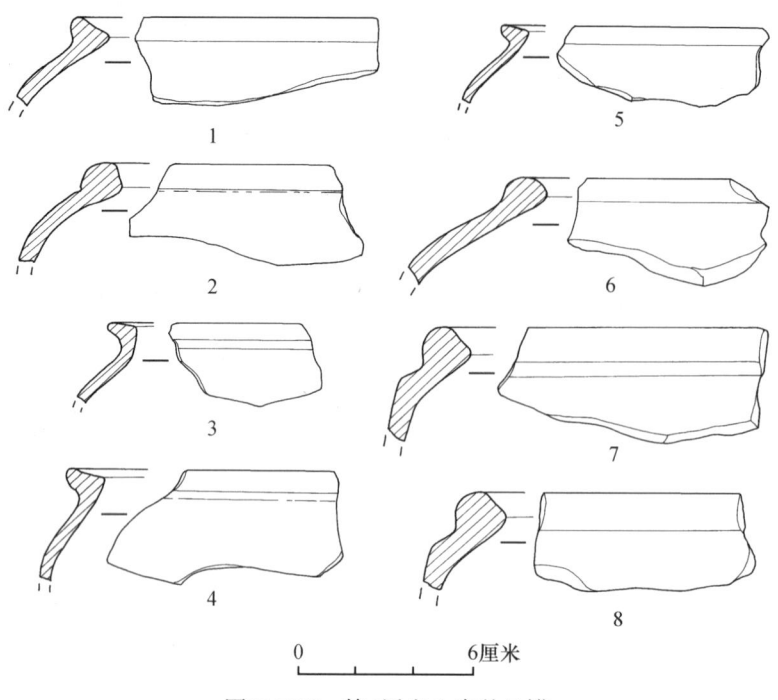

图三二五 第6层出土陶敛口罐

1. T6711-T6812⑥：6 2. T6511-T6612⑥：2 3. T6911-T7012⑥：3 4. T8109-T8210⑥：1 5. T8109-T8210⑥：5
6. T6715-T6816⑥：7 7. T7707-T7808⑥：9 8. T7709-T7810⑥：2

3. 高领罐

14件。

T7707-T7808⑥：5，夹砂灰黄陶。直口，圆唇，高直领。残高8.6厘米（图三二六，1）。T6515-T6616⑥：16，夹砂灰黄陶。侈口，尖圆唇，高领。残高4.5厘米（图三二六，2）。T7909-T8010⑥：7，夹砂灰黑陶。侈口，圆唇，高领。残高5厘米（图三二六，3）。T6515-T6616⑥：13，夹砂灰黑陶。侈口，尖圆唇，高领。残高6厘米（图三二六，4）。T7909-T8010⑥：5，夹砂灰黑陶。侈口，尖圆唇，高直领。领部饰一道凹弦纹。残高9厘米（图三二六，5）。T6515-T6616⑥：17，夹砂灰褐陶。侈口，圆唇，高领。残高5厘米（图三二六，6）。T6515-T6616⑥：15，夹砂灰褐陶。侈口，圆唇，高领。残高5厘米（图三二六，7）。T7909-T8010⑥：8，夹砂灰黄陶。侈口，圆唇，高领。残高5厘米（图二六三，8）。T7709-T7810⑥：12，夹砂灰黄陶。侈口，尖圆唇，高领。残高4厘米（图三二六，9）。T7909-T8010⑥：6，夹砂灰黑陶。近直口，尖圆唇，高领。残高6厘米（图三二六，10）。T6711-T6812⑥：10，夹砂灰黑陶。近直口，尖圆唇，高领。残高5厘米（图三二六，11）。T6711-T6812⑥：12，夹砂灰褐陶。口微侈，方唇，高领。残高4.2厘米（图三二六，12）。T6515-T6616⑥：14，夹砂灰黑陶。喇叭口，圆唇，高领。残高5.4厘米（图三二六，13）。T7707-T7808⑥：6，夹砂灰黑陶。侈口，尖圆唇，高领。口径16、残高3厘米（图三二六，14）。

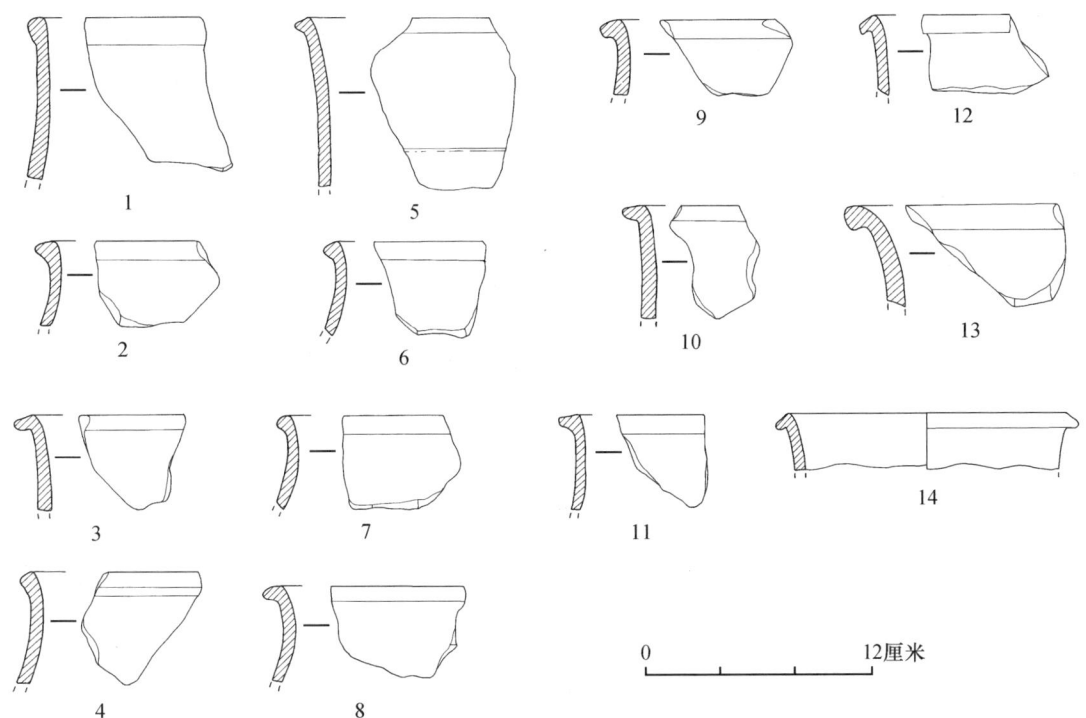

图三二六　第6层出土陶高领罐

1. T7707-T7808⑥：5　2. T6515-T6616⑥：16　3. T7909-T8010⑥：7　4. T6515-T6616⑥：13　5. T7909-T8010⑥：5
6. T6515-T6616⑥：17　7. T6515-T6616⑥：15　8. T7909-T8010⑥：8　9. T7709-T7810⑥：12　10. T7909-T8010⑥：6
11. T6711-T6812⑥：10　12. T6711-T6812⑥：12　13. T6515-T6616⑥：14　14. T7707-T7808⑥：6

4. 矮领罐

15件。

T6515-T6616⑥：7，夹砂灰黄陶。侈口，圆唇，矮领。口径13、残高5.5厘米（图三二七，1）。T6515-T6616⑥：8，夹砂灰黑陶。近直口，尖圆唇，矮领。残高4.2厘米（图三二七，2）。T6711-T6812⑥：8，夹砂灰黄陶。口微侈，尖圆唇，矮直领。残高5.9厘米（图三二七，3）。T6715-T6816⑥：5，夹砂灰黄陶。直口，尖圆唇，矮领。残高4厘米（图三二七，4）。T8109-T8210⑥：2，夹砂灰黑陶。直口，圆唇，矮领。残高3.7厘米（图三二七，5）。T6711-T6812⑥：11，夹砂灰黑陶。侈口，圆唇，矮领。口径15、残高5厘米（图三二八，1）。T6715-T6816⑥：2，夹砂灰黄陶。口微侈，圆唇，矮领。口径24、残高4厘米（图三二八，2）。T7307-T7408⑥：3，夹砂灰黄陶。侈口，圆唇，矮领。口径12、残高5.9厘米（图三二八，3）。T7707-T7808⑥：7，夹砂灰黄陶。侈口，尖圆唇，矮领。口径13、残高4.4厘米（图三二八，4）。T7707-T7808⑥：4，夹砂灰黑陶。侈口，尖圆唇。矮领。领部饰一道凹弦纹。残高6厘米（图三二八，5）。T7709-T7810⑥：9，夹砂灰黄陶。敛口，尖圆唇，矮领。残高5.1厘米（图三二八，6）。T6713-T6814⑥：1，夹砂灰黄陶。侈口，圆唇，矮领，束颈。残高4.1厘米（图三二八，7）。T7707-T7808⑥：8，夹砂灰黄陶。侈口，尖圆唇，矮领。残高4.9厘米（图三二八，8）。T6515-T6616⑥：6，夹砂灰黄陶。口微侈，尖圆唇，矮

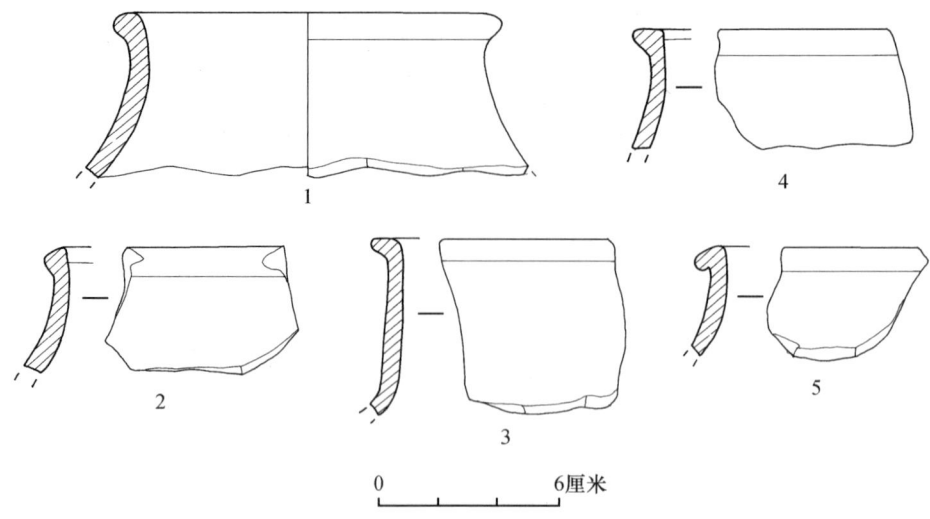

图三二七　第6层出土陶矮领罐

1. T6515-T6616⑥：7　2. T6515-T6616⑥：8　3. T6711-T6812⑥：8　4. T6715-T6816⑥：5　5. T8109-T8210⑥：2

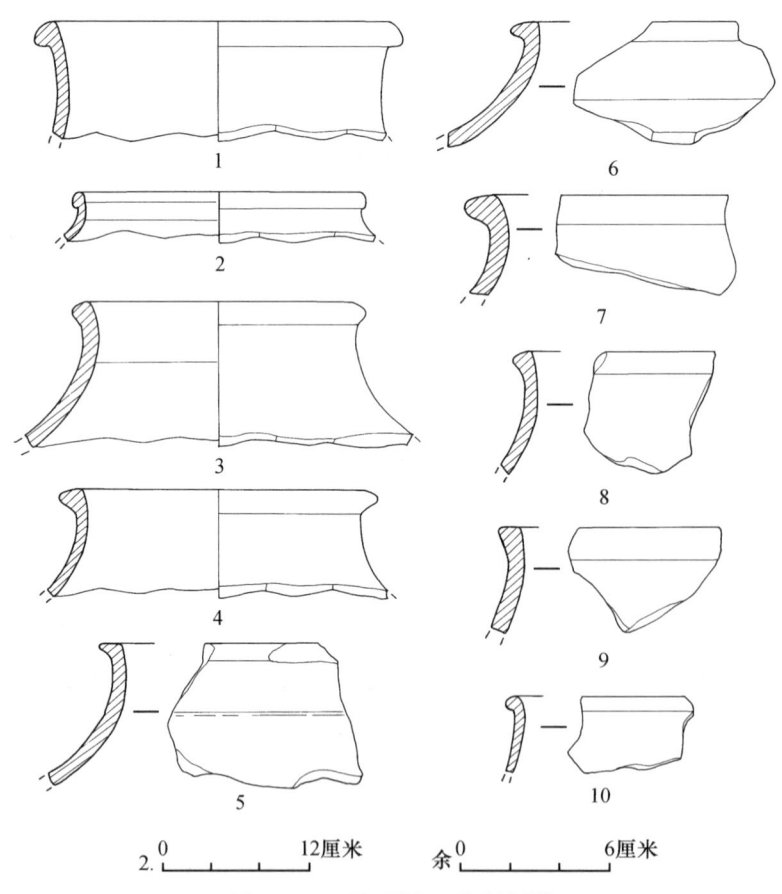

图三二八　第6层出土陶矮领罐

1. T6711-T6812⑥：11　2. T6715-T6816⑥：2　3. T7307-T7408⑥：3　4. T7707-T7808⑥：7　5. T7707-T7808⑥：4
6. T7709-T7810⑥：9　7. T6713-T6814⑥：1　8. T7707-T7808⑥：8　9. T6515-T6616⑥：6　10. T8109-T8210⑥：6

领。残高4.3厘米（图三二八，9）。T8109-T8210⑥：6，夹砂灰黑陶。整体器形偏小，胎较薄，侈口，圆唇，矮领。残高3.1厘米（图三二八，10）。

5. 束颈罐

17件。

T7709-T7810⑥：15，夹砂灰褐陶。侈口，束颈，方唇，卷沿，广肩。残高4厘米（图三二九，1）。T7707-T7808⑥：2，夹砂灰黄陶。侈口，束颈，方唇，卷沿，广肩。残高5.7厘米（图三二九，2）。T6515-T6616⑥：19，夹砂灰黑陶。侈口，束颈，方唇，卷沿，鼓腹，口径与肩径相当。残高3.8厘米（图三二九，3）。T6711-T6812⑥：3，夹砂灰黑陶。敛口，束颈，圆唇，折沿，鼓肩。残高6.2厘米（图三二九，4）。T7307-T7408⑥：1，夹砂灰黄陶。敛口，束颈，尖圆唇，折沿，鼓肩。残高3.9厘米（图三二九，5）。T6515-T6616⑥：24，夹砂灰黑陶。敛口，束颈，圆唇，折沿，鼓肩。残高4.1厘米（图三二九，6）。T7707-T7808⑥：13，夹砂灰黑陶。敛口，束颈，尖圆唇，折沿，鼓肩。残高4.5厘米（图三二九，7）。T7909-T8010⑥：2，夹砂灰黄陶。侈口，束颈，圆唇，卷沿，鼓肩。口径16、残高3.2厘米（图三二九，8）。T7909-T8010⑥：1，夹砂灰黑陶。侈口，束颈，方唇，卷沿，鼓肩。口径15、残高4.5厘米（图三二九，9）。T6903-T7004⑥：4，夹砂灰黄陶。敛口，束颈，圆唇，卷沿，溜肩。口径28、残高3.4厘米（图三二九，10）。T6713-T6814⑥：9，夹砂灰黄陶。敛口，束颈，尖圆唇，折沿，鼓肩。口径29、残高4.2厘米（图三二九，11）。T6713-T6814⑥：8，夹砂灰黄陶。敛口，束颈，尖圆唇，折沿，鼓肩。口径30、残高5.6厘米（图三二九，12）。T7909-T8010⑥：3，夹砂灰黑陶。敛口，束颈，尖圆唇，折沿，弧肩。残高3.8厘米（图三二九，13）。T6515-T6616⑥：80，夹砂灰黑陶。敛口，束颈，圆唇，折沿，鼓肩。肩部饰一道凹弦纹。残高3厘米（图三二九，14）。T7707-T7808⑥：12，夹砂灰黄陶。敛口，束颈，尖圆唇，折沿，鼓肩。肩部饰一道凹弦纹。残高6厘米（图三二九，15）。T7907-T8008⑥：3，夹砂灰黑陶。敛口，束颈，尖圆唇，折沿，弧肩。残高4.5厘米（图三二九，16）。T7907-T8008⑥：1，夹砂灰黄陶。敛口，束颈，尖圆唇，折沿，弧肩。残高4.5厘米（图三二九，17）。

6. 壶

1件。

T7907-T8008⑥：4，夹砂灰褐陶。直口，尖唇。残高3.7厘米（图三三〇，1）。

7. 盆

22件。

T6903-T7004⑥：5，夹砂灰黑陶。敛口，方唇，折沿，深直腹。残高5.8厘米（图三三〇，2）。T6911-T7012⑥：8，夹砂灰褐陶。侈口，圆唇，卷沿，斜直深腹。残高5厘米（图三三〇，3）。T6903-T7004⑥：3，夹砂灰褐陶。敛口，方唇，折沿，深直腹。残高4.7

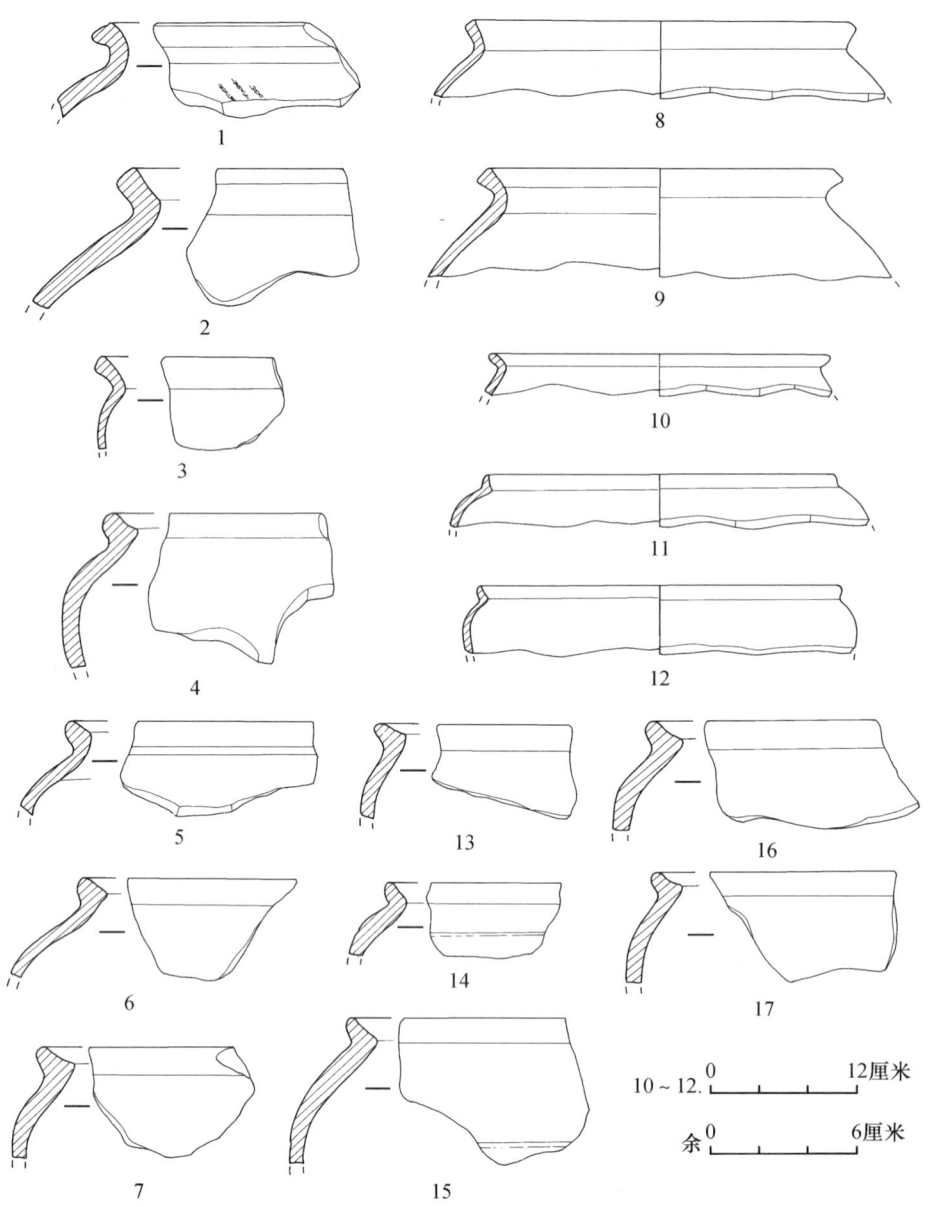

图三二九 第6层出土陶束颈罐

1. T7709-T7810⑥:15 2. T7707-T7808⑥:2 3. T6515-T6616⑥:19 4. T6711-T6812⑥:3 5. T7307-T7408⑥:1
6. T6515-T6616⑥:24 7. T7707-T7808⑥:13 8. T7909-T8010⑥:2 9. T7909-T8010⑥:1 10. T6903-T7004⑥:4
11. T6713-T6814⑥:9 12. T6713-T6814⑥:8 13. T7909-T8010⑥:3 14. T6515-T6616⑥:80 15. T7707-T7808⑥:12
16. T7907-T8008⑥:3 17. T7907-T8008⑥:1

厘米（图三三〇，4）。T6903-T7004⑥:1，夹砂灰黑陶。敛口，圆唇，卷沿，深直腹。残高3.8厘米（图三三〇，5）。T7307-T7408⑥:4，夹砂灰黄陶。直口，尖圆唇，卷沿，直腹。残高6.1厘米（图三三〇，6）。T6905-T7006⑥:3，夹砂灰黑陶。敞口，方唇，折沿，浅弧腹。腹部饰一道凹弦纹。口径40、残高5厘米（图三三〇，7）。T7909-T8010⑥:11，夹砂灰黑陶。直口，圆唇，折沿，深直腹。残高5厘米（图三三〇，8）。T6515-T6616⑥:3，夹砂灰黑陶。侈口，圆唇，卷沿，深弧腹。残高4厘米（图三三〇，9）。T6515-T6616⑥:22，夹

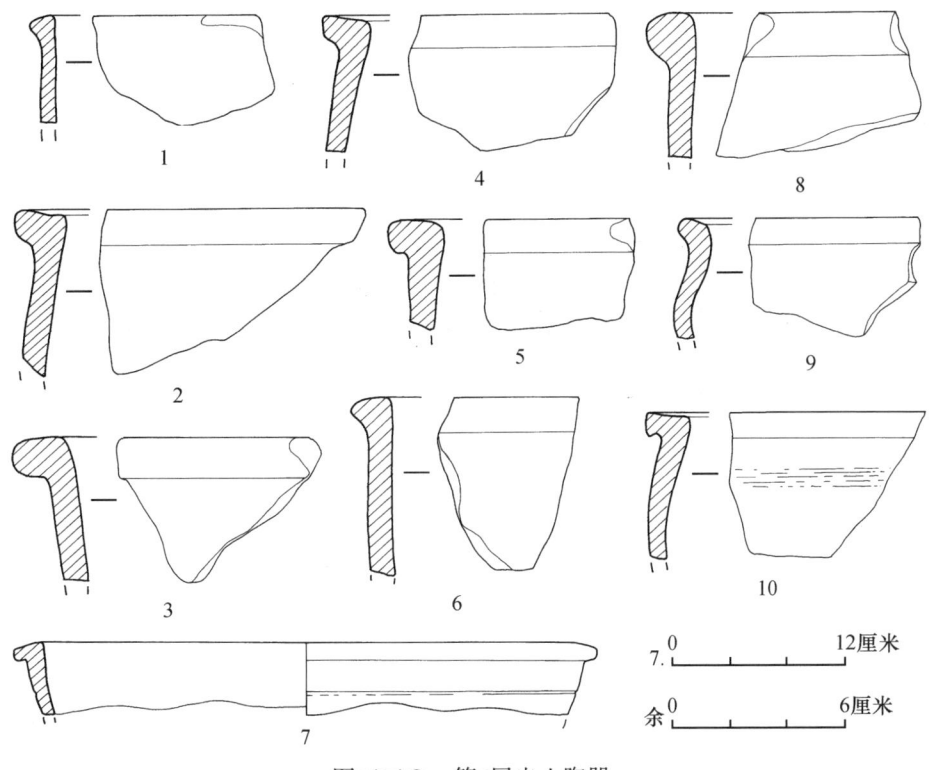

图三〇　第6层出土陶器

1. 壶（T7907-T8008⑥：4）　2~10. 盆（T6903-T7004⑥：5、T6911-T7012⑥：8、T6903-T7004⑥：3、T6903-T7004⑥：1、T7307-T7408⑥：4、T6905-T7006⑥：3、T7909-T8010⑥：11、T6515-T6616⑥：3、T6515-T6616⑥：22）

砂灰黑陶。敛口，方唇，折沿，深弧腹。腹部饰两道凹弦纹。残高5厘米（图三三〇，10）。T6713-T6814⑥：4，夹砂灰黑陶。敛口，尖圆唇，卷沿，深鼓腹。腹部饰一道凹弦纹。残高4厘米（图三三一，1）。T6713-T6814⑥：5，夹砂灰黄陶。敛口，圆唇，折沿，深弧腹。残高4.2厘米（图三三一，2）。T7709-T7810⑥：4，夹砂灰黄陶。敛口，尖圆唇，卷沿，深鼓腹。残高3.8厘米（图三三一，3）。T6911-T7012⑥：10，夹砂灰黄陶。敛口，尖圆唇，折沿，斜直深腹。腹部饰一道凹弦纹。残高4.5厘米（图三三一，4）。T6515-T6616⑥：1，夹砂灰黑陶。侈口，圆唇，卷沿，浅鼓腹。腹部饰一道凹弦纹。残高4.5厘米（图三三一，5）。T7307-T7408⑥：5，夹砂灰黑陶。敛口，方唇，卷沿，斜直深腹。残高4厘米（图三三一，6）。T7909-T8010⑥：12，夹砂灰黑陶。敞口，圆唇，卷沿。腹部饰两道凹弦纹。残高3.8厘米（图三三一，7）。T7709-T7810⑥：5，夹砂灰黄陶。直口，尖圆唇，卷沿，深弧腹。口径30、残高3厘米（图三三二，1）。T7909-T8010⑥：9，夹砂灰黄陶。敛口，圆唇，卷沿，斜直深腹。残高3.5厘米（图三三二，2）。T7909-T8010⑥：10，夹砂灰黄陶。口微敛，方唇，折沿，浅弧腹。残高4厘米（图三三二，3）。T6515-T6616⑥：2，夹砂灰黄陶。敛口，圆唇，折沿，浅弧腹。残高4厘米（图三三二，4）。T6511-T6612⑥：9，夹砂灰黑陶。敛口，方唇，深弧腹。残高6.4厘米（图三三二，5）。T6713-T6814⑥：6，夹砂灰黄陶。敞口，圆唇，卷沿，斜直浅腹。残高6.6厘米（图三三二，6）。

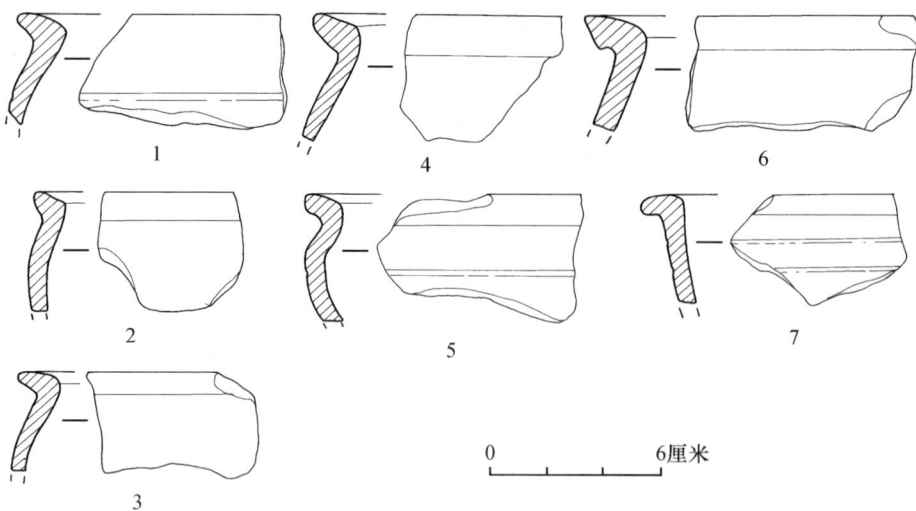

图三三一　第6层出土陶盆

1. T6713-T6814⑥：4　2. T6713-T6814⑥：5　3. T7709-T7810⑥：4　4. T6911-T7012⑥：10　5. T6515-T6616⑥：1
6. T7307-T7408⑥：5　7. T7909-T8010⑥：12

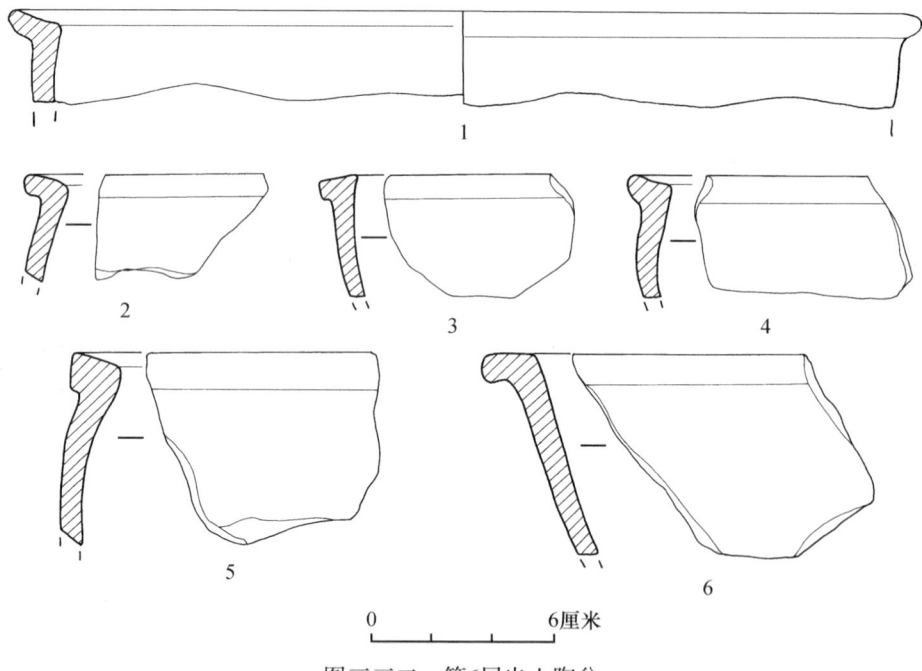

图三三二　第6层出土陶盆

1. T7709-T7810⑥：5　2. T7909-T8010⑥：9　3. T7909-T8010⑥：10　4. T6515-T6616⑥：2　5. T6511-T6612⑥：9
6. T6713-T6814⑥：6

8. 瓮

14件。

T7307-T7408⑥:6，夹砂灰黑陶。直口，圆唇，矮领。口径32、残高7厘米（图三三三，1）。T6515-T6616⑥:28，夹砂灰黄陶。敛口，圆唇，广肩。肩部饰重菱纹。口径30、残高6.4厘米（图三三三，2）。T7307-T7408⑥:2，夹砂灰褐陶。直口，圆唇，广肩。口径60、残高9.3厘米（图三三三，3）。T6713-T6814⑥:13，夹砂灰黄陶。侈口，圆唇，矮领，束颈。口径38、残高7.4厘米（图三三三，4）。T6715-T6816⑥:4，夹砂灰褐陶。侈口，圆唇，矮领，束颈。口径30、残高6.6厘米（图三三三，5）。T6903-T7004⑥:8，夹砂灰黑陶。敛口，尖圆唇，广肩。口径26、残高4厘米（图三三三，6）。T6715-T6816⑥:1，夹砂灰黑陶。侈口，圆唇，矮领。残高10厘米（图三三三，7）。T7707-T7808⑥:3，夹砂灰黄陶。口微侈，尖圆唇，矮领。残高6.2厘米（图三三三，8）。T7709-T7810⑥:7，夹砂灰黄陶。喇叭口，

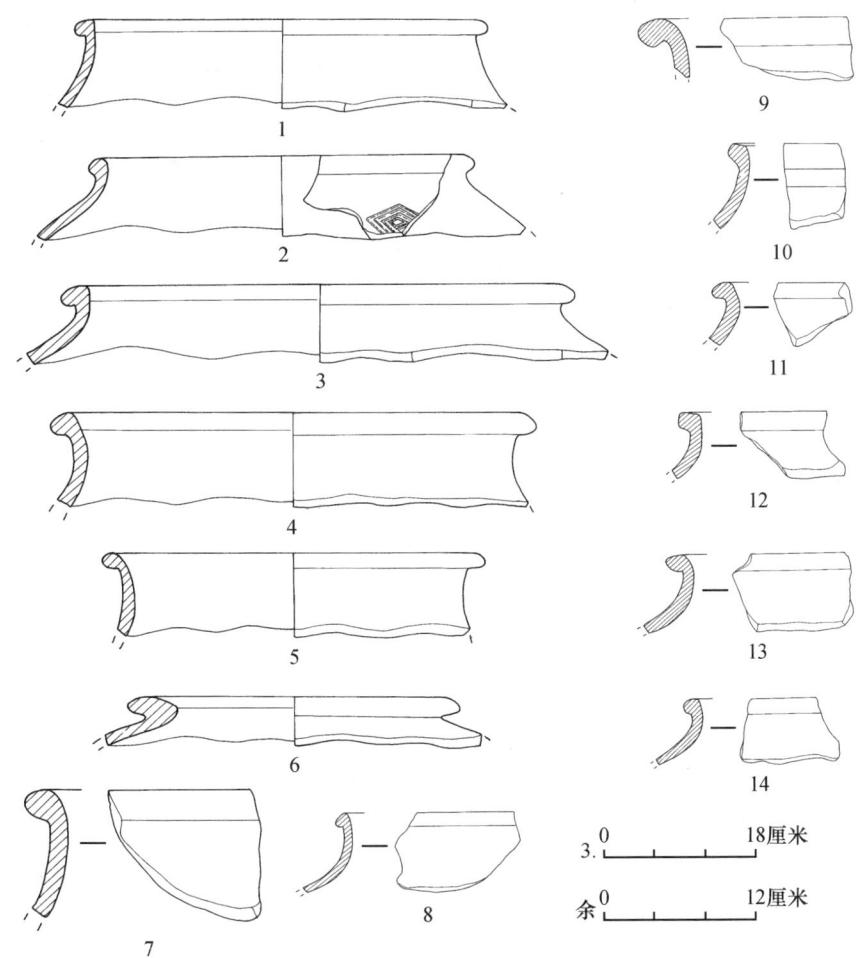

图三三三　第6层出土陶瓮

1. T7307-T7408⑥:6　2. T6515-T6616⑥:28　3. T7307-T7408⑥:2　4. T6713-T6814⑥:13　5. T6715-T6816⑥:4
6. T6903-T7004⑥:8　7. T6715-T6816⑥:1　8. T7707-T7808⑥:3　9. T7709-T7810⑥:7　10. T6711-T6812⑥:7
11. T6903-T7004⑥:6　12. T7707-T7808⑥:1　13. T7709-T7810⑥:8　14. T7709-T7810⑥:1

圆唇。残高5厘米（图三三三，9）。T6711-T6812⑥：7，夹砂灰褐陶。侈口，方唇，矮领。口径、残高6.7厘米（图三三三，10）。T6903-T7004⑥：6，夹砂灰黄陶。侈口，尖圆唇，矮领，束颈。残高5厘米（图三三三，11）。T7707-T7808⑥：1，夹砂灰黄陶。直口，方唇，矮领。残高5.2厘米（图三三三，12）。T7709-T7810⑥：8，夹砂灰黑陶。侈口，尖圆唇，矮领。残高6.1厘米（图三三三，13）。T7709-T7810⑥：1，夹砂灰黑陶。侈口，圆唇，矮领。残高5.1厘米（图三三三，14）。

9. 缸

9件。

T7907-T8008⑥：6，夹砂灰褐陶。直口，圆唇，直腹。腹部饰两道凹弦纹。残高10厘米（图三三四，1）。T7907-T8008⑥：5，夹砂灰黄陶。敛口，圆唇，深直腹。残高5厘米（图三三四，2）。T6515-T6616⑥：11，夹砂灰黑陶。侈口，圆唇，深直腹。腹部饰两道凹弦纹。残高9厘米（图三三四，3）。T6515-T6616⑥：12，夹砂灰黑陶。侈口，卷沿，圆唇，深斜直腹。残高6.2厘米（图三三四，4）。T7707-T7808⑥：15，夹砂灰黑陶。敞口，卷沿，方唇，斜直浅腹。残高5.7厘米（图三三四，5）。T7707-T7808⑥：14，夹砂灰黑陶。侈口，卷沿，圆唇，斜直深腹。残高6.9厘米（图三三四，6）。T6711-T6812⑥：9，夹砂灰黑陶。敛口，圆唇，深腹。残高5.4厘米（图三三四，7）。T6515-T6616⑥：10，夹砂灰黄陶。敛口，卷沿，方唇，深直腹。腹部饰一道凹弦纹。残高5.7厘米（图三三四，8）。T6903-T7004⑥：7，夹砂灰黑陶。敛口，折沿，尖唇，深弧腹。口径40、残高4.4厘米（图三三四，9）。

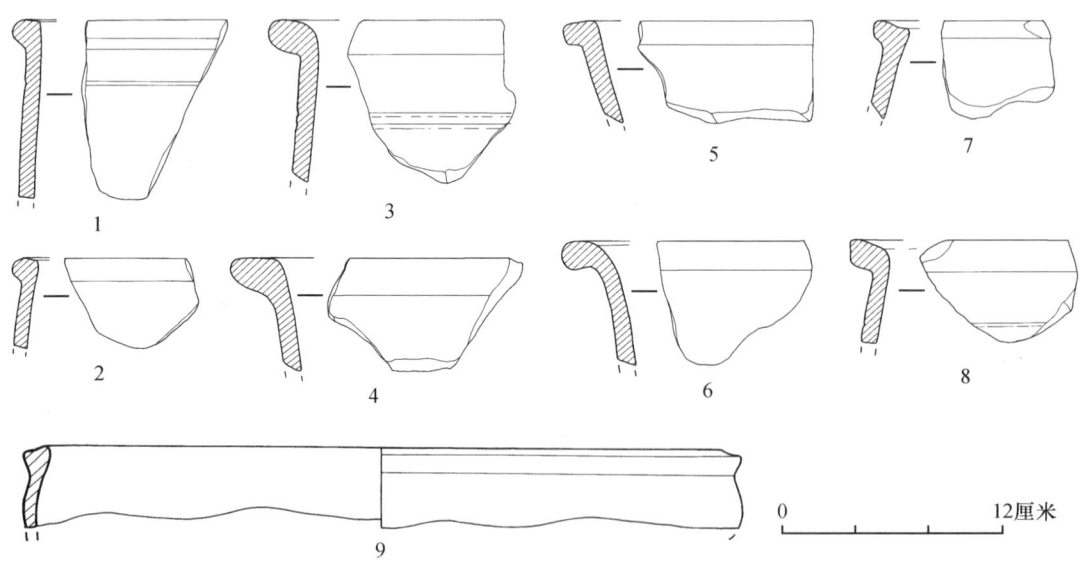

图三三四　第6层出土陶缸

1. T7907-T8008⑥：6　2. T7907-T8008⑥：5　3. T6515-T6616⑥：11　4. T6515-T6616⑥：12　5. T7707-T7808⑥：15
6. T7707-T7808⑥：14　7. T6711-T6812⑥：9　8. T6515-T6616⑥：10　9. T6903-T7004⑥：7

10. 簋形器

15件。

T6511-T6612⑥：4，夹砂灰黑陶。口微侈，沿面弧，斜直腹。残高5厘米（图三三五，1）。T6511-T6612⑥：6，夹砂灰黄陶。口微敛，沿面弧，斜直腹。残高7.1厘米（图三三五，2）。T6511-T6612⑥：5，夹砂灰褐陶。口微侈，沿面弧，斜直腹。残高4厘米（图三三五，3）。T6511-T6612⑥：7，夹砂灰褐陶。直口，沿面平，斜直腹。残高5.5厘米（图三三五，4）。T6515-T6616⑥：29，夹砂灰褐陶。直口，沿面弧，斜直腹。残高5.8厘米（图三三五，5）。T6515-T6616⑥：30，夹砂灰黑陶。口微侈，沿面凹，斜直腹。残高5.3厘米（图三三五，6）。T6515-T6616⑥：31，夹砂灰黑陶。直口，沿面弧，直腹。残高4.8厘米（图三三五，7）。T6911-T7012⑥：2，夹砂灰黑陶。直口，沿面平，斜直腹。残高5.4厘米（图三三五，8）。T8109-T8210⑥：3，夹砂灰黑陶。直口，沿面弧，直腹。残高7.1厘米（图三三五，9）。T8109-T8210⑥：4，夹砂灰黑陶。口微侈，沿面弧，斜直腹。残高5.6厘米（图三三五，10）。T6511-T6612⑥：8，夹砂灰褐陶。侈口，沿面弧，弧腹。腹部饰一道凹弦纹。残高4.2厘米（图三三五，11）。T6515-T6616⑥：32，夹砂灰黑陶。直口，沿面弧，直腹。残高3.2厘

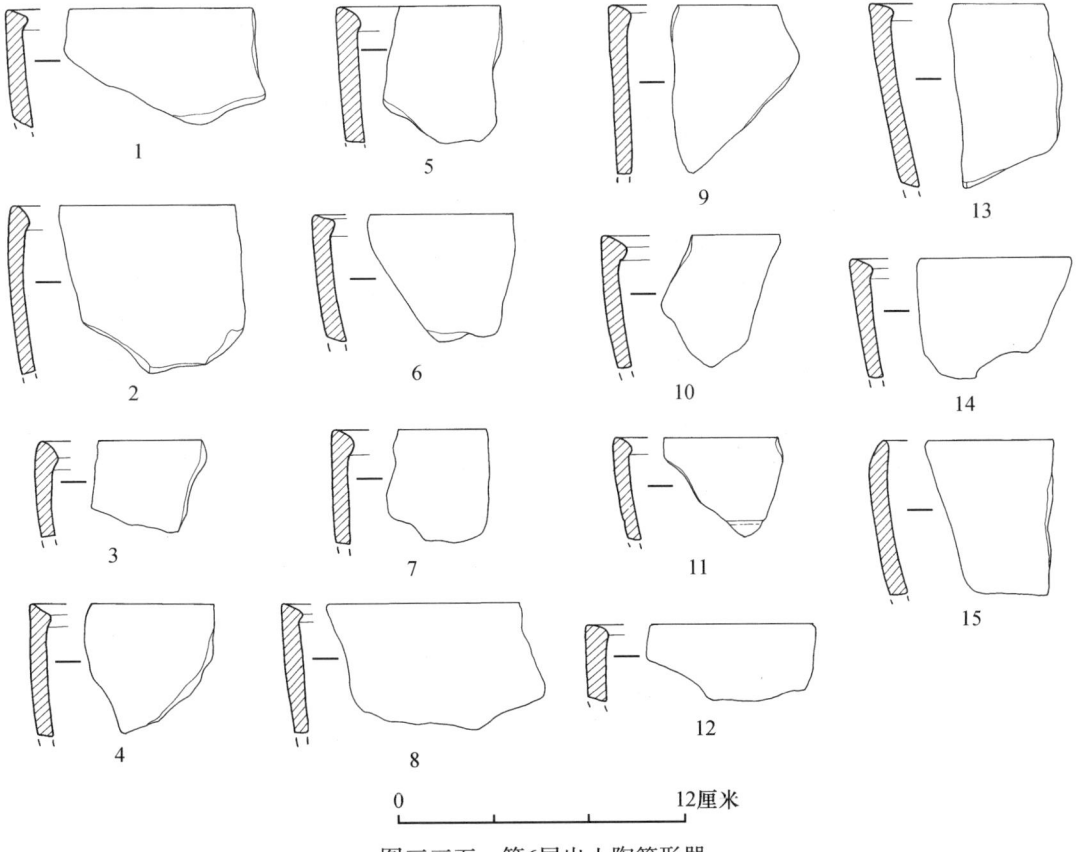

图三三五　第6层出土陶簋形器

1. T6511-T6612⑥：4　2. T6511-T6612⑥：6　3. T6511-T6612⑥：5　4. T6511-T6612⑥：7　5. T6515-T6616⑥：29
6. T6515-T6616⑥：30　7. T6515-T6616⑥：31　8. T6911-T7012⑥：2　9. T8109-T8210⑥：3　10. T8109-T8210⑥：4
11. T6511-T6612⑥：8　12. T6515-T6616⑥：32　13. T6711-T6812⑥：1　14. T6911-T7012⑥：9　15. T6711-T6812⑥：2

米（图三三五，12）。T6711-T6812⑥：1，夹砂灰黄陶。侈口，沿面弧，斜直腹。残高7.8厘米（图三三五，13）。T6911-T7012⑥：9，夹砂灰褐陶。侈口，沿面弧，斜直腹。残高5厘米（图三三五，14）。T6711-T6812⑥：2，夹砂灰黑陶。侈口，无沿，尖唇，斜弧腹。残高6.5厘米（图三三五。15）。

11. 敛口小罐

2件。

T6515-T6616⑥：27，泥质灰黑陶。敛口，圆唇。卷沿，鼓肩。口径38、残高5.4厘米（图三三六，2）。T7709-T7810⑥：16，泥质灰黑陶。喇叭口，短束颈，方唇，卷沿。口径12.6、残高3.8厘米（图三三六，1）。

12. 器盖

1件。

T6713-T6814⑥：11，夹砂灰褐陶。伞形，圆唇。残高2.2厘米（图三三六，6）。

13. 器纽

2件。

T6713-T6814⑥：14，夹砂灰黑陶。盘状纽，方唇。纽径4、残高2.2厘米（图三三六，7）。T7307-T7408⑥：7，夹砂灰褐陶。喇叭形，圆唇。纽径4.8、残高2厘米（图三三六，8）。

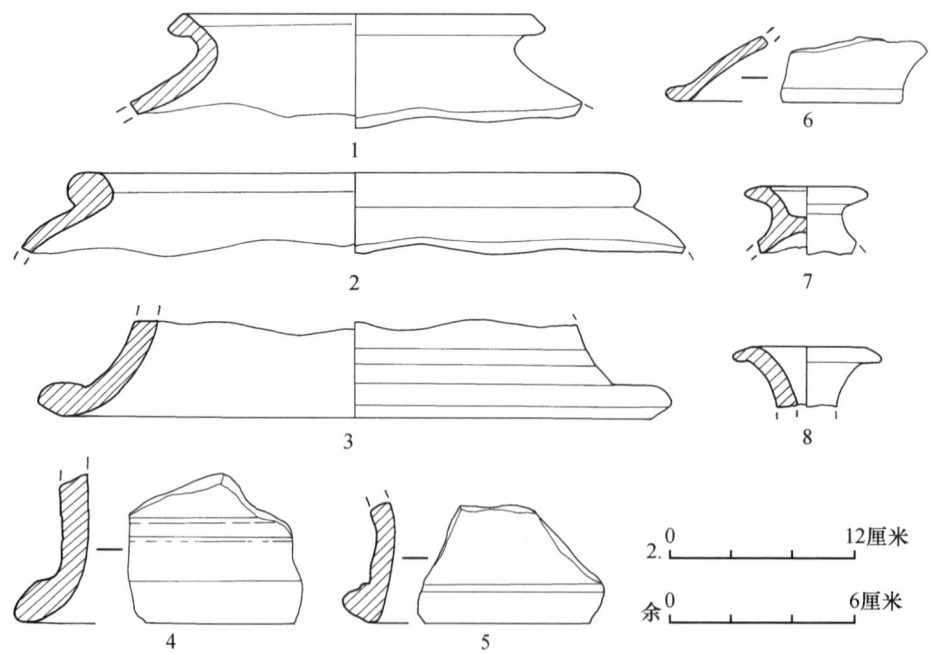

图三三六　第6层出土陶器

1、2. 敛口小罐（T7709-T7810⑥：16、T6515-T6616⑥：27）　3～5. 器座（T6713-T6814⑥：2、T6713-T6814⑥：3、T7709-T7810⑥：13）　6. 器盖（T6713-T6814⑥：11）　7、8. 器纽（T6713-T6814⑥：14、T7307-T7408⑥：7）

14. 器座

3件。

T6713-T6814⑥：2，夹砂灰黑陶。高器座，喇叭形，卷沿，尖圆唇。底径21、残高3.1厘米（图三三六，3）。T6713-T6814⑥：3，夹砂灰黑陶。高器座，侈口，卷沿，圆唇。器身饰两道凹弦纹。残高5厘米（图三三六，4）。T7709-T7810⑥：13，夹砂灰黑陶。折沿，尖圆唇。器身饰一道凸棱。残高4厘米（图三三六，5）。

15. 器底

5件。

T6711-T6812⑥：15，泥质灰黄陶。小平底，底径1.8、残高2厘米（图三三七，1）。T6711-T6812⑥：16，泥质灰黑陶。小平底。底径1.3、残高2.5厘米（图三三七，2）。T7707-T7808⑥：16，泥质灰黑陶。小平底。底径2、残高3.6厘米（图三三七，3）。T7307-T7408⑥：8，夹砂灰黑陶。尖底。残高3.8厘米（图三三七，4）。T6711-T6812⑥：14，夹砂灰黄陶。尖底。残高2.6厘米（图三三七，5）。

16. 圈足

2件。

T6515-T6616⑥：9，夹砂灰黑陶。喇叭形，足缘折壁形成凸棱。残高4.7厘米（图三三七，7）。T6711-T6812⑥：13，夹砂灰黑陶。足壁外侈，足缘折壁形成凸棱。残高3.3厘米（图三三七，8）。

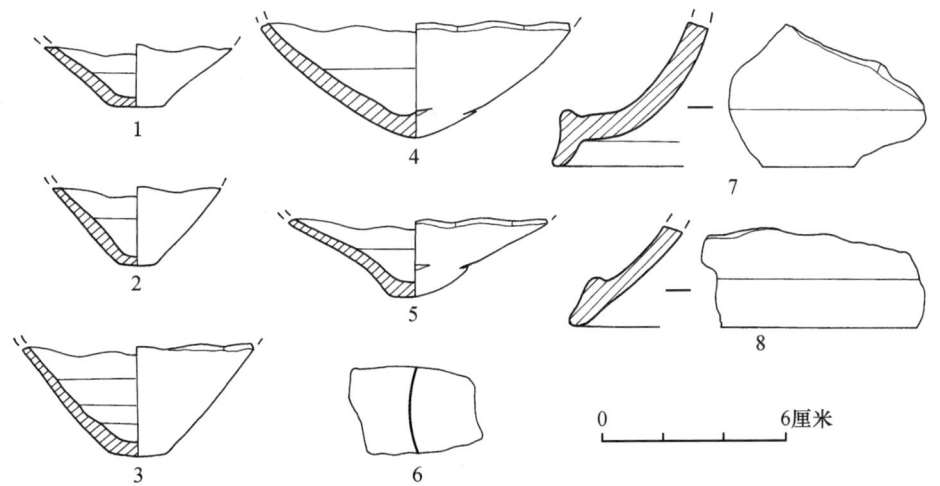

图三三七　第6层出土遗物

1~5. 陶器底（T6711-T6812⑥：15、T6711-T6812⑥：16、T7707-T7808⑥：16、T7307-T7408⑥：8、T6711-T6812⑥：14）
6. 铜器残件（T6511-T6612⑥：1）　7、8. 陶圈足（T6515-T6616⑥：9、T6711-T6812⑥：13）

（二）铜器

1件。

T6511-T6612⑥：1，铜器残件。呈不规则长方形，中部略厚，边缘偏薄。长4.4、宽2.9厘米（图三三七，6）。

三、第5层出土遗物

1. 陶盏

1件。

T6511-T6612⑤：2，夹砂灰黑陶。侈口，圆唇。口径7.2、底径3.8、高2.2厘米（图三三八，8）。

2. 陶瓮形器

1件。

T6907-T7008⑤：5，夹砂灰黄陶。敛口，方唇，弧肩。沿外侧及肩部饰绳纹。残高6.5厘米（图三三八，10）。

3. 陶高领罐

5件。

T6907-T7008⑤：1，夹砂灰黑陶。侈口，尖圆唇，高领。口径15、残高9.4厘米（图三三八，1）。T6907-T7008⑤：4，夹砂灰黑陶。侈口，尖圆唇，高领。口径13、残高4.5厘米（图三三八，2）。T6907-T7008⑤：3，夹砂灰黑陶。口微敛，尖圆唇，高领。口径13、残高7.3厘米（图三三八，3）。T6907-T7008⑤：2，夹砂灰褐陶。敞口，尖圆唇，高领。残高10厘米（图三三八，5）。T6907-T7008⑤：6，夹砂灰黑陶。侈口，尖唇，高领。残高4.5厘米（图三三八，6）。

4. 陶束颈罐

1件。

T6907-T7008⑤：7，夹砂灰黄陶。束颈，尖圆唇，折沿，鼓肩。残高5厘米（图三三八，12）。

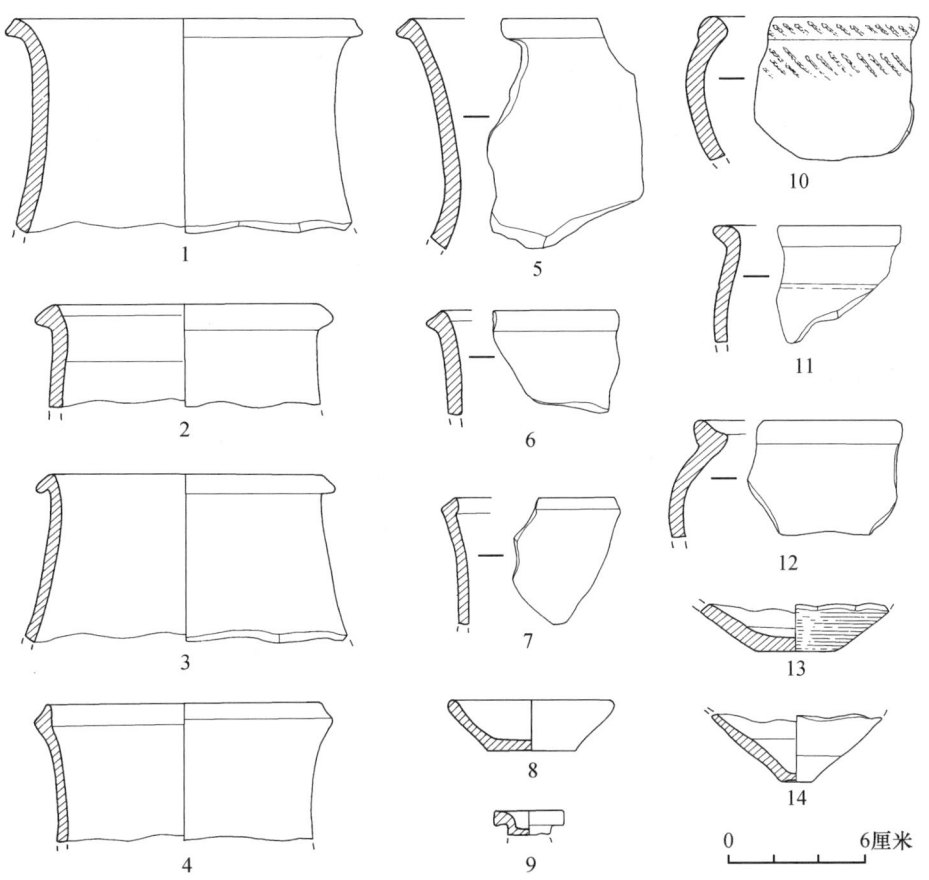

图三三八　第5层出土陶器
1～3、5、6. 高领罐（T6907-T7008⑤：1、T6907-T7008⑤：4、T6907-T7008⑤：3、T6907-T7008⑤：2、T6907-T7008⑤：6）
4、7. 壶（T6907-T7008⑤：8、T6907-T7008⑤：10）　8. 盏（T6511-T6612⑤：2）　9. 器纽（T6907-T7008⑤：13）
10. 瓮形器（T6907-T7008⑤：5）　11. 盆（T6907-T7008⑤：9）　12. 束颈罐（T6907-T7008⑤：7）
13、14. 器底（T6907-T7008⑤：12、T6907-T7008⑤：11）

5. 陶壶

2件。

T6907-T7008⑤：8，夹砂灰黑陶。略呈盘口状，尖圆唇。口径13、残高6厘米（图三三八，4）。T6907-T7008⑤：10，夹砂灰黑陶。敛口，尖圆唇。残高5.5厘米（图三三八，7）。

6. 陶盆

1件。

T6907-T7008⑤：9，夹砂灰黑陶。侈口，尖圆唇，卷沿，弧腹。腹部饰一道凹弦纹。残高5厘米（图三三八，11）。

7. 陶器纽

1件。

T6907-T7008⑤：13，夹砂灰黄陶。盘状纽，方唇。纽径3、残高1厘米（图三三八，9）。

8. 陶器底

2件。

T6907-T7008⑤：12，夹砂灰黑陶。小平底，底径3.6、残高2.1厘米（图三三八，13）。T6907-T7008⑤：11，泥质灰白陶。小平底，微内凹。底径1.5、残高2.9厘米（图三三八，14）。

第四章　分期与年代

第一节　陶器类型学分析

尖底杯　近筒形，深腹，小平底或乳突状尖底。据整体形制差异，分二型。

A型　罐形。侈口，高领，肩微鼓，深弧腹，小平底。标本T6905-T7006⑦：1，口径10.2、底径1、高7.8厘米（图三三九，1）。标本H8905：1，口径11.6、底径2、高9.2厘米（图三三九，2）。标本H8962：1，口径10.3、底径2.4、高10.4厘米（图三三九，3）。标本H8908：1，口径11.8、底径1.8、高9.3厘米（图三三九，4）。标本H8912：1，口径11、残高9厘米（图三三九，5）。

B型　深筒形。敛口，长筒形腹，底部内收成小平底或尖底。据腹部和底部变化，分三式。

Ⅰ式：上、下腹分界明显，下腹较长，底部较宽。标本H8894：1，口径8.8、高14.8厘米（图三三九，6）。标本H8958：1，口径9、高14.5厘米（图三三九，7）。标本T7707-T7808⑦：84，口径8、高14.5厘米（图三三九，8）。标本H9034：1，口径8.6、底径1.6、高14.5厘米（图三三九，9）。

Ⅱ式：上、下腹分界明显，底部较窄，尖底。标本H8867：1，口径8、高11.4厘米（图三三九，10）。

Ⅲ式：器身瘦长，上下腹不分界，锥状尖底。标本T7709-T7810⑦：1，口径8.4、高12.7厘米（图三三九，11）。

尖底盏　据整体形制差异，分三型。

A型　罐形。侈口，束颈，鼓肩，下腹内收，小平底。标本T7907-T8008⑦：1，口径16、底径2.2、高8.4厘米（图三四〇，1）。标本H9071：1，口径10.2、通高6厘米（图三四〇，2）。标本H9071：2，口径9、底径1.6、高5.5厘米（图三四〇，3）。

B型　盆形。侈口，束颈，弧腹，乳突状尖底。标本H8899：3，口径12.6、高6.4厘米（图三四〇，4）。标本H8856：4，口径14、高6厘米（图三四〇，5）。标本H8876：1，口径13、高5.6厘米（图三四〇，6）。

C型　钵形。敛口，圆唇，弧腹，乳突状尖底。标本H9017：1，口径12.4、高5厘米（图三四〇，7）。T8311-T8412⑦：2，口径14、高5.7厘米（图三四〇，8）。T8311-T8412⑦：1，口径12.2、高6.8厘米（图三四〇，9）。

图三三九 陶尖底杯

1~5. A型（T6905-7006⑦：1、H8905：1、H8962：1、H8908：1、H8912：1） 6~9. B型Ⅰ式（H8894：1、H8958：1、T7707-T7808⑦：84、H9034：1） 10. B型Ⅱ式（H8867：1） 11. B型Ⅲ式（T7709-T7810⑦：1）

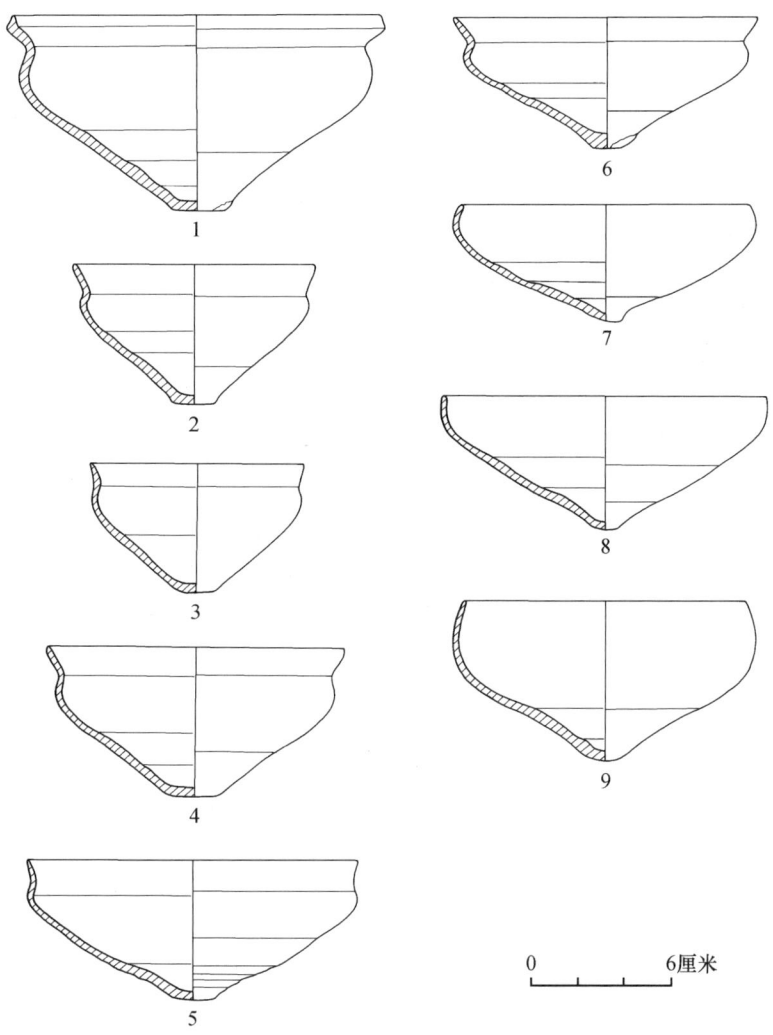

图三四〇　陶尖底盏
1~3.A型（T7907-T8008⑦：1、H9071：1、H9071：2）　4~6.B型（H8899：3、H8856：4、H8876：1）
7~9.C型（H9017：1、T8311-T8412⑦：2、T8311-T8412⑦：1）

小平底罐　据肩、颈部形制差异，分三型。

A型　束颈不明显，肩径小于或约等于口径。标本H8897：2，口径8.8、底径2.4、高5.5厘米（图三四一，1）。标本H9029：1，口径16.4、底径2.4、高10.4厘米（图三四一，2）。

B型　短束颈，鼓肩，肩径大于口径。标本H8854：4，口径13.6、底径2、高9.8厘米（图三四一，3）。标本H8903：2，口径13、底径2、高9.9厘米（图三四一，4）。

C型　侈口，颈部略长，口径与肩径相近。标本H8929：7，口径12.4、底径2、高11厘米（图三四一，5）。

敛口罐　据肩部形制差异，分三型。

A型　圆鼓肩。标本H9084：2，口径36、残高7.5厘米。标本H8956：1，口径32、残高7.6厘米（图三四一，6）。标本T6911-T7012⑥：1，口径36、残高4.8厘米（图三四一，7）。标本H9022：4，口径32、残高10厘米（图三四一，8）。

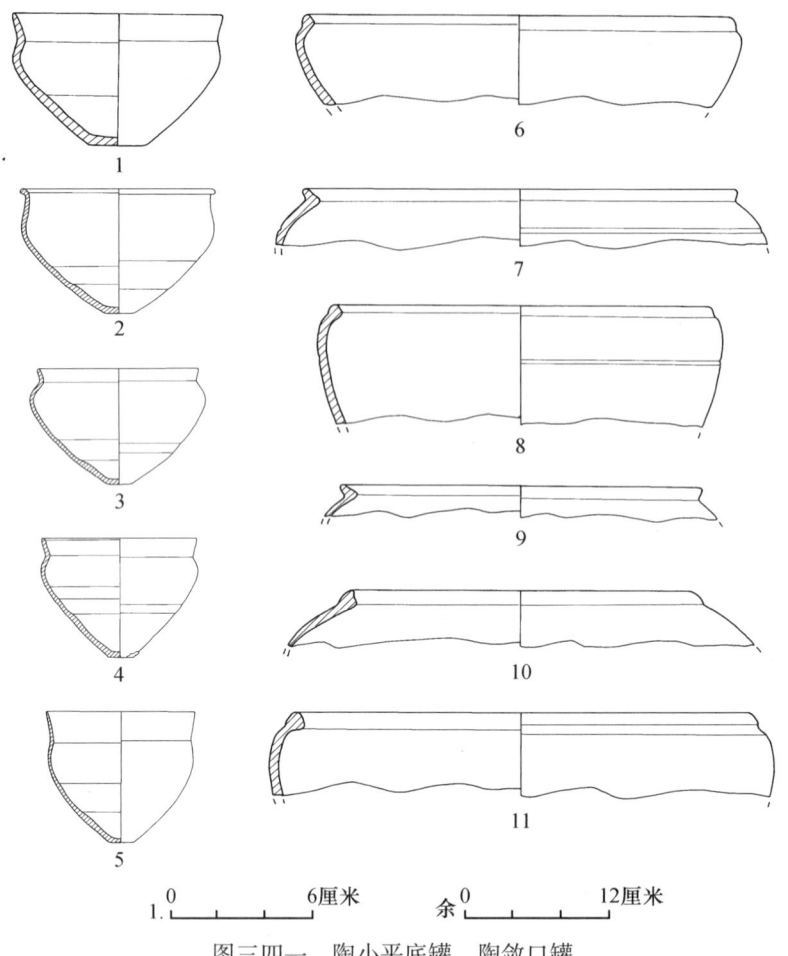

图三四一 陶小平底罐、陶敛口罐

1、2. A型小平底罐（H8897：2、H9029：1） 3、4. B型小平底罐（H8854：4、H8903：2） 5. C型小平底罐（H8929：7）
6~8. A型敛口罐（H9084：2、T6911-T7012⑥：1、H9022：4） 9、10. B型敛口罐（H8894：3、H8959：1）
11. C型敛口罐（H8905：6）

B型 广弧肩。标本H8894：3，口径30、残高2.6厘米（图三四一，9）。标本H8959：1，口径30、残高4.8厘米（图三四一，10）。

C型 折肩。标本H8905：6，口径38、残高7.4厘米（图三四一，11）。

高领罐 据口部和领部形制的差异，分三型。

A型 口微侈或近直口，领部微束。标本H9071：7，口径18、残高11厘米（图三四二，1）。标本H9074：4，口径15、残高8.4厘米（图三四二，2）。

B型 口微敛，斜领。标本T6907-T7008⑤：3，口径13、残高7.3厘米（图三四二，3）。

C型 侈口，斜领。标本H8875：6，口径18、残高3.4厘米（图三四二，4）。

矮领罐 据口部形制差异，分二型。

A型 直口或口微侈，直领。标本T6515-T6616⑦：97，口径16、残高5.8厘米（图三四三，1）。

B型 侈口，领部呈束腰状。标本H9070：47，口径18、残高6.4厘米（图三四三，2）。

束颈罐 据纹饰的差异，分二型。

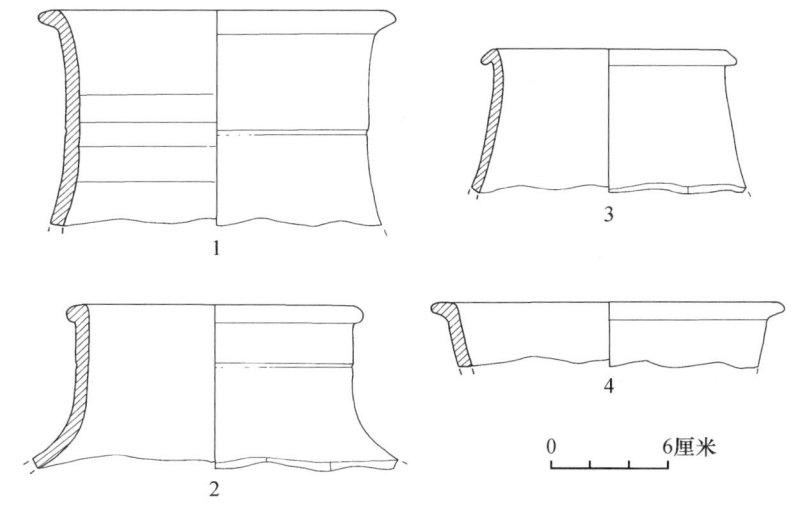

图三四二　陶高领罐
1、2. A型（H9071∶7、H9074∶4）　3. B型（T6907-T7008⑤∶3）　4. C型（H8875∶6）

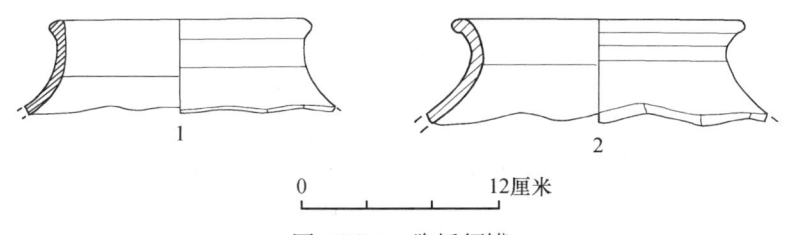

图三四三　陶矮领罐
1. A型（T6515-T6616⑦∶97）　2. B型（H9070∶47）

A型　饰绳纹，多饰于肩部。深鼓腹，多为平底。标本H8908∶4，口径17、残高8.2厘米（图三四四，1）。H8908∶6，口径13.5、残高10厘米（图三四四，2）。标本H8908∶10，口径16、残高13.5厘米（图三四四，3）。标本H8897∶4，口径16、底径3.2、高10.3厘米（图三四四，4）。

B型　素面，肩部不见绳纹装饰。深鼓腹，多带圈足。据口部形制差异，分二亚型。

Ba型　侈口，折沿。标本H9083∶1，口径14.8、圈足径7、高14厘米（图三四四，5）。H8958∶3，口径12、残高14.1厘米（图三四四，6）。T7305-T7406⑦∶1，口径12.8、圈足径7.8、高11.6厘米（图三四四，7）。H8847∶1，口径14.8、圈足径7.8、高11.7厘米（图三四四，8）。

Bb型　内沿有承接器盖的凹槽，可能是子母口。标本H9058∶22，口径40、残高10.4厘米（图三四四，9）。

壶　据口部形制差异，分二型。

A型　直口，领中部外鼓，唇沿内撇。H9058∶2，口径12、残高25厘米（图三四五，1）。标本H9074∶53，口径8.4、残高22厘米（图三四五，2）。标本T6907-T7008⑤∶8，口径13、残高6厘米（图三四五，3）。

B型　侈口。T7709-T7810⑦∶36，残高6.5厘米（图三四五，4）。T6915-T7016⑦∶22，

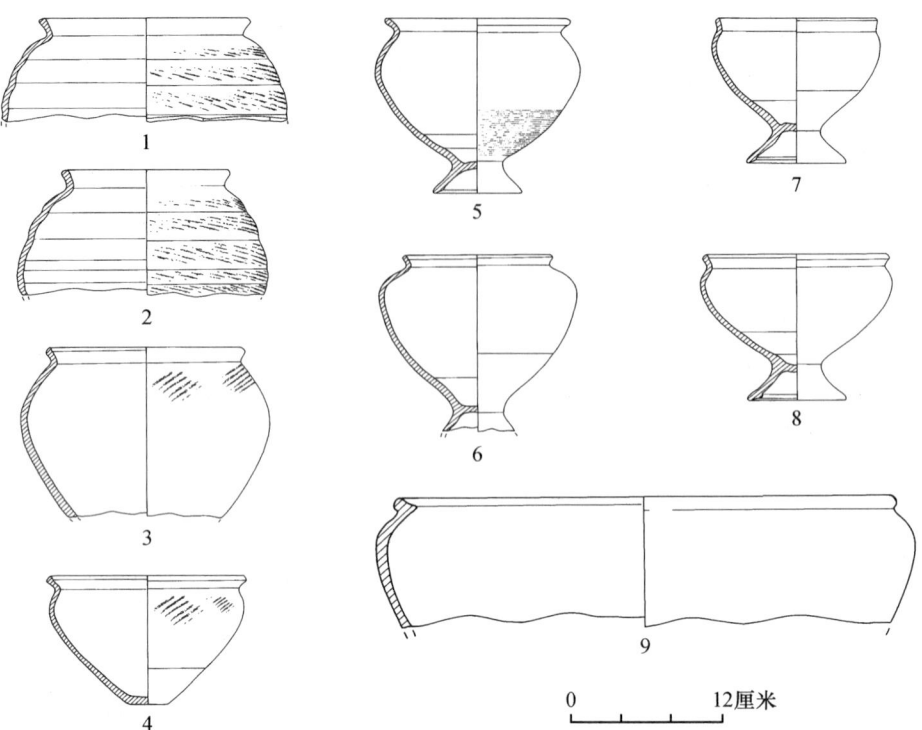

图三四四　陶束颈罐

1~4. A型（H8908：4、H8908：6、H8908：10、H8897：4）　5~8. Ba型（H9083：1、H8958：3、T7305-T7406⑦：1、H8847：1）　9. Bb型（H9058：22）

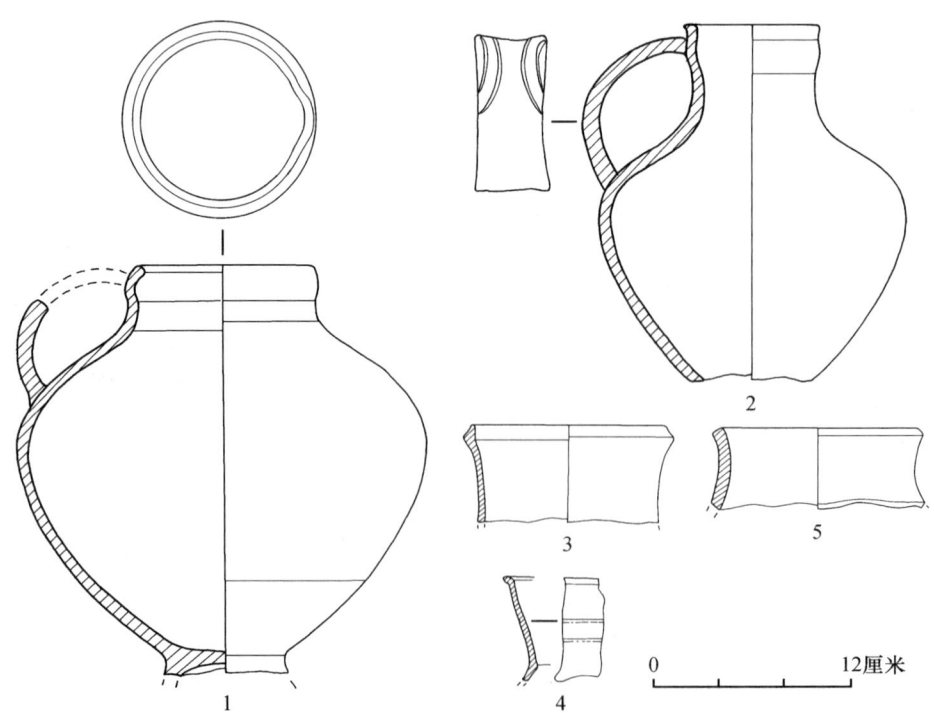

图三四五　陶壶

1~3. A型（H9058：2、H9074：53、T6907-T7008⑤：8）　4、5. B型（T7709-T7810⑦：36、T6915-T7016⑦：22）

口径13、残高5厘米（图三四五，5）。

盆　据口、颈部和腹部形制的差异，分三型。

A型　敛口，束颈，弧腹。标本T7707-T7808⑦：27，口径38、残高14.4厘米（图三四六，1）。标本H9070：73，口径44、残高9厘米（图三四六，2）。标本H8910：4，口径32、残高6.4厘米（图三四六，3）。标本H8888：2，口径24、残高16厘米（图三四六，4）。

B型　敛口，鼓腹。标本H9083：68，口径30、残高13厘米（图三四六，5）。标本H8982：8，口径28.8、残高6.2厘米（图三四六，6）。

C型　敞口，斜弧腹。标本H9070：76，口径32、残高5厘米（图三四六，7）。

瓮　据领部形制差异，分二型。

A型　高领。标本H9058：20，口径48、残高9.6厘米（图三四七，3）。

B型　矮领，束颈。标本T7307-T7408⑦：5，口径34、残高10.2厘米（图三四七，1）。标本T7307-T7408⑥：2，口径60、残高9.3厘米（图三四七，2）。

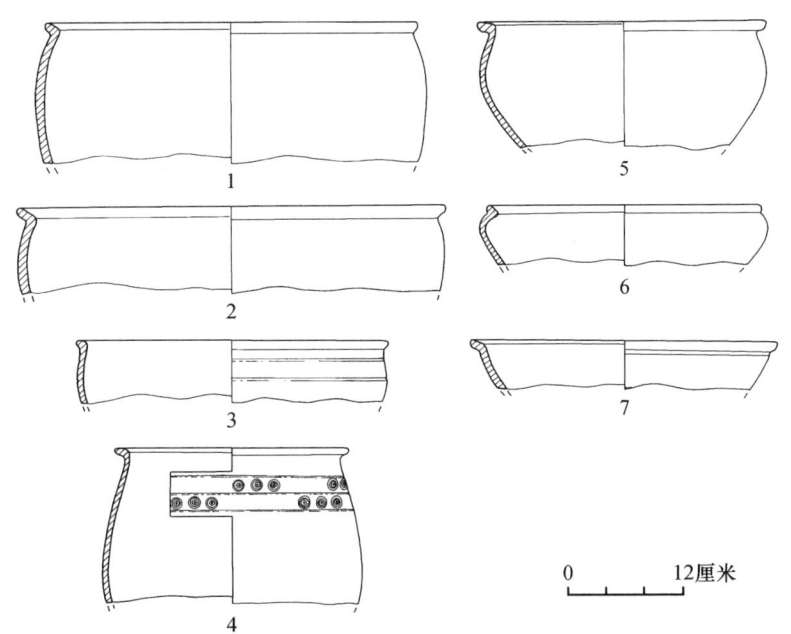

图三四六　陶盆

1~4. A型（T7707-T7808⑦：27、H9070：73、H8910：4、H8888：2）　5、6. B型（H9083：68、H8982：8）
7. C型（H9070：76）

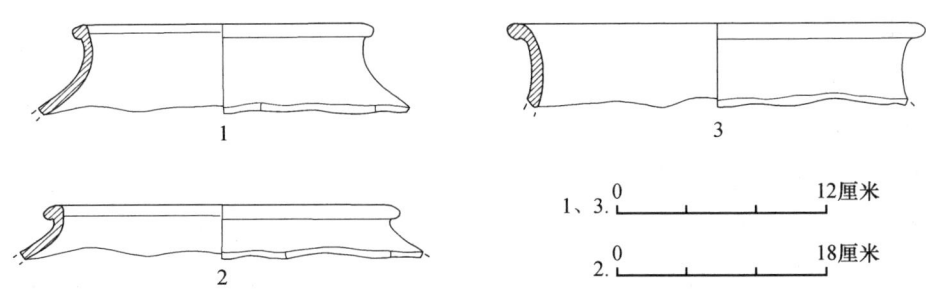

图三四七　陶瓮

1、2. B型（T7307-T7408⑦：5、T7307-T7408⑥：2）　3. A型（H9058：20）

第二节 分 期

　　黄忠小学地点虽然存在一定数量灰坑之间的叠压打破关系，但具有分期意义的单位并不多，各单位之间的器类和型式特征相差不大。且除了地层出土的器类较为完整外，灰坑中器物群较为完整的主要有H9058、H9074、H9076和H9083，H9058器物群完整且器物保存状况较好，而后三者之间存在直接叠压打破关系，出土的主要器类之间有较明显的差别，因此可将这四个单位作为分期的标尺。除了上文重点所列的灰坑之间的叠压打破关系外，再结合其他层位关系和出土器物较好的灰坑，将黄忠小学商周时期的文化遗存分为二期。

　　第一期：以H9083出土器物为代表，第7层、H8854、H8902、H8903、H8906、H8911、H8918、H8920、H8926、H8929、H8989、H8990、H9001、H9004、H9010、H9026、H9059、H9071、H9079、G691等单位属于同一阶段。该期的灰坑数量相对较少，平面形状以椭圆形居多，其中，H8911、H8918、H8926、H8990、H9001、H9004、H9010、H9026、H9071和H9079底部铺有河卵石，尤其以H8918、H8990和H9001的底部最多，这些河卵石的铺放像是有意的行为，其具体的功用还需进一步研究。这一期的器物特点是以素面的夹砂灰黑陶为主，有少量的纹饰，主要纹饰为斜向绳纹，且施纹部位主要是器物的口沿和上肩部。器物组合以尖底杯、瓮形器、敛口罐、束颈罐、高领罐、盆、瓮为主。这一期的器物特征为尖底杯主要为A型，B型Ⅰ、Ⅱ式；瓮形器在这一阶段数量最多，往后数量逐渐减少；敛口罐在这一阶段以A型为主，另有少量的B型；高领罐主要为A型，领部高且直；束颈罐主要为B型；盆以B型为主；瓮以A型为主，领部较高；另有少量的小平底罐和尖底盏，这两类器物在黄忠小学地点出土数量较少，通过与其他地点同类器物对比，初步判断这两类器物属于较早阶段的形态。

　　第二期：以H9074、H9076、H9058出土器物为代表，第6层、第5层、H8888、H8860、H8900、H8894、H8898、H8895、H8905、H8913、H8958、H8973、H9002、H9030、H9070等单位属于同一阶段。这一期的灰坑以椭圆形为主，且少见第一期部分灰坑出现铺放河卵石的现象。该期出土陶器的基本特征是以素面的夹砂灰黑陶为主，纹饰占少数，主要纹饰为绳纹，且施纹部位主要为器物的肩部。器物组合以敛口罐、高领罐、矮领罐、束颈罐、盆、瓮、缸、簋形器为主。这一期的器物特征为敛口罐数量大幅度增加，除第一期中已有的型式外，还新出现C型；高领罐除了延续上一期的型式外，也多见B、C型，束领和斜直领高领罐数量增加，但整体数量较第一期有所减少；矮领罐在这一时期数量大幅度增加；束颈罐主要为A、B型；盆以B、C型为主；这一阶段的高领瓮减少，矮领及无领瓮增加；缸和簋形器的数量在这一阶段也出现了较大幅度的增加。

　　总体来看，黄忠小学前后两期的器物差别不大，所分的两期在年代上的跨度也不大。从纹饰来看，较早阶段的纹饰主要为斜向绳纹、凹弦纹、粗绳纹、细绳纹、镂孔等，除镂孔外其他纹饰的施纹部位集中在器物的口部和肩部靠上的位置。发展到后期，除原有纹饰保留下来但数量稍有减少外，重菱纹、戳印纹、镂孔等成为这一时期的主要纹饰，施纹部位也从器物的口部和上肩部等部位下移。而从器类方面看，整体的变化并不明显。其中，罐形尖底杯的罐状特征减弱，沿部更宽更敞，形态上更接近尖底盏，而炮弹形尖底杯则由上下腹分界明显演变为上下腹浑然一体，分界不明显；尖底盏由敞口、折沿、深腹演变为敛口、浅腹、肩部鼓甚；小平底罐的数量较少，以泥质陶为主，由敞口、深弧腹向宽沿、浅腹演变；瓮形器形态多样，数量由多变少；高领罐、盆和敛口罐的形态多样，早晚变化不大；更晚阶段的簋形器、缸和瓮的数量增多，其中，簋形器在整个十二桥文化阶段来说属于较早阶段的形态，唇部内勾，深腹，圈足；瓮的早晚特征主要体现在口部和领部，由斜直或微束的高领向矮领和无领变化，由直口和口部微侈向厚唇和翻沿演变。

由于第7层出土了大量陶器，第6、5层出土陶器较少，而第7层属于第一期，客观来看，第一期遗物的数量要大于第二期，即第一期遗存较第二期更为丰富。

第三节　年　　代

与黄忠小学地点商周遗存文化面貌接近的遗址主要包括金沙遗址"阳光地带二期"地点[1]、"兰苑"地点[2]、"万博"地点[3]、"星河路西延线"地点[4]及郫县波罗村遗址[5]等。其中第二期遗存与波罗村遗址晚期KH68、KH38等较为接近，尤其是H8888∶1器座与波罗村KH68∶11壶的纹饰风格十分相似，三角形和圆形的镂孔也如出一辙。波罗村遗址晚期KH38、KH68所出炭化稻谷的树轮校正年代分别为公元前1050～前920年和公元前1130～前970年，数据集中在商代末期至西周早期。黄忠小学地点第二期开始出现重菱纹和矮领瓮、无领瓮，但不见新一村文化常见的折腹尖底盏、盘口罐等典型器物，其下限尚未到新一村文化阶段。

据此推测黄忠小学地点第二期的年代为西周早期。第一期遗存年代早于第二期且紧密相接，第一期的年代下限应为商代晚期。第一期遗存与金沙遗址"兰苑"地点H202、H305，"万博"地点H709，"星河路西延线"地点H7096、"阳光地带二期"地点第二期早段等遗存出土陶器组合及形制较接近。而金沙"兰苑""万博"等地点的年代约为商代晚期，"阳光地带二期"地点第二期早段H1372所出木炭和H1364所出炭化稻谷的树轮校正年代分别为公元

---

[1]　成都文物考古研究院、成都金沙遗址博物馆：《金沙遗址——阳光地带二期地点发掘报告》，文物出版社，2017年。

[2]　成都市文物考古研究所：《成都市金沙遗址"兰苑"地点发掘简报》，《成都考古发现（2001）》，科学出版社，2003年。

[3]　成都市文物考古研究所：《成都金沙遗址万博地点考古勘探与发掘收获》，《成都考古发现（2002）》，科学出版社，2004年。

[4]　成都文物考古研究所：《金沙遗址星河路西延线地点发掘简报》，《成都考古发现（2008）》，科学出版社，2010年。

[5]　成都文物考古研究所、郫县望丛祠博物馆：《成都郫县波罗村商周遗址发掘报告》，《考古学报》2016年第1期。

前1460~前1370年和公元前1440~前1330年，约为商代中期。据此推测黄忠小学地点第一期的年代为商代中晚期。综上所述，黄忠小学地点年代主体为商代中晚期至西周早期。绝对年代方面，黄忠小学的年代上限推测为距今3300年左右，下限推测为距今2900年左右，第一期的年代推测为距今3300~3000年，第二期的年代推测为距今3000~2900年。

黄忠小学地点共有测年数据12个（附录三），其中第一期有H8854、H8903、H9059、H9071、H9083等5个，第二期有H8860、H8888、H8895、H9058、H9070、H9074、H9076等7个数据。整体来看，12个数据的原始^{14}C年代集中在距今3100~2900年，树轮校正之后则集中在公元前1400~前1000年，主要在商代中晚期至商末周初。从^{14}C测年数据来看，黄忠小学商周时期遗存的年代上限为商代中期，下限为商末周初。^{14}C测年数据与基于遗物的对比年代基本吻合，但^{14}C数据显示的年代更多集中在商代中晚期，暗示黄忠小学商周遗存的年代大部分偏早，即集中在商代，仅有少部分遗存进入西周早期。

第五章 结　　语

　　黄忠小学地点是金沙遗址聚落群的重要组成部分。发现了丰富的遗迹现象，这些遗迹出土了大量文化特质鲜明和时代特征明显的遗物。其丰富的文化内涵为研究成都平原古蜀文化提供了重要的考古材料。

　　该地点遗迹主要有灰坑、墓葬、窑址、灰沟等。其中灰坑在发掘区的西北、西南和东南分布较为集中。平面形状有椭圆形、圆形、方形和不规则形等，圆形灰坑数量最多，其次为椭圆形和不规则形，方形灰坑数量最少。椭圆形、圆形和方形的灰坑面积较大，但深浅不一，深的可达1米左右，浅的则只有几厘米。坑壁多斜直，坑底较为平坦，部分灰坑底部铺有河卵石，除此之外不见人工痕迹，这些灰坑的性质和功能还需进一步确定。窑址为馒头窑，分为窑室、窑床和工作坑三部分，窑室西部被晚期沟破坏，窑室壁面和底部残留有厚3厘米左右的烧结面，窑床内有大量红烧土块和炭屑。由于不见窑址烧制的产品，因此很难判断陶窑的产品特征及使用的时间等问题。墓葬均为长方形竖穴土坑墓，没有发现葬具，人骨保存较差，葬式皆为仰身直肢葬，葬法以一次葬为主，另有少量的二次葬，头向主要为东北—西南向和西北—东南向，另有一座正南北向，头向的变化可能反映时段上的差异，或反映了不同人群来源以及身份的差异[1]。出土墓葬皆没有葬具，也几乎不见随葬品。灰沟多跨探方分布，平面形状多呈长条形，出土少量陶器。

　　出土遗物有陶器、铜器、石器及动物残骸。陶器占绝大多数，其中以夹砂陶为主，泥质陶较少。夹砂陶器以灰黑陶最多，其次为灰黄陶、灰褐陶和灰陶等；泥质陶以黑皮陶为主，其次为灰白陶、灰黄陶、灰褐陶等。陶器多为素面，饰纹饰的不多，纹饰主要为绳纹、凹弦纹，另有少量网格纹、刻划纹、戳印纹、泥条堆纹、镂孔、重菱纹等。陶片的制作以泥条盘筑为主，还有慢轮修整和泥片贴塑。

　　陶器器形有平底器、尖底器、圈足器，还有极少量的三足器。平底器和圈足器不但数量多，而且形制丰富，代表性器物为罐类；尖底器主要有尖底杯和尖底盏；三足器则只见盉的袋足。器类主要有小平底罐、尖底杯、尖底盏、敛口罐、高领罐、矮领罐、束颈罐、盆、瓮形器、瓮、缸、簋形器、器盖、纺轮等。铜器极少，多为铜器残件，锈蚀严重，其用途和功能已不能分辨。石器则多为小型生产工具，数量不多，多见石斧、石锛、石璋和石料。除此之外，

---

[1]　成都文物考古研究院、成都金沙遗址博物馆：《金沙遗址——阳光地带二期地点发掘报告》，文物出版社，2017年，第420页。

一些灰坑内还发现少量动物残骸，经辨认多为鹿角等。

通过上述文化遗存和时代特征，可以确认黄忠小学地点商周时期遗存，无论是文化内涵还是时代特征均属于成都平原商周时期的十二桥文化[①]。该地点的发掘与整理，为研究金沙遗址内部的功能分区和文化特质提供了新的考古材料，同时也为研究十二桥文化的文化内涵与时代特征提供了重要的材料依据。

基于此，黄忠小学地点是金沙遗址鼎盛阶段的一处普通聚落，未见高等级的建筑遗迹或墓葬，也少见陶窑等手工业遗存，以各式灰坑、沟为主要遗迹形式，同时存在少量且简易的房屋基槽，说明遗址废弃之前可能为低等级居住区的一部分。该遗址附近的芙蓉苑南地点、金牛社区综合楼地点发现大量建筑基址，但规模都不大，这几处地点的年代也比较接近，推测可能是金沙遗址群中较典型的中低等级居住区。

---

① 江章华、王毅、张擎：《成都平原先秦文化初论》，《考古学报》2002年第1期。

附 表

附表一 遗迹登记表

灰坑登记表

编号	所在探方	层位关系	形状 开口形状	形状 剖面形状	尺寸/厘米 长	尺寸/厘米 宽	尺寸/厘米 深	距地表深/厘米	出土器物
H8846	位于T8311-T8412西南部，西部伸入探方西壁，未全部发掘	⑥→H8846→⑦	不规则形	斜壁，平底		180	13	120	出土少量夹砂、泥质陶残片，可辨器形仪器底
H8847	位于T8111-T8212东北部	⑥→H8847→⑦	近圆形	斜壁，圜底		90	18	120	出土较多夹砂、少许泥质陶残片，可辨器形有敛口罐、高领罐、束颈罐等
H8848	位于T8311-T8412西北部	⑥→H8848→⑦	圆形	斜壁，平底		150	10~20	120	出土较多夹砂、少许泥质陶残片，可辨器形有敛口罐、高领罐、豆盘、豆柄等
H8849	位于T8311-T8412东北部，东部延伸进东隔梁，未全部发掘	⑥→H8849→⑦	椭圆形	斜直壁，平底	长径198	短径79	26	110	出土较多夹砂、少许泥质陶残片，可辨器形有器盖、器底和圈足等
H8850	位于T8311-T8412东部	⑥→H8850→⑦	椭圆形	斜壁，底略平	180	160	16	110	出土较多夹砂、少许泥质陶残片，可辨器形有尖底杯、圈足罐、大口深腹罐等

续表

灰坑登记表

编号	所在探方	层位关系	开口形状	剖面形状	长	宽	深	距地表深/厘米	出土器物
H8851	位于T8111-T8212东南部	⑥→H8851→⑦	椭圆形	斜壁，底略平	110	100	12	120	出土较多夹砂、少许泥质陶残片，可辨器形有尖底杯、尖底盏、高领罐、盆等
H8852	位于T8311-T8412偏西壁	⑥→H8846→H8852→⑦	圆形	壁斜、锅底	120	110	20	120	出土较多夹砂、少许泥质陶残片，可辨器形有豆柄、高领罐、敛口罐等
H8853	位于T8311-T8412西北部	⑥→H8848→H8853→⑦	圆形	壁略直，底略平	180	160	10	120	出土较多夹砂、少许泥质陶残片，可辨器形有敛口罐、陶豆柄、大口深腹罐、圈足罐、尖底杯等
H8854	位于T8311-T8412东部	⑥→H8854→⑦	圆形	斜壁，近平底	120		16~19	110	出土少许陶器残片，以泥质为主，可辨器形有尖底杯、小平底罐等
H8855	位于T8311-T8412西北部	⑥→H8848→H8855→⑦	圆形	斜壁，弧底	145		28	120	出土较多夹砂、少许泥质陶残片，可辨器形有高领罐等
H8856	位于T8311-T8412西南部	⑥→H8846→H8856→⑦	椭圆形	斜直壁，平底	长径为118	短径为110	20	120	可辨器形有尖底杯、尖底盏、高领罐、束颈罐、器纽等
H8857	位于T8111-T8212西部	⑥→H8857→⑦	椭圆形	斜壁，底略平	112	13	10	120	出土较多夹砂、少许泥质陶残片，可辨器形有尖底杯、圈足罐等
H8858	位于T8111-T8212西南部	晚期沟→⑥→H8858→⑦	圆形	有自然壁，壁较直，平底	75	78	40	120	出土较多夹砂陶残片，另有1件青铜器
H8859	位于T8111-T8212西部	⑥→H8859→⑦	椭圆形	斜壁，底较平	83	46	10	120	出土少夹砂陶残片，可见器形仪器底
H8860	位于T8311-8412南壁，南部深入探方壁内	⑥→H8860→⑦	椭圆形	斜壁，底略平	165	105	14~24	128	出土较多夹砂、少许泥质陶残片，可辨器形有尖底杯、尖底盏、壶、器盖、器纽、矮领罐、束颈罐、圈足等、器底等，另有铜器1件

续表

灰坑登记表

编号	所在探方	层位关系	开口形状	形状 剖面形状	尺寸/厘米 长	宽	深	距地表深/厘米	出土器物
H8861	位于T8311-T8412西南部	⑥→H8861→⑦	椭圆形	斜壁，平底	190	145	18	120	出土较多夹砂，少许泥质陶残片，可辨器形有敛口罐、高领罐、束颈罐、器底等
H8862	位于T8311-T8412西部	⑥→H8862→⑦	圆形	斜壁，圜底	55		15	130	出土较多夹砂，少许泥质陶残片，可辨器形有敛口罐、高领罐、束颈罐等
H8863	位于T8311-T8412东南角，东部伸入东隔梁，未全部发掘	晚期沟→⑥→H8863→⑦	近圆形	斜壁，圜底	80	70	15	110	出土少许夹砂、泥质陶残片，可辨器形有高领罐、束颈罐等
H8864	位于T8311-T8412东南部	晚期沟→⑥→H8864→⑦	长方形	斜壁，平底	175	80	10	100	出土较多夹砂，少许泥质陶残片，可辨器形有敛口罐、高领罐、束颈罐、盆、器盖、盘等
H8865	位于T8311-T8412中南部	⑥→H8865→⑦	近圆形	斜壁，底向西倾斜	75		4~8	125	出土较多夹砂，少许泥质陶残片，器形过碎，器形不可辨
H8866	位于T8311-T8412西北部	⑥→[H8848↓H8855]→H8866→⑦	圆形	斜直壁，平底	75	65	10	125	出土较多夹砂，少许泥质陶残片，陶片过碎，器形有器盖
H8867	位于T8109-T8210东北部	⑥→H8867→⑦	椭圆形	斜壁，平底	126	107	12	97	出土较多夹砂，少许泥质陶残片，可辨器形有尖底杯、高领罐、器盖等
H8868	位于T8109-T8210中部	⑥→H8868→⑦	近圆形	壁斜直，底较平	82		27	102	出土较多夹砂，少许泥质陶残片，可辨器形有高领罐、盆等
H8869	位于T8111-T8212东北部	⑥→M2934→H8869→⑦	方形	斜直壁，平底	150	130	27	137	出土少量夹砂，少许泥质陶残片，可辨器形有束颈罐、器底、圈足等
H8870	位于T8311-T8412西南部	⑥→[H8846↓H8856]→H8870→⑦	圆形	壁较斜，平底	65	60	30	135	出土少许夹砂，少许泥质陶残片，可辨器形有尖底杯、钵等

续表

灰坑登记表

编号	所在探方	层位关系	开口形状	剖面形状	长	宽	深	距地表深/厘米	出土器物
H8871	位于T8311-T8412西南部	⑥→H8861→H8871→⑦	椭圆形	壁略直，斜底	145	98	12	135	出土较多夹砂、少许泥质陶残片，可辨器形有器盖、圈足罐等
H8872	位于T8311-T8412东北部	⑥→H8872→⑦	椭圆形	壁较直，底略平	180	105	15	130	出土较多夹砂、少许泥质陶残片，可辨器形有尖底杯、圈足罐、高领罐、敛口罐等
H8873	位于T8311-T8412西部	⑥→H8861→H8873→⑦	圆形	壁较直，底略平	105	100	30	130	出土较多夹砂、少许泥质陶残片，可辨器形有高领罐、盏、盆等
H8874	位于T8311-T8412西南部	⑥→H8860→H8874→⑦	圆形	壁较直，底略平	97	97	20	129	出土较多夹砂、少许泥质陶残片，可辨器形有尖底杯、圈足罐、钵等
H8875	位于T8311-T8412南部	⑥→H8865→H8875→⑦	圆形	直壁，底略平	92	90	26	128	出土较多夹砂、少许泥质陶残片，可辨器形有高领罐、束颈罐、圈足、盂形器等
H8876	位于T8111-T8212西部	⑥→H8876→⑦	椭圆形	直壁，斜弧底	116	90	32	135	出土较多夹砂、少许泥质陶残片，可辨器形有尖底盏、敛口罐、盆、豆盘等
H8877	位于T8111-T8212北部	⑥→H8859→H8877→⑦→生土	近椭圆形	斜壁，圜底	62	44	11	130	出土少量夹砂、泥质陶残片，可辨器形有尖底杯、圈足罐等
H8878	位于T8111-T8212北部	⑥→G687→H8878→⑦	不规则形	斜壁，圜底	130	105	27	128	出土少量夹砂、泥质陶残片，可辨器形有器盖、圈足等
H8879	位于T8311-T8412西部	⑥→[H8866, H8873]→H8879→⑦	近圆形	斜壁，圜底	76	73	130	130	出土少量夹砂、泥质陶残片，可辨器形有尖底杯（折腹）、高领罐、器盖等

续表

灰坑登记表

编号	所在探方	层位关系	形状 开口形状	形状 剖面形状	尺寸/厘米 长	尺寸/厘米 宽	尺寸/厘米 深	距地表深/厘米	出土器物
H8880	位于T8311-T8412西南部	⑥→H8874→H8880→⑦	近圆形	斜壁，圜底	88	85	23	128	出土少量夹砂、泥质陶残片，可辨器形有尖底杯（大底），圈足罐、大口深腹罐（口部有绳纹），器盖（"8"字形盖纽）等
H8881	位于T8311-T8412西南部	⑥→H8856→H8881→⑦	近椭圆形	斜壁，平底	85	70	22	128	出土少量夹砂、泥质陶残片，可辨器形有尖底杯、圈足罐、高领罐等
H8882	位于T8109-T8210西部	⑥→H8882→⑦	近圆形	斜壁	165		16	117	出土少量夹砂、泥质陶残片，可辨器形有尖底杯（折腹）、豆柄、圈足罐
H8883	位于T8109-T8210东南部	⑥→H8883→⑦	近圆形	斜壁，圜底	100		23	119	出土少量夹砂、泥质陶残片，可辨器形有尖底杯、束颈罐、筐形器、器底等
H8884	位于T8109-T8210中部	⑥→H8868→H8884→⑦	椭圆形	斜壁，斜弧底	140	110	20	125	出土少量夹砂、泥质陶残片，可辨器形有尖底杯、高领罐、束颈罐、器盖等
H8885	位于T8109-T8210南部	晚期沟→⑥→H8885→⑦	近椭圆形	斜壁，平底	70	70	20	127	出土少量夹砂、泥质陶残片，可辨器形有尖底杯（大底）、器盖等
H8886	位于T7909-T8010中部	⑥→H8886→⑦	近椭圆形	斜壁，圜底	165	160	30	125	出土少量夹砂、泥质陶残片，可辨器形有尖底杯（大底）、大口深腹罐等
H8887	位于T8111-T8212北部	⑥→H8887→⑦	圆形	壁较直，底较平	50	50	18	140	仅1件完整尖底杯
H8888	位于T7909-T8010东南部	⑥→H8888→⑦	近圆形	斜直壁，平底	160		54	135	出土多夹砂、泥质陶残片，可辨器形有敛口罐、高领罐、盆、瓮、器座等

续表

灰坑登记表

编号	所在探方	层位关系	开口形状	剖面形状	长	宽	深	距地表深/厘米	出土器物
H8889	位于T8109-T8210北部	晚期沟→⑥→H8889→⑦	近圆形	斜壁，略平	100	90	15	105	出土极少夹砂、泥质陶残片，可辨器形有尖底杯（大底）、器盖、器底等
H8890	位于T8109-T8210南部	⑥→H8890→⑦	近圆形	斜壁，圜底	直径103~111		27	108	出土少量夹砂、泥质陶残片，可辨器形有尖底杯（大底）、高领罐、器盖、器底、圈足罐等
H8891	位于T8109-T8210北部	⑥→H8889→H8891→⑦	近圆形	斜壁，底不平	104		14	109	出土少量夹砂、泥质陶残片，可辨器形有尖底杯、高领罐、束颈罐、器底等
H8892	位于T7909-T8010南壁	⑥→H8892→⑦	近椭圆形	斜壁，锅形底	155	87	50	140	出土少量夹砂、泥质陶残片，可辨器形有圈足罐（大底）、尖底杯（折腹）、敛口罐等
H8893	位于T7909-T8018西部	⑥→H8893→⑦	近椭圆形	斜壁，平底	118	108	20~33	130	出土少量夹砂、泥质陶残片，可辨器形有尖底杯（大底）、高领罐、圈足罐、大口深腹罐等
H8894	位于T7909-T8010西北角	⑥→H8894→⑦	不规则长方形	有自然壁，斜壁，底略平	120	60	15	130	出土少量夹砂、泥质陶残片，可辨器形有尖底盏、尖底罐、缸、器底等
H8895	位于T7909-T8010西部	⑥→H8895→⑦	不规则长方形	斜壁，弧底	220	160	26	135	出土较多夹砂、泥质陶残片，可辨器形有瓮形器、高领罐、束颈罐、器盖、器底、圈足等
H8896	位于T8109-T8210南部	⑥→[H8885 / H8890]→H8896→⑦	圆形	壁略直，底略平	200	190	25	131	出土少量夹砂、泥质陶残片，可辨器形有尖底杯（大底）、圈足罐、高领罐（领部饰一周弦纹）、器盖、大口深腹罐等

·283·

续表

灰坑登记表

编号	所在探方	层位关系	形状			尺寸/厘米			距地表深/厘米	出土器物
			开口形状	剖面形状		长	宽	深		
H8897	位于T7909-T8010西南部	⑥→H8895→H8897→⑦	椭圆形	有自然壁，壁陡直，圜底		140	106	70	135	出土少量夹砂、泥质陶残片、可辨器形有尖底杯、小平底罐、盆、器盖等
H8898	位于TT7909-T8008西北部	⑥→H8894→H8898→⑦	近圆形	斜壁，底略平		90	60	14	125	出土少量夹砂、泥质陶残片、可辨器形有尖底盏、敛口罐、矮领罐、束颈罐、器盖等
H8899	位于TT7909-T8010北部	⑥→H8899→⑦	不规则形	斜壁，底略平		180	100	10	130	出土少量夹砂、泥质陶残片、可辨器形有尖底盏、器纽等、石铲1件
H8900	位于T7909-T8010西南部	⑥→H8895→H8900→⑦	近圆形	斜壁，底略平		228	218	30	135	出土较多夹砂、泥质陶残片、可辨器形有瓮形器、高领罐、壶、盆、瓮、器纽、器底等
H8901	位于T8109-T8210北部	⑥→G688→⑦→H8901→生土	不规则形	斜壁，底不平		226	186	26	110	出土较多夹砂、泥质陶残片、可辨器形有尖底杯、束颈罐、盆、器盖、器纽等
H8902	位于T7909-T8010西北部	⑥→H8898→⑦→H8902→生土	椭圆形	斜直壁，斜弧底		236	134	10	140	出土较多夹砂、泥质陶残片、可辨器形有高领罐、盆、器盖、器纽、壶等
H8903	位于T7909-T8010西北部	⑥→[H8895↓H8900]→H8903→⑦	椭圆形	西壁较斜，东壁较直，平底		208	170	24	140	出土较多夹砂、泥质陶残片、可辨器形有尖底杯、小平底罐、瓮形器、高领罐、束颈罐、壶等
H8904	位于T7907-T8008东北部	⑥→H8904→⑦	椭圆形	斜壁，平底		185	133	7	106	出土较多夹砂、泥质陶残片、可辨器形有尖底杯、圈足杯、豆柄、器盖、敛口尖底器等
H8905	位于T7907-T8008南部，南部伸人探方壁内，未全部发掘	⑥→H8905→⑦	圆形	斜壁，弧底		230		30	112	出土较多夹砂、泥质陶残片、可辨器形有尖底罐、高领罐、束颈罐、盆、器盖、器底等

续表

灰坑登记表

编号	所在探方	层位关系	形状 开口形状	形状 剖面形状	尺寸/厘米 长	尺寸/厘米 宽	尺寸/厘米 深	距地表深/厘米	出土器物
H8906	位于T7909-T8010西北部	⑦→H8902→H8906→生土	圆形	斜壁，弧底	124		14	140	出土较多夹砂、少量泥质陶残片，可辨器形有瓮形器、高领罐、器纽、器底、圈足等
H8907	位于T7909-T8010西北部	⑥→H8898→⑦→H8902→H8907→生土	椭圆形	斜直壁，底不平	96	88	24	138	出土较少夹砂、泥质陶残片，无可辨器形
H8908	位于T7909-T8010西部，西部伸入探方的西壁，未全部发掘	⑥→H8895→H8908→⑦	椭圆形	斜壁，弧底	160	100	10~20	140	出土较多夹砂、泥质陶残片，可辨器形有尖底杯、瓮形器、束颈罐、器底等
H8909	位于T7909-T8008西南部	⑥→[H8895↓H8900]→H8909→⑦	方形	斜壁，平底	204	144	18	140	出土较多夹砂、泥质陶残片，可辨器形有尖底杯、瓮形器、高领罐、盆、器盖等
H8910	位于T7907-T8008中西部	⑥→H8910→⑦	椭圆形	斜壁，平底	155	120	10	125	出土少量夹砂、泥质陶残片，可辨器形有盆、纺轮、器底等
H8911	位于T7907-T8008南部	⑥→H8905→H8911→⑦	椭圆形	斜壁，平底	180	86	18	135	出土较多夹砂、泥质陶残片，可辨器形有高领罐、盆等
H8912	位于T7907-T8008北部	⑥→H8912→⑦	近圆形	斜壁，圜底	84		21	129	出土少量夹砂、泥质陶残片，可辨器形有尖底杯
H8913	位于T7709-T7810东部，灰坑东部伸入探方的东隔梁，未全部发掘	⑥→H8913→⑦	椭圆形	斜壁，平底	474	276	12~14	130	出土较多夹砂、泥质陶残片，可辨器形有敛口罐、高领罐、盆等
H8914	位于T7707-T7808东部	⑥→H8914→⑦	方形	斜壁，平底	104	90	10	126	出土陶器以泥质陶为主，可辨器形有高领罐、器底等
H8915	位于T7707-T7808北部	⑥→H8915→⑦	近圆形	斜壁，圜底	125		10~18	104	出土少许夹砂、泥质陶残片，可辨器形有瓮、器盖等

续表

灰坑登记表

编号	所在探方	层位关系	形状 开口形状	形状 剖面形状	尺寸/厘米 长	尺寸/厘米 宽	尺寸/厘米 深	距地表深/厘米	出土器物
H8916	位于T7707-T7808南部	⑥→H8916→⑦	近椭圆形	斜壁、平底	165	135	10~20	105	出土少许夹砂、泥质陶残片，可辨器形有器盖、盘等
H8917	位于T7707-T7808中部	⑥→H8917→⑦	近圆形	斜壁、平底	150		14	105	出土少许夹砂、泥质陶残片，可辨器形有高领罐、盆、缸、器盖等
H8918	位于T7505-T7606东部	晚期沟→⑥→H8918→⑦	不规则形	壁较直，底较平	284	40	10	60	出土较多夹砂、泥质陶残片，可辨器形有瓮形器、敛口罐、高领罐、矮领罐、束颈罐、壶、盆、瓮、豆柄、圈足等
H8919	位于T7505-T7606东部	⑥→H8919→⑦	椭圆形	梯形	113~142		7	73	出土较少夹砂、泥质陶残片，可辨器形有陶豆柄、尖底杯
H8920	位于T7505-T7606东部	⑥→[H8918/H8919]→H8920→⑦	不规则形	斜壁、平底	316	236	20	73	出土较多夹砂、泥质陶残片，可辨器形有高领罐、束颈罐、缸、器盖等
H8921	位于T7509-T7610南壁	⑥→H8921→⑦	椭圆形	梯形	163	113	7	77	出土少许夹砂、泥质陶残片，可辨器形有尖底杯（底子）、圈足罐（底子）等
H8922	位于T7505-T7606西北部	⑥→H8922→⑦	圆形	梯形	125	118	15	79	出土少许夹砂、泥质陶残片，可辨器形有圈足罐
H8923	位于T7509-T7610东南部	⑥→H8923→⑦	圆形	斜壁、平底	224	200	18	77	出土少许夹砂、泥质陶残片，可辨器形有敛口罐、矮领罐、器盖、器底等
H8924	位于T7509-T7610东南部	⑥→H8923→H8924→⑦	椭圆形	斜壁、弧底	110	90	10	100	出土少量夹砂、泥质陶残片，可辨器形有尖底盏、高领罐、束颈罐、器底等
H8925	位于T7509-T7610西部	⑥→H8925→⑦	近椭圆形	梯形	326	194	10	68	人为堆积卵石

续表

灰坑登记表

编号	所在探方	层位关系	开口形状	剖面形状	长	宽	深	距地表深/厘米	出土器物
H8926	位于T7505-T7606东南部	⑥→H8920-H8926→⑦	椭圆形	斜壁、圜底	106	86	30	73	出土极少夹砂、泥质陶残片,可辨器形有小平底罐
H8927	位于T7509-T7610中偏西部	⑥→H8927→⑦	近椭圆形	斜壁、平底	138	90	8	70	
H8928	位于T7507-T7608西南部	⑥→H8928→⑦	不规则形	斜壁、平底	136	91	10	71	出土少许夹砂、泥质陶残片,可辨器形有小平底罐、瓮形器、高领罐、束颈罐、盆等
H8929	位于T7507-T7608中部	⑥→H8929→⑦	椭圆形	斜壁、底不平	250	220	12	70	出土少许夹砂、泥质陶残片,可辨器形有尖底杯、圈足罐等
H8930	位于T7507-T7608中部	⑥→H8929-H8930→⑦	近椭圆形	斜壁、平底	250	204	14	68	
H8931	位于T7309-T7410西南部,南部伸入隔梁,未全部发掘	⑥→H8931→⑦	近椭圆形	直壁、底近平	222	162	12	65	
H8932	位于T7309-T7410西北部	⑥→H8932→⑦	椭圆形	斜壁、底略平	238	168	100	68	
H8933	位于T7309-T7410东北部,北部伸入隔梁,未全部发掘	⑥→H8933→⑦	近圆形	斜壁、平底	173	108	15	70	出土少许夹砂陶残片,可辨器形有尖底杯、圈足罐等
H8934	位于T7309-T7410西部	⑥→H8934→⑦	椭圆形	斜壁、弧底	94	90	14	70	出土少许夹砂、泥质陶残片,可辨器形有尖底杯、圈足罐等
H8935	位于T7309-T7410西部	⑥→H8934-H8935→⑦	近椭圆形	斜壁、圜底	140	114	20	70	出土少许夹砂陶、泥质陶残片,可辨器形有尖底杯
H8936	位于T7309-T7410的东北部,东部伸入隔梁,未全部发掘	⑥→H8933-H8936→⑦	近椭圆形	斜壁、平底	237	134	10~20	70	出土少许夹砂陶、泥质陶残片,可辨器形有尖底杯、宽扁罐、圈足罐等

续表

灰坑登记表

编号	所在探方	层位关系	形状		尺寸/厘米			距地表深/厘米	出土器物
			开口形状	剖面形状	长	宽	深		
H8937	位于T7307-T7408西部，西部伸入隔梁，未全部发掘	⑥→H8937→⑦	椭圆形	斜壁，底略平	168	144	10	70	出土较多夹砂、泥质陶残片，可辨器形有敛口罐、高领罐、缸、器底等
H8938	位于T7307-T7408东北部	晚期沟→⑥→H8938→⑦	近圆形	斜壁，底不平	250	216	10~17	65	出土较多夹砂、泥质陶残片，可辨器形有尖底盏、敛口罐、矮领罐、束颈罐、盆、瓮、器盖、豆柄、器底等
H8939	位于T7307-T7408西北部	⑥→H8939→⑦	圆形	斜壁，圜底	101	94	14	65	出土少许夹砂、泥质陶残片
H8940	位于T7307-T7408西角	⑥→H8940→⑦	椭圆形	斜壁，底略平	172	100	10	65	
H8941	位于T7307-T7408西北角，西部伸入隔梁，未全部发掘	⑥→H8941→⑦	近圆形	直壁，平底	122	76	34	49	出土极少夹砂、泥质陶残片，可辨器形有尖底杯
H8942	位于T7307-T7408西部	晚期沟→⑥→H8937→H8942→⑦	近椭圆形	斜壁，平底	126	98	10	58	出土较多夹砂、泥质陶残片，可辨器形有尖底杯、圈足罐等
H8943	位于T7307-T7408北部	⑥→H8943→⑦	不规则形	斜壁，圜底	90	60	10	56	出土少夹砂、泥质陶残片，可辨器形有尖底杯
H8944	位于T7307-T7408东北部	⑥→H8944→⑦	近椭圆形	斜壁，圜底	183	155	34	56	出土少量夹砂、泥质陶残片，可辨器形有尖底杯
H8945	位于T7307-T7408南部，南部伸入隔梁，未全部发掘	⑥→H8945→⑦	近方形	斜壁，底略平	134	104	10	60	出土较多夹砂、泥质陶残片，可辨器形有敛口罐、高领罐、束颈罐、缸、圈足等
H8946	位于T7307-T7408西北角，部分伸入北壁内未全部发掘	⑥→H8941→H8946→⑦	不规则形	斜壁，圜底	160	78	26	60	

续表

灰坑登记表

编号	所在探方	层位关系	开口形状	剖面形状	长	宽	深	距地表深/厘米	出土器物
H8947	位于T7107-T7208中部	⑥→H8947→⑦	近圆形	斜壁，平底	338	336	80	65	出土少量夹砂、泥质陶残片，可辨器形有矮领陶罐、束领陶罐、壶、盒等
H8948	位于T7107-T7208西北部	⑥→H8948→⑦	长方形	斜壁，底不平	250	86	10	60	出土少量夹砂、泥质陶残片，陶片过碎，器形不可辨
H8949	位于T7107-T7208西南部	晚期沟→⑥→H8949→⑦	近圆形	斜壁，平底	147	144	8	58	出土少量夹砂、泥质陶残片，可辨器形有尖底杯、半高领罐、圈足罐等
H8950	位于T7107-T7208东南部，东部伸入隔梁，未全部发掘	⑥→H8950→⑦	近圆形	斜壁，平底	128	74	28	58	出土少量夹砂、泥质陶残片，可辨器形有圈足罐等
H8951	位于T7107-T7208西南	⑥→H8951→⑦	不规则形	斜壁，平底	130	60	10	120	出土少量夹砂、泥质陶残片，可辨器形有尖底杯、高领罐等
H8952	位于T7107-T7208西部	⑥→H8952→⑦	椭圆形	斜壁，圆底	89	73	23	58	出土少量夹砂、泥质陶残片，可辨器形有尖底盏（有沿），器盖等
H8953	位于T7107-T7208东南部	⑥→H8953→⑦	近圆形	斜壁，圆底	116	110	12	40	出土少量夹砂、泥质陶残片，可辨器形有尖底杯、矮领罐等
H8954	位于T7107-T7208西南部	⑥→H8954→⑦	近椭圆形	斜壁，圆底	80	68	12	35	出土少量夹砂、泥质陶残片，可辨器形有尖底杯、束领罐等
H8955	位于T7107-T7208南部	⑥→H8955→⑦	近椭圆形	斜壁，斜底	130	110	6~12	35	出土少量夹砂、泥质陶残片，可辨器形有敛口罐、器盖等
H8956	位于T7107-T7208东南部	⑥→H8956→⑦	近圆形	斜壁，底略平	56	52	20	40	出土少量夹砂、泥质陶残片，可辨器形有敛口罐、器纽、钵、器底等
H8957	位于T7107-T7208中部	⑥→H8947→H8957→⑦	近椭圆形	壁较直，弧底	126	100	36	40	出土少量夹砂、泥质陶残片，可辨器形有尖底杯、半高领瓮、豆柄等

续表

灰坑登记表

编号	所在探方	层位关系	形状 开口形状	形状 剖面形状	尺寸/厘米 长	尺寸/厘米 宽	尺寸/厘米 深	距地表深/厘米	出土器物
H8958	位于T7107-T7208西南部	晚期沟→⑥→H8949→H8958→⑦	近圆形	斜壁，斜底	132	130	20~28	40	出土少量夹砂、泥质陶残片，可辨器形有尖底杯、敛口罐、束颈罐、器座、豆柄、器底、圈足等
H8959	位于T7107-T7208西北部	⑥→[H8947/H8948]→H8959→⑦	近椭圆形	斜壁，斜底	162	142	22	42	出土少量夹砂、泥质陶残片，可辨器形有尖底杯、圈足罐、高领罐、宽扁罐、缸等
H8960	位于T7107-T208北壁，并伸入北壁内，未全部发掘	⑥→H8960→⑦	长方形	弧形	230	150	16	40	出土少量夹砂、泥质陶残片，可辨器形有尖底盏、尖底罐、高领罐、大口深腹罐、尖底杯等
H8961	位于T7107-T7208东南部	⑥→H8953→H8961→⑦	椭圆形	斜壁，底略坡	108	94	16	40	出土少量夹砂、泥质陶残片，可辨器形有尖底杯、盒、圈足罐等
H8962	位于T7107-T7208东北部	⑥→H8962→⑦	圆形	直壁，平底	66	61	30	40	出土少量夹砂、泥质陶残片，可辨器形有圈足罐、尖底杯等
H8963	位于T7107-T7208东北部	⑥→[H8947/H8962]→H8963→⑦	近圆形	斜壁，圜底	89	80	14	42	出土少量夹砂、泥质陶残片，可辨器形有半高领罐、尖底罐、宽扁罐等
H8964	位于探方T7105-T7206西壁，西部伸入隔梁，未全部发掘	⑥→H8964→⑦	近圆形	斜壁，圜底	140	58	140	54	出土少量夹砂、泥质陶残片
H8965	位于T7105-T7206西北部	晚期沟→⑥→H8965→⑦	椭圆形	斜壁，平底	228	198	10	50	出土少量夹砂、泥质陶残片
H8966	位于T7105-T7206北部，北部伸入隔梁，未全部发掘	⑥→H8966→⑦	圆形	斜壁，底不平	136	62	38	52	出土少量夹砂、泥质陶残片

续表

灰坑登记表

编号	所在探方	层位关系	形状 开口形状	形状 剖面形状	尺寸/厘米 长	尺寸/厘米 宽	尺寸/厘米 深	距地表深/厘米	出土器物
H8967	位于T7107-T7208西北部	晚期沟→⑥→H8959→H8967→⑦	椭圆形	斜壁，圜底	116	103	16	50	出土少量夹砂、泥质陶残片，可辨器形有尖底杯、圈足罐等
H8968	位于T7105-T7106西北部	⑥→H8965→H8968→⑦	近圆形	壁较直，底略平	188	185	28	28	出土少量夹砂、泥质陶残片，可辨器形有尖底杯、高领罐、盒等
H8969	位于T7105-T7206西北部	晚期沟→⑥→H8969→⑦	不规则形	斜壁，斜底	104	86	18~28	54	出土极少夹砂、泥质陶残片
H8970	位于T7105-T7206东南部	⑥→H8970→⑦	椭圆形	斜壁，圜底	168	152	32	52	出土少量夹砂、泥质陶残片，可辨器形有尖底杯、高领罐等
H8971	位于T7105-T7206东南部	⑥→H8971→⑦	近椭圆形	斜壁，圜底	110	80	26	55	出土少量夹砂、泥质陶残片，可辨器形有尖底盏、圈足罐等
H8972	位于T7105-T7206东北部	晚期沟→⑥→H8972→⑦	近圆形	壁较直，圜底	78	70	40~42	65	出土极少夹砂、泥质陶残片
H8973	位于T7305-T7406西南部	⑥→H8973→⑦	近椭圆形	斜壁	156	134	12~25	62	出土少量夹砂、泥质陶残片，可辨器形有尖底杯、圈足罐、大口深腹罐等
H8974	位于T7305-T7406西南部	⑥→H8974→⑦	半圆形	斜壁，斜底	100	85	24~32	62	出土少量夹砂、泥质陶残片，可辨器形有尖底杯（小底）、宽肩罐等
H8975	位于T7305-T7406西部	⑥→H8975→⑦	近椭圆形	斜壁，底略平	86	78	14	65	出土少量夹砂、泥质陶残片，可辨器形有尖底杯
H8976	位于T7305-T7406中南部	⑥→H8976→⑦	近圆形	斜壁，斜底	88	84	10~16	64	出土极少夹砂、泥质陶残片，可辨器形有尖底杯、高领罐等

续表

灰坑登记表

编号	所在探方	层位关系	形状 开口形状	形状 剖面形状	尺寸/厘米 长	尺寸/厘米 宽	尺寸/厘米 深	距地表深/厘米	出土器物
H8977	位于T7305-T7406西南部	⑥→[H8973, H8974, H8975]→H8977→⑦	不规则椭圆形	斜壁、平底	260	256	8	65	出土少量夹砂、泥质陶残片，可辨器形有陶束颈罐、石斧
H8978	位于T7305-T7406西南部	⑥→H8976→H8978→⑦	近椭圆形	斜壁、平底	118	98	17	59	出土少量夹砂、泥质陶残片可辨器形有尖底杯
H8979	位于T6905-T7006东北部	⑥→H8979→⑦	近椭圆形	斜壁、圜底	105	67	29	43	出土少量夹砂、泥质陶残片可辨器形有尖底杯、圈足罐等
H8980	位于T6905-T7006西北部	⑥→H8980→⑦	半圆形	斜壁、圜底	242	162	22~28	39	出土少极少量夹砂、泥质陶残片，可辨器形有尖底罐、圈足罐、大口深腹罐等
H8981	位于T6905-T7006西南部	⑥→H8981→⑦	近圆形	斜壁、平底	120	98	14	39	出土少量夹砂、泥质陶残片，可辨器形有尖底杯、高领罐等
H8982	位于T6905-T7006东南部	晚期沟→⑥→H8982→⑦	椭圆形	斜壁、圜底	169	146	34	42	出土少量夹砂、泥质陶残片，可辨器形有尖底盏、瓮形罐、高领罐、盆等
H8983	位于T6905-T7006东南部	⑥→H8983→⑦	椭圆形	斜壁、圜底	100	60	39	39	出土少量夹砂、泥质陶残片，可辨器形有尖底杯、圈足罐等
H8984	位于T6905-T7006东南部	⑥→H8984→⑦	近椭圆形	斜壁、圜底	90	72	30	45	出土少量夹砂、泥质陶残片，可辨器形有瓮形器、敛口罐、高领罐、器盖等
H8985	位于T6905-T7006东南部	晚期沟→⑥→H8985→⑦	近椭圆形	斜壁、弧底	115	95	15~28	45	出土少量夹砂、泥质陶残片，可辨器形有尖底罐、圈足罐、半高领瓮等

续表

灰坑登记表

编号	所在探方	层位关系	形状 开口形状	形状 剖面形状	尺寸/厘米 长	尺寸/厘米 宽	尺寸/厘米 深	距地表深/厘米	出土器物
H8986	位于T6905-T7006北部	⑥→H8986→⑦	近圆形	斜壁，底略平	250	230	30	37	出土较多夹砂、少许泥质陶残片，可辨器形有尖底杯、瓮形器、矮领罐、高领罐、豆盘、豆柄等
H8987	位于T6905-T7006西南部	⑥→H8981→H8987→⑦	近圆形	斜壁，圜底	74	72	18	49	出土极少夹砂、泥质陶残片，可辨器形有尖底杯、圈足罐、半高领罐等
H8988	位于T6905-T7006东南部	⑥→H8988→⑦	近椭圆形	斜壁，平底	116	100	20	40	出土少量夹砂、泥质陶残片，可辨器形有尖底杯、大口深腹罐、广肩罐等
H8989	位于T6907-T7008西北部	⑥→H8989→⑦	不规则形	斜壁，底不平	110	96	16	45	出土少量夹砂、泥质陶残片，可辨器形有尖底杯、圈足罐、大口深腹罐、器盖等
H8990	位于T6903-T7004西北部	⑥→H8990→⑦	近椭圆形	斜壁，平底	136	110	26	25	出土少量夹砂、泥质陶残片，可辨器形有尖底杯、圈足罐等
H8991	位于T6903-T7004西北部	⑥→H8991→⑦	近圆形	斜壁，平底	84	82	18	25	出土少量夹砂、泥质陶残片，可辨器形有尖底杯、高领罐等
H8992	位于T6903-T7004西部	⑥→H8992→⑦	近椭圆形	斜壁，圜底	130	110	26	29	出土少量夹砂、泥质陶残片，可辨器形有尖底杯、圈足罐等
H8993	位于T6903-T7004东南部	⑥→H8993→⑦	近圆形	斜壁，圜底	120	110	30	44	出土少量夹砂、泥质陶残片，可辨器形有尖底杯、陶盆等
H8994	位于T6903-T7004东南部	⑥→H8994→⑦	近圆形	斜壁，圜底	146	138	12	29	出土少量夹砂、泥质陶残片，可辨器形有尖底杯、圈足罐等
H8995	位于T6903-T7004东南部	⑥→H8993→H8995→⑦	圆形	斜壁，平底	198	176	26	42	出土夹砂、泥质陶残片，可辨器形有尖底杯、圈足罐、半高领罐有
H8996	位于T6903-T7004东北部	⑥→H8994→H8996→⑦	近椭圆形	斜壁，圜底	116	94	30	29	出土极少夹砂、泥质陶残片

续表

灰坑登记表

编号	所在探方	层位关系	形状 开口形状	形状 剖面形状	尺寸/厘米 长	尺寸/厘米 宽	尺寸/厘米 深	距地表深/厘米	出土器物
H8997	位于T6903-T7004中南部	⑥→H8997→⑦	近圆形	斜壁、平底	88	80	20	38	出土少量夹砂、泥质陶残片，可辨器形有尖底杯、器盖等
H8998	位于T6903-T7004西南部	⑥→H8998→⑦	近圆形	斜壁、圜底	128		18	38	出土少量夹砂、泥质陶残片，可辨器形有尖底杯、圈足罐等
H8999	位于T6903-T7004东南部	⑥→H8995→H8999→⑦	近圆形	斜壁、圜底	154~158		26	45	出土少量夹砂、泥质陶残片，可辨器形有尖底杯、觉肩罐、器盖等
H9000	位于T6903-T7004西北部	⑥→H9000→⑦	近圆形	斜壁、圜底	72~76		26	29	出土少量夹砂、泥质陶残片，可辨器形有尖底杯、簋形器等
H9001	位于T6903-T7004南部，南部伸入隔梁内，未全部发掘	⑥→H8995→H9001→⑦	近椭圆形	斜壁、平底	190	156	40	47	出土少量夹砂、泥质陶残片，可辨器形有小平底罐、瓮形器、瓮、器座、器底等
H9002	位于T6903-T7004西南部	晚期沟→⑥→H8998→H9002→⑦	不规则形	斜壁、平底	110	104	16	46	出土较多夹砂、泥质陶残片，可辨器盖器、高领罐等
H9003	位于T6903-T7004西南部	晚期沟→⑥→H9003→⑦	近圆形	梯形	148~154		15	39	出土少量夹砂、泥质陶残片，可辨器形有尖底杯、圈足盏、半高领罐、盒等
H9004	位于T6903-T7004西南部	晚期沟→⑥→[H8992/H9001]→[H8997/H9002]→H9004→⑦	不规则形	斜壁、弧底	176	132	16	39	出土少量夹砂、泥质陶残片，可辨器形有瓮形器、敛口罐、矮领罐等
H9005	位于T6903-T7004西南部	⑥→[H8980/H9001]→H9005→⑦	近椭圆形	斜壁、圜底	165	110	8~14	39	出土极少夹砂、泥质陶残片，可辨器形有尖底杯、矮领罐等
H9006	位于T6907-T7008东部	⑥→H9006→⑦	近圆形	斜壁、弧底	152	120	66	48	出土少量夹砂、泥质陶残片，可辨器形有尖底杯、圈足罐等

续表

灰坑登记表

编号	所在探方	层位关系	形状 开口形状	形状 剖面形状	尺寸/厘米 长	尺寸/厘米 宽	尺寸/厘米 深	距地表深/厘米	出土器物
H9007	位于T6907-T7008东北角	⑥→H9007→⑦	近椭圆形	斜壁，圜底	98	88	28	48	出土少量夹砂、泥质陶残片，可辨器形有尖底杯、圈足罐、器座等
H9008	位于T6903-T7004西南部	⑥→[H8998 / H9005]→H9008→⑦	近椭圆形	斜壁，平底	98	56	8	48	出土少量夹砂、泥质陶残片，可辨器形有尖底杯
H9009	位于T6909-T7010西北部	⑥→H9009→⑦	不规则形	斜壁，底不平	240	190	10～20	35	出土少量夹砂、泥质陶残片，可辨器形有敛口罐、高领罐、束颈罐、盖、豆柄等
H9010	位于T6909-T7010南部	⑥→H9010→⑦	近圆形	斜壁，弧底	150		20	30	出土较多夹砂、少许泥质陶残片，可辨器形有瓮形器底、盆等
H9011	位于T6909-T7010东南部	河道→⑥→H9011→⑦	半椭圆形	斜壁，弧底	180	150	14	14	出土少量夹砂、泥质陶残片，可辨器形有尖底杯（大底）、陶盆、器钮、豆柄、器底等
H9012	位于T6909-T7010南部	⑥→H9012→⑦	近椭圆形	斜壁，圜底	176	166	24	31	出土少量夹砂、泥质陶残片，可辨器形有尖底杯
H9013	位于T6909-T7010西部	⑥→H9013→⑦	半椭圆形	斜壁，圜底	115	85	28	29	出土少量夹砂、泥质陶残片，可辨器形有尖底杯等
H9014	位于T6909-T7010西北部	⑥→H9014→⑦	半椭圆形	斜壁，圜底	106	82	17	37	出土较多夹砂、泥质陶残片
H9015	位于T6909-T7010东南部	河道→⑥→H9011→H9015→⑦	不规则形	斜壁，底较平	132	120	10～12	33	无陶片
H9016	位于T6909-T7010北部	⑥→H9014→H9016→⑦	近椭圆形	斜壁，近圆底	94	80	24	37	出土少量夹砂、泥质陶残片
H9017	位于T6911-T7012东北部	⑥→H9017→⑦	圆形	斜壁，平底	54～56		16	30	少量陶片，有1件基本完整的尖底盏
H9018	位于T6911-T7012东北部	⑥→H9018→⑦	椭圆形	斜壁，平底	134	99	11	30	少量陶片
H9019	位于T6911-T7012西壁	⑥→H9019→⑦	近椭圆形	斜壁，近斜底	152	124	12～22	32	出土少量夹砂、泥质陶残片，可辨器形有圈足罐、高领罐、陶盆、器盖等

续表

灰坑登记表

编号	所在探方	层位关系	形状 开口形状	形状 剖面形状	尺寸/厘米 长	尺寸/厘米 宽	尺寸/厘米 深	距地表深/厘米	出土器物
H9020	位于T6911-T7012西部，西部伸出发掘区外，未全部发掘	⑥→H9020→⑦	半圆形	斜壁，斜底	126	110	12~20	28	出土少量夹砂、泥质陶残片，可辨器形有尖底杯、大口深腹罐、器盖等
H9021	位于T6911-T7012中东部	⑥→H9021→⑦	近圆形	斜壁，底不平	115		22~26	32	出土少量夹砂、泥质陶残片，可辨器形有高领罐、盆、纺轮等
H9022	位于T6911-T7012东南部，南部伸入探方南壁，未全部发掘	⑥→H9022→⑦	近圆形	斜壁，平底	175	172	12	25	出土较多夹砂、少许泥质陶残片，可辨器形有瓮形器、矮领罐、高领罐、敛口罐等
H9023	位于T6911-T7012东部	⑥→H9017→H9023→⑦	圆形	斜壁，平底	100	100	30	30	出土少量夹砂、泥质陶残片，可辨器形有高领罐、束颈罐等
H9024	位于T6911-T7012南部，南部伸入探方南壁，未全部发掘	⑥→H9022→H9024→⑦	不规则形	斜壁，平底	半径约120		14~20	27	出土较多夹砂、少许泥质陶残片，可辨器形有束颈罐、袋足等
H9025	位于T6911-T7012西北部，北部伸入北隔梁内，未全部发掘	晚期沟→⑥→H9025→⑦	半椭圆形	斜壁，平底	100	68	8	21	出土极少夹砂、泥质陶残片，可辨器形有器底
H9026	位于T6911-T7012西北部，北部伸入北隔梁内，未全部发掘	晚期沟→⑥→H9025→H9026→⑦	不规则形	斜壁，圆底	110	99	22	32	出土少量夹砂、泥质陶残片，可辨器形有敛口罐、束颈罐、器底等
H9027	位于T6911-T7012西北部，北部伸入北隔梁内，未全部发掘	晚期沟→⑥→H9027→⑦	椭圆形	斜壁，平底	102	95	10	31	出土少量夹砂、泥质陶残片，陶片零碎，器形不可辨
H9028	位于T6911-T7012中西部	⑥→H9028→⑦	近椭圆形	斜壁，近圆底	126	104	20	31	出土少量夹砂、泥质陶残片，可辨器形有瓮、器底等

续表

灰坑登记表

编号	所在探方	层位关系	形状 开口形状	形状 剖面形状	尺寸/厘米 长	尺寸/厘米 宽	尺寸/厘米 深	距地表深/厘米	出土器物
H9029	位于T6911-T7012西北部	晚期沟→⑥→H9027→H9029→⑦	圆形	斜壁、平底	110		10	31	出土少量夹砂、泥质陶残片，可辨器形有小平底罐、高领罐等
H9030	位于T6911-T7012西南部	⑥→H9030→⑦	近椭圆形	斜壁、斜底	185	102	5～22	37	出土少量夹砂、泥质陶残片，可辨器形有尖底盏、敛口罐、高领罐、盆等
H9031	位于T6911-T7012西北部	⑥→H9028→H9031→⑦	近圆形	斜壁、底略平	158～160		18	28	出土少量夹砂、泥质陶残片，可辨器形有尖底杯（小底）、圈足罐、大口深腹罐等
H9032	位于T6911-T7012东南部	⑥→H9021→H9032→⑦	近圆形	斜壁、圜底	170～176		12	23	出土较多夹砂、少许泥质陶残片，可辨器形有尖底杯、圈足罐、高领罐等
H9033	位于T6911-T7012东北部	⑥→H9033→⑦	近椭圆形	斜壁、圜底	227	168	18	37	出土少量夹砂、少许泥质陶残片，可辨器形有尖底杯、圈足罐、高领罐、器盖等
H9034	位于T6911-T7012东部	⑥→H9018→H9034→⑦	近圆形	斜壁、圜底	69～70		26	30	出土少量夹砂、泥质陶残片，可辨器形有尖底杯（折腹）、圈足罐、半高领瓮等
H9035	位于T6911-T7012西北部	⑥→[H9019/H9031]→H9035→⑦	不规则形	斜壁、斜底	126		10～16	32	出土少量夹砂、泥质陶残片，可辨器形有尖底杯、圈足罐、高领罐等
H9036	位于T6911-T7012西北部	⑥→[H9028→H9031]→H9036→⑦	近圆形	斜壁、平底	152	138	15	30	出土少量夹砂、泥质陶残片，可辨器形有尖底杯、尖底钵、圈足罐等
H9037	位于T6911-T7012东北角	⑥→H9033→H9037→⑦	近圆形	斜壁、斜底	120～126		14～26	37	出土极少夹砂、泥质陶残片，可辨器形有尖底杯、高领罐等

续表

灰坑登记表

编号	所在探方	层位关系	形状 开口形状	形状 剖面形状	尺寸/厘米 长	尺寸/厘米 宽	尺寸/厘米 深	距地表深/厘米	出土器物
H9038	位于T6711-T6812东北角	⑥→H9038→⑦	近圆形	斜壁，底略平	166~168		18	37	出土极少夹砂、泥质陶残片，可辨器形有尖底杯
H9039	位于T6711-T6812东北部	⑥→H9039→⑦	近椭圆形	斜壁，平底	152	142	20	37	出土少量夹砂、泥质陶残片，可辨器形有尖底杯、圈足罐等
H9040	位于T6711-T6812西部	⑥→H9040→⑦	近圆形	斜壁，圜底	194~200		34	55	出土少量夹砂、泥质陶残片，可辨器形有尖底杯、高领罐、半高领瓮等
H9041	位于T6711-T6812东部	⑥→[H9038/H9039]→H9041→⑦	近椭圆形	斜壁，平底	226	190	9	37	出土少量夹砂、泥质陶残片，可辨器形有尖底杯、高领罐、圈足罐等
H9042	位于T6711-T6812西北部	⑥→H9042→⑦	近椭圆形	斜壁，平底	198	157	20	45	出土少量夹砂、泥质陶残片，可辨器形有尖底杯、豆柄等
H9043	位于T6711-T6812西北部	⑥→H9043→⑦	近圆形	斜壁，平底	67~68		22	46	出土较多夹砂、少许泥质陶残片，可辨器形有尖底杯（小型）、敛口尖底盏、半高领瓮、缸、圈足罐、大口深腹罐等
H9044	位于T6711-T6812西北部	⑥→H9044→⑦	近圆形	斜壁，平底	66~67		10	15	出土少量夹砂、泥质陶残片，可辨器形有尖底杯、高领罐等
H9045	位于T6711-T6812西北部	⑥→G700→H9045→⑦	近椭圆形	斜壁，平底	118	108	15	48	出土较多夹砂、少许泥质陶残片，可辨器形有高领罐、圈足罐、尖底杯、豆柄等
H9046	位于T6711-T6812北部	⑥→H9042→H9046→⑦	圆形	斜壁，平底	175	161	20	35	出土较少夹砂、泥质陶残片，可辨器形有圈足罐、宽肩罐等
H9047	位于T6711-T6812中部	⑥→H9041→H9047→⑦	近圆形	斜壁，平底	74~75		23	35	出土较少泥质、少许夹砂陶残片，可辨器形有尖底杯（大型）、宽肩罐、圈足罐等

续表

灰坑登记表

编号	所在探方	层位关系	形状		尺寸/厘米			距地表深/厘米	出土器物
			开口形状	剖面形状	长	宽	深		
H9048	位于T6511-T6612东部	⑥→H9048→⑦	近椭圆形	斜壁、平底	340	262	38	58	出土较少夹砂，少许泥质陶残片
H9049	位于T6513-T6814东部	⑥→H9049→⑦	圆形	斜壁、平底	104~105		12	35	出土较多夹砂，少许为泥质残片，可辨器形有圈足罐、豆、尖底杯、高领罐等
H9050	位于T6513-T7014东南部	晚期沟→⑥→H9050→⑦	圆形	斜壁、平底	112	58	26	35	出土少量夹砂、泥质陶残片，可辨器形有尖底杯、缸、圈足罐等
H9051	位于T6913-T7014南部	⑥→H9051→⑦	圆形	直壁、平底	134	124	26	38	出土物较少，只出土几块残陶片
H9052	位于T6913-T7014东部	⑥→H9052→⑦	圆形	斜壁、斜底	80~87	66	21~28	45	出土物仅几块残陶片，可辨器形有尖底杯
H9053	位于T6913-T7014东北角	⑥→H9053→⑦	近椭圆形	斜壁、斜底	100	26	22~27	65	出土物仅几块残陶片、陶片太残碎无法辨别
H9054	位于T7014南部	⑥→H9054→⑦	圆形	自然壁、锅底	55	164	4~9	38	无出土物
H9055	位于T6913-T7014西南部	晚期沟→⑥→H9055→⑦	近圆形	斜壁、平底	175	164	8	39	出土夹砂、少许泥质陶残片，可辨器形有尖底杯、盆、圈足罐等
H9056	位于T6913-T7014南部	⑥→H9056→⑦	近椭圆形	斜壁、斜底	63	35	10~18	45	出土较少，只出几块夹砂碎陶残片
H9057	位于T6913-T7014西南部	⑥→H9056→H9057→⑦	近椭圆形	斜壁、平底	127	92	10	45	出土较少夹砂，少许泥质陶残片，可辨器形有豆、尖底杯、缸、大口深腹罐等
H9058	位于T6713-T6814东北部	⑥→H9058→⑦	椭圆形	斜壁、平底	270	230	144	50	出土大量夹砂，可辨器形有敛口罐、尖底杯、高领罐、矮领罐、束颈罐、瓮、缸、壶等

续表

灰坑登记表

编号	所在探方	层位关系	开口形状	剖面形状	长	宽	深	距地表深/厘米	出土器物
H9059	位于T6913-T7014东南部	晚期沟→⑥→H9059→⑦	不规则形	斜壁，斜底	124	90	14~28	45	出土较多夹砂、少许泥质陶残片，可辨器形有尖底盏、瓮形器、高领罐、盆、缸等
H9060	位于T6913-T7014北部	⑥→H9060→⑦	近圆形	斜壁，圆底	115	55	50	32	出土较多夹砂、少许泥质陶残片，可辨器形有高领罐，坑底有较多卵石堆积等
H9061	位于T6913-T6814中部	⑥→H9061→⑦	圆形	直壁，近圆底	95~96		24	53	出土物较少、少许泥质陶残片，可辨器形有尖底杯、钵等
H9062	位于T6913-T7014西南部	⑥→H9062→⑦	圆形	斜壁，斜底	120		10~18	52	出土较少夹砂，可辨器形有尖底杯、高领罐等
H9063	位于T6913-T7014中部	⑥→H9063→⑦	近圆形	斜壁，圆底	90~96		12	46	出土物较少仅几块夹砂陶残片，器形无法辨别
H9064	位于T6913-T7014东部	⑥→H9064→⑦	椭圆形	斜壁，圆底	72~74		14	46	出土较少夹砂、泥质陶残片，可辨器形有器盖、圈足罐等
H9065	位于T6913-T7014东南部	晚期沟→⑥→[H9050/H9059]→H9065→⑦	椭圆形	斜壁，圆底	146~150		15	46	出土较少夹砂、泥质陶残片，可辨器形有大口深腹罐
H9066	位于T6913-T7014中部	⑥→H9063→H9066→⑦	圆形	斜壁，斜底	82	67	17	36	出土较少夹砂、泥质陶残片，无可辨器形
H9067	位于T6913-T6814东壁	⑥→H9067→⑦	圆形	斜壁，斜底	103	76	8~19	46	出土较少夹砂、较多泥质陶残片，可辨器形有尖底杯
H9068	位于T6913-T7014南壁	晚期沟→⑥→H9051→H9068→⑦	圆形	斜壁，锅底	50~63		28	45	出土较少夹砂、泥质陶残无、可辨器形有尖底杯、高领罐、圈足罐
H9069	位于T6713-T6814南部	⑥→H9069→⑦	圆形	直壁，平底	75	55	26	55	出土较少夹砂、泥质陶残片，可辨器形有尖底杯、高领罐、缸

续表

灰坑登记表

编号	所在探方	层位关系	形状 开口形状	形状 剖面形状	尺寸/厘米 长	尺寸/厘米 宽	尺寸/厘米 深	距地表深/厘米	出土器物
H9070	位于T6713-T6814西南部，T6715-T6816西北部	⑥→H9069→H9070→⑦	椭圆形	斜壁、弧底	434	293	70	55	出土较多夹砂、少许泥质陶残片，可辨器形有瓮形器、高领罐、矮领罐、束颈罐、盆、缸等
H9071	位于T6713-T6814南部和T6715-T6816北部，被T6715-T6816北隔梁压住的部分未发掘	⑥→[H9069↓H9070]→H9071→⑦	圆形	斜壁、平底	340		43	180	出土较少夹砂、泥质陶残片，可辨器形尖底杯、尖底盏、瓮形器、敛口罐、高领罐、束颈罐、盆、器盖等
H9072	位于T6713-T6814西南部	⑥→H9070→H9072→⑦	椭圆形	斜壁、平底	152	106	29	55	出土较少夹砂、泥质陶残片，可辨形有高领罐、盆、敛口小罐等
H9073	位于T6713-T6814西南部	⑥→H9072→H9073→⑦	圆形	梯形	113~114		33	55	出土较少夹砂、泥质陶残片，无可辨器形
H9074	位于T6715-T6816南部，南部伸入探方南壁内，未全部发掘	晚期坑→⑥→H9074→⑦	圆形	斜壁、平底	420		50	75	出土少量夹砂、泥质陶残片，可辨器形有尖底盏、瓮形器、高领罐、束颈罐、壶、瓮、缸和器盖等，铜器1件
H9075	位于T6715-T6816东部。开口于晚期沟下，东部伸入东隔梁内，未全部发掘	晚期沟→⑥→H9075→⑦	椭圆形	直壁、平底	122	90	30	55	出土较多夹砂、泥质陶残片，陶片过碎，器形不可辨
H9076	位于T6715-T6816东北部和T6915-T7016西北部	⑥→H9075→H9076→⑦	圆形	斜壁、平底	420		138	55	出土较多夹砂、少许泥质陶残片，可辨器形有瓮形器、敛口罐、高领罐、矮领罐、束颈罐、壶、瓮、盆、缸、器盖等

续表

灰坑登记表

编号	所在探方	层位关系	形状 开口形状	形状 剖面形状	尺寸/厘米 长	尺寸/厘米 宽	尺寸/厘米 深	距地表深/厘米	出土器物
H9077	位于T6915-T7016北部	⑥→H9077→⑦	圆形	斜壁，平底		114	18	47	出土较多夹砂、泥质陶残片，可辨器形有高领罐
H9078	位于T6915-T7016西南角	⑥→H9078→⑦	近圆形	斜壁，近圆底		100	25	57	出土较少夹砂、泥质陶残片，可辨器形有仪器底
H9079	位于T6915-T7016中西部	⑥→H9079→⑦	椭圆形	斜壁，斜底	213	165	16～30	45	出土较多夹砂、少许泥质陶残片，可辨器形有小平底罐、瓮形器、矮领罐、束颈罐、盆、缸、器纽等
H9080	位于T6915-T7016中north部	晚期沟→⑥→H9080→⑦	圆形	斜壁，平底		68	25	45	出土较少夹砂、泥质陶残片，陶片过碎，器形不可辨
H9081	位于T6915-T7016西北部，北部伸入北隔梁，未全部发掘	晚期沟→⑥→H9081→⑦	椭圆形	斜壁，平底	165	100	33	45	出土较少夹砂、泥质陶，可辨器形有束颈罐、盆、豆座等
H9082	位于T6915-T7016西北部	⑥→H9082→⑦	近椭圆形	斜壁，平底	106	90	27	48	出土少夹砂、泥质陶，陶片过碎，器形不可辨
H9083	位于T6715-T6816中北部	⑥→[H9074/H9076]→H9083→⑦	椭圆形	斜壁，平底	510	380	63	70	出土大量夹砂、少许泥质陶残片，可辨器形有尖底杯、瓮形器、敛口罐、高领罐、束颈罐、盆、瓮等
H9084	位于T6515-T6616东南部，东部和南部分别伸入东隔梁和南壁，未全部发掘	⑥→H9084→⑦	椭圆形	斜壁，平底	580	450	10	62	出土较多夹砂、少许泥质陶残片，可辨器形有瓮形器、高领罐、束颈罐、缸、盆、簋形器、器盖等

续表

灰沟登记表

编号	所在探方	层位关系	形状		尺寸/厘米			距地表深/厘米	出土器物
			开口形状	剖面形状	长	宽	深		
G687	位于T8111-T8212西向北部，贯穿T8109-T8210的南及东部	晚期沟→⑥→G687→⑦	长条形	壁较直，底较平	60	45～50	22	120	出土少许夹砂、泥质陶残片，可辨器形有壶、罐、尖底杯等
G688	位于T8109-T8210西北部，贯穿于T7909-T8010的东部	⑥→[H8882 H8889→H8891]→G688→⑦	长条形	直壁，平底	555	43	12	126	出土少量夹砂、泥质陶残片，可辨器形有尖底杯等
G689	位于T7909-T7910东南，贯穿于T8109-T8210西北部	晚期沟→⑥→G689→⑦	长条形	壁较直，底较平	670	32～43	18	135	出土少量夹砂、泥质陶残片，陶片大多碎，无法辨别器形
G690	位于T7707-T7808东北部	⑥→[H8915 H8910 H8911]→G690→⑦	S形	斜壁，平底	860	20～40	10～25	135	出土少许夹砂、泥质陶残片，可辨器形有宽扁罐、圈足罐、缸等
G691	位于T7707-T7808西北至东北以及T7709-T7810北部至东南	⑥→[H8913 H8916 H8917]→G691→⑦	长条形	斜壁，平底	2110	214	30	136	出土夹砂形器、泥质陶残片，可辨器形有敛口罐、束颈罐、高领罐、矮领罐、盆、器盖等
G692	位于T7709-T7810西北部，北部跨方贯穿于T7707-T7808西南部	⑥→G692→⑦	长条形	斜壁，平底	1430	140	10	134	出土少量夹砂、泥质陶残片，可辨器形有敛口罐、束颈罐、盆、豆盘和豆柄等
G693	位于T7709-T7810东部及南部	⑥→G693→⑦	长条形	斜壁，平底	320	20～40	6	134	出土少量夹砂、泥质陶残片，可辨器形有尖底杯、圈足罐、陶盆、敛口罐等

续表

灰沟登记表

编号	所在探方	层位关系	形状		尺寸/厘米			距地表深/厘米	出土器物
			开口形状	剖面形状	长	宽	深		
G694	位于T7509-T7610西北部	⑥→G694→⑦	长条形	斜壁、平底	140	30	10	65	出土极少夹砂、泥质陶残片
G695	位于T7307-T7408东南部，延至T7507-T7608内	⑥→M2938→G695→⑦	长条形	直壁、平底	448	50~60	12	70	出土少许夹砂、泥质陶残片，可辨器形有尖底杯、圈足罐等
G696	位于T7507-T7608西南角	⑥→G695→G696→⑦	长条形	斜壁、平底	302	60	8	70	出土少许夹砂、泥质陶残片，可辨器形有圈足罐、缸等
G697	位于T7309-T7410东南部，T7509-T7610西南部	⑥→[H8921 H8927 G694 Y262]→G697→⑦	长条形	斜壁、平底	约2340	35~50	10~13	65	出土少许夹砂、泥质陶残片，可辨器形有束颈罐、高领罐等
G698	位于T7509-T7610东北部，东北部延伸至隔梁内，未全部发掘	⑥→[G696 G697]→G698→⑦	长条形	斜壁、底不平	590	60~75	10~27	70	出土少许夹砂、泥质陶残片，可辨器形有束颈罐、盆、器钮等
G699	位于T7105-T7206的东南部	晚期沟→⑥→H8970→G699→⑦	长条形	斜壁、底不平	640	50	10	52	出土少量夹砂、泥质陶残片，可辨器形有盆、瓮、缸等
G700	位于T6711-T6812内	⑥→H9040→G700→⑦	呈L形	直壁、平底	134	30~40	10~20	35	出土少许夹砂、泥质陶残片，可辨器形有尖底杯、圈足罐、大口深腹罐、器盖等

续表

窑址登记表

编号	所在探方	层位关系	形状		尺寸/厘米			距地表深/厘米	出土器物
			开口形状	剖面形状	长	宽	深		
Y262	位于T7309-T7410西南部	晚期沟→⑥→Y262→⑦	近椭圆形	西壁斜，东壁圜斜	242	130~150	30	43	无出土遗物

墓葬登记表

编号	所在探方	层位关系	形状		尺寸/厘米			距地表深/厘米	出土器物
			开口形状	剖面形状	长	宽	深		
M2933	位于T8109-T8210西南部，小部分伸入探方的西壁，未全部清理	⑥→M2933→⑦	长方形	壁较直，底西深东浅	208	102	10~15	115	出土较少夹砂陶残片，为双人同穴合葬墓，一高一矮，保存较好，骨架基本完整，没有葬具
M2934	位于T8111-T8212东北部	⑥→M2934→⑦	长方形	有自然壁，较直，底略平	174	43	30	137	出土较少夹砂陶残片，保存完好，骨架基本完整，没有葬具，其中左盆骨周围有几块卵石
M2935	位于T811-T8212西北部	⑥→M2935→⑦	长方形	斜直壁，平底	153	39~47	5	132	出土极少泥质陶残片，陶片大残，无法辨别器形
M2936	位于T8109-T8210西南角	⑥→M2936→⑦	长方形	直壁，平底	111	37~46	11~14	126	骨骼保存较差，除保存头骨和零星胫骨，其他骨骼无存，陶片大碎，无法辨别器形
M2937	位于T8109-T8210西南角	⑥→M2937→⑦	长方形	直壁，平底	106	55	7	126	无随葬品
M2938	位于T7507-T7608西北部	⑥→M2938→⑦	长方形	斜直壁，圜底	179	59	20	70	出土少量陶片，陶片过碎，无法辨别器形
M2939	位于T6511-T6612中西部	⑦→M2939→生土	长方形	壁较斜，底不平	165	42	42	55	无出土器物，存1根左臂骨和1段右臂骨
M2940	位于T6713-T6814中部偏北	⑥→H9049→M2940→⑦	长方形	斜直壁，平底	164	47	4	45	出土物仅几小块残陶片，骨架保存较差，头部无

附表二　典型单位陶片统计表

单位号：T8111-T8212⑦

	夹砂陶								泥质陶								
	黑褐	灰	红褐	灰褐	黄褐	灰黄	小计	%	灰黑	灰白	灰黄	灰褐	青灰	红	黄褐	小计	%
口	36	15	14						2		1						
圈足		3			18	6			12		8						
底		4			3												
素面	665	97			453		1215	99.5	110	10	35					155	100
细绳纹	1																
粗绳纹		1					3	0.2									
交错细绳纹																	
交错粗绳纹																	
重菱纹					1		1	0.1									
回弦纹	1						1	0.1									
凸棱纹																	
刻划纹	1						1	0.1									
镂孔																	
细线纹																	
交错细线纹																	
压印纹																	
网格纹																	
戳印纹																	
小计	667	99			455		1221		110	10	35					155	
%	54.6	8.1			37.3				71.0	6.5	22.6						
总计							1221									155	

续表

单位号：T7909-T8010⑦

	夹砂陶								泥质陶								
	黑褐	灰	红褐	灰褐	黄褐	灰黄	小计	%	灰黑	灰白	灰黄	灰褐	青灰	红	黄褐	小计	%
口	75	1				34			5	1							
圈足	8					4											
底	52					7			30	3							
素面	885	14	6	195	5	345	1450	98.6	180	12	90					282	98.3
细绳纹	2					2	4	0.3									
粗绳纹	5						5	0.3									
交错细绳纹																	
交错粗绳纹																	
重菱纹				1			1	0.1									
凹弦纹	8						8	0.5		2						3	1.0
凸棱纹	2						2	0.1									
刻划纹																	
交错细线纹																	
压印纹									1								
网格纹																	
戳印纹																	
乳钉纹																1	0.3
圆圈纹											1					1	0.3
小计	902	14	6	196	5	347	1470		182	14	91					287	
%	61.4	1.0	0.4	13.3	0.3	23.6			63.4	4.9	31.7						
总计							1470									287	

续表

单位号：T7709-T7810⑦

		夹砂陶							泥质陶						
		黑褐	灰	红褐	灰褐	黄褐	灰黄	小计	%	灰黑	灰白	灰黄	灰褐	青灰	红	黄褐	小计	%
口		100								4								
圈足		41	1			10	46											
底		24	1		6	6	8					1						
素面		965	30		116		660	1771	98.8	75	17	38					130	99.2
细绳纹																		
粗绳纹		3						3	0.2	12	5	5						
交错细绳纹																		
交错粗绳纹		1						1	0.1									
重菱纹																		
凹弦纹		10					2	12	0.7									
凸棱纹																		
刻划纹																		
交错细线纹																		
附加压印纹										1							1	0.8
网格纹																		
戳印纹																		
方格纹		4						4	0.2									
乳钉纹		1						1	0.1									
小计		984	30		116		662	1792		76	17	38					131	
%		54.9	1.7		6.5		36.9			58.0	13.0	29.0						
总计								1792									131	

续表

单位号：T6915-T7016⑦

	夹砂陶									泥质陶								
	黑褐	灰黑	灰	红褐	灰褐	黄褐	灰黄	小计	%	灰黑	灰白	灰黄	灰褐	青灰	红	黄褐	小计	%
口		14								6	3							
圈足		3																
底		9																
素面		726	10	45	77		279	1137	98.9	136	13	55	2				206	96.7
细绳纹		1						1	0.1									
粗绳纹																		
交错细绳纹																		
交错粗绳纹																		
重菱纹		3					2	5	0.4									
回弦纹		1						1	0.1									
凸棱纹																		
刻纹							1	1	0.1									
镂孔																		
压印纹																		
网格纹		4						4	0.3									
戳印纹							1	1	0.1									
圆圈纹										2		1					3	1.4
刻划纹+圆圈纹组合纹饰												4					4	1.9
小计		735	10	45	77		283	1150		138	13	60	2				213	
%		63.9	0.9	3.9	6.7		24.6			64.8	6.1	28.2	0.9					
总计	1150									213								

续表

单位号：T6911-T7012⑦

	夹砂陶								泥质陶						
口	29														
圈足	9			1			23								
底	9						5								
	黑褐	灰黑	灰	红褐	灰褐	黄褐	灰黄	小计	%	灰黑	灰白	灰黄	灰褐	青灰	红	黄褐	小计	%
素面		644	14	5	75		178	916	98.5	80	26		28				134	100
细绳纹																		
粗绳纹																		
交错细细绳纹																		
交错细粗绳纹																		
重菱纹		1						1	0.1									
凹弦纹		6					2	8	0.9									
凸棱纹																		
刻划纹		2						2	0.2									
细线纹		1					1	2	0.2									
交错细细线纹																		
压印纹																		
网格纹																		
戳印纹																		
泥条堆纹		1						1	0.1									
小计		655	14	5	75		181	930		80	26		28				134	
%		70.4	1.5	0.5	8.1		19.5			59.7	19.4		20.9					
总计	930									134								

续表

单位号：T8109-T8210⑥

	夹砂陶									泥质陶								
	黑褐	灰黑	灰	红褐	灰褐	黄褐	灰黄	小计	%	灰黑	灰白	灰黄	灰褐	青灰	红	黄褐	小计	%
口																		
圈足																		
底																		
素面		163			23		98	284	99.0	87	9	24					120	100
细绳纹																		
粗绳纹																		
交错细绳纹																		
交错粗绳纹																		
重菱纹																		
凹弦纹		3						3	1.0									
凸棱纹																		
刻划纹																		
镂孔																		
细线纹																		
交错细线纹																		
压印纹																		
网格纹																		
戳印纹																		
小计		166			23		98	287		87	9	24					120	
%		57.8			8.0		34.1			72.5	7.5	20.0						
总计								287									120	

续表

单位号：T7909-T8010⑥

	夹砂陶							泥质陶						
	黑褐	灰黑	灰	红褐	灰褐	黄褐	灰黄	小计	%	灰黑	灰白	灰黄	灰褐	青灰	红	黄褐	小计	%
口																		
圈足																		
底																		
素面		234			79		167	480	99.4	56	9	49					114	100
细绳纹																		
粗绳纹																		
交错细绳纹																		
交错粗绳纹																		
重菱纹																		
凹弦纹		3						3	0.6									
凸棱纹																		
刻划纹																		
镂孔																		
细线纹																		
交错细线纹																		
压印纹																		
网格纹																		
戳印纹																		
小计		237			79		167	483		56	9	49					114	
%		49.1			16.4		34.6			49.1	7.9	43.0						
总计					483								114					

续表

单位号：T7709-T7810⑥

		夹砂陶									泥质陶								
		黑褐	灰黑	灰	红褐	灰褐	黄褐	灰黄	小计	%	灰黑	灰白	灰黄	灰褐	青灰	红	黄褐	小计	%
口																			
圈足																			
底																			
素面			235			45		98	378	99.7	30		15					45	100
细绳纹																			
粗绳纹																			
交错细绳纹																			
交错粗绳纹																			
重菱纹																			
凹弦纹			1						1	0.3									
凸棱纹																			
刻划纹																			
镂孔																			
细线纹																			
交错细线纹																			
压印纹																			
网格纹																			
戳印纹																			
小计			236			45		98	379		30		15					45	
%			62.3			11.9		25.9			66.7		33.3						
总计									379									45	

续表

单位号：T7707-T7808⑥

	夹砂陶									泥质陶							
	黑褐	灰黑	灰	红褐	灰褐	黄褐	灰黄	小计	%	灰黑	灰白	灰黄	灰褐	青灰	红	黄褐	小计	%
口																		
圈足																		
底																		
素面		243			25		198	466	99.6	29		16					45	100
细绳纹																		
粗绳纹																		
交错细绳纹																		
交错粗绳纹																		
重菱纹																		
凹浆纹		2						2	0.4									
凸棱纹																		
刻划纹																		
镂孔																		
细线纹																		
交错细线纹																		
压印纹																		
网格纹																		
戳印纹																		
小计		245			25		198	468		29		16					45	
%		52.4			5.3		42.3			64.4		35.6						
总计								468									45	

续表

单位号：T6907-T7008⑤

	夹砂陶									泥质陶								
	黑褐	灰黑	灰	红褐	灰褐	黄褐	灰黄	小计	%	灰黑	灰白	灰黄	灰褐	青灰	红	黄褐	小计	%
口	16										1							
圈足		1																
底																		
素面	17				18		126	161	100	6	8		2				16	100
细绳纹																		
粗绳纹																		
交错细绳纹																		
交错粗绳纹																		
重菱纹																		
凹弦纹																		
凸棱纹																		
刻划纹																		
镂孔																		
细线纹																		
交错细线纹																		
压印纹																		
网格纹																		
戳印纹																		
小计	17				18		126	161		6	8		2				16	
%	10.6				11.2		78.3		100	37.5	50.0		12.5					100
总计								161									16	

续表

单位号：H8902

		夹砂陶								泥质陶							
		黑褐	灰	红褐	灰褐	黄褐	灰黄	小计	%	灰黑	灰白	灰黄	灰褐	青灰	红	黄褐	小计	%
口	2																	
圈足	1																	
底	1																	
素面		40			4		27	71	97.3	48		10					58	100
细绳纹																		
粗绳纹		1						1	1.4									
交错细绳纹																		
交错粗绳纹																		
重菱纹		1						1	1.4									
凹弦纹																		
凸棱纹																		
刻划纹																		
镂孔																		
细线纹																		
交错细线纹																		
压印纹																		
网格纹																		
戳印纹																		
小计		42			4		27	73		48		10					58	
%		57.5			5.5		37.0			82.8		17.2						
总计								73									58	

续表

单位号：H8906

		夹砂陶								泥质陶							
		黑褐	灰	红褐	灰褐	黄褐	灰黄	小计	%	灰黑	灰白	灰黄	灰褐	青灰	红	黄褐	小计	%
口		5								1	3							
圈足		1																
底		2								1								
素面		59			5		23	87	98.9	32		15					47	100
细绳纹		1						1	1.1									
粗绳纹																		
交错细绳纹																		
交错粗绳纹																		
重菱纹																		
凹弦纹																		
凸棱纹																		
刻划纹																		
细线纹																		
交错细线纹																		
压印纹																		
网格纹																		
戳印纹																		
小计		60			5		23	88		32		15					47	
%		68.2			5.7		26.1			68.1		31.9						
总计		88								47								

续表

单位号：H8901

	夹砂陶								泥质陶								
	黑褐	灰	红褐	灰褐	黄褐	灰黄	小计	%	灰黑	灰白	灰黄	灰褐	青灰	红	黄褐	小计	%
口	4								4								
圈足	6			2					1								
底	2								2								
素面	54			10		30	94	96.9	31		15					46	100
细绳纹	1						1	1.0									
粗绳纹																	
交错细绳纹																	
交错粗绳纹																	
重菱纹		2					2	2.1									
凹弦纹																	
凸棱纹																	
刻划纹																	
细线纹																	
交错细线纹																	
压印纹																	
网格纹																	
戳印纹																	
小计	57			10		30	97		31		15					46	
%	58.8			10.3		30.9			67.4		32.6						
总计							97									46	

续表

单位号：H8856

	夹砂陶									泥质陶								
	黑褐	灰黑	灰	红褐	灰褐	黄褐	灰黄	小计	%	灰黑	灰白	灰黄	灰褐	青灰	红	黄褐	小计	%
口			5							1								
圈足		1（器纽）								3								
底																		
素面		66					25	91	96.8	10		20					30	100
细绳纹																		
粗绳纹																		
交错细绳纹																		
交错粗绳纹																		
重菱纹																		
凹弦纹																		
凸棱纹																		
刻划纹																		
细缠线纹																		
交错细线纹		3						3	3.2									
压印纹																		
网格纹																		
戳印纹																		
方格纹																		
小计		69					25	94		10		20					30	
%		73.4					26.6			33.3		66.7						
总计						94									30			

续表

单位号：H8860

	夹砂陶									泥质陶								
	黑褐	灰	红褐	灰褐	黄褐	灰黄	小计	%		灰黑	灰白	灰黄	灰褐	青灰	红	黄褐	小计	%
口	7									1								
圈足	8																	
底	2									4								
素面	80			10		75	165	98.8		50		12					62	100
细绳纹																		
粗绳纹																		
交错细绳纹																		
交错粗绳纹																		
重菱纹																		
回弦纹		2					2	1.2										
凸棱纹																		
刻划纹																		
细线纹																		
交错细线纹																		
压印纹																		
网格纹																		
戳印纹																		
小计	82			10		75	167			50		12					62	
%	49.1			6.0		44.9				80.6		19.4						
总计							167										62	

续表

单位号：H8867

	夹砂陶								泥质陶								
	黑褐	灰	红褐	灰褐	黄褐	灰黄	小计	%	灰黑	灰白	灰黄	灰褐	青灰	红	黄褐	小计	%
口	4																
圈足																	
底																	
素面	32			3		18	53	98.1	7							7	100
细绳纹																	
粗绳纹																	
交错细绳纹																	
交错粗绳纹																	
重菱纹																	
凹弦纹																	
凸棱纹																	
刻划纹																	
镂孔																	
细线纹																	
交错细线纹																	
压印纹	1						1	1.9									
网格纹																	
戳印纹																	
小计	33			3		18	54		7							7	
%	61.1			5.6		33.3		100	100								
总计	54								7								

续表

单位号：H8897

	夹砂陶								泥质陶								
	黑褐	灰	红褐	黄褐	灰褐	灰黄	小计	%	灰黑	灰白	灰黄	灰褐	青灰	红	黄褐	小计	%
口	6			4		1			2		2	1					
圈足	3			2		1											
底																	
素面	124				6	60	190	97.4	25		12	7				44	100
细绳纹	1						1	0.5									
粗绳纹																	
交错细绳纹																	
交错粗绳纹																	
重菱纹																	
凹弦纹	4						4	2.1									
凸棱纹																	
刻划纹																	
镂孔																	
细线纹																	
交错细线纹																	
压印纹																	
网格纹																	
戳印纹																	
小计	129				6	60	195		25		12	7				44	
%	66.2				3.1	30.8			56.8		27.3	15.9					
总计							195									44	

续表

单位号：H8903

	夹砂陶								泥质陶								
	黑褐	灰	红褐	灰褐	黄褐	灰黄	小计	%	灰黑	灰白	灰黄	灰褐	青灰	红	黄褐	小计	%
口		16							4								
圈足		6															
底		6							5								
素面		479		5		80	564	97.6	85	2	34					121	96
细绳纹																	
粗绳纹		3					3	0.5									
交错细绳纹																	
交错粗绳纹																	
重菱纹																	
凹弦纹		8				3	11	1.9	1		2					3	2.4
凸棱纹																	
刻划纹																	
细线纹																	
交错细线纹																	
压印纹																	
网格纹																	
戳印纹												2					2	1.6
泥条堆纹																	
小计		490		5		83	578		86	2	38					126	
%		84.8		0.9		14.4			68.3	1.6	30.2						
总计							578									126	

续表

单位号：H8908

	夹砂陶								泥质陶								
	黑褐	灰	红褐	灰褐	黄褐	灰黄	小计	%	灰黑	灰白	灰黄	灰褐	青灰	红	黄褐	小计	%
口	11								4	1							
圈足																	
底																	
素面	67			18		11	96	94.1	32	8	5					45	93.8
细绳纹																	
粗绳纹	2						2	2.0									
交错细细绳纹																	
交错粗绳纹																	
重菱纹											1					1	2.0
凹弦纹	4						4	3.9			1					1	2.0
凸棱纹																	
刻划纹									1							1	2.0
镂孔																	
细线纹																	
交错细线纹																	
压印纹																	
网格纹																	
戳印纹																	
小计	73			18		11	102		33	8	7					48	
%	71.6			17.6		10.8			68.8	16.7	14.3						
总计							102									48	

续表

单位号：H8910

	夹砂陶								泥质陶								
	黑褐	灰	红褐	灰褐	黄褐	灰黄	小计	%	灰黑	灰白	灰黄	灰褐	青灰	红	黄褐	小计	%
口	3				1				2								
圈足	1																
底					3												
素面	59			5		28	92	98.9	12		8					20	100
细绳纹																	
粗绳纹																	
交错细绳纹																	
交错粗绳纹																	
重菱纹																	
凹浆纹	1						1	1.1									
凸棱纹																	
刻划纹																	
镂孔																	
细线纹																	
交错细线纹																	
压印纹																	
网格纹																	
戳印纹																	
小计	60			5		28	93		12		8					20	
%	64.5			5.4		30.1			60.0		40.0						
总计							93									20	

续表

单位号：H8911

	夹砂陶								泥质陶								
	黑褐	灰	红褐	灰褐	黄褐	灰黄	小计	%	灰黑	灰白	灰黄	灰褐	青灰	红	黄褐	小计	%
口	5								1								
圈足					1												
底																	
素面	85			5		2	92	93.9	6		1					7	100
细绳纹																	
粗绳纹		5					5	5.1									
交错细绳纹																	
交错粗绳纹																	
重菱纹																	
回弦纹				1			1	1.0									
凸棱纹																	
刻划纹																	
镂孔																	
细线纹																	
交错细线纹																	
压印纹																	
网格纹																	
戳印纹																	
小计	90			6		2	98		6		1					7	
%	91.8			6.1		2.0			85.7		14.3						
总计					98							7					

续表

单位号：H8913

	夹砂陶							泥质陶							
	黑褐	灰	红褐	黄褐	灰褐	灰黄	小计	%	灰黑	灰白	灰黄	灰褐	青灰	红	黄褐	小计	%
口	7				2	4			3		2						
圈足	4																
底	5																
素面	84				20	58	162	98.8	23		15					38	100
细绳纹																	
粗绳纹																	
交错细细绳纹																	
交错粗细绳纹																	
重菱纹																	
凹弦纹	2						2	1.2									
凸棱纹																	
刻划纹																	
镂孔																	
细线纹																	
交错细线纹																	
压印纹																	
网格纹																	
戳印纹																	
小计	86				20	58	164		23		15					38	
%	52.4				12.2	35.4			60.5		39.5						
总计	164								38								

续表

单位号：H8916

	夹砂陶								泥质陶								
	黑褐	灰	红褐	灰褐	黄褐	灰黄	小计	%	灰黑	灰白	灰黄	灰褐	青灰	红	黄褐	小计	%
口	3			1	1	1											
圈足	2																
底											1						
素面	39			7		32	78	98.7	4		2					6	100
细绳纹																	
粗绳纹																	
交错细绳纹																	
交错粗绳纹																	
重菱纹																	
凹弦纹	1						1	1.3									
凸棱纹																	
刻划纹																	
镂孔																	
细线纹																	
交错细线纹																	
压印纹																	
网格纹																	
戳印纹																	
小计	40			7		32	79		4		2					6	
%	50.6			8.9		40.5			66.7		33.3						
总计							79									6	

续表

单位号：H8982

	夹砂陶								泥质陶								
	黑褐	灰	红褐	灰褐	黄褐	灰黄	小计	%	灰黑	灰白	灰黄	灰褐	青灰	红	黄褐	小计	%
口	12																
圈足	1																
底	3																
素面	164			32		139	335	99.4	50		10					60	100
细绳纹																	
粗绳纹																	
交错细绳纹																	
交错粗绳纹																	
重菱纹																	
凹弦纹																	
凸棱纹																	
刻划纹																	
细线纹																	
交错细线纹																	
压印纹																	
网格纹																	
戳印纹																	
乳钉纹						2	2	0.6									
小计	164			32		141	337		50		10					60	
%	48.7			9.5		41.8			83.3		16.7						
总计	337								60								

续表

单位号：H8984

	夹砂陶							泥质陶						
	黑褐	灰黑	灰	红褐	灰褐	黄褐	灰黄	小计	%	灰黑	灰白	灰黄	灰褐	青灰	红	黄褐	小计	%
口		7																
圈足		2						1										
底																		
素面		47			21		11	79	98.8	22							22	100
细绳纹		1						1	1.3									
粗绳纹																		
交错细绳纹																		
交错粗绳纹																		
重菱纹																		
凹弦纹																		
凸棱纹																		
刻划纹																		
细线纹																		
交错细线纹																		
压印纹																		
网格纹																		
戳印纹																		
乳钉纹																		
小计		48			21		11	80		22							22	
%		60.0			26.3		13.8			100								
总计					80								22					

续表

单位号：H9001

	夹砂陶								泥质陶								
	黑褐	灰	红褐	灰褐	黄褐	灰黄	小计	%	灰黑	灰白	灰黄	灰褐	青灰	红	黄褐	小计	%
口							3		2								
圈足							1		1								
底																	
素面	60			7		36	103	98.1	45	4						49	100
细绳纹		1					1	1.0									
粗绳纹																	
交错细绳纹																	
交错粗绳纹																	
重菱纹																	
凹弦纹						1	1	1.0									
凸棱纹																	
刻划纹																	
细线纹																	
交错细线纹																	
压印纹																	
网格纹																	
戳印纹																	
圆圈纹																	
小计	61			7		37	105		45	4						49	
%	58.1			6.7		35.2			91.8	8.2							
总计							105									49	

续表

单位号：H9058

		夹砂陶								泥质陶					
		黑褐	灰黑	灰	红褐	灰褐	黄褐	灰黄	小计	%	灰黑	灰白	灰黄	灰褐	青灰	红	黄褐	小计	%
口	27							17											
圈足	1										6								
底	1																		
素面		729	45		96		347	1217	98.9	56	7	18	2				83	100
细绳纹																		
粗绳纹																		
交错细绳纹																		
交错粗绳纹																		
重菱纹																		
凹弦纹	5							5	0.4									
凸棱纹																		
刻划纹																		
镂孔	1							1	0.1									
细线纹																		
交错细线纹																		
压印纹																		
网格纹	7							7	0.6									
戳印纹																		
小计	742	45		96		347	1230		56	7	18	2				83		
%	60.3	3.7		7.8		28.2			67.5	8.4	21.7	2.4						
总计				1230									83						

续表

单位号：H9070

	夹砂陶									泥质陶								
	黑褐	灰	红褐	黄褐	灰褐	灰黄	灰黑	小计	%	灰黑	灰白	灰黄	灰褐	青灰	红	黄褐	小计	%
口		52			11	21						2						
圈足		1			2	4						8						
底		11				3												
素面		836			70	360		1266	98.0	100		35					135	100
细绳纹		7			1			8	0.6									
粗绳纹																		
交错细绳纹																		
交错粗绳纹		9			2	4		15	1.2									
重菱纹																		
凹弦纹																		
凸棱纹																		
刻划纹																		
压印纹																		
网格纹																		
戳印纹																		
菱形纹																		
乳钉纹		2						2	0.2									
圆圈、刻划纹		1						1	0.1									
小计		855			73	364		1292		100		35					135	
%		66.2			5.7	28.2		100		74.1		25.9					100	
总计								1292									135	

续表

单位号：H9079

	夹砂陶								泥质陶								
	黑褐	灰	红褐	灰褐	黄褐	灰黄	小计	%	灰黑	灰白	灰黄	灰褐	青灰	红	黄褐	小计	%
口	9					2			1								
圈足	2					1											
底						2											
素面	300			35		75	410	96.9	45	12		4				61	100
细绳纹																	
粗绳纹	4					3	7	1.7									
交错细细绳纹																	
交错粗绳纹																	
重菱纹																	
凹弦纹	4						4	0.9									
凸棱纹																	
刻划纹																	
细线纹																	
交错细线纹																	
压印纹	1						1	0.2									
网格纹																	
戳印纹																	
乳钉纹	1						1	0.2									
小计	310			35		78	423		45	12		4				61	
%	73.3			8.3		18.4			73.8	19.7		6.6					
总计							423									61	

续表

单位号：H9083

	夹砂陶								泥质陶								
	黑褐	灰	红褐	黄褐	灰褐	灰黄	小计	%	灰黑	灰白	灰黄	灰褐	青灰	红	黄褐	小计	%
口	47					28			6								
圈足	3					4											
底	6					1			11								
素面	380	20			35	220	655	94.5	110								
细绳纹	21					6	27	3.9									
粗绳纹																	
交错细绳纹																	
交错粗绳纹																	
重菱纹																	
凹弦纹	7					2	9	1.3									
凸棱纹	1						1	0.1									
刻划纹																	
细线纹																	
交错细线纹																	
压印纹																	
网格纹																	
戳印纹																	
乳钉纹	1						1	0.1									
小计	410	20			35	228	693		110		20					130	
%	59.2	2.9			5.1	32.9			84.6		15.4						100
总计							693									130	

附表

续表

单位号：H9084

	夹砂陶							泥质陶						
	黑褐	灰	红褐	灰褐	黄褐	灰黄	小计	%	灰黑	灰白	灰黄	灰褐	青灰	红	黄褐	小计	%
口						23		13										
圈足						2		3										
底						4												
素面		390		45		270	705	98.6	25		10					35	100
细绳纹		3		1			4	0.6									
粗绳纹																	
交错细绳纹																	
交错粗绳纹																	
重菱纹																	
凹弦纹		2					2	0.3									
凸棱纹																	
刻划纹																	
镂孔																	
细线纹																	
交错细线纹		3		1			4	0.6									
压印纹																	
网格纹																	
戳印纹																	
小计		398		47		270	715		25		10					35	
%		55.7		6.5		37.8			71.4		28.6						
总计		715							35								

续表

单位号：H8847

	夹砂陶								泥质陶								
	黑褐	灰	红褐	灰褐	黄褐	灰黄	小计	%	灰黑	灰白	灰黄	灰褐	青灰	红	黄褐	小计	%
口	5			1					4		3						
圈足	3																
底	3																
素面	100					15	115	97.5	75		10					85	100
细绳纹																	
粗绳纹																	
交错细绳纹																	
交错粗绳纹				1			1	0.8									
重菱纹																	
凹弦纹		2					2	1.7									
凸棱纹																	
刻划纹		1					1	0.8									
镂孔																	
细线纹																	
交错细线纹																	
压印纹																	
网格纹																	
戳印纹																	
小计	102			1		15	118		75		10					85	
%	86.4			0.8		12.7			88.2		11.8						
总计	118								85								

续表

单位号：H8862

			夹砂陶								泥质陶								
	口	圈足	黑褐	灰	红褐	灰褐	黄褐	灰黄	小计	%	灰黑	灰白	灰黄	灰褐	青灰	红	黄褐	小计	%
口	5																		
圈足	1																		
底								1	1			2							
素面			55		3			25	83	98.8	5	5						10	100
细绳纹																			
粗绳纹																			
交错细绳纹																			
交错粗绳纹																			
重菱纹																			
凹弦纹				1					1	1.2									
凸棱纹																			
刻划纹																			
镂孔																			
细线纹																			
交错细线纹																			
压印																			
网格纹																			
戳印纹																			
小计			56		3			25	84		5	5						10	
%			66.7		3.6			29.8			50.0	50.0							
总计									84									10	

续表

单位号：H8863

	夹砂陶								泥质陶							
	黑褐	灰	红褐	灰褐	黄褐	灰黄	小计	%	灰黑	灰白	灰黄	灰褐	青灰	红	黄褐	小计	%
口	7								1								
圈足	1																
底	1																
素面	30					25	55	93.2	42	7	10					59	100
细绳纹																	
粗绳纹																	
交错细绳纹																	
交错粗绳纹																	
重菱纹																	
凹弦纹							4	6.8									
凸棱纹																	
刻划纹																	
镂孔																	
细线纹																	
交错细线纹																	
压印纹																	
网格纹																	
戳印纹																	
小计	34					25	59		42	7	10					59	
%	57.6					42.4			71.2	11.9	16.9						
总计							59									59	

附　表

续表

单位号：H8888

	夹砂陶								泥质陶								
	黑褐	灰	红褐	灰褐	黄褐	灰黄	小计	%	灰黑	灰白	灰黄	灰褐	青灰	红	黄褐	小计	%
口	3					4			1								
圈足				2													
底									1								
素面	55			15		25	95	97.9	55		25					80	92.0
细绳纹																	
粗绳纹																	
交错细绳纹																	
交错粗绳纹																	
重菱纹																	
凹弦纹	2						2	2.1	2							2	2.3
凸棱纹									2							2	2.3
刻划纹																	
细线纹																	
交错细线纹																	
压印纹																	
网格纹																	
戳印纹																	
圆圈纹											3					3	3.4
小计	57			15		25	97		59		28					87	
%	58.8			15.5		25.7			67.8		32.2						
总计							97									87	

续表

单位号：H8900

	夹砂陶								泥质陶								
	黑褐	灰	红褐	灰褐	黄褐	灰黄	小计	%	灰黑	灰白	灰黄	灰褐	青灰	红	黄褐	小计	%
口	11			1	1				3								
圈足	5																
底	3																
素面	92			5		14	111	95.7	45		2					47	100
细绳纹																	
粗绳纹																	
交错细绳纹																	
交错粗绳纹																	
重菱纹																	
回弦纹	4						4	3.4									
凸棱纹																	
刻划纹																	
镂孔																	
细线纹																	
交错细线纹																	
压印纹	1						1	0.9									
网格纹																	
戳印纹																	
小计	97			5		14	116		45		2					47	
%	83.6			4.3		12.1			95.7		4.3						
总计	116								47								

单位号：H8905

续表

	夹砂陶								泥质陶								
	黑褐	灰	红褐	灰褐	黄褐	灰黄	小计	%	灰黑	灰白	灰黄	灰褐	青灰	红	黄褐	小计	%
口		15															
圈足		7															
底		7															
素面		135		12		136	283	98.3	70		12					82	100
细绳纹																	
粗绳纹																	
交错细绳纹																	
交错粗绳纹																	
重菱纹		3		1		1	5	1.7									
凹弦纹																	
凸棱纹																	
刻划纹																	
镂孔																	
细线纹																	
交错细线纹																	
压印纹																	
网格纹																	
戳印纹																	
小计		138		13		137	288		70		12					82	
%		47.9		4.5		47.6			85.4		14.6						
总计							288									82	

续表

单位号：H8938

	夹砂陶								泥质陶								
	黑褐	灰	红褐	灰褐	黄褐	灰黄	小计	%	灰黑	灰白	灰黄	灰褐	青灰	红	黄褐	小计	%
口	10								2								
圈足	3																
底																	
素面	153	7		30		119	309	98.4	35	10	3					48	100
细绳纹																	
粗绳纹																	
交错细绳绳纹																	
交错粗绳绳纹																	
重菱纹	3			1			4	1.3									
凹弦纹																	
凸棱纹																	
刻划纹																	
镂孔																	
细线纹																	
交错线线纹																	
压印纹	1						1	0.3									
网格纹																	
戳印纹																	
小计	157	7		31		119	314		35	10	3					48	
%	50.0	2.2		9.9		37.9			72.9	20.8	6.3						
总计							314									48	

续表

单位号：H8947

	夹砂陶							泥质陶							
	黑褐	灰	红褐	黄褐	灰黄	小计	%	灰黑	灰白	灰黄	灰褐	青灰	红	黄褐	小计	%
口	12				5											
圈足					1											
底					5			2								
素面	223			35	95	353	99.7	20		3					23	95.8
细绳纹																
粗绳纹																
交错细绳纹																
交错粗绳纹																
重菱纹		1				1	0.3			1					1	4.2
凹弦纹																
凸棱纹																
刻划纹																
镂孔																
细线纹																
交错细线纹																
压印纹																
网格纹																
戳印纹																
小计	224			35	95	354		20		4					24	
%	63.3			9.9	26.8			83.3		16.7						
总计						354									24	

续表

单位号：H9010

	夹砂陶								泥质陶								
	黑褐	灰	红褐	灰褐	黄褐	灰黄	小计	%	灰黑	灰白	灰黄	灰褐	青灰	红	黄褐	小计	%
口	7				5	2											
圈足						1											
底																	
素面	52			9		36	97	92.4	15	4						19	100
细绳纹	2			1			3	2.9									
粗绳纹																	
交错细细绳纹																	
交错粗粗绳纹																	
重菱纹																	
凹弦纹	4			1			5	4.8									
凸棱纹																	
刻划纹																	
镂孔																	
细线纹																	
交错细细线纹																	
压印纹																	
网格纹																	
戳印纹																	
小计	58			11		36	105		15	4						19	
%	55.2			10.5		34.3		100	78.9	21.1							
总计							105									19	

续表

单位号：H9021

	夹砂陶									泥质陶								
	黑褐	灰黑	灰	红褐	灰褐	黄褐	灰黄	小计	%	灰黑	灰白	灰黄	灰褐	青灰	红	黄褐	小计	%
口		2																
圈足																		
底					1													
素面		75			15		35	125	97.7	30	10	30					70	100
细绳纹																		
粗绳纹																		
交错细绳纹																		
交错粗绳纹																		
重菱纹		2			1			3	2.3									
凹弦纹																		
凸棱纹																		
刻划纹																		
镂孔																		
细线纹																		
交错细线纹																		
压印纹																		
网格纹																		
戳印纹																		
小计		77			16		35	128		30	10	30					70	
%		60.2			12.5		27.3			42.9	14.3	42.9						
总计					128									70				

续表

单位号：H9022

	夹砂陶								泥质陶								
	黑褐	灰	红褐	灰褐	黄褐	灰黄	小计	%	灰黑	灰白	灰黄	灰褐	青灰	红	黄褐	小计	%
口	6																
圈足	1																
底					2												
素面	205	10	5	40		130	390	98.9	70	10	20					100	99.0
细绳纹																	
粗绳纹				1			1	0.3									
交错细绳纹																	
交错粗绳纹																	
重菱纹																	
凹弦纹	3						3	0.8									
凸棱纹																	
刻划纹																	
细线纹																	
交错细线纹																	
压印纹																	
网格纹																	
戳印纹																	
菱形纹									1							1	1.0
小计	208	10	5	41		130	394		71	10	20					101	
%	52.8	2.5	1.3	10.4		33.0			70.3	9.9	19.8						
总计							394									101	

续表

单位号：H9071

	夹砂陶						泥质陶						
	黑褐	灰黑	灰	红褐	灰褐	黄褐	灰黄	小计	%	灰黑	灰白	灰黄	灰褐	青灰	红	黄褐	小计	%
口		27					9			2		2						
圈足		1					2											
底		9					1			2								
素面		210	20	2			110	342	98	28		12					40	100
细绳纹																		
粗绳纹		2					1	3	0.9									
交错细细绳纹																		
交错粗绳纹		1						1	0.3									
重菱纹																		
凹弦纹		2						2	0.6									
凸棱纹																		
刻划纹																		
细线纹																		
交错细线纹																		
压印纹							1	1	0.3									
网格纹																		
戳印纹																		
乳钉纹		1																
小计		216	20	2			111	349		28		12					40	
%		61.9	5.7	0.6			31.8			70.0		30.0						
总计	349									40								

续表

单位号：H9074

	夹砂陶									泥质陶									总计
	黑褐	灰	红褐	灰褐	黄褐	灰黄	灰黑	小计	%	灰黑	灰白	灰黄	灰褐	青灰	红	黄褐	小计	%	
口	29									1									
圈足	4																		
底	3									7									
素面	260	15		18		160		453	95.2	40		15					55	100	
细绳纹																			
粗绳纹	6					3		9	1.9										
交错细绳纹																			
交错粗绳纹																			
重菱纹																			
回弦纹	11					1		12	2.5										
凸棱纹																			
刻划纹																			
镂孔	1							1	0.2										
细线纹	1							1	0.2										
交错细线纹																			
压印纹																			
网格纹																			
戳印纹																			
小计	279	15		18		164		476		40		15					55		
%	58.6	3.1		3.8		34.5				72.7		27.3							
总计					476									55					

续表

单位号：H9076

	夹砂陶										泥质陶							
	黑褐	灰	红褐	灰褐	黄褐	灰黄	灰黑	灰白	小计	%	灰黑	灰白	灰黄	灰褐	青灰	红	黄褐	小计	%
口	38										1								
圈足	3										1								
底	2										5								
素面	927	58		190		578			1753	98.8	45		30					75	100
细绳纹	1								1	0.1									
粗绳纹																			
交错细绳纹																			
交错粗绳纹																			
重菱纹	2			1					3	0.1									
凹弦纹	6								6	0.3									
凸棱纹																			
刻划纹																			
镂孔	1								1	0.1									
细线纹	1								1	0.1									
交错细线纹																			
压印纹																			
网格纹	9								9	0.5									
戳印纹																			
小计	947	58		191		578			1774		45		30					75	
%	53.4	3.3		10.8		32.6					60.0		40.0						
总计									1774									75	

续表

单位号：H8864

	夹砂陶								泥质陶								
	黑褐	灰黑	灰	红褐	灰褐	黄褐	灰黄	小计	%	灰黑	灰白	灰黄	灰褐	青灰	红	黄褐	小计	%
口		19																
圈足		7																
底		5																
素面		165			1		70	236	98.7	2	10						30	96.8
细绳纹																		
粗绳纹																		
交错细绳纹																		
交错粗绳纹																		
重菱纹																		
凹弦纹		1						1	0.4									
凸棱纹																		
刻划纹																		
交错细线纹																		
压印纹		1						1	0.4									
网格纹																		
戳印纹																		
圆圈纹																		
方格纹		1						1	0.4	1							1	3.2
小计		168			1		70	239		21	10						31	
%		70.3			0.4		29.3			67.7	32.3							
总计					239									31				

续表

单位号：H8869

	夹砂陶					小计	%	泥质陶						小计	%
	黑褐	灰	红褐	灰褐	黄褐	灰黄			灰黑	灰白	灰黄	灰褐	青灰	红	黄褐		
口						1			1								
圈足						1											
底						1											
素面		90				10	100	99.0	9		1					10	100
细绳纹																	
粗绳纹																	
交错细绳纹																	
交错粗绳纹																	
重菱纹																	
凹弦纹		1					1	1.0									
凸棱纹																	
刻划纹																	
镂孔																	
细线纹																	
交错细线纹																	
压印纹																	
网格纹																	
戳印纹																	
小计		91				10	101		9		1					10	
%		90.1				9.9			90.0		10.0						
总计							101									10	

续表

单位号：H8895

	夹砂陶								泥质陶								
	黑褐	灰	红褐	灰褐	黄褐	灰黄	小计	%	灰黑	灰白	灰黄	灰褐	青灰	红	黄褐	小计	%
口	15					3											
圈足	7					1											
底	4					1			9		1（器纽）						
素面	125					35	160	96.4	67	25	4	6				102	100
细绳纹																	
粗绳纹																	
交错细绳纹																	
交错粗绳纹																	
重菱纹																	
凹弦纹		6					6	3.6									
凸棱纹																	
刻划纹																	
镂孔																	
细线纹																	
交错细线纹																	
压印纹																	
网格纹																	
戳印纹																	
小计	131					35	166		67	25	4	6				102	
%	78.9					21.1			65.7	24.5	3.9	5.9					
总计							166									102	

单位号：H8909

续表

	夹砂陶								泥质陶								
	黑褐	灰	红褐	灰褐	黄褐	灰黄	小计	%	灰黑	灰白	灰黄	灰褐	青灰	红	黄褐	小计	%
口	12	5							5	2	1	1					
圈足	5								7	2							
底						7											
素面	137	26		14		87	264	99.2	92	11	13	9				125	100
细绳纹																	
粗绳纹																	
交错细绳纹																	
交错粗绳纹																	
重菱纹			2				2	0.8									
凹弦纹																	
凸棱纹																	
刻划纹																	
镂孔																	
细线纹																	
交错细线纹																	
压印纹																	
网格纹																	
戳印纹																	
小计	139	26		14		87	266		92	11	13	9				125	
%	52.3	9.8		5.3		32.7			73.6	8.8	10.4	7.2					
总计							266									125	

续表

单位号：H8914

	夹砂陶									泥质陶								
	黑褐	灰黑	灰	红褐	黄褐	灰褐	灰黄	小计	%	灰黑	灰白	灰黄	灰褐	青灰	红	黄褐	小计	%
口		1								1								
圈足																		
底																		
素面		21				4	15	40	97.6	65		6					71	100
细绳纹																		
粗绳纹																		
交错细细绳纹																		
交错粗细绳纹																		
重菱纹																		
凹弦纹																		
凸棱纹																		
刻划纹																		
镂孔																		
细线纹																		
交错细线纹																		
压印纹		1						1	2.4									
网格纹																		
戳印纹																		
小计		22				4	15	41		65		6					71	
%		53.7				9.8	36.6			91.5		8.5						
总计								41									71	

续表

单位号：H8878

	夹砂陶								泥质陶							
	黑褐	灰	红褐	黄褐	灰褐	灰黄	小计	%	灰黑	灰白	灰黄	灰褐	青灰	红	黄褐	小计	%
口	1																
圈足	4																
底				1					3								
素面	25				3	12	40	97.6	16							17	100
细绳纹																	
粗绳纹																	
交错细绳纹																	
交错粗绳纹																	
重菱纹																	
凹弦纹	1						1	2.4									
凸棱纹																	
刻划纹																	
镂孔																	
细线纹																	
交错细线纹																	
压印纹																	
网格纹																	
戳印纹																	
小计	26				3	12	41		16		1					17	
%	63.4				7.3	29.3			94.1		5.9						
总计	41								17								

单位号：H8918

	夹砂陶									泥质陶							
	黑褐	灰	红褐	灰褐	黄褐	灰黄	灰黑	小计	%	灰白	灰黄	灰褐	青灰	红	黄褐	小计	%
口	5			4		7	2										
圈足	2			2													
底	2																
素面	139			26		147		312	99.0							15	100
细绳纹																	
粗绳纹																	
交错细绳纹																	
交错粗绳纹																	
重菱纹																	
凹弦纹	2							2	0.6								
凸棱纹																	
刻划纹																	
镂孔																	
细线纹																	
交错细线纹																	
压印纹																	
网格纹	1							1	0.4								
小计	142			26		147		315								15	100
%	45.1			8.3		46.7		100									
总计	315															15	

续表

续表

单位号：H8920

口	4																
圈足	1																
底	1																

	夹砂陶									泥质陶								
	黑褐	灰黑	灰	红褐	灰褐	黄褐	灰黄	小计	%	灰黑	灰白	灰黄	灰褐	青灰	红	黄褐	小计	%
素面	91						67	158	100	20		6					26	100
细绳纹																		
粗绳纹																		
交错细绳纹																		
交错粗绳纹																		
重菱纹																		
回弦纹																		
凸棱纹																		
刻划纹																		
镂孔																		
细线纹																		
交错细线纹																		
压印纹																		
网格纹																		
戳印纹																		
小计	91						67	158		20		6					26	
%	57.6						42.4		100	76.9		23.1						100
总计								158									26	

续表

单位号：H8946

	夹砂陶								泥质陶								
	黑褐	灰	红褐	灰褐	黄褐	灰黄	小计	%	灰黑	灰白	灰黄	灰褐	青灰	红	黄褐	小计	%
口		2							1								
圈足				5													
底					3		1										
素面		65		15		30	110	99.1	10		5					15	93.8
细绳纹		1					1	0.9									
粗绳纹																	
交错细绳纹																	
交错粗绳纹																	
重菱纹											1					1	6.3
回弦纹																	
凸棱纹																	
刻划纹																	
镂孔																	
细线纹																	
交错细线纹																	
压印纹																	
网格纹																	
戳印纹																	
小计		66		15		30	111		10		6					16	
%		59.5		13.5		27.0			62.5		37.5						
总计							111									16	

续表

单位号：H9002

	夹砂陶									泥质陶								
	黑褐	灰黑	灰	红褐	灰褐	黄褐	灰黄	小计	%	灰黑	灰白	灰黄	灰褐	青灰	红	黄褐	小计	%
口		5					1											
圈足																		
底		1					2											
素面		85			6		44	135	99.3	16							16	100
细绳纹																		
粗绳纹																		
交错细绳纹																		
交错粗绳纹							1	1	0.7									
重菱纹																		
凹弦纹																		
凸棱纹																		
刻划纹																		
镂孔																		
细线纹																		
交错细线纹																		
压印纹																		
网格纹																		
戳印纹																		
小计		85			6		45	136		16							16	
%		62.5			4.4		33.1	100		100								
总计								136									16	

续表

单位号：H9004

	夹砂陶								泥质陶								
	黑褐	灰	红褐	灰褐	黄褐	灰黄	小计	%	灰黑	灰白	灰黄	灰褐	青灰	红	黄褐	小计	%
口						2			1								
圈足	1																
底																	
素面	30			5		28	63	98.4	18							18	94.7
细绳纹						1	1	1.6									
粗绳纹																	
交错细绳纹																	
交错粗绳纹																	
重菱纹																	
凹弦纹									1							1	5.3
凸棱纹																	
刻划纹																	
镂孔																	
细线纹																	
交错细线纹																	
压印纹																	
网格纹																	
戳印纹																	
小计	30			5		29	64		19							19	
%	46.9			7.8		45.3			100								100
总计	64								19								

续表

单位号：H9024

	夹砂陶								泥质陶								
	黑褐	灰	红褐	灰褐	黄褐	灰黄	小计	%	灰黑	灰白	灰黄	灰褐	青灰	红	黄褐	小计	%
口							2										
圈足							1										
底																	
素面		95		10		60	165	98.8	30		10					40	100
细绳纹																	
粗绳纹																	
交错细绳纹																	
交错粗绳纹																	
重菱																	
凹弦纹					1	1	2	1.2									
凸棱纹																	
刻划纹																	
细线纹																	
交错细线纹																	
压印纹																	
网格纹																	
戳印纹																	
小计		95		11		61	167		30		10					40	
%		56.9		6.6		36.5			75.0		25.0						
总计							167									40	

续表

单位号：H9059

	夹砂陶									泥质陶								
	黑褐	灰黑	灰	红褐	灰褐	黄褐	灰黄	小计	%	灰黑	灰白	灰黄	灰褐	青灰	红	黄褐	小计	%
口		7																
圈足		1																
底							3					1						
素面		68			10		29	107	95.5	70		5					75	100
细绳纹		4						4	3.6									
粗绳纹																		
交错细绳纹																		
交错粗绳纹																		
重菱纹																		
凹弦纹		1						1	0.9									
凸棱纹																		
刻划纹																		
镂孔																		
细线纹																		
交错细线纹																		
压印纹																		
网格纹																		
戳印纹																		
小计		73			10		29	112		70		5					75	
%		65.2			8.9		25.9			93.3		6.7						
总计								112									75	

附 表

续表

单位号：G691

	夹砂陶										泥质陶							总计
	黑褐	灰	红褐	灰褐	黄褐	灰黄	灰黑	灰白	小计	%	灰褐	灰黄	青灰	红	黄褐	小计	%	
口						10	11				1							
圈足						1	4											
底						1	2											
素面		18		40		165	270		493	98.8	14	20				34	100	
细绳纹							1		1	0.2								
粗绳纹																		
交错细绳纹																		
交错粗绳纹																		
重菱纹						1	3		4	0.8								
凹弦纹																		
凸棱纹																		
刻划纹																		
镂孔																		
细线纹																		
交错细线纹																		
压印纹																		
网格纹																		
圆圈纹							1		1	0.2								
小计		18		40		166	275		499		14	20				34		
%		3.6		8.0		33.3	55.1				41.2	58.8						
总计																		533

续表

单位号：G692

	夹砂陶									泥质陶								
	黑褐	灰黑	灰	红褐	灰褐	黄褐	灰黄	小计	%	灰黑	灰白	灰黄	灰褐	青灰	红	黄褐	小计	%
口	5																	
圈足	1																	
底																		
素面	20				7		25	52	96.3			6					6	100
细绳纹																		
粗绳纹																		
交错细绳纹																		
交错粗绳纹			1															
重菱纹																		
凹浆纹							1	2	3.7									
凸棱纹																		
刻划纹																		
镂孔																		
细线纹																		
交错细线纹																		
压印纹																		
网格纹																		
戳印纹																		
小计	21				7		26	54				6					6	
%	38.9				13.0		48.1					100						
总计	54									6								

续表

单位号：G697

	夹砂陶								泥质陶								
	黑褐	灰	红褐	灰褐	黄褐	灰黄	小计	%	灰黑	灰白	灰黄	灰褐	青灰	红	黄褐	小计	%
口		2															
圈足																	
底																	
素面		35		1		20	56	100	8	2	5					15	100
细绳纹																	
粗绳纹																	
交错细绳纹																	
交错粗绳纹																	
重菱纹																	
凹弦纹																	
凸棱纹																	
刻划纹																	
镂孔																	
细线纹																	
交错细线纹																	
压印纹																	
网格纹																	
戳印纹																	
小计		35		1		20	56		8	2	5					15	
%		62.5		1.8		35.7			53.3	13.3	33.3						
总计				56								15					

续表

单位号：G698

	夹砂陶									泥质陶								
	黑褐	灰黑	灰	红褐	灰褐	黄褐	灰黄	小计	%	灰黑	灰白	灰黄	灰褐	青灰	红	黄褐	小计	%
口			3															
圈足			1															
底																		
素面		60					25	85	100	8		1					9	100
细绳纹																		
粗绳纹																		
交错细绳纹																		
交错粗绳纹																		
重菱纹																		
凹弦纹																		
凸棱纹																		
刻划纹																		
镂孔																		
细线纹																		
交错细线纹																		
压印纹																		
网格纹																		
戳印纹																		
小计		60					25	85		8		1					9	
%		70.6					29.4			88.9		11.1						
总计								85									9	

续表

单位号：G699

	夹砂陶								泥质陶								
	黑褐	灰	红褐	灰褐	黄褐	灰黄	小计	%	灰黑	灰白	灰黄	灰褐	青灰	红	黄褐	小计	%
口		2															
圈足																	
底																	
素面		55		20		28	103	100	3							3	100
细绳纹																	
粗绳纹																	
交错细绳纹																	
交错粗绳纹																	
重菱纹																	
凹弦纹																	
凸棱纹																	
刻划纹																	
镂孔																	
细线纹																	
交错细线纹																	
压印纹																	
网格纹																	
戳印纹																	
小计		55		20		28	103		3							3	
%		53.4		19.4		27.2			100								
总计					103							3					

续表

单位号：Y262

	夹砂陶								泥质陶							
	黑褐	灰	红褐	灰褐	黄褐	灰黄	小计	%	灰黑	灰白	灰黄	灰褐	青灰	红	黄褐	小计	%
口																	
圈足																	
底																	
素面	15			17		5	37	100		3						3	100
细绳纹																	
粗绳纹																	
交错细绳纹																	
交错粗绳纹																	
重菱纹																	
凹弦纹																	
凸棱纹																	
刻划纹																	
镂孔																	
细线纹																	
交错细线纹																	
压印纹																	
网格纹																	
戳印纹																	
小计	15			17		5	37			3						3	
%	40.5			45.9		13.5		100		100							
总计	37								3								

附　表

续表

单位号：M2933

	夹砂陶							泥质陶						
	黑褐	灰黑	灰	红褐	灰褐	黄褐	灰黄	小计	%	灰黑	灰白	灰黄	灰褐	青灰	红	黄褐	小计	%
口																		
圈足																		
底																		
素面		25			5		14	44	100	6							6	100
细绳纹																		
粗绳纹																		
交错细细绳纹																		
交错粗绳纹																		
重菱纹																		
凹弦纹																		
凸棱纹																		
刻划纹																		
镂孔																		
细线纹																		
交错细线纹																		
压印纹																		
网格纹																		
戳印纹																		
小计		25			5		14	44		6							6	
%		56.8			11.4		31.8		100	100								100
总计					44									6				

续表

单位号：M2934

	夹砂陶									泥质陶									总计
	黑褐	灰黑	灰	红褐	灰褐	黄褐	灰黄	小计	%	灰黑	灰白	灰黄	灰褐	青灰	红	黄褐	小计	%	
口																			
圈足																			
底																			
素面		8						8	100										
细绳纹																			
粗绳纹																			
交错细绳纹																			
交错粗绳纹																			
重菱纹																			
凹弦纹																			
凸棱纹																			
刻划纹																			
镂孔																			
细线纹																			
交错细线纹																			
压印纹																			
网格纹																			
戳印纹																			
小计		8						8											
%		100																	
总计																			8

续表

单位号：M2936

	夹砂陶									泥质陶								
	黑褐	灰黑	灰	红褐	灰褐	黄褐	灰黄	小计	%	灰黑	灰白	灰黄	灰褐	青灰	红	黄褐	小计	%
口																		
圈足																		
底																		
素面		15						15	100									
细绳纹																		
粗绳纹																		
交错细绳纹																		
交错粗绳纹																		
重菱纹																		
凹弦纹																		
凸棱纹																		
刻划纹																		
镂孔																		
细线纹																		
交错细线纹																		
压印纹																		
网格纹																		
戳印纹																		
小计		15						15										
%		100																
总计									15									

续表

单位号：M2938

	夹砂陶									泥质陶								
	黑褐	灰黑	灰	红褐	灰褐	黄褐	灰黄	小计	%	灰黑	灰白	灰黄	灰褐	青灰	红	黄褐	小计	%
口																		
圈足																		
底																		
素面		3					5	8	100									
细绳纹																		
粗绳纹																		
交错细绳纹																		
交错粗绳纹																		
重菱纹																		
凹弦纹																		
凸棱纹																		
刻划纹																		
镂孔																		
细线纹																		
交错细线纹																		
压印纹																		
网格纹																		
戳印纹																		
小计		3					5	8										
%		37.5					62.5											
总计	8																	

续表

单位号：M2940

	夹砂陶									泥质陶								
	黑褐	灰黑	灰	红褐	灰褐	黄褐	灰黄	小计	%	灰黑	灰白	灰黄	灰褐	青灰	红	黄褐	小计	%
口																		
圈足																		
底																		
素面		1					4	5	100									
细绳纹																		
粗绳纹																		
交错细绳纹																		
交错粗绳纹																		
重菱纹																		
凹弦纹																		
凸棱纹																		
刻划纹																		
镂孔																		
细线纹																		
交错细线纹																		
压印纹																		
网格纹																		
戳印纹																		
小计		1					4	5										
%		20.0					80.0											
总计	5																	

续表

单位号：D2

	夹砂陶									泥质陶								
	黑褐	灰黑	灰	红褐	灰褐	黄褐	灰黄	小计	%	灰黑	灰白	灰黄	灰褐	青灰	红	黄褐	小计	%
口																		
圈足																		
底																		
素面		8			3		3	14	100	2							2	100
细绳纹																		
粗绳纹																		
交错细绳纹																		
交错粗绳纹																		
重菱纹																		
回弦纹																		
凸棱纹																		
刻划纹																		
镂孔																		
细线纹																		
交错细线纹																		
压印纹																		
网格纹																		
戳印纹																		
小计		8			3		3	14		2							2	100
%		57.1			21.4		21.4	100		100								
总计								14									2	

附表三 加速器质谱（AMS）^{14}C测试报告

送样单位：成都市文物考古工作队
送样人：闫雪
测定日期：2023-7

Lab编号	样品原编号	样品物质	出土地点		^{14}C年代（BP）	校正后日历年代	
						1σ（68.3%）	2σ（95.4%）
BA230432	2018CJHZYEY H8854	碎种（1mg）	四川省成都市青羊区金沙遗址黄忠小学配套项目	2018CJHZYEYH8854（FX14）	3005±20	1281BC（68.3%）1212BC	1377BC（7.6%）1350BC 1302BC（82.1%）1194BC 1175BC（2.8%）1161BC 1144BC（3.0%）1130BC
BA230433	2018CJHZXX H8860	碎种（7mg）		2018CJHZXX H8860（FX28）	3215±25	1504BC（19.0%）1490BC 1484BC（49.2%）1449BC	1517BC（95.4%）1428BC
BA230434	2018CJHZYEY H8888	木炭（1mg）		2018CJHZYEYH8888（FX10）	3075±25	1399BC（21.5%）1370BC 1356BC（46.8%）1296BC	1414BC（95.4%）1267BC
BA230435	2018CJHZXX H8895	<1/2稻（8mg）		2018CJHZXXH8895（FX17）	3040±20	1379BC（27.9%）1345BC 1306BC（40.3%）1261BC	1390BC（35.3%）1336BC 1322BC（60.2%）1221BC
BA230436	2018CJHZXX H8903	<1/2稻（3mg）		2018CJHZXXH8903（FX4）	3050±20	1382BC（33.0%）1342BC 1310BC（35.3%）1268BC	1398BC（91.2%）1256BC 1246BC（4.3%）1228BC
BA230437	2018CJHZXX H9058	<1/2稻（1mg）		2018CJHZXXH9058（FX43）	2955±25	1214BC（68.3%）1125BC	1260BC（88.6%）1105BC 1099BC（3.9%）1077BC 1071BC（3.0%）1054BC
BA230438	2018CJHZXX H9059	<1/2稻（3mg）		2018CJHZXXH9059（FX38）	3030±20	1374BC（17.4%）1351BC 1301BC（39.1%）1257BC 1246BC（11.7%）1228BC	1386BC（27.1%）1338BC 1316BC（68.4%）1216BC
BA230439	2018CJHZXX H9070	<1/2稻（3mg）		2018CJHZXXH9070（FX40）	3075±20	1398BC（20.9%）1371BC 1355BC（47.3%）1296BC	1411BC（95.4%）1274BC

续表

Lab编号	样品原编号	样品物质	出土地点		¹⁴C年代(BP)	校正后日历年代	
						1σ (68.3%)	2σ (95.4%)
BA230440	2018CJHZXX H9071	<1/2稻 (8mg)	四川省成都市青羊区金沙遗址黄忠小学配套项目	2018CJHZXXH9071 (FX37)	3030±20	1374BC (17.4%) 1351BC 1301BC (39.1%) 1257BC 1246BC (11.7%) 1228BC	1386BC (27.1%) 1338BC 1316BC (68.4%) 1216BC
BA230441	2018CJHZXX H9074	≥1/2稻 (8mg)		2018CJHZXXH9074 (FX41)	3140±25	1445BC (64.2%) 1396BC 1332BC (4.1%) 1326BC	1496BC (7.4%) 1474BC 1460BC (74.9%) 1380BC 1343BC (13.1%) 1309BC
BA230442	2018CJHZXX H9076	≥1/2稻 (9mg)		2018CJHZXXH9076 (FX45)	3050±20	1382BC (33.0%) 1342BC 1310BC (35.3%) 1268BC	1398BC (91.2%) 1256BC 1246BC (4.3%) 1228BC
BA230443	2018CJHZXX H9083	<1/2稻 (6mg)		2018CJHZXXH9083 (FX50)	3150±20	1446BC (68.3%) 1408BC	1496BC (11.2%) 1472BC 1462BC (81.3%) 1390BC 1335BC (2.9%) 1323BC
BA230444	2018CJHZYEY G691	木炭 (1mg)		2018CJHZYEYG691 (FX11)		样品无法满足实验需要	

注：所用¹⁴C半衰期为5568年，¹⁴C年代BP为距1950年的年代。

样品无法满足实验需要，即有如下原因：送测样品无测量物质；样品成分无法满足制样需要；样品中碳含量不能满足测量需要。

树轮校正所用曲线为IntCal20 atmospheric curve (Reimer et al 2020)，所用程序为OxCal v4.4.4 Bronk Ramsey (2021)。

1. Reimer P, Austin W, Bard E, et al. The IntCal20 Northern Hemisphere radiocarbon age calibration curve (0-55 cal kBP), *Radiocarbon*, 2020, 62(4): 725-757.
2. Bronk Ramsey C. Bayesian analysis of radiocarbon dates. *Radiocarbon*, 2009, 51(1): 337-360.
3. Christopher Bronk Ramsey (2021). https://c14.arch.ox.ac.uk/oxcalhelp/hlp_contents.html

北京大学考古文博学院
碳十四年代实验室
数据审核：吴小红
2023/7/7

后 记

在发掘工作完成时隔7年之后，《金沙遗址——黄忠小学地点发掘报告》终于出版，本书的出版得到了国家文物局、四川省文物局、成都市文物局及成都市文物考古研究院的关心和支持，也是编者、出版社等多方共同努力的结果。

金沙遗址黄忠小学地点的发掘工作由成都市文物考古研究院周志清研究员主持，先后参与发掘与资料整理工作的人员有田剑波、王占魁、马比伍合、马诚、张春秀（重庆市文物考古研究院）、郝晓晓（武汉大学历史学院）、陈睿、唐建芳、邓江燕、韩雪婷、祝恬、谢直莲等，正是在各位同仁持之以恒的工作和集体努力之下，报告得以顺利出版。该遗址的发掘和整理工作得到了成都市文物考古研究院颜劲松院长、周志清副院长、谢林副院长、孔楷权副书记以及江章华研究员、蒋成研究员、陈云洪研究员、陈剑研究员等领导和同事的大力支持，同时也得到武汉大学历史学院陈冰白教授等专家的指导。现场遗迹图由寇国和、孙志辉等绘制。遗迹图描图由孙志辉、陈睿、邓江燕等完成，器物图由陈睿、孙志辉等绘制，陶器修复由唐建芳、张彩荣、李红水、朱菊华等完成，拓片由唐建芳制作，遗迹照片由马比伍合、马诚、田剑波拍摄，器物照片由唐建芳、田剑波等拍摄。植物遗存分析由韩斐、闫雪完成。附表一、二由田剑波、唐建芳统计制作，附表三年代测定工作由北京大学加速器质谱实验室完成。科学出版社王光明先生和曹伟女士在报告编辑和校稿过程中提供了诸多专业建议，在此一并致谢。

本报告为集体编写完成，负责人为田剑波。第一、四、五章由田剑波、王占魁、周志清执笔，第二、三章由田剑波、郝晓晓、张春秀执笔。最后由田剑波负责统稿、校稿。

囿于笔者学识水平和资料限制，报告难免存在不足或缺憾之处，均由执笔者负责，涵望专家学者批评指正。

编 者
2025年7月

图版一

遗址全景

图版二

1. 工作照

2. 工作照

工作照

1. 工作照

2. 工作照

工作照

图版四

1. 工作照

2. 工作照

工作照

图版五

1. T6815地层剖面

2. T6513地层剖面

T6815、T6513地层剖面

图版六

1. H8907

2. H8860

H8907、H8860

图版七

1. H8884

2. H8897

H8884、H8897

图版八

1. H8903

2. H9001

H8903、H9001

1. H9058

2. H9083

H9058、H9083

图版一〇

1. H8862

2. H8863

H8862、H8863

图版一一

1. H8888

2. H8891

H8888、H8891

图版一二

1. H8905

2. H8938

H8905、H8938

图版一三

1. H9076

2. H8864

H9076、H8864

图版一四

1. H8894

2. G691

H8894、G691

图版一五

1. Y262

2. M2939

Y262、M2939

图版一六

1. M2933

2. M2934

M2933、M2934

图版一七

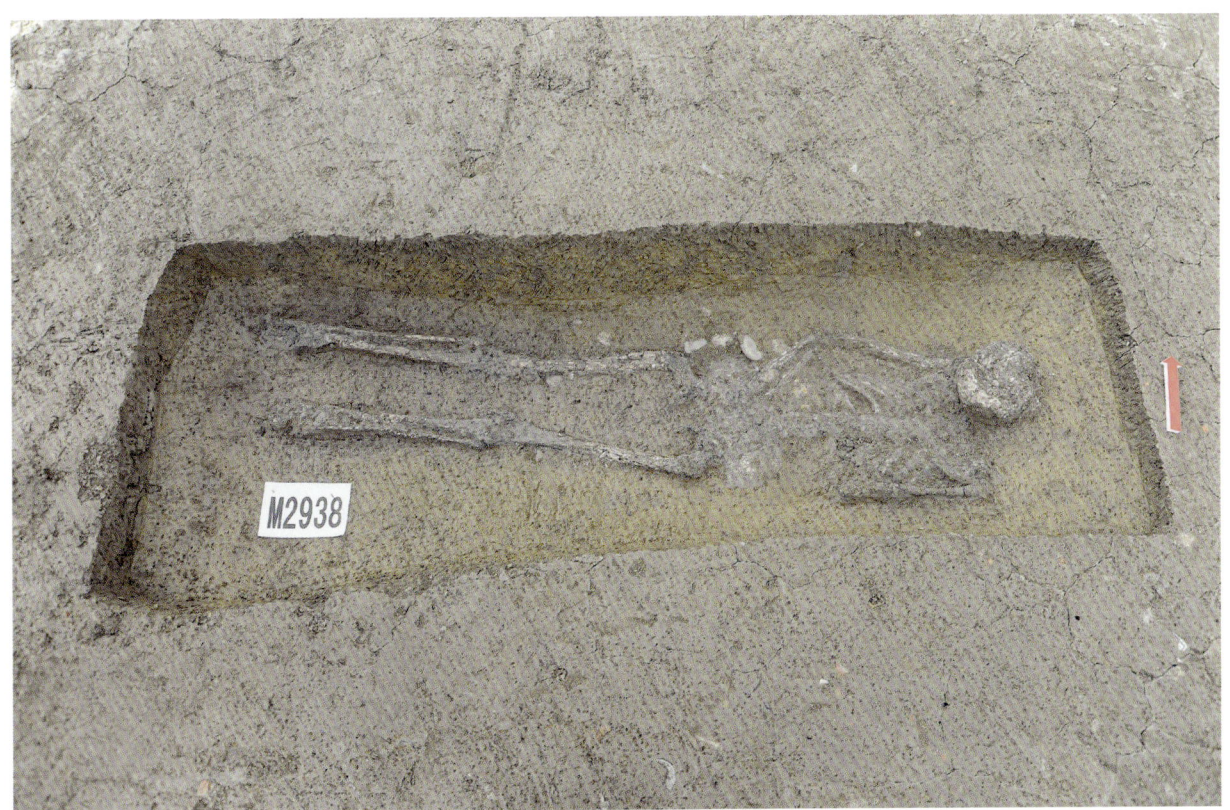

1. M2938

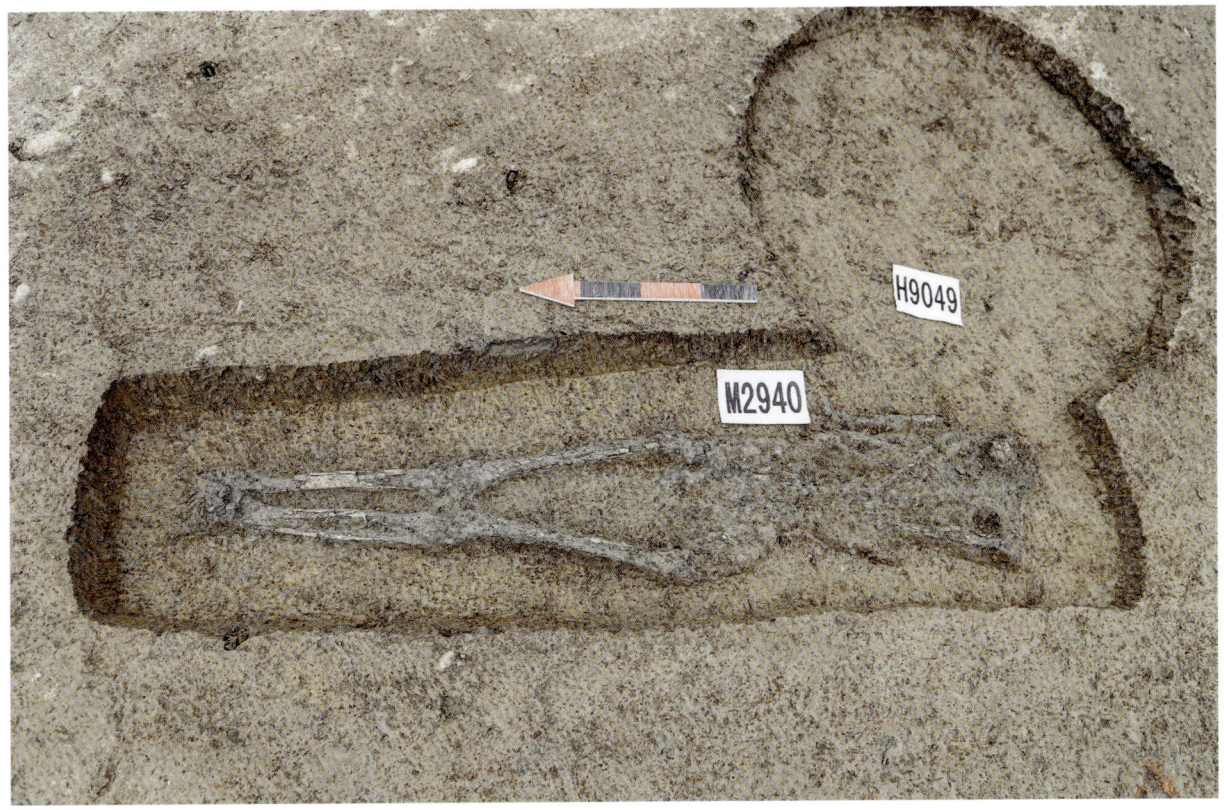

2. M2940

M2938、M2940

图版一八

1. M2936

2. M2937

M2936、M2937

图版一九

1. 束颈罐（H8856∶2）

2. 尖底盏（H8860∶6）

3. 尖底杯（H8867∶1）

4. 尖底盏（H8876∶1）

5. 尖底杯（H8884∶1）

6. 器盖（H8897∶1）

H8856、H8860、H8867、H8876、H8884、H8897出土陶器

图版二〇

1. 器盖（H8897：3）

2. 器盖（H8897：6）

3. 小平底罐（H8897：5）

4. 小平底罐（H8897：2）

5. 束颈罐（H8897：4）

6. 小平底罐（H8903：2）

H8897、H8903出土陶器

图版二一

1. 尖底杯（H8908:1）

2. 尖底杯（H8908:2）

3. 小平底罐（H8926:1）

4. 小平底罐（H8929:7）

5. 束颈罐（H8955:1）

6. 尖底盏（H9030:1）

H8908、H8926、H8929、H8955、H9030出土陶器

图版二二

1. 尖底杯（H9058∶1）

2. 壶（H9058∶2）

3. 束颈罐（H9083∶1）

4. 束颈罐（H9083∶2）

5. 束颈罐（H8847∶1）

6. 小平底罐（H8854∶4）

H9058、H9083、H8847、H8854出土陶器

图版二三

1. 器座（H8888：1）

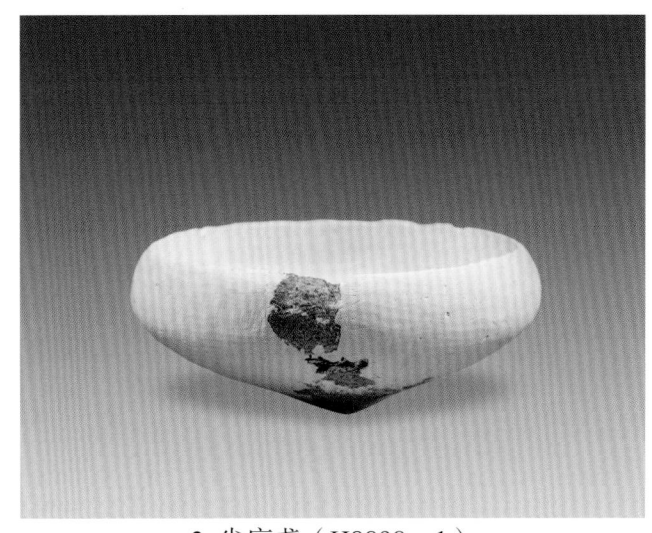

2. 尖底盏（H8898：1）

3. 器盖（H8898：3）

4. 尖底杯（H8905：1）

5. 尖底杯（H8958：1）

6. 束颈罐（H8958：3）

H8888、H8898、H8905、H8598出土陶器

图版二四

1. 器座（H8958：2）

2. 束颈罐（H9023：2）

3. 小平底罐（H9029：1）

4. 小平底罐（H9071：1）

5. 小平底罐（H9071：2）

6. 器盖（H8864：1）

H8958、H9023、H9029、H9071、H8864出土陶器

图版二五

1. 器盖（H8864∶6）

2. 尖底杯（H8894∶1）

3. 尖底杯（H8909∶1）

4. 器盖（H8909∶2）

5. 尖底盏（H8899∶3）

6. 束颈罐（H9026∶1）

H8864、H8894、H8909、H8899、H9026出土陶器

图版二六

1. 尖底盏（H9059:1）

2. 尖底杯（T6905-T7006⑦:1）

3. 尖底杯（T7707-T7808⑦:84）

4. 尖底杯（T7709-T7810⑦:1）

H9059及第7层出土陶器

图版二七

1. 尖底盏（T7907-T8008⑦：1）

2. 尖底盏（T8311-T8412⑦：2）

3. 尖底盏（T8311-T8412⑦：1）

4. 束颈罐（T7305-T7406⑦：1）

第7层出土陶器

图版二八

1. 陶束颈罐（T8311-T8412⑦：3）

2. 陶束颈罐（T8311-T8412⑦：5）

3. 陶纺轮（T6903-T7004⑦：1）

4. 陶纺轮（T7305-T7406⑦：2）

5. 石斧（T7907-T8008⑦：42）

第7层出土器物